辽宁统计年鉴

2007

辽宁省统计局　编

中国统计出版社
China Statistics Press

(京)新登字 041 号

图书在版编目(CIP)数据

辽宁统计年鉴.2007/辽宁省统计局编.—北京:
中国统计出版社,2007.6
ISBN 978-7-5037-5142-4

Ⅰ.辽…
Ⅱ.辽…
Ⅲ.统计资料—辽宁省-2007—年鉴
Ⅳ.C832.31-54
中国版本图书馆 CIP 数据核字(2007)第 051669 号

辽宁统计年鉴—2007

作　　者 / 辽宁省统计局
责任编辑 / 郑淼淼
E-mail / yearbook@stats.gov.cn
责任校对 / 王海鹰
封面设计 / 庄庆芳
出版发行 / 中国统计出版社
通信地址 / 北京市西城区三里河月坛南街 57 号　中国统计出版社
邮　　编 / 100826
电　　话 / (010)63376907
印　　刷 / 辽宁省统计局印刷厂
经　　销 / 新华书店
开　　本 / 880×1230 毫米 1/16
字　　数 / 145 万字
印　　张 / 37.5
印　　数 / 1500 册
版　　别 / 2007 年 8 月第 1 版
版　　次 / 2007 年 8 月第 1 次印刷
书　　号 / ISBN 978-7-5037-5142-4/F·2442
定　　价 / 280.00 元

编 者 说 明

一、《辽宁统计年鉴—2007》是一部信息高度密集的大型资料性年刊。本书收录了全省和各市、县、区 2006 年经济、社会、科技等方面的统计数据，以及重要年份和改革开放以来的主要统计数据。

二、全书分为二十三个部分，即：1. 行政区划和自然资源；2. 综合；3. 国民经济核算；4. 人口；5. 就业人员和职工工资；6. 固定资产投资；7. 能源；8. 财政；9. 物价；10. 人民生活；11. 城市建设；12. 环境保护；13. 农业；14. 工业；15. 建筑业；16. 运输和邮电；17. 国内贸易；18. 对外经济贸易；19. 旅游；20. 金融业；21. 教育、科技；22. 文化、体育、卫生；23. 其他社会活动。另附辽宁省与有关省市经济指标对比及各市、县、区主要经济指标。

三、《年鉴》中所使用的计量单位均采用国际统一标准计量单位。

四、《年鉴》中的资料大部分来自年度统计报表，一部分来自普查和抽样调查。全国分省资料来自国家统计局出版的有关统计资料。

五、《年鉴》中部分数据的合计数或相对数由于单位取舍不同产生的计算误差均未作机械调整。

六、《年鉴》中凡带续表的资料，如有注解均加在最后一张续表下面，请使用时注意。

七、《年鉴》表中的符号使用说明："…"表示数据不足本表最小单位数；"空格"表示该项统计指标数据不详或无该项数据；"#"表示其中的主要项。

目　　录

六、固定资产投资

七、能　　源

八、财　　政

九、物　　价

CONTENTS

CHAPTER 13 AGRICULTURE

CHAPTER 14 INDUSTRY

CHAPTER 18 FOREIGN ECONOMY TRADE

CHAPTER 19 TOURISM

CHAPTER 20 FINANCIAL INTERMEDIATION

CHAPTER 21 EDUCATION, SCIENCE AND TECHNOLOGY

CHAPTER 22 CULTURE, SPORTS AND PUBLIC HEALTH

辽宁生产总值（亿元）

Liaoning's GDP (100 million yuan)

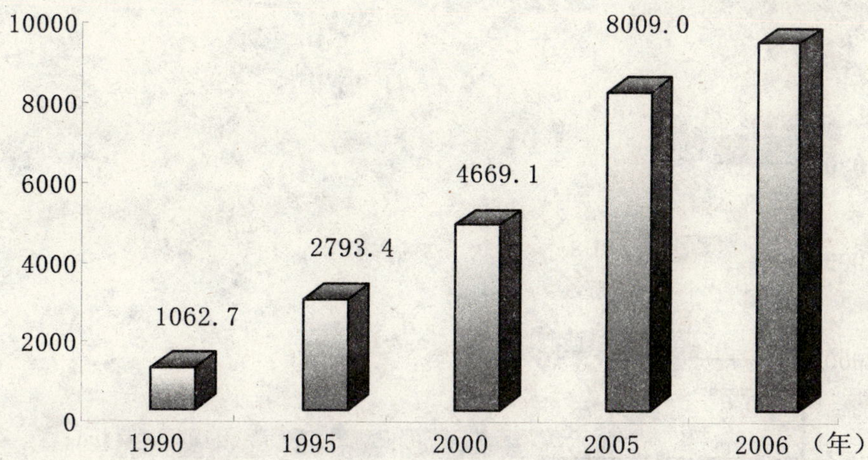

辽宁人均生产总值（元）

Per Capita GDP of Liaoning (yuan)

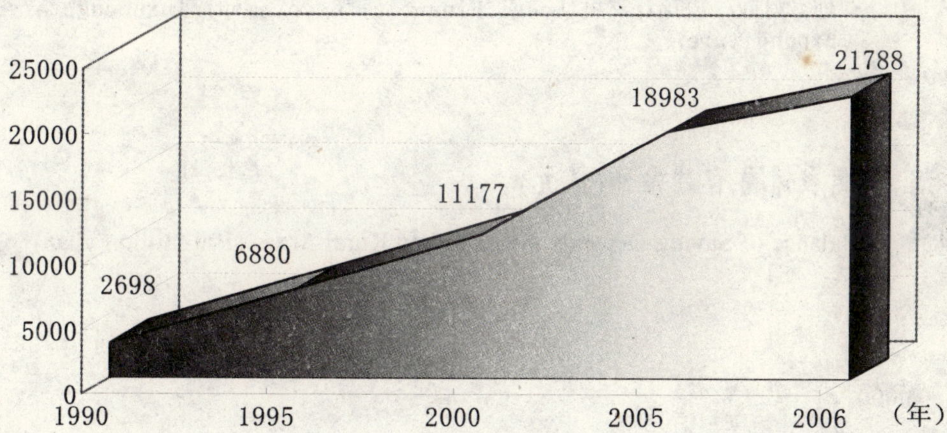

产业结构（%）

Industrial Structure (%)

2000 年

第一产业

Primary Industry 10.8%

第二产业

Secondary Industry 50.2%

第三产业

Tertiary Industry 39.0%

2006 年

第一产业

Primary Industry 10.6%

第二产业

Secondary Industry 51.1%

第三产业

Tertiary Industry 38.3%

地方财政一般预算收入与支出(亿元)

Local Financial Government Intrabudgetary Ordinary Revenue and Expenditure (100 million yuan)

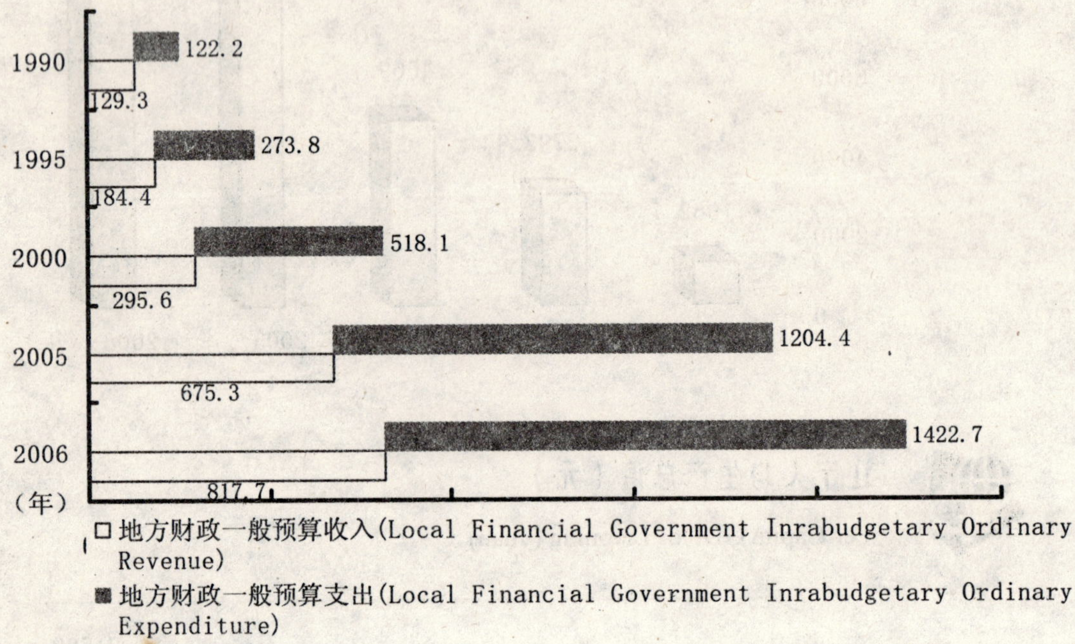

城乡储蓄存款余额(亿元)

Balance of Saving Deposits in Urban and Rural Areas (100 million yuan)

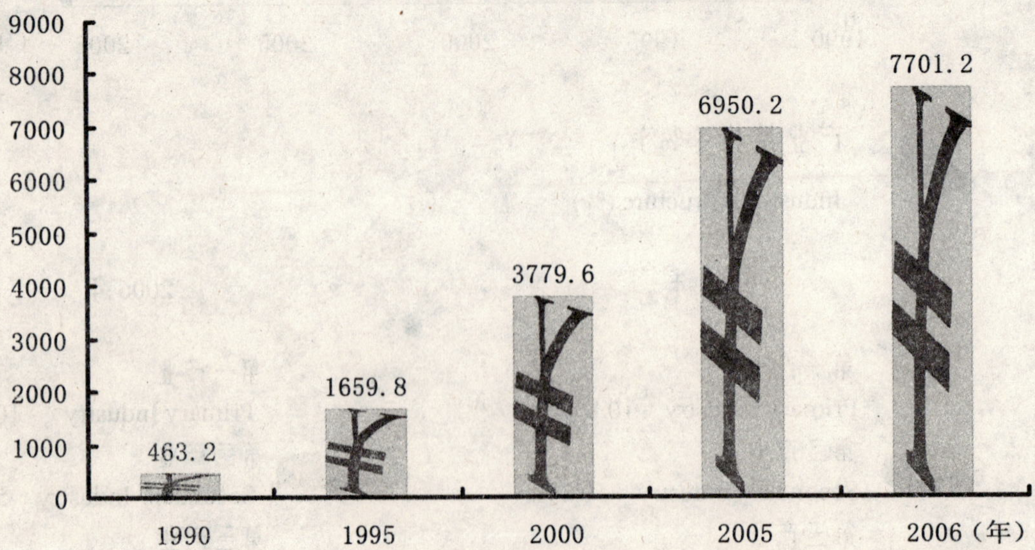

全社会固定资产投资（亿元）

Total Investment in Fixed Assets (100 million yuan)

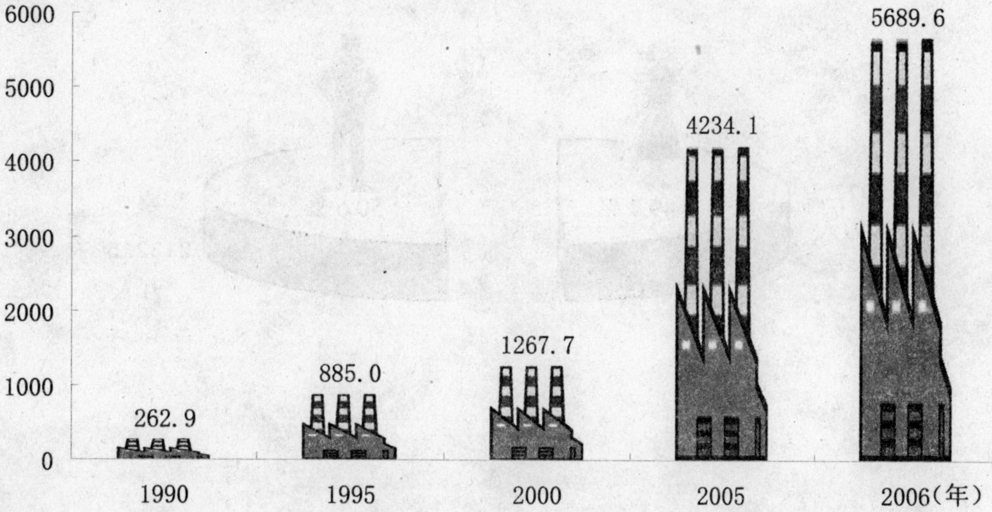

社会消费品零售总额（亿元）

Total Retail Sales of Consumer Goods (100 million yuan)

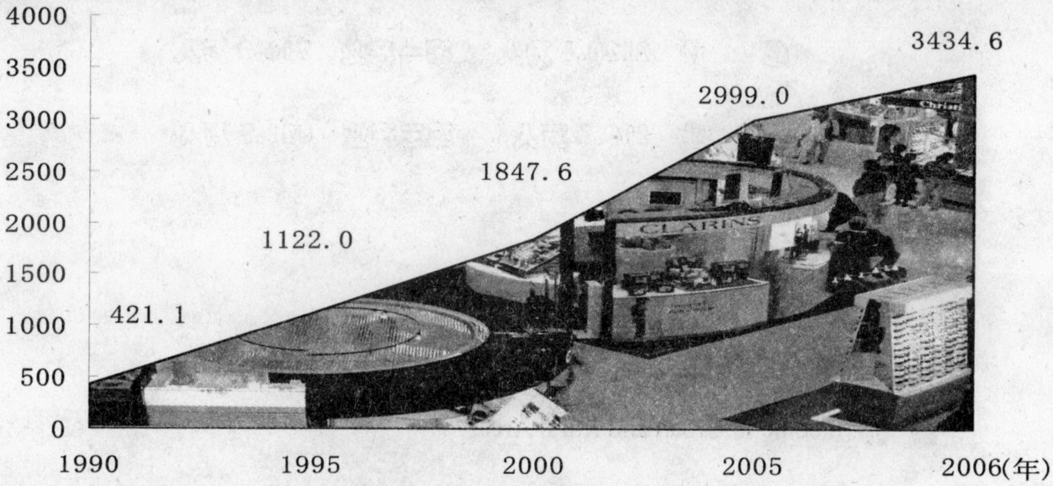

外贸进出口总值（亿美元）

Total Value of Import and Export in Foreign Trade (100 million USD)

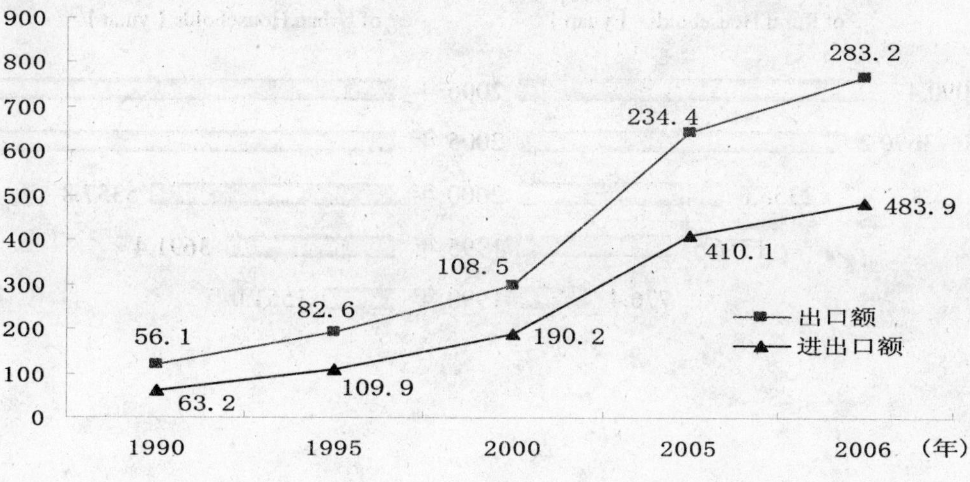

2006年年末人口与构成

Proportion and Its Composition at the Year-end (2006)

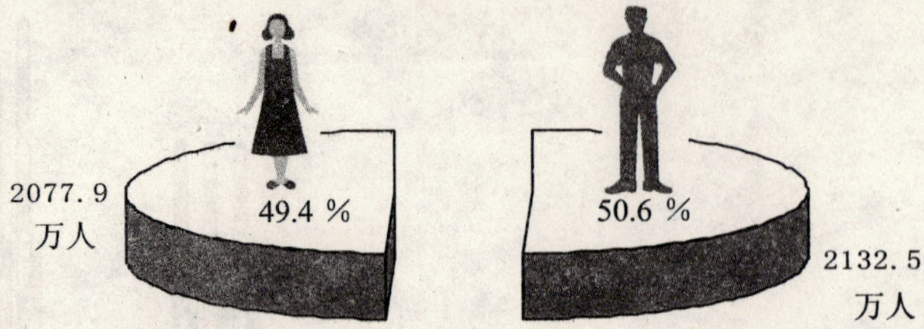

年末就业人数（万人）

Number of Employed Persons at the Year-end (10000 persons)

总　计　2128.1万人　　第一产业　716.2万人

第二产业　590.2万人　　第三产业　821.7万人

城乡居民收入(元)

Income in Urban and Rural Areas

农村居民家庭人均纯收入
Per Capita Annual Net Income
of Rural Households （yuan）

城镇居民人均可支配收入
Per Capita Annual Disposable Income
of Urban Households（yuan）

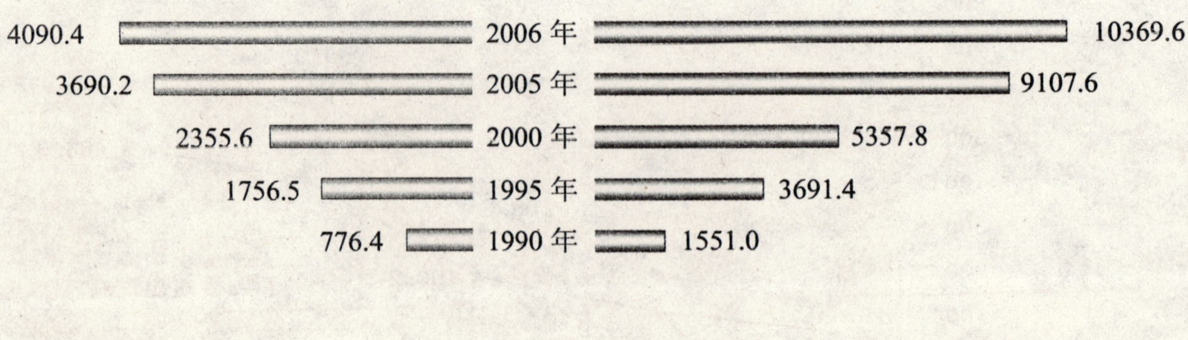

农林牧渔业总产值（亿元）

Gross Output Value of Farming , Forestry , Animal Husbandry and Fishery (100 million yuan)

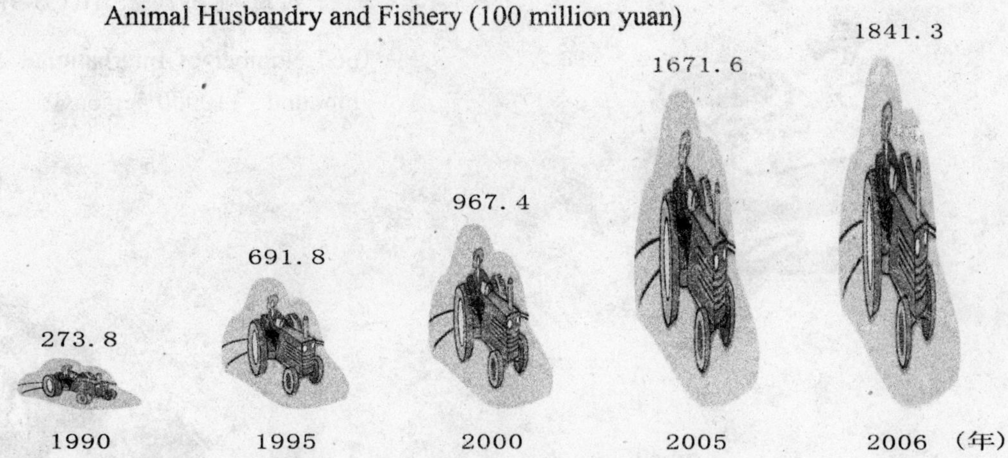

规模以上工业总产值（亿元）

Gross Output Value of Industry (100 million yuan)

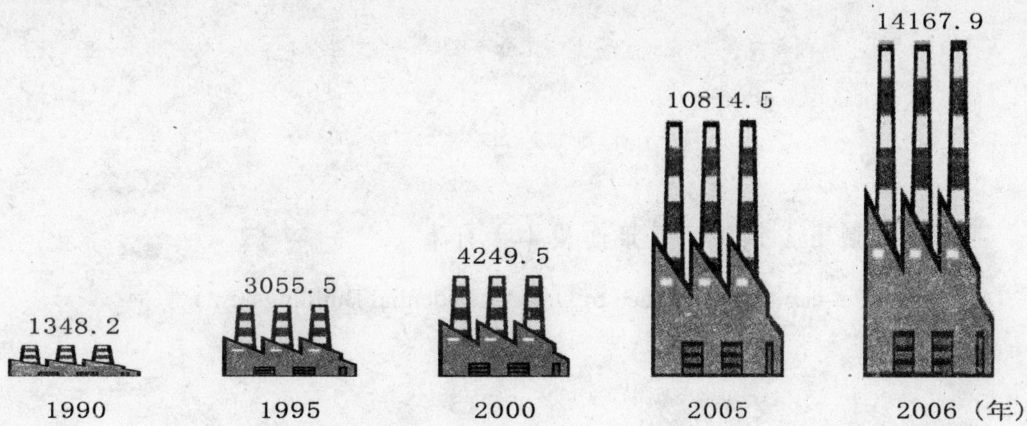

邮电业务总量（亿元）

Business Value of Post and Telecommunication Services (100 million yuan)

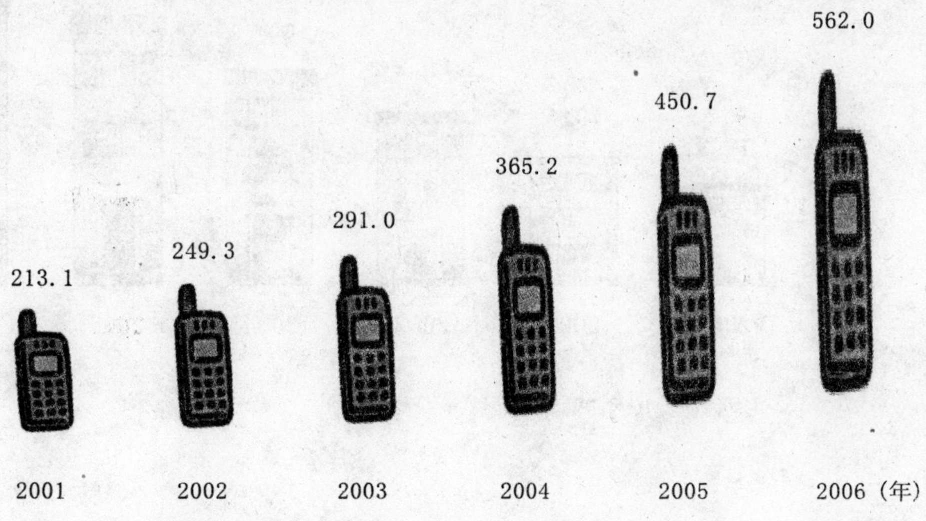

接待入境旅游人数 161.3 万人次

Total Number of International Tourists Inbound (10000 persons)

国内旅游收入 896.1 亿元

Income of Tourism (100 million yuan)

城市人均住宅建筑面积（平方米）

Per-capita Floor Space of Urban Residential Buildings (m^2)

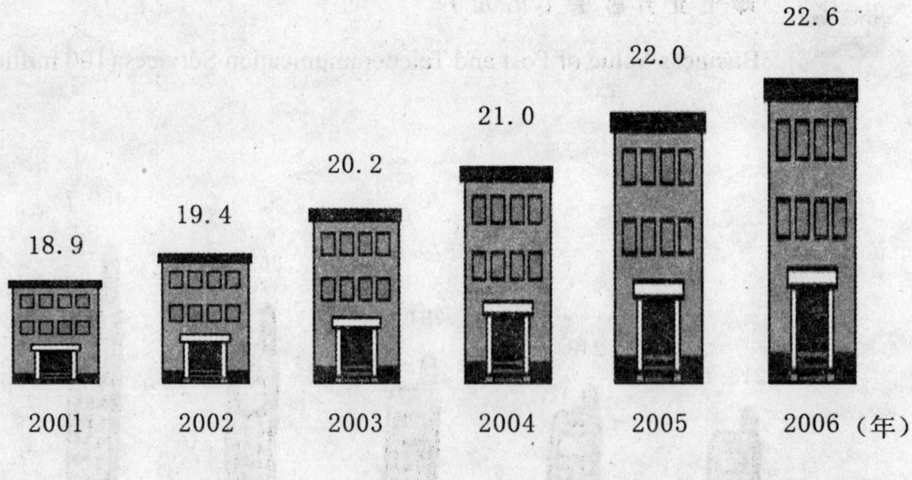

第一篇

行政区划和自然资源

1

XINGZHENG
QUHUA
HE
ZIRAN
ZIYUAN

1—1 行 政 区 划

（2006 年） 单位:个

地区	县级市	县	自治县	区	镇	乡	民族乡	街道
全省	**17**	**19**	**8**	**56**	**595**	**295**	**77**	**549**
沈阳	1	3		9	63	46	8	117
大连	3	1		6	54	16	6	85
鞍山	1	1	1	4	58	7		39
抚顺		1	2	4	24	21	2	36
本溪			2	4	24	5	2	25
丹东	2		1	3	60	2	2	24
锦州	2	2		3	48	24	9	34
营口	2			4	38	3		31
阜新		1	1	5	34	27	4	29
辽阳	1	1		5	29	5	2	24
盘锦		2		2	19	9	1	27
铁岭	2	3		2	51	25	13	13
朝阳	2	2	1	2	59	68	6	31
葫芦岛	1	2		3	34	37	22	34

1—2 县区一览表

地区	县(市)	区
沈阳	新民市、辽中县、康平县、法库县	和平、沈河、大东、皇姑、铁西、东陵、苏家屯、沈北新区、于洪
大连	瓦房店市、普兰店市、庄河市、长海县	中山、西岗、沙河口、甘井子、旅顺口、金州
鞍山	海城市、台安县、岫岩县(满)	铁东、铁西、立山、旧堡
抚顺	抚顺县、新宾县(满)、清原县(满)	新抚、东洲、望花、顺城
本溪	本溪县(满)、桓仁县(满)	平山、溪湖、明山、南芬
丹东	东港市、凤城市、宽甸县(满)	元宝、振兴、振安
锦州	凌海市、北镇市、义县、黑山县	古塔、凌河、太和
营口	大石桥市、盖州市	站前、西市、老边、鲅鱼圈
阜新	阜新县(蒙)、彰武县	海州、新邱、太平、细河、清河门
辽阳	辽阳县、灯塔市	白塔、文圣、宏伟、弓长岭、太子河
盘锦	盘山县、大洼县	双台子、兴隆台
铁岭	调兵山市、开原市、铁岭县、西丰县、昌图县	银州、清河
朝阳	北票市、凌源市、朝阳县、建平县、喀左县(蒙)	双塔、龙城
葫芦岛	兴城市、绥中县、建昌县	连山、南票、龙港

1—3 自然状况及资源

指　　标	2006年	指　　标	2006年
一、自然状况		有人居住岛屿	30个
1.经纬度		岛屿面积	191.5平方公里
东经	118°53′～125°46′	海水养殖面积	485.8千公顷
北纬	38°43′～43°26′	滩涂面积	99.5千公顷
2.气候		海上面积	334.0千公顷
平均降水量	597.4毫米	陆基面积	52.3千公顷
平均气温	9.4摄氏度	内陆水域养殖面积	194.7千公顷
平均相对湿度	65%	水库面积	111.7千公顷
日照时数	2 380小时	池塘面积	49.3千公顷
		其他面积	33.7千公顷
二、土地资源		四、水资源	
土地总面积	14.8万平方公里	省内流域面积	14.55万平方公里
山地	8.8万平方公里	#辽河	6.35万平方公里
平地	4.8万平方公里	鸭绿江	1.66万平方公里
其他	1.2万平方公里	沿海诸河	5.75万平方公里
1.耕地面积	408.5万公顷	地表水:	
2.园地面积	59.8万公顷	河川径流量	233.94亿立方米
3.林地面积	597.7万公顷	#辽河	73.76亿立方米
4.牧草地面积	34.9万公顷	鸭绿江	86.74亿立方米
5.其他农业用地	50.0万公顷	沿海诸河	71.48亿立方米
6.居民点和工矿用地面积	114.2万公顷	地下水:	
7.交通用地面积	8.9万公顷	资源量	91.56亿立方米
8.水利设施用地	14.8万公顷	水资源总量	261.36亿立方米
9.未利用地面积	219.5万公顷		
		五、矿产资源保有储量	
三、海洋、水产资源		铁矿	117.95亿吨
海岸线总长度	2 920公里	煤炭	73.24亿吨
大陆岸线长度	2 292.4公里	铜矿	24.55万吨
岛屿岸线长度	627.6公里	铅矿	31.13万吨
大小岛屿个数	266个	锌矿	83.76万吨
		铝土矿	872.60万吨

1—4 主要城市平均气温

（2006年） 单位:摄氏度

城市	1月	2月	3月	4月	5月	6月	7月	8月	9月	10月	11月	12月	年平均
沈阳	-12.7	-8.1	0.5	8.0	18.3	21.6	24.2	24.3	17.6	11.6	0.8	-6.8	8.3
大连	-2.4	-2.2	3.7	9.2	16.1	20.4	22.6	25.0	21.0	16.4	7.0	-0.2	11.4
鞍山	-7.2	-4.8	3.1	9.4	19.5	23.2	25.1	25.5	20.3	14.3	3.3	-3.4	10.7
抚顺	-13.5	-9.6	-0.9	7.1	16.9	20.4	23.2	23.2	16.3	10.2	-0.5	-7.9	7.1
本溪	-9.9	-7.2	1.3	8.5	18.4	21.2	23.8	24.3	17.5	11.9	0.9	-6.0	8.7
丹东	-5.6	-4.7	1.4	7.8	15.8	19.0	22.2	24.5	19.1	14.4	4.3	-3.2	9.6
锦州	-7.0	-4.7	3.0	9.4	18.6	21.9	24.2	24.9	19.8	13.7	2.6	-4.7	10.1
营口	-7.9	-5.4	2.2	8.4	17.9	22.2	24.6	25.0	20.0	13.9	3.3	-3.7	10.0
阜新	-10.4	-7.7	1.1	7.6	18.4	22.4	24.4	24.4	17.8	10.9	-0.5	-8.6	8.3
辽阳	-9.6	-6.3	2.0	8.7	18.7	22.4	24.7	24.8	18.6	12.8	1.9	-5.1	9.5
盘锦	-9.3	-6.2	1.6	8.1	18.0	21.6	24.3	24.5	18.8	12.5	1.9	-5.2	9.2
铁岭	-12.3	-8.2	0.8	7.6	18.1	21.3	24.2	23.9	17.9	11.6	0.4	-6.8	8.2
朝阳	-8.1	-5.8	3.0	9.4	19.2	23.3	24.5	24.5	18.1	12.1	1.2	-6.5	9.6
葫芦岛	-7.0	-4.3	2.8	9.3	18.3	21.5	24.3	25.0	19.8	13.8	3.1	-3.8	10.2

1—5 主要城市平均相对湿度

(2006 年)

单位：%

城市	1月	2月	3月	4月	5月	6月	7月	8月	9月	10月	11月	12月	年平均
沈阳	72	64	59	59	54	73	80	81	75	68	64	68	68
大连	60	62	56	58	66	80	89	85	74	71	64	64	69
鞍山	58	53	46	53	50	62	72	71	61	56	52	54	57
抚顺	74	68	63	61	60	74	80	84	80	73	67	69	71
本溪	70	65	54	57	58	73	80	80	75	71	65	68	68
丹东	59	63	65	70	76	91	91	90	79	78	64	64	74
锦州	47	46	41	49	46	68	79	74	67	57	50	58	57
营口	70	67	63	68	66	74	81	80	72	69	62	66	70
阜新	57	52	45	52	45	67	79	77	70	59	55	61	60
辽阳	56	50	47	51	51	65	75	79	74	68	63	65	62
盘锦	65	64	59	65	62	83	89	86	81	73	68	70	72
铁岭	71	63	54	58	56	76	81	83	69	62	58	62	66
朝阳	46	43	33	43	41	58	76	75	69	58	50	50	54
葫芦岛	59	54	50	56	54	79	86	81	73	62	56	59	64

1—6 主要城市降水量

(2006 年)　　　　单位:毫米

城　市	1月	2月	3月	4月	5月	6月	7月	8月	9月	10月	11月	12月	全年
沈　阳	10.9	27.7	6.0	44.4	32.4	104.6	93.9	115.2	49.6	61.6	28.6	1.4	576.3
大　连	8.7	21.0	6.0	29.0	31.0	72.2	117.2	105.7	9.8	73.3	13.9	6.0	493.8
鞍　山	13.1	18.7	4.8	36.3	47.2	120.6	151.0	206.5	38.4	37.2	17.1	4.0	694.9
抚　顺	8.2	29.2	7.0	31.7	42.3	135.6	202.9	265.3	38.6	77.0	26.1	3.3	867.2
本　溪	14.2	28.1	12.3	46.4	66.8	177.7	107.3	127.0	61.7	62.6	26.2	6.4	736.7
丹　东	6.6	12.4	14.2	63.8	66.9	228.2	365.4	217.9	20.7	37.8	8.3	4.2	1 046.4
锦　州	3.3	1.4	3.7	25.2	8.3	166.4	75.1	118.1	28.7	57.0	15.8	0.0	503.0
营　口	6.7	10.1	5.0	28.7	43.0	74.4	126.4	112.7	15.5	43.7	10.1	0.3	476.6
阜　新	5.0	7.5	1.5	23.8	18.0	109.3	35.1	34.4	23.9	35.8	6.0	0.1	300.4
辽　阳	13.3	18.7	3.7	40.7	44.5	107.8	76.3	241.6	53.3	91.9	15.8	2.6	710.2
盘　锦	5.5	8.6	2.5	31.1	10.5	114.0	54.8	188.0	33.2	65.9	15.4	0.0	529.5
铁　岭	6.4	17.4	1.8	29.3	27.1	93.3	70.7	83.0	60.1	50.4	23.1	0.4	463.0
朝　阳	0.7	5.3	0.0	13.8	15.8	195.9	24.4	42.6	28.7	32.6	2.3	0.0	362.1
葫芦岛	2.8	6.8	17.2	30.0	11.1	257.4	76.2	92.6	16.8	74.4	18.0	0.0	603.3

1—7 主要城市日照时数

(2006年) 单位:小时

城市	1月	2月	3月	4月	5月	6月	7月	8月	9月	10月	11月	12月	全年
沈阳	156.9	150.8	194.6	186.1	245.5	171.6	170.7	187.7	236.3	211.1	165.7	142.4	2 219.4
大连	175.4	191.7	234.2	218.4	256.3	235.2	173.1	221.6	248.6	211.2	169.0	164.2	2 498.9
鞍山	179.5	175.0	236.0	212.7	273.9	238.8	209.6	209.8	254.7	205.1	186.9	186.8	2 568.8
抚顺	170.3	158.3	210.8	206.8	269.4	184.8	185.3	182.6	234.1	213.9	190.5	174.2	2 381.0
本溪	194.7	183.1	241.6	216.6	246.9	168.0	133.9	156.6	214.7	191.4	173.7	170.0	2 291.2
丹东	165.5	171.0	207.2	192.7	255.1	167.1	105.9	137.0	244.3	163.5	163.3	141.9	2 114.5
锦州	193.5	167.3	239.0	180.5	240.4	190.0	139.4	156.7	231.7	194.8	165.5	171.5	2 270.3
营口	163.4	170.4	233.8	207.0	270.5	229.7	195.5	188.4	239.9	189.8	181.2	147.7	2 417.3
阜新	170.9	132.1	254.4	190.2	276.4	182.4	231.4	221.3	256.6	243.2	172.9	137.8	2 469.6
辽阳	176.9	171.9	236.4	209.3	279.0	228.0	199.1	163.9	220.1	188.6	143.9	115.3	2 332.4
盘锦	212.5	190.9	263.8	217.5	241.9	161.4	157.8	182.8	213.6	192.6	187.9	158.8	2 381.5
铁岭	216.5	181.7	258.7	229.5	294.9	221.6	224.9	193.6	262.9	251.8	207.5	183.5	2 727.1
朝阳	159.4	146.7	229.3	152.6	224.0	207.7	207.2	218.3	244.2	230.0	179.3	165.1	2 363.8
葫芦岛	164.1	174.5	226.4	191.0	252.7	182.7	132.8	180.0	225.3	200.4	192.4	159.6	2 281.9

主要统计指标解释

森林面积 指生长着乔木和竹林，郁闭度在0.3以上(不包括0.3)的林地面积，即有林地面积。它是反映森林资源总面积的重要指标。森林面积包括天然林面积和人工林面积。但不包括灌木林地和疏林面积。

森林覆盖率 通常是指森林面积占土地总面积之比，一般用百分数表示。但国家规定在计算森林覆盖率时，森林面积还包括灌木林面积、农田林网树占地面积以及四旁树木的覆盖面积。森林覆盖率，是反映一个国家或地区森林资源和绿化水平的重要指标。计算公式：

$$森林覆盖率(\%)=\frac{森林面积}{土地总面积}\times 100\%$$

本《年鉴》内所列森林覆盖率是按有林地面积计算的。

活立木总蓄积量 指全部土地上树木蓄积的总量。包括森林蓄积、疏林蓄积、散生木蓄积和四旁树蓄积。

森林蓄积量 指森林面积上生长着的林木树干材积总量。它是反映一个国家或地区森林资源总规模和水平的重要指标。

草地面积 指牧区或农区用于放牧牲畜或割草，植被盖度在5%以上的草原、草坡、草山等面积。包括天然的和人工种植或改良的草地面积。

草地面积 指牧区和农区用于放牧牲畜或割草，植被盖度在5%以上的草原、草坡、草山等面积。包括天然的和人工种植或改良的草地面积。

矿产保有储量 指探明的矿产储量(包括工业储量和远景储量)扣除已开采部分和地下损失量后的年底实有储量。它反映全省矿产资源的现状。

第二篇

综合

2

ZONGHE

2—1 全省法人、产业活动单位数

（2006年末） 单位：个

	法人单位数			产业活动单位数	
	合计	单产业法人单位	多产业法人单位	合计	多产业法人单位所属的产业活动单位数
总计	**249 805**	**237 853**	**11 952**	**307 022**	**69 169**
按行业分					
农、林、牧、渔业	2 649	2 574	75	4 156	1 582
采矿业	4 815	4 760	55	5 026	266
制造业	65 549	64 697	852	67 405	2 708
电力、燃气及水的生产和供应业	1 000	899	101	1 909	1 010
建筑业	10 690	10 408	282	11 776	1 368
交通运输、仓储和邮政业	6 019	5 786	233	8 716	2 930
信息传输、计算机服务和软件业	3 625	3 574	51	4 241	667
批发和零售业	55 221	53 449	1 772	66 532	13 083
住宿和餐饮业	4 926	4 705	221	6 004	1 299
金融业	2 052	1 212	840	9 215	8 003
房地产业	7 688	7 461	227	8 470	1 009
租赁和商务服务业	14 937	14 673	264	16 808	2 135
科学研究、技术服务和地质勘查业	7 538	7 360	178	8 846	1 486
水利、环境和公共设施管理业	2 174	2 087	87	2 603	516
居民服务和其他服务业	3 966	3 862	104	5 456	1 594
教育	9 700	8 310	1 390	19 450	11 140
卫生、社会保障和社会福利业	8 579	8 096	483	13 355	5 259
文化、体育和娱乐业	3 000	2 903	97	3 796	893
公共管理和社会组织	35 677	31 037	4 640	43 258	12 221
按登记注册类型分					
国有企业	48 153	43 257	4 896	79 616	36 359
集体企业	30 595	28 749	1 846	41 063	12 314
股份合作企业	5 780	5 602	178	6 307	705
国有联营企业	125	118	7	153	35
集体联营企业	314	312	2	373	61
国有与集体联营企业	99	96	3	111	15
其他联营企业	195	192	3	224	32
国有独资公司	441	381	60	713	332
其他有限责任公司	21 386	20 750	636	24 349	3 599
股份有限公司	2 978	2 741	237	6 423	3 682
私营独资企业	38 118	37 854	264	39 145	1 291
私营合伙企业	4 062	4 028	34	4 139	111
私营有限责任公司	60 234	59 469	765	62 429	2 960
私营股份有限公司	5 980	5 904	76	6 165	261
其他企业	21 720	18 942	2 778	25 486	6 544
合资经营企业（港或澳、台资）	1 236	1 203	33	1 297	94
合作经营企业（港或澳、台资）	125	124	1	131	7
港、澳、台商独资经营企业	649	629	20	725	96
港、澳、台商投资股份有限公司	59	57	2	91	34
中外合资经营企业	3 512	3 451	61	3 673	222
中外合作经营企业	373	361	12	409	48
外资企业	3 519	3 481	38	3 836	355
外商投资股份有限公司	152	152	0	164	12

2—2 平均每天主要社会经济活动

指　　标	单　位	2000年	2002年	2003年	2004年	2005年	2006年
一、全省每天创造财富							
地区生产总值(现价)	亿元	12.79	14.95	16.45	18.28	21.94	25.35
农业总产值	亿元	2.65	3.10	3.33	4.14	4.58	5.04
地区财政收入	亿元	2.55	3.02	3.33	3.82	4.59	5.43
地方预算内财政收入	亿元	0.81	1.10	1.22	1.45	1.85	2.24
布	万米	137	137	93	118	156	148
纸及纸板	万吨	0.15	0.14	0.16	0.20	0.23	0.18
卷　烟	箱	630	1 041	1 132	1 256	1 257	1 310
啤　酒	吨	4 101	3 756	4 093	4 257	5 058	5 490
原　煤	万吨	12.21	14.19	16.08	18.20	17.52	20.18
发电量	亿千瓦小时	1.77	1.99	2.29	2.40	2.48	2.78
原　油	万吨	3.84	3.70	3.65	3.52	3.45	3.36
钢	万吨	4.26	5.32	5.94	7.16	8.38	10.14
水　泥	万吨	5.36	5.88	6.39	6.84	7.34	9.15
二、全省每天消费量							
城乡居民消费总额	万元	51 161	58 670	59 508	64 246	74 547	80 606
每人平均消费额	元	12.30	13.96	14.13	15.24	17.67	18.98
三、其他经济活动量							
货物运输总量	万吨	229.05	229.13	235.33	251.27	267.80	299.01
旅客运输总量	万人	141.25	148.87	139.21	159.57	166.02	176.83
港口货物吞吐量	万吨	37.44	45.38	53.05	68.38	82.76	97.72
房屋建筑竣工面积	万平方米	14.25	17.29	19.04	21.37	22.40	28.06
#住　宅	万平方米	10.74	11.56	11.92	13.28	13.05	16.33
邮寄函件	万件	46.58	35.62	43.84	38.36	34.15	27.40
四、人口变动和婚姻							
出　生	人	1 204	854	707	753	899	893
死　亡	人	761	615	638	647	667	630
结　婚	对	747	644	687	796	704	847
离　婚	对	97	112	135	203	218	211

2—3 国民经济和社会

指　　标	单　位	总　量　指　标			
		1995年	2000年	2005年	2006年
人口与就业					
人　　口					
年底总人口	万人	4 034.0	4 135.3	4 189.2	4 210.4
农业人口	万人	2 238.5	2 233.1	2 159.5	2 153.6
非农业人口	万人	1 795.5	1 902.2	2 029.7	2 056.8
男性人口	万人	2 056.9	2 103.3	2 123.4	2 132.5
女性人口	万人	1 977.1	2 032.0	2 065.8	2 077.9
就　　业					
从业人员数	万人	2 027.8	2 052.0	2 120.3	2 128.1
＃职工人数	万人	1 021.0	826.5	609.6	596.7
城镇登记失业人数	万人	30.4	40.8	60.4	53.9
宏观经济					
地区生产总值(现价)	亿元	**2 793.4**	**4 669.1**	**8 009.0**	**9 251.2**
第一产业	亿元	392.2	503.4	882.4	976.4
第二产业	亿元	1 390.0	2 344.4	3 953.3	4 729.5
第三产业	亿元	1 011.2	1 821.2	3 173.3	3 545.3
人均地区生产总值	元	6 880	11 177	18 983	21 788
固定资产投资					
全社会固定资产投资总额	亿元	885.0	1 267.7	4 234.1	5 689.6
＃国有经济	亿元	584.4	649.4	1 245.5	1 700.3
集体经济	亿元	95.5	154.1	526.3	185.3
私营个体	亿元	49.5	149.1	819.8	1 486.6
财　　政					
地方财政一般预算收入	亿元	184.4	295.6	675.3	817.7
地方财政一般预算支出	亿元	273.8	518.1	1 204.4	1 422.7
物价总指数(上年=100)					
商品零售价格总指数	%	114.0	98.4	100.1	101.3
居民消费价格总指数	%	116.1	99.9	101.4	101.2
利用外资					
签订利用外资协议额	亿美元	46.7	55.6	110.2	152.4
实际外商直接投资额	亿美元	14.0	25.5	35.9	59.9
能源生产与消费(标准煤)					
能源生产总量	万吨	6 239.3	5 380.5	6 770.8	6 904.3
能源消费总量	万吨	9 381.8	9 877.2	13 952.4	15 124.4
产　　业					
农　　业					
耕地面积	千公顷	3 389.7	4 164.2	3 655.2	
乡村从业人员	万人	903.0	966.0	1 113.5	1 132.9
农林牧渔业总产值(现价)	亿元	691.8	967.4	1 671.6	1 841.3

发展总量与速度指标

速度指标（%）					
指数(2006为以下各年)			平均增长速度		
1995年	2000年	2005年	1991年－1995年	1996年－2000年	2001年－2005年
104.4	101.8	100.5	0.6	0.5	0.3
96.2	96.4	99.7	－0.3	－0.1	－0.7
114.6	108.1	101.3	1.8	1.2	1.3
103.7	101.4	100.4	0.6	0.4	0.2
105.1	102.3	100.6	0.6	0.5	0.3
104.9	103.7	100.4	1.3	0.2	0.7
58.4	72.2	97.9	0.2	－4.1	－5.9
177.3	132.1	89.2	5.1	6.1	8.2
291.4	**193.1**	**113.8**	**10.2**	**8.6**	**11.2**
205.6	154.2	106.9	5.2	5.9	7.6
328.5	213.4	118.6	10.9	9.0	12.5
278.2	182.5	110.0	11.4	8.8	10.7
282.0	190.2	113.1	9.7	8.1	11.0
642.9	448.8	134.4	27.5	7.5	27.3
290.9	261.8	136.5	21.8	1.2	13.9
194.0	120.2	35.2	34.0	0.6	27.8
3 003.2	997.0	181.3	16.8	3.7	40.6
443.4	276.6	121.1	7.4	9.9	18.0
519.6	274.6	118.1	17.5	13.6	18.4
97.2	98.9	101.3	11.5	－0.3	－0.5
116.2	106.8	101.2	13.4	1.7	1.1
326.3	274.1	138.3	40.6	3.6	14.7
427.9	234.9	166.9	41.4	12.7	7.1
110.7	128.3	102.0	0.9	－2.9	4.7
161.2	153.1	108.4	5.5	1.0	7.2
			－0.5	4.2	－2.6
125.5	117.3	101.7	0.8	1.4	2.9
266.2	190.3	110.2	8.9	7.1	7.5

2—3续表1

指标	单位	总量指标			
		1995年	2000年	2005年	2006年
主要农产品产量					
粮食	万吨	1 423.5	1 140.0	1 745.8	1 725.0
棉花	万吨	2.4	0.6	0.3	0.2
油料	万吨	19.8	29.6	36.8	38.1
甜菜	万吨	50.4	28.7	6.2	5.3
水果	万吨	220.0	250.0	329.3	343.7
肉类	万吨	222.4	236.1	346.1	372.1
水产品	万吨	197.9	338.5	425.3	438.7
工业					
工业增加值(现价)	亿元		1 193.3	3 108.4	4 141.2
#国有及国有控股工业	亿元		817.2	1 659.7	1 884.6
主要工业产品产量					
布	亿米	5.8	5.0	5.7	5.4
机制纸及纸板	万吨	97.5	55.2	83.4	67.5
糖	万吨	3.8	2.1	1.1	1.3
家用电冰箱	万台	14.2	23.1	120.4	133.5
彩色电视机	万台	23.9	374.4	550.2	333.9
原煤	万吨	5 626.4	4 454.9	6 395.0	7 367.3
原油	万吨	1 552.7	1 401.1	1 261.0	1 226.5
发电量	亿千瓦小时	540.1	645.6	904.2	1 014.5
钢	万吨	1 335.9	1 553.8	3 059.1	3 702.3
成品钢材	万吨	1 074.2	1 443.2	3 235.9	3 848.9
水泥	万吨	1 911.0	1 954.9	2 680.7	3 341.3
国有及限额以上非国有工业企业财务指标					
固定资产原价	亿元		5 372.8	8 202.5	9 191.3
固定资产净值年平均余额	亿元		3 449.1	4 848.7	5 512.8
利润总额	亿元		176.2	356.0	449.8
建筑业					
建筑业企业人数	万人	89.7	96.0	91.7	99.7
建筑业总产值	亿元	407.3	598.1	1 481.7	1 775.0
施工房屋面积	万平方米	5 188.2	6 334.9	10 224.9	12 102.3
竣工房屋面积	万平方米	2 318.6	3 547.9	5 111.1	6 259.9
交通运输					
货运量合计	万吨	88 465	83 604	97 748	109 140
铁路	万吨	13 073	12 523	14 271	15 750
公路	万吨	68 524	64 515	74 799	82 142
水运	万吨	2 649	3 091	5 730	7 518
管道	万吨	4 216	3 466	2 939	3 719
空运	万吨	3.2	8.9	9.4	11

速度指标（%）					
指数(2006 为以下各年)			平均增长速度		
1995 年	2000 年	2005 年	1991 年－1995 年	1996 年－2000 年	2001 年－2005 年
121.2	151.3	98.8	−1.0	−4.3	8.9
8.3	33.3	66.7	11.4	−24.2	−12.9
192.4	128.7	103.5	2.5	8.4	4.5
10.5	18.5	85.5	0.2	−10.7	−26.4
156.2	137.5	104.4	14.6	2.6	5.7
167.3	157.6	107.5	19.7	1.2	7.9
221.7	129.6	103.2	13.0	11.3	4.7
	263.6	120.0			17.0
	200.0	112.2			12.3
93.1	108.0	80.9	−2.3	−2.9	2.7
69.2	122.3	117.9	4.7	−10.8	8.6
34.2	61.9	31.0	3.5	−11.2	−12.1
940.1	577.9	110.9	−2.8	10.2	39.1
1 397.1	89.2	60.7	−11.5	73.4	8.0
130.9	165.4	119.7	2.0	−4.6	7.5
79.0	87.5	97.3	2.6	−2.0	−2.1
187.8	157.1	112.2	4.4	3.6	7.0
277.1	238.3	121.1	1.9	3.1	14.5
358.3	266.7	120.0	2.7	6.1	17.5
174.8	170.9	127.8	11.8	0.5	6.5
	171.1	112.1			8.8
	159.8	113.7			7.0
	255.3	126.3			15.1
111.1	103.9	108.7	−1.6	1.4	−0.9
435.8	296.8	119.8	26.3	8.0	19.9
233.3	191.0	118.4	13.0	4.1	10.0
270.0	176.4	122.5	6.8	8.9	7.6
123.4	130.5	111.7	3.0	−1.1	3.2
120.5	125.8	110.4	−1.8	−0.9	2.6
119.9	127.3	109.8	4.1	−1.2	3.0
283.8	243.2	131.2	11.7	3.1	13.1
88.2	107.3	126.5	−0.8	−3.8	−3.2
343.8	123.6	117.0	24.6	24.6	1.1

2—3 续表 2

指　　标	单位	总量指标			
		1995年	2000年	2005年	2006年
客运量合计	万人	52 228	51 555	60 599	64 543
铁　路	万人	13 928	10 174	9 503	9 883
公　路	万人	37 591	40 385	49 917	53 317
水　运	万人	533	616	650	714
空　运	万人	176	380	529	629
沿海主要港口货物吞吐量	万吨	7 572	13 665	30 208	35 666
邮电通信业					
邮电业务总量	亿元	50.1	242.6	450.7	565.0
函　件	亿件	2.4	1.7	1.3	1.0
报刊期发数	万份	698	415	339	380
国内商业					
社会消费品零售总额	亿元	1 122	1 847.6	2 999	3 434.6
对外贸易					
进出口总额	亿美元	109.9	190.2	410.1	483.9
进口额	亿美元	27.3	81.7	175.7	200.7
出口额	亿美元	82.6	108.5	234.4	283.2
国际旅游					
接待旅游人数	万人	26.4	61.2	130.2	161.3
旅游外汇收入	亿美元	1.9	3.8	7.4	9.3
金　融					
金融机构各项存款	亿元	2 619.9	5 880.0	11 967.0	13 596.8
金融机构各项贷款	亿元	2 881.8	5 195.6	7 958.1	9 117.2
金融机构现金收入	亿元	4 385.6	14 891.5	29 915.5	34 892.7
金融机构现金支出	亿元	4 439.9	14 891.6	29 943.6	34 926.2
教育、科技、文化					
教　育					
专任教师数					
普通高等学校	万人	2.3	2.8	4.4	4.7
中等学校	万人	17.5	16.9	17.5	17.4
小　学	万人	19.9	18.6	16.4	15.6
在校学生数					
普通高等学校	万人	17.9	29.8	65.9	72.1
中等学校	万人	244.4	253.0	283.6	283.6
小　学	万人	375.2	344.4	266.6	254.7
教育经费支出	亿元	44.0	76.1	163.0	190.2
科　技					
科技活动人数	万人		16.5	18.6	18.8
研究与发展经费支出	亿元	16.6	41.7	125.3	136.4
技术市场成交额	亿元	22.9	34.8	86.5	80.6

速度指标（%）					
指数(2006为以下各年)			平均增长速度		
1995年	2000年	2005年	1991年－1995年	1996年－2000年	2001年－2005年
123.6	125.2	106.5	3.2	－0.3	3.3
71.0	97.1	104.0	－2.5	－6.1	－1.4
141.8	132.0	106.8	5.8	1.4	4.3
134.0	115.9	109.8	12.0	2.9	1.1
357.4	165.5	118.9	26.2	16.6	6.8
471.0	261.0	118.1	7.2	12.5	17.2
1 127.7	232.9	125.4	42.9	37.1	13.2
41.7	58.8	76.9	2.0	－6.7	－5.2
54.4	91.6	112.1	－9.9	－9.9	－4.0
306.1	185.9	114.5	21.7	10.5	10.2
440.3	254.4	118.0	11.7	11.6	16.6
735.2	245.7	114.2	30.9	24.5	16.5
342.9	261.0	120.8	8.0	5.6	16.7
611.0	263.6	123.9	18.3	18.3	16.3
489.5	244.7	125.7	22.1	14.9	14.3
519.0	231.2	136.2	24.8	17.5	15.3
316.4	175.5	114.6	20.4	12.5	8.9
795.6	234.3	116.6	35.1	27.7	15.0
786.6	234.5	116.6	34.0	27.4	15.0
204.3	167.9	106.8	－	4.0	9.5
99.4	103.0	99.4	0.8	－0.7	0.7
78.4	83.9	95.1	－1.3	－1.3	－2.5
402.8	241.9	109.4	7.8	10.7	17.2
116.0	112.1	100.0	2.5	0.7	2.3
67.9	74.0	95.5	－1.6	－1.7	－5.0
432.3	249.9	116.7	17.0	11.6	16.5
	113.9	101.1		0.1	2.4
821.7	327.1	108.9	9.8	4.8	24.6
352.0	231.6	93.2	24.7	8.7	20.0

2—3续表3

指　　标	单　位	总　量　指　标			
		1995年	2000年	2005年	2006年
家庭、生活、环境					
家　　庭					
家庭总户数	万户	1 224.0	1 315.3	1 400.2	1 419.2
城镇居民平均每户家庭人口	人	3.2	3.1	2.8	2.8
农村居民平均每户家庭人口	人	3.9	3.6	3.4	3.3
婚　　姻					
结婚数	万对	30.4	27.3	25.7	30.9
离婚数	万对	3.0	3.5	8.0	7.7
居　　住					
城市居民人均居住面积	平方米	7.3	8.9	22.0	22.6
农村居民人均住房面积	平方米	19.1	22.0	25.1	25.2
生　　活					
城镇居民人均可支配收入	元	3 691.4	5 357.8	9 107.6	10 369.6
农村居民人均纯收入	元	1 756.5	2 355.6	3 690.2	4 090.4
城乡储蓄存款余额	亿元	1 659.8	3 779.6	6 950.2	7 701.2
工资和福利					
工资总额	亿元	496.9	553.1	862.9	973.0
在岗职工平均工资	元	4 877	8 811	17 331	19 624
卫　　生					
医疗机构数	个	6 239	6 451	3 457	3 525
医　　生	万人	9.5	10.0	7.9	6.9
医疗床位数	万张	20.3	19.1	17.8	18.0
市政建设					
自来水供应量	亿吨	32.0	30.9	28.3	19.4
下水道长度	公里	7 357	8 354	10 519	10 860
城市煤气和天然气供气量	亿立方米	13.5	10.7	10.1	10.7
公共汽(电)车总数	辆	9 032	13 136	17 548	17 907
铺装道路长度	公里	8 465	9 249	10 556	11 096
绿地面积	公顷	51 268	61 432	74 583	63 535
环境、灾害					
污染治理项目本年完成投资额	万元	61 689	120 195	466 810	520 470
环境污染与破坏事故次数	起	115	94	26	26
环境污染直接经济损失	万元	201.0	130.4	46.3	77.5
环境污染事故赔罚款金额	万元	146.0	140.2	40.1	41.2
火灾发生数	起	5 009	14 836	25 478	22 086
火灾损失	万元	4 341	5 487	4 766	3 423
交通事故发生数	起	17 036	19 278	10 334	8 670
交通事故损失	万元	9 193	10 194	5 906	4 382

注:1.本表总量指标中的价值量指标除邮电业务总量指标外均按当年价格计算。

2.本表速度指标中,地区生产总值及三次产业、物价指数、农林牧渔业总产值、邮电业务总量指标均按可比价格计算。

3.2004年以后城市人均居住面积为人均建筑面积。

速度指标（%）					
指数(2006为以下各年)			平均增长速度		
1995年	2000年	2005年	1991年－1995年	1996年－2000年	2001年－2005年
115.9	107.9	101.4	1.7	1.4	1.3
87.5	90.3	98.2	－1.2	－0.6	－1.7
85.6	92.8	99.1	－1.9	－1.6	－1.3
101.6	113.2	120.2	－4.6	－2.1	－1.2
256.7	220.0	96.3	4.6	3.1	18.0
309.6	253.9	102.7	4.7	4.0	19.8
131.9	114.5	100.4	3.0	2.9	2.7
280.9	193.5	113.9	18.9	7.7	11.2
232.9	173.6	110.8	17.7	6.0	9.4
464.0	203.8	110.8	30.1	17.9	13.0
195.8	175.9	112.8	17.9	2.2	9.3
402.4	222.7	113.2	17.5	6.4	14.5
56.5	54.6	102.0	－4.5	0.7	－11.7
72.6	69.0	87.3	2.0	1.1	－4.6
88.7	94.2	101.1	0.6	－1.2	－1.4
60.6	62.8	68.6	1.6	－0.7	－1.7
147.6	130.0	103.2	6.9	2.6	4.7
79.3	100.0	105.9	－3.3	－4.5	－1.3
198.3	136.3	102.0	12.3	7.8	6.0
131.1	120.0	105.1	7.4	1.8	2.7
123.9	103.4	85.2	6.3	3.7	4.0
843.7	433.0	140.9	9.6	14.3	31.2
22.6	27.7	100.0	－5.9	－4.0	－22.7
38.6	59.4	167.4	–	－8.3	－18.7
28.2	29.4	102.7	－20.3	－0.8	－22.1
440.9	148.9	86.7	22.7	24.3	11.4
78.9	62.4	71.8	16.8	4.8	－2.8
50.9	45.0	83.9	9.6	2.5	－11.7
47.7	43.0	74.2	49.5	2.1	－10.3

2—4 国民经济主要比例关系

单位：%

指　　标	2000 年	2002 年	2003 年	2004 年	2005 年	2006 年
地区生产总值产业比例						
第一产业	10.8	10.8	10.3	12.0	11.0	10.6
第二产业	50.2	47.8	48.3	45.9	49.4	51.1
第三产业	39.0	41.4	41.4	42.1	39.6	38.3
就业人数产业比例						
第一产业	33.4	34.4	34.7	34.4	34.1	33.7
第二产业	31.7	28.7	28.2	28.0	28.1	27.7
第三产业	34.9	36.9	37.1	37.6	37.8	28.6
固定资产投资总额资金来源比例						
国家预算	5.7	6.7	4.3	3.8	4.1	4.5
国内贷款	19.9	17.4	17.9	13.0	12.2	11.3
利用外资	5.8	4.5	2.8	3.0	2.9	2.3
自　　筹	54.2	57.8	62.5	67.1	69.3	70.9
其　　他	14.4	13.6	12.5	13.1	11.5	11.0
农业总产值中五业比例						
农　　业	47.9	47.7	40.9	40.5	38.3	38.8
林　　业	2.0	2.5	3.2	2.7	2.7	2.8
牧　　业	31.4	31.9	34.7	36.3	38.1	35.6
渔　　业	18.7	17.9	18.4	18.0	18.3	19.9
农林牧渔服务业			2.8	2.5	2.6	2.9
工业总产值中轻重工业比例						
轻 工 业	18.7	19.9	16.7	16.5	16.5	17.1
重 工 业	81.3	80.1	83.3	83.5	83.5	82.9
货运周转总量比例						
铁　　路	53.2	50.7	41.7	38.5	35.1	29.5
公　　路	11.6	11.6	9.3	10.9	12.2	11.6
水　　运	31.6	34.5	46.6	48.8	51.1	57.7
民　　航	0.1	0.1	0.1	0.1	0.1	0.1
管　　道	3.5	3.1	2.3	1.7	1.5	1.1
客运周转总量比例						
铁　　路	58.8	58.1	56.3	55.9	56.7	55.2
公　　路	29.9	29.7	30.1	29.4	31.2	31.7
水　　运	2.0	1.5	1.3	1.3	1.2	1.2
民　　航	9.3	10.7	12.3	13.4	10.9	11.9

2—5 按总人口平均的国民经济主要指标

指　　标	单　位	2000 年	2002 年	2003 年	2004 年	2005 年	2006 年
地区生产总值(现价)	元/人	11 777	13 000	14 270	15 835	18 983	21 788
农业总产值(现价)	元/人	2 348	2 728	2 922	3 625	3 998	4 384
固定资产投资总额	元/人	3 077	3 868	5 008	7 199	10 127	13 547
地方财政收入	元/人	718	963	1 073	1 271	1 615	1 947
地方财政支出	元/人	1 258	1 664	1 886	2 235	2 881	3 388
耕地面积	亩/人	1.5	1.4	1.3	1.2	1.3	
粮食产量	公斤/人	276.7	363.8	355.1	412.7	417.6	410.7
油料产量	公斤/人	7.2	13.6	14.8	14.7	8.8	9.1
棉花产量	公斤/人	0.1	0.1	0.1	0.1	0.1	…
猪牛羊肉产量	公斤/人	38.0	44.0	47.8	52.0	57.0	61.9
水产品产量	公斤/人	82.2	90.3	91.9	91.7	101.7	104.5
水果产量	公斤/人	60.7	56.5	64.4	64.3	78.8	81.8
布产量	米/人	12.1	12.0	8.2	8.3	13.6	11.9
纸及纸板产量	公斤/人	13.4	12.5	14.2	14.2	19.9	16.1
卷烟产量	箱/千人	5.6	9.2	9.9	11.0	11.0	11.4
钢产量	公斤/人	377	468	522	521	732	908
煤产量	公斤/人	1 082	1 248	1 412	1 409	1 530	1 645
发电量	千瓦小时/人	1 567	1 747	2 013	2 009	2 162	2 413
原油产量	公斤/人	340	325	320	320	302	292
水泥产量	公斤/人	475	517	561	560	641	775
社会消费品零售总额	元/人	4 485	5 440	5 605	6 342	7 173	8 178
出口总额	美元/人	263.4	298.0	351.8	351.1	560.6	674.3
高等学校在校学生	人/万人	72.3	108.5	123.6	140.0	157.7	171.6
普通中学在校学生	人/万人	526.1	577.9	579.7	566.5	553.6	540.0
医院床位数	张/万人	41.8	41.8	41.4	42.4	42.5	42.9
卫生技术人员数	人/万人	55.3	46.0	50.7	45.1	49.9	45.2
#医　生	人/万人	24.4	19.6	18.8	19.2	21.8	22.4
城乡储蓄余额	元/人	9 140	11 226	12 909	14 495	16 591	18 291

注:2002 年及以后各年医生数为执业医师和执业助理医师。

主要统计指标解释

可比价格 指在不同时期的价值指标对比时，扣除了价格变动的因素，以确切反映物量的变化。按可比价格计算有两种方法：一种是直接用产品产量乘某一年的不变价格计算；另一种是用价格指数换算。

不变价格 指用同类产品的年平均价格作为固定价格，来计算各年产品价值。按不变价格计算的产品价值消除了价格变动因素，不同时期对比可以反映生产的发展速度。新中国成立后，随着工农业产品价格水平的变化，国家统计局先后五次制定了全国统一的工业产品不变价格和农业产品不变价格，从1949年到1957年使用1952年工(农)业产品不变价格，从1957年到1971年使用1957年不变价格，从1971年到1981年使用1970年不变价格，从1981年到1990年使用1980年不变价格，从1990年开始使用1990年不变价格。

平均每年增长速度 在我国计算平均增长速度有两种方法，一种是习惯上经常使用的"水平法"，又称几何平均法，是以间隔期最后一年的水平同基期水平对比来计算平均每年增长(或下降)速度。另一种是"累计法"，又称代数平均法或方程法，是以间隔期内各年水平的总和同基期水平对比来计算平均每年增长(或下降)速度。

在一般正常情况下，两种方法计算的平均每年增长速度比较接近，但在经济发展不平衡，出现大起大落时，两种方法计算的结果差别较大。

本《年鉴》内所列的平均每年增长速度均用"水平法"计算。从某年到某年平均增长速度的年份，均不包括基期年在内。如建国四十三年的平均增长速度是以 1949 年为基期计算的，则写为 1950—1992 年平均增长速度，余类推。

各个计划时期 表内所用各个"时期"代表的年份如下：恢复时期为1950年到1952年；第一个五年计划时期(简称一五时期)为1953年到1957年；第二个五年计划时期(简称二五时期)为1958年到1962年；第三个五年计划时期(简称三五时期)为1966年到1970年；第四个五年计划时期(简称四五时期)为1971年到1975年；第五个五年计划时期(简称五五时期)为1976年到1980年；第六个五年计划时期(简称六五时期)为1981年到1985年；第七个五年计划时期(简称七五时期)为1986年到1990年；第八个五年计划时期(简称八五时期)为1991到1995年；第九个五年计划时期(简称九五时期)为 1996 年到 2000 年。

企业(单位)登记注册类型 是以在工商行政管理机关登记注册的各类企业为划分对象，以工商行政管理部门对企业登记注册的类型为依据，将企业登记注册类型分为内资企业、港澳台商投资企业和外商投资企业三大类。内资企业包括国有企业、集体企业、股份合作企业、联营企业、有限责任公司、股份有限公司、私营公司和其他企业；港澳台商投资企业和外商投资企业分别包括合资经营企业、合作经营企业、独资经营企业和股份有限公司。对不在工商行政管理部门进行登记注册的行政机关、事业单位和社会团体，主要按其经费来源和管理方式进行划分。

国有企业 指企业全部资产归国家所有，并按《中华人民共和国企业法人登记管理条例》规定登记注册的非公司制的经济组织。不包括有限责任公司中的国有独资公司。

集体企业 指企业资产归集体所有，并按《中华人民共和国企业法人登记管理条例》规定登记注册的经济组织。

股份合作企业 指以合作制为基础，由企业职工共同出资入股，吸收一定比例的社会资产投资组建，实行自主经营，自负盈亏，共同劳动，民主管理，按劳分配与按股分红相结合的一种集体经济组织。

联营企业 指两个及两个以上相同或不同所有制性质的企业法人或事业单位法人，按自愿、平等、互利的原则，共同投资组成的经济组织。联营企业包括国有联营企业、集体联营企业、国有与集体联营企业和其他联营企业。

有限责任公司 指根据《中华人民共和国公司登记管理条例》规定登记注册，由两个以上、五十个以下的股东共同出资，每个股东以其所认缴的出资额对公司承担有限责任，公司以其全部资产对其债务承担责任的经济组织。有限责任公司包括国有独资公司以及其他有限责任公司。

(1)国有独资公司：指国家授权的投资机构或者国家授权的部门单独投资设立的有限责任公司。

(2)其他有限责任公司：指国有独资公司以外的有限责任公司。

股份有限公司 指根据《中华人民共和国公司登记管理条例》规定登记注册，其全部注册资本由等额股份构成并通过发行股票筹集资本，股东以其认购的股份对公司承担有限责任，公司以其全部资产对其债务承担责任的经济组织。

私营企业 指由自然人投资设立或由自然人控股，以雇佣劳动为基础的营利性经济组织。包括按照《公司法》、《合伙企业法》、《私营企业暂行条例》规定登记注册的私营有限责任公司、私营股份有限公司、私营合伙企业和私营独资企业。

(1)私营独资企业：指按《私营企业暂行条例》的规定，由一名自然人投资经营，以雇佣劳动为基础，投资者对企业债务承担无限责任的企业。

(2)私营合伙企业：指按《合伙企业法》或《私营企业暂行条例》的规定，由两个以上自然人按照协议共同投资、共同经营、共负盈亏，以雇佣劳动为基础，对债务承担无限责任的企业。

(3)私营有限责任公司：指按《公司法》、《私营企业暂行条例》的规定，由两个以上自然人投资或由单个自然人控股的有限责任公司。

(4)私营股份有限公司：指按《公司法》的规定，由五个以上自然人投资，或由单个自然人控股的股份有限公司。

其他内资企业 指上述企业之外的其他内资经济组织。

第三篇

国民经济核算

3

GUOMIN
JINGJI
HESUAN

3—1 生产总值

单位:亿元

年份	生产总值	第一产业	第二产业	工业	建筑业	第三产业	人均生产总值(元)
1978	229.2	32.4	162.9	155.2	7.7	33.9	680
1979	245.0	40.7	166.4	158.0	8.4	37.9	717
1980	281.0	46.1	192.3	182.7	9.6	42.6	811
1981	288.6	49.1	187.5	174.0	13.5	51.9	823
1982	315.1	54.7	199.7	185.6	14.1	60.7	884
1983	364.0	72.2	219.7	202.2	17.5	72.1	1 012
1984	438.2	80.4	268.2	243.3	24.9	89.6	1 203
1985	518.6	74.9	328.1	299.2	28.9	115.6	1 413
1986	605.3	92.9	357.8	326.0	31.8	154.6	1 633
1987	719.1	109.5	417.0	375.6	41.4	192.6	1 917
1988	881.0	141.9	492.5	444.4	48.1	246.6	2 285
1989	1 003.8	141.9	545.1	492.6	52.5	316.9	2 574
1990	1 062.7	168.6	540.8	482.9	57.9	353.3	2 698
1991	1 200.1	180.8	590.1	526.8	63.3	429.2	3 027
1992	1 473.0	194.6	741.9	661.2	80.7	536.5	3 693
1993	2 010.8	260.8	1 039.3	920.6	118.8	710.8	5 015
1994	2 461.8	319.0	1 259.1	1 109.8	149.2	883.8	6 103
1995	2 793.4	392.2	1 390.0	1 233.4	156.6	1 011.2	6 880
1996	3 157.7	474.1	1 537.7	1 379.1	158.6	1 145.9	7 730
1997	3 582.5	474.4	1 743.9	1 567.6	176.3	1 364.2	8 725
1998	3 881.7	531.5	1 855.2	1 664.1	191.2	1 495.1	9 415
1999	4 171.7	520.8	2 001.5	1 795.7	205.8	1 649.4	10 086
2000	4 669.1	503.4	2 344.4	2 114.9	229.5	1 821.2	11 177
2001	5 033.1	544.4	2 440.6	2 190.1	250.4	2 048.1	12 015
2002	5 458.2	590.2	2 609.9	2 332.0	277.9	2 258.2	13 000
2003	6 002.5	615.8	2 898.9	2 556.8	342.1	2 487.9	14 270
2004	6 672.0	798.4	3 061.6	2 680.4	381.2	2 812.0	15 835
2005	8 009.0	882.4	3 953.3	3 489.6	463.7	3 173.3	18 983
2006	9 251.2	976.4	4 729.5	4 175.3	554.2	3 545.3	21 788

注:2000 年以后的人均生产总值按常住人口计算。

3—2 生产总值指数

（以上年为100）　　　　单位：%

年份	生产总值	第一产业	第二产业			第三产业	人均生产总值
				工业	建筑业		
1978	110.7	96.9	115.4	116.6	92.6	103.4	109.3
1979	104.9	106.9	103.3	103.2	106.5	111.2	103.6
1980	109.2	103.8	110.0	110.0	109.4	109.9	107.6
1981	98.4	98.1	94.0	92.8	123.5	119.4	97.2
1982	105.3	106.6	102.5	101.8	113.5	113.8	103.7
1983	113.3	128.3	108.8	109.1	104.4	115.2	112.3
1984	116.8	105.0	119.5	120.1	109.3	119.5	115.4
1985	113.3	84.0	118.7	118.2	127.8	120.5	112.4
1986	108.3	111.7	103.5	103.1	109.6	120.5	107.2
1987	114.1	106.0	111.4	111.5	110.4	124.8	112.7
1988	111.7	106.9	111.7	111.5	114.9	113.7	108.7
1989	103.1	95.7	101.6	102.0	95.4	109.3	101.9
1990	100.9	114.5	97.0	96.6	104.0	104.8	100.1
1991	106.1	104.2	104.0	103.2	110.9	110.2	105.4
1992	112.1	104.2	113.6	114.7	104.4	113.6	111.4
1993	114.9	110.7	116.6	116.1	120.4	114.3	114.3
1994	111.2	102.1	113.8	128.1	109.3	111.1	111.2
1995	107.1	104.9	107.1	107.8	100.1	107.8	106.4
1996	108.6	112.6	107.8	108.6	99.1	108.4	107.9
1997	108.9	101.3	110.5	110.9	106.1	109.2	108.7
1998	108.3	113.0	107.6	107.6	108.2	107.9	107.9
1999	108.2	105.1	108.5	108.6	106.7	108.9	107.9
2000	108.9	98.4	110.7	110.8	109.3	109.6	108.6
2001	109.0	106.7	107.5	107.4	108.7	111.5	108.7
2002	110.2	108.4	109.8	109.8	110.3	111.3	110.0
2003	111.5	107.2	112.3	111.6	117.5	111.7	111.3
2004	112.8	107.9	116.0	115.2	121.3	110.7	112.6
2005	112.3	107.9	117.1	118.0	110.1	108.2	112.2
2006	113.8	106.9	118.6	118.9	116.3	110.0	113.1

注：本表按可比价计算。

3—3 生产总值指数

(以1952年为100)

单位:%

年份	生产总值	第一产业	第二产业	工业	建筑业	第三产业	人均生产总值
1952	100.0	100.0	100.0	100.0	100.0	100.0	100.0
1957	212.8	113.8	297.2	293.7	327.8	174.9	171.9
1965	251.2	134.7	353.4	365.0	183.0	203.4	172.3
1970	382.9	168.5	588.5	616.3	201.4	260.9	237.3
1975	578.8	192.8	955.5	986.6	486.7	359.7	335.3
1978	665.8	173.9	1 178.8	1 248.7	378.1	380.1	373.7
1979	698.4	185.9	1 217.7	1 288.7	402.7	422.7	387.2
1980	762.7	193.0	1 339.5	1 417.5	440.5	464.5	416.6
1981	750.5	189.3	1 259.1	1 315.5	544.1	554.6	405.0
1982	790.3	201.8	1 290.6	1 339.2	617.5	631.2	419.9
1983	895.4	258.9	1 404.1	1 461.0	644.7	727.1	471.6
1984	1 045.8	271.8	1 677.9	1 754.7	704.6	868.9	544.2
1985	1 184.9	228.4	1 991.7	2 074.0	900.5	1 047.0	611.7
1986	1 283.2	255.1	2 061.4	2 138.3	987.0	1 261.6	655.7
1987	1 464.1	270.4	2 296.4	2 384.2	1 089.6	1 574.5	739.0
1988	1 635.4	289.0	2 565.1	2 658.4	1 252.0	1 790.2	803.3
1989	1 686.1	276.6	2 606.1	2 711.6	1 194.4	1 956.7	818.6
1990	1 701.3	316.7	2 528.0	2 619.4	1 242.2	2 050.6	819.4
1991	1 805.1	330.0	2 629.1	2 703.2	1 377.6	2 259.8	863.6
1992	2 023.5	343.9	2 986.6	3 100.6	1 438.2	2 567.1	962.1
1993	2 325.0	380.7	3 482.4	3 599.8	1 731.6	2 934.2	1 099.7
1994	2 585.4	388.7	3 963.0	4 611.3	1 892.6	3 259.9	1 222.9
1995	2 768.9	407.7	4 244.3	4 971.0	1 894.5	3 514.2	1 301.1
1996	3 007.2	459.1	4 575.4	5 398.5	1 877.4	3 809.4	1 403.9
1997	3 274.8	465.1	5 055.8	5 986.9	1 992.0	4 159.9	1 526.0
1998	3 546.7	525.6	5 440.1	6 442.0	2 155.3	4 488.5	1 646.6
1999	3 837.5	552.4	5 902.5	6 996.0	2 299.7	4 888.0	1 776.7
2000	4 179.0	543.6	6 534.1	7 751.5	2 513.6	5 357.2	1 929.5
2001	4 555.1	580.0	7 024.2	8 325.1	2 732.3	5 973.3	2 097.4
2002	5 019.7	628.7	7 712.6	9 141.0	3 013.7	6 648.3	2 307.1
2003	5 596.0	673.8	8 657.8	10 203.6	3 541.3	7 423.3	2 567.8
2004	6 312.0	726.9	10 041.4	11 757.9	4 294.1	8 214.6	2 891.3
2005	7 089.5	784.0	11 755.2	13 876.1	4 728.3	8 887.8	3 244.1
2006	8 067.9	838.1	13 941.7	16 498.7	5 499.0	9 776.6	3 668.3

注:本表按可比价计算。

3—4 生产总值构成

单位:%

年份	生产总值	第一产业	第二产业	工业	建筑业	第三产业
1952	100	29.0	48.3			22.7
1953	100	23.3	49.5			27.2
1957	100	20.3	59.3			20.4
1965	100	19.6	60.7			19.7
1970	100	20.8	62.4			16.8
1975	100	18.1	66.9			15.0
1978	100	14.1	71.1	95.3	4.7	14.8
1979	100	16.6	67.9	94.9	5.1	15.5
1980	100	16.4	68.4	95.0	5.0	15.2
1981	100	17.0	65.0	92.8	7.2	18.0
1982	100	17.4	63.4	92.9	7.1	19.2
1983	100	19.9	60.3	92.1	7.9	19.8
1984	100	18.3	61.2	90.7	9.3	20.5
1985	100	14.4	63.3	91.2	8.8	22.3
1986	100	15.3	59.1	91.1	8.9	25.6
1987	100	15.2	58.0	90.1	9.9	26.8
1988	100	16.1	55.9	90.2	9.8	28.0
1989	100	14.1	54.3	90.4	9.6	31.6
1990	100	15.9	50.9	89.3	10.7	33.2
1991	100	15.1	49.2	89.3	10.7	35.7
1992	100	13.2	50.4	89.1	10.9	36.4
1993	100	13.0	51.7	88.6	11.4	35.3
1994	100	13.0	51.1	88.2	11.8	35.9
1995	100	14.0	49.8	88.7	11.3	36.2
1996	100	15.0	48.7	89.7	10.3	36.3
1997	100	13.2	48.7	89.9	10.1	38.1
1998	100	13.7	47.8	89.7	10.3	38.5
1999	100	12.5	48.0	89.7	10.3	39.5
2000	100	10.8	50.2	90.2	9.8	39.0
2001	100	10.8	48.5	89.7	10.3	40.7
2002	100	10.8	47.8	89.4	10.6	41.4
2003	100	10.3	48.3	88.2	11.8	41.4
2004	100	12.0	45.9	87.5	12.5	42.1
2005	100	11.0	49.4	88.3	11.7	39.6
2006	100	10.6	51.1	88.3	11.7	38.3

注:1999年初进行了第三产业快速调查,本表中1997、1998年生产总值使用的是快速调查数,以前年度未进行调整。

3—5 第三产业增加值

单位:亿元

行业	2005年	2006年	2006年比上年增长%
总计	**3 173.32**	**3 545.28**	**10.0**
交通运输、仓储和邮政业	509.37	565.67	8.4
信息传输、计算机服务和软件业	186.84	195.57	4.3
批发和零售业	850.33	952.66	8.6
住宿和餐饮业	178.84	202.99	10.8
金融业	212.72	250.13	15.8
房地产业	243.99	294.70	16.8
租赁和商务服务业	75.30	94.78	24.6
科学研究、技术服务和地质勘查业	87.08	71.99	1.0
水利、环境和公共设施管理业	36.47	42.44	15.0
居民服务和其他服务业	212.56	231.59	6.3
教育	189.97	209.63	10.2
卫生、社会保障和社会福利业	95.18	111.98	16.5
文化、体育和娱乐业	60.07	71.95	21.4
公共管理和社会组织	234.61	249.20	5.0

3—6 各地区第三

(2006

行　　业	沈阳市	大连市	鞍山市	抚顺市	本溪市	丹东市
总　　计	**12 453 153**	**11 320 290**	**4 524 856**	**1 719 153**	**1 330 949**	**1 581 225**
交通运输、仓储和邮政业	1 440 511	2 597 845	404 300	320 130	243 716	279 748
信息传输、计算机服务和软件业	653 753	1 390 694	181 872	105 456	56 985	112 388
批发和零售业	2 656 453	1 679 407	1 598 717	559 074	306 573	406 787
住宿和餐饮业	740 629	666 459	393 797	81 143	123 561	126 019
金　融　业	926 629	1 014 949	182 959	62 894	62 347	58 157
房地产业	1 272 151	789 600	159 705	101 429	68 276	111 026
租赁和商务服务业	661 226	386 070	332 530	21 948	11 761	60 564
科学研究、技术服务和地质勘查业	366 571	217 753	77 279	33 613	16 135	22 613
水利、环境和公共设施管理业	172 525	48 056	21 192	39 809	15 480	12 023
居民服务和其他服务业	363 162	643 816	571 860	54 029	44 970	83 181
教　　育	1 010 355	584 192	194 929	112 237	83 487	103 117
卫生、社会保障和社会福利业	638 022	469 772	120 249	53 360	64 135	68 135
文化、体育和娱乐业	365 602	344 231	111 720	25 642	21 594	25 478
公共管理和社会组织	1 185 566	487 444	173 747	148 389	211 929	111 989

产　业　增　加　值

年)　　　　　　　　　　　　　　　　　　　　　　　　　　单位:万元

锦州市	营口市	阜新市	辽阳市	盘锦市	铁岭市	朝阳市	葫芦岛市
1 832 663	**1 627 944**	**656 817**	**1 207 952**	**865 121**	**1 051 488**	**854 765**	**1 319 671**
397 612	409 684	132 686	217 655	79 360	206 849	103 649	370 694
111 765	85 960	48 027	61 723	58 949	57 466	60 286	66 207
272 318	411 754	78 755	246 090	169 389	168 818	145 125	278 498
246 028	95 194	40 655	88 943	72 590	80 266	79 641	84 099
83 557	59 735	26 670	66 539	55 500	34 870	41 428	105 148
150 669	144 560	73 805	118 083	111 205	71 650	75 504	105 028
31 614	16 474	9 786	18 612	13 774	18 129	11 235	15 047
26 679	10 664	13 822	11 583	51 120	17 543	14 335	13 542
24 438	15 951	7 742	15 967	18 103	15 366	7 886	9 404
118 987	64 600	30 814	114 721	49 420	72 344	39 100	47 774
110 832	88 418	79 884	59 355	45 332	87 440	85 688	72 226
49 738	64 473	27 376	50 254	38 271	51 464	42 304	54 545
54 290	40 760	9 954	16 210	10 875	17 633	9 028	7 548
154 136	119 717	76 841	122 216	91 233	151 650	139 556	89 911

3—7 第三产业增加值构成

单位:%

行业	2004年	2005年	2006年
总计	**100.0**	**100.0**	**100.0**
交通运输、仓储和邮政业	15.1	16.1	16.0
信息传输、计算机服务和软件业	10.2	5.9	5.5
批发和零售业	24.4	26.8	26.9
住宿和餐饮业	5.8	5.6	5.7
金融业	6.7	6.7	7.1
房地产业	7.2	7.7	8.3
租赁和商务服务业	2.3	2.4	2.7
科学研究、技术服务和地质勘查业	2.0	2.7	2.0
水利、环境和公共设施管理业	1.2	1.1	1.2
居民服务和其他服务业	6.8	6.7	6.5
教育	6.2	6.0	5.9
卫生、社会保障和社会福利业	3.2	3.0	3.2
文化、体育和娱乐业	1.5	1.9	2.0
公共管理和社会组织	7.3	7.4	7.0

3—8 生产总值项目构成

(2006年)　　　　单位:亿元

行业	生产总值	劳动者报酬	生产税净额	固定资产折旧	营业盈余
地区生产总值	**9 251.15**	**3 930.66**	**1 502.03**	**1 490.67**	**2 327.79**
第一产业	976.37	944.83	1.16	30.38	0.00
农、林、牧、渔业	976.37	944.83	1.16	30.38	0.00
第二产业	4 729.50	1 688.44	992.66	924.10	1 124.30
工　业	4 175.33	1 381.06	912.39	883.69	998.19
建筑业	554.17	307.38	80.27	40.41	126.11
第三产业	3 545.28	1 297.39	508.21	536.19	1 203.49
交通运输、仓储和邮政业	565.67	125.34	43.84	79.20	317.29
信息传输、计算机服务和软件业	195.57	43.37	10.08	85.54	56.58
批发和零售业	952.66	298.51	293.39	76.12	284.64
住宿和餐饮业	202.99	54.86	17.44	21.09	109.60
金融业	250.13	110.02	37.76	17.39	84.96
房地产业	294.70	34.54	56.20	157.57	46.39
租赁和商务服务业	94.78	37.65	7.99	13.28	35.86
科学研究、技术服务和地质勘查业	71.99	46.21	5.78	7.99	12.01
水利、环境和公共设施管理业	42.44	26.98	0.62	7.57	7.27
居民服务和其他服务业	231.59	32.85	5.20	5.82	187.72
教　育	209.63	171.07	1.07	18.53	18.96
卫生、社会保障和社会福利业	111.98	68.22	23.36	8.56	11.84
文化、体育和娱乐业	71.95	25.81	5.04	10.73	30.37
公共管理和社会组织	249.20	221.96	0.44	26.80	0.00

3—9 各地区生产总值项目构成

(2006 年)　　单位:亿元

地　　区	生产总值	劳动者报酬	生产税净额	固定资产折旧	营业盈余
全　　省	**9 251.15**	**3 930.66**	**1 502.03**	**1 490.67**	**2 327.79**
沈　　阳	2 519.63	1 059.32	311.81	358.20	790.30
大　　连	2 569.67	1 120.68	358.06	428.30	662.62
鞍　　山	1 136.01	339.62	179.18	137.56	479.66
抚　　顺	457.82	211.22	51.76	94.97	99.87
本　　溪	400.34	157.92	73.73	94.55	74.14
丹　　东	385.33	192.59	42.24	48.19	102.31
锦　　州	460.25	225.69	76.24	65.40	92.92
营　　口	457.24	212.82	70.91	65.47	108.04
阜　　新	158.64	96.97	15.93	28.96	16.77
辽　　阳	393.03	135.96	65.99	58.37	132.71
盘　　锦	509.15	164.93	85.15	98.72	160.36
铁　　岭	323.93	219.58	33.58	36.60	34.17
朝　　阳	254.02	131.78	27.76	32.35	62.13
葫 芦 岛	348.11	133.39	68.14	52.70	93.88

3—10 各地区生产总值和指数

地　　区	2000 年	2002 年	2003 年	2004 年	2005 年	2006 年
生产总值(亿元)						
全　　省	**4 669.1**	**5 458.2**	**6 002.5**	**6 672.0**	**8 009.0**	**9 251.2**
沈　　阳	1 119.1	1 326.0	1 501.9	1 772.9	2 084.1	2 519.6
大　　连	1 110.8	1 330.9	1 543.8	1 850.4	2 152.2	2 569.7
鞍　　山	581.2	569.0	647.7	849.2	1 018.0	1 136.0
抚　　顺	232.2	252.6	279.0	330.8	390.2	457.8
本　　溪	158.3	193.5	234.7	297.5	343.3	400.3
丹　　东	172.9	189.9	220.8	273.1	326.3	385.3
锦　　州	195.9	242.9	281.7	316.0	381.9	460.2
营　　口	170.8	206.8	240.7	302.3	379.6	457.2
阜　　新	65.1	83.9	100.9	122.6	142.6	158.6
辽　　阳	172.1	202.0	238.8	270.0	330.1	393.0
盘　　锦	299.1	302.0	330.8	369.4	441.3	509.1
铁　　岭	126.5	151.8	176.5	216.3	264.2	323.9
朝　　阳	82.0	114.9	136.4	176.0	212.1	254.0
葫 芦 岛	160.3	197.8	225.5	262.0	299.5	348.1
指数(上年=100)						
全　　省	**108.9**	**110.2**	**111.5**	**112.8**	**112.3**	**113.8**
沈　　阳	110.3	113.1	114.2	115.5	116.0	116.7
大　　连	111.8	113.8	115.0	116.1	114.2	116.5
鞍　　山	110.0	111.0	113.1	116.1	116.2	115.6
抚　　顺	110.0	110.5	112.6	115.0	113.8	115.1
本　　溪	110.2	110.5	113.6	114.0	115.1	116.1
丹　　东	107.4	109.5	113.1	116.8	116.4	116.1
锦　　州	108.0	112.0	114.3	116.0	116.0	116.2
营　　口	110.9	112.5	116.1	121.2	120.4	118.8
阜　　新	100.2	118.6	119.4	117.1	113.5	111.1
辽　　阳	108.0	112.0	116.1	116.3	117.0	116.0
盘　　锦	106.8	107.0	108.2	108.1	106.4	106.1
铁　　岭	107.3	110.0	115.6	117.0	118.1	120.1
朝　　阳	97.7	112.5	116.5	118.4	116.6	118.0
葫 芦 岛	105.8	111.1	112.6	114.5	113.8	114.1

注:2004 年指数为快报数据。

3—11 各 地 区

（2006

地 区	生产总值（亿元）	第一产业	第二产业	工 业	建筑业	第三产业
全 省	**9 251.15**	**976.37**	**4 729.50**	**4 175.33**	**554.17**	**3 545.28**
沈 阳	2 519.63	135.20	1 139.12	1 008.82	130.31	1 245.32
大 连	2 569.67	208.60	1 229.04	1 058.84	170.20	1 132.03
鞍 山	1 136.01	61.03	622.49	577.69	44.80	452.49
抚 顺	457.82	31.43	254.48	228.18	26.30	171.92
本 溪	400.34	25.84	241.41	221.76	19.65	133.09
丹 东	385.33	58.16	169.05	143.05	26.00	158.12
锦 州	460.25	94.43	182.55	161.48	21.07	183.27
营 口	457.24	45.19	249.26	229.00	20.26	162.79
阜 新	158.64	32.88	60.08	50.91	9.17	65.68
辽 阳	393.03	27.62	244.62	219.90	24.72	120.80
盘 锦	509.15	50.69	371.94	350.15	21.80	86.51
铁 岭	323.93	79.68	139.10	126.38	12.72	105.15
朝 阳	254.02	63.50	105.05	93.44	11.61	85.48
葫 芦 岛	348.11	48.07	168.07	154.36	13.71	131.97

生　　产　　总　　值

年）

人均生产总值（元）	构成(%)			指数(上年=100)			
	第一产业	第二产业	第三产业	生产总值	第一产业	第二产业	第三产业
21 788	**10.6**	**51.1**	**38.3**	**113.8**	**106.9**	**118.6**	**110.0**
35 940	5.4	45.2	49.4	116.7	104.1	122.2	113.6
42 579	8.1	47.8	44.1	116.5	110.9	119.6	114.3
32 644	5.4	54.8	39.8	115.6	107.2	118.8	112.3
20 425	6.9	55.6	37.6	115.1	107.2	116.7	114.3
25 619	6.5	60.3	33.2	116.1	110.6	119.6	111.0
15 893	15.1	43.9	41.0	116.1	107.8	123.7	112.0
14 906	20.5	39.7	39.8	116.2	107.1	119.9	117.9
19 810	9.9	54.5	35.6	118.8	108.4	126.8	110.9
8 227	20.7	37.9	41.4	111.1	94.9	120.5	113.1
21 562	7.0	62.2	30.7	116.0	108.2	115.9	118.1
39 316	10.0	73.1	17.0	106.1	107.0	104.5	112.2
10 673	24.6	42.9	32.5	120.1	111.2	127.2	118.5
7 469	25.0	41.4	33.6	118.0	110.1	127.2	113.7
12 676	13.8	48.3	37.9	114.1	106.5	117.6	112.7

3—12 生产总值（支出法）

单位:亿元

年份	生产总值	最终消费支出	资本形成总额	净流出	消费率 %	投资率 %
1978	229.20	109.37	62.33	57.50	47.72	27.19
1979	244.96	129.30	64.68	50.98	52.79	26.40
1980	281.00	157.43	56.82	66.75	56.02	20.22
1981	288.61	177.41	53.80	57.40	61.47	18.64
1982	315.07	185.21	67.87	61.99	58.78	21.54
1983	364.02	208.15	86.81	69.06	57.18	23.85
1984	438.17	236.89	127.59	73.69	54.06	29.12
1985	518.59	276.19	174.24	68.16	53.26	33.60
1986	605.33	314.75	215.95	74.63	52.00	35.67
1987	719.12	371.81	256.83	90.48	51.70	35.71
1988	881.24	459.39	335.39	86.24	52.14	38.07
1989	1 003.81	543.60	356.47	103.74	54.15	35.51
1990	1 062.74	574.24	392.74	95.76	54.03	36.96
1991	1 200.10	640.51	452.62	106.97	53.37	37.72
1992	1 472.95	769.94	561.81	141.20	52.27	38.14
1993	2 010.82	962.51	901.26	147.05	47.87	44.82
1994	2 461.78	1 239.61	1 024.66	197.51	50.35	41.62
1995	2 793.37	1 501.84	1 046.60	244.93	53.76	37.47
1996	3 148.23	1 728.74	1 076.26	343.23	54.91	34.19
1997	3 582.46	1 943.35	1 146.95	491.66	54.42	32.02
1998	3 881.73	2 128.05	1 225.99	527.69	54.82	31.58
1999	4 171.69	2 330.53	1 284.31	556.85	55.87	30.79
2000	4 669.06	2 587.52	1 471.61	609.93	55.42	31.52
2001	5 033.08	2 828.09	1 625.50	579.49	56.19	32.30
2002	5 458.22	3 031.47	1 835.54	591.21	55.54	33.63
2003	6 002.54	3 102.51	2 333.67	566.36	51.69	38.88
2004	6 672.00	3 248.3	3 161.08	262.62	48.69	47.38
2005	8 009.01	3 822.95	4 006.64	179.42	47.73	50.03
2006	9 251.15	4 126.5	5 003.32	121.33	44.61	54.08

3—13 生产总值结构(支出法)

	资本形成总额		最终消费支出			
	固定资本形成总额	存货增加	居民消费支出	农村居民	城镇居民	政府消费支出
一、绝对数(亿元)						
1980	42.94	13.88	124.79	53.01	71.78	32.64
1981	43.10	10.70	142.53	59.27	83.26	34.88
1982	63.03	4.84	148.54	60.89	87.65	36.67
1983	71.55	15.26	162.51	67.86	94.65	45.64
1984	92.63	34.96	188.42	80.66	107.76	48.47
1985	130.91	43.33	225.51	90.99	134.52	50.68
1986	158.58	57.37	257.88	100.04	157.84	56.87
1987	210.23	46.60	296.93	113.00	183.93	74.88
1988	260.30	75.09	379.61	131.15	248.46	79.78
1989	241.89	114.58	434.09	148.43	285.66	109.51
1990	262.39	130.35	450.76	140.60	310.16	123.48
1991	323.66	128.96	502.22	156.02	346.20	138.29
1992	405.18	156.63	614.28	200.54	413.74	155.66
1993	731.60	169.66	770.19	240.22	529.97	192.32
1994	887.99	136.67	965.96	302.29	663.67	273.65
1995	884.95	161.65	1 177.59	350.38	827.21	324.25
1996	920.66	155.60	1 327.68	408.76	918.92	401.06
1997	976.45	170.50	1 485.79	425.90	1 059.89	458.06
1998	1 069.57	156.42	1 578.49	462.27	1 116.22	549.56
1999	1 115.82	168.49	1 707.30	491.98	1 215.32	623.23
2000	1 293.92	177.69	1 867.36	535.84	1 331.52	720.16
2001	1 444.15	181.35	2 001.97	566.95	1 435.02	826.12
2002	1 627.56	207.98	2 141.47	590.27	1 551.20	890.00
2003	2 102.10	231.57	2 172.06	487.16	1 684.90	930.45
2004	2 925.14	235.94	2 316.03	486.35	1 829.68	932.27
2005	3 705.99	300.65	2 720.95	569.28	2 151.67	1 102.00
2006	4 755.78	247.54	2 942.13	604.32	2 337.81	1 184.37
二、比重(%)						
1980	70.16	29.84	83.19	43.14	56.86	16.82
1981	75.57	24.43	79.27	42.48	57.52	20.73
1982	80.11	19.89	80.34	41.58	58.42	19.66
1983	92.87	7.13	80.20	40.99	59.01	19.80
1984	82.42	17.58	78.07	41.76	58.24	21.93
1985	72.60	27.40	79.54	42.81	57.19	20.46
1986	75.13	24.87	81.65	40.35	59.65	18.35
1987	73.43	26.57	81.93	38.79	61.21	18.07
1988	81.86	18.14	79.86	38.06	61.94	20.14
1989	77.61	22.39	82.63	34.55	65.45	17.37
1990	67.86	32.14	79.85	34.19	65.81	20.15
1991	66.81	33.19	78.50	31.19	68.81	21.50
1992	71.51	28.49	78.41	31.07	68.93	21.59
1993	72.12	27.88	79.78	32.65	67.35	20.22
1994	74.41	25.59	80.02	31.19	68.81	19.98
1995	86.66	13.34	77.92	31.29	68.71	22.08
1996	84.55	15.45	78.41	29.75	70.25	21.59
1997	85.54	14.46	76.80	30.79	78.03	23.20
1998	85.13	14.87	76.44	29.99	70.01	23.56
1999	87.24	12.76	74.18	29.29	70.71	25.82
2000	86.88	13.12	73.26	28.82	71.18	26.74
2001	88.84	11.16	70.79	28.32	71.68	29.21
2002	88.67	11.33	70.64	27.56	72.44	29.36
2003	90.08	9.92	70.01	22.43	77.57	29.99
2004	92.54	7.46	71.30	21.00	79.00	28.70
2005	92.50	7.50	71.17	20.92	79.08	28.83
2006	95.05	4.95	71.30	20.54	79.46	28.70

3—14 各地区生产总值(支出法)及构成

(2006 年) 单位:亿元

地　　区	生产总值	最终消费支出	资本形成总额	净流出	生产总值=100 最终消费支出	资本形成总额
沈　阳	2 519.63	1 060.66	1 382.89	76.09	42.10	54.88
大　连	2 569.67	973.56	1 439.65	156.45	37.89	56.02
鞍　山	1 136.01	422.85	430.75	282.41	37.22	37.92
抚　顺	457.82	187.62	228.48	41.72	40.98	49.91
本　溪	400.34	159.65	211.60	29.09	39.88	52.85
丹　东	385.33	180.04	176.05	29.24	46.72	45.69
锦　州	460.25	229.00	132.23	99.02	49.76	28.73
营　口	457.22	175.09	266.16	15.98	38.29	58.21
阜　新	158.68	95.49	60.37	2.82	60.18	38.04
辽　阳	393.03	137.67	159.32	96.04	35.03	40.54
盘　锦	460.25	229.00	132.23	99.02	49.76	28.73
铁　岭	323.93	175.62	155.69	-7.38	54.22	48.06
朝　阳	254.02	190.09	91.68	-27.74	74.83	36.09
葫芦岛	348.11	165.02	174.43	8.65	47.41	50.11

3—15 各地区总投资及构成

（2006 年）

地区	资本形成总额（亿元）	固定资产形成总额	存货增加	构成(%) 固定资本形成总额	存货增加
沈阳	1 382.89	1 368.37	14.51	98.95	1.05
大连	1 439.65	1 332.93	106.73	92.59	7.41
鞍山	430.75	378.43	52.32	87.85	12.15
抚顺	228.48	200.80	27.68	87.89	12.11
本溪	211.60	157.77	53.83	74.56	25.44
丹东	211.60	157.77	53.83	74.56	25.44
锦州	132.23	134.54	−2.32	101.75	−1.75
营口	266.16	245.36	20.80	92.19	7.81
阜新	60.37	57.36	3.01	95.02	4.98
辽阳	159.32	143.47	15.85	90.05	9.95
盘锦	216.98	204.31	12.67	94.16	5.84
铁岭	155.69	152.15	3.54	97.73	2.27
朝阳	91.68	139.69	−48.01	152.37	−52.37
葫芦岛	174.43	122.88	51.55	70.44	29.56

3—16 总　消　费

单位:亿元

指　　标	2000 年	2002 年	2003 年	2004 年	2005 年	2006 年
最终消费支出	**2 587.52**	**3 031.47**	**3 102.51**	**3 248.3**	**3 822.95**	**4 126.5**
一、居民消费支出	1 867.36	2 141.47	2 172.06	2 316.03	2 720.95	2 942.13
1.农村居民	535.84	590.27	487.16	486.35	569.28	604.32
自给性消费	172.93	175.93	120.34		54.78	
商品性消费	232.00	254.10	242.66		282.41	
文化生活服务性消费	76.78	83.50	75.82		116.75	
住房及水电消费	54.13	76.74	48.35		17.48	
#住房消费	36.41	45.83	35.68			
2.城镇居民	1 331.52	1 551.20	1 684.90	1 829.68	2 151.67	2 337.81
商品性消费	864.40	991.00	1 183.57		1 337.79	
文化生活服务性消费	369.58	429.00	419.42		347.46	
住房及水电消费	97.54	131.20	81.91		196.33	
#住房消费	43.63	65.00	46.58		46.53	
二、政府消费支出	720.16	890.00	930.45	932.27	1 102.00	1 184.37
三、居民消费水平(元/人)	4 490	5 095	5 159	5 492	6 449	6 929
农村居民	2 403	2 643	2 630	2 621	3 267	3 458
城镇居民	6 903	7 874	7 147	7 748	8 688	9 357

3—17 各地区消费及构成

（2006 年）

地区	最终消费支出（亿元）	居民消费支出	农村居民	城镇居民	政府消费支出	最终消费=100 居民消费	最终消费=100 政府消费	居民消费=100 农村居民	居民消费=100 城镇居民
沈阳	1 060.66	643.57	130.46	513.11	417.09	60.68	39.32	20.27	79.73
大连	973.56	661.34	98.46	562.89	312.22	67.93	32.07	14.89	85.11
鞍山	422.85	242.14	81.46	160.68	180.72	57.26	42.74	33.64	66.36
抚顺	187.62	147.30	27.95	119.35	40.32	78.51	21.49	18.97	81.03
本溪	159.65	116.66	19.07	97.60	42.98	73.08	26.92	16.34	83.66
丹东	180.04	131.79	52.54	79.25	48.25	73.20	26.80	39.87	60.13
锦州	229.00	175.13	46.33	128.80	53.87	76.48	23.52	26.45	73.55
营口	175.09	132.59	49.37	83.21	42.50	75.73	24.27	37.24	62.76
阜新	95.49	86.39	30.26	56.14	9.09	90.48	9.52	35.02	64.98
辽阳	137.67	107.88	37.29	70.58	29.80	78.36	21.64	34.57	65.43
盘锦	139.74	99.97	32.59	67.38	39.76	71.54	28.46	32.60	67.40
铁岭	175.62	131.45	64.19	67.26	44.18	74.85	25.15	48.83	51.17
朝阳	190.09	138.11	74.73	63.39	51.97	72.66	27.34	54.11	45.89
葫芦岛	165.02	124.45	48.49	75.97	40.57	75.42	24.58	38.96	61.04

3—18 居民消费水平

年份	居民消费水平(元/人)			城镇与农村消费水平对比
	全体居民	农村居民	城镇居民	
1978	267	173	476	2.75:1
1979	315	202	546	2.70:1
1980	355	235	573	2.44:1
1981	400	264	632	2.39:1
1982	410	270	641	2.37:1
1983	443	301	669	2.22:1
1984	510	362	735	2.03:1
1985	605	414	880	2.12:1
1986	686	454	1 012	2.23:1
1987	780	508	1 160	2.28:1
1988	985	589	1 530	2.60:1
1989	1 113	662	1 722	2.60:1
1990	1 144	622	1 849	2.97:1
1991	1 267	687	2 045	2.98:1
1992	1 540	884	2 407	2.72:1
1993	1 921	1 065	3 021	2.84:1
1994	2 397	1 348	3 704	2.75:1
1995	2 900	1 566	4 540	2.90:1
1996	3 250	1 826	4 975	2.73:1
1997	3 619	1 906	5 665	2.97:1
1998	3 828	2 073	5 897	2.84:1
1999	4 128	2 209	6 366	2.84:1
2000	4 490	2 403	6 903	2.88:1
2001	4 789	2 540	7 366	2.90:1
2002	5 095	2 643	7 874	2.98:1
2003	5 159	2 630	7 147	2.72:1
2004	5 492	2 621	7 748	2.71:1
2005	6 449	3 267	8 688	2.66:1
2006	6 929	3 458	9 357	2.71:1

3—19 居民消费水平指数

单位：%

年份	以上年为100			以1952年为100		
	全体居民	农村居民	城镇居民	全体居民	农村居民	城镇居民
1978	108.5	97.6	116.3	170.1	143.4	160.2
1979	115.3	109.7	113.6	196.1	157.2	182.0
1980	107.2	119.1	95.2	210.2	187.3	173.4
1981	108.1	109.1	105.5	227.4	204.2	182.9
1982	101.1	100.8	100.2	229.8	205.9	183.2
1983	106.1	108.6	103.1	243.9	223.6	188.9
1984	111.8	115.9	107.1	272.6	259.1	202.3
1985	106.3	104.7	105.8	289.7	271.3	214.1
1986	107.6	105.7	108.5	311.7	286.6	232.2
1987	106.3	105.1	106.7	331.2	301.1	247.8
1988	107.6	104.6	108.9	356.3	314.8	269.7
1989	122.3	157.4	99.9	435.8	495.7	269.4
1990	83.7	56.8	109.9	364.9	281.7	296.1
1991	105.3	104.5	105.5	384.3	294.4	312.5
1992	112.4	112.9	111.5	431.8	332.5	348.3
1993	108.7	108.9	107.6	469.4	361.9	374.8
1994	108.8	108.9	107.7	476.4	330.8	454.7
1995	106.2	102.3	107.3	505.9	338.4	423.8
1996	106.3	106.1	105.9	537.8	359.0	448.8
1997	110.7	110.2	110.4	595.34	395.62	495.48
1998	107.7	109.9	106.3	641.18	434.79	526.70
1999	108.4	107.0	108.6	749.58	465.23	571.99
2000	108.4	107.9	108.2	695.04	501.98	618.89
2001	107.6	106.1	107.8	747.86	532.60	667.16
2002	108.4	107.2	108.4	810.68	570.95	723.20
2003	105.3	109.1	103.6	853.65	622.91	749.24
2004	106.5	99.7	108.4	909.14	621.04	812.18
2005	111.3	113.7	107.3	989.01	713.66	844.41
2006	110.7	113.0	109.9	1 094.83	806.44	928.01

3—20 各地区居民消费水平

(2006年)

地区	居民消费水平(元/人)			居民消费水平指数(上年为100)		
	全体居民	农村居民	城镇居民	全体居民	农村居民	城镇居民
沈阳	9 185	5 257	11 340	111.3	116.2	110.0
大连	10 949	5 594	13 152	110.1	115.1	107.6
鞍山	6 722	4 374	9 070	107.8	107.6	108.8
抚顺	6 579	3 698	8 047	103.5	102.6	103.5
本溪	7 463	3 695	9 319	114.6	115.4	114.4
丹东	5 435	3 712	7 854	116.1	108.4	122.0
锦州	5 672	2 791	9 020	123.6	110.5	112.7
营口	5 745	3 887	8 018	111	109	111.2
阜新	4 480	2 839	6 508	101.3	87.6	110.6
辽阳	5 918	3 621	8 903	115.1	108	118.8
盘锦	7 902	4 767	11 591	105.3	111.5	102.4
铁岭	4 330	3 100	6 971	108.3	103.5	113.0
朝阳	4 069	3 022	6 882	123.3	134.5	111.1
葫芦岛	5 819	2 536	9 097	133.4	93.7	110.1

主要统计指标解释

国内生产总值　是按市场价格计算的国内生产总值的简称。它是一个国家(地区)所有常住单位在一定时期内生产活动的最终成果。国内生产总值有三种表现形态,既价值形态、收入形态和产品形态。从价值形态看,它是所有常住单位在一定时期内所生产的全部货物和服务价值超过同期投入的全部非固定资产货物和服务价值的差额,即所有常住单位的增加值之和;从收入形态看,它是所有常住单位在一定时期内所创造并分配给常住单位和非常住单位的初次分配收入之和;从产品形态看,它是最终使用的货物和服务减去进口货物和服务。在实际核算中,国内生产总值的三种表现形态表现为三种计算方法,即生产法、收入法和支出法。三种方法分别从不同的方面反映国内生产总值及构成。

国民生产总值　是按市场价格计算的国民生产总值的简称。它是一个国家(或地区)所有常住单位在一定时期内收入初次分配的最终成果。一国常住单位从事生产活动所创造的增加值在初次分配过程中主要分配给该国的常住单位,但也有一部分以生产税及进口税(扣除生产和进口补贴)、劳动者报酬和财产收入等形式分配给该国的非常住单位,同时,国外生产所创造的增加值也有一部分以生产税及进口税(扣除生产和进口补贴)、劳动者报酬和财产收入等形式分配给该国的常住单位。从而产生了国民生产总值概念,它等于国内生产总值加上来自国外的初次分配收入净额。与国内生产总值不同,国内生产总值是一个生产概念,而国民生产总值则是个收入概念。

三次产业　根据社会生产活动历史发展的顺序对产业结构的划分,产品直接取自自然界的部门称为第一产业,对初级产品进行再加工的部门称为第二产业。为生产和消费提供各种服务的部门称为第三产业。它是世界上通用的产业结构分类,但各国的划分不尽一致。我国的三次产业划分是:

第一产业:农林牧渔业(包括农业、林业、畜牧业和渔业)。

第二产业:工业(包括采掘业、制造业、电力煤气及水的生产和供应业)、建筑业。

第三产业:除第一、第二产业以外的其他各业。包括农林牧渔服务业、地质勘查业及水利管理业、交通运输仓储及邮电通信业、批发和零售贸易及餐饮业、金融保险业、房地产业、社会服务业、卫生体育和社会福利业、教育文化艺术及广播电影电视业、科学研究和综合技术服务业、国家机关政党机关和社会团体、其他行业。

最终消费　最终消费是指常住单位在一定时期内对于货物和服务的全部最终消费支出,也就是常住单位为满足物质、文化和精神生产的需要,从本国经济领土和国外购买的货物和服务的支出。它不包括非常住单位在本国经济领土内的消费支出。最终消费分为居民消费和政府消费。

居民消费　居民消费指常住住户在一定时期内对于货物和服务的全部最终消费支出。居民消费除了包括直接以货币形式购买的货物和服务的消费支出外,还包括以其他方式获得的货物和服务的消费支出。

政府消费　政府消费指政府部门为全社会提供的公共服务的消费支出和免费或以较低的价格向居民住户提供的货物和服务的净支出,前者等于政府服务的产出价值减去政府单位所获得的经营收入的价值,政府服务的产出价值等于它的经营性业务支出加上固定资产折旧;后者等于政府部门免费或以较低价格向居民住户提供的货物和服务的市场价值减去向住户收取的价值。

资本形成总额　资本形成总额指常住单位在一定时期内对固定资产和存货的投资支出合计,包括固定资产形成总额和存货增加。

(1)固定资产形成总额:指从常住单位在一定时期内购置、转入和资产自用的固定资产,扣除固定资产的销售和转出后的价值。可分为有形固定资本形成总额和无形固定资产形成总额。

(2)存货增加:存货增加指常住单位在一定时期内存货实物量变动的市场价值,即期末价值减期初价值的差额。存货增加可以是正值,也可以是负值,正值表示存货上升,负值表示存货下降。它包括生产单位购进的原材料、燃料和储备物资等存货,以及生产单位生产的产成品、在制品和半成品等存货等。

货物和服务净出口　指货物和服务出口减货物和服务进口的差额。出口包括常住单位向非常住单位出售或无偿转让的各种货物和服务的价值;进口包括常住单位从非常住单位购买或无偿得到的各种货物和服务的价值。由于服务活动的提供与使用同时发生,因此服务的进出口业务并不发生出入境现象,一般把常住单位从国外得到的服务作为进口,非常住单位从本国得到的服务作为出口。货物的出口和进口都按离岸价格计算。

劳动者报酬　劳动者报酬是指劳动者因从事生产活动所获得的全部报酬。它包括劳动者获得的各种形式工资、奖金和津贴,即包括货币形式的,也包括实物形式的,它还包括劳动者所享受的公费医疗和医药卫生费、上下班交通补贴和单位支付的社会保险费等。单位支付的社会保险费,就是单位直接支付给负责社会保险的政府单位(一般指劳动部门)的社会保险金或为本单位职工离退休、发生死亡、伤残、医疗保险等而支付的保险费。对于个体经济来说,其所有者所获得的劳动报酬和经营利润不易区分,这两部分统一作为劳动者报酬处理。

生产税净额　生产税净额是指生产税减生产补贴后的差额。生产税指政府对生产单位生产、销售和从事经营活动以及因从事生产活动使用某些生产要素,如固定资产、土地、劳动力所征收的各种税、附加费和规费。具体包括销售锐金及附加、增值税、管理费中开支的各种税、应交纳的养路费、排污费和水电费附加、烟酒专卖上缴政府的专项收入等。生产补贴与生产税相反,是政府对生产单位的单方面收入转移，因此视为负生产税处理，包括政策亏损补贴、粮食系统价格补贴、外贸企业出口退税收入等。

固定资产折旧　固定资产折旧是指一定时期内为弥补固定资产损耗按照核定的固定资产折旧率提取的固定资产折旧，或按国民经济核算统一规定的折旧率虚拟计算的固定资产折旧。它反映了固定资产在当期生产中的转移价值。各种类型企业和企业化管理的事业单位的固定资产折旧指实际计提并计入成本费用中的折旧费；不计提折旧的单位，如政府机关、非企业化管理的事业单位和居民住房的固定资产折旧则是按照统一规定的折旧率和固定资产原值计算的虚拟折旧。原则上，固定资产折旧应按固定资产的重置价值来计算，但是我国目前尚不具备对全社会固定资产进行重估价的基础，所以暂时只能采用上述方法来计算。

营业盈余　营业盈余是指常住单位创造的增加值扣除劳动者报酬、生产税净额和固定资产折旧后的余额。它相当于企业的营业利润加上生产补贴，但要扣除从利润中开支的工资和福利等。

第四篇

人口

4

RENKOU

4—1 人　　口　　数

单位:万人

年份	年末总人口	按性别分		按农业与非农业分	
		男	女	农业人口	非农业人口
1978	3 394.0	1 735.3	1 658.7	2 316.7	1 077.3
1979	3 442.6	1 756.4	1 686.2	2 277.7	1 164.9
1980	3 486.9	1 779.2	1 707.7	2 250.2	1 236.7
1981	3 534.8	1 803.2	1 731.6	2 245.5	1 289.3
1982	3 592.1	1 832.0	1 760.1	2 252.5	1 339.6
1983	3 629.1	1 852.9	1 776.2	2 249.6	1 379.5
1984	3 654.8	1 866.6	1 788.2	2 207.5	1 447.3
1985	3 686.2	1 883.2	1 803.0	2 183.7	1 502.5
1986	3 726.0	1 904.1	1 821.9	2 217.1	1 508.9
1987	3 777.4	1 930.4	1 847.0	2 225.2	1 552.2
1988	3 825.5	1 955.5	1 870.0	2 232.1	1 593.4
1989	3 876.0	1 979.5	1 896.5	2 251.3	1 624.7
1990	3 917.3	1 999.1	1 918.2	2 272.4	1 644.9
1991	3 938.5	2 009.8	1 928.7	2 273.1	1 665.4
1992	3 957.9	2 018.9	1 939.0	2 264.4	1 693.5
1993	3 982.9	2 031.6	1 951.3	2 247.2	1 735.7
1994	4 007.2	2 043.6	1 963.6	2 237.7	1 769.5
1995	4 034.0	2 056.9	1 977.1	2 238.5	1 795.5
1996	4 056.8	2 067.5	1 989.3	2 236.6	1 820.2
1997	4 077.1	2 076.9	2 000.2	2 232.7	1 844.4
1998	4 090.4	2 083.1	2 007.3	2 227.2	1 863.2
1999	4 103.2	2 088.4	2 014.8	2 226.3	1 876.9
2000	4 135.3	2 103.3	2 032.0	2 233.1	1 902.2
2001	4 147.0	2 109.1	2 037.9	2 229.0	1 918.0
2002	4 155.4	2 111.6	2 043.8	2 211.7	1 943.7
2003	4 161.6	2 113.2	2 048.4	2 197.2	1 964.4
2004	4 172.8	2 117.3	2 055.5	2 176.3	1 996.5
2005	4 189.2	2 123.4	2 065.8	2 159.5	2 029.7
2006	4 210.4	2 132.5	2 077.9	2 153.6	2 056.8

注:本表至4—6表为公安户籍统计数。

4—2 人口构成

单位:%

年份	总人口	按性别分		按农业与非农业分	
		男	女	农业人口	非农业人口
1978	100.0	51.2	48.8	68.3	31.7
1979	100.0	51.0	49.0	69.2	33.8
1980	100.0	51.0	49.0	64.5	35.5
1981	100.0	51.0	49.0	63.5	36.5
1982	100.0	51.0	49.0	62.7	37.3
1983	100.0	51.1	48.9	62.0	38.0
1984	100.0	51.1	48.9	60.4	39.6
1985	100.0	51.1	48.9	59.2	40.8
1986	100.0	51.1	48.9	59.5	40.5
1987	100.0	51.1	48.9	58.9	41.1
1988	100.0	51.1	48.9	58.4	41.6
1989	100.0	51.1	48.9	58.1	41.9
1990	100.0	51.0	49.0	58.0	42.0
1991	100.0	51.0	49.0	57.7	42.3
1992	100.0	51.0	49.0	57.2	42.8
1993	100.0	51.0	49.0	56.4	43.6
1994	100.0	51.0	49.0	55.8	44.2
1995	100.0	51.0	49.0	55.5	44.5
1996	100.0	51.0	49.0	55.1	44.9
1997	100.0	50.9	49.1	54.8	45.2
1998	100.0	50.9	49.1	54.4	45.6
1999	100.0	50.9	49.1	54.3	45.7
2000	100.0	50.9	49.1	54.0	46.0
2001	100.0	50.9	49.1	53.7	46.3
2002	100.0	50.8	49.2	53.2	46.8
2003	100.0	50.1	49.9	52.8	47.2
2004	100.0	50.7	49.3	52.2	47.8
2005	100.0	50.7	49.3	51.5	48.5
2006	100.0	50.6	49.4	51.1	48.9

4—3 人口出生率、死亡率、自然增长率

单位:‰

年份	出生率	死亡率	自然增长率
1978	18.0	5.3	12.7
1979	17.0	5.0	12.0
1980	14.1	5.4	8.7
1981	16.6	5.3	11.3
1982	18.9	5.4	13.4
1983	13.4	5.0	8.4
1984	10.8	5.0	5.8
1985	11.9	5.3	6.6
1986	14.8	5.2	9.6
1987	17.3	5.3	12.0
1988	15.4	5.2	10.2
1989	14.6	5.2	9.4
1990	14.5	5.7	8.8
1991	9.9	5.2	4.7
1992	10.2	5.4	4.8
1993	10.0	5.6	4.4
1994	10.7	5.8	4.9
1995	9.9	5.5	4.4
1996	9.5	5.8	3.7
1997	8.9	5.7	3.2
1998	7.9	5.8	2.1
1999	8.0	6.0	2.0
2000	10.7	6.7	4.0
2001	7.1	5.3	1.8
2002	7.5	5.4	2.1
2003	6.2	5.6	0.6
2004	7.7	6.5	1.2
2005	7.8	5.8	2.0
2006	7.8	5.5	2.3

4—4 各地区年末总户数及总人口

单位:万户、万人

地区	总户数		总人口		男性人口		女性人口		农业人口		非农业人口	
	2005年	2006年	2005年	2006年	2005年	2006年	2005年	2006年	2005年	2006年	2005年	2006年
全省	**1 400.2**	**1 419.2**	**4 189.2**	**4 210.4**	**2 123.4**	**2 132.5**	**2 065.8**	**2 077.9**	**2 159.5**	**2 153.6**	**2 029.7**	**2 056.8**
沈阳	232.0	236.9	698.6	703.6	350.4	352.5	348.2	351.1	248.2	248.9	450.4	454.6
大连	195.8	198.5	565.3	572.1	285.2	288.4	280.1	283.7	247.9	243.2	317.4	328.9
鞍山	112.2	113.3	347.6	349.0	176.6	177.1	171.0	171.8	171.7	172.6	176.0	176.3
抚顺	79.1	80.4	224.4	223.9	113.1	112.8	111.3	111.1	75.7	75.6	148.7	148.3
本溪	54.5	55.0	156.4	156.2	78.9	78.7	77.5	77.4	51.5	51.5	104.9	104.7
丹东	78.6	79.4	242.4	242.5	122.6	122.5	119.8	120.0	141.6	141.5	100.8	101.0
锦州	101.5	102.6	308.3	309.2	156.0	156.3	152.3	152.9	191.7	190.1	116.7	119.1
营口	78.8	80.0	230.5	231.1	117.7	117.9	112.8	113.2	127.7	126.4	102.9	104.7
阜新	62.8	63.4	192.7	193.0	96.9	96.9	95.8	96.1	106.6	106.5	86.1	86.5
辽阳	64.3	65.2	182.0	182.5	92.8	93.1	89.2	89.5	102.9	103.1	79.1	79.5
盘锦	43.5	44.3	125.9	127.1	63.9	64.4	62.0	62.7	48.1	48.1	77.9	79.0
铁岭	100.6	101.6	302.6	304.5	154.4	155.3	148.2	149.2	207.0	207.1	95.5	97.4
朝阳	106.1	107.4	338.7	340.1	174.4	175.1	164.3	165.0	247.5	247.1	91.2	93.0
葫芦岛	90.4	91.2	273.7	275.7	140.5	141.5	133.2	134.1	191.4	191.9	82.3	83.8

4—5 各地区人口自然变动情况

地区	平均人口(万人)		人口出生率(‰)		人口死亡率(‰)		人口自然增长率(‰)	
	2005 年	2006 年	2005 年	2006 年	2005 年	2006 年	2005 年	2006 年
全省	**4 181.0**	**4 199.8**	**7.85**	**7.77**	**5.84**	**5.47**	**2.01**	**2.29**
沈阳	696.2	701.1	7.09	6.93	6.22	5.81	0.87	1.12
大连	563.5	568.7	6.09	5.89	4.85	4.75	1.25	1.14
鞍山	347.3	348.3	8.10	8.14	6.68	6.71	1.43	1.43
抚顺	224.6	224.1	5.88	5.83	7.05	6.97	-1.17	-1.14
本溪	156.5	156.3	5.91	5.45	5.59	5.45	0.32	0.00
丹东	241.7	242.5	7.19	6.96	6.35	6.31	0.84	0.65
锦州	308.1	308.8	8.61	8.25	5.53	5.23	3.08	3.02
营口	230.2	230.8	7.69	8.58	5.45	6.21	2.24	2.38
阜新	192.7	192.8	8.78	7.59	6.73	5.92	2.05	1.68
辽阳	182.2	182.3	7.89	7.33	6.24	4.27	1.65	3.06
盘锦	125.4	126.5	9.06	8.38	4.58	5.30	4.47	3.09
铁岭	301.5	303.5	9.17	9.74	6.15	3.28	3.02	6.46
朝阳	337.8	339.4	10.94	10.72	5.29	5.31	5.64	5.41
葫芦岛	273.3	274.7	9.12	10.00	5.21	5.46	3.91	4.53

4—6 各地区分年龄人口数

（2006 年）

单位:万人

地　　区	总　人　口	18 岁以下	18—35 岁	35—60 岁	60 岁以上
全　　省	**4 210.4**	**679.1**	**1 103.4**	**1 814.7**	**613.1**
沈　　阳	703.6	98.8	184.9	314.2	105.7
大　　连	572.1	78.3	154.8	246.9	92.1
鞍　　山	349.0	58.4	87.6	151.1	51.8
抚　　顺	223.9	33.8	56.8	101.2	32.1
本　　溪	156.2	21.4	39.8	71.7	23.3
丹　　东	242.5	35.4	63.4	108.4	35.3
锦　　州	309.2	51.0	75.7	134.3	48.2
营　　口	231.1	33.8	68.6	94.8	33.8
阜　　新	193.0	34.9	51.2	80.1	26.8
辽　　阳	182.5	32.3	50.2	74.7	25.4
盘　　锦	127.1	22.6	33.6	56.0	14.9
铁　　岭	304.5	54.4	77.5	133.7	39.0
朝　　阳	340.1	67.6	86.5	140.3	45.7
葫　芦　岛	275.7	56.3	72.8	107.5	39.1

4—7 全省历年人口变动抽样调查推算数

年份	总人口（万人）	出生率（‰）	死亡率（‰）	自然增长率（‰）	文盲率（%）	家庭户规模（人/户）
1990	3 946	15.60	6.01	9.59	11.51	3.59
1991	3 990	12.10	6.64	5.46	0	3.60
1992	4 016	12.57	6.11	6.46	0	3.57
1993	4 042	12.43	6.11	6.32	0	3.53
1994	4 067	12.26	6.03	6.23	10.46	3.48
1995	4 092	12.17	6.15	6.02	9.31	3.49
1996	4 116	12.15	6.20	5.95	8.86	3.44
1997	4 138	11.78	6.38	5.40	8.21	3.31
1998	4 157	11.39	6.81	4.58	8.17	3.27
1999	4 171	10.38	7.05	3.30	7.18	3.24
2000	4 184	8.46	6.06	2.40	5.79	3.15
2001	4 194	7.74	6.10	1.64	5.16	3.12
2002	4 203	7.38	6.04	1.34	5.16	3.14
2003	4 210	6.90	5.83	1.07	4.74	3.10
2004	4 217	6.51	5.60	0.91	4.03	3.13
2005	4 221	7.32	6.06	1.26	4.75	2.92
2006	4 271	6.40	5.30	1.10	4.17	2.95

注:文盲率指成人文盲率(文盲、半文盲占15岁及以上人口的比重)

4—8　全省历年人口变动抽样调查年龄构成指数

单位：%

年份	0-14岁占总人口比重	15-64岁占总人口比重	65岁及以上占总人口比重	总负担系数	负担少儿系数	负担老年系数
1990	23.22	71.10	5.68	40.65	32.66	7.99
1991	23.33	70.48	6.19	41.88	33.10	8.78
1992	22.78	70.62	6.60	41.60	32.25	9.35
1993	22.00	71.21	6.79	40.44	30.90	9.54
1994	22.26	71.20	6.54	40.45	31.27	9.18
1995	21.37	71.61	7.02	40.15	29.96	10.19
1996	20.61	72.47	6.92	37.98	28.44	9.54
1997	19.12	73.63	7.25	36.62	25.95	10.67
1998	18.51	73.94	7.55	35.24	25.03	10.21
1999	18.48	73.71	7.81	35.67	25.08	10.60
2000	17.68	74.44	7.88	34.34	23.75	10.59
2001	17.68	74.44	7.88	34.34	23.75	10.59
2002	15.70	76.21	8.10	31.22	20.60	10.63
2003	15.90	75.60	8.90	32.27	21.03	11.24
2004	14.50	76.60	8.90	30.55	18.93	11.62
2005	14.18	76.08	9.74	31.44	18.64	12.80
2006	12.61	76.85	10.54	30.13	16.41	13.72

主要统计指标解释

人口数 指一定时点、一定地区范围内的有生命的个人的总和。

年度统计的年末人口数是指每年 12 月 31 日 24 时的人口数。

出生率(又称粗出生率) 指在一定时期内(通常为一年)平均每千人所出生的人数的比率,一般用千分率表示。计算公式:

$$出生率 = \frac{年出生人数}{年平均人数} \times 1000‰$$

出生人数是指活产婴儿,即胎儿脱离母体时(不管怀孕月数),有过呼吸或其他生命现象。

年平均人数是指年初、年末人口数的平均数,也可用年中人口数代替。

死亡率(又称粗死亡率) 指在一定时期内(通常为一年)某地区的死亡人数与同期平均人数(或期中人数)之比,一般用千分率表示。计算公式:

$$死亡率 = \frac{年死亡人数}{年平均人数} \times 1000‰$$

人口自然增长率 指在一定时期内(通常为一年)人口自然增加数(出生人数减死亡人数)与该时期内平均人数(或期中人数)之比,一般用千分率表示。计算公式:

$$人口自然增长率 = \frac{本年出生人数 - 本年死亡人数}{年平均人数} \times 1000‰$$

$$人口自然增长率 = 人口出生率 - 人口死亡率$$

第五篇

就业人员和职工工资

5

JIUYE
RENYUAN
HE
ZHIGONG
GONGZI

5—1 就业基本情况

指标	单位	2000年	2002年	2003年	2004年	2005年	2006年
年末就业人员	**万人**	**2 052.0**	**2 025.3**	**2 018.9**	**2 097.3**	**2 120.3**	**2 128.1**
第一产业	万人	685.4	697.6	700.8	721.2	722.1	716.2
第二产业	万人	649.6	580.6	568.8	586.8	596.0	590.2
第三产业	万人	717.0	747.1	749.3	789.3	802.2	821.7
按城乡分就业人员							
城镇就业人员	万人	1 086.0	1 031.9	1 002.6	1 013.5	1 006.8	995.2
国有单位	万人	546.5	423.1	382.0	363.5	352.0	345.6
城镇集体单位	万人	184.3	134.3	122.9	116.7	106.9	99.0
其他内资	万人	77.6	106.3	108.8	116.9	116.6	117.1
外商投资单位	万人	21.6	25.2	30.6	36.5	39.7	42.8
港澳台投资单位	万人	11.2	10.2	9.5	10.0	10.3	10.1
其他	万人	0.5	3.5	4.1	4.8	4.5	4.1
私营企业	万人	83.3	130.8	152.3	177.0	189.5	184.6
个体	万人	161.0	198.5	192.5	188.1	187.2	191.9
乡村就业人员	万人	966.0	993.4	1 016.3	1 083.8	1 113.5	1 132.9
职工人数	万人	826.5	685.4	641.2	626.8	609.6	596.7
国有经济单位	万人	537.1	413.9	374.4	355.4	342.1	335.8
城镇集体单位	万人	181.8	131.9	121.1	115.2	105.7	97.9
其他单位	万人	107.6	139.6	145.7	156.2	161.8	163
城镇当年就业(再就业)人数	万人	68.6	102.8	96.6	111.0	119.8	120.4
城镇登记失业人数	万人	40.8	75.5	72.0	68.2	60.4	53.9
#失业女性	万人	21.6	39.1	46.0	44.2	35.3	28.1
城镇登记失业率	%	3.7	6.8	6.7	6.3	5.7	5.1

5—2 按三次产业分的就业人员

（年末数）

年份	就业人员合计（万人）	第一产业	第二产业	第三产业	构成(以合计为100) 第一产业	第二产业	第三产业
1952	707.1	506.9	113.6	86.6	71.7	16.1	12.2
1970	1 047.4	…	…	…	…	…	…
1975	1 125.4	542.4	371.8	211.2	48.2	33.0	18.8
1978	1 254.1	595.3	433.4	225.4	47.4	34.6	18.0
1979	1 321.5	590.2	486.1	245.2	44.7	36.8	18.5
1980	1 441.7	597.1	564.7	279.9	41.4	39.2	19.4
1981	1 505.1	610.8	593.7	300.6	40.6	39.4	20.0
1982	1 571.6	639.0	600.4	332.2	40.7	38.2	21.1
1983	1 638.6	669.9	619.2	349.5	40.9	37.8	21.3
1984	1 680.7	645.6	656.8	378.3	38.4	39.1	22.5
1985	1 769.1	634.3	726.4	408.4	35.9	41.0	23.1
1986	1 799.2	640.4	735.3	423.5	35.6	40.9	23.5
1987	1 835.4	630.7	770.7	434.0	34.4	42.0	23.6
1988	1 858.6	625.1	784.2	449.3	33.6	42.2	24.2
1989	1 874.8	638.2	777.1	459.5	34.0	41.5	24.5
1990	1 897.3	646.0	778.2	473.1	34.0	41.0	25.0
1991	1 938.3	666.3	788.5	483.5	34.4	40.7	24.9
1992	1 957.8	652.6	797.4	507.8	33.3	40.7	26.0
1993	2 006.1	640.3	827.4	538.4	31.9	41.3	26.8
1994	2 009.3	627.7	773.3	608.3	31.2	38.5	30.3
1995	2 027.8	632.7	787.5	607.6	31.2	38.8	30.0
1996	2 031.8	644.7	751.8	635.3	31.7	37.0	31.3
1997	1 967.1	639.7	716.7	610.7	32.5	36.4	31.1
1998	1 958.8	657.9	684.7	616.2	33.6	35.0	31.4
1999	1 994.4	651.5	658.3	684.6	32.7	33.0	34.3
2000	2 052.0	685.4	649.6	717.0	33.4	31.7	34.9
2001	2 069.3	686.7	625.9	756.7	33.2	30.2	36.6
2002	2 025.3	697.6	580.6	747.1	34.4	28.7	36.9
2003	2 018.9	700.8	568.8	749.3	34.7	28.2	37.1
2004	2 097.3	721.2	586.8	789.3	34.4	28.0	37.6
2005	2 120.3	722.1	596.0	802.2	34.1	28.1	37.8
2006	2 128.1	716.2	590.2	821.7	33.7	27.7	38.6

5—3 各地区分行业

(2006

行业	沈阳	大连	鞍山	抚顺	本溪	丹东
总计	**909 857**	**897 387**	**385 025**	**283 181**	**243 362**	**184 318**
农、林、牧、渔业	6 597	15 096	7 440	7 705	2 212	2 689
采矿业	18 810	3 193	8 568	35 378	18 131	3 765
制造业	280 517	412 640	148 419	89 818	96 635	45 549
电力、燃气及水的生产和供应业	30 813	19 113	11 274	14 879	8 161	8 299
建筑业	48 325	34 277	37 270	25 687	22 356	14 089
交通运输、仓储及邮政业	41 231	57 243	14 234	9 985	9 454	11 375
信息转输、计算机服务和软件业	11 439	13 017	2 796	1 579	1 929	2 427
批发和零售业	52 460	33 002	10 841	7 775	7 442	5 747
住宿和餐饮业	13 796	23 663	2 134	1 307	881	2 135
金融业	40 353	41 333	14 021	9 577	8 369	7 843
房地产业	16 188	21 044	2 830	1 777	3 896	3 334
租赁和商务服务业	21 656	13 351	8 424	2 020	1 553	2 171
科学研究、技术服务和地质勘查业	36 877	11 594	7 179	4 760	2 038	4 093
水利、环境和公共设施管理业	25 999	15 420	9 954	6 893	4 618	7 654
居民服务和其他服务业	5 014	3 896	1 191	1 328	1 193	1 258
教育	110 707	78 506	39 671	24 520	20 844	25 403
卫生、社会保障和社会福利业	50 880	36 580	22 544	10 110	11 780	11 663
文化、体育和娱乐业	15 244	9 287	3 296	2 273	2 196	2 354
公共管理和社会组织	82 951	55 132	32 939	25 810	19 674	22 470
国际组织						

城镇单位就业人数

年末)

单位:人

锦州	营口	阜新	辽阳	盘锦	铁岭	朝阳	葫芦岛
247 741	**166 159**	**169 565**	**181 108**	**450 660**	**225 020**	**218 773**	**233 349**
21 284	1 726	4 790	4 913	183 544	19 107	6 233	4 701
615	938	42 484	547	91 542	44 498	10 005	23 311
56 700	49 257	21 541	61 715	41 416	24 642	56 345	85 650
16 039	7 209	7 898	6 590	6 165	12 954	9 200	6 300
15 371	3 413	7 744	28 830	18 628	12 777	10 684	7 928
13 880	12 517	4 064	3 634	6 924	6 942	6 151	7 591
2 740	1 976	1 850	1 464	1 899	3 022	2 706	1 864
9 025	4 975	5 745	3 762	6 243	2 994	5 872	3 989
1 652	2 048	999	1 642	2 600	674	1 061	1 426
11 795	7 398	5 714	6 406	6 183	8 008	10 417	9 534
2 000	2 423	1 291	1 479	2 065	2 322	1 851	1 275
3 353	2 805	1 665	1 209	37 570	3 643	2 391	2 090
7 416	2 610	2 486	2 771	2 862	4 959	2 975	3 356
5 307	5 567	3 741	7 492	4 378	5 385	4 065	4 676
1 181	286	345	240	897	503	448	327
34 398	23 073	24 140	18 004	13 314	28 910	39 365	29 177
15 433	8 796	8 591	7 470	6 003	11 553	12 008	11 673
2 781	2 600	2 088	1 679	1 566	2 054	1 554	1 632
26 771	26 542	22 389	21 261	16 861	30 073	35 442	26 849

5—4 各地区按三次产业分的就业人员

(2006年末数)

地区	就业人员合计(万人)	第一产业	第二产业	第三产业	构成(以合计为100) 第一产业	第二产业	第三产业
全省	**2128.1**	**716.2**	**590.2**	**821.7**	**33.7**	**27.7**	**38.6**
沈阳	307.3	78.4	86.7	142.2	25.5	28.2	46.3
大连	352.4	74.2	107.1	171.1	21.1	30.4	48.6
鞍山	161.1	48.2	58.1	54.8	29.9	36.1	34.0
抚顺	129.2	33.0	46.3	49.9	25.6	35.8	38.6
本溪	79.3	14.7	34.4	30.3	18.5	43.3	38.2
丹东	114.1	47.2	27.2	39.7	41.4	23.9	34.8
锦州	146.7	71.6	28.1	47.1	48.8	19.2	32.1
营口	101.1	35.1	28.4	37.5	34.8	28.1	37.1
阜新	111.6	40.2	28.9	42.6	36.0	25.9	38.1
辽阳	87.8	29.9	29.7	28.3	34.0	33.8	32.2
盘锦	91.0	43.5	21.9	25.6	47.8	24.1	28.1
铁岭	127.0	57.6	26.8	42.6	45.4	21.1	33.5
朝阳	170.8	83.2	35.6	52.0	48.7	20.8	30.5
葫芦岛	128.1	59.3	29.8	39.0	46.3	23.3	30.4

5—5 各地区城镇单位就业人员

(年末数)

单位:万人

地区	2000年			2005年			2006年		
	单位全部就业人员	全部职工	其他就业人员	单位全部就业人员	全部职工	其他就业人员	单位全部就业人员	全部职工	其他就业人员
全省	**841.8**	**826.5**	**15.3**	**630.1**	**609.5**	**20.6**	**618.7**	**596.7**	**22.0**
沈阳	174.2	169.9	4.3	114.5	110.0	4.6	109.2	104.9	4.3
大连	101.1	97.0	4.1	93.3	86.2	7.1	94.1	85.6	8.5
鞍山	84.5	83.9	0.6	58.3	57.5	0.8	55.9	55.0	0.9
抚顺	70.9	70.2	0.7	51.2	50.3	0.9	47.9	47.2	0.7
本溪	44.2	44.0	0.2	37.3	37.3	0.0	36.6	36.3	0.3
丹东	39.3	39.0	0.3	23.2	22.8	0.5	23.6	23.3	0.3
锦州	45.9	45.3	0.6	34.9	34.4	0.6	33.1	32.6	0.5
营口	32.7	32.3	0.4	20.7	20.5	0.3	19.8	19.6	0.2
阜新	36.1	35.8	0.3	26.6	26.3	0.3	26.6	26.3	0.3
辽阳	29.9	29.7	0.2	23.0	22.7	0.3	22.5	22.3	0.2
盘锦	41.5	41.0	0.5	45.8	43.1	2.8	47.2	44.1	3.1
铁岭	43.0	42.6	0.4	30.0	29.8	0.2	29.4	29.3	0.2
朝阳	41.0	40.6	0.4	23.8	23.4	0.5	24.3	23.8	0.6
葫芦岛	34.4	34.0	0.4	27.4	26.6	0.8	28.1	26.9	1.2

5—6 各地区个体从业人员

单位:户、万人

地区	2000年		2003年		2004年		2005年		2006年	
	户数	从业人数	户数	从业人数	户数	从业人数	户数	从业人数	户数	从业人数
全省	**1 451 832**	**279.4**	**1 409 250**	**306.7**	**1 264 041**	**285.0**	**1 274 219**	**288.3**	**1 279 821**	**277.0**
沈阳	225 800	54.6	200 822	57.2	197 816	57.3	191 639	56.9	201 568	52.7
大连	273 845	42.3	268 785	38.0	264 056	44.5	250 925	42.1	241 240	39.7
鞍山	98 949	17.0	139 301	28.7	116 017	23.7	91 430	24.6	92 809	17.9
抚顺	56 415	13.9	66 628	21.2	70 049	24.6	73 769	23.9	76 174	27.2
本溪	54 866	13.0	61 028	15.1	38 760	9.9	38 906	12.2	54 419	13.1
丹东	95 966	19.9	77 667	21.5	75 551	20.2	79 254	20.3	73 465	21.7
锦州	161 978	25.6	186 572	37.3	78 054	17.7	89 065	18.5	95 244	15.8
营口	65 867	12.5	59 427	13.3	59 260	12.0	72 557	11.6	71 850	13.7
阜新	60 243	11.6	49 778	15.4	50 376	16.6	59 160	16.2	52 349	15.7
辽阳	60 690	15.3	44 758	14.4	47 296	14.0	47 225	16.3	50 368	13.2
盘锦	31 500	5.2	46 673	7.7	51 017	8.5	42 745	8.6	44 018	6.4
铁岭	117 303	22.1	77 982	13.6	81 214	14.2	87 135	14.0	73 104	13.9
朝阳	60 905	11.6	65 900	12.4	73 715	12.9	80 647	13.4	80 812	14.5
葫芦岛	87 505	14.8	63 929	10.8	60 860	8.8	69 762	9.6	72 401	11.4

5—7 各地区私营企业从业人员

单位:户、万人

地区	2000年		2003年		2004年		2005年		2006年	
	户数	从业人数	户数	从业人数	户数	从业人数	户数	从业人数	户数	从业人数
全省	**74 160**	**124.9**	**114 415**	**207.0**	**136 870**	**225.8**	**165 217**	**252.1**	**189 394**	**277.79**
沈阳	20 000	33.9	29 163	46.3	36 479	43.9	47 703	54.2	51 173	59.79
大连	24 514	32.5	40 689	64.7	48 667	77.7	56 056	90.2	63 668	103.97
鞍山	4 554	6.4	8 023	16.7	8 137	15.2	11 482	11.0	13 016	12.95
抚顺	2 234	7.6	3 691	11.8	4 405	13.7	5 294	14.6	5 988	16.00
本溪	2 812	8.0	3 720	11.2	3 151	6.9	3 821	7.4	4 930	8.53
丹东	3 735	6.2	3 926	7.2	4 965	8.2	6 556	9.9	7 601	7.78
锦州	4 085	4.2	5 681	7.9	5 204	6.4	6 243	6.9	8 088	4.89
营口	3 033	4.8	4 644	7.3	5 910	7.5	6 218	8.6	8 235	7.98
阜新	852	1.8	1 833	5.4	2 388	7.2	2 834	9.6	3 453	12.46
辽阳	2 322	4.6	3 260	7.2	3 947	10.0	4 744	11.2	5 329	11.89
盘锦	702	1.6	1 730	4.5	2 215	6.4	3 108	6.2	3 816	7.28
铁岭	1 914	3.3	2 661	4.5	2 995	5.3	3 891	7.1	4 725	8.76
朝阳	1 461	6.5	2 600	7.4	3 188	8.6	3 644	10.0	4 639	10.67
葫芦岛	1 942	3.5	2 794	4.9	3 312	5.1	3 623	5.2	4 733	4.82

5—8 分行业职工人数

单位:万人

行业	2005年			2006年		
	全部职工	在岗职工	离岗职工	全部职工	在岗职工	离岗职工
总计	**609.5**	**476.6**	**133.0**	**596.7**	**476.0**	**120.7**
农、林、牧、渔业	31.6	28.6	3.0	31.4	28.8	2.6
采矿业	40.2	30.3	10.0	39.5	29.8	9.7
制造业	210.3	144.8	65.5	199.9	140.5	59.4
电力、燃气及水的生产和供应业	19.3	16.8	2.5	18.8	16.5	2.3
建筑业	41.7	27.6	14.1	42.3	28.8	13.5
交通运输、仓储及邮政业	39.6	31.8	7.8	39.5	32.7	6.8
信息转输、计算机服务和软件业	5.5	4.9	0.6	5.5	4.9	0.6
批发和零售业	30.3	16.1	14.2	27.7	15.7	12.0
住宿和餐饮业	6.9	5.9	1.0	6.4	5.6	0.8
金融业	15.4	13.8	1.6	15.5	13.9	1.6
房地产业	7.1	5.8	1.4	7.2	6.0	1.2
租赁和商务服务业	9.8	6.9	2.9	11.0	7.7	3.3
科学研究、技术服务和地质勘查业	9.9	8.8	1.2	10.2	9.2	1.0
水利、环境和公共设施管理业	11.3	10.4	1.0	11.6	10.7	0.9
居民服务和其他服务业	2.6	2.0	0.6	2.5	2.0	0.5
教育	51.5	50.2	1.3	51.0	50.0	1.0
卫生、社会保障和社会福利业	23.0	21.2	1.9	23.7	21.8	1.9
文化、体育和娱乐业	5.9	5.1	0.8	5.2	4.9	0.2
公共管理和社会组织	47.4	45.8	1.6	47.9	46.4	1.5
国际组织						

注:不在岗职工是离开本单位仍保留劳动关系的职工(下同)

5—9 分行业职工人数

(2006年末)

单位:万人

行业	职工合计	在岗职工	#国有单位	#集体单位	离岗职工	#国有单位	#集体单位
总计	**596.7**	**476.0**	**292.5**	**37.2**	**120.7**	**43.3**	**60.7**
农、林、牧、渔业	31.4	28.8	27.9	0.3	2.6	2.5	0.1
采矿业	39.5	29.8	17.3	1.8	9.7	1.8	6.7
制造业	199.9	140.5	35.4	15.6	59.4	17.7	32.5
电力、燃气及水的生产和供应业	18.8	16.5	11.0	0.4	2.3	1.4	0.1
建筑业	42.3	28.8	9.3	8.2	13.5	3.1	7.7
交通运输、仓储及邮政业	39.5	32.7	27.7	1.5	6.8	4.0	2.1
信息转输、计算机服务和软件业	5.5	4.9	2.0	0.1	0.6	0.4	0.0
批发和零售业	27.7	15.7	5.2	2.1	12.0	3.5	7.5
住宿和餐饮业	6.4	5.6	1.8	0.3	0.8	0.5	0.2
金融业	15.5	13.9	6.4	2.7	1.6	0.8	0.3
房地产业	7.2	6.0	3.0	0.2	1.2	0.7	0.4
租赁和商务服务业	11.0	7.7	5.3	1.5	3.3	1.1	2.1
科学研究、技术服务和地质勘查业	10.2	9.2	7.9	0.3	1.0	0.9	0.1
水利、环境和公共设施管理业	11.6	10.7	10.2	0.3	0.9	0.8	0.1
居民服务和其他服务业	2.5	2.0	1.2	0.3	0.5	0.0	0.5
教育	51.0	50.0	49.8	0.2	1.0	0.9	0.0
卫生、社会保障和社会福利业	23.7	21.8	20.3	1.2	1.9	1.5	0.4
文化、体育和娱乐业	5.2	4.9	4.6	0.0	0.2	0.2	0.0
公共管理和社会组织	47.9	46.4	46.3	0.1	1.5	1.4	0.0
国际组织							

5—10 各 地 区

(2006

地 区	全部职工			
	合 计	国有单位	城镇集体单位	其他单位
全 省	**596.7**	**335.8**	**97.9**	**163.0**
沈 阳	104.9	54.6	14.5	35.8
大 连	85.6	33.6	3.4	48.6
鞍 山	55.0	33.8	16.2	5.1
抚 顺	47.2	18.8	13.5	14.9
本 溪	36.3	22.7	8.6	4.9
丹 东	23.3	13.0	4.0	6.4
锦 州	32.6	20.4	6.3	5.9
营 口	19.6	11.3	1.9	6.5
阜 新	26.3	14.2	9.6	2.4
辽 阳	22.3	11.1	4.3	6.9
盘 锦	44.1	38.8	0.8	4.5
铁 岭	29.3	14.9	6.8	7.6
朝 阳	23.8	13.7	3.1	7.0
葫 芦 岛	26.9	15.3	5.0	6.6

职 工 人 数

年）

单位：万人

在岗职工				离岗职工			
合计	国有单位	城镇集体单位	其他单位	合计	国有单位	城镇集体单位	其他单位
476.0	**292.5**	**37.2**	**146.4**	**120.7**	**43.3**	**60.7**	**16.6**
86.7	47.7	6.8	32.2	18.2	6.9	7.7	3.6
81.3	31.2	3.2	46.9	4.3	2.4	0.3	1.7
37.6	28.0	5.4	4.3	17.4	5.8	10.8	0.8
27.6	13.3	2.4	11.9	19.5	5.5	11.1	3.0
24.0	18.3	2.6	3.1	12.3	4.4	6.1	1.8
18.1	11.6	1.3	5.2	5.2	1.4	2.6	1.2
24.3	16.3	2.8	5.2	8.3	4.1	3.5	0.7
16.4	9.7	1.1	5.7	3.2	1.6	0.8	0.8
16.7	12.8	1.5	2.3	9.6	1.4	8.1	0.1
17.9	9.8	2.2	5.9	4.4	1.3	2.1	1.0
42.0	36.9	0.6	4.4	2.1	1.9	0.1	0.1
22.3	13.1	2.4	6.8	6.9	1.8	4.4	0.7
21.3	12.9	1.6	6.8	2.5	0.8	1.5	0.2
22.2	13.3	3.2	5.7	4.8	2.0	1.8	0.9

5—11 各地区分行业

（2006

行业	沈阳	大连	鞍山	抚顺	本溪	丹东
总计	**867 143**	**812 582**	**376 336**	**276 209**	**239 949**	**181 335**
农、林、牧、渔业	6 384	14 503	7 410	7 703	2 211	2 685
采矿业	18 810	3 148	8 566	35 080	18 127	3 757
制造业	272 920	365 906	145 151	88 796	96 469	44 409
电力、燃气及水的生产和供应业	30 325	18 879	11 271	14 826	8 148	8 293
建筑业	45 341	32 382	36 869	24 903	22 272	14 028
交通运输、仓储及邮政业	38 679	56 648	14 106	9 956	9 453	11 366
信息转输、计算机服务和软件业	11 210	12 497	2 731	1 389	1 777	2 335
批发和零售业	51 261	30 932	10 645	7 679	7 439	5 700
住宿和餐饮业	13 633	21 094	2 123	1 305	881	2 085
金融业	26 990	27 059	12 167	7 115	5 571	7 035
房地产业	15 277	18 117	2 644	1 713	3 890	3 305
租赁和商务服务业	20 482	12 945	8 341	1 996	1 553	2 160
科学研究、技术服务和地质勘查业	35 305	10 597	6 675	4 448	2 001	4 000
水利、环境和公共设施管理业	24 579	14 395	9 828	6 778	4 596	7 634
居民服务和其他服务业	4 924	3 389	1 169	1 300	1 193	1 254
教育	107 183	74 781	39 365	24 368	20 842	25 264
卫生、社会保障和社会福利业	49 004	33 996	21 476	9 921	11 689	11 342
文化、体育和娱乐业	14 565	8 606	3 259	2 247	2 195	2 341
公共管理和社会组织	80 271	52 708	32 540	24 686	19 642	22 342
国际组织						

在　岗　职　工　人　数

年）　　　　单位：人

锦州	营口	阜新	辽阳	盘锦	铁岭	朝阳	葫芦岛
242 941	**164 401**	**166 545**	**178 874**	**419 735**	**223 262**	**213 012**	**221 641**
21 263	1 726	4 590	4 913	183 535	19 000	6 212	4 687
615	938	42 468	547	91 467	44 498	9 975	19 846
56 115	48 764	21 393	61 056	40 218	24 539	55 830	82 480
16 017	7 207	7 896	6 581	6 146	12 954	9 195	6 299
15 346	3 409	7 723	28 657	18 409	12 775	10 578	7 901
13 628	12 509	3 960	3 626	6 916	6 703	5 709	7 209
2 740	1 976	1 813	1 418	1 893	2 939	2 536	1 864
8 973	4 966	5 578	3 630	6 142	2 991	5 788	3 897
1 644	2 029	905	1 592	2 504	671	1 061	1 389
8 536	6 520	4 286	5 789	3 635	7 183	8 700	7 924
1 960	2 398	1 291	1 475	2 021	2 303	1 817	1 275
3 333	2 800	1 606	1 160	12 462	3 642	2 097	2 086
7 284	2 559	2 463	2 732	2 817	4 922	2 937	3 030
5 306	5 565	3 565	7 466	3 748	5 385	3 493	4 676
1 181	286	337	240	853	503	444	327
34 289	23 010	24 092	17 970	13 172	28 780	39 005	27 466
15 198	8 637	8 379	7 285	5 890	11 394	11 511	11 422
2 777	2 600	2 088	1 675	1 561	2 053	1 539	1 614
26 736	26 502	22 112	21 062	16 346	30 027	34 585	26 249

5—12 各地区分行业

(2006

行业	沈阳	大连	鞍山	抚顺	本溪	丹东
总计	**181 724**	**43 176**	**174 014**	**195 464**	**122 814**	**51 849**
农、林、牧、渔业	1 735	1 609	1 519	3 163	1 301	715
采矿业	3 454	745	8 280	30 402	9 718	437
制造业	112 699	14 754	107 682	85 385	73 998	28 714
电力、燃气及水的生产和供应业	4 301	1 103	2 137	3 281	2 355	1 085
建筑业	13 049	2 219	21 304	38 952	17 349	5 615
交通运输、仓储及邮政业	6 762	7 564	6 008	9 885	4 900	2 347
信息转输、计算机服务和软件业	1 393	488	415	391	137	325
批发和零售业	15 392	4 220	18 407	12 742	6 635	4 470
住宿和餐饮业	1 689	431	312	1 039	689	96
金融业	2 198	2 635	1 190	995	585	1 410
房地产业	1 530	1 343	285	527	1 111	3 573
租赁和商务服务业	3 777	708	416	1 240	350	464
科学研究、技术服务和地质勘查业	2 826	793	662	714	202	742
水利、环境和公共设施管理业	2 184	749	317	1 407	374	1 003
居民服务和其他服务业	597	84	359	3 356	91	153
教育	2 648	1 131	1 400	684	604	84
卫生、社会保障和社会福利业	3 622	539	2 293	934	1 463	367
文化、体育和娱乐业	723	262	92	89	215	39
公共管理和社会组织	1 145	1 799	936	278	737	210
国际组织						

离岗职工人数

年） 单位:人

锦州	营口	阜新	辽阳	盘锦	铁岭	朝阳	葫芦岛
83 499	**31 862**	**96 079**	**43 743**	**20 979**	**69 321**	**24 591**	**47 640**
1 655	226	452	559	7 191	1 453	174	3 784
1 111	261	31 334	225	1 545	3 646	73	5 685
39 814	16 407	28 052	22 471	4 352	28 983	9 945	20 298
2 105	717	835	1 586	805	1 492	446	303
7 379	1 060	7 351	7 037	2 087	4 940	1 904	4 263
5 441	2 110	1 589	2 412	662	4 513	1 613	1 431
390	219	172	314	122	580	350	213
16 356	2 901	12 659	2 985	1 253	14 138	5 934	1 996
1 007	806	458	319	18	509	51	542
1 071	1 242	865	811	625	1 000	912	882
1 124	514	396	209	23	727	141	679
298	1 849	10 373	3 829	133	490	78	3 776
730	486	378	93	11	1 472	412	760
955	510	59	237	86	598	56	494
296	1	138		16	32	160	
285	198	127	159	792	977	107	477
2 920	1 459	478	433	390	2 334	785	873
314	136	48	8	24	220	68	114
248	760	315	56	844	1 217	1 382	1 070

5—13 分细行业在岗职工人数

（2006 年末）　　单位：人

项目	在岗职工人数合计	国有单位	城镇集体单位	其他单位
全省总计	**4 760 262**	**2 924 520**	**371 814**	**1 463 928**
按隶属关系分组				
中央		712 108		
省属		287 199		
市属		759 054		
县及县以下		1 160 120		
其他		6 039		
按企、事业和机关分组				
企业	3 261 062	1 447 504	351 906	1 461 652
#地方		815 367		
事业	1 101 687	1 079 844	19 567	2 276
#地方		1 027 529		
机关	397 513	397 172	341	
#地方		369 516		
按国民经济行业分组				
农、林、牧、渔业	288 016	278 519	2 617	6 880
农业	215 610	215 250	60	300
林业	13 391	13 168	167	56
畜牧业	19 181	18 562	235	384
渔业	11 232	4 358	981	5 893
农、林、牧、渔服务业	28 602	27 181	1 174	247
采矿业	297 842	173 099	18 372	106 371
煤炭开采和洗选业	163 714	60 050	7 953	95 711
石油和天然气开采业	91 440	89 963		1 477
黑色金属矿采选业	20 108	12 556	6 652	900
有色金属矿采选业	11 390	6 614	863	3 913
非金属矿采选业	11 150	3 916	2 904	4 330
其他采矿业	40			40
制造业	1 405 048	353 701	155 635	895 712
农副食品加工业	38 561	3 060	1 828	33 673
食品制造业	20 242	3 018	360	16 864
饮料制造业	18 303	1 695	692	15 916
烟草制品业	2 842	332	208	2 302
纺织业	36 364	2 255	2 997	31 112
纺织服装、鞋、帽制造业	67 240	1 820	3 858	61 562
皮革、毛皮、羽毛(绒)及其制品业	13 687	175	1 324	12 188
木材加工及木、竹、藤、棕、草制品业	12 355	617	530	11 208
家具制造业	19 171	78	217	18 876
造纸及纸制品业	14 412	4 716	1 380	8 316
印刷业和记录媒介的复制	12 741	3 557	4 396	4 788
文教体育用品制造业	3 574	1 570	139	1 865
石油加工、炼焦及核燃料加工业	76 389	29 312	10 802	36 275

5—13续表1　　(2006年末)　　单位:人

项　　目	在岗职工人数合计	国有单位	城镇集体单位	其他单位
化学原料及化学制品制造业	107 827	40 011	11 753	56 063
医药制造业	28 971	9 056	1 156	18 759
化学纤维制造业	9 471	127	2 807	6 537
橡胶制品业	20 415	658	4 420	15 337
塑料制品业	19 288	689	4 087	14 512
非金属矿物制品业	66 812	10 291	13 660	42 861
黑色金属冶炼及压延加工业	212 312	152 435	9 078	50 799
有色金属冶炼及压延加工业	37 881	7 989	7 083	22 809
金属制品业	44 836	4 946	13 178	26 712
通用设备制造业	137 623	16 314	23 444	97 865
专用设备制造业	88 262	18 291	5 042	64 929
交通运输设备制造业	138 727	25 993	18 426	94 308
电气机械及器材制造业	65 353	5 140	8 766	51 447
通信设备、计算机及其他电子设备制造业	59 823	4 866	791	54 166
仪器仪表及文化、办公用机械制造业	19 387	2 846	1 859	14 682
工艺品及其他制造业	11 602	1 734	1 106	8 762
废弃资源和废旧材料回收加工业	577	110	248	219
电力、燃气及水的生产和供应业	165 419	109 705	4 167	51 547
电力、热力的生产和供应业	117 181	70 762	3 045	43 374
燃气生产和供应业	13 389	8 977	129	4 283
水的生产和供应业	34 849	29 966	993	3 890
建筑业	288 058	93 200	82 131	112 727
房屋和土木工程建筑业	220 339	75 657	61 218	83 464
建筑安装业	55 177	14 525	18 489	22 163
建筑装饰业	6 069	104	532	5 433
其他建筑业	6 473	2 914	1 892	1 667
交通运输、仓储和邮政业	327 496	276 940	14 923	35 633
铁路运输业	111 074	106 901	1 904	2 269
道路运输业	62 037	48 854	4 693	8 490
城市公共交通业	41 256	32 483	610	8 163
水上运输业	29 956	22 951	54	6 951
航空运输业	10 787	7 838	353	2 596
管道运输业	3 107	1 947		1 160
装卸搬运和其他运输服务业	36 211	26 502	6 512	3 197
仓储业	14 177	10 775	743	2 659
邮政业	18 891	18 689	54	148
信息传输、计算机服务和软件业	49 422	20 332	1 110	27 980
电信和其他信息传输服务业	36 133	19 198	819	16 116
计算机服务业	3 993	1 080	145	2 768
软件业	9 296	54	146	9 096
批发和零售业	156 641	51 516	21 177	83 948
批发业	73 412	32 335	11 804	29 273

5—13 续表 2　　　　(2006 年末)　　　　单位：人

项　　目	在岗职工人数合计	国有单位	城镇集体单位	其他单位
零售业	83 229	19 181	9 373	54 675
住宿和餐饮业	56 363	17 533	3 448	35 382
住宿业	34 546	14 382	2 375	17 789
餐饮业	21 817	3 151	1 073	17 593
金融业	138 510	64 027	26 783	47 700
银行业	118 237	57 992	26 469	33 776
证券业	2 411	1 223		1 188
保险业	16 105	4 195		11 910
其他金融活动	1 757	617	314	826
房地产业	60 041	29 982	1 681	28 378
租赁和商务服务业	76 854	52 888	15 278	8 688
租赁业	974	460	133	381
商务服务业	75 880	52 428	15 145	8 307
科学研究、技术服务和地质勘查业	92 031	79 431	3 069	9 531
研究与试验发展	26 229	23 284	37	2 908
专业技术服务业	43 349	35 397	2 669	5 283
科技交流和推广服务业	13 458	11 822	337	1 299
地质勘查业	8 995	8 928	26	41
水利、环境和公共设施管理业	107 014	102 249	2 862	1 903
水利管理业	18 196	18 008	169	19
环境管理业	51 008	49 234	1 568	206
公共设施管理业	37 810	35 007	1 125	1 678
居民服务和其他服务业	19 723	11 982	3 385	4 356
居民服务业	10 215	6 518	1 754	1 943
其他服务业	9 508	5 464	1 631	2 413
教育	500 140	497 597	1 713	830
卫生、社会保障和社会福利业	217 976	202 856	12 160	2 960
卫生	203 590	189 302	11 749	2 539
社会保障业	6 600	6 600		
社会福利业	7 786	6 954	411	421
文化、体育和娱乐业	49 417	46 067	282	3 068
新闻出版业	10 236	10 122	2	112
广播、电视、电影和音像业	16 058	15 179	17	862
文化艺术业	17 202	16 921	229	52
体育	3 146	3 036	7	103
娱乐业	2 775	809	27	1 939
公共管理和社会组织	464 251	462 896	1 021	334
中国共产党机关	20 362	20 362		
国家机构	407 580	407 560	20	
人民政协和民主党派	3 067	3 067		
群众社团、社会团体、宗教组织	7 617	7 357	4	256

5—14 国有单位分行业职工人数

单位:万人

行业	2005年			2006年		
	全部职工	在岗职工	离岗职工	全部职工	在岗职工	离岗职工
总计	**342.0**	**292.4**	**49.6**	**335.8**	**292.5**	**43.3**
农、林、牧、渔业	30.6	27.7	2.9	30.3	27.9	2.5
采矿业	19.1	17.2	1.9	19.1	17.3	1.8
制造业	57.0	37.0	20.0	53.1	35.4	17.7
电力、燃气及水的生产和供应业	12.8	11.2	1.6	12.4	11.0	1.4
建筑业	12.8	9.5	3.3	12.4	9.3	3.1
交通运输、仓储及邮政业	31.6	26.9	4.7	31.7	27.7	4.0
信息转输、计算机服务和软件业	2.5	2.1	0.4	2.4	2.0	0.4
批发和零售业	10.0	5.6	4.4	8.6	5.2	3.5
住宿和餐饮业	2.2	1.7	0.5	2.2	1.8	0.5
金融业	8.3	7.3	0.9	7.2	6.4	0.8
房地产业	3.8	3.0	0.8	3.7	3.0	0.7
租赁和商务服务业	5.6	4.5	1.1	6.4	5.3	1.1
科学研究、技术服务和地质勘查业	8.7	7.6	1.1	8.9	7.9	0.9
水利、环境和公共设施管理业	10.8	9.9	0.9	11.0	10.2	0.8
居民服务和其他服务业	1.1	1.1	0.0	1.2	1.2	0.0
教育	51.2	50.0	1.2	50.7	49.8	0.9
卫生、社会保障和社会福利业	21.1	19.6	1.5	21.8	20.3	1.5
文化、体育和娱乐业	5.6	4.8	0.8	4.8	4.6	0.2
公共管理和社会组织	47.3	45.7	1.6	47.7	46.3	1.4
国际组织						

5—15 各地区国有单位

（2006

行业	沈阳	大连	鞍山	抚顺	本溪	丹东
总计	**477 054**	**311 786**	**279 563**	**133 432**	**182 843**	**115 899**
农、林、牧、渔业	6 143	7 044	6 623	7 641	1 938	2 658
采矿业	2 140	2 917	1 900	3 959	13 309	925
制造业	46 591	31 250	98 439	22 420	68 547	4 359
电力、燃气及水的生产和供应业	16 374	13 004	8 859	8 127	6 139	6 540
建筑业	9 499	6 932	22 163	1 865	10 538	8 131
交通运输、仓储及邮政业	26 721	37 081	11 459	8 431	7 695	9 557
信息转输、计算机服务和软件业	6 164	371	56	1 054	1 237	1 827
批发和零售业	14 856	5 410	4 937	3 685	4 629	2 161
住宿和餐饮业	4 292	3 316	643	763	570	570
金融业	17 259	7 765	5 920	1 586	3 224	3 272
房地产业	7 722	4 125	1 804	1 256	2 897	2 479
租赁和商务服务业	13 419	5 076	7 338	1 896	1 381	1 782
科学研究、技术服务和地质勘查业	31 826	7 612	5 002	2 990	1 903	3 632
水利、环境和公共设施管理业	23 865	13 300	9 759	6 664	4 148	7 277
居民服务和其他服务业	3 195	1 327	394	409	1 106	240
教育	106 460	73 925	39 197	24 368	20 524	25 264
卫生、社会保障和社会福利业	46 235	31 918	19 316	9 398	11 227	10 651
文化、体育和娱乐业	14 022	6 705	3 218	2 234	2 189	2 232
公共管理和社会组织	80 271	52 708	32 536	24 686	19 642	22 342
国际组织						

分行业在岗职工人数

年)

单位:人

锦州	营口	阜新	辽阳	盘锦	铁岭	朝阳	葫芦岛
163 191	**96 832**	**128 032**	**97 545**	**369 284**	**130 676**	**129 200**	**132 886**
21 263	1 687	4 562	4 873	183 507	18 846	5 941	4 599
49	42	37 028	369	89 969	1 217	617	18 658
14 250	2 417	3 469	20 383	15 367	3 215	7 104	14 888
11 511	6 061	7 121	3 798	4 621	5 060	6 725	4 383
3 921	483	2 728	3 112	9 244	4 478	936	1 705
10 136	9 708	3 176	2 464	5 830	5 975	5 042	6 637
2 196	1 680	989	55	928	1 094	1 015	1 362
2 304	2 111	2 521	1 386	1 109	1 376	2 585	1 426
492	402	594	337	363	493	903	348
4 375	3 175	2 550	1 669	3 003	3 277	3 411	3 541
1 531	1 258	609	1 065	675	2 060	843	1 103
1 683	1 243	843	757	11 856	3 300	1 664	459
6 039	2 479	2 340	2 613	2 244	4 785	2 681	3 024
4 551	5 534	3 362	7 052	3 475	5 168	3 480	4 614
810	204	304	200	230	502	433	305
34 285	23 005	24 086	17 959	13 133	28 376	38 996	27 466
14 314	7 606	7 728	6 716	5 874	9 704	10 750	10 587
2 775	2 203	1 928	1 675	1 510	2 039	1 489	1 551
26 706	25 534	22 094	21 062	16 346	29 711	34 585	26 230

5—16 各地区国有单位

（2006

行业	沈阳	大连	鞍山	抚顺	本溪	丹东
总计	**69 051**	**23 787**	**58 332**	**54 776**	**44 335**	**13 802**
农、林、牧、渔业	1 708	1 396	1 451	3 163	1 198	676
采矿业	120	558	1 312	1 218	1 866	84
制造业	33 272	5 293	36 962	24 156	26 835	3 936
电力、燃气及水的生产和供应业	2 561	907	1 568	1 271	2 081	858
建筑业	4 485	764	3 337	10 066	2 812	1 664
交通运输、仓储及邮政业	3 126	6 866	3 615	3 530	2 329	1 278
信息转输、计算机服务和软件业	1 136	14		387	137	318
批发和零售业	4 732	632	3 896	5 016	2 104	1 221
住宿和餐饮业	871	295	37	678	231	63
金融业	1 694	607	660	174	462	550
房地产业	1 242	977	160	488	824	368
租赁和商务服务业	1 849	473	146	1 147	133	432
科学研究、技术服务和地质勘查业	2 491	630	599	578	171	728
水利、环境和公共设施管理业	2 076	674	317	1 312	271	908
居民服务和其他服务业	108	51	42	2	8	41
教育	2 501	1 114	1 283	684	571	84
卫生、社会保障和社会福利业	3 214	531	1 919	539	1 350	351
文化、体育和娱乐业	720	206	92	89	215	32
公共管理和社会组织	1 145	1 799	936	278	737	210
国际组织						

分行业离岗职工人数

年）

单位:人

锦州	营口	阜新	辽阳	盘锦	铁岭	朝阳	葫芦岛
41 222	**15 779**	**14 012**	**13 057**	**19 040**	**18 201**	**7 581**	**20 410**
1 623	226	31	559	7 186	1 225	174	3 784
1 073	261	7 060	44	1 319	369	63	2 897
18 695	5 584	1 633	7 180	3 982	3 398	793	5 242
1 387	714	835	272	676	326	391	181
1 536	314	854	806	2 018	1 284	147	651
2 295	1 688	624	533	435	2 107	319	983
374	219	164	314	122	229	349	212
7 613	1 048	835	1 711	662	1 935	1 988	1 117
414	702	136	275	12	422	34	514
514	458	554	109	479	645	667	463
1 081	383	18	207	7	409	78	679
174	1 080	130	217	11	379	64	30
704	474	360	93	6	1 271	412	760
858	510	59	81	75	502	56	494
15	1	38			9		
264	198	126	159	792	836	107	477
2 062	1 155	192	433	390	1 433	489	742
292	136	48	8	24	220	68	114
248	628	315	56	844	1 202	1 382	1 070

5—17 各地区集体单位

(2006

行业	沈阳	大连	鞍山	抚顺	本溪	丹东
总计	**67 881**	**31 652**	**54 174**	**23 726**	**25 611**	**13 471**
农、林、牧、渔业	90	1 202	783	62	52	17
采矿业	17	132	5 236	3 503	3 315	703
制造业	31 076	10 934	25 815	7 614	11 010	3 481
电力、燃气及水的生产和供应业	730	79	195	1 160	68	322
建筑业	13 749	5 088	10 939	7 088	5 780	3 430
交通运输、仓储及邮政业	1 355	5 588	2 059	312	777	830
信息转输、计算机服务和软件业	875	40	31		45	
批发和零售业	5 688	1 778	1 789	1 232	1 306	830
住宿和餐饮业	1 331	626	322	121	109	76
金融业	4 131		2 786	1 097	1 397	2 443
房地产业	267	277	66	134	300	171
租赁和商务服务业	3 201	4 512	930	95	172	52
科学研究、技术服务和地质勘查业	1 046	194	173	22	5	131
水利、环境和公共设施管理业	273	121	14	114	408	244
居民服务和其他服务业	1 227	194	705	636	81	66
教育	429	368	168		318	
卫生、社会保障和社会福利业	2 369	519	2 148	523	462	675
文化、体育和娱乐业	27		11	13	6	
公共管理和社会组织			4			
国际组织						

分行业在岗职工人数

年)

单位:人

锦州	营口	阜新	辽阳	盘锦	铁岭	朝阳	葫芦岛
27 780	**10 865**	**15 439**	**22 441**	**6 319**	**24 357**	**16 306**	**31 792**
	39	28		28	82	234	
40		3 940	178	21	1 178		109
10 726	3 521	3 856	9 248	1 482	11 165	5 229	20 478
692	107	44	83	375	237		75
6 247	1 444	2 909	8 352	2 510	5 073	5 019	4 503
1 132	213	531	449	569	209	334	565
54							65
2 192	528	1 029	868	579	909	1 307	1 142
388	33	99	152	27	112	39	13
1 965	1 335	1 011	1 441	431	3 278	3 249	2 219
41	24	184	181	4	24	8	
1 488	1 500	705	370	225	227	174	1 627
1 164	37	68	105	31	87		6
755	31	203	414	14	209		62
344	49	33	20	7	1	11	11
4	5	6	11		404		
516	1 031	633	569	16	1 162	702	835
2		160					63
30	968						19

5—18 各地区集体单位

（2006

行业	沈阳	大连	鞍山	抚顺	本溪	丹东
总计	**76 768**	**2 636**	**107 680**	**110 811**	**60 607**	**26 349**
农、林、牧、渔业	27	71	68			39
采矿业	441	187	6 075	24 118	7 818	
制造业	56 562	1 385	67 027	44 897	40 881	16 941
电力、燃气及水的生产和供应业	154		59	973	7	49
建筑业	6 348	314	16 718	26 533	5 491	1 333
交通运输、仓储及邮政业	2 344	105	2 393	4 099	1 590	782
信息转输、计算机服务和软件业	32		15			
批发和零售业	8 000	384	13 615	5 550	3 695	3 149
住宿和餐饮业	335		232	358	176	2
金融业			255	234	116	682
房地产业	44	62	94	19	274	3 141
租赁和商务服务业	1 424	46	269	93	207	3
科学研究、技术服务和地质勘查业	284	52	52	95	26	5
水利、环境和公共设施管理业	35			95	103	95
居民服务和其他服务业	351	5	317	3 352	77	112
教育	117	17	117		33	
卫生、社会保障和社会福利业	267	8	374	395	113	16
文化、体育和娱乐业	3					
公共管理和社会组织						
国际组织						

分行业离岗职工人数

年)

单位:人

锦州	营口	阜新	辽阳	盘锦	铁岭	朝阳	葫芦岛
34 794	**7 917**	**80 927**	**20 918**	**1 393**	**43 657**	**14 524**	**18 343**
32		421		5	210		
38		24 274	181	219	704		2 788
17 087	3 648	25 938	11 790	91	23 409	6 985	7 874
4				5	74		
4 046	705	6 234	2 746	41	2 966	1 593	2 162
3 044	213	920	1 079	227	2 289	1 294	448
16		8			3		
8 351	1 616	11 693	1 172	532	12 173	3 923	856
374	23	322	44		87	17	25
354	375	91	138	146	283	204	313
19	131	378				56	
124	769	10 243	3 612	122	110	13	3 746
26	1	18		5	201		
97			156		96		
281		100			23	143	
21		1			141		
858	304	286			888	296	131
22							
	132						

5—19 城镇集体单位分行业职工人数

单位:万人

行业	2005年			2006年		
	全部职工	在岗职工	离岗职工	全部职工	在岗职工	离岗职工
总计	**105.7**	**39.8**	**66.0**	**97.9**	**37.2**	**60.7**
农、林、牧、渔业	0.4	0.3	0.1	0.3	0.3	0.1
采矿业	8.7	2.0	6.6	8.5	1.8	6.7
制造业	52.7	17.2	35.5	48.0	15.6	32.5
电力、燃气及水的生产和供应业	0.7	0.5	0.2	0.5	0.4	0.1
建筑业	17.0	8.6	8.4	15.9	8.2	7.7
交通运输、仓储及邮政业	4.1	1.4	2.7	3.6	1.5	2.1
信息转输、计算机服务和软件业	0.2	0.2	0.0	0.1	0.1	0.0
批发和零售业	10.7	2.1	8.5	9.6	2.1	7.5
住宿和餐饮业	0.7	0.4	0.2	0.5	0.3	0.2
金融业	3.1	2.8	0.3	3.0	2.7	0.3
房地产业	0.7	0.2	0.5	0.6	0.2	0.4
租赁和商务服务业	3.2	1.5	1.7	3.6	1.5	2.1
科学研究、技术服务和地质勘查业	0.3	0.2	0.1	0.4	0.3	0.1
水利、环境和公共设施管理业	0.3	0.3	0.1	0.4	0.3	0.1
居民服务和其他服务业	1.0	0.5	0.6	0.8	0.3	0.5
教育	0.3	0.2	0.1	0.2	0.2	0.0
卫生、社会保障和社会福利业	1.7	1.3	0.4	1.6	1.2	0.4
文化、体育和娱乐业	0.0	0.0	0.0	0.0	0.0	0.0
公共管理和社会组织	0.1	0.1	0.0	0.1	0.1	0.0
国际组织						

5—20 其他单位分行业职工人数

单位:万人

行业	2005年			2006年		
	全部职工	在岗职工	离岗职工	全部职工	在岗职工	离岗职工
总计	**161.8**	**144.4**	**17.4**	**163.0**	**146.4**	**16.6**
农、林、牧、渔业	0.7	0.7	0.0	0.7	0.7	0.0
采矿业	12.5	11.0	1.4	11.8	10.6	1.2
制造业	100.6	90.6	10.0	98.8	89.6	9.2
电力、燃气及水的生产和供应业	5.8	5.1	0.7	5.9	5.2	0.7
建筑业	11.9	9.5	2.4	13.9	11.3	2.7
交通运输、仓储及邮政业	3.9	3.5	0.4	4.2	3.6	0.7
信息转输、计算机服务和软件业	2.8	2.6	0.2	2.9	2.8	0.1
批发和零售业	9.6	8.3	1.3	9.5	8.4	1.1
住宿和餐饮业	3.9	3.7	0.2	3.7	3.5	0.1
金融业	4.1	3.7	0.4	5.3	4.8	0.5
房地产业	2.6	2.5	0.1	2.9	2.8	0.1
租赁和商务服务业	1.0	0.9	0.1	0.9	0.9	0.1
科学研究、技术服务和地质勘查业	0.9	0.9	0.0	1.0	1.0	0.0
水利、环境和公共设施管理业	0.2	0.2	0.0	0.2	0.2	0.0
居民服务和其他服务业	0.5	0.5	0.0	0.5	0.4	0.0
教育	0.1	0.1	0.0	0.1	0.1	0.0
卫生、社会保障和社会福利业	0.3	0.2	0.0	0.3	0.3	0.0
文化、体育和娱乐业	0.3	0.3	0.0	0.3	0.3	0.0
公共管理和社会组织				0.0	0.0	0.0
国际组织						

5—21 城镇登记失业人数及失业率

(年末数)

年 份	城镇登记失业人数 (万人)	#女 性	女性占城镇登记失业人数 (%)	失 业 率 (%)
1980	44.7			
1985	19.7			1.9
1986	20.2			2.0
1987	25.4			2.4
1988	25.8			2.4
1989	28.3			3.3
1990	23.7			2.7
1991	24.9			2.2
1992	26.7			2.4
1993	28.5			2.6
1994	30.0			2.5
1995	30.4			2.6
1996	40.8	22.5	55.1	3.6
1997	43.5	23.4	53.8	3.7
1998	40.0	21.0	52.5	3.4
1999	39.8	21.5	54.0	3.5
2000	40.8	21.6	52.9	3.7
2001	55.5	29.2	52.6	4.8
2002	75.5	39.1	51.8	6.8
2003	72.0	46.0	63.9	6.7
2004	68.2	44.2	64.8	6.3
2005	60.4	35.3	58.4	5.7
2006	53.9	28.1	52.1	5.1

5—22 各地区城镇登记失业人数及失业率

地区	年末城镇登记失业人数(万人)					城镇登记失业率(%)				
	2000年	2003年	2004年	2005年	2006年	2000年	2003年	2004年	2005年	2006年
全省	**40.8**	**72.0**	**68.2**	**60.4**	**53.9**	**3.7**	**6.7**	**6.3**	**5.7**	**5.1**
沈阳	6.5	17.2	14.7	13.5	11.8	2.5	8.3	7.2	6.5	5.1
大连	6.3	9.9	9.3	7.0	6.0	3.9	5.4	4.5	3.4	2.8
鞍山	3.5	6.3	6.3	6.1	5.2	3.6	6.2	6.7	7.3	5.0
抚顺	2.3	5.0	5.2	5.4	5.1	2.7	5.9	6.0	6.3	5.5
本溪	2.3	4.6	3.6	3.8	3.7	3.9	7.4	7.2	7.6	5.4
丹东	3.8	4.8	4.4	3.0	2.8	4.0	9.9	9.6	6.8	5.5
锦州	2.2	4.3	4.3	4.2	3.7	4.0	6.4	7.6	7.6	5.0
营口	1.5	2.6	2.6	2.7	2.5	3.7	6.8	6.7	7.0	4.8
阜新	2.6	2.6	2.9	2.7	2.2	5.8	6.4	5.9	5.6	5.5
辽阳	1.6	2.9	2.8	2.2	2.1	3.4	7.7	6.9	5.5	4.8
盘锦	1.7	4.3	1.9	1.4	1.4	3.6	8.0	3.3	2.5	3.1
铁岭	3.4	3.7	4.3	3.0	2.0	6.7	7.9	9.1	6.4	3.9
朝阳	1.0	1.1	3.2	2.8	2.7	3.0	3.0	7.7	6.6	5.8
葫芦岛	2.1	2.5	2.6	2.5	2.7	4.8	6.5	6.6	6.4	4.9

5—23 职工工资总额及构成

年份、地区	绝对数(亿元)				构成(%)		
	全部工资总额	国有单位	城镇集体单位	其他单位	国有单位	城镇集体单位	其他单位
1978	39.9	32.1	7.8	0	80.5	19.5	0
1980	56.7	43.7	13.0	0	77.1	22.9	0
1985	99.7	68.6	29.9	1.2	68.8	30.0	1.2
1986	121.5	84.9	35.1	1.5	69.9	28.9	1.2
1987	139.2	97.6	39.6	2.0	70.1	28.5	1.4
1988	172.2	122.4	47.0	2.8	71.1	27.3	1.6
1989	193.9	139.2	51.1	3.6	71.8	26.3	1.9
1990	217.8	158.1	55.3	4.4	72.6	25.4	2.0
1991	242.1	174.8	61.6	5.7	72.2	25.4	2.4
1992	282.0	204.1	70.1	7.8	72.4	24.8	2.8
1993	342.5	248.5	79.1	14.9	72.5	23.1	4.4
1994	439.7	319.4	90.4	29.9	72.6	20.6	6.8
1995	496.9	368.1	97.2	31.6	74.1	19.6	6.3
1996	525.3	394.2	94.6	36.5	75.0	18.0	7.0
1997	544.5	408.1	92.4	44.0	74.9	17.0	8.1
1998	521.3	384.9	71.7	64.7	73.8	13.8	12.4
1999	529.6	388.9	62.1	78.6	73.4	11.7	14.9
2000	553.1	404.2	57.1	91.8	73.1	10.3	16.6
2001	595.9	425.3	51.9	118.7	71.4	8.7	19.9
2002	635.9	437.8	43.7	154.4	68.8	6.9	24.3
2003	680.6	455.6	41.3	183.7	66.9	6.1	27.0
2004	759.8	501.0	40.8	218.1	65.9	5.4	28.7
2005	862.9	566.4	39.7	256.8	65.6	4.6	29.8
2006	973.0	631.9	44.0	297.1	64.9	4.5	30.5
沈阳	203.8	128.5	8.7	66.6	63.0	4.3	32.7
大连	199.8	90.4	5.5	103.9	45.3	2.7	52.0
鞍山	85.7	71.5	5.8	8.5	83.4	6.8	9.9
抚顺	58.6	28.4	2.6	27.5	48.5	4.4	47.0
本溪	50.2	43.0	3.1	4.1	85.7	6.1	8.2
丹东	30.4	22.4	1.6	6.5	73.6	5.1	21.3
锦州	39.4	27.0	2.8	9.6	68.5	7.1	24.4
营口	27.9	17.8	1.2	8.9	63.9	4.2	31.9
阜新	25.6	21.8	1.4	2.5	84.8	5.4	9.8
辽阳	34.3	19.4	3.3	11.6	56.5	9.8	33.8
盘锦	63.0	55.1	0.7	7.2	87.4	1.2	11.4
铁岭	38.2	19.0	1.8	17.4	49.8	4.8	45.4
朝阳	33.7	20.6	2.1	10.9	61.2	6.4	32.4
葫芦岛	36.3	21.0	3.4	11.9	57.9	9.4	32.7

5—24 职工工资总额指数

年份	指数(1978=100)			指数(上年=100)			
	全部工资总额	国有单位	城镇集体单位	全部工资总额	国有单位	城镇集体单位	其他单位
1978	100	100	100	116.0	117.6	109.9	
1979	116.0	114.6	121.8	116.0	114.6	121.8	
1980	142.1	136.1	166.7	122.5	118.8	136.8	
1981	153.4	143.0	196.2	107.9	105.0	117.7	
1982	162.7	151.7	207.7	106.0	106.1	105.9	
1983	169.2	153.9	232.1	104.0	101.4	111.7	
1984	202.3	173.2	309.0	119.6	112.6	133.1	
1985	249.9	213.7	383.3	123.5	123.4	124.1	120.0
1986	304.5	264.5	450.0	121.9	123.8	117.4	125.0
1987	348.9	304.0	507.7	114.6	115.0	112.8	133.3
1988	431.6	381.3	602.6	123.7	125.4	118.7	140.0
1989	486.0	433.6	655.1	112.6	113.7	108.7	128.6
1990	545.9	492.5	709.0	112.3	113.6	108.2	122.2
1991	606.8	544.5	789.7	111.2	110.6	111.4	129.5
1992	706.8	635.8	898.7	116.5	116.8	113.8	136.8
1993	858.4	774.1	1 014.1	121.5	121.8	112.8	191.0
1994	1 102.0	995.0	1 159.0	128.4	128.5	114.3	200.7
1995	1 245.3	1 146.7	1 246.2	113.0	115.2	107.5	105.7
1996	1 316.5	1 228.0	1 212.8	105.7	107.1	97.3	115.4
1997	1 364.7	1 271.3	1 184.6	103.6	103.5	97.6	120.6
1998	1 306.0	1 198.8	919.2	95.7	94.3	197.6	147.0
1999	1 327.3	1 211.5	796.2	101.6	101.0	86.6	121.5
2000	1 386.2	1 259.2	732.1	104.4	103.9	91.9	116.8
2001	1 493.5	1 324.9	665.4	107.7	105.2	90.9	129.3
2002	1 593.7	1 363.9	560.3	106.7	102.9	84.1	130.1
2003	1 705.8	1 419.3	529.5	107.0	104.1	94.5	118.9
2004	1 904.3	1 560.7	523.1	111.6	110.0	98.8	118.7
2005	2 162.7	1 764.5	509.0	113.6	113.1	97.3	117.7
2006	2 438.6	1 968.5	564.1	112.8	111.6	110.8	115.7

5—25 分行业职工工资总额

(2006年)　　　　单位:亿元

行　业	职工合计	在岗职工	#国有单位	#集体单位	离岗职工	#国有单位	#集体单位
总　计	**973.0**	**935.9**	**605.1**	**41.7**	**37.1**	**26.8**	**2.3**
农、林、牧、渔业	19.4	19.0	17.4	0.3	0.4	0.4	0.0
采矿业	73.3	71.5	43.7	1.9	1.8	1.0	0.1
制造业	276.9	261.6	85.1	15.7	15.4	10.3	1.1
电力、燃气及水的生产和供应业	45.2	43.1	29.4	0.4	2.1	1.3	0.0
建筑业	50.5	48.4	19.2	9.7	2.0	1.2	0.3
交通运输、仓储及邮政业	77.1	73.5	63.4	1.7	3.6	3.4	0.1
信息转输、计算机服务和软件业	20.4	19.4	7.2	0.3	0.9	0.7	0.0
批发和零售业	27.1	25.7	9.9	2.0	1.4	0.8	0.1
住宿和餐饮业	7.8	7.6	2.6	0.4	0.2	0.1	0.0
金融业	47.1	44.2	22.8	4.5	2.9	1.6	0.3
房地产业	10.5	10.1	4.8	0.2	0.3	0.3	0.0
租赁和商务服务业	12.2	11.5	8.1	1.8	0.7	0.6	0.1
科学研究、技术服务和地质勘查业	25.1	24.5	19.8	0.5	0.6	0.5	0.0
水利、环境和公共设施管理业	15.4	14.8	14.2	0.2	0.6	0.6	0.0
居民服务和其他服务业	3.3	3.3	2.4	0.4	0.0	0.0	0.0
教育	103.3	102.1	101.8	0.2	1.2	1.2	0.0
卫生、社会保障和社会福利业	45.6	44.7	43.0	1.2	1.0	0.9	0.0
文化、体育和娱乐业	11.0	10.9	10.2	0.0	0.2	0.2	0.0
公共管理和社会组织	101.8	100.1	100.0	0.1	1.7	1.7	0.0
国际组织							

5—26 分行业职工平均工资

(2006 年)　　单位:元

行业	职工合计	在岗职工	#国有单位	#集体单位	离岗职工	#国有单位	#集体单位
总计	**16 204**	**19 624**	**20 681**	**10 888**	**3 003**	**5 947**	**371**
农、林、牧、渔业	6 198	6 615	6 255	10 355	1 559	1 569	668
采矿业	18 547	24 036	25 208	10 298	1 854	5 790	162
制造业	13 752	18 589	23 691	9 833	2 537	5 618	342
电力、燃气及水的生产和供应业	24 093	26 230	27 167	10 161	9 114	9 067	515
建筑业	11 145	15 313	18 941	10 890	1 496	3 637	438
交通运输、仓储及邮政业	19 503	22 614	23 087	11 459	5 129	8 015	279
信息转输、计算机服务和软件业	37 344	39 741	35 999	27 677	16 632	16 556	351
批发和零售业	9 817	16 806	18 859	9 577	1 137	2 104	183
住宿和餐饮业	12 116	13 647	14 676	10 774	2 300	2 717	502
金融业	30 627	32 284	35 600	17 053	17 149	19 254	10 917
房地产业	14 413	16 912	16 133	11 997	2 650	3 702	259
租赁和商务服务业	11 236	15 322	15 786	12 348	2 153	5 068	374
科学研究、技术服务和地质勘查业	24 491	26 823	25 097	17 242	5 032	5 337	916
水利、环境和公共设施管理业	13 347	13 959	14 031	8 105	6 405	6 862	1 051
居民服务和其他服务业	12 939	16 270	18 680	10 609	582	3 810	248
教育	20 271	20 473	20 510	11 710	10 810	11 350	659
卫生、社会保障和社会福利业	19 333	20 639	21 424	9 825	4 870	6 065	385
文化、体育和娱乐业	21 273	21 959	22 209	8 580	7 529	7 525	250
公共管理和社会组织	21 358	21 708	21 748	9 831	11 070	11 154	2 098
国际组织							

5—27 各地区职工平均工资

（2006 年）　　　　单位：元

地　区	职工合计	在岗职工	#国有单位	#集体单位	离岗职工	#国有单位	#集体单位
全　省	**16 204**	**19 624**	**20 681**	**10 888**	**3 003**	**5 947**	**371**
沈　阳	19 300	22 978	26 338	11 730	2 970	4 766	460
大　连	23 508	24 204	28 129	16 790	10 994	12 289	6 575
鞍　山	15 443	21 119	23 663	9 735	3 403	8 878	313
抚　顺	12 191	19 740	19 940	9 905	1 480	2 866	146
本　溪	13 737	19 248	21 520	11 039	3 162	7 722	408
丹　东	13 001	16 260	18 606	10 857	1 710	4 217	420
锦　州	11 789	15 284	15 480	9 281	1 690	2 290	528
营　口	14 108	16 303	17 873	9 830	2 773	3 126	927
阜　新	9 718	14 705	16 393	8 956	886	5 443	29
辽　阳	15 070	17 705	18 579	12 682	4 074	8 601	371
盘　锦	14 269	14 695	14 629	10 396	5 718	5 892	2 152
铁　岭	13 079	16 547	14 155	7 329	2 012	4 081	124
朝　阳	14 197	15 513	15 666	13 687	2 929	6 308	206
葫芦岛	13 341	15 290	14 925	8 756	4 068	4 585	2 041

5—28 分行业在岗职工工资总额及离岗生活费

（2006 年）　　单位：万元

行业	在岗职工工资总额				离岗职工生活费			
	合计	国有单位	集体单位	其他单位	合计	国有单位	集体单位	其他单位
总计	**9 358 832**	**6 051 026**	**417 082**	**2 890 724**	**370 936**	**267 697**	**22 893**	**80 346**
农、林、牧、渔业	189 720	173 528	2 785	13 407	4 019	3 867	59	94
采矿业	714 713	437 108	19 386	258 219	18 130	10 494	1 088	6 548
制造业	2 615 510	850 629	156 880	1 608 001	153 914	103 111	11 309	39 495
电力、燃气及水的生产和供应业	430 694	294 160	4 084	132 451	21 350	13 090	82	8 178
建筑业	484 207	192 477	97 344	194 387	20 435	11 817	3 404	5 215
交通运输、仓储及邮政业	734 661	633 918	17 237	83 507	36 063	33 683	602	1 778
信息转输、计算机服务和软件业	194 389	72 448	3 139	118 802	9 415	6 714	3	2 698
批发和零售业	256 788	99 032	20 453	137 302	13 986	7 509	1 385	5 091
住宿和餐饮业	75 837	25 707	3 799	46 330	1 993	1 399	105	490
金融业	442 186	228 120	45 320	168 746	28 875	15 915	3 481	9 479
房地产业	101 268	47 854	2 053	51 361	3 371	2 759	110	502
租赁和商务服务业	114 661	81 325	18 106	15 230	7 250	6 114	780	356
科学研究、技术服务和地质勘查业	245 473	198 303	5 286	41 884	5 519	5 270	78	171
水利、环境和公共设施管理业	148 280	142 399	2 314	3 568	5 999	5 842	72	85
居民服务和其他服务业	32 784	23 638	3 652	5 495	316	153	119	45
教育	1 021 214	1 017 866	1 980	1 367	11 559	11 519	33	7
卫生、社会保障和社会福利业	446 727	430 350	12 020	4 357	9 519	9 322	155	42
文化、体育和娱乐业	108 613	102 147	243	6 223	1 860	1 791	1	69
公共管理和社会组织	1 001 108	1 000 018	1 004	86	17 363	17 331	28	5
国际组织								

5—29 各地区在岗职工工资总额及离岗生活费

（2006 年）

单位：万元

地　　区	在岗职工工资总额				离岗职工生活费			
	合　计	国有单位	集体单位	其他单位	合　计	国有单位	集体单位	其他单位
全　　省	**9 358 832**	**6 051 026**	**417 082**	**2 890 724**	**370 936**	**267 697**	**22 893**	**80 346**
沈　　阳	1 980 391	1 249 201	83 010	648 180	57 642	35 694	3 734	18 215
大　　连	1 949 069	873 490	53 034	1 022 545	49 245	30 997	1 878	16 370
鞍　　山	796 826	660 870	54 743	81 213	60 520	53 728	3 412	3 380
抚　　顺	556 240	268 164	24 382	263 694	29 389	16 090	1 635	11 664
本　　溪	462 446	395 123	28 054	39 269	39 594	35 079	2 517	1 998
丹　　东	295 400	218 003	14 414	62 983	8 968	5 920	1 111	1 936
锦　　州	379 158	260 029	26 069	93 060	14 512	9 739	1 868	2 905
营　　口	270 124	173 259	10 863	86 003	8 897	5 017	742	3 138
阜　　新	248 025	209 951	13 544	24 530	8 442	7 660	230	551
辽　　阳	325 483	182 155	32 707	110 621	17 948	11 734	781	5 433
盘　　锦	618 210	539 740	7 088	71 382	11 993	11 202	299	492
铁　　岭	368 119	182 638	17 870	167 611	14 029	7 484	548	5 997
朝　　阳	329 265	201 176	21 073	107 016	7 261	4 841	300	2 121
葫 芦 岛	343 589	200 740	30 230	112 618	19 212	9 227	3 839	6 146

5—30 分行业在岗职工平均工资及离岗职工平均生活费

(2006 年)

单位:元

行业	在岗职工人均工资				离岗职工人均生活费			
	全部	国有	集体	其他	全部	国有	集体	其他
总计	**19 624**	**20 681**	**10 888**	**19 797**	**3 003**	**5 947**	**371**	**4 763**
农、林、牧、渔业	6 615	6 255	10 355	20 059	1 559	1 569	668	3 570
采矿业	24 036	25 208	10 298	24 564	1 854	5 790	162	5 156
制造业	18 589	23 691	9 833	18 100	2 537	5 618	342	4 257
电力、燃气及水的生产和供应业	26 230	27 167	10 161	25 520	9 114	9 067	515	11 056
建筑业	15 313	18 941	10 890	15 527	1 496	3 637	438	1 971
交通运输、仓储及邮政业	22 614	23 087	11 459	23 692	5 129	8 015	279	2 661
信息转输、计算机服务和软件业	39 741	35 999	27 677	42 959	16 632	16 556	351	17 880
批发和零售业	16 806	18 859	9 577	17 397	1 137	2 104	183	4 454
住宿和餐饮业	13 647	14 676	10 774	13 418	2 300	2 717	502	3 442
金融业	32 284	35 600	17 053	36 436	17 149	19 254	10 917	17 609
房地产业	16 912	16 133	11 997	18 018	2 650	3 702	259	4 948
租赁和商务服务业	15 322	15 786	12 348	17 599	2 153	5 068	374	4 894
科学研究、技术服务和地质勘查业	26 823	25 097	17 242	44 393	5 032	5 337	916	6 911
水利、环境和公共设施管理业	13 959	14 031	8 105	18 956	6 405	6 862	1 051	5 065
居民服务和其他报务业	16 270	18 680	10 609	13 553	582	3 810	248	1 939
教育	20 473	20 510	11 710	16 534	10 810	11 350	659	1 690
卫生、社会保障和社会福利业	20 639	21 424	9 825	13 060	4 870	6 065	385	2 571
文化、体育和娱乐业	21 959	22 209	8 580	19 540	7 529	7 525	250	10 905
公共管理和社会组织	21 708	21 748	9 831	2 584	11 070	11 154	2 098	3 200
国际组织								

5—31 各地区分行业

(2006

行业	沈阳	大连	鞍山	抚顺	本溪	丹东
总计	**22 978**	**24 204**	**21 119**	**19 740**	**19 248**	**16 260**
农、林、牧、渔业	12 489	22 881	7 560	9 057	13 768	9 116
采矿业	20 056	14 863	9 809	26 012	23 728	10 083
制造业	19 272	20 057	24 185	19 140	19 479	10 630
电力、燃气及水的生产和供应业	29 225	34 410	22 804	25 848	28 511	27 946
建筑业	16 563	22 810	18 023	11 524	14 208	11 895
交通运输、仓储及邮政业	23 903	29 345	11 883	11 632	12 174	13 504
信息转输、计算机服务和软件业	52 181	43 714	40 039	47 895	32 210	30 163
批发和零售业	18 739	23 841	14 441	15 847	11 039	13 681
住宿和餐饮业	13 407	16 439	9 955	11 400	9 121	9 256
金融业	40 449	45 999	26 873	29 687	30 220	26 096
房地产业	20 416	20 103	14 725	14 525	14 281	13 190
租赁和商务服务业	19 119	19 369	18 157	12 577	14 588	13 392
科学研究、技术服务和地质勘查业	32 115	30 533	43 059	29 164	21 265	16 214
水利、环境和公共设施管理业	15 428	20 311	13 500	11 621	13 891	12 375
居民服务和其他报务业	13 962	20 198	18 224	11 585	11 922	9 911
教育	24 086	25 946	20 694	23 536	20 052	21 328
卫生、社会保障和社会福利业	27 745	26 913	18 651	17 268	19 272	19 473
文化、体育和娱乐业	30 284	27 276	18 854	20 486	16 635	14 706
公共管理和社会组织	27 296	30 655	21 467	21 325	21 782	21 386
国际组织						

在岗职工平均工资

年） 单位：元

锦州	营口	阜新	辽阳	盘锦	铁岭	朝阳	葫芦岛
15 284	**16 303**	**14 705**	**17 705**	**14 695**	**16 547**	**15 513**	**15 290**
4 451	9 725	5 205	5 333	5 347	3 553	8 911	3 662
9 914	13 904	18 502	15 349	31 893	27 463	13 127	9 401
14 289	13 110	8 629	20 038	17 799	8 528	13 813	17 090
20 478	23 852	21 669	21 862	17 810	24 932	27 247	27 584
14 142	16 822	9 351	13 410	11 635	16 441	13 133	9 974
14 561	17 046	10 277	12 483	11 445	12 311	12 898	11 816
36 331	19 482	27 205	34 659	29 591	29 321	30 830	30 849
9 002	11 786	11 069	15 499	13 446	8 775	12 324	12 308
8 958	10 740	8 225	11 149	10 583	8 229	10 200	9 141
31 513	24 379	25 988	16 589	28 365	18 483	21 680	23 692
11 772	9 704	11 105	13 640	17 005	10 121	10 212	11 109
11 593	12 928	10 799	14 744	8 834	8 446	14 126	9 502
18 167	17 852	15 060	17 221	17 655	13 842	16 567	16 533
11 404	11 238	9 726	13 195	14 103	9 569	11 695	10 996
12 101	16 741	12 817	15 747	13 368	12 627	12 850	15 740
17 046	18 260	15 377	19 516	15 196	14 652	15 689	14 448
14 935	15 593	12 780	21 727	16 032	11 906	15 441	13 413
13 770	14 027	12 208	12 652	17 119	13 900	14 743	11 900
18 619	19 810	15 428	20 059	18 826	18 132	16 796	16 482

5—32 各地区在岗职工平均工资及离岗职工平均生活费

(2006 年)

单位:元

地区	在岗职工平均工资				离岗职工平均生活费			
	合计	国有单位	集体单位	其他单位	合计	国有单位	集体单位	其他单位
全省	**19 624**	**20 681**	**10 888**	**19 797**	**3 003**	**5 947**	**371**	**4 763**
沈阳	22 978	26 338	11 730	20 460	2 970	4 766	460	4 794
大连	24 204	28 129	16 790	22 078	10 994	12 289	6 575	9 795
鞍山	21 119	23 663	9 735	19 432	3 403	8 878	313	4 060
抚顺	19 740	19 940	9 905	21 493	1 480	2 866	146	3 845
本溪	19 248	21 520	11 039	12 574	3 162	7 722	408	1 106
丹东	16 260	18 606	10 857	12 294	1 710	4 217	420	1 617
锦州	15 284	15 480	9 281	17 890	1 690	2 290	528	3 664
营口	16 303	17 873	9 830	14 905	2 773	3 126	927	3 903
阜新	14 705	16 393	8 956	9 631	886	5 443	29	4 310
辽阳	17 705	18 579	12 682	18 436	4 074	8 601	371	5 808
盘锦	14 695	14 629	10 396	15 889	5 718	5 892	2 152	8 592
铁岭	16 547	14 155	7 329	24 269	2 012	4 081	124	8 233
朝阳	15 513	15 666	13 687	15 638	2 929	6 308	206	8 339
葫芦岛	15 290	14 925	8 756	20 220	4 068	4 585	2 041	7 407

5—33 国有单位分行业职工工资总额

单位:万元

行　　业	2003年	2004年	2005年	2006年
总　　计	**4 555 624**	**5 009 833**	**5 663 648**	**6 318 724**
农、林、牧、渔业	125 759	150 067	165 328	177 394
采　矿　业	287 633	349 343	377 738	447 602
制　造　业	742 118	767 779	844 955	953 740
电力、燃气及水的生产和供应业	264 207		277 648	307 249
建　筑　业	168 073	169 196	180 592	204 294
交通运输、仓储及邮政业	470 607	499 256	578 076	667 600
信息转输、计算机服务和软件业	95 509	91 249	74 410	79 161
批发和零售业	103 151	99 381	100 200	106 541
住宿和餐饮业	20 828	20 427	23 192	27 106
金　融　业	203 092	226 807	245 496	244 036
房　地　产　业	47 816	47 756	51 261	50 613
租赁和商务服务业	59 355	65 130	75 498	87 439
科学研究、技术服务和地质勘查业	145 135	162 793	173 947	203 572
水利、环境和公共设施管理业	108 621	116 906	133 126	148 241
居民服务和其他报务业	11 077	13 270	16 037	23 791
教　　育	703 016	805 478	943 131	1 029 385
卫生、社会保障和社会福利业	294 658	312 024	377 100	439 672
文化、体育和娱乐业	76 275	81 153	97 680	103 938
公共管理和社会组织	662 637	767 610	928 233	1 017 348
国　际　组　织				

5—34 城镇集体单位分行业职工工资总额

单位:万元

行　　业	2003年	2004年	2005年	2006年
总　　计	**413 318**	**407 546**	**397 224**	**439 975**
农、林、牧、渔业	2 789	3 269	2 908	2 844
采　矿　业	12 606	17 354	15 767	20 473
制　造　业	163 171	155 013	153 506	168 188
电力、燃气及水的生产和供应业	6 792	6 598	5 239	4 166
建　筑　业	92 645	97 045	92 867	100 747
交通运输、仓储及邮政业	14 650	14 822	11 235	17 839
信息转输、计算机服务和软件业	3 676	3 255	2 958	3 142
批发和零售业	25 718	24 161	19 890	21 838
住宿和餐饮业	5 148	5 062	4 115	3 904
金　融　业	38 778	41 131	47 110	48 801
房　地　产　业	2 421	2 408	2 748	2 163
租赁和商务服务业	22 601	14 577	14 976	18 886
科学研究、技术服务和地质勘查业	2 978	2 603	3 378	5 364
水利、环境和公共设施管理业	2 348	3 042	1 981	2 386
居民服务和其他报务业	4 599	4 725	4 675	3 771
教　　育	1 695	1 891	1 841	2 013
卫生、社会保障和社会福利业	9 580	9 588	10 835	12 175
文化、体育和娱乐业	359	298	299	244
公共管理和社会组织	766	705	898	1 031
国　际　组　织				

5—35 其他单位分行业职工工资总额

单位:万元

行业	2003年	2004年	2005年	2006年
总计	**1 837 048**	**2 180 597**	**2 567 766**	**2 971 070**
农、林、牧、渔业	7 330	8 750	9 893	13 501
采矿业	142 550	175 959	226 289	264 767
制造业	1 111 628	1 280 677	1 473 858	1 647 495
电力、燃气及水的生产和供应业	95 784	111 245	137 013	140 629
建筑业	87 655	120 302	132 729	199 601
交通运输、仓储及邮政业	48 210	63 901	70 581	85 284
信息转输、计算机服务和软件业	58 561	80 279	107 501	121 501
批发和零售业	99 427	113 139	125 977	142 394
住宿和餐饮业	37 093	45 789	47 257	46 820
金融业	71 408	90 749	126 333	178 225
房地产业	33 324	40 599	40 647	51 863
租赁和商务服务业	17 764	18 530	17 477	15 586
科学研究、技术服务和地质勘查业	11 808	14 562	35 036	42 056
水利、环境和公共设施管理业	1 832	2 512	2 686	3 653
居民服务和其他报务业	2 859	4 779	6 175	5 539
教育	1 325	747	942	1 375
卫生、社会保障和社会福利业	4 307	4 341	3 073	4 399
文化、体育和娱乐业	4 184	3 618	4 179	6 292
公共管理和社会组织	0	121	120	91
国际组织				

5—36 分行业离岗职工生活费

单位:万元

行业	2003年	2004年	2005年	2006年
总计	**320 846**	**331 969**	**354 044**	**370 936**
农、林、牧、渔业	2 720	2 600	3 116	4 019
采矿业	18 183	20 700	19 896	18 130
制造业	129 877	132 839	140 108	153 914
电力、燃气及水的生产和供应业	19 975	20 865	21 521	21 350
建筑业	22 275	21 366	19 941	20 435
交通运输、仓储及邮政业	30 800	34 827	35 504	36 063
信息转输、计算机服务和软件业	6 072	6 898	8 607	9 415
批发和零售业	16 388	13 731	14 887	13 986
住宿和餐饮业	2 540	2 450	2 143	1 993
金融业	18 275	19 716	24 475	28 875
房地产业	3 633	3 933	4 216	3 371
租赁和商务服务业	4 302	4 483	5 780	7 250
科学研究、技术服务和地质勘查业	4 328	4 867	5 381	5 519
水利、环境和公共设施管理业	4 953	5 546	5 967	5 999
居民服务和其他报务业	1 039	764	564	316
教育	10 413	11 298	13 658	11 559
卫生、社会保障和社会福利业	6 775	7 293	8 939	9 519
文化、体育和娱乐业	1 252	1 264	1 420	1 860
公共管理和社会组织	17 045	16 528	17 920	17 363
国际组织				

主要统计指标解释

劳动力资源总数 指在劳动年龄内，具有劳动能力，在正常情况下，可能或实际参加社会劳动的人口数。

从业人员 指从事一定社会劳动并取得劳动报酬或经营收入的全部劳动力。包括：

(1)全部职工

(2)城镇私营企业从业人员

(3)城镇个体劳动者

(4)农村社会劳动者

(5)其他社会劳动者

这一指标反映了一定时期内全部劳动力资源的实际利用情况，是研究国情国力的重要指标。

各单位的从业人员是指在各级国家机关、政党机关、社会团体及企业、事业单位中工作，并取得劳动报酬的全部人员。包括职工、再就业的离退休人员、民办教师以及在各单位中工作的外方人员和港、澳、台方人员。

各单位的从业人员反映了各单位实际参加生产或工作的全部劳动力。

在岗职工 是指在本单位工作并由单位支付劳动报酬的在岗职工。在岗职工可分为在岗长期职工和在岗临时职工。包括由单位派出学习、劳务及病伤产假并由单位支付劳动报酬的人员。

使用的农村劳动力 指国有经济、城镇集体经济、联营经济、股份制经济、外商和港、澳、台投资经济、其他经济单位的职工中，现仍保留农村户籍关系的人员。

在岗长期职工 指用工期限在一年以上(含一年)的职工。包括原固定职工、合同制职工、长期临时工以及国有单位使用的城镇集体所有制单位的人员和其他使用期限在一年以上的原计划外用工。

在岗临时职工 指用工期限不超过一年的职工。包括各单位根据国家有关规定招用的，签订一年以内的劳动合同或使用期不超过一年的临时性、季节性用工。

其他从业人员 指劳动统计制度规定不作职工统计，但实际参加社会劳动并取得劳动报酬的人员。

各单位的其他从业人员是指单位中除职工以外的全部参加本单位生产或工作并取得劳动报酬的人员。包括再就业的离退休人员、民办教师以及在各单位中工作的外方人员和港、澳、台方人员。

离岗职工(离开本单位仍保留劳动关系的职工) 指由于各种原因已离开本人的生产或工作岗位，并已不在本单位从事其他工作，但仍与用人单位保留劳动关系的职工。

城镇集体经济单位职工 指在城镇集体经济单位及其管理部门工作，并由其支付工资的各类人员。

其他经济单位职工 指在联营经济、股份制经济、外商投资经济、港、澳、台投资经济单位工作，并由其支付工资的各类人员。

城镇个体劳动者 指经工商行政管理部门核准登记，领取营业执照，参加生产经营活动，户口在城镇的全部人员。

农村社会劳动者 指农村人口中经常参加合作经济组织〔包括乡(镇)办企业事业单位〕和家庭副业生产劳动的劳动力。凡是由合作经济组织分配劳动任务或承包各种生产任务，并从中直接取得实物、现金收入和从承包的生产任务中获得实物、现金收入的劳动力，不管从事何种劳动，都要统计为农村社会劳动者。国家从乡(村)调用的建勤民工；由集体经费支付工资或补贴的乡(村)脱产管理干部；乡(村)劳动力到国有经济单位或城镇集体经济单位工作，其收入交给合作经济组织，并从中取得实物或现金收入的合同工、临时工、亦工亦农人员；自行外出，但户口没有转出的劳动力，都应包括在内。

城镇登记失业人员 指有非农业户口，在一定的劳动年龄内(16岁以上及男50岁以下、女45岁以下)，有劳动能力，无业而要求就业，并在当地就业服务机构进行求职登记的人员。

城镇登记失业率 是城镇登记失业人数与城镇从业人数与城镇失业人数之和的比。计算公式为：

$$\text{城镇登记失业率}=\frac{\text{城镇登记失业人数}}{\text{城镇从业人数}+\text{城镇登记失业人数}}\times 100\%$$

从业人员劳动报酬 指各单位在一定时期内直接支付给本单位全部从业人员的劳动报酬总额。包括职工工资总额和本单位其他从业人员劳动报酬两部分。

在岗职工工资总额 指各单位在一定时期内直接支付给本单位全部在岗职工的劳动报酬总额。

在岗工资总额的计算原则应以直接支付给在岗职工的全部劳动报酬为根据。各单位支付给在岗职工的劳动报酬以及其他根据有关规定支付的工资，不论是计入成本的还是不计入成本的，不论是按国家规定列入计征奖金税项目的，还是未列入计征奖金税项目的，不论是以货币形式支付的还是以实物形式支付的，均包括在在岗职工工资总额内。

计时工资 指按计时工资标准(包括地区生活费补贴)和工作时间支付给个人的劳动报酬，以及根据国家法律、法规和政策规定，因病、工伤、产假、计划生育假、婚丧假、事假、探亲假、定期休假、停工学习、执行国家或社会义务等原因按计时工资标准或计时工资标准的一定比例支付的工资。

计件标准工资　是指实行计件工资制的单位按照批准的计件单价和规定的劳动定额或工作量应支付给计件工人的劳动报酬。

计件超额工资　是计件工资的一部分，指计件工人超额完成定额任务后所得的工资。即计件工人实得的全部计件工资减去应得的计件标准工资后的数额。某些企业的工人由于从事生产的工作物等级高于本人工资等级，因而其计件标准工资高于本人标准工资，其计件超额工资也应是全部工资减去应得的计件标准工资后的数额。

奖金　指支付给职工的超额劳动报酬和增收节支的劳动报酬。

津贴和补贴　指为了补偿职工特殊或额外的劳动消耗和因其他特殊原因支付给职工的津贴，以及为了保证职工工资水平不受物价影响支付给职工的物价补贴。

离岗生活费(离开本单位仍保留劳动关系的职工生活费)　指离开本单位仍保留劳动关系的职工，在离开本单位仍保留劳动关系期间从单位领取的生活费。

其他从业人员劳动报酬　指各单位在一定时期内直接支付给本单位其他从业人员的全部劳动报酬。

在岗职工平均工资　指企业、事业、机关单位的在岗职工在一定时期内平均每人所得的货币工资额。它表明一定时期在岗职工工资收入的高低程度，是反映在岗职工工资水平的主要指标。计算公式为：

$$在岗职工平均工资=\frac{报告期实际支付的全部在岗职工工资总额}{报告期全部在岗职工平均人数}$$

在岗职工平均实际工资　指扣除物价变动因素后的在岗职工平均工资。计算公式为：

$$在岗职工平均实际工资=\frac{报告期在岗职工平均工资}{报告期在岗职工生活费价格指数}$$

第六篇

固定资产投资

6

GUDING ZICHAN TOUZI

6—1 全社会固定资产投资

指　　标	2000年	2002年	2003年	2004年	2005年	2006年
投资总额(亿元)	**1 267.69**	**1 605.55**	**2 082.70**	**3 000.11**	**4 234.06**	**5 689.64**
1.按经济类型分						
国有经济	649.42	648.90	712.23	928.20	1 245.53	1 700.33
集体经济	154.14	173.54	229.49	341.26	526.28	185.30
#农村	118.53	148.79	200.68	280.49	428.29	
私营个体经济	149.10	240.19	336.18	589.66	819.75	1 486.56
#农村	82.05	92.72	104.45	118.83	132.89	
其他经济	315.02	542.92	804.8	1 140.99	1 642.50	2 317.45
2.按投资渠道分						
建设项目投资				1 875.04	2 792.27	3 835.65
房地产开发投资				720.74	874.25	1 142.19
3.按资金来源分						
国家预算内资金	72.25	108.29	89.35	114.00	173.74	258.78
国内贷款	252.22	279.92	372.14	390.01	516.84	640.95
利用外资	73.23	72.16	58.55	90.00	124.49	132.44
自筹投资	687.46	927.63	1 302.67	2 013.07	2 935.79	4 034.07
其他投资	182.53	217.55	259.99	393.03	483.20	623.40
4.按构成分						
建筑安装工程	801.57	969.71	1 222.23	1 791.86	2 490.04	3 437.55
设备、工具、器具购置	301.08	348.08	472.60	728.97	1 050.16	1 367.37
其他费用	165.04	287.76	387.87	479.29	693.86	884.72
5.按建设性质分						
#新建	249.66	307.31	511.82	807.55	1 655.57	2 320.20
改建	229.06	307.15	444.13	371.82	635.88	1 014.94
扩建	260.18	293.12	243.39	570.16	715.40	741.14
6.按产业分						
第一产业	46.69	63.89	93.65	94.28	143.83	155.55
第二产业	492.74	623.39	838.29	1 263.77	2 012.76	2 644.40
第三产业	728.25	918.27	1 150.76	1 642.06	2 077.48	2 889.69
7.按城乡分						
城镇	1 067.10	1 364.04	1 777.57	2 600.80	3 672.87	4 977.84
农村	200.59	241.51	305.13	399.31	561.19	711.80
8.按主要行业分						
#农业	46.69	63.89	93.65	94.28	143.83	155.55
工业	463.20	565.73	776.31	1 200.11	1 959.61	2 560.44
#能源工业	192.44	181.40	201.83	241.47	250.89	435.93
运输邮电业	172.51	171.50	200.18	237.76	308.81	561.26
本年新增固定资产(亿元)	**1 055.92**	**1 257.62**	**1 522.14**	**1 985.24**	**2 864.74**	**3 394.45**
房屋建筑面积(万平方米)						
施工面积	7 986.4	10 359.3	11 820.7	13 594.0	15 881.9	19 863.9
#住宅	5 449.2	6 552.0	7 017.8	7 865.5	8 595.4	10 863.3
竣工面积	5 202.0	6 309.8	6 949.9	7 799.1	8 177.5	10 241.7
#住宅	3 920.1	4 221.1	4 352.1	4 846.6	4 762.5	5 960.0

6—2 按经济类型分全社会固定资产投资

	总　计	国有经济	集体经济	私营个体	其他经济
投　资　额(万元)					
1980	535 772	461 208	74 564		
1985	1 421 818	1 104 082	157 306	160 430	
1986	1 781 560	1 386 588	169 847	225 125	
1987	2 201 144	1 728 734	232 523	239 887	
1988	2 697 653	2 122 491	251 307	323 855	
1989	2 534 903	2 013 075	179 539	342 289	
1990	2 628 791	2 179 415	221 289	228 087	
1991	3 179 559	2 611 543	216 078	351 938	
1992	4 368 483	3 628 819	431 861	307 803	
1993	7 182 503	4 764 733	985 391	366 566	1 065 813
1994	8 879 843	5 929 732	986 235	411 123	1 552 753
1995	8 849 516	5 843 859	954 601	495 322	1 555 734
1996	8 760 749	5 485 387	1 028 267	598 260	1 648 835
1997	9 536 868	6 037 572	973 625	542 195	1 983 476
1998	10 525 704	6 512 120	1 192 619	951 962	1 869 003
1999	11 023 220	6 629 473	1 114 431	1 328 360	1 950 956
2000	12 676 873	6 494 244	1 541 381	1 491 039	3 150 209
2001	14 209 564	6 907 088	1 584 881	1 790 778	3 926 817
2002	16 055 503	6 489 046	1 735 389	2 401 887	5 429 181
2003	20 827 023	7 122 274	2 294 866	3 361 811	8 048 072
2004	30 001 104	9 282 003	3 412 592	5 896 578	11 409 931
2005	42 340 579	12 455 308	5 262 815	8 197 503	16 424 953
2006	56 896 384	17 003 304	1 852 990	14 865 554	23 174 536
比上年增长速度(%)					
1985	47.1	50.7	48.3	25.2	
1986	25.3	25.6	8.0	40.3	
1987	23.6	24.7	36.9	6.6	
1988	22.6	22.8	8.1	35.0	
1989	-6.0	-5.2	-28.6	5.7	
1990	3.7	8.3	23.3	-33.4	
1991	21.0	19.8	-2.4	54.3	
1992	37.4	39.0	99.9	-12.5	
1993	64.4	31.3	128.2	19.1	
1994	23.6	24.5	0.1	12.2	45.7
1995	-0.3	-1.4	-3.2	20.5	0.6
1996	-1.0	-6.1	7.7	20.8	6.0
1997	8.9	10.1	-5.3	-9.4	20.3
1998	10.4	7.9	21.3	75.6	-5.8
1999	4.7	1.8	-8.4	39.5	4.4
2000	15.0	-2.0	38.3	12.2	61.5
2001	12.1	6.4	2.8	20.1	24.7
2002	13.0	-6.1	9.5	34.1	38.3
2003	29.7	9.8	32.2	40.0	48.2
2004	44.0	30.3	48.7	75.4	41.8
2005	41.1	34.2	54.2	39.0	44.0
2006	34.8	32.9	29.6	40.1	33.4

6—3 按资金来源和构成分全社会固定资产投资

年份	按资金来源分				按构成分		
	国家投资	国内贷款	利用外资	自筹和其他资金	建筑安装工程	设备工具器具购置	其他费用
投资额(亿元)							
1985	21.14	29.97	1.07	90.00	91.21	38.47	12.50
1986	26.76	41.33	4.15	105.92	111.61	52.27	14.28
1987	30.61	49.31	12.09	128.11	133.02	63.91	23.18
1988	25.11	60.90	15.93	167.83	167.49	74.09	28.19
1989	19.04	45.95	22.61	165.89	153.01	69.11	31.37
1990	17.32	54.30	21.61	169.65	162.77	73.21	26.90
1991	16.98	81.18	31.04	188.76	192.75	92.58	32.63
1992	17.20	113.21	25.05	281.39	275.78	108.42	52.65
1993	22.50	149.72	66.74	479.30	462.57	178.46	77.22
1994	16.41	186.28	119.81	565.49	546.98	234.77	106.24
1995	21.78	178.34	112.43	572.40	536.18	223.31	125.46
1996	19.67	151.26	92.58	612.56	531.29	212.99	131.79
1997	29.35	163.36	133.47	627.50	583.67	231.47	138.55
1998	36.63	190.03	94.61	731.30	642.00	273.72	136.85
1999	71.10	216.50	70.62	744.10	718.77	248.24	135.31
2000	72.25	252.22	73.23	869.98	801.57	301.08	165.04
2001	112.21	264.50	53.44	990.80	885.71	325.90	209.34
2002	108.29	279.92	72.16	1 145.18	969.71	348.08	287.76
2003	89.35	372.14	58.55	1 562.66	1 222.23	472.60	387.87
2004	114.00	390.01	90.00	2 406.1	1 791.86	728.97	479.29
2005	173.74	516.84	124.49	3 418.99	2 490.04	1 050.16	693.86
2006	258.78	640.95	132.44	4 657.47	3 437.55	1 367.37	884.72
构成(%)							
1985	14.9	21.1	0.7	63.3	64.1	27.1	8.8
1986	15.0	23.2	2.3	59.5	62.6	29.3	8.1
1987	13.9	22.4	5.5	58.2	60.4	29.0	10.6
1988	9.3	22.6	5.9	62.2	62.1	27.5	10.4
1989	7.5	18.1	8.9	65.5	60.4	27.3	12.3
1990	6.6	20.7	8.2	64.5	61.9	27.8	10.3
1991	5.3	25.5	9.8	59.4	60.6	29.1	10.3
1992	3.9	25.9	5.7	64.5	63.1	24.8	12.1
1993	3.1	20.8	9.3	66.8	64.4	24.8	10.8
1994	1.8	21.0	13.5	63.7	61.6	26.4	12.0
1995	2.5	20.2	12.7	64.6	60.6	25.2	14.2
1996	2.2	17.3	10.6	69.9	60.6	24.3	15.1
1997	3.1	17.1	14.0	65.8	61.2	24.3	14.5
1998	3.5	18.1	9.0	69.4	61.0	26.0	13.0
1999	6.5	19.6	6.4	67.5	65.2	22.5	12.3
2000	5.7	19.9	5.8	68.6	63.2	23.8	13.0
2001	7.9	18.6	3.8	69.7	62.3	22.9	14.8
2002	6.7	17.4	4.5	71.4	60.4	21.7	17.9
2003	4.3	17.9	2.8	75.0	58.7	22.7	18.6
2004	3.8	13.0	3.0	80.2	59.7	24.3	16.0
2005	4.1	12.2	2.9	80.8	58.8	24.8	16.4
2006	4.5	11.3	2.3	81.9	60.4	24.0	15.5

6—4　全社会固定资产投资及构成

（2006 年）

指　　标	总　计	建设项目投资	房地产开发投资	农村集体单位投资	农村私人投资
一、绝　对　数					
1.投资总额(万元)	56 896 384	38 356 471	11 421 948	5 644 176	1 473 789
#住　　宅	10 418 612	904 856	8 388 987	198 900	925 869
(1)按资金来源分					
国家预算内投资	2 587 771	2 523 856		63 915	
国内贷款	6 409 501	4 802 230	1 385 482	181 178	40 610
债　　券	10 779	7 671		3 108	
利用外资	1 324 425	1 027 953	242 145	54 327	
自筹投资	40 340 658	28 521 872	5 239 248	5 146 360	1 433 179
其他投资	6 223 250	1 472 888	4 555 073	195 288	
(2)按构成分					
建筑安装工程	34 375 534	22 501 437	7 657 084	3 204 560	1 012 453
设备工器具购置	13 673 718	11 533 992	113 123	1 838 183	188 420
其他费用	8 847 132	4 321 042	3 651 741	601 433	272 916
2.本年新增固定资产(万元)	33 944 501	22 422 137	5 219 474	4 871 711	1 431 179
3.房屋建筑面积(万平方米)					
施工面积	19 863.9	6 525.2	8 578.8	1 703.1	3 056.8
竣工面积	10 241.7	3 275.6	2 888.8	1 035.3	3 042.0
#住　　宅	5 960.0	503.7	2 446.4	131.2	2 878.7
二、构　　成(%)					
(1)按资金来源分					
国家预算内投资	4.5	6.6		1.1	
国内贷款	11.3	12.5	12.1	3.2	2.8
债　　券	0.02	0.02		0.1	
利用外资	2.3	2.7	2.1	1.0	
自筹投资	70.9	74.4	45.9	91.2	97.2
其他投资	10.9	3.8	39.9	3.5	
(2)按构成分					
建筑安装工程	60.4	58.7	67.0	56.8	68.7
设备工具器具购置	24.0	30.1	1.0	32.6	12.8
其他费用	15.5	11.3	32.0	10.7	18.5

6—5 各地区全社会固定资产投资

（2006 年）

单位：万元

地区	总计	建设项目投资	房地产开发投资	农村集体单位投资	农村私人投资
全省	**56 896 384**	**38 356 471**	**11 421 948**	**5 644 176**	**1 473 789**
沈阳	17 903 457	11 627 838	5 382 914	784 359	108 346
大连	14 694 899	8 744 534	3 372 348	2 365 063	212 954
鞍山	3 784 311	2 707 806	314 503	600 278	161 724
抚顺	2 007 985	1 554 775	236 546	161 643	55 021
本溪	1 506 421	1 080 525	321 973	82 046	21 877
丹东	1 607 179	949 075	344 483	219 621	94 000
锦州	1 216 914	837 905	160 023	115 044	103 942
营口	2 902 562	2 193 340	249 643	294 744	164 835
阜新	1 014 880	770 479	101 836	123 519	19 046
辽阳	1 416 730	1 037 182	153 583	141 264	84 701
盘锦	2 012 062	1 715 238	129 793	105 650	61 381
铁岭	2 027 639	1 385 384	272 426	261 776	108 053
朝阳	1 396 882	899 474	229 736	147 267	120 405
葫芦岛	1 228 802	757 687	152 141	260 902	58 072

注：分市数据由各市提供。

6—6 各地区按经济类型分

（2006

地　区	总　计	国有经济	集体经济	个体经济
全　省	**56 896 384**	**17 003 304**	**1 852 990**	**14 865 554**
沈　阳	17 903 457	3 847 653	617 367	4 009 398
大　连	14 694 899	3 966 670	563 065	3 996 200
鞍　山	3 784 311	1 464 479	253 522	1 235 527
抚　顺	2 007 985	707 125	44 368	495 656
本　溪	1 506 421	1 116 736	49 669	303 196
丹　东	1 607 179	235 977	71 380	740 415
锦　州	1 216 914	280 384	51 816	302 999
营　口	2 902 562	1 165 838	37 373	896 357
阜　新	1 014 880	480 283	13 510	185 723
辽　阳	1 416 730	249 579	33 130	582 858
盘　锦	2 012 062	550 353	5 350	285 012
铁　岭	2 027 639	316 405	44 689	823 831
朝　阳	1 396 882	316 556	23 949	614 531
葫芦岛	1 228 802	333 348	46 155	418 309

全社会固定资产投资

年)

单位:万元

#农　户	联营经济	股份制经济	外商投资经济	港澳台商投资经济	其他经济
1 473 789	**55 676**	**16 199 560**	**3 847 236**	**2 231 281**	**840 783**
108 346	2 360	5 963 837	1 862 250	1 132 446	468 146
212 954	33 930	4 133 416	1 279 838	646 235	75 545
161 724	450	553 141	122 930	116 382	37 880
55 021	12 416	639 096	65 058	28 639	15 627
21 877		1 496	4 843	29 681	800
94 000		338 128	179 464	20 123	21 692
103 942		505 822	57 535	14 222	4 136
164 835		597 177	123 345	68 964	13 508
19 046	3 220	292 376	17 461	21 313	994
84 701		428 341	42 223	73 579	7 020
61 381		1 119 867	20 869	2 829	27 782
108 053	600	731 265	30 451	15 990	64 408
120 405	1 500	356 819	8 812	54 118	20 597
58 072	1 200	295 028	30 917	8 000	95 845

6—7 各地区按隶属关系和构成分全社会固定资产投资

（2006年） 单位:万元

地区	总计	按隶属关系分		按构成分		
		中央项目	地方项目	建安工程投资	设备工器具购置	其他费用
全省	**56 896 384**	**6 071 083**	**50 825 301**	**34 375 534**	**13 673 718**	**8 847 132**
沈阳	17 903 457	1 930 335	15 973 122	10 525 491	3 773 078	3 604 888
大连	14 694 899	1 261 384	13 433 515	9 158 692	2 926 071	2 610 136
鞍山	3 784 311	1 175 813	2 608 498	1 998 566	1 348 566	437 179
抚顺	2 007 985	102 903	1 905 082	1 291 682	511 154	205 149
本溪	1 506 421	22 535	1 483 886	769 288	572 581	164 552
丹东	1 607 179	57 261	1 549 918	1 081 410	376 266	149 503
锦州	1 216 914	102 996	1 113 918	704 034	348 712	164 168
营口	2 902 562	188 848	2 713 714	2 050 806	666 765	184 991
阜新	1 014 880	171 250	843 630	558 680	312 663	143 537
辽阳	1 416 730	326 613	1 090 117	664 028	615 204	137 498
盘锦	2 012 062	1 233 630	778 432	1 434 703	432 048	145 311
铁岭	2 027 639	50 247	1 977 392	1 297 225	520 791	209 623
朝阳	1 396 882	16 139	1 380 743	800 016	368 731	228 135
葫芦岛	1 228 802	176 948	1 051 854	817 569	252 590	158 643

6—8 各地区全社会住宅投资

单位:万元

年份、地区	合计	城镇	#房地产	农村	#农户
2000	3 170 042	2 520 275	1 812 920	649 767	531 850
2001	3 234 940	2 757 878	2 275 667	477 062	435 463
2002	3 763 066	3 237 581	2 758 906	525 485	450 638
2003	4 396 986	3 880 998	3 434 716	515 988	433 702
2004	6 085 531	5 357 533	4 942 767	727 998	534 916
2005	7 517 859	6 851 104	6 145 405	666 755	574 375
2006	10 418 612	9 293 843	8 388 987	1 124 769	925 869
沈阳	4 223 030	4 072 284	3 970 936	150 746	37 758
大连	2 771 062	2 611 604	2 420 178	159 458	93 570
鞍山	297 064	232 093	202 147	64 971	63 346
抚顺	409 917	408 652	199 787	1 265	
本溪	255 107	248 252	247 652	6 855	6 855
丹东	288 286	285 220	283 170	3 066	0
锦州	187 951	134 729	98 617	53 222	52 884
营口	264 047	238 357	220 522	25 690	23 000
阜新	209 073	206 353	73 632	2 720	1 610
辽阳	161 915	118 100	100 200	43 815	42 413
盘锦	126 546	121 746	121 736	4 800	4 700
铁岭	292 524	234 643	172 747	57 881	57 871
朝阳	282 694	218 322	158 932	64 372	63 488
葫芦岛	203 573	164 353	118 731	39 220	32 506

6—9 全社会施工、竣工房屋面积

单位:万平方米

年份	施工房屋建筑面积	#住宅	竣工房屋建筑面积	#住宅
1990	4 353.9		3 049.0	2 112.1
1991	5 267.0		3 640.4	2 678.8
1992	6 123.7		3 772.8	2 531.6
1993	7 379.4		3 972.3	2 633.3
1994	7 756.6		4 058.2	2 614.5
1995	6 844.0	4 002.8	3 648.6	2 477.7
1996	6 172.0	3 652.3	3 536.0	2 407.3
1997	5 705.7	3 447.4	3 254.1	2 314.4
1998	5 816.4	3 321.1	3 469.5	2 144.5
1999	6 347.2	3 850.9	4 002.4	2 686.2
2000	7 986.4	5 449.2	5 202.0	3 920.1
2001	8 877.8	5 871.3	5 519.0	4 033.8
2002	10 359.3	6 552.0	6 309.8	4 221.1
2003	11 820.7	7 017.8	6 949.9	4 352.1
2004	13 594.0	7 865.5	7 799.1	4 846.6
2005	15 881.9	8 595.4	8 177.5	4 762.5
2006	19 863.9	10 863.3	10 241.7	5 960.0

6—10 按构成和建设性质分的建设项目投资

单位:万元

年份、地区	投资额	按构成分			按建设性质分	
		建筑安装工程	设备、工器具购置	其他费用	#新建	#改、扩建
2000	7 844 162	4 623 036	2 398 589	822 537	2 496 581	4 892 400
2001	8 731 030	5 295 713	2 521 532	913 785	2 789 076	5 458 739
2002	9 690 054	5 602 390	2 680 705	1 406 959	3 073 135	6 002 715
2003	12 791 363	7 335 696	3 686 447	1 769 220	5 118 206	6 875 139
2004	18 750 368	10 827 240	5 846 109	2 077 019	8 075 512	9 419 759
2005	27 922 671	15 700 779	8 682 230	3 539 662	13 884 137	12 243 355
2006	38 356 471	22 501 437	11 533 992	4 321 042	19 763 982	15 777 409
沈阳	11 627 838	6 487 050	3 493 688	1 647 100	6 936 849	3 516 924
大连	8 744 534	5 432 864	2 275 447	1 036 223	5 586 712	2 441 443
鞍山	2 707 806	1 380 240	1 059 946	267 620	985 624	1 529 022
抚顺	1 554 775	956 646	455 010	143 119	739 763	632 191
本溪	1 080 525	448 853	525 674	105 998	120 835	912 445
丹东	949 075	566 968	291 668	90 439	406 745	469 972
锦州	837 905	458 246	289 725	89 934	256 557	523 300
营口	2 203 340	1 577 011	549 414	76 915	1 523 841	623 820
阜新	770 479	431 898	236 164	102 417	467 346	300 142
辽阳	1 037 182	444 540	529 180	63 462	290 210	670 464
盘锦	1 719 238	1 227 427	379 627	112 184	341 076	1 363 827
铁岭	1 385 384	843 495	415 707	126 182	801 837	559 788
朝阳	899 474	487 214	285 034	127 226	513 074	325 697
葫芦岛	757 687	509 671	165 489	82 527	472 813	246 199

6—11 按资金来源和隶属关系分的建设项目投资

单位:万元

年份、地区	按资金来源分					按隶属关系分	
	国家预算内资金	国内贷款	利用外资	自筹资金	其他投资	中央项目	地方项目
2000	651 261	1 849 801	641 485	4 029 120	672 495	2 773 988	5 070 174
2001	1 075 127	1 929 654	463 590	4 717 843	544 816	3 004 028	5 727 002
2002	994 923	1 906 227	599 184	5 654 123	535 597	2 661 860	7 028 194
2003	825 946	2 298 581	445 080	8 471 163	750 593	2 453 730	10 337 633
2004	1 048 756	2 517 386	713 216	13 724 482	746 528	3 580 446	15 169 922
2005	1 647 438	3 741 638	1 088 984	20 160 168	1 284 443	4 741 789	23 180 882
2006	2 523 856	4 802 230	1 027 953	28 521 872	1 480 560	6 034 138	32 322 333
沈阳	566 315	1 046 224	270 212	10 527 660	211 869	580 108	11 047 730
大连	888 682	1 648 701	387 901	5 428 788	637 849	1 247 818	7 496 716
鞍山	63 072	477 788	30 727	2 295 486	140 045	1 175 813	1 531 993
抚顺	252 349	138 775	54 764	1 155 593	7 373	102 903	1 451 872
本溪	27 303	96 423	3 955	919 540	3 004	22 535	1 057 990
丹东	57 754	65 088	18 000	770 268	46 184	57 261	891 814
锦州	48 591	107 320	38 289	650 989	36 823	102 996	734 909
营口	13 670	245 411	63 576	1 831 893	600	188 848	2 014 492
阜新	66 964	270 490	3 178	397 642	84 934	171 250	599 229
辽阳	14 628	82 585	1 758	743 974	244 755	326 613	710 569
盘锦	25 249	31 843	58 457	1 586 434	19 422	1 233 630	485 608
铁岭	50 541	104 605	7 230	1 175 445	60 824	50 247	1 335 137
朝阳	97 709	78 181	21 327	725 827	45 125	16 139	883 335
葫芦岛	86 747	124 626	32 452	456 228	89 761	167 548	590 139

注:本表资金来源分市数为本年到位资金。

6—12 按行业分的建设项目投资额

(2006 年)　　　　　　　　　　　　　　　　　　　　　　　　单位:万元

行　　业	投资额	#新建	#扩建	#改建	建筑安装工程投资	设备工器具购置	其他费用
全　省　合　计	**38 356 471**	**19 763 982**	**8 886 478**	**6 890 931**	**22 501 437**	**11 533 992**	**4 321 042**
农、林、牧、渔业	383 657	230 737	96 643	40 733	231 035	79 619	73 003
农　　业	74 986	58 702	4 990	4 640	50 083	12 402	12 501
林　　业	76 531	56 509	15 584	4 438	28 231	5 209	43 091
畜　牧　业	105 639	65 909	37 540	2 190	61 366	36 234	8 039
渔　　业	61 946	33 965	21 549	3 392	51 294	7 528	3 124
农、林、牧、渔服务业	64 555	15 652	16 980	26 073	40 061	18 246	6 248
采　矿　业	2 120 810	200 717	1 149 314	723 708	1 275 144	707 922	137 744
煤炭开采和洗选业	220 104	22 134	27 987	161 958	103 172	106 447	10 485
石油和天然气开采业	1 242 098	6 693	890 190	345 132	894 635	259 756	87 707
黑色金属矿采选业	429 493	84 407	154 015	179 884	181 271	225 913	22 309
有色金属矿采选业	124 523	42 243	43 234	24 712	52 795	64 199	7 529
非金属矿采选业	101 564	42 212	33 888	12 022	42 241	50 009	9 314
其他采矿业	3 028	3 028			1 030	1 598	400
制　造　业	17 907 431	9 950 486	3 370 547	3 059 532	8 777 707	7 308 932	1 820 792
农副食品加工业	885 248	560 657	247 455	54 491	514 964	290 874	79 410
食品制造业	396 580	294 923	55 937	24 345	213 453	145 731	37 396
饮料制造业	309 706	218 334	47 595	24 007	131 254	148 776	29 676
烟草制品业	32 485			32 485	11 266	20 921	298
纺　织　业	202 966	97 667	27 206	39 707	88 589	98 724	15 653
纺织服装、鞋、帽制造业	231 702	143 559	39 881	24 805	129 916	83 206	18 580
皮革、毛皮、羽毛(绒)及其制品业	63 406	24 780	5 667	25 993	40 792	18 477	4 137
木材加工及木、竹、藤、棕、草制品业	259 808	171 704	71 139	7 625	132 351	108 334	19 123
家具制造业	307 886	251 137	35 477	7 920	205 324	73 608	28 954
造纸及纸制品业	229 645	149 110	47 423	19 106	121 481	85 455	22 709
印刷业和记录媒介的复制	123 460	39 589	13 861	19 156	35 051	77 355	11 054
文教体育用品制造业	21 424	5 470	10 870	2 701	9 456	8 965	3 003
石油加工、炼焦及核燃料加工业	919 538	363 230	317 891	232 809	346 165	435 095	138 278
化学原料及化学制品制造业	1 138 695	683 429	266 106	138 509	524 818	474 189	139 688
医药制造业	311 425	222 815	39 517	36 490	170 213	113 089	28 123
化学纤维制造业	165 124	5 210	96 771	62 461	65 614	84 596	14 914
橡胶制品业	276 709	203 518	39 167	20 511	83 937	179 432	13 340
塑料制品业	562 037	420 869	78 273	17 604	263 864	240 550	57 623
非金属矿物制品业	1 535 973	904 248	360 341	82 508	730 343	697 423	108 207
黑色金属冶炼及压延加工业	2 839 151	864 072	630 738	1 305 073	1 466 574	1 162 844	209 733
有色金属冶炼及压延加工业	390 240	189 932	66 333	116 287	166 709	194 719	28 812
金属制品业	900 455	620 964	158 163	68 511	489 092	309 493	101 870
通用设备制造业	2 006 124	1 179 482	260 572	252 818	1 013 674	788 486	203 964

6—12 续 1　　(2006 年)　　单位:万元

行　业	投资额	#新建	#扩建	#改建	建筑安装工程投资	设备工器具购置	其他费用
专用设备制造业	965 583	531 084	122 850	143 639	455 197	384 249	126 137
交通运输设备制造业	1 148 943	703 333	124 261	204 768	536 469	509 237	103 237
电气机械及器材制造业	843 652	511 113	151 173	64 869	400 271	321 938	121 443
通信设备、计算机及其他电子设备制造业	554 716	410 753	22 356	11 983	293 840	149 884	110 992
仪器仪表及文化、办公用机械制造业	113 024	60 189	9 462	6 438	50 478	52 857	9 689
工艺品及其他制造业	163 168	113 925	22 884	11 913	80 917	48 395	33 856
废弃资源和废旧材料回收加工业	8 558	5 390	1 178		5 635	2 030	893
电力、燃气及水的生产和供应业	2 077 061	1 063 491	322 239	644 769	1 050 378	801 070	225 613
电力、热力的生产和供应业	1 730 436	846 569	264 684	574 874	790 165	743 660	196 611
燃气生产和供应业	57 581	32 135	12 777	11 476	42 398	11 279	3 904
水的生产和供应业	289 044	184 787	44 778	58 419	217 815	46 131	25 098
建筑业	578 028	352 681	22 498	79 175	320 834	159 071	98 123
房屋和土木工程建筑业	394 167	236 245	14 933	50 768	216 816	111 003	66 348
建筑安装业	82 957	51 238	3 409	10 556	52 304	23 566	7 087
建筑装饰业	34 203	11 436	2 210	11 485	20 995	12 163	1 045
其他建筑业	66 701	53 762	1 946	6 366	30 719	12 339	23 643
交通运输、仓储和邮政业	5 264 691	2 002 984	2 287 453	525 045	3 743 963	968 135	552 593
铁路运输业	684 146	96 751	308 010	215 500	327 963	291 680	64 503
道路运输业	1 928 641	482 612	1 157 417	216 116	1 619 060	81 619	227 962
城市公共交通业	561 291	492 884	4 716	6 804	357 840	101 968	101 483
水上运输业	1 397 763	473 231	655 929	47 926	887 248	388 363	122 152
航空运输业	17 601	1 080	3 131	13 390	17 139	392	70
管道运输业	297 141	282 800		14 116	219 365	55 849	21 927
装卸搬运和其他运输服务业	34 652	7 010	10 580	4 517	19 794	14 078	780
仓储业	338 668	163 616	146 885	5 796	291 814	33 768	13 086
邮政业	4 788	3 000	785	880	3 740	418	630
信息传输、计算机服务和软件业	963 092	297 500	532 788	115 357	339 195	550 122	73 775
电信和其他信息传输服务业	742 785	114 074	525 593	94 471	190 031	519 344	33 410
计算机服务业	13 300	3 323	255	7 646	6 878	5 965	457
软件业	207 007	180 103	6 940	13 240	142 286	24 813	39 908
批发和零售业	1 276 364	477 238	183 577	544 942	893 931	205 327	177 106
批发业	690 789	266 116	112 981	258 429	481 214	143 060	66 515
零售业	585 575	211 122	70 596	286 513	412 717	62 267	110 591
住宿和餐饮业	561 116	236 129	95 943	211 079	429 316	80 651	51 149
住宿业	250 870	117 529	49 577	77 244	197 825	29 758	23 287
餐饮业	310 246	118 600	46 366	133 835	231 491	50 893	27 862
金融业	101 482	59 003	4 345	24 363	77 980	21 952	1 550

6—12 续 2　　　　　　　　　　　　(2006 年)　　　　　　　　　　　　单位:万元

行　　业	投资额	#新建	#扩建	#改建	建筑安装工程投资	设备工器具购置	其他费用
银　行　业	32 343	2 713	3 215	13 617	12 690	18 403	1 250
证　券　业	58 361	53 500	300	4 131	55 606	2 505	250
保　险　业	4 404	1 049	300	3 055	4 259	95	50
其他金融活动	6 374	1 741	530	3 560	5 425	949	
房地产业	814 972	550 732	36 750	118 375	713 093	35 451	66 428
租赁和商务服务业	571 007	384 930	55 537	62 325	369 022	76 298	125 687
租　赁　业	35 405	5 450	890	2 435	4 773	28 563	2 069
商务服务业	535 602	379 480	54 647	59 890	364 249	47 735	123 618
科学研究、技术服务和地质勘查业	345 972	207 028	11 413	81 342	213 719	74 096	58 157
研究与试验发展	151 650	93 541	5 557	22 765	94 708	49 813	7 129
专业技术服务业	87 007	36 486	4 789	38 625	41 605	6 806	38 596
科技交流和推广服务业	95 401	71 940	1 067	18 960	71 601	13 261	10 539
地质勘查业	11 914	5 061		992	5 805	4 216	1 893
水利、环境和公共设施管理业	3 016 699	2 246 321	374 130	355 877	2 403 169	89 855	523 675
水利管理业	188 109	145 820	13 757	18 206	164 897	12 653	10 559
环境管理业	192 861	109 287	32 782	40 210	141 017	22 745	29 099
公共设施管理业	2 635 729	1 991 214	327 591	297 461	2 097 255	54 457	484 017
居民服务和其他服务业	187 220	73 858	21 048	77 621	125 158	38 976	23 086
居民服务业	150 796	62 694	17 843	66 008	106 284	23 638	20 874
其他服务业	36 424	11 164	3 205	11 613	18 874	15 338	2 212
教　　育	888 807	602 490	161 844	56 663	677 162	102 869	108 776
卫生、社会保障和社会福利业	284 697	127 894	73 610	51 211	196 242	61 700	26 755
卫　　生	264 848	113 404	69 008	50 454	177 732	61 490	25 626
社会保障业	6 080	6 080			6 080		
社会福利业	13 769	8 410	4 602	757	12 430	210	1 129
文化、体育和娱乐业	532 540	398 655	32 272	71 524	309 527	89 755	133 258
新闻出版业	19 702	3 000	7 080	4 622	13 215	5 325	1 162
广播、电视、电影和音像业	95 550	80 841	2 772	7 497	48 966	29 846	16 738
文化艺术业	71 838	27 712	11 746	24 635	56 862	7 437	7 539
体　　育	117 613	105 858	1 016	4 000	73 403	1 465	42 745
娱　乐　业	227 837	181 244	9 658	30 770	117 081	45 682	65 074
公共管理和社会组织	480 825	301 108	54 527	47 290	354 862	82 191	43 772
中国共产党机关	935	800	135		925		10
国家机构	404 045	241 625	47 610	40 102	284 765	77 948	41 332
人民政协和民主党派	4 517	3 192		218	3 410	1 107	
群众社团、社会团体、宗教组织	17 009	10 116	1 885	4 608	15 741	948	320
基层群众自治组织	54 319	45 375	4 897	2 362	50 021	2 188	2 110

6—13 按行业、隶属关系和注册类型分建设项目投资

（2006 年）　　单位：万元

行　　业	投资额	中央	地方	内资	港澳台商投资	外商投资	个体经营
全省合计	**38 356 471**	**6 034 138**	**32 322 333**	**34 175 892**	**1 169 427**	**2 628 905**	**382 247**
农、林、牧、渔业	383 657		383 657	358 565	2 600	1 743	20 749
农　业	74 986		74 986	65 587	1 400	1 200	6 799
林　业	76 531		76 531	76 531			
畜牧业	105 639		105 639	93 469			12 170
渔　业	61 946		61 946	58 423	1 200	543	1 780
农、林、牧、渔服务业	64 555	64 555		64 555			
采矿业	2 120 810	1 343 146	777 664	2 078 234	23 500	4 390	14 686
煤炭开采和洗选业	220 104		220 104	219 334			770
石油和天然气开采业	1 242 098	1 227 222	14 876	1 242 098			
黑色金属矿采选业	429 493	115 924	313 569	406 741	18 000	1 020	3 732
有色金属矿采选业	124 523		124 523	119 013	2 500	1 500	1 510
非金属矿采选业	101 564		101 564	88 020	3 000	1 870	8 674
其他采矿业	3 028		3 028	3 028			
制造业	17 907 431	2 271 599	15 635 832	15 139 971	653 807	1 972 090	141 563
农副食品加工业	885 248		885 248	753 711	31 946	89 466	10 125
食品制造业	396 580		396 580	322 429	13 711	54 559	5 881
饮料制造业	309 706		309 706	193 654	34 200	81 039	813
烟草制品业	32 485	26 975	5 510	32 485			
纺织业	202 966		202 966	168 900	8 342	19 040	6 684
纺织服装、鞋、帽制造业	231 702		231 702	146 186	12 500	65 988	7 028
皮革、毛皮、羽毛(绒)及其制品业	63 406		63 406	43 816	450	13 445	5 695
木材加工及木、竹、藤、棕、草制品业	259 808		259 808	210 386	9 407	30 693	9 322
家具制造业	307 886		307 886	196 438	66 010	41 661	3 777
造纸及纸制品业	229 645		229 645	193 201	800	31 754	3 890
印刷业和记录媒介的复制	123 460	800	122 660	120 610	800	850	1 200
文教体育用品制造业	21 424		21 424	9 927		11 497	
石油加工、炼焦及核燃料加工业	919 538	598 310	321 228	786 982	4 104	128 452	
化学原料及化学制品制造业	1 138 695	128 565	1 010 130	1 041 735	9 785	76 635	10 540
医药制造业	311 425		311 425	245 243	3 058	62 924	200
化学纤维制造业	165 124	144 693	20 431	164 924			200
橡胶制品业	276 709		276 709	242 372		33 929	408
塑料制品业	562 037	1 182	560 855	462 885	35 193	52 837	11 122
非金属矿物制品业	1 535 973	15 933	1 520 040	1 391 314	42 327	90 323	12 009
黑色金属冶炼及压延加工业	2 839 151	997 564	1 841 587	2 745 523	30 914	62 113	601
有色金属冶炼及压延加工业	390 240	1 050	389 190	298 521	70 303	18 936	2 480
金属制品业	900 455	18 430	882 025	678 884	5 436	209 319	6 816
通用设备制造业	2 006 124	42 283	1 963 841	1 760 898	38 434	182 481	24 311

6—13 续 1

(2006 年)

单位:万元

行业	投资额	中央	地方	内资	港澳台商投资	外商投资	个体经营
专用设备制造业	965 583	23 759	941 824	850 992	46 406	62 265	5 920
交通运输设备制造业	1 148 943	228 940	920 003	804 170	53 528	286 135	5 110
电气机械及器材制造业	843 652		843 652	679 221	55 469	107 140	1 822
通信设备、计算机及其他电子设备制造业	554 716	12 979	541 737	364 454	79 417	109 165	1 680
仪器仪表及文化、办公用机械制造业	113 024	1 358	111 666	89 174	1 267	22 383	200
工艺品及其他制造业	163 168	28 778	134 390	132 918		26 521	3 729
废弃资源和废旧材料回收加工业	8 558		8 558	8 018		540	
电力、燃气及水的生产和供应业	2 077 061	841 960	1 235 101	1 965 592	80 935	29 779	755
电力、热力的生产和供应业	1 730 436	841 960	888 47	1 633 756	73 287	23 393	
燃气生产和供应业	57 581		57 581	49 742	698	6 386	755
水的生产和供应业	289 044		289 044	282 094	6 950		
建筑业	578 028	39 665	538 363	570 984	265	2 681	4 098
房屋和土木工程建筑业	394 167	39 065	355 102	389 615		1 500	3 052
建筑安装业	82 957	600	82 357	82 161		500	296
建筑装饰业	34 203		34 203	33 257	265	681	
其他建筑业	66 701		66 701	65 951			750
交通运输、仓储和邮政业	5 264 691	968 515	4 296 176	4 914 035	153 120	196 088	1 448
铁路运输业	684 146	586 075	98 071	684 146			
道路运输业	1 928 641		1 928 641	1 911 997	6 338	9 858	448
城市公共交通业	561 291		561 291	553 219	5 490	2 582	
水上运输业	1 397 763	237 154	1 160 609	1 182 588	60 000	155 175	
航空运输业	17 601	390	17 211	17 601			
管道运输业	297 141	14 116	283 025	297 141			
装卸搬运和其他运输服务业	34 652		34 652	29 682	400	3 570	1 000
仓储业	338 668	130 780	207 888	232 873	80 892	24 903	
邮政业	4 788		4 788	4 788			
信息传输、计算机服务和软件业	963 092	247 884	715 208	700 605	65 876	194 543	2 068
电信和其他信息传输服务业	742 785	188 884	553 901	569 794	58 458	114 130	403
计算机服务业	13 300		13 300	11 195	350	90	1 665
软件业	207 007	59 000	148 007	119 616	7 068	80 323	
批发和零售业	1 276 364	18 979	1 257 385	1 099 978	98 057	36 801	41 528
批发业	690 789	18 365	672 424	646 160	8 131	18 543	17 955
零售业	585 575	614	584 961	453 818	89 926	18 258	23 573
住宿和餐饮业	561 116	4 550	556 566	409 686	38 131	32 018	81 281
住宿业	250 870	4 550	246 320	204 324	22 979	14 883	8 684
餐饮业	310 246		310 246	205 362	15 152	17 135	72 597
金融业	101 482	21 420	80 062	101 097			385

6—13 续 2　　(2006 年)　　单位:万元

行　　业	投资额	中　央	地　方	内　资	港澳台商投　资	外商投资	个体经营
银　行　业	32 343	20 394	11 949	32 343			
证　券　业	58 361	460	57 901	58 361			
保　险　业	4 404	566	3 838	4 404			
其他金融活动	6 374		6 374	5 989			385
房地产业	814 972	40 786	774 186	788 182	820	22 145	3 825
租赁和商务服务业	571 007	9 043	561 964	545 299	6 000	19 553	155
租　赁　业	35 405		35 405	35 405			
商务服务业	535 602	9 043	526 559	509 894	6 000	19 553	155
科学研究、技术服务和地质勘查业	345 972	100 591	245 381	317 402	24 300	4 270	
研究与试验发展	151 650	94 457	57 193	149 885		1 765	
专业技术服务业	87 007	6 134	80 873	86 167		840	
科技交流和推广服务业	95 401		95 401	70 301	24 300	800	
地质勘查业	11 914		11 914	11 049		865	
水利、环境和公共设施管理业	3 016 699	28 763	2 987 936	2 984 229	13 105	18 685	680
水利管理业	188 109	10 871	177 238	185 941		2 168	
环境管理业	192 861	400	192 461	169 964	6 000	16 517	380
公共设施管理业	2 635 729	17 492	2 618 237	2 628 324	7 105		300
居民服务和其他服务业	187 220		187 220	154 831		1 275	31 114
居民服务业	150 796		150 796	122 383		342	28 071
其他服务业	36 424		36 424	32 448		933	3 043
教　　育	888 807	65 406	823 401	877 892		8 075	2 840
卫生、社会保障和社会福利业	284 697	13 490	271 207	276 866		4 387	3 444
卫　　生	264 848	12 980	251 868	261 317		587	2 944
社会保障业	6 080		6 080	6 080			
社会福利业	13 769	510	13 259	9 469		3 800	500
文化、体育和娱乐业	532 540	5 684	526 856	411 619	8 911	80 382	31 628
新闻出版业	19 702		19 702	19 702			
广播、电视、电影和音像业	95 550		95 550	94 350		1 200	
文化艺术业	71 838		71 838	65 132			6 706
体　　育	117 613	1 110	116 503	98 013		19 600	
娱　乐　业	227 837	4 574	223 263	134 422	8 911	59 582	24 922
公共管理和社会组织	480 825	12 657	468 168	480 825			
中国共产党机关	935		935	935			
国家机构	404 045	12 657	391 388	404 045			
人民政协和民主党派	4 517		4 517	4 517			
群众社团、社会团体、宗教组织	17 009		17 009	17 009			
基层群众自治组织	54 319		54 319	54 319			

6—14 各地区建设项目施工、竣工房屋面积

单位:万平方米

年份、地区	施工房屋建筑面积	#住宅	竣工房屋建筑面积	#住宅
2000	2 125.8	822.5	1 132.2	568.5
2001	2 019.3	717.1	1 018.7	493.5
2002	2 368	625.4	1 110.4	363.9
2003	2 830.7	564.5	1 417.8	378.2
2004	3 633.9	424.8	1 898.5	256.6
2005	5 250.7	725.6	2 516.2	343.4
2006	6 525.2	1 110.6	3 275.6	503.7
沈阳	2 285.0	84.0	1 298.2	51.8
大连	1 333.3	162.3	612.7	27.2
鞍山	346.8	52.3	93.1	25.7
抚顺	506.9	310.4	361.5	215.3
本溪	72.7	1.1	35.4	1.1
丹东	183.6	1.3	77.4	0.7
锦州	129.5	37.5	99.6	30.6
营口	391.1	11.0	187.2	8.0
阜新	327.5	238.8	153.4	110.7
辽阳	116.3	17.2	43.5	0.0
盘锦	47.7	0.0	24.8	0.0
铁岭	338.2	63.8	69.3	2.7
朝阳	271.2	85.3	177.9	22.8
葫芦岛	173.4	45.7	41.8	7.1

6—15 各地区按主要

地　　区	合　计	农　林 牧渔业	采矿业	制造业	电力、燃气 及水的生产 和供应业	建筑业	交通运输仓 储和邮政业	信息传输、 计算机服务 和软件业	批发和 零售业
全省总计	**38 356 471**	**383 657**	**2 120 810**	**17 907 431**	**2 077 061**	**578 028**	**5 264 691**	**963 092**	**1 276 364**
沈　阳	11 627 838	141 578	35 921	6 108 888	505 194	253 788	571 458	204 996	841 559
大　连	8 744 534	48 628	5 160	3 502 347	429 966	181 927	1 733 654	281 587	148 624
鞍　山	2 707 806	30 868	154 409	2 028 876	102 854	1 474	34 483	34 268	56 938
抚　顺	1 554 775	12 482	137 212	615 835	67 043	29 456	153 681	27 584	13 558
本　溪	1 080 525	2 571	16 365	773 267	82 203	5 581	9 403	10 255	7 510
丹　东	949 075	10 632	99 899	394 235	78 477	20 314	195 343	2 880	35 279
锦　州	837 905	55 096	27 236	376 781	56 696	15 655	171 342	23 527	24 698
营　口	2 203 340	3 360	2 030	1 413 750	189 970	5 324	293 059	13 740	13 480
阜　新	770 479	25 431	22 262	161 867	313 690	4 250	38 209	3 610	9 136
辽　阳	1 037 182	2 920	95 536	679 560	35 172	38 587	33 031	28 655	34 360
盘　锦	1 719 238	22 580	1 228 905	240 961	16 417	9 327	45 241	16 317	8 164
铁　岭	1 385 384	12 155	102 493	841 342	136 259	2 038	73 474	15 737	36 315
朝　阳	899 474	8 723	185 744	405 236	29 807	5 864	32 778	1 142	25 165
葫芦岛	757 687	6 633	7 638	364 486	33 313	4 443	88 306	8 794	21 578

行业分建设项目投资

单位:万元

住宿和餐饮业	金融业	房地产业	租赁和商务服务业	科学研究、技术服务和地质勘查业	水利、环境和公共设施管理业	居民服务和其他服务业	教育	卫生、社会保障和社会福利业	文化、体育和娱乐业	公共管理和社会组织
561 116	**101 482**	**814 972**	**571 007**	**345 972**	**3 016 699**	**187 220**	**888 807**	**284 697**	**532 540**	**480 825**
263 803	30 136	231 260	257 052	184 293	996 050	80 866	389 180	137 939	241 210	152 667
138 478	67 537	130 952	241 894	121 545	1 031 541	17 397	303 578	69 921	177 917	111 881
23 445			1 440	12 839	97 476	19 367	32 177	8 000	28 766	40 126
26 255	460	200 724	29 553	5 298	137 021	11 685	38 458	19 189	18 432	10 849
16 500		2 600	3 408	505	119 268	300	13 461	8 490	3 338	5 500
25 520		6 651	10 920		27 906	11 290	5 968	3 172	2 202	18 387
4 525	70	7 970	3 060	1 470	35 719	336	13 944	617	4 293	14 870
15 710		5 700	5 128	465	187 123		18 506	17 675	4 323	13 997
6 846		145 118	1	1 937	29 663	282	2 043	2 017	300	3 817
12 222	1 000	1 000	2 246	6 793	11 847	5 793	5 920	11 512	14 838	16 190
3 485		477		5 020	81 975	2 300	7 400	542	2 677	27 450
10 921	1 713	52 847	14 885		32 721	2 793	9 855	1 050	7 012	31 774
2 778		17 371		213	124 924	5 650	29 553	2 403	4 746	17 377
10 628	566	12 302	1 420	5 594	103 465	29 161	18 764	2 170	22 486	15 940

6—16 建设项目投资各行业

(2006

行业	本年资金来源合计	国家预算内资金	国内贷款
全省合计	**40 068 867**	**2 638 738**	**5 458 408**
农、林、牧、渔业	383 138	37 155	15 860
农业	75 807	961	800
林业	66 331	13 041	2 000
畜牧业	113 389		8 072
渔业	61 946		4 450
农、林、牧、渔服务业	65 665	23 153	538
采矿业	2 134 764	33 284	18 358
煤炭开采和洗选业	221 136	26 155	8 138
石油和天然气开采业	1 239 798		
黑色金属矿采选业	433 648		5 750
有色金属矿采选业	131 250	7 129	1 250
非金属矿采选业	105 904		3 220
其他采矿业	3 028		
制造业	19 400 815	135 723	2 010 500
农副食品加工业	903 903	1 989	50 858
食品制造业	417 195		12 753
饮料制造业	308 672		12 110
烟草制品业	32 499		
纺织业	216 567		21 670
纺织服装、鞋、帽制造业	228 330		12 143
皮革、毛皮、羽毛(绒)及其制品业	68 482		100
木材加工及木、竹、藤、棕、草制品业	281 340	700	5 485
家具制造业	308 610		3 300
造纸及纸制品业	239 658		6 700
印刷业和记录媒介的复制	123 026		1 255
文教体育用品制造业	24 914	260	
石油加工、炼焦及核燃料加工业	1 061 918		372 335
化学原料及化学制品制造业	1 197 967	46 355	195 895
医药制造业	324 515	954	29 445
化学纤维制造业	165 374		800
橡胶制品业	324 961	1 420	47 582
塑料制品业	625 653	7 377	9 698
非金属矿物制品业	1 610 343		176 937
黑色金属冶炼及压延加工业	3 118 291	1 100	333 014
有色金属冶炼及压延加工业	500 272	3 392	11 774
金属制品业	932 525	79	46 160
通用设备制造业	2 276 540	23 785	259 127

资金来源和新增固定资产

年)

单位:万元

利用外资	自筹资金	其他资金	投资额	新增固定资产	固定资产交付使用率(%)
1 028 121	**29 315 032**	**1 628 568**	**38 356 471**	**22 422 137**	**58.5**
880	290 804	38 439	383 657	354 483	92.4
600	72 391	1 055	74 986	75 979	101.3
	29 781	21 509	76 531	71 255	93.1
200	102 357	2 760	105 639	95 964	90.8
80	55 036	2 380	61 946	57 349	92.6
	31 239	10 735	64 555	53 936	83.6
60 958	1 984 848	37 316	2 120 810	1 944 056	91.7
	181 034	5 809	220 104	210 677	95.7
55 258	1 184 540	0	1 242 098	1 123 068	90.4
	422 509	5 389	429 493	381 815	88.9
5 200	99 171	18 500	124 523	124 863	100.3
500	94 864	7 320	101 564	103 235	101.6
	2 730	298	3 028	398	13.1
782 837	15 901 705	570 050	17 907 431	11 027 672	61.6
50 152	775 815	25 089	885 248	604 403	68.3
39 742	358 370	6 330	396 580	223 125	56.3
1 000	292 184	3 378	309 706	170 501	55.1
	32 499	0	32 485	5 510	17.0
5 467	188 990	440	202 966	138 428	68.2
9 293	205 574	1 320	231 702	201 644	87.0
7 481	58 961	1 940	63 406	38 099	60.1
5 046	267 319	2 790	259 808	216 490	83.3
25 110	276 900	3 300	307 886	207 115	67.3
10 700	219 258	3 000	229 645	177 180	77.2
	115 653	6 118	123 460	76 328	61.8
1 655	22 999	0	21 424	18 231	85.1
800	648 938	39 845	919 538	332 015	36.1
16 068	857 985	81 664	1 138 695	685 154	60.2
1 000	274 327	18 789	311 425	174 116	55.9
	19 881	144 693	165 124	16 321	9.9
6 539	269 420	0	276 709	165 476	59.8
26 069	574 998	7 511	562 037	409 430	72.8
62 278	1 341 433	29 695	1 535 973	1 304 795	84.9
5 672	2 756 987	21 518	2 839 151	1 840 888	64.8
934	476 752	7 420	390 240	246 374	63.1
106 737	766 959	12 590	900 455	610 345	67.8
99 732	1 840 695	53 201	2 006 124	1 179 730	58.8

行　　　业	本年资金来源合计	国家预算内资金	国 内 贷 款
专用设备制造业	986 994	6 550	41 643
交通运输设备制造业	1 313 216	31 997	253 434
电气机械及器材制造业	936 378	1 700	63 059
通信设备、计算机及其他电子设备制造业	597 775	2 155	26 443
仪器仪表及文化、办公用机械制造业	128 366		8 400
工艺品及其他制造业	138 823	5 910	7 880
废弃资源和废旧材料回收加工业	7 708		500
电力、燃气及水的生产和供应业	2 093 444	125 213	854 753
电力、热力的生产和供应业	1 766 912	86 779	824 507
燃气生产和供应业	70 061	3 081	6 765
水的生产和供应业	256 471	35 353	23 481
建　筑　业	611 843	38 777	110 513
房屋和土木工程建筑业	398 234	33 277	101 513
建筑安装业	112 092		
建筑装饰业	34 794		
其他建筑业	66 723	5 500	9 000
交通运输、仓储和邮政业	5 232 712	792 669	1 529 324
铁路运输业	638 410	261 961	178 544
道路运输业	1 915 257	196 212	763 090
城市公共交通业	537 416	70 711	239 671
水上运输业	1 390 149	70 950	117 069
航空运输业	1 470		
管道运输业	270 720	65 000	191 379
装卸搬运和其他运输服务业	54 573		36 421
仓储业	419 929	127 835	3 150
邮　政　业	4 788		
信息传输、计算机服务和软件业	959 481	4 311	68 414
电信和其他信息传输服务业	740 221	4 301	1 418
计算机服务业	12 972	10	
软　件　业	206 288		66 996
批发和零售业	1 305 184	8 226	13 800
批　发　业	706 879	6 890	1 750
零　售　业	598 305	1 336	12 050
住宿和餐饮业	569 351	10 650	16 006
住　宿　业	254 067	10 452	12 046
餐　饮　业	315 284	198	3 960
金　融　业	103 543	4 265	500

年）

单位:万元

利用外资	自筹资金	其他资金	投资额	新增固定资产	固定资产交付使用率（%）
24 890	896 737	17 174	965 583	572 086	59.2
111 261	860 111	56 413	1 148 943	522 171	45.4
70 092	781 364	20 163	843 652	567 143	67.2
73 061	494 666	1 450	554 716	165 655	29.9
9 328	108 937	1 701	113 024	57 261	50.7
12 730	109 785	2 518	163 168	94 850	58.1
	7 208	0	8 558	6 808	79.6
19 491	1 051 199	42 788	2 077 061	948 659	45.7
11 743	832 445	11 438	1 730 436	827 072	47.8
	45 605	14 610	57 581	34 039	59.1
7 748	173 149	16 740	289 044	87 548	30.3
2 681	443 482	16 390	578 028	324 995	56.2
1 500	246 554	15 390	394 167	203 126	51.5
500	111 042	550	82 957	44 394	53.5
681	33 663	450	34 203	33 517	98.0
	52 223	0	66 701	43 958	65.9
44 415	2 414 201	452 103	5 264 691	1 756 914	33.4
36 295	123 610	38 000	684 146	158 278	23.1
3 000	901 576	51 379	1 928 641	791 617	41.0
1 112	225 522	400	561 291	88 797	15.8
	840 516	361 614	1 397 763	552 116	39.5
	1 470	0	17 601	17 601	100.0
	14 116	225	297 141	15 841	5.3
	18 152	0	34 652	29 143	84.1
4 008	284 451	485	338 668	101 733	30.0
	4 788	0	4 788	1 788	37.3
800	879 725	6 231	963 092	394 289	40.9
800	732 172	1 530	742 785	365 108	49.2
	12 924	38	13 300	9 387	70.6
	134 629	4 663	207 007	19 794	9.6
63 100	1 169 580	50 478	1 276 364	1 059 344	83.0
2 172	673 281	22 786	690 789	582 149	84.3
60 928	496 299	27 692	585 575	477 195	81.5
12 006	506 625	24 064	561 116	421 746	75.2
3 597	211 231	16 741	250 870	165 721	66.1
8 409	295 394	7 323	310 246	256 025	82.5
	98 778	0	101 482	53 810	53.0

行　　业	本年资金来源合计	国家预算内资金	国 内 贷 款
银 行 业	34 281	4 265	
证 券 业	58 412		
保 险 业	4 476		
其他金融活动	6 374		500
房 地 产 业	815 769	236 804	104 149
租赁和商务服务业	684 337	18 559	73 076
租 赁 业	38 605		
商务服务业	645 732	18 559	73 076
科学研究、技术服务和地质勘查业	328 195	44 427	10 370
研究与试验发展	138 889	29 514	6 220
专业技术服务业	88 673	14 883	2 950
科技交流和推广服务业	91 039	30	1 200
地质勘查业	9 594		
水利、环境和公共设施管理业	3 049 141	682 817	462 991
水利管理业	180 099	76 900	20 418
环境管理业	204 603	72 675	27 403
公共设施管理业	2 664 439	533 242	415 170
居民服务和其他服务业	192 923		25 180
居民服务业	156 259		25 180
其他服务业	36 664		
教　　育	887 315	114 779	113 224
卫生、社会保障和社会福利业	295 103	40 056	15 400
卫　　生	273 101	38 486	15 400
社会保障业	6 080		
社会福利业	15 922	1 570	
文化、体育和娱乐业	516 318	117 012	14 620
新闻出版业	20 622		8 000
广播、电视、电影和音像业	95 810	22 941	4 880
文化艺术业	76 168	42 840	
体　　育	100 443	51 231	800
娱 乐 业	223 275		940
公共管理和社会组织	505 491	194 011	1 370
中国共产党机关	935		
国 家 机 构	427 185	179 719	1 370
人民政协和民主党派	4 517	2 992	
群众社团、社会团体、宗教组织	18 105	1 150	
基层群众自治组织	54 749	10 150	

年）

单位：万元

利用外资	自筹资金	其他资金	投资额	新增固定资产	固定资产交付使用率（%）
	30 016	0	32 343	27 560	85.2
	58 412	0	58 361	4 861	8.3
	4 476	0	4 404	6 938	157.5
	5 874	0	6 374	14 451	226.7
	393 112	81 704	814 972	582 206	71.4
	580 202	12 500	571 007	348 341	61.0
	38 605	0	35 405	34 705	98.0
	541 597	12 500	535 602	313 636	58.6
4 717	259 741	8 940	345 972	166 703	48.2
2 737	92 358	8 060	151 650	73 292	48.3
1 680	69 160	0	87 007	55 869	64.2
300	88 629	880	95 401	30 578	32.1
	9 594	0	11 914	6 964	58.5
28 590	1 729 263	145 480	3 016 699	1 450 509	48.1
4 000	65 663	13 118	188 109	118 624	63.1
18 586	83 665	2 274	192 861	78 246	40.6
6 004	1 579 935	130 088	2 635 729	1 253 639	47.6
300	158 825	8 618	187 220	134 351	71.8
	122 461	8 618	150 796	101 564	67.4
300	36 364	0	36 424	32 787	90.0
5 667	595 070	58 575	888 807	588 452	66.2
	229 990	9 657	284 697	177 265	62.3
	211 451	7 764	264 848	161 847	61.1
	6 080	0	6 080	6 080	100.0
	12 459	1 893	13 769	9 338	67.8
1 499	363 364	19 823	532 540	336 290	63.1
	12 622	0	19 702	9 622	48.8
	57 912	10 077	95 550	58 140	60.8
	33 328	0	71 838	48 091	66.9
	43 532	4 880	117 613	66 877	56.9
1 499	215 970	4 866	227 837	153 560	67.4
180	264 518	45 412	480 825	352 052	73.2
	935	0	935	935	100.0
180	201 379	44 537	404 045	275 427	68.2
	1 525	0	4 517	1 525	33.8
	16 955	0	17 009	17 625	103.6
	43 724	875	54 319	56 540	104.1

6—17 各地区按主要行业分

地　　区	合　计	农　林 牧渔业	采矿业	制造业	电力、燃气 及水的生产 和供应业	建筑业	交通运输仓 储和邮政业	信息传输、 计算机服务 和软件业	批　发　和 零　售　业
全省总计	**22 422 137**	**354 483**	**1 944 056**	**11 027 672**	**948 659**	**324 995**	**1 756 914**	**394 289**	**1 059 344**
沈　　阳	7 594 561	126 118	35 324	3 806 590	253 504	165 124	337 089	190 377	712 929
大　　连	3 559 730	34 213	5 160	1 769 619	90 348	54 404	472 057	77 331	86 979
鞍　　山	2 172 104	23 698	131 425	1 666 962	50 476	1 474	29 853	24 299	57 295
抚　　顺	1 169 963	20 582	109 287	484 722	51 685	23 282	103 219	15 867	4 098
本　　溪	415 913	1 271	11 365	225 797	31 194	5 481	9 403	10 070	14 610
丹　　东	943 507	12 752	147 422	362 734	52 641	20 874	194 850	4 935	36 256
锦　　州	789 664	46 808	26 408	281 374	88 399	23 050	196 075	15 461	18 048
营　　口	1 183 122	3 660	1 990	895 000	51 362	5 314	118 365	11 450	19 948
阜　　新	458 462	29 782	31 612	138 981	67 936	3 451	43 488	7 000	6 843
辽　　阳	411 989	2 200	64 723	216 543	34 550	1 560	8 300	1 522	21 510
盘　　锦	1 556 717	21 063	1 116 140	177 264	14 417	8 399	40 207	12 444	16 027
铁　　岭	1 014 973	15 705	93 182	562 617	93 643	2 038	62 663	13 737	23 603
朝　　阳	700 816	8 923	170 018	290 711	28 781	5 344	32 778	1 142	20 640
葫　芦　岛	354 543	7 708		148 758	39 723	5 200	12 494	8 654	20 558

建设项目新增固定资产

单位:万元

住宿和餐饮业	金融业	房地产业	租赁和商务服务业	科学研究、技术服务和地质勘查业	水利、环境和公共设施管理业	居民服务和其他服务业	教育	卫生、社会保障和社会福利业	文化、体育和娱乐业	公共管理和社会组织
421 746	**53 810**	**582 206**	**348 341**	**166 703**	**1 450 509**	**134 351**	**588 452**	**177 265**	**336 290**	**352 052**
256 971	37 875	216 510	152 901	143 461	434 096	75 819	261 280	115 575	186 987	86 031
51 990	11 940	50 017	144 022	4 211	388 904	12 372	166 696	15 666	63 827	59 974
23 306		4 000	1 440	170	55 304	15 945	20 027	7 684	25 584	33 162
16 592		159 497	8 253	3 900	114 986	2 970	22 659	14 712	4 276	9 376
6 800		2 600	2 855	505	65 527	300	16 402	4 678	2 130	4 925
10 790		2 211	11 060		45 568	8 800	8 117	2 261	3 322	18 914
4 525	70	7 970	3 200	640	42 689	336	14 379	617	3 255	16 360
7 760		5 700	5 778	1 115	35 441		3 946	1 320	5 980	8 993
13 521		83 364	331	2 152	17 507	1 212	4 413	1 430	300	5 139
11 737	500	1 000	2 196	6 443	9 073	5 793	4 824	7 387	5 873	6 255
3 485				3 893	96 059	600	5 600	542	2 477	38 100
8 991	200	38 076	14 885		35 109	2 793	12 277	1 720	9 000	24 734
2 778	125	8 291		213	66 524	5 650	27 365	2 253	4 346	24 934
2 500	3 100	2 970	1 420		43 722	1 761	20 467	1 420	18 933	15 155

6—18 各地区城镇50万元以上施工、投产项目个数

年份、地区	施工项目（个）	新开工项目（个）	全部建成投产项目（个）	项目建成投产率（%）
2003	8 200	6 809	5 420	66.1
2004	10 485	8 632	6 244	59.6
2005	14 339	10 535	10 068	70.2
2006	13 477	10 904	9 670	71.8
沈阳	4 909	4 363	3 709	75.6
大连	1 627	1 233	952	58.5
鞍山	584	434	323	55.3
抚顺	1 256	1 143	999	79.5
本溪	298	226	206	69.1
丹东	976	594	764	78.3
锦州	584	477	498	85.3
营口	600	412	406	67.7
阜新	330	193	189	57.3
辽阳	390	326	249	63.8
盘锦	372	300	321	86.3
铁岭	498	394	366	73.5
朝阳	735	596	534	72.7
葫芦岛	270	189	154	57.0

6—19 按行业分城镇50万元以上施工、投产项目个数

（2006年）

行业	施工项目（个）	#新开工	全部建成投产项目（个）	项目建成投产率（%）
全省合计	**13 477**	**10 904**	**9 670**	**71.8**
农、林、牧、渔业	259	224	217	83.8
农业	53	48	39	73.6
林业	38	31	35	92.1
畜牧业	70	63	58	82.9
渔业	37	29	32	86.5
农、林、牧、渔服务业	61	53	53	86.9
采矿业	570	407	462	81.1
煤炭开采和洗选业	102	57	76	74.5
石油和天然气开采业	12	6	2	16.7
黑色金属矿采选业	230	173	193	83.9
有色金属矿采选业	85	55	65	76.5
非金属矿采选业	138	114	124	89.9
其他采矿业	3	2	2	66.7
制造业	6 532	5 148	4 294	65.7
农副食品加工业	452	367	329	72.8
食品制造业	175	133	115	65.7
饮料制造业	124	100	82	66.1
烟草制品业	3	2	2	66.7
纺织业	127	90	78	61.4
纺织服装、鞋、帽制造业	157	130	124	79.0
皮革、毛皮、羽毛(绒)及其制品业	36	29	28	77.8
木材加工及木、竹、藤、棕、草制品业	206	183	180	87.4
家具制造业	122	92	86	70.5
造纸及纸制品业	112	96	89	79.5
印刷业和记录媒介的复制	76	60	56	73.7
文教体育用品制造业	15	12	11	73.3
石油加工、炼焦及核燃料加工业	234	192	140	59.8
化学原料及化学制品制造业	459	368	311	67.8
医药制造业	139	95	62	44.6
化学纤维制造业	15	12	9	60.0
橡胶制品业	65	51	46	70.8
塑料制品业	306	258	204	66.7
非金属矿物制品业	678	538	497	73.3
黑色金属冶炼及压延加工业	292	196	196	67.1
有色金属冶炼及压延加工业	135	106	76	56.3
金属制品业	368	302	234	63.6
通用设备制造业	864	708	556	64.4

6—19 续 1

(2006 年)

行业	施工项目(个)	#新开工	全部建成投产项目(个)	项目建成投产率(%)
专用设备制造业	450	354	276	61.3
交通运输设备制造业	308	206	176	57.1
电气机械及器材制造业	346	274	194	56.1
通信设备、计算机及其他电子设备制造业	104	71	40	38.5
仪器仪表及文化、办公用机械制造业	73	48	36	49.3
工艺品及其他制造业	84	69	59	70.2
废弃资源和废旧材料回收加工业	7	6	2	28.6
电力、燃气及水的生产和供应业	415	277	246	59.3
电力、热力的生产和供应业	290	201	189	65.2
燃气生产和供应业	32	21	19	59.4
水的生产和供应业	93	55	38	40.9
建筑业	318	297	265	83.3
房屋和土木工程建筑业	203	188	163	80.3
建筑安装业	42	40	33	78.6
建筑装饰业	43	41	42	97.7
其他建筑业	30	28	27	90.0
交通运输、仓储和邮政业	581	428	410	70.6
铁路运输业	27	11	9	33.3
道路运输业	360	296	301	83.6
城市公共交通业	27	15	10	37.0
水上运输业	70	27	20	28.6
航空运输业	6	6	4	66.7
管道运输业	5	3	3	60.0
装卸搬运和其他运输服务业	18	16	15	83.3
仓储业	62	48	43	69.4
邮政业	6	6	5	83.3
信息传输、计算机服务和软件业	424	394	335	79.0
电信和其他信息传输服务业	363	339	294	81.0
计算机服务业	24	24	19	79.2
软件业	37	31	22	59.5
批发和零售业	1 088	1 020	956	87.9
批发业	666	639	591	88.7
零售业	422	381	365	86.5
住宿和餐饮业	493	444	420	85.2
住宿业	123	99	92	74.8
餐饮业	370	345	328	88.6
金融业	45	40	39	86.7

6—19续2　　(2006年)

行　业	施工项目 (个)	#新开工	全部建成投产项目 (个)	项目建成投产率 (%)
银行业	20	18	15	75.0
证券业	6	5	5	83.3
保险业	8	7	8	100.0
其他金融活动	11	10	11	100.0
房地产业	327	289	269	82.3
租赁和商务服务业	218	197	193	88.5
租赁业	9	9	8	88.9
商务服务业	209	188	185	88.5
科学研究、技术服务和地质勘查业	154	121	117	76.0
研究与试验发展	54	35	31	57.4
专业技术服务业	68	60	58	85.3
科技交流和推广服务业	25	21	23	92.0
地质勘查业	7	5	5	71.4
水利、环境和公共设施管理业	779	595	500	64.2
水利管理业	100	61	62	62.0
环境管理业	96	57	37	38.5
公共设施管理业	583	477	401	68.8
居民服务和其他服务业	178	169	154	86.5
居民服务业	140	134	119	85.0
其他服务业	38	35	35	92.1
教育	358	269	261	72.9
卫生、社会保障和社会福利业	163	121	107	65.6
卫生	139	103	91	65.5
社会保障业	2	2	2	100.0
社会福利业	22	16	14	63.6
文化、体育和娱乐业	169	130	108	63.9
新闻出版业	5	4	3	60.0
广播、电视、电影和音像业	30	24	14	46.7
文化艺术业	46	35	30	65.2
体育	23	17	13	56.5
娱乐业	65	50	48	73.8
公共管理和社会组织	406	334	317	78.1
中国共产党机关	2	2	2	100.0
国家机构	297	241	224	75.4
人民政协和民主党派	3	2	2	66.7
群众社团、社会团体、宗教组织	20	13	15	75.0
基层群众自治组织	84	76	74	88.1

6—20 农村集体固定资产投资主要指标

指　　标	2000 年	2002 年	2003 年	2004 年	2005 年	2006 年
一、投资总额（万元）	**1 185 344**	**1 487 886**	**2 006 790**	**2 804 884**	**4 282 949**	**5 644 176**
1.按资金来源分						
国家资金	66 204	76 082	64 633	89 845	89 942	63 915
国内贷款	56 131	103 518	200 339	236 022	201 299	181 178
引进外资	39 323	63 624	92 014	103 932	68 527	54 327
自筹资金	966 790	1 155 243	1 547 664	2 269 185	3 657 638	5 146 360
群众集资	56 896					
其他资金	0	89 419	102 140	105 899	265 543	198 396
2.按构成分						
建筑安装工程	687 674	700 112	906 332	1 381 700	2 386 314	3 204 560
设备、工具、器具购置	411 142	568 728	803 570	1 157 347	1 454 585	1 838 183
其他费用	86 528	219 046	296 888	265 836	442 050	601 433
3.按建设性质分						
#新建	658 000				2 671 519	3 437 972
扩建	323 000				793 710	1 262 945
改建	132 000				475 781	520 480
二、新增固定资产（万元）	**1 166 334**	**1 413 400**	**1 875 218**	**2 616 801**	**3 620 628**	**4 871 711**
三、房屋建设面积（万平方米）						
施工面积	482	830	1 274.0	945.9	1 202.6	1 703.1
#住宅	127	99	184.7	121.0	104.4	177.3
竣工面积	435	827	1 009.5	880.3	868.3	1 035.3
#住宅	117	92	125.1	116.3	70.3	131.2

注：2000 年数据为抽样调查数。

6—21 农村个人固定资产投资和建房

年份、地区	投资总额（万元）	#住宅	竣工房屋建筑面积（万平方米）	#住宅
2000	820 527	531 850	1 750.0	1 711.0
2001	829 920	435 463	2 061.5	1 841.1
2002	927 219	450 638	2 273.0	2 013.0
2003	1 044 548	433 702	2 273.0	2 013.0
2004	1 188 251	534 916	2 207.8	2 083.4
2005	1 328 935	574 375	2 276.9	2 153.2
2006	1 473 789	925 869	3 042.0	2 878.7
沈阳	108 346	37 758	96.9	78.6
大连	212 954	93 570	37.4	17.2
鞍山	161 724	63 346	131.3	86.2
抚顺	55 021			
本溪	21 877	6 855	8.7	8.7
丹东	94 000			
锦州	103 942	52 884	70.7	46.4
营口	164 835	23 000	50.0	40.0
阜新	19 046	1 610	12.0	7.8
辽阳	84 701	42 413	26.5	22.2
盘锦	61 381	4 700	9.2	9.2
铁岭	108 053	57 871	119.6	96.1
朝阳	120 405	63 488	134.0	134.0
葫芦岛	58 072	32 506	51.0	47.5

注:本表为抽样调查推算数。分市数据由各市统计局提供。

6—22 房地产开发主要指标

指　　标	单　位	2000年	2002年	2003年	2004年	2005年	2006年
土地开发及购置							
本年土地开发面积	万平方米	770.0	1 043	1 063	1 018.8	1 697.6	1 569.6
本年土地购置面积	万平方米	1 019.3	1 384.7	1 668.7	2 256.9	2 432.8	2 316.9
本年完成投资额	**万元**	**2 649 062**	**3 883 147**	**4 863 947**	**7 207 433**	**8 742 525**	**11 421 948**
#商品房建设投资额	万元	2 235 054	3 139 108	3 797 186	5 342 966	6 426 636	7 823 034
土地开发投资额	万元	239 784	335 289	513 630	609 513	901 134	1 393 514
配套工程投资	万元					204 961	619 007
#住　　宅	万元	1 812 920	2 758 906	3 434 716	4 942 767	6 145 405	8 388 987
#经济适用房屋	万元	127 834	317 602	234 820	170 802	154 200	574 098
本年资金来源小计	**万元**	**2 837 089**	**4 180 547**	**5 582 992**	**8 490 919**	**9 372 018**	**13 002 851**
#国内贷款	万元	645 522	800 959	1 332 891	1 366 702	1 267 527	1 728 346
利用外资	万元	55 167	63 316	55 561	82 619	89 308	242 602
自筹资金	万元	971 842	1 658 685	2 273 464	3 496 051	4 586 225	5 924 162
房屋建筑面积							
施工面积	万平方米	3 301.8	4 754.1	5 314.1	6 294.6	7 058.9	8 615.5
竣工面积	万平方米	1 618.9	1 984.3	2 139.7	2 303.6	2 443.9	2 907.8
本年新开工面积	万平方米	1 966.9	2 419.0	2 617.6	2 828.2	3 638.4	4 531.4
#住　　宅	万平方米	1 589.5	1 981.4	2 116.0	2 218.9	3 040.0	3 797.7
#经济适用房屋	万平方米	225.7	298.5	183.4	95.5	79.9	390.0
商品房屋销售额	**万元**	**1 969 468**	**2 732 993**	**3 434 521**	**4 866 124**	**7 174 340**	**9 278 590**
#住　　宅	万元	1 514 151	2 231 000	2 813 999	4 165 674	6 205 959	7 909 896
#经济适用房屋	万元	213 338	199 616	185 315	138 291	150 932	340 400
商品房屋销售面积	**万平方米**	**948.7**	**1 277.5**	**1 499.1**	**2 013.5**	**2 564.5**	**3 026.4**
#住　　宅	万平方米	804.4	1 120.4	1 320.3	1 798.4	2 340.4	2 749.9
#经济适用房屋	万平方米	146.9	133.3	110.4	72.3	71.5	151.7

6—23 房地产开发企业(单位)的土地开发及购置

单位:万平方米

年份、地区	本年完成开发土地面积	本年购置土地面积	本年土地成交价款(万元)
2000	770.0	1 019.3	
2001	923.9	1 107.1	
2002	1 043.2	1 384.7	
2003	1 062.9	1 668.7	1 395 759
2004	1 018.8	2 256.9	1 779 227
2005	1 697.6	2 432.8	2 034 432
2006	1 569.6	2 316.9	2 065 722
沈阳	548.5	1 070.9	1 119 631
大连	347.1	477.3	582 511
鞍山	20.9	23.5	44 492
抚顺	29.8	73.6	30 346
本溪	119.0	43.7	17 245
丹东	49.7	103.1	47 074
锦州	61.2	61.2	36 476
营口	130.3	104.4	49 335
阜新	30.6	48.3	17 698
辽阳	33.0	38.7	19 492
盘锦	21.7	6.4	524
铁岭	120.7	121.8	38 489
朝阳	26.4	102.8	45 399
葫芦岛	30.8	41.2	17 010

6—24 按用途分的房地产开发建设投资

单位:万元

年份、地区	本年完成投资额	住宅	#经济适用房屋	办公楼	商业营业用房	其他
2000	2 649 062	1 812 920	250 726	155 384	445 326	235 432
2001	3 230 692	2 275 667	289 402	155 329	511 287	288 409
2002	3 883 147	2 758 906	317 602	182 161	632 742	309 338
2003	4 863 947	3 434 716	234 820	131 670	866 730	430 831
2004	7 207 433	4 942 767	170 802	221 662	1 253 815	789 189
2005	8 742 525	6 145 405	154 200	258 764	1 502 775	835 581
2006	11 421 948	8 388 987	574 098	376 442	1 539 711	1 116 808
沈阳	5 382 914	3 970 936	311 523	207 085	750 429	454 464
大连	3 372 348	2 420 178	104 116	129 513	382 074	440 583
鞍山	314 503	202 147	48 432	3 754	72 671	35 931
抚顺	236 546	199 787	12 119	2 352	25 289	9 118
本溪	321 973	247 652	79 443	5 002	49 020	20 299
丹东	344 483	283 170	0	1 589	34 681	25 043
锦州	160 023	98 617	0	12 871	30 451	18 084
营口	249 643	220 522	0	3 897	22 779	2 445
阜新	101 836	73 632	0	2 067	25 268	869
辽阳	153 583	100 200	15 367	803	9 962	42 618
盘锦	129 793	121 736	0	0	3 007	5 050
铁岭	272 426	172 747	3 098	330	67 608	31 741
朝阳	229 736	158 932	0	5 376	39 540	25 888
葫芦岛	152 141	118 731	0	1 803	26 932	4 675

6—25 按构成分房地产开发建设投资

单位:万元

年份、地区	建筑安装工程	设备、工具器具购置	其他费用	#土地购置费
2000	1 966 063	65 137	617 862	347 314
2001	2 351 326	52 831	826 535	516 854
2002	2 724 912	79 696	1 078 539	581 343
2003	3 198 149	68 635	1 597 163	1 024 229
2004	4 918 594	89 875	2 198 964	1 267 595
2005	5 912 043	139 201	2 691 281	1 682 273
2006	7 657 084	113 123	3 651 741	2 021 204
沈阳	3 470 075	59 852	1 852 987	950 666
大连	2 147 433	40 187	1 184 728	750 629
鞍山	224 977	950	88 576	18 139
抚顺	179 095	1 525	55 926	38 029
本溪	274 727	5 291	41 955	17 362
丹东	294 211	1 743	48 529	33 964
锦州	115 054	0	44 969	24 366
营口	194 634	308	54 701	41 479
阜新	74 977	163	26 696	16 392
辽阳	98 366	720	54 497	32 971
盘锦	116 461	150	13 182	895
铁岭	203 315	1 677	67 434	36 763
朝阳	150 087	270	79 379	39 319
葫芦岛	113 672	287	38 182	20 230

6—26 房地产开发企业(单位)的资金来源

单位:万元

年份、地区	本年资金来源小计	国家预算内资金	国内贷款	债券	利用外资	自筹资金	其他资金	#定金及预收款
2000	2 837 089	5 380	645 522	3 458	55 167	971 842	1 155 720	910 460
2001	3 532 286	1 925	689 515	0	54 351	124 710	1 545 785	1 179 279
2002	4 180 547	12 800	800 959	0	63 316	1 658 685	1 644 787	1 234 539
2003	5 582 992	3 388	1 332 891	0	55 561	2 273 464	1 917 688	1 578 904
2004	8 490 919	1 500	1 366 702	0	82 619	3 496 051	3 544 047	2 740 905
2005	9 372 018	0	1 267 527	0	89 308	4 586 225	3 428 958	2 531 636
2006	13 002 851		1 728 346		242 602	5 924 162	5 107 741	3 266 026
沈阳	6 048 983		488 334		137 810	3 182 267	2 240 572	1 296 572
大连	4 076 616		1 008 198		88 971	1 290 412	1 689 035	1 081 803
鞍山	425 452		18 447		7 028	140 875	259 102	205 863
抚顺	275 491		9 481		0	125 609	140 401	122 526
本溪	324 112		30 408		3 000	67 921	222 783	128 506
丹东	354 152		36 085		1 535	267 786	48 746	31 293
锦州	173 342		33 150		0	54 027	86 165	72 569
营口	233 135		600		1 909	156 954	73 672	60 817
阜新	116 584		5 103		2 349	69 141	39 991	28 584
辽阳	173 611		33 860		0	87 748	52 003	43 146
盘锦	135 877		5 000		0	118 240	12 637	12 132
铁岭	266 239		24 794		0	156 432	85 013	50 449
朝阳	228 966		19 023		0	142 622	67 321	60 085
葫芦岛	170 291		15 863		0	64 128	90 300	71 681

6—27 房地产开发建设房屋建筑面积和竣工率

年份、地区	施工房屋面积（万平方米）	竣工房屋面积（万平方米）	房屋建筑面积竣工率（%）	竣工房屋价值（万元）
2000	3 301.8	1 618.9	49.0	1 507 495
2001	3 971.2	1 842.7	46.4	1 818 229
2002	4 754.1	1 984.3	41.7	2 061 219
2003	5 314.1	2 139.7	40.3	2 301 203
2004	6 294.6	2 303.6	36.6	2 805 817
2005	7 058.9	2 443.9	34.6	2 931 979
2006	8 615.5	2 907.8	33.8	3 885 888
沈阳	3 456.0	1 185.3	34.3	1 493 957
大连	2 196.1	537.8	24.5	1 105 559
鞍山	321.0	121.9	38.0	144 775
抚顺	208.2	34.5	16.6	61 771
本溪	462.3	190.5	41.2	182 658
丹东	380.0	90.5	23.8	126 704
锦州	193.1	53.5	27.7	59 101
营口	345.0	239.4	69.4	184 177
阜新	143.3	63.1	44.0	47 989
辽阳	152.8	61.6	40.4	57 432
盘锦	89.6	44.6	49.8	66 508
铁岭	237.6	124.5	52.4	159 352
朝阳	237.8	86.5	36.4	103 827
葫芦岛	192.8	73.9	38.3	92 078

6—28 各地区房地产开发企业基本情况

年份、地区	开发公司个数（个）	＃国有经济	＃集体经济	＃外商投资经济	＃港澳台投资经济	年末从业人员人数（人）
2000	1 417	293	161	73	109	42 098
2001	1 545	209	106	79	103	44 612
2002	1 635	158	81	70	94	47 284
2003	1 800	127	61	78	93	49 497
2004	2 303	121	65	105	126	53 579
2005	2 744	134	77	136	157	51 692
2006	2 771	113	56	150	165	56 411
沈阳	828	37	9	81	87	11 516
大连	740	23	8	33	44	16 768
鞍山	212	14	3	9	17	3 074
抚顺	112	10	9	2	2	2 194
本溪	87	6	2	1	0	2 340
丹东	123	1	6	7	5	2 377
锦州	78	2	4	2	1	1 773
营口	108	1	0	5	3	1 969
阜新	77	2	0	5	3	1 313
辽阳	72	6	1	0	0	2 218
盘锦	64	2	10	0	0	1 314
铁岭	86	5	1	0	0	3 738
朝阳	99	2	1	3	2	3 631
葫芦岛	85	2	2	2	1	2 186

6—29 各地区房地产开发经营情况

单位:万元

年份、地区	主营业务收入	土地转让收入	商品房屋销售收入	房屋出租收入	其他收入	主营业务税金及附加	利润总额
2000	2 339 911	33 981	2 156 412	10 251	139 267	129 169	3 473
2001	2 573 462	15 737	2 408 399	13 501	135 825	141 554	-10 552
2002	2 882 505	27 624	2 763 036	13 909	77 936	173 135	-22 649
2003	3 675 534	43 475	3 518 507	15 173	98 379	217 110	-32 804
2004	5 347 879	91 369	5 075 229	76 381	104 900	339 651	88 536
2005	6 144 218	20 145	6 025 782	31 680	66 611	376 911	198 983
2006	7 223 740	41 758	7 036 720	42 193	103 069	486 136	282 916
沈阳	2 551 579	2 036	2 530 828	3 653	15 062	200 108	116 326
大连	2 547 437	34 915	2 466 401	35 148	10 973	153 668	145 209
鞍山	265 538	0	238 658	2 124	24 756	18 739	37 966
抚顺	139 294	0	139 089	0	205	11 544	10 821
本溪	218 299	0	174 108	504	43 687	10 585	-1 139
丹东	240 836	0	240 168	0	668	14 390	-35 606
锦州	207 820	0	207 447	0	373	12 398	-4 585
营口	272 504	0	272 466	25	13	15 208	14 391
阜新	130 349	0	130 128	5	216	5 683	-2 590
辽阳	142 285	2 691	137 547	392	1 655	9 014	2 495
盘锦	93 220	674	91 782	0	764	5 816	3 321
铁岭	141 450	1 355	136 770	35	3 290	10 950	-3 388
朝阳	155 814	0	154 342	200	1 272	10 348	-912
葫芦岛	117 315	87	116 986	107	135	7 685	607

6—30 按用途分的商品房屋实际销售面积

单位:万平方米

年份、地区	商品房销售面积	住宅	#经济适用房	办公楼	商业营业用房	其他
2000	948.7	804.4	146.8	20.3	114.3	9.7
2001	1 165.7	994.7	179.2	27.1	128.4	15.5
2002	1 277.5	1 120.4	133.3	20.7	127.7	8.7
2003	1 499.1	1 320.3	110.4	25.9	133.6	19.3
2004	2 013.5	1 798.4	72.3	17.2	164.0	33.9
2005	2 564.5	2 340.4	71.4	16.1	182.6	25.3
2006	3 026.4	2 749.9	151.7	24.1	201.6	50.8
沈阳	1 243.8	1 150.6	26.6	7.5	65.9	19.7
大连	628.8	570.2	52.9	9.7	37.5	11.5
鞍山	109.8	96.7	21.1	0.8	8.5	3.9
抚顺	84.7	76.6	0.0	0.9	6.0	1.2
本溪	101.0	89.4	40.2	0.6	10.6	0.5
丹东	104.1	95.0	0.0	0.5	8.2	0.4
锦州	112.8	99.5	1.1	0.0	7.4	5.9
营口	165.9	154.2	0.0	0.3	10.2	1.4
阜新	59.6	53.8	0.0	0.0	5.8	0.0
辽阳	64.4	57.8	6.1	0.3	6.0	0.3
盘锦	44.4	43.8	0.0	0.0	0.4	0.2
铁岭	95.5	82.0	3.7	0.0	12.8	0.7
朝阳	112.8	93.4	0.0	2.7	15.0	1.6
葫芦岛	98.6	86.9	0.0	0.9	7.4	3.5

6—31 按用途分的商品房屋实际销售额

单位:万元

年份、地区	商品房销售额	住宅	#经济适用房	办公楼	商业营业用房	其他
2000	1 969 468	1 514 151	213 338	81 327	350 835	23 155
2001	2 478 449	1 988 320	261 222	78 822	387 466	23 841
2002	2 732 993	2 231 000	199 616	83 089	398 162	20 742
2003	3 434 521	2 813 999	185 315	87 307	488 483	44 732
2004	4 866 124	4 165 674	138 291	50 524	564 718	85 208
2005	7 174 340	6 205 959	150 932	61 993	829 475	76 913
2006	9 278 590	7 909 896	340 400	131 269	1 073 899	163 526
沈阳	4 199 243	3 663 667	62 590	36 320	400 463	98 793
大连	2 845 388	2 427 036	152 251	79 689	306 570	32 093
鞍山	290 475	223 912	37 403	2 320	59 082	5 161
抚顺	186 046	159 902	0	1 878	22 179	2 087
本溪	228 969	174 985	71 076	2 348	50 121	1 515
丹东	226 296	192 964	0	800	31 054	1 478
锦州	194 140	165 787	1 627	0	22 542	5 811
营口	268 719	238 130	0	401	27 761	2 427
阜新	96 965	80 426	0	0	16 419	120
辽阳	132 351	110 733	9 277	704	20 191	723
盘锦	80 561	78 059	0	0	1 733	769
铁岭	177 675	124 528	6 176	0	51 020	2 127
朝阳	180 444	128 801	0	5 883	42 930	2 830
葫芦岛	171 318	140 966	0	926	21 834	7 592

6—32 房地产开发企业(单位)施工、销售情况

(2006年)

指　　标	单　位	合　计	住　宅	#90平方米以下住房	经　济适用房	别墅、高档公寓	办公楼	商业营业用　房	其　他
房屋施工面积	平方米	86 155 272	67 295 684	29 484 504	5 772 956	2 664 526	2 519 518	12 483 968	3 856 102
#新开工面积	平方米	45 313 999	37 976 566	17 263 062	3 899 675	1 120 456	521 363	5 099 257	1 716 813
房屋竣工面积	平方米	29 077 845	24 648 871	11 623 878	2 822 291	370 602	325 034	3 303 636	800 304
#不可销售面积	平方米	4 481 796	3 578 806	2 520 714	1 290 735	118	105 085	526 268	271 637
商品住宅竣工套数	套	0	277 234	146 813	44 089	2 681	0	0	0
竣工房屋价值	万元	3 885 888	3 087 410	1 444 444	283 472	67 888	65 607	614 686	118 185
出租房屋面积	平方米	1 079 957	248 797	86 700	0	0	46 437	749 433	35 290
商品房销售面积	平方米	30 263 538	27 498 722	11 834 069	1 516 985	634 415	241 037	2 016 107	507 672
#现房销售面积	平方米	14 375 498	12 860 350	5 096 526	940 821	365 212	141 651	1 122 433	251 064
期房销售面积	平方米	15 888 040	14 638 372	6 737 543	576 164	269 203	99 386	893 674	256 608
商品房销售额	万元	9 278 590	7 909 896	3 518 490	340 400	349 684	131 269	1 073 899	163 526
#现房销售额	万元	4 133 341	3 433 848	1 346 809	203 404	165 311	63 827	561 353	74 313
期房销售额	万元	5 145 249	4 476 048	2 171 681	136 996	184 373	67 442	512 546	89 213

6—33 房地产开发企业(单位)投资、资金和土地情况

单位:万元

指　　　标	2004年	2005年	2006年
计划总投资	22 260 507	26 772 808	36 503 869
自开始建设累计完成投资	12 617 492	13 817 096	22 272 502
本年计划投资	8 500 781	10 668 277	
本年完成投资	7 207 433	8 742 525	11 421 948
#商品房建设投资额	5 342 966	6 426 636	7 823 034
土地开发投资额	609 513	901 134	1 393 514
配套工程投资额		204 961	619 007
按构成分:			
建筑工程	4 581 441	5 570 254	7 130 483
安装工程	337 153	341 789	526 601
设备工器具购置	89 875	139 201	113 123
其他费用	2 198 964	2 691 281	3 651 741
#旧建筑物购置费	34 221	18 890	217 520
土地购置费	1 267 595	1 682 273	2 021 204
按工程用途分:			
住　　宅	4 942 767	6 145 405	8 388 987
#普通住房		625 305	3 824 576
经济适用房	170 802	154 200	574 098
别墅、高档公寓	335 470	306 288	488 660
办 公 楼	221 662	258 764	376 442
商业营业用房	1 253 815	1 502 775	1 539 711
其　　他	789 189	835 581	1 116 808
本年新增固定资产	3 501 935	4 321 689	5 219 474
本年完成土地开发面积(万平米)	1 018.8	1 697.6	1 569.6
本年购置土地面积(万平米)	2 256.8	2 432.8	2 316.9
本年土地成交价款	1 779 227	2 034 432	2 065 722

主要统计指标解释

全社会固定资产投资　固定资产投资是社会固定资产再生产的主要手段。通过建造和购置固定资产的活动,国民经济不断采用先进技术装备,建立新兴部门,进一步调整经济结构和生产力的地区分布,增强经济实力,为改善人民物质文化生活创造物质条件。这对我国的社会主义现代化建设具有重要意义。

固定资产投资额是以货币表现的建造和购置固定资产活动的工作量,它是反映固定资产投资规模、速度、比例关系和使用方向的综合性指标。全社会固定资产投资包括国有经济单位投资、城乡集体经济单位投资、各种经济类型的单位投资和城乡居民个人投资。按照我国现行计划管理体制,国有经济单位固定资产投资总额分为基本建设、更新改造、商品房屋建设投资和其他固定资产投资四个部分;城乡集体经济单位投资包括城镇集体所有制单位投资和农村集体所有制单位投资;各种经济类型的单位投资包括联营经济、股份制经济、中外合资经营、中外合作经营、外资、与大陆合资经营、与大陆合作经营、港澳台独资及其他经济类型的单位投资。城镇居民个人投资包括城市、县城、镇、工矿区所辖范围内的个人建房和农村个人建房及购买生产性固定资产的投资。

基本建设投资　基本建设是国有企业、事业单位以扩大生产能力或工程效益为主要目的的新建、扩建工程及有关工作。包括工厂、矿山、铁路、桥梁、港口、农田水利、商店、住宅、学校、医院等工程的建造和机器设备、车辆、船舶、飞机等的购置。

基本建设投资额是以货币表现的基本建设完成的工作量,是反映一定时期内基本建设规模和建设进度的综合性指标。它是根据工程的实际进度按预算价格(预算价格是编制施工图预算时所用的价格)计算的工作量,没有形成工程实体的建筑材料和没有开始安装的设备,都不计算投资完成额。

更新改造投资　更新改造是指国有企业、事业单位对原有设施进行固定资产更新和技术改造,以及相应配套的工程和有关工作(不包括大修理和维护工程)。更新改造投资是以货币表现的更新改造完成的工作量。根据我国现行统计制度,基本建设和更新改造的划分是:(1)列入基本建设计划的项目作为基本建设投资,列入更新改造计划的项目作为更新改造投资;(2)更新改造计划与基本建设计划结合安排的项目及未列入计划的项目,根据工程性质分别作为基本建设投资或更新改造投资。属于对企业、事业单位原有设施进行技术改造或更新的项目和增建主要生产车间、分厂等,其新增生产能力或效益尚未达到大中型标准的项目,以及由于城市环境保护和安全生产的需要而进行的迁建工程,作为更新改造投资。

其他固定资产投资　是指按照国家规定不纳入基本建设和更新改造计划管理,其总投资在五万元以上的固定资产投资。具体包括:国有经济单位用油田维护费和石油开发基金进行的油田维护和开发工程;煤炭、铁矿、森林工业等采掘采伐业用维检费进行的开拓延伸工程;交通部门用公路养路费对原有公路、桥梁进行改建的工程;商业部门用简易建筑费建造的仓库工程。

固定资产投资的资金来源　根据固定资产投资的资金来源不同,分为上年末结余资金、本年资金来源小计和各项应付款。其中本年资金来源小计又分为国家预算内资金、国内贷款、股票、债券、利用外资、自筹资金和其他资金来源七种:

(1)国家预算内资金　指国家预算、地方财政、主管部门和国家专业投资公司拨给或委托银行贷给建设单位的基本建设拨款和中央基本建设基金,拨给企业单位的更新改造拨款,以及中央财政安排的专项拨款中用于基本建设的资金。

(2)国内贷款　指报告期企、事业单位向银行及非银行金融机构借入的用于固定资产投资的各种国内借款。国内贷款包括:银行利用自有资金及吸收的存款发放的贷款、上级主管部门拨入的国内贷款、国家专项贷款(包括煤代油贷款、劳改煤矿专项贷款等),地方财政专项资金安排的贷款、国内储备贷款、周转贷款等。

(3)股票　是股份制企业通过发行股票筹集到的,用于固定资产投资的资金。

(4)债券　是企业(公司)或金融机构通过发行各种债券筹集到的用于固定资产投资的资金,包括由银行代理国家专业投资公司发行的重点企业债券和重点建设债券。

(5)利用外资　指报告期收到的用于固定资产投资的国外资金,包括统借统还、自借自还的国外贷款,中外合资项目中的外资,以及无偿捐赠等。其中,国家统借统还的外资,是指由我国政府出面同外国政府、团体或金融组织签订贷款协议、并负责偿还本息的国外贷款。

(6)自筹资金　指建设单位报告期收到的,用于进行固定资产投资的上级主管部门、地方和本单位自筹资金。

(7)其他资金来源　指报告期收到的除以上各种拨款、借款、自筹资金之外,其他用于固定资产投资的资金。

固定资产投资按国民经济行业分　建设项目归哪个行业,按其建成投产后的主要产品或主要用途及社会经济活动性质来确定。基本建设按建设项目划分国民经济行业,更新改造、国有经济单位其他固定资产投资及城镇集体投资根据整个企业、事业单位所属的行业来划分。一般情况下,一个建设项目或一个企业、事业单位只能属于一种国民经济行业。为了更准确地反映国民经济各行业之间的比例关系,联合企业(总厂)所属分厂属于不同行业的,原则上按分厂划分行业。

固定资产投资按建设性质分　建设项目的性质一般分为新建、扩建、改建、迁建、恢复。基本建设按建设项目划分建设性质,更新改造、国有经济单位其他固定资产投资及城镇集体投资按整个企业、事业单位的建设情况确定建设性质。目前基本建设和更新改造是根据我国现行的计划管理体制区分的,所以基本建设和更新改造都可以分别按新建、扩建等划分。

(1)新建　一般是指从无到有、"平地起家"新开始建设单位。有的单位原有的基础很小,经过建设后其新增加的固定资产价值超过原有固定资产价值(原值)三倍以上的也算新建。

(2)扩建　一般是指为扩大原有产品的生产能力,在厂内或其他地点增建主要生产车间(或主要工程)、独立的生产线或总厂之下的分厂的企业;事业单位和行政单位在原单位增建业务用房(如学校增建教学用房、医院增建门诊部或病床用房、行政机关增建办公楼等)也作为扩建。

(3)改建　一般是指现有企业、事业单位为了技术进步,提高产品质量,增加花色品种,促进产品升级换代、降低消耗和成本,加强资源综合利用和三废治理、劳保安全等,采用新技术、新工艺、新设备、新材料等对现有设施、工艺条件进行技术改造或更新(包括相应配套的辅助性生产、生活福利设施)。有的企业为充分发挥现有生产能力,进行填平补齐而增建不增加本单位主要产品生产能力的车间等,也属于改建。

固定资产投资按用途分　固定资产投资按工程的经济用途分为用于第一产业、第二产业、第三产业和住宅四部分的建设,是研究不同用途的固定资产投资之间比例关系的重要指标。基本建设投资、国有经济单位其他固定资产投资及城镇集体投资的用途按单项工程确定,现有企业、事业单位更新改造投资的用途按更新改造项目确定。

固定资产投资按构成分　固定资产投资活动按其工作内容和实现方式分为建筑安装工程,设备、工具、器具购置,其他费用三个部分。

(1)建筑安装工程(建筑工作量)　指各种房屋、建筑物的建造工程和各种设备、装置的安装工程。包括各种房屋建造工程,各种用途设备基础和各种工业窑炉的砌筑工程;为施工而进行的各种准备工作和临时工程以及完工后的清理工作等;铁路、道路的铺设,矿井的开凿及石油管道的架设等;水利工程;防空地下建筑等特殊工程;以及各种机械设备的安装工程;为测定安装工程质量,对设备进行的试行工作。在安装工程中,不包括被安装设备本身的价值。

(2)设备、工具、器具购置　指购置或自制达到固定资产标准的设备、工具、器具的价值,固定资产的标准按财务部门规定。新建单位、扩建单位的新建车间按照设计和计划要求购置或自制的全部设备、工具、器具,不论是否达到固定资产标准均计入“设备、工具、器具购置中”。

(3)其他费用　指除建筑安装工程和设备、工具、器具购置以外的投资完成额。它包括两种性质的费用,一种是属于增加固定资产的费用,主要有:建设单位管理费,土地、青苗等补偿费和安置补助费、勘察设计费,研究实验费、农林单位牲畜购置费、各种经济林木的营造费、办公和生活家具、器具购置费、引进技术和进口设备项目的其他费用、联合试运转费等;一种是属于不增加固定资产的费用,主要有:施工机械转移费、生产职工培训费、农业开荒费用及报废工程损失费等。

基本建设项目按大中小型划分　基本建设划分大中小型项目原则上应按照上级批准的设计任务书或初步设计所确定的总规模或总投资划分,没有正式批准设计任务书或初步设计的,按国家或省、自治区、直辖市年度基本建设投资计划中所列的总规模或总投资划分。上述两条均不具备的,按本年计划施工工程的建设总规模或总投资划分。生产单一产品的工业项目,按产品的设计能力划分的;生产多种产品的工业项目,按其主要产品的设计能力划分。品种繁多,难以按生产能力划分的,按全部计划投资额划分。划分标准以国家颁发的《大中小型建设项目划分标准》依据。国家曾在1958年、1962年、1977年和1979年先后五次修订《大中小型建设项目划分标准》,因此各历史时期的大中型项目数不完全可比。

施工项目　指报告期内曾进行建筑或安装工程施工活动的建设项目。包括报告期内新开工项目、报告期以前开工跨入报告期继续施工的项目以及报告期施过工并在报告期内全部建设投产或停缓建的项目。

全部建成投产项目　工业项目是指设计文件规定形成生产能力的主体工程及其相应配套的辅助设施全部建成,经负荷试运转,证明具备生产设计规定合格产品的条件,并经过验收鉴定合格或达到竣工验收标准,与生产性工程配套的生产福利设施可以满足近期正常生产的需要,正式移交生产的建设项目。非工业项目是指设计文件规定的主体工程和相应的配套工程全部建成,能够发挥设计规定的全部效益,经验收鉴定合格或达到竣工验收标准,正式移交使用的建设项目。

新增生产能力　指通过固定资产投资活动而增加的设计能力或工程效益,它是用实物形态表示的固定资产投资的成果。新增生产能力的计算,是以能独立发挥生产能力或效益的单项工程(或项目)为对象,当单项工程(或项目)建成,经有关部门鉴定合格,正式移交投入生产,即可计算新增生产能力。

新增生产能力或工程效益有以下几种表现形式:

(1)以建设项目或单项工程建成后的年产能力表示。如煤炭开采、石油开采等。

(2)以建设项目或单项工程建成后处理原料的能力表示。如选矿工程的年处理矿石能力,洗煤厂年洗原煤能力等。

(3)以新增的主要设备数量或容量表示。如棉纺绽枚数、发电机组容量等。

(4)以建筑物容积、容量、面积或长度表示。如水库容量、铁路公路里程等。

新增生产能力的数量一般按设计能力计算。设计能力是指设计文件中规定的在正常情况下能够达到的生产能力,而不论投产后的实际产量如何。以设备数量、建筑物容积、面积、长度等表示的新增生产能力(或效益),则按建成的实际数量计算。

施工和竣工房屋建筑面积　房屋建筑面积是从房屋外墙线算起的各层平面面积的总和,包括房屋结构(如柱、墙)占用的面积和地下室面积。多层建筑按各自然层面积总和计算,包括房屋内的楼隔层,突出墙面的眺望间、门斗、有柱雨罩的面积。不包括突出墙面结构的构件、艺术装饰等所占的面积,如台阶等。凹阳台、挑阳台按其水平投影面积一半计算建筑面积。

竣工面积　指在报告期内房屋建筑按照设计要求已全部完工,达到住人和使用条件,经验收鉴定合格,正式移交使用单位的建筑面积。

房屋建筑面积竣工率　指一定时间内房屋竣工面积占同期房屋施工面积的比率。它是从房屋建筑施工速度的角度反映投资效果和建筑业经济效益的指标。

新增固定资产　指通过投资活动所形成的新的固定资产价值。包括已经建成投入生产或交付使用的工程价值和达到固定资产标准的设备、工具、器具的价值及有关应摊入的费用。它是以价值形式表示的固定资产投资成果的综合性指标，可以综合反映不同时期、不同部门、不同地区的固定资产投资成果。

建设项目投资率 指一定时期内全部建成投入生产项目个数占同期正式施工项目个数的比率。它是从项目建设速度的角度反映投资效果的指标。

固定资产交付使用率 指一定时期新增固定资产与同期完成投资额的比率。它是反映各个时期固定资产动用速度，衡量建设过程中投资效果的一个综合性指标。

未完工程占用率 指年末未完工程累计完成投资额占全年实际完成投资额的比率。它反映未完工程的相对规模，并可从资金占用的角度反映固定资产投资效果。由于未完工程是指已经开工，但尚未建成交付使用的工程，有个跨年度问题，因此未完工程占用率会出现大于1的情况。

第七篇

能源

7

NENGYUAN

7—1 能源生产总量及构成

年份	能源生产总量（万吨标准煤）	占能源生产总量的%			
		原煤	原油	天然气	水电
1978	3 890.7	78.9	14.0	5.6	1.5
1979	4 010.1	74.6	16.9	5.7	2.9
1980	3 765.8	70.8	20.2	6.3	2.7
1981	3 460.8	69.6	21.7	5.9	2.8
1982	3 636.4	70.9	21.8	4.6	2.7
1983	3 879.4	69.3	23.4	4.3	3.0
1984	4 492.9	68.3	24.9	4.1	2.7
1985	4 953.2	66.2	26.6	4.1	3.1
1986	5 011.4	63.4	29.1	4.0	3.5
1987	5 094.9	60.5	32.1	4.1	3.3
1988	5 410.9	60.6	33.5	4.0	2.0
1989	5 766.6	61.7	33.3	4.0	2.0
1990	5 958.9	61.1	32.8	3.9	2.2
1991	6 082.4	61.4	32.3	3.9	2.4
1992	6 233.4	61.8	31.8	4.5	1.9
1993	6 327.2	62.8	32.1	4.6	0.5
1994	6 384.8	61.6	33.6	4.4	0.4
1995	6 239.3	59.5	35.6	4.1	0.8
1996	6 610.8	63.0	32.5	3.6	0.9
1997	6 638.7	63.3	32.4	3.8	0.5
1998	6 422.5	64.3	32.3	2.9	0.5
1999	5 649.5	60.4	36.2	3.0	0.4
2000	5 380.5	59.1	37.2	3.3	0.3
2001	5 376.8	59.4	36.8	3.3	0.5
2002	5 809.8	63.6	33.2	2.8	0.4
2003	6 288.3	66.7	30.3	2.6	0.4
2004	6 749.9	70.3	27.1	1.9	0.7
2005	6 770.8	70.1	26.6	2.3	1.0
2006	6 904.3	71.4	25.4	2.3	0.9

7—2 分行业能源消费总量

（2006

行业	能源消费总量（万吨标准煤）	煤炭消费量（万吨）	焦炭消费量（万吨）	原油消费量（万吨）
消费总量	**15 124.41**	**14 252.28**	**1 959.93**	**5 555.04**
农、林、牧、渔业	254.93	125.13		
采矿业	1 446.91	1 257.62	7.88	77.34
煤炭开采和洗选业	940.86	1 092.12	0.07	
石油和天然气开采业	336.97	100.46		77.34
黑色金属矿采选业	84.73	10.54	2.08	
有色金属矿采选业	57.67	39.02	5.52	
非金属矿采选业	25.59	15.40	0.20	
其他采矿业	1.09	0.09		
制造业	7 760.15	5 995.09	1 948.83	5 467.69
农副食品加工业	87.40	81.56	2.16	
食品制造业	42.97	38.98	0.29	
饮料制造业	47.01	49.78	0.02	
烟草制品业	2.09	1.61		
纺织业	59.69	53.81	0.08	
纺织服装、鞋、帽制造业	20.07	17.91	0.08	
皮革、毛皮、羽毛(绒)及其制品业	9.44	9.21		
木材加工及木、竹、藤、棕、草制品业	28.85	26.27	0.12	
家具制造业	21.52	20.85		
造纸及纸制品业	87.70	107.80	0.69	
印刷业和记录媒介的复制	4.03	2.07	0.02	
文教体育用品制造业	2.21	2.06	0.05	
石油加工、炼焦及核燃料加工业	1 438.98	371.60	0.06	5 035.19
化学原料及化学制品制造业	1 031.37	595.06	8.49	432.26
医药制造业	63.71	67.82	0.09	
化学纤维制造业	106.75	139.47		
橡胶制品业	49.05	54.12	0.13	
塑料制品业	56.46	42.36	0.13	
非金属矿物制品业	837.14	783.13	54.99	0.21
黑色金属冶炼及压延加工业	3 075.21	3 049.76	1 798.30	
有色金属冶炼及压延加工业	202.26	188.68	10.48	

注:能源消费总量中电、热按当量值计算。

和主要能源品种消费量

年)

汽油消费量（万吨）	煤油消费量（万吨）	柴油消费量（万吨）	燃料油消费量（万吨）	天然气消费量（亿立方米）	电力消费量（亿千瓦小时）
392.50	**34.89**	**587.76**	**230.73**	**13.10**	**1 228.28**
38.07		50.97			23.30
3.79	0.30	32.21	30.44	4.46	124.64
1.00	0.18	4.42			24.97
1.42		17.50	29.78	4.46	24.48
0.76	0.03	6.72	0.04		52.71
0.27	0.05	1.02	0.59		15.20
0.33	0.03	2.55	0.02		6.45
					0.83
22.75	3.68	58.37	157.32	8.34	612.51
1.02	0.01	1.14	0.03		13.95
0.52	0.03	0.69		0.01	3.95
0.37		0.44		0.05	3.37
0.01		0.29			0.20
0.48	0.01	0.36	0.07		12.49
0.51		0.51	0.10		3.34
0.43		0.12			1.77
0.39		0.35			5.89
0.34		0.37	0.04	0.03	3.30
0.38	0.02	0.64		0.01	8.68
0.26		0.21	0.11		1.02
0.07		0.07			0.34
0.55		0.74	73.81	0.02	37.03
1.53	0.62	2.90	33.95	6.86	48.76
0.33	0.01	0.26	0.47	0.01	4.45
0.21		0.36	1.36		16.14
0.48		0.18	0.01		5.21
0.83		3.09	0.72	0.04	10.85
1.82	0.61	9.56	32.57	0.37	76.64
1.95	0.04	19.44	7.28	0.51	233.44
1.00	0.02	1.87	2.28		33.51

7—2 续表 (2006

行业	能源消费总量（万吨标准煤）	煤炭消费量（万吨）	焦炭消费量（万吨）	原油消费量（万吨）
金属制品业	41.46	21.99	2.02	
通用设备制造业	178.54	87.33	60.15	
专用设备制造业	47.52	35.52	3.85	0.02
交通运输设备制造业	119.01	75.41	5.72	
电气机械及器材制造业	51.30	39.77	0.74	
通信设备、计算机及其他电子设备制造业	16.05	5.56	0.02	
仪器仪表及文化、办公用机械制造业	4.43	2.17	0.04	
工艺品及其他制造业	25.54	21.45	0.12	
废弃资源和废旧材料回收加工业	2.37	1.99		
电力、燃气及水的生产和供应业	2 801.59	6 107.80	3.23	
电力、热力的生产和供应业	2 749.89	6 082.55	0.56	
燃气生产和供应业	28.38	20.40	2.67	
水的生产和供应业	23.32	4.85		
建筑业	89.63	72.74		
房屋和土木工程建筑业	87.16	65.74		
建筑安装业	2.46			
建筑装饰业				
其他建筑业	6.92	7.00		
交通运输、仓储和邮政业	1 258.24	96.45		
铁路运输业	149.56	77.70		
道路运输业	573.57			
城市公共交通业	316.83			
水上运输业	142.50			
航空运输业	39.52	1.30		
管道运输业	4.74			
装卸搬运和其他运输服务业	16.05	8.34		
仓储业	9.36	3.71		
邮政业	6.12	5.40		
批发、零售业和住宿、餐饮业	101.99	28.11		
其他行业	306.90	48.08		10.01
城乡居民生活	1 134.26	521.26		

年）

汽油消费量（万吨）	煤油消费量（万吨）	柴油消费量（万吨）	燃料油消费量（万吨）	天然气消费量（亿立方米）	电力消费量（亿千瓦小时）
1.17	0.07	1.54	0.10		14.86
2.96	0.17	3.57	0.29	0.05	23.01
1.52	0.01	1.28	0.27		9.00
1.62	2.01	7.11	2.96	0.20	20.57
1.25	0.02	0.63	0.12	0.17	9.31
0.27	0.01	0.33			7.12
0.21		0.06			1.66
0.27	0.01	0.25	0.75		2.01
0.01		0.03			0.62
1.38	0.04	2.23	3.36	0.30	195.98
0.87	0.04	2.00	3.36		179.14
0.15		0.07		0.30	1.75
0.37	0.01	0.16			15.09
7.68		8.45			8.67
6.68		7.00			8.32
0.40		1.00			0.34
0.60		0.45			0.01
283.03	30.87	430.00	35.16		22.38
0.78	0.01	39.87	0.27		13.87
156.12	2.60	232.00			
125.44	2.40	86.50			0.48
		65.60	32.84		
0.17	25.86	0.12	0.03		
					3.86
0.11		3.40	2.02		0.73
		2.11			2.80
0.41		0.40			0.64
0.15		4.23			36.85
35.65		1.30	4.46		58.24
					145.71

7—3 能源消费总量及构成

年份	能源消费总量（万吨标准煤）	占能源消费总量的%			
		原煤	原油	天然气	水电
1978	5 261.5	64.6	30.2	4.2	1.0
1979	5 304.6	66.2	27.3	4.3	2.2
1980	5 272.1	67.8	25.8	4.5	1.9
1981	5 033.2	75.0	23.9	3.1	2.0
1982	4 111.3	73.0	21.7	3.3	2.0
1983	5 348.2	74.2	20.6	3.2	2.0
1984	5 454.4	75.9	18.8	3.3	2.0
1985	6 325.1	78.7	15.2	3.7	2.4
1986	6 360.3	79.4	14.6	3.2	2.8
1987	6 475.8	81.5	12.7	3.2	2.6
1988	6 824.6	83.0	12.3	3.1	1.6
1989	7 000.1	83.1	12.8	3.3	0.8
1990	7 170.8	82.2	12.8	3.3	1.7
1991	7 218.0	83.7	12.7	3.3	2.0
1992	7 191.6	83.7	10.7	3.9	1.7
1993	8 695.5	72.4	21.8	3.3	0.3
1994	9 204.6	76.0	21.0	2.8	0.2
1995	9 381.7	76.7	22.7	0.2	0.4
1996	9 417.6	75.3	24.1	0.2	0.4
1997	9 191.6	73.6	23.3	2.7	0.4
1998	8 873.7	72.9	24.2	2.6	0.3
1999	8 869.9	51.7	45.9	2.2	0.2
2000	9 877.2	51.5	46.3	2.1	0.02
2001	10 356.9	50.5	47.3	2.2	0.02
2002	10 333.5	50.0	48.0	1.8	0.2
2003	11 079.4	51.2	46.9	1.6	0.3
2004	12 454.0	51.5	47.0	1.2	0.3
2005	13 652.9	51.9	46.4	1.2	0.5
2006	15 124.4	52.9	45.7	1.0	0.4

7—4 能源生产弹性系数

年份	能源生产比上年增长%	电力生产比上年增长%	生产总值比上年增长%	能源生产弹性系数	电力生产弹性系数
1985	10.3	8.8	13.3	0.84	0.72
1990	3.3	3.6	1.1	3.30	3.60
1991	2.1	3.0	6.1	0.50	0.70
1992	0.5	9.5	12.1	0.40	0.80
1993	11.0	5.2	14.9	0.75	0.35
1994	0.9	-2.2	11.2	0.08	0
1995	-2.1	1.3	7.1	0	0.18
1996	6.0	8.4	8.6	0.70	0.98
1997	0.4	8.9	8.9	0.45	1.00
1998	-3.3	-8.5	8.3	0	0
1999	-12.03	-3.51	8.2	0	0
2000	-4.77	5.3	8.9	0	0.59
2001	-0.08	2.5	9.0	0	0.27
2002	8.1	14.5	10.2	0.79	1.42
2003	8.2	10.7	11.5	0.71	0.93
2004	7.3	4.2	12.8	0.57	0.33
2005	0.3	4.0	12.3	0.02	0.33
2006	1.9	10.8	13.8	0.14	0.78

7—5 能源消费弹性系数

年份	能源消费比上年增长%	电力消费比上年增长%	生产总值比上年增长%	能源消费弹性系数	电力消费弹性系数
1985	6.8	7.6	13.3	0.55	0.62
1990	1.4	2.6	1.1	1.40	2.60
1991	0.6	6.0	6.1	0.10	1.30
1992	1.0	10.0	12.1	0.10	0.90
1993	11.0	10.6	14.9	0.75	0.72
1994	8.2	-1.8	11.2	0.73	0
1995	2.5	4.8	7.1	0.35	0.68
1996	0.38	8.4	8.6	0.04	0.98
1997	-2.5	7.6	8.9	0	0.85
1998	-3.46	-5.2	8.3	0	0
1999	0.12	12.09	8.2	0.14	1.47
2000	14.11	4.78	8.9	1.58	0.54
2001	1.26	2.01	9.0	0.14	0.22
2002	-0.23	6.00	10.2	0	0.59
2003	7.2	5.5	11.5	0.63	0.48
2004	12.4	16.5	12.8	0.96	1.28
2005	12.0	4.95	12.3	0.97	0.40
2006	10.77	10.6	13.8	0.78	0.77

7—6 能源加工转换效率

单位：%

年份	总效率	发电及电站供热	炼焦	炼油
1985	79.1	37.2	94.5	98.6
1990	82.7	48.1	97.1	98.0
1991	82.2	49.1	98.5	98.9
1992	81.0	48.3	97.5	86.3
1993	80.6	48.1	83.0	99.0
1994	75.2	46.0	72.6	97.0
1995	80.2	50.3	98.6	97.4
1996	77.6	46.0	90.6	98.0
1997	75.9	43.8	91.7	97.8
1998	76.9	44.9	96.0	99.6
1999	76.0	44.8	97.1	95.6
2000	75.3	41.9	93.2	96.7
2001	73.5	43.8	92.8	89.9
2002	76.8	42.8	98.1	98.0
2003	73.3	39.9	98.1	96.2
2004	72.4	38.2	92.3	96.6
2005	74.7	42.1	98.9	92.4
2006	74.1	43.0	96.7	93.6

7—7 平均每天各种能源消费量

能源品种	单位	2000年	2003年	2004年	2005年	2006年
煤炭	万吨	28.99	34.84	33.90	35.80	38.88
焦炭	万吨	2.41	3.09	4.16	4.66	1.25
原油	万吨	10.71	12.49	14.29	14.82	15.22
燃料油	万吨	0.82	0.53	0.53	0.52	0.49
汽油	万吨	0.41	0.62	0.63	0.97	1.07
煤油	万吨	0.05	0.05	0.06	0.07	0.09
柴油	万吨	0.53	0.73	0.88	1.46	1.61
天然气	亿立方米	0.06	0.05	0.04	0.04	0.03
电力	亿千瓦小时	2.05	2.42	2.89	3.04	3.36

注：能源消费量包括加工转换量。

7—8 综合能源平衡表

单位:万吨标准煤

指　　标	2000年	2003年	2004年	2005年	2006年
一、可供本地区消费的能源量	10 140.42	11 079.4	12 454.0	13 652.94	15 124.41
1.年初库存量	1 326.97	981.1	1 190.2	1 102.21	1 394.89
2.一次能源生产量	5 380.56	6 288.3	6 749.9	6 770.86	6 904.33
3.回收能	60.02	805.3	299.9	80.92	89.40
4.外省(区、市)调入量	7 953.11	8 747.6	10 127.2	11 220.75	11 589.98
5.进口量	1 153.56	875.9	998.2	1 189.55	1 451.16
6.我轮、机在外国加油量	10.15	10.8	10.7	24.78	30.92
7.本省(区、市)调出量(—)	-3 466.58	-4 524.6	-5 285.6	-4 969.61	-4 571.22
8.出口量(-)	-952.35	-902.3	-520.4	-353.65	-415.45
9.外轮、机在我国加油量(-)	-14.12	-12.5	-12.4	-35.92	-32.35
10.年末库存量(-)	-1 310.89	-1 190.2	-1 103.8	-1 376.97	-1 324.23
二、加工转换投入(-)产出(+)量	-2 774.25	-3 265.8	-4 416.0	-4 117.10	-4 418.66
1.火力发电	-1 688.71	-2 059.9	-2 621.4	-2 390.37	-2 689.78
2.供热	-326.65	-448.7	-476.7	-428.66	-438.51
3.洗选煤	-482.18	-495.3	-684.16	-673.11	-716.60
4.炼焦	-69.03	-3.9	-95.73	-18.28	-63.31
5.炼油	-182.20	-239.1	-246.6	-577.62	-488.98
6.制气	-25.48	-18.9	-169.3	-28.99	-20.32
三、损失量	105.50	107.7	115.1	118.82	126.46
#运输和输配损失	100.95	105.7	113.6	118.82	126.46
四、终端消费量	7 260.68	7 705.9	7 923.1	9 417.01	10 579.29
(一)第一产业	144.19	143.9	150.2	230.41	254.93
(二)第二产业	5 685.53	5 911.2	5 927.2	6 746.09	7 522.96
工业	5 616.97	5 835.9	5 847.6	6 656.4	7 426.41
建筑业	68.58	75.3	79.5	89.69	96.55
(三)第三产业	744.23	838.2	911.7	1 411.84	1 667.14
交通运输、仓储及邮电通讯业	437.37	581.7	630.1	1 124.61	1 258.24
批发和零售贸易业、餐饮业	62.31	70.8	96.8	95.43	101.99
其他	244.55	185.6	184.7	191.80	306.90
(四)生活消费	686.72	812.4	933.8	1 028.67	1 134.26
城镇	531.39	668.3	783.0	798.10	890.41
乡村	155.33	144.2	150.8	230.57	243.85
五、平衡差额	0	0	0	0	0

注:电、热按当量值计算。

主要统计指标解释

能源生产总量　指一定时期内全省一次能源生产量的总和,是观察全省能源生产水平、规模、构成和发展速度的总量指标。一次能源生产量包括原煤、原油、天然气、水电及其他动力能(如风能、地热能等)发电量。不包括低热值燃料生产量、生物质能、太阳能等的利用和由一次能源加工转换而成的二次能源产量。

能源消费总量　指一定时期内全省物质生产部门、非物质生产部门和生活消费的各种能源的总和,是观察能源消费水平、构成和增长速度的总量指标,能源消费总量包括原煤和原油及其制品、天然气、电力。不包括低热值燃料、生物质能和太阳能等的利用。能源消费总量分为三部分,即终端能源消费量、能源加工转换损失量和损失量。

(1)终端能源消费量　指一定时期内全省物质生产部门、非物质生产部门和生活消费的各种能源在扣除了用于加工转换二次能源消费量和损失量以后的数量。

(2)能源加工转换损失量　指一定时期内全省投入加工转换的各种能源数量之和与产出各种能源产品之和的差额。它是观察能源在加工转换过程中损失量变化的指标。

(3)能源损失量　指一定时期内能源在输送、分配、储存过程中发生的损失和由客观原因造成的各种损失量。不包括各种气体能源放空、放散量。

能源生产弹性系数　是研究能源生产量的增长与国民经济增长之间关系的指标。计算公式:

$$能源生产弹性系数=\frac{能源生产总量年平均增长速度}{国民经济年平均增长速度}$$

国民经济年平均增长速度,可根据不同的目的或需要,用国内生产总值等指标来计算,本资料是采用国内生产总值指标计算的。

电力生产弹性系数　是研究电力生产量的增长与国民经济增长之间关系的指标。一般来说,电力的发展应当快于国民经济的发展,也就是说电力应超前发展。计算公式:

$$电力生产弹性系数=\frac{电力生产量年平均增长速度}{国民经济年平均增长速度}$$

能源消费弹性系数　是反映能源消费增长速度与国民经济增长速度之间的比例关系的指标。计算公式:

$$能源消费弹性系数=\frac{能源消费量年平均增长速度}{国民经济年平均增长速度}$$

电力消费弹性系数　是反映电力消费增长速度与国民经济增长速度之间比例关系的指标。计算公式:

$$电力消费弹性系数=\frac{电力消费量年平均增长速度}{国民经济年平均增长速度}$$

能源加工转换效率　指一定时期内能源经过加工转换后,产出的各种能源产品的数量与同期内投入加工转换的各种能源数量的比率。它是观察能源加工转换装置和生产工艺先进与落后、管理水平高低等的重要指标。计算公式:

$$能源加工转换效率=\frac{加工转换产出量}{加工转换投入量}\times 100\%$$

第八篇

财政

8

CAIZHENG

8—1 地区财政收入

单位:亿元

年份	地区财政收入合计	预算内收入	中央	地方	预算外收入	中央	地方
1981	146.8	97.5	18.0	79.5	49.3	9.6	39.7
1982	155.1	96.9	17.0	79.9	58.2	15.7	42.5
1983	185.3	114.6	46.7	67.9	70.7	20.7	50.0
1984	215.3	127.7	50.6	77.1	87.6	27.0	60.6
1985	288.4	162.2	77.0	85.2	126.2	37.3	88.9
1986	309.2	172.9	74.0	98.9	136.3	34.6	101.7
1987	338.4	185.6	77.6	108.0	152.8	45.8	107.0
1988	366.0	192.8	76.9	115.9	173.2	53.3	119.9
1989	400.5	212.2	78.3	133.9	188.3	62.2	126.1
1990	399.2	196.8	67.5	129.3	202.4	65.1	137.3
1991	491.5	256.8	95.3	161.5	234.7	90.2	144.5
1992	519.5	229.3	77.7	151.6	290.2	136.8	153.4
1993	387.3	292.8	79.1	213.7	94.5	6.8	87.7
1994	443.8	336.8	183.1	153.7	107.0	8.3	98.7
1995	500.6	369.1	184.7	184.4	131.5	11.5	120.0
1996	558.7	410.6	198.9	211.7	148.1	7.6	140.5
1997	584.1	458.9	230.7	228.2	125.2	8.6	116.6
1998	647.6	516.0	251.4	264.6	131.6	13.1	118.5
1999	692.7	544.6	265.0	279.6	148.1	18.5	129.6
2000	790.4	619.1	323.5	295.6	171.3	15.6	155.7
2001	951.0	757.3	386.9	370.4	193.7	22.6	171.1
2002	1 027.7	823.0	423.3	399.7	204.7	20.5	184.2
2003	1 158.0	938.2	491.2	447.0	219.8	25.1	194.7
2004	1 398.7	1 161.2	631.6	529.6	237.5	26.2	211.3
2005	1 648.5	1 399.2	723.9	675.3	249.3	10.5	238.8
2006	1 980.4	1 716.0	898.3	817.7	264.4	11.9	252.5

注:(1)本表中地区财政收入、预算内收入及中央预算内收入均不含债务类收入。

(2)中央预算内收入为中央金库收入,1994 年以前不含地方财政上缴收入,1994 年开始为分税制收入口径。

8—2 地方财政收入情况

单位:亿元

年　　份	地方财政收入合计	各项税收	国有资产经营收益	国有企业计划亏补	其他各项收入
1980	86.9	41.6	43.3		2.0
1981	79.5	42.4	37.0		0.1
1982	79.9	46.2	31.2		2.5
1983	67.9	64.7	1.7		1.5
1984	77.1	75.0	0.7		1.4
1985	85.2	102.3	1.4	−20.2	1.7
1986	98.9	107.1	1.4	−13.3	3.7
1987	108.0	115.5	1.4	−14.8	5.9
1988	115.9	128.4	1.7	−24.9	10.7
1989	133.9	145.6	1.6	−29.7	16.4
1990	129.3	140.3	2.0	−31.0	18.0
1991	161.5	155.7	1.6	−30.2	34.4
1992	151.6	158.6	1.5	−24.5	16.0
1993	213.7	220.0	1.9	−24.8	16.6
1994	153.7	147.5	0.8	−17.3	22.7
1995	184.4	174.0	0.6	−18.0	27.8
1996	211.7	195.8	0.7	−17.1	32.3
1997	228.2	215.1	1.0	−16.6	28.7
1998	264.6	233.5	2.6	−13.1	41.6
1999	279.6	247.5	2.5	−11.2	40.8
2000	295.6	266.4	3.7	−9.7	35.2
2001	370.4	320.0	3.5	−4.7	51.6
2002	399.7	333.0	6.7	−3.5	63.5
2003	447.0	361.4	9.1	−3.3	79.8
2004	529.6	411.5	13.0	−2.9	108.0
2005	675.3	528.4	24.5	−3.0	125.4
2006	817.7	626.2	40.9	−3.0	153.6

注:1.本表财政收入为当年财政决算数据。

2.各项税收1983年利改税以后含企业所得税,1994年以后为新税制收入。

3.国有资产经营收益1998年以前指国企上缴利润,1983年前含企业上缴的基本折旧。

4.其他各项收入指行政性收费、罚没收入、海域场地矿区使用费收入、专项收入和其他各项收入。

8—3 地区各项税收及附加收入

单位:亿元

税种分类	2000 年	2002 年	2003 年	2004 年	2005 年	2006 年
收入合计	**594.19**	**751.32**	**899.62**	**1 069.45**	**1 270.34**	**1 456.21**
一、税收合计	**583.64**	**737.20**	**882.95**	**1 048.28**	**1 244.35**	**1 428.10**
1.增值税	257.06	310.69	390.99	439.63	517.03	572.17
#国内增值税	232.95	299.92	347.13	388.62	455.11	499.23
2.消费税	35.72	43.36	48.32	62.80	67.39	92.17
#国内消费税	36.17	41.35	46.78	57.88	62.80	84.46
3.营业税	89.77	109.67	119.72	141.70	164.69	205.37
4.个人所得税	31.23	56.71	58.89	70.39	82.02	89.09
5.外商外国企业所得税	12.17	20.15	19.57	26.27	31.46	38.43
6.企业所得税	51.24	64.58	74.85	113.59	160.64	162.29
7.资源税	8.12	6.59	5.94	8.30	12.05	18.65
8.投资方向调节税	2.81	0.29	0.35	0.47	0.20	0.35
9.城市维护建设税	17.62	22.24	25.77	31.73	39.92	43.86
10.房产税	14.28	19.03	20.72	21.97	24.83	29.80
11.印花税	2.72	3.78	4.74	6.09	7.51	9.62
12.城镇土地使用税	6.07	7.05	7.57	8.34	9.76	16.84
13.土地增值税	0.55	1.68	2.76	4.89	5.95	11.54
14.车船使用税	0.97	1.14	1.42	1.44	1.68	2.23
15.屠宰税	0.58	0.46	0.24		0.00	0.00
16.筵席税	0.01				0.00	0.00
17.农业税	3.68	4.63	7.23	5.16	0.53	0.00
18.农业特产税	3.34	3.29	3.08	0.93	0.63	0.33
19.耕地占用税	1.01	0.96	1.59	2.12	3.69	5.29
20.契税	6.89	11.48	15.67	23.35	38.93	48.36
21.车辆购置税		13.02	17.06	21.58	22.64	26.68
22.关税	37.80	36.40	56.47	57.54	52.80	55.03
23.专项调节税						
24.税款滞纳金、罚款收入						
二、其他收入	**10.55**	**14.12**	**16.67**	**21.17**	**25.99**	**28.11**
1.教育费附加	7.87	10.01	11.37	14.05	17.35	19.49
2.文化事业建设费	0.54	0.70	0.74	0.86	0.91	1.05
3.地方教育费收入	1.72	2.58	3.17	4.17	5.41	5.90
4.矿区使用费	0.33	0.26	0.23	0.34	0.33	0.31
5.罚没收入	0.04	0.10	0.65	1.18	1.43	0.72
6.其他收入	0.05	0.47	0.51	0.58	0.56	0.64

注:(1)本表按 1994 年新税制改革以来的地区实际税收收入整理。

(2)增值税和消费税含海关代征,不含出口退税绝对值;国内增值税和国内消费税不含海关代征,含出口退税绝对值。

8—4 地方财政支出情况

单位:亿元

年份	支出合计	#基本建设	#企业挖潜改造	#科技三项费用	#支援农业	#科技文卫事业费	#工交商事业费	#流动资金	#城市维护费	#抚恤和社会救济	#行政管理费
1952	3.6	1.7			0.2	1.0				0.1	0.6
1957	4.1	0.9			0.4	1.6				0.1	1.0
1965	9.7	2.8			1.4	2.5			0.9	0.3	1.2
1970	13.8	5.7		0.7	0.6	2.6	0.1	0.9	0.5	0.3	1.2
1975	26.7	8.9		0.7	2.0	4.3	0.5	2.4	1.0	1.9	2.0
1978	31.3	8.4	2.3	0.7	3.0	5.3	0.4	3.2	0.8	1.3	2.4
1979	34.6	7.2	4.7	0.6	3.3	5.6	0.5	2.9	2.9	0.8	2.6
1980	34.1	5.9	6.6	0.4	3.2	6.6	0.5	2.0	2.8	0.7	2.9
1981	26.7	3.4	3.2	0.3	2.8	6.9	0.5	1.0	2.7	0.9	2.8
1982	30.7	4.2	2.0	0.4	3.5	8.5	0.6	1.0	3.6	1.1	3.1
1983	34.2	4.8	2.0	0.7	1.8	9.6	0.7	0.5	4.4	1.2	3.9
1984	39.3	7.0	2.4	0.8	3.6	10.8	0.8		4.9	1.2	4.7
1985	56.9	12.4	1.3	0.7	4.9	14.0	1.3	0.5	4.7	1.9	5.0
1986	75.5	14.1	0.9	0.8	5.9	16.6	1.5	0.5	5.7	2.2	6.0
1987	80.4	10.7	0.9	0.7	5.6	16.9	1.1	0.4	7.0	1.9	6.3
1988	95.2	9.4	1.5	0.8	6.3	20.8	1.3	0.4	8.9	2.0	6.3
1989	114.3	9.0	2.0	1.0	8.2	24.8	1.6	0.5	10.4	2.4	7.8
1990	122.2	8.5	2.6	1.3	8.4	27.1	1.7	0.3	10.3	2.7	9.4
1991	151.5	10.6	5.1	1.5	9.8	30.4	1.9	0.1	9.4	2.8	10.6
1992	148.5	11.1	14.8	2.0	11.6	34.2	2.3	0.2	10.7	3.1	12.5
1993	181.1	11.8	26.9	2.0	13.8	38.7	2.5	0.4	16.7	3.5	14.1
1994	223.6	17.1	30.0	2.8	15.6	50.8	3.4	0.1	21.2	4.8	17.3
1995	273.8	24.5	36.7	3.5	17.1	58.4	3.8	0.2	20.2	7.1	19.6
1996	314.8	29.7	36.0	4.6	19.2	62.8	4.8	0	22.6	6.6	27.1
1997	340.6	39.0	40.6	5.1	21.0	69.8	5.8	0	25.9	7.9	22.9
1998	390.3	46.9	36.1	6.3	21.9	77.3	4.1	0	26.5	7.6	24.5
1999	457.9	46.4	35.6	7.6	22.2	84.0	4.8	0	28.7	10.9	27.1
2000	518.1	52.9	26.4	9.7	24.0	96.4	5.0	0	31.0	14.5	31.0
2001	635.4	65.6	26.4	11.8	26.8	107.3	5.8	0	39.0	18.3	45.9
2002	690.9	63.8	14.2	14.7	32.5	122.9	8.1	0	41.3	23.0	53.3
2003	784.4	68.0	15.7	16.2	43.8	141.7	10.5	0	48.1	30.8	62.2
2004	931.4	86.5	23.5	19.5	59.7	168.7	14.1	0	58.8	34.5	75.6
2005	1 204.4	126.8	37.7	23.4	70.5	207.4	25.4	0	79.4	45.0	92.0
2006	1 422.7	137.3	38.5	29.1	75.7	249.3	22.8	0	94.2	51.5	109.5

注:本表为当年财政口径,支援农业含农林水气部门事业费。

8—5 各地区地方财政一般预算收入

(2006 年)

单位:万元

地区	收入合计	增值税	营业税	企业所得税	个人所得税	城市维护建设税	农业四税	其他各项收入
沈阳	1 756 336	143 852	450 114	114 513	62 807	83 352	9 546	892 152
大连	1 961 357	263 824	632 439	180 945	96 111	83 833	9 517	694 688
鞍山	561 646	93 397	84 512	59 230	18 051	50 120	2 283	254 053
抚顺	275 611	36 817	52 588	12 104	10 303	28 460	7 204	128 135
本溪	267 635	48 658	41 180	15 078	8 191	25 833	1 164	127 531
丹东	218 892	24 087	47 500	9 449	8 734	11 827	6 902	110 393
锦州	206 219	22 588	58 968	9 419	7 529	22 093	1 249	84 373
营口	204 761	33 301	48 287	11 569	6 850	22 464	2 586	79 704
阜新	89 684	12 853	27 840	2 548	3 431	7 331	1 277	34 404
辽阳	219 076	29 881	39 735	5 354	6 867	18 029	1 826	117 384
盘锦	259 493	68 606	35 691	16 340	10 802	40 495	802	86 757
铁岭	163 088	19 638	33 533	6 560	6 238	10 798	6 265	80 056
朝阳	148 905	23 283	31 517	6 375	6 110	10 877	2 544	68 199
葫芦岛	197 533	31 162	43 417	10 155	6 125	23 141	706	82 827

8—6 各地区地方财政一般预算支出

（2006 年）

单位:万元

地区	支出合计	基本建设支出	农业支出	教育支出	医疗卫生支出	社会保障补助支出	行政管理费	公检法司支出	其他各项支出
沈阳	2 687 649	125 091	106 316	338 275	86 644	465 929	140 937	221 669	1 202 788
大连	2 665 249	459 460	123 980	254 143	71 364	307 534	182 745	129 142	1 136 881
鞍山	907 789	47 610	39 584	99 633	23 185	147 046	80 128	59 787	410 816
抚顺	608 234	67 549	20 912	72 206	16 217	109 650	51 417	35 280	235 003
本溪	510 931	56 393	18 182	76 913	18 518	80 955	50 397	39 242	170 331
丹东	475 614	29 074	19 243	81 269	18 231	86 288	42 522	37 450	161 537
锦州	510 299	40 135	20 940	59 310	17 471	81 154	45 132	32 597	213 560
营口	439 147	23 701	13 054	54 507	18 563	70 378	42 832	32 394	183 718
阜新	394 927	58 777	10 877	42 032	11 569	84 233	30 587	20 336	136 516
辽阳	384 283	23 357	11 550	43 106	17 392	50 612	43 876	27 968	166 422
盘锦	401 282	37 286	23 099	46 219	16 474	45 123	33 978	21 059	178 044
铁岭	450 553	23 434	19 959	74 853	15 704	44 524	77 589	36 793	157 697
朝阳	503 992	35 110	23 533	83 849	20 614	73 568	58 529	28 209	180 580
葫芦岛	552 503	20 264	16 835	56 382	16 207	179 457	49 616	35 148	178 594

8—7 全省财政用于教育的支出

单位:万元

年份	合计	教育支出	教育部门基建投资	教育部门其他支出	教育费附加支出	各部门事业费中用于教育的支出
1980	45 837	40 235	2 932	1 947		723
1981	48 662	42 226	2 720	2 617		1 099
1982	57 236	49 757	3 311	2 904		1 264
1983	64 966	55 770	4 360	3 370		1 466
1984	73 961	61 431	6 658	4 206		1 666
1985	102 450	79 152	12 449	9 010		1 839
1986	123 383	92 596	13 703	11 500	3 392	2 192
1987	124 532	94 131	9 387	10 610	8 251	2 153
1988	155 617	119 062	8 801	13 089	11 887	2 778
1989	194 395	143 139	9 710	15 600	22 923	3 023
1990	201 077	158 297	7 996	17 127	14 408	3 249
1991	229 033	174 005	8 010	19 670	23 560	3 788
1992	254 712	197 994	4 538	22 280	25 500	4 400
1993	305 120	231 281	14 933	23 789	30 162	4 955
1994	398 399	311 079	11 147	22 777	46 576	6 820
1995	439 517	336 291	13 207	25 015	53 855	8 494
1996	496 190	385 138	15 288	32 755	53 840	9 169
1997	546 883	423 700	11 777	35 891	65 114	10 401
1998	562 771	489 366	9 627	4 148	56 172	3 458
1999	642 559	555 847	22 798	4 947	56 027	2 940
2000	760 719	659 091	35 715	2 564	59 544	2 805
2001	855 043	749 956	31 355	3 319	66 636	3 777
2002	991 450	874 294	30 224	5 414	77 870	3 648
2003	1 108 785	983 397	29 838	2 840	89 519	3 191
2004	1 387 080	1 210 028	61 923	1 452	111 073	2 604
2005	1 629 956	1 421 954	42 263	1 880	157 548	6 311
2006	1 901 727	1 668 888	57 366	1 501	168 671	5 301

8—8 全省财政用于农业的支出

单位:万元

年份	农业支出	支援农业生产支出和各项农业事业费	农业基本建设支出	农业科技三项费用	其他	农业支出占财政支出%
1980	49 273	32 435	12 920	434	154	14.4
1981	36 485	27 695	7 218	368	167	13.5
1982	43 777	35 041	7 206	455	110	14.3
1983	46 815	36 064	9 111	653	141	13.7
1984	45 749	36 186	8 662	563	338	11.7
1985	59 623	48 648	10 192	560	223	10.5
1986	73 276	59 059	13 325	673	219	9.7
1987	67 542	56 330	10 479	635	98	8.5
1988	76 238	62 696	12 804	514	224	8.0
1989	100 914	82 601	17 100	840	373	8.8
1990	100 709	83 618	15 576	1 243	272	8.3
1991	116 623	98 038	17 056	1 174	355	7.7
1992	120 690	106 965	10 872	1 966	887	8.1
1993	152 377	138 435	10 584	2 090	1 268	8.4
1994	180 595	155 684	14 442	3 571	6 898	8.1
1995	243 233	189 745	45 569	3 255	4 664	8.9
1996	289 945	218 325	48 701	4 171	18 748	9.2
1997	302 667	238 112	55 604	4 397	4 554	8.9
1998	317 620	254 106	56 168	4 678	2 668	8.1
1999	345 500	262 569	75 388	5 740	1 803	7.6
2000	398 058	283 058	106 793	6 975	1 232	7.7
2001	468 602	329 725	128 993	9 365	519	7.4
2002	500 215	388 203	99 710	11 996	306	7.2
2003	617 482	437 659	161 098	14 612	2 020	7.9
2004	793 038	597 300	185 519	8 902	1 317	8.5
2005	932 199	704 754	217 213	10 021	211	7.7
2006	966 216	757 242	194 381	14 593	0	6.8

8—9 全省财政用于抚恤和社会福利支出

单位:万元

年　份	合　计	#抚恤支出	#社会福利救济费	#农村社会救济费	#自然灾害救济费
1980	7 332	3 469	2 719	1 153	1 144
1981	7 384	1 551	2 783	1 122	3 050
1982	9 279	1 887	3 508	1 408	3 884
1983	9 480	2 298	4 490	1 625	2 692
1984	9 248	2 525	5 368	1 535	1 355
1985	14 338	2 967	5 287	1 550	6 084
1986	16 701	3 318	5 566	1 462	7 817
1987	12 795	3 573	5 689	1 181	3 533
1988	12 624	4 247	6 343	1 261	2 034
1989	14 747	5 276	6 496	1 188	2 975
1990	17 750	6 646	7 115	1 122	3 989
1991	17 202	6 615	7 678	1 180	2 909
1992	17 999	6 856	8 284	1 309	2 859
1993	19 780	7 478	9 458	1 380	2 844
1994	26 606	9 131	11 898	1 713	5 577
1995	48 079	10 743	15 636	1 766	21 700
1996	46 281	13 346	21 850	2 005	11 085
1997	79 478	14 153	32 842	2 410	9 546
1998	76 079	15 073	22 850	2 314	9 082
1999	109 080	18 075	49 323	2 712	7 247
2000	145 394	21 849	67 188	4 612	12 725
2001	183 113	30 241	90 011	6 800	14 915
2002	230 259	34 212	125 676	4 783	7 905
2003	307 939	42 397	185 194	25 220	6 890
2004	345 097	49 591	201 477	23 110	7 322
2005	449 995	63 077	251 843	36 031	17 451
2006	515 158	76 529	285 269	47 322	13 715

8—10 财政价格补贴

单位:万元

年份	合计	粮棉油价格补贴	调整肉价增加补贴	其他价格补贴
1985	48 312	22 752	25 560	0
1986	149 657	79 328	35 880	34 449
1987	185 677	106 027	42 467	37 183
1988	210 306	117 516	52 076	40 714
1989	254 734	141 381	49 973	63 380
1990	250 324	144 607	50 298	55 419
1991	252 141	151 158	51 726	49 257
1992	163 471	103 145	32 806	27 520
1993	65 144	11 921	30 857	22 366
1994	97 064	56 270	23 779	17 015
1995	89 193	52 709	18 857	17 627
1996	170 862	133 048	17 924	19 890
1997	148 847	129 660	16 200	2 987
1998	149 701	104 490	12 335	32 876
1999	240 957	159 646	11 840	69 471
2000	247 882	129 369	12 275	106 238
2001	274 884	163 884	5 747	105 253
2002	238 637	144 038	5 413	89 186
2003	259 170	161 132	5 069	92 969
2004	251 748	158 547	2 974	90 227
2005	259 728	173 149	2 191	84 388
2006	365 017	205 656	1 436	157 925

主要统计指标解释

财政总收入 是国家通过财政各个环节筹集的财政资金的总称，它是保证国家行使其职能不可缺少的财力。主要包括：各项税收、企业收入、债务收入及其他收入。

(1)各项税收 是国家按法律规定对经济单位和个人无偿征收的实物和货币，是财政收入的主要来源。我国现行的税收主要有工商税收，包括产品税、增值税、营业税、所得税、城市维护建设税、房产税、车船使用税、资源税、印花税、建筑税、盐税、烧油特别税等；关税，包括关税和进口调节税；农牧业税和耕地占用税；国有企业所得税；国有企业调节税。

(2)企业收入 包括各部门所属国有企业及事业单位上交国家的利润和事业收入。1985年实行国有企业第二步利改税办法，企业利润主要以税收形式上交后，只有尚未实行利改税办法的企业和少数实行利润包干企业上交的收入。

(3)债务收入 包括国外借款，国内公债收入、国库券收入以及专业银行购买财政专项债券等。

(4)其他收入 包括专款收入、基本建设贷款归还收入、国家能源交通重点建设基金收入等。

财政总支出 是国家政权为行使其职能，对筹集的财政资金进行有计划的分配使用的总称。财政支出，体现政府的活动范围和方向，反映财政资金的分配关系。财政支出主要包括基本建设支出、增拨企业流动资金、企业挖潜改造资金、新产品试制费、地质勘探费、工交商部门事业费、支援农村生产支出和各项农业事业费、文教科学卫生事业费、抚恤和社会救济费、国防费、行政管理费及债务支出。

(1)基本建设支出 是指国家预算内的基本建设拨款，不包括国家预算外自筹的各种基本建设资金。为加强基本建设投资规模的控制，提高这部分财政资金的使用效益，从1985年起，对预算内基本建设拨款实行拨款改贷款的新管理办法，即由原来直接无偿的拨给建设单位，改为拨给建设银行视同信贷基金管理，建设银行根据国家预算安排的基建项目，给予有偿贷款，用投产后新增利润还本付息。从1988年起，为了进一步提高投资效益，使投资活动的管理符合发展市场经济的要求，并保证重点建设有稳定的资金来源，国家建立了中央基本建设基金制，实行专款专用，每年在国家预算内列收列支。基本建设基金分为经营性的和非经营性的两部分。各专业投资公司对经营性建设项目执行基本建设基金贷款，各主管部门对非经营性建设项目执行基本建设基金拨款。

(2)增拨企业流动资金 是指国家预算增拨各部门所属国有企业的流动资金和增拨银行的信贷资金。

(3)企业挖潜改造资金 是指国家预算安排用于企业挖潜、革新、改造方面的资金。企业用挖潜、革新、改造方面的资金，主要来自企业的更新改造资金、大修理基金等自有资金及银行贷款，国家预算安排的挖潜、革新、改造资金主要用于支持重点行业的技术改造。

(4)文教、科学、卫生事业费 是指国家预算用于科学、文化、教育、卫生、公费医疗、体育、通讯和广播、地震、海洋、文物、计划生育等方面的事业费。

中央财政和地方财政 财政是国家为了实现其职能，凭借政治权力，对一部分社会产品进行分配和再分配的经济活动。中央财政和地方财政，是指财政体制上划分中央政府和地方政府以及地方各级政府之间财政管理权限的一项根本制度，它是经济管理体制的重要组成部分，它在财政管理体制中居于主导地位。它具体规定了各级政府筹集资金、支配使用资金的权力、范围和责任，使各级政府在财政管理上有责有权。这对于正确处理中央和地方之间，以及地方各级之间的分配关系，充分发挥各级政府的积极性，更好地完成国家财政收支任务，促进社会主义建设的发展有着极其重要的意义。中央财政收入和地方财政收入，是指中央和地方各级负责组织征收的收入，不是按财政体制计算的收入分成数。其收入中还包括了国外借款。

预算外资金 是指不纳入国家财政预算，由各地方、各部门、各企业、事业、行政单位，按国家规定范围自行筹集和使用的资金。它是国家财政预算内资金的补充财力。其收入来源，主要包括地方财政机关掌握使用的自筹资金，如工商税附加、农业税附加、城市公用事业附加等；事业行政单位自收自支和以收抵支未纳入预算管理的各项资金，如养路费、学杂费等。这些资金一般都有特定用途，主要是：基本建设或更新改造固定资产，增加流动资金，简易建设、大修理、科技三项费用，支付养路费、城市维护费，职工福利和奖励支出，补充事业、行政经费，上交财政能源交通重点建设基金、预算调节基金等。预算外资金的使用，也要纳入计划管理的轨道，不得擅自扩大使用范围。

国家财政用于农业的支出 指国家财政预算内资金安排用于农业和各项投资支出。包括：(1)对农垦、农业、畜牧、林业、农机管理、水利、水产、气象等部门和各项事业经费和基本建设、流动资金、科技三项费用等专项拨款；(2)支援农村集体(户)的各项生产支出，如小型农田水利和水土保持补助费、扶持农业经济困难的乡镇企业、农业生产队(组、户)改善生产基本条件的资金和农村开荒补助费、农村草场和畜禽保护补助费、农村造林和林木保护补助费、农村水产补助费、农业发展和发展粮食生产专项资金支出等；(3)农村社会救济费。

第九篇

物价

9

WUJIA

9—1 各种价格指数

（上年＝100）

单位：%

年份	居民消费价格指数	城市居民消费价格指数	农村居民消费价格指数	商品零售价格指数	工业品出厂价格指数	原材料、燃料、动力购进价格指数	固定资产投资指数
1980		104.4		105.9			
1981		102.0		101.6			
1982		101.4		101.2			
1983		101.7		101.5			
1984		103.6	102.1	103.9			
1985	110.7	111.4	106.7	110.0			
1986	106.7	107.0	105.0	106.0			
1987	108.6	109.8	105.6	109.0			
1988	119.3	119.6	115.9	119.3	122.4	133.9	
1989	118.2	117.2	120.1	118.4	121.2	133.3	
1990	103.3	103.1	104.1	102.7	103.8	117.6	105.9
1991	105.6	106.0	104.2	104.1	119.2	108.1	108.2
1992	106.7	108.1	102.3	106.0	112.1	116.6	120.9
1993	115.2	116.7	110.9	113.5	138.4	149.9	136.4
1994	124.3	126.1	120.9	120.6	119.9	118.2	117.4
1995	116.1	116.1	116.0	114.0	109.9	114.2	104.9
1996	107.9	108.2	106.8	105.4	102.8	103.7	102.2
1997	103.1	103.8	102.1	101.0	100.1	103.1	102.3
1998	99.3	99.8	98.7	97.6	95.8	99.3	99.8
1999	98.6	98.7	98.3	96.1	102.0	99.0	100.0
2000	99.9	100.0	99.7	98.4	108.8	103.9	101.1
2001	100.0	99.9	100.2	99.4	98.6	100.0	100.4
2002	98.9	98.9	98.7	97.4	97.8	98.3	100.7
2003	101.7	101.2	103.7	98.9	103.6	105.1	102.6
2004	103.5	102.8	106.3	101.9	107.1	112.1	104.8
2005	101.4	100.8	104.0	100.1	105.1	108.1	102.8
2006	101.2	101.1	101.6	101.3	104.1	104.2	102.1

9—2 各种价格定基指数

单位：%

年份	居民消费价格指数（1984＝100）	城市居民消费价格指数（1978＝100）	农村居民消费价格指数（1984＝100）	商品零售价格总指数（1978＝100）	工业品出厂价格指数（1988＝100）	原材料、燃料、动力购进价格指数（1988＝100）	固定资产投资指数（1990＝100）
1979		101.7		101.4			
1980		106.2		105.4			
1981		112.3		108.8			
1982		113.9		110.1			
1983		115.8		111.8			
1984		120.0		116.2			
1985	110.7	133.7	106.7	127.8			
1986	118.1	143.1	112.0	135.5			
1987	128.3	157.1	118.3	147.7			
1988	153.0	187.9	137.1	176.2			
1989	180.9	220.2	164.7	208.6	121.2	133.3	
1990	186.8	227.0	171.4	214.3	125.8	156.8	
1991	197.3	240.6	178.6	223.0	150.0	169.5	108.2
1992	210.5	260.1	182.7	236.4	168.1	197.6	130.9
1993	242.5	303.6	202.7	268.3	232.7	296.2	178.6
1994	301.4	382.8	245.0	323.6	279.0	350.1	209.6
1995	350.0	444.4	284.2	368.9	306.6	399.8	219.9
1996	377.6	480.8	303.5	388.8	315.2	414.6	224.7
1997	389.3	499.1	309.9	392.7	315.5	427.4	229.9
1998	386.6	498.1	305.9	383.3	302.2	424.5	229.4
1999	381.2	491.6	305.0	368.4	308.3	420.2	229.4
2000	380.8	491.6	304.1	362.5	335.4	436.6	231.9
2001	380.8	491.1	304.7	360.3	330.7	436.6	232.9
2002	376.6	485.7	300.7	350.9	323.4	429.2	234.5
2003	383.0	494.0	311.9	347.0	335.1	451.1	240.6
2004	396.4	507.8	331.5	353.6	358.9	505.7	252.1
2005	401.9	511.9	344.8	354.0	377.2	546.7	259.2
2006	406.7	517.5	350.3	358.6	392.7	569.7	264.6

9—3 居民消费价格指数

(2006年,上年=100)

单位:%

项　　目	全省	城市	农村	项　　目	全省	城市	农村
总　指　数	**101.2**	**101.1**	**101.6**	2.衣着材料	101.9	100.2	104.9
一、食　　品	102.4	102.5	102.0	3.鞋袜帽	99.9	100.1	99.0
1.粮　　食	102.6	102.4	103.0	4.衣着加工服务费	101.2	101.0	101.6
2.淀粉及薯类	103.3	103.9	101.5	四、家庭设备及用品及维修费	100.2	100.5	99.3
3.干豆类及豆制品	100.3	99.7	102.8	1.耐用消费品	99.8	100.1	98.4
4.油脂类	99.9	100.4	98.4	2.室内装饰品	98.9	98.8	99.3
5.肉禽及其制品	96.5	96.7	96.0	3.床上用品	98.1	97.6	100.1
6.蛋　　类	91.8	91.2	93.8	4.家庭日用杂品	100.9	101.1	100.0
7.水产品类	99.4	99.3	100.2	5.家庭服务及维修费	105.0	105.5	102.9
8.菜　　类	109.8	109.7	109.9	五、医疗保健和个人用品	101.0	100.9	101.7
#鲜　　菜	110.6	110.5	111.2	1.医疗保健	100.0	100.0	100.1
9.调味品	100.1	99.8	101.4	2.个人用品及服务费	103.3	102.8	105.6
10.糖　　类	110.0	109.8	110.5	六、交通和通讯	99.3	98.7	101.5
11.茶及饮料	100.9	100.9	101.3	1.交　　通	103.5	103.1	104.7
12.干鲜瓜果类	117.2	117.0	118.7	2.通　　信	95.6	95.1	97.9
13.糕点饼干类	102.3	102.7	100.7	七、娱乐教育文化用品及服务	98.7	98.3	100.2
14.奶及奶制品	101.3	101.4	100.8	1.文娱用耐用消费品及服务	90.9	89.7	96.2
15.在外用膳食品	100.6	100.5	101.0	2.教　　育	100.1	99.8	101.1
16.其他食品及加工服务费	103.5	103.7	101.8	3.文化娱乐用品	100.8	100.9	100.1
二、烟酒及用品	100.2	100.5	99.4	4.旅　　游	100.8	100.8	100.7
1.烟　　草	99.9	100.0	99.9	八、居　　住	104.2	103.7	105.8
2.酒	100.6	101.4	98.5	1.建房及装修材料	104.1	103.3	105.3
3.吸烟、饮酒用品	102.0	102.5	100.3	2.租　　房	103.7	103.8	102.1
三、衣着类	100.0	100.4	98.2	3.自有住房	104.3	104.0	106.5
1.服　　装	100.0	100.6	97.3	4.水、电、燃料	104.3	103.9	106.5

9—4 居民消费价格指数

（2006年，2000年平均价格＝100） 单位：%

项目	全省	城市	农村	项目	全省	城市	农村
总指数	**106.2**	**104.1**	**115.3**	2.衣着材料	98.7	96.3	107.9
一、食品	117.3	116.6	120.8	3.鞋袜帽	88.1	86.6	94.3
1.粮食	129.5	129.2	130.8	4、衣着加工服务费	102.8	105.8	94.6
2.淀粉及薯类	113.1	116.1	95.8	四、家庭设备用品及维修服务	88.2	86.7	95.6
3.干豆类及豆制品	126.5	125.6	130.4	1.耐用消费品	79.6	78.8	88.1
4.油脂类	114.9	111.0	125.7	2.室内装饰品	88.7	83.1	104.6
5.肉禽及其制品	121.8	121.2	125.7	3.床上用品	93.3	91.4	103.5
6.蛋类	121.1	121.1	121.0	4.家庭日用杂品	95.3	94.5	98.1
7.水产品类	108.6	106.6	125.4	5.家庭服务及维修费	107.9	109.6	94.7
8.菜类	124.9	125.3	116.7	五、医疗保健和个人用品	95.3	88.6	118.0
#鲜菜	125.4	124.9	118.7	1.医疗保健	92.5	84.4	122.4
9.调味品	107.5	108.0	106.6	2.个人用品及服务费	100.5	99.8	103.6
10.糖类	116.8	119.0	104.4	六、交通和通讯	93.2	90.5	103.6
11.茶及饮料	96.5	96.7	95.2	1.交通	110.2	110.1	110.9
12.干鲜瓜果类	111.9	109.5	129.6	2.通信	83.1	80.7	97.2
13.糕点饼干类	102.2	102.9	97.4	七、娱乐教育文化用品及服务	110.3	106.6	123.9
14.奶及奶制品	97.0	96.5	102.8	1.文娱用耐用消费品及服务	53.3	50.6	64.9
15.在外用膳食品	103.8	104.2	103.5	2.教育	136.0	133.4	142.1
16.其他食品及加工服务费	0.0	0.0	0.0	3.文化娱乐用品	105.5	107.1	96.7
二、烟酒及用品	98.4	98.7	96.6	4.旅游	85.0	84.9	96.8
1.烟草	93.6	92.9	95.8	八、居住	118.0	115.7	124.2
2.酒	105.2	107.7	97.7	1.建房及装修材料	103.3	98.0	109.8
3.吸烟、饮酒用品	94.6	96.9	91.3	2.租房	126.9	124.5	177.8
三、衣着类	88.0	87.1	93.6	3.自有住房	102.0	100.8	109.4
1.服装	87.3	86.5	92.5	4.水、电、燃料	133.5	128.3	157.3

9—5 各市居民消费价格分类指数

(2006年,上年=100)　　单位:%

市名称	居民消费价格指数	食品	#粮食	#油脂	#肉禽及其制品	#蛋类	#水产品	#菜类	#茶和饮料
全省	**101.2**	**102.4**	**102.6**	**104.4**	**100.4**	**99.9**	**91.3**	**90.9**	**99.4**
沈阳	101.8	103.4	102.0	104.1	98.4	98.8	91.2	91.9	99.4
大连	101.4	102.5	99.8	100.5	98.1	101.0	89.6	85.2	101.9
鞍山	100.0	101.4	103.6	104.5	101.8	100.3	90.6	92.0	99.1
抚顺	101.4	103.7	103.2	106.5	97.9	100.6	94.4	97.0	97.8
本溪	101.8	103.6	104.3	107.0	101.2	100.3	95.6	82.6	105.2
丹东	101.9	103.7	104.4	108.0	99.4	99.0	90.6	91.1	101.5
锦州	101.1	102.9	103.6	104.8	102.6	102.5	91.2	92.1	94.9
营口	101.4	102.4	103.0	104.0	99.5	106.8	89.2	90.8	99.7
阜新	101.2	105.1	103.3	104.8	100.9	99.8	91.1	91.8	97.2
辽阳	101.1	102.6	103.5	105.9	99.7	101.0	90.1	93.2	100.8
盘锦	101.1	101.2	100.9	103.3	100.0	96.0	89.1	86.3	106.3
铁岭	101.1	102.7	102.4	103.1	101.8	100.5	89.6	96.8	96.8
朝阳	101.2	102.5	106.0	110.4	99.7	97.8	91.6	85.7	100.8
葫芦岛	101.3	102.4	102.1	103.7	99.5	98.3	90.6	92.7	98.5

9—5续表

(2006年,上年=100)　　单位:%

市名称	#干鲜瓜果	#奶及奶制品	烟酒及用品	衣着	家庭设备及服务	医疗保健个人用品	交通和通讯	娱乐教育文化用品	居住
全省	**110.6**	**119.3**	**100.2**	**100.0**	**100.2**	**101.0**	**99.3**	**98.7**	**104.2**
沈阳	109.7	119.2	101.1	104.2	100.3	101.0	98.7	99.6	102.2
大连	113.6	115.0	100.2	100.8	101.5	100.5	98.2	96.1	108.0
鞍山	107.9	112.7	98.8	97.8	99.2	97.5	100.2	96.0	105.6
抚顺	107.8	123.1	101.6	99.7	99.9	101.1	97.8	97.3	104.9
本溪	112.3	121.2	101.1	95.8	97.8	101.9	101.4	102.1	103.1
丹东	109.1	118.2	102.9	100.8	99.8	99.8	101.8	98.0	104.0
锦州	112.2	116.5	102.8	96.5	100.3	100.8	98.0	98.7	104.6
营口	106.8	122.2	99.1	97.8	100.1	100.9	99.7	102.4	103.6
阜新	115.9	149.7	100.0	96.0	98.9	102.4	97.5	97.1	101.1
辽阳	108.6	114.3	96.1	100.9	98.4	100.3	99.4	99.7	102.8
盘锦	107.5	117.9	101.4	98.1	107.2	102.0	98.8	99.3	105.0
铁岭	109.9	120.6	100.4	98.1	99.8	100.5	100.1	100.0	102.4
朝阳	110.5	115.7	101.3	101.8	101.3	101.3	97.4	98.3	102.6
葫芦岛	112.2	121.6	102.0	97.9	98.3	102.4	98.2	99.8	105.1

9—6 各市居民消费价格分类指数

（2006年，2000年平均价格=100）　　单位：%

市名称	居民消费价格指数	食品	#粮食	#油脂	#肉禽及其制品	#蛋类	#水产品	#菜类	#茶和饮料
全省	**105.6**	**116.0**	**127.0**	**112.0**	**119.6**	**118.4**	**104.0**	**129.0**	**95.5**
沈阳	107.2	118.3	130.6	121.6	134.2	148.4	93.8	128.8	101.6
大连	102.4	114.2	122.7	122.3	123.3	140.6	109.9	133.5	93.9
鞍山	107.5	118.0	140.7	133.1	126.4	152.5	115.5	123.6	112.8
抚顺	104.5	120.7	133.3	153.2	134.2	155.0	107.0	126.6	90.5
本溪	105.6	120.1	144.7	121.7	127.8	123.5	109.6	132.2	99.8
丹东	110.1	127.9	162.2	134.4	135.1	139.9	114.2	128.5	96.1
锦州	100.2	129.9	149.1	122.4	153.2	159.6	89.0	134.9	103.5
营口	111.4	129.4	157.1	153.1	138.6	150.6	104.3	141.3	98.2
阜新	105.1	128.7	142.2	125.9	141.1	160.5	106.0	130.9	94.1
辽阳	110.0	126.7	128.3	152.5	148.2	163.7	86.0	136.5	95.2
盘锦	107.9	125.9	143.6	141.7	145.9	134.9	90.0	126.1	96.0
铁岭	106.6	115.9	134.1	122.8	133.7	141.7	97.5	112.9	95.5
朝阳	109.9	127.4	152.1	122.1	143.1	158.7	105.3	118.3	100.7
葫芦岛	102.7	123.3	145.5	133.5	133.4	156.6	93.0	134.1	81.3

9—6 续表　　（2006年，2000年平均价格=100）　　单位：%

市名称	#干鲜瓜果	#奶及奶制品	烟酒及用品	衣着	家庭设备及服务	医疗保健个人用品	交通和通讯	娱乐教育文化用品	居住
全省	**111.1**	**96.3**	**98.1**	**89.1**	**87.8**	**94.7**	**93.1**	**110.7**	**115.4**
沈阳	98.3	97.1	99.6	98.0	87.3	86.2	87.8	116.4	120.9
大连	104.7	92.1	101.6	84.9	88.4	94.6	91.2	97.7	112.2
鞍山	108.5	92.4	98.7	99.9	85.3	97.3	91.5	106.0	119.7
抚顺	100.8	95.2	103.3	108.6	74.3	85.9	82.1	91.4	122.4
本溪	110.7	103.5	90.6	77.5	90.2	102.0	89.1	103.0	126.3
丹东	111.6	94.5	100.9	79.4	91.8	84.9	101.7	109.9	127.5
锦州	119.1	114.2	99.9	53.7	78.7	86.2	87.5	97.1	113.1
营口	117.1	103.2	109.6	71.6	91.2	110.0	97.1	100.9	132.6
阜新	145.2	104.6	101.2	68.2	81.0	81.8	89.3	104.9	125.5
辽阳	123.7	103.2	87.9	88.5	92.2	95.1	88.7	116.6	121.2
盘锦	106.2	99.5	106.5	71.1	94.1	101.2	90.6	110.9	135.7
铁岭	94.7	96.3	98.2	87.9	89.3	97.2	95.9	111.6	120.0
朝阳	122.5	105.4	101.8	99.4	86.8	89.2	83.2	102.3	128.4
葫芦岛	124.5	91.1	90.0	66.5	90.7	80.6	86.4	109.4	127.4

第十篇

人民生活

10

RENMIN
SHENGHUO

10—1 人民物质文化生活提高情况

指　　标	单 位	2000 年	2002 年	2003 年	2004 年	2005 年	2006 年
就　　业							
每一农村劳动力负担人数	人	1.36	1.36	1.34	1.33	1.34	1.34
每一城镇就业者负担人数	人	1.85	1.86	1.85	1.84	2.03	2.01
收　　入							
农民家庭人均纯收入	元	2 355.6	2 751.3	2 934.2	3 307.1	3 690.2	4 090.4
城镇居民家庭人均可支配收入	元	5 357.8	6 524.6	7 240.6	8 007.6	9 107.6	10 369.6
在岗职工平均工资	元	8 811	11 659	13 008	14 921	17 331	19 624
消 费 水 平							
全省居民消费水平	元	4 490	5 095	5 159	5 561	6 449	6 929
农 村 居 民	元	2 403	2 643	2 630	2 817	3 267	3 458
城 镇 居 民	元	6 903	7 874	7 147	7 717	8 688	9 357
储　　蓄							
城乡居民年底储蓄存款余额	亿元	3 779.6	4 665.0	5 434.7	6 048.5	6 950.2	7 701.2
平均每人储蓄存款余额	元	9 140	11 226	12 909	14 495	16 591	18 291
住　　房							
农村平均每人住房面积	平方米	22.0	23.0	23.7	23.9	25.1	25.2
城市平均每人建筑面积	平方米		19.4	20.2	20.9	22.0	23.0
交通、邮电							
城市每万人拥有公共汽车	辆	8.5	7.8	8.2	8.6	8.9	9.7
每人每年函件交寄	件	4.0	3.1	3.8	3.3	3.0	2.3
城市公用事业							
自来水普及率	%	98.2	87.1	87.9	93.0	93.8	96.7
燃气普及率	%	89.3	82.0	85.6	87.2	88.1	92.3
文　　化							
每百户拥有彩色电视机							
城　　镇	台	114.3	118.4	120.3	122.3	122.1	123.5
农　　村	台	72.7	81.2	86.9	91.7	102.3	106.7
教　　育							
学龄儿童入学率	%	99.3	99.4	99.7	99.7	99.7	99.8
每万人口有大学生	人	72.3	108.5	123.6	140.0	157.7	171.6
卫　　生							
每万人拥有医院病床	张	41.6	41.8	41.4	42.4	42.5	42.9
每万人拥有医生	人	24.4	19.6	18.8	19.2	21.8	22.4

10—2 城乡居民家庭人均收入及恩格尔系数

年份	城镇居民家庭人均可支配收入（元）	指数(1978=100)	农村居民家庭人均纯收入（元）	指数(1978=100)	城镇居民家庭恩格尔系数（%）	农村居民家庭恩格尔系数（%）
1978	363.3	100.00	185.2	100.00		63.8
1979	0	0	235.0	126.89		60.5
1980	493.9	135.95	273.0	147.41		56.3
1981	508.1	139.86	306.6	165.55		53.8
1982	529.4	145.72	334.3	180.51		54.7
1983	548.7	151.03	452.5	244.33		53.0
1984	636.1	175.09	477.4	257.78		54.9
1985	704.3	193.86	485.7	262.26	54.7	51.6
1986	881.9	242.75	533.2	287.90	53.6	51.0
1987	992.4	273.16	599.3	323.60	53.6	50.7
1988	1 204.0	331.41	699.6	377.75	50.7	48.5
1989	1 417.3	390.12	740.2	399.68	54.3	49.5
1990	1 551.0	426.92	836.2	419.22	55.3	54.1
1991	1 705.6	469.47	896.7	484.18	55.9	52.6
1992	1 936.0	532.89	995.1	537.31	54.4	51.7
1993	2 299.5	632.95	1 161.0	626.89	50.5	55.1
1994	3 047.0	838.70	1 423.5	768.57	51.5	58.0
1995	3 691.4	1 016.07	1 756.5	948.43	51.9	60.3
1996	4 207.2	1 158.05	2 150.0	1 160.91	50.1	56.5
1997	4 518.1	1 243.62	2 301.5	1 242.71	48.1	55.4
1998	4 617.2	1 270.91	2 579.8	1 392.98	44.6	52.8
1999	4 898.6	1 348.36	2 501.0	1 350.43	43.4	50.6
2000	5 357.8	1 474.76	2 355.6	1 271.92	40.7	46.5
2001	5 797.0	1 595.65	2 557.9	1 381.15	39.7	45.6
2002	6 524.6	1 795.93	2 751.3	1 485.58	38.8	45.0
2003	7 240.6	1 993.01	2 934.2	1 584.34	39.4	43.2
2004	8 007.6	2 204.12	3 307.1	1 785.69	40.4	46.4
2005	9 107.6	2 506.90	3 690.2	1 992.55	38.8	41.6
2006	10 369.6	2 854.27	4 090.4	2 208.64	38.8	41.2

注:1.1978 年可支配收入为推算数。2.1978—1984 年为全省城市数。

10—3　城镇居民家庭基本情况

指　　标	单　位	2000年	2002年	2003年	2004年	2005年	2006年
一、调查户数	**户**	**3 250**	**3 250**	**3 600**	**3 600**	**3 650**	**3 650**
二、平均每户家庭人口	**人**	**3.10**	**3.02**	**2.96**	**2.92**	**2.85**	**2.8**
三、平均每户就业人口	**人**	**1.68**	**1.62**	**1.6**	**1.59**	**1.40**	**1.39**
四、平均每户就业面	**%**	**54.19**	**53.64**	**54.05**	**54.45**	**49.12**	**49.6**
五、负担系数	**人**	**1.85**	**1.86**	**1.85**	**1.84**	**2.03**	**2.01**
六、平均每人全部年收入	**元**	**5 389.03**	**6 941.42**	**7 832.70**	**8 706.46**	**9 837.20**	**11 230.03**
#可支配收入	元	5 357.79	6 524.58	7 240.58	8 007.56	9 107.55	10 369.61
(一)工薪收入	元	3 691.35	4 692.61	5 204.18	5 806.05	6 103.41	6 611.44
1.工资及补贴收入	元		4 621.04	5 105.50	5 697.05	6 003.75	6 446.40
2.其他劳动收入	元		71.57	98.68	109.00	99.66	165.04
(二)经营净收入	元	131.99	289.96	314.61	333.47	486.03	688.16
(三)财产性收入	元	49.99	58.10	63.26	79.35	95.60	146.49
1.利息收入	元	18.2	9.57	15.12	12.03	13.12	15.41
2.股息与红利收入	元	11.79	12.76	14.09	9.75	9.45	13.82
3.保险收益	元		1.30	1.59	2.46	3.57	5.50
4.其它投资收入	元		2.49	0.81	2.56	13.14	40.82
5.出租房屋收入	元		26.65	27.37	48.89	55.29	65.78
6.知识产权收入	元		0.00	0.09	0.00	0.09	2.64
7.其他财产性收入	元		5.34	4.19	3.68	0.93	2.52
(四)转移性收入	元	1 512.60	1 900.75	2 250.65	2 487.58	3 152.17	3 783.94
1.养老金或离退休金	元	1 238.13	1 560.03	1 653.86	1 841.67	2 573.62	3 089.75
2.社会救济收入	元		19.30	30.01	26.66	35.68	32.80
3.辞退金	元		46.06	146.02	66.39	44.24	32.22
4.赔偿收入	元		0.62	7.46	1.78	5.32	22.48
5.保险收入	元		18.69	58.25	64.61	46.31	31.12
#失业保险金	元		18.26	56.51	62.37	42.51	26.08
6.赡养收入	元	34.54	39.11	44.60	91.52	82.20	118.99
7.捐赠收入	元	178.37	168.41	227.46	271.95	250.35	302.51
8.亲友搭伙费	元	12.22	8.82	10.23	10.31	13.07	13.72
9.提取住房公积金	元		7.19	27.28	39.78	43.82	67.12
10.记帐补贴	元	21.59	23.60	31.93	40.60	42.51	51.69
11.其他转移性收入	元		8.92	13.54	32.31	15.05	21.53
七、平均每人出售财物收入	**元**	**6.17**	**18.02**	**161.18**	**137.11**	**164.41**	**244.47**
1.出售住房收入	元		15.32	128.41	131.24	161.11	231.88
2.出售其他物品收入	元		2.70	32.77	5.88	3.29	12.59
八、平均每人消费性支出	**元**	**4 356.06**	**5 342.69**	**6 077.92**	**6 543.28**	**7 369.27**	**7 987.49**
1.食品支出	元	1 772.14	2 074.69	2 394.98	2 643.95	2 860.98	3 102.13
2.衣着支出	元	568.25	645.62	637.40	651.66	740.83	846.91
3.家庭设备用品及服务	元	298.66	274.10	257.41	276.89	304.80	362.10
4.医疗保健支出	元	352.2	462.85	534.30	541.26	751.16	767.13
5.交通和通讯支出	元	307.21	482.13	631.14	652.40	744.02	797.64
6.教育和文化娱乐服务支出	元	490.83	697.06	747.41	845.37	849.53	853.92
7.居住支出	元	364.28	515.71	630.86	661.80	792.75	909.42
8.杂项商品和服务支出	元	202.5	190.55	244.42	269.96	325.18	348.23

10—4 城镇居民家庭平均每人总收入

（2006年，按相对收入不等距九组分）

指　　标	合　计	最低10%	#更低5%	低10%	较低20%	中间20%	较高20%	高10%	最高10%	#更高5%
家庭总收入	**11 230.03**	**3 812.11**	**3 205.82**	**5 522.15**	**7 408.64**	**9 767.13**	**13 059.71**	**16 817.25**	**27 060.31**	**33 267.16**
其中：可支配收入	10 369.61	3 392.37	2 741.58	5 087.74	6 795.90	9 015.07	12 022.91	15 634.04	25 211.28	31 120.11
(一)工薪收入	6 611.44	2 447.74	1 985.80	3 244.97	4 616.60	5 778.13	7 956.37	9 825.11	14 603.31	17 013.75
1.工资及补贴收入	6 446.40	2 379.69	1 922.26	3 209.83	4 558.64	5 676.69	7 864.83	9 610.15	13 717.07	15 659.90
2.其他劳动收入	165.04	68.06	63.54	35.14	57.96	101.45	91.54	214.96	886.24	1 353.85
(二)经营净收入	688.16	174.24	160.01	332.02	342.63	555.22	702.45	661.31	2 635.90	4 563.89
(三)财产性收入	146.49	16.24	13.60	12.89	51.92	54.40	137.70	193.36	803.06	1 152.66
1.利息收入	15.41	0.30	0.38	5.01	7.95	5.77	10.86	13.83	90.52	107.63
2.股息与红利收入	13.82	2.93	0.00	0.29	2.73	0.19	9.21	31.12	86.50	113.80
3.保险收益	5.50	0.91	0.00	0.00	1.58	0.98	2.24	2.96	43.96	38.01
4.其它投资收入	40.82	3.77	0.00	0.00	2.64	3.88	7.40	7.64	390.74	726.10
5.出租房屋收入	65.78	8.28	13.13	7.48	34.81	41.28	105.27	127.71	162.55	109.08
6.知识产权收入	2.64	0.00	0.00	0.00	0.00	0.00	0.00	1.91	26.07	52.54
7.其他财产性收入	2.52	0.05	0.09	0.12	2.21	2.30	2.72	8.19	2.72	5.48
(四)转移性收入	3 783.94	1 173.89	1 046.41	1 932.26	2 397.49	3 379.38	4 263.20	6 137.46	9 018.04	10 536.87
1.养老金或离退休金	3 089.75	720.15	513.32	1 573.89	2 062.67	3 016.08	3 722.24	5 338.08	5 979.97	5 951.26
2.社会救济收入	32.80	176.67	244.26	53.46	19.05	16.29	13.35	5.20	1.36	1.63
3.辞退金	32.22	0.62	1.24	4.78	7.84	8.87	29.68	45.21	190.96	346.82
4.赔偿收入	22.48	1.38	0.00	2.31	0.84	4.44	1.79	10.41	208.66	420.63
5.保险收入	31.12	50.78	43.94	36.27	41.76	19.24	24.42	10.99	42.00	49.77
#失业保险金	26.08	49.27	43.94	31.59	36.83	18.66	23.46	9.22	11.13	15.50
6.赡养收入	118.99	52.07	69.90	43.07	51.54	77.57	127.39	113.54	494.17	823.15
7.捐赠收入	302.51	119.57	132.25	158.28	146.87	148.38	248.38	467.46	1 276.76	1 608.81
8.亲友搭伙费	13.72	3.85	1.81	3.84	7.65	18.59	12.39	16.91	36.80	73.86
9.提取住房公积金	67.12	7.30	0.00	0.00	3.84	4.00	20.56	51.71	591.51	969.08
10.记帐补贴	51.69	38.58	35.44	42.24	47.01	52.78	54.77	57.91	70.27	75.64
11.其他转移性收入	21.53	2.90	4.27	14.12	8.42	13.14	8.23	20.04	125.58	216.22
出售财物收入	**244.47**	**25.57**	**51.14**	**56.74**	**27.39**	**258.31**	**59.52**	**550.12**	**1 216.69**	**965.86**
1.出售住房收入	231.88	24.70	49.63	47.46	14.72	255.19	24.39	543.08	1 211.49	957.41
2.出售其他物品收入	12.59	0.87	1.51	9.28	12.67	3.12	35.13	7.05	5.21	8.45

10—5 各地区城市居民平均每人全年可支配收入

单位:元

地　　区	2000年	2002年	2003年	2004年	2005年	2006年
全　　省	**5 357.79**	**6 524.58**	**7 240.58**	**8 007.56**	**9 107.55**	**10 369.61**
沈　　阳	5 850.54	7 050.29	7 960.97	8 923.96	10 098.08	11 651.43
大　　连	6 860.57	8 199.54	9 101.35	10 377.84	11 994.38	13 350.10
鞍　　山	6 052.60	6 851.02	7 434.33	8 262.32	9 462.93	10 760.94
抚　　顺	5 155.17	5 898.45	6 393.30	7 008.00	8 005.17	9 304.98
本　　溪	4 924.37	5 828.65	6 347.76	6 930.27	8 105.36	9 477.74
丹　　东	4 490.44	4 919.04	5 484.00	6 039.19	6 880.58	7 859.65
锦　　州	5 707.74	6 546.77	7 173.93	7 985.52	8 862.22	9 980.96
营　　口	5 093.65	6 454.24	7 317.98	8 127.81	9 008.65	10 135.11
阜　　新	4 121.55	4 673.42	5 142.99	5 622.54	6 656.32	7 598.21
辽　　阳	4 949.66	5 922.26	6 683.91	7 307.43	8 407.53	9 649.12
盘　　锦	6 802.36	7 816.26	8 383.74	9 509.47	11 025.32	12 205.45
铁　　岭	4 291.57	4 801.41	5 606.59	5 723.75	6 526.33	7 437.05
朝　　阳	4 020.59	4 624.53	5 148.69	5 683.24	6 599.46	7 440.18
葫 芦 岛	5 874.90	6 734.62	7 061.71	7 770.77	8 579.37	9 794.71

10—6 各地区城市居民平均

（2006

指　　标	全　省	沈　阳	大　连	鞍　山	抚　顺	本　溪
家庭总收入	**11 230.03**	**12 631.59**	**14 878.84**	**11 641.89**	**10 199.86**	**10 149.14**
其中：可支配收入	10 369.61	11 651.43	13 350.10	10 760.94	9 304.98	9 477.74
(一)工薪收入	6 611.44	7 169.15	9 404.26	6 700.93	6 407.19	6 431.00
1.工资及补贴收入	6 446.40	7 021.60	9 029.52	6 500.49	6 394.60	6 318.28
2.其他劳动收入	165.04	147.55	374.74	200.44	12.59	112.71
(二)经营净收入	688.16	833.04	621.77	478.93	120.55	404.29
(三)财产性收入	146.49	141.99	309.72	294.30	82.97	68.78
1.利息收入	15.41	15.36	30.28	5.94	24.43	8.52
2.股息与红利收入	13.82	4.00	38.68	26.02	11.77	5.73
3.保险收益	5.50	1.30	14.56	1.58	0.91	2.65
4.其它投资收入	40.82	5.85	106.80	240.51	0.00	24.16
5.出租房屋收入	65.78	107.97	102.11	20.25	45.85	27.71
6.知识产权收入	2.64	2.92	13.82	0.00	0.00	0.00
7.其他财产性收入	2.52	4.59	3.46	0.00	0.00	0.00
(四)转移性收入	3 783.94	4 487.41	4 543.09	4 167.73	3 589.14	3 245.07
1.养老金或离退休金	3 089.75	3 924.43	3 349.48	3 238.37	2 908.00	2 227.69
2.社会救济收入	32.80	2.83	5.30	86.56	48.20	79.74
3.辞退金	32.22	59.36	0.00	0.00	0.00	12.77
4.赔偿收入	22.48	1.02	147.69	3.16	0.91	0.00
5.保险收入	31.12	31.86	23.25	108.52	10.18	38.05
#失业保险金	26.08	16.70	18.09	108.52	10.18	33.91
6.赡养收入	118.99	77.80	309.53	210.36	39.07	87.64
7.捐赠收入	302.51	163.23	424.90	387.92	439.92	695.08
8.亲友搭伙费	13.72	8.08	25.66	4.11	5.64	15.94
9.提取住房公积金	67.12	86.57	201.39	73.46	68.05	35.90
10.记帐补贴	51.69	87.51	37.74	45.91	43.67	42.26
11.其他转移性收入	21.53	44.73	18.15	9.38	25.51	9.99
出售财物收入	**244.47**	**296.92**	**339.32**	**2.68**	**330.05**	**395.45**
1.出售住房收入	231.88	285.12	335.23	0.00	320.61	294.72
2.出售其他物品收入	12.59	11.80	4.09	2.68	9.44	100.73

每人全年家庭总收入

年）

单位：元

丹东	锦州	营口	阜新	辽阳	盘锦	铁岭	朝阳	葫芦岛
8 392.71	**10 557.26**	**10 478.63**	**8 048.60**	**10 611.43**	**13 166.69**	**7 786.60**	**7 838.86**	**10 606.80**
7 859.65	9 980.96	10 135.11	7 598.21	9 649.12	12 205.45	7 437.05	7 440.18	9 794.71
4 535.73	5 574.53	5 605.62	4 217.81	6 534.77	8 101.29	4 451.29	5 040.21	6 294.43
4 467.18	5 515.50	5 558.27	4 200.04	6 456.38	7 441.69	4 395.85	4 880.53	6 116.73
68.55	59.03	47.35	17.77	78.40	659.60	55.43	159.68	177.70
448.74	1 447.91	779.32	499.74	674.63	1 119.17	228.39	531.59	991.39
37.73	80.35	47.87	8.48	61.28	271.97	87.09	11.33	85.29
2.11	27.12	1.80	6.82	32.60	29.65	0.79	7.15	7.01
0.00	15.58	27.50	0.00	12.39	45.60	0.00	1.51	0.72
2.83	0.00	0.00	0.00	0.00	44.71	0.00	0.00	17.91
0.75	3.60	0.00	0.00	0.00	91.28	27.58	0.00	4.65
31.70	27.02	18.56	1.66	12.74	56.63	56.89	2.67	47.63
0.00	0.00	0.00	0.00	0.00	0.00	0.00	0.00	0.00
0.33	7.02	0.00	0.00	3.54	4.11	1.83	0.00	7.38
3 370.51	3 454.47	4 045.82	3 322.57	3 340.75	3 674.26	3 019.83	2 255.74	3 235.69
2 760.01	3 174.58	3 161.48	2 655.14	3 086.77	3 016.96	2 501.62	2 026.80	2 638.63
53.50	19.26	22.75	101.40	10.89	29.05	38.35	62.65	32.54
113.62	0.00	16.24	46.91	0.34	374.93	0.00	1.00	0.00
0.05	3.60	0.00	14.39	0.92	2.59	0.00	0.00	3.82
47.43	7.55	22.86	106.90	5.90	0.00	2.41	15.96	13.11
44.90	6.65	22.86	102.40	5.90	0.00	2.41	15.96	13.11
53.55	91.41	217.62	37.95	16.97	59.24	126.31	39.95	24.14
218.93	112.02	511.81	251.61	141.15	62.55	326.50	81.98	476.51
62.95	0.00	37.99	0.42	5.31	14.46	3.96	9.66	2.08
0.00	0.00	10.31	52.02	21.56	0.00	0.00	1.93	0.00
39.94	43.23	41.25	41.51	42.05	67.23	20.68	11.60	42.97
20.53	2.81	3.52	14.32	8.90	47.26	0.00	4.22	1.90
1.98	**143.05**	**0.00**	**325.48**	**3.79**	**1.44**	**0.83**	**1.44**	**1 264.18**
0.00	140.50	0.00	309.82	0.00	0.02	0.00	0.00	1 223.24
1.98	2.55	0.00	15.66	3.79	1.42	0.83	1.44	40.93

10—7 城镇居民家庭

(2006年,按相对

指　　标	合　　计	最低10%	#更低5%	低10%
家庭总支出	**10 910.62**	**4 422.17**	**3 900.88**	**5 811.16**
(一)消费支出	7 987.49	3 643.84	3 269.78	4 769.89
#服务性消费支出	2 109.50	875.22	796.60	1 213.07
1.食品	3 102.13	1 653.46	1 507.70	2 158.51
2.衣着	846.91	283.44	239.32	401.84
3.家庭设备用品及服务	362.10	97.05	89.93	167.54
4.医疗保健	767.13	359.22	317.61	491.62
5.交通和通信	797.64	254.89	215.42	365.60
6.教育文化娱乐服务	853.92	367.44	316.15	441.19
7.居住	909.42	510.65	481.94	591.62
8.杂项商品和服务	348.23	117.69	101.70	151.97
(二)购房与建房支出	972.18	87.24	0.21	130.61
1.购房	957.58	87.24	0.21	130.61
2.建房	14.61	0.00	0.00	0.00
(三)转移性支出	1 175.04	310.10	202.09	518.80
1.交纳的个人收入税	39.64	0.16	0.00	0.41
2.捐赠支出	745.97	175.17	121.80	314.38
3.购买彩票	10.79	1.05	0.75	4.21
4.赡养支出	331.10	125.40	75.48	177.33
#在外就学子女费用	202.83	108.15	58.74	128.44
5.各种非储蓄性保险支出	19.68	3.34	0.75	4.96
#车辆保险支出	4.83	0.10	0.00	0.00
6.其他转移性支出	27.86	4.97	3.31	17.50
(四)财产性支出	6.82	0.00	0.00	0.11
1.非生产性利息支出	5.67	0.00	0.00	0.00
2.其他	1.15	0.00	0.00	0.11
(五)社会保障支出	769.08	380.99	428.80	391.76
1.个人交纳的养老基金	376.91	300.15	349.50	289.90
2.个人交纳的住房公积金	263.53	24.70	16.81	35.58
3.个人交纳的医疗基金	104.49	52.72	61.20	61.45
4.个人交纳的失业基金	20.96	3.40	1.29	3.90
5.其他社会保障支出	3.20	0.02	0.00	0.93

平 均 每 人 总 支 出

收入不等距九组分）

单位:元

较低 20%	中间 20%	较高 20%	高 10%	最高 10%	＃更高 5%
7 443.04	**9 364.35**	**12 143.50**	**15 606.88**	**26 704.01**	**31 977.67**
5 960.89	7 370.66	9 129.99	11 155.95	16 081.49	18 006.78
1 554.06	1 848.18	2 432.85	2 868.15	4 672.73	5 267.32
2 521.01	3 058.12	3 518.86	4 105.53	5 076.95	5 626.67
580.50	790.86	1 002.27	1 240.42	1 883.56	2 224.72
220.11	322.40	408.99	593.58	911.34	1 078.02
521.30	640.24	878.02	1 230.42	1 603.59	1 674.20
500.03	648.92	973.77	1 170.81	2 045.78	2 328.98
682.41	764.44	1 034.76	1 043.71	1 783.81	2 091.87
712.89	846.56	890.52	1 261.13	1 920.01	2 013.03
222.65	299.13	422.80	510.37	856.45	969.29
246.28	403.68	766.45	1 160.30	5 864.76	8 599.83
244.89	395.26	724.73	1 153.30	5 828.00	8 559.15
1.39	8.42	41.72	7.01	36.77	40.67
673.84	899.17	1 290.85	2 202.91	3 207.32	3 632.11
4.00	9.87	30.44	61.03	264.00	387.24
412.27	583.29	900.33	1 406.14	1 900.10	2 151.90
6.98	13.43	13.91	9.97	24.41	29.87
224.45	259.60	306.06	620.73	865.98	869.95
160.53	182.08	174.29	387.81	397.68	388.67
10.49	14.52	17.97	34.11	73.06	89.45
0.75	2.76	1.16	8.20	32.87	64.06
15.65	18.47	22.16	70.94	79.77	103.69
0.28	1.41	4.62	23.44	35.67	54.78
0.00	1.16	2.86	22.57	29.37	51.85
0.28	0.25	1.76	0.87	6.30	2.93
561.74	689.42	951.60	1 064.27	1 514.76	1 684.17
317.10	360.53	416.34	450.81	558.44	561.07
130.82	194.03	387.29	452.00	742.57	879.35
96.99	104.83	116.52	131.44	166.06	194.06
14.33	23.42	28.79	27.46	42.93	44.46
2.50	6.62	2.64	2.56	4.76	5.23

10—8 各地区城市居民平均

(2006

指　　标	全　省	沈　阳	大　连	鞍　山	抚　顺	本　溪
家庭总支出	**10 910.62**	**11 890.28**	**14 760.78**	**10 303.70**	**10 558.49**	**10 458.19**
(一)消费支出	7 987.49	8 670.32	10 533.92	8 286.84	6 852.56	7 693.69
#服务性消费支出	2 109.50	2 493.72	2 742.59	2 394.91	1 776.20	2 246.91
1.食品	3 102.13	3 228.62	4 205.21	2 887.82	2 737.20	3 253.85
2.衣着	846.91	858.71	1 113.21	787.08	651.15	846.25
3.家庭设备用品及服务	362.10	348.56	532.62	476.94	257.96	299.43
4.医疗保健	767.13	1 012.64	876.02	676.22	742.63	533.22
5.交通和通信	797.64	920.88	1 052.01	871.66	743.38	779.40
6.教育文化娱乐服务	853.92	978.04	1 172.83	1 160.23	644.89	833.81
7.居住	909.42	974.21	1 056.77	1 157.77	763.23	818.14
8.杂项商品和服务	348.23	348.67	525.25	269.12	312.12	329.58
(二)购房与建房支出	972.18	1 593.01	1 785.58	188.37	1 175.85	321.38
1.购房	957.58	1 593.01	1 785.58	0.00	1 175.85	321.38
2.建房	14.61	0.00	0.00	188.37	0.00	0.00
(三)转移性支出	1 175.04	766.03	1 039.37	1 045.54	1 695.07	1 822.02
1.交纳的个人收入税	39.64	53.24	89.76	52.08	25.79	8.08
2.捐赠支出	745.97	473.45	514.54	683.48	1 321.32	1 247.94
3.购买彩票	10.79	10.00	18.90	2.19	8.79	11.92
4.赡养支出	331.10	170.53	393.09	292.48	275.05	487.70
#在外就学子女费用	202.83	64.44	148.75	218.99	174.09	369.66
5.各种非储蓄性保险支出	19.68	25.43	9.19	7.33	34.95	21.12
#车辆保险支出	4.83	9.27	2.53	0.51	5.82	0.04
6.其他转移性支出	27.86	33.38	13.89	7.97	29.18	45.26
(四)财产性支出	6.82	21.51	0.66	0.00	9.58	0.06
1.非生产性利息支出	5.67	21.01	0.00	0.00	7.03	0.04
2.其他	1.15	0.50	0.66	0.00	2.55	0.01
(五)社会保障支出	769.08	839.40	1 401.24	782.95	825.43	621.05
1.个人交纳的养老基金	376.91	427.36	655.80	336.10	333.39	307.31
2.个人交纳的住房公积金	263.53	273.60	461.69	348.21	399.37	185.44
3.个人交纳的医疗基金	104.49	116.35	231.17	66.66	72.81	92.53
4.个人交纳的失业基金	20.96	20.23	41.32	31.98	19.85	30.54
5.其他社会保障支出	3.20	1.87	11.27	0.00	0.00	5.23

每人全年家庭总支出

年)

单位:元

丹东	锦州	营口	阜新	辽阳	盘锦	铁岭	朝阳	葫芦岛
7 464.24	**9 933.24**	**9 990.46**	**8 465.56**	**10 163.11**	**12 522.02**	**7 551.84**	**6 988.49**	**12 548.31**
6 087.77	8 059.65	7 910.71	5 999.48	7 253.89	9 155.55	6 211.93	5 899.66	7 549.15
1 524.52	1 862.07	1 830.54	1 524.51	1 601.91	2 799.69	1 353.83	1 506.59	1 881.56
2 635.69	3 510.71	3 068.49	2 428.99	3 358.27	3 097.18	2 336.59	2 148.80	2 773.67
482.67	858.58	751.70	671.61	1 036.72	1 253.97	590.47	794.91	820.40
263.20	303.34	369.46	258.09	267.03	350.91	441.57	188.58	544.85
597.33	677.80	912.70	535.14	504.95	1 134.69	673.63	562.86	404.57
505.79	646.15	580.23	557.41	650.81	1 047.79	472.91	508.92	921.87
534.28	868.20	723.21	640.73	551.88	1 102.38	469.67	712.43	744.51
817.47	870.05	1 084.69	663.74	492.67	569.46	1 012.27	691.92	1 047.76
251.34	324.82	420.23	243.78	391.56	599.17	214.84	291.26	291.51
1.83	257.04	279.41	530.59	884.10	776.32	0.00	0.00	1 854.97
1.83	256.68	266.86	530.59	884.10	776.32	0.00	0.00	1 854.97
0.00	0.36	12.55	0.00	0.00	0.00	0.00	0.00	0.00
886.28	1 103.85	1 503.90	1 537.43	1 149.92	1 771.52	1 012.13	708.13	2 399.45
5.27	20.66	5.82	10.82	48.04	98.33	1.09	6.39	27.39
292.74	774.74	993.54	984.40	734.96	1 158.74	756.37	259.12	1 849.56
16.65	15.11	12.96	1.95	22.98	4.33	0.92	15.93	2.64
507.20	242.94	471.67	487.32	255.30	395.58	239.97	406.36	479.77
373.29	173.20	285.20	402.45	154.51	201.31	183.68	338.44	322.65
7.98	31.93	1.44	4.44	7.33	69.19	6.35	1.88	28.60
0.54	17.29	0.00	0.35	3.54	25.07	0.00	0.00	0.00
56.44	18.46	18.46	48.49	81.31	45.35	7.43	18.44	11.49
0.50	0.29	0.00	0.00	2.99	22.95	0.00	0.00	3.01
0.00	0.00	0.00	0.00	0.02	0.00	0.00	0.00	3.01
0.50	0.29	0.00	0.00	2.97	22.95	0.00	0.00	0.00
487.85	512.41	296.44	398.07	872.21	795.68	327.78	380.70	741.73
316.92	245.68	131.39	191.33	427.56	473.01	276.65	227.23	318.20
96.05	173.77	100.30	144.53	303.38	224.40	21.59	104.36	307.84
67.75	80.60	57.96	53.47	125.95	65.12	27.78	44.40	77.75
6.86	12.34	6.79	8.74	14.33	31.45	1.75	4.72	33.17
0.27	0.03	0.00	0.00	0.99	1.71	0.00	0.00	4.79

10—9 各地区城市居民平均每人全年消费支出

单位:元

地区	2000年	2002年	2003年	2004年	2005年	2006年
全省	**4 356.06**	**5 342.69**	**6 077.92**	**6 543.28**	**7 369.27**	**7 987.49**
沈阳	5 103.01	6 074.38	6 690.33	7 212.90	7 862.83	8 670.32
大连	6 073.01	7 117.77	7 759.90	8 671.87	9 996.41	10 533.92
鞍山	5 101.97	5 821.00	6 376.87	6 859.38	7 631.91	8 286.84
抚顺	4 075.21	4 792.50	5 578.56	6 226.73	6 747.38	6 852.56
本溪	3 860.63	4 783.19	5 546.67	6 073.48	6 730.90	7 693.69
丹东	3 550.04	4 055.88	4 936.51	5 200.21	5 909.87	6 087.77
锦州	4 497.67	4 852.39	5 962.33	6 402.19	7 203.15	8 059.65
营口	3 638.79	4 897.82	6 275.86	6 618.78	7 254.28	7 910.71
阜新	3 318.16	3 749.87	4 312.60	4 467.76	5 413.73	5 999.48
辽阳	3 616.49	4 663.72	5 540.95	5 519.68	6 527.26	7 253.89
盘锦	4 885.06	6 003.11	6 517.03	6 981.99	8 858.99	9 155.55
铁岭	3 326.26	3 942.83	5 010.89	5 499.74	5 503.11	6 211.93
朝阳	3 141.55	3 596.43	4 272.57	4 599.75	5 329.45	5 899.66
葫芦岛	4 041.45	4 522.26	5 347.65	5 691.42	6 694.50	7 549.15

10—10 城镇居民家庭平均每人消费支出

（2006 年，按相对收入不等距九组分）　　　　单位：元

指　　标	合　计	最低 10%	#更低 5%	低 10%	较低 20%	中间 20%	较高 20%	高 10%	最高 10%	#更高 5%
消费支出	**7 987.49**	**3 643.84**	**3 269.78**	**4 769.89**	**5 960.89**	**7 370.66**	**9 129.99**	**11 155.95**	**16 081.49**	**18 006.78**
#服务性消费支出	2 109.50	875.22	796.60	1 213.07	1 554.06	1 848.18	2 432.85	2 868.15	4 672.73	5 267.32
一、食　　品	**3 102.13**	**1 653.46**	**1 507.70**	**2 158.51**	**2 521.01**	**3 058.12**	**3 518.86**	**4 105.53**	**5 076.95**	**5 626.67**
（一）粮油类	477.51	397.98	394.91	419.62	442.43	485.92	502.89	543.86	559.58	566.86
#粮　食	294.32	259.15	259.04	264.90	276.10	300.86	304.25	323.84	337.14	339.93
油脂类	97.16	75.24	75.24	81.42	86.70	98.87	105.57	119.20	115.94	119.65
（二）肉禽蛋水产品类	819.05	432.35	384.33	576.94	687.59	836.58	950.44	1 090.19	1 173.03	1 269.41
1.肉　类	404.05	236.19	205.64	309.91	363.12	418.97	460.48	500.56	516.16	520.97
2.禽　类	70.46	38.61	34.90	52.95	62.28	70.55	81.93	89.13	96.21	110.00
3.蛋　类	89.04	61.09	60.71	76.80	79.02	93.11	97.08	109.14	106.77	108.55
4.水产品类	255.51	96.46	83.08	137.29	183.18	253.95	310.96	391.36	453.89	529.89
（三）蔬菜类	348.55	234.16	225.97	277.08	310.47	354.17	384.87	430.74	453.93	470.27
#鲜　菜	302.57	210.20	202.87	244.76	272.27	309.24	332.48	359.12	390.40	403.81
（四）调味品	55.02	36.82	33.61	39.80	48.44	56.43	60.64	69.23	75.08	80.14
（五）糖烟酒饮料类	425.29	178.39	152.27	270.42	314.44	430.46	496.11	587.39	763.32	803.75
#烟草类	200.84	91.65	78.35	136.08	148.75	198.23	236.27	260.64	366.61	379.60
酒　类	103.42	41.79	36.84	63.84	80.22	104.48	119.90	147.43	178.46	180.37
饮　料	76.35	25.64	19.10	37.36	50.20	79.83	89.36	120.24	148.60	169.16
（六）干鲜瓜果类	319.74	151.26	131.97	212.40	253.16	314.34	373.12	433.83	537.24	605.68
（七）糕点、奶及奶制品	211.00	90.90	74.07	141.68	176.41	212.49	241.96	283.99	341.51	347.49
#奶及奶制品	149.13	59.60	48.73	98.43	122.35	149.96	172.01	206.19	246.01	241.01
#鲜乳品	90.41	37.68	30.65	54.39	75.47	92.05	106.43	134.91	133.59	129.93
奶　粉	13.35	3.62	3.88	14.22	8.01	15.25	13.88	9.84	32.28	25.55
酸　奶	27.81	10.11	7.43	16.00	23.39	25.66	31.14	40.98	52.74	53.33
（八）其他食品	39.53	13.72	10.04	21.72	31.02	36.06	46.70	57.18	78.26	80.49
（九）饮食服务	406.45	117.88	100.55	198.83	257.06	331.68	462.12	609.11	1 095.01	1 402.58
#在外饮食	404.69	116.29	97.98	197.76	255.91	330.25	459.69	606.56	1 092.56	1 400.51
二、衣　　着	**846.91**	**283.44**	**239.32**	**401.84**	**580.50**	**790.86**	**1 002.27**	**1 240.42**	**1 883.56**	**2 224.72**
#服　装	582.36	177.89	147.95	262.18	383.28	541.44	678.45	867.36	1 376.85	1 649.60
三、家庭设备用品及服务	**362.10**	**97.05**	**89.93**	**167.54**	**220.11**	**322.40**	**408.99**	**593.58**	**911.34**	**1 078.02**
#耐用消费品	120.25	12.36	17.44	42.61	54.26	103.80	125.52	240.89	365.03	401.41
室内装饰品	27.47	4.84	3.87	10.77	14.69	22.96	34.24	42.08	77.46	106.14
四、医疗保健	**767.13**	**359.22**	**317.61**	**491.62**	**521.30**	**640.24**	**878.02**	**1 230.42**	**1 603.59**	**1 674.20**
#药品费	354.58	214.74	164.08	189.45	288.51	309.60	408.04	558.92	601.50	595.62
医疗费	268.70	127.65	140.79	268.46	184.97	224.20	319.20	365.84	490.87	408.43
五、交通和通讯	**797.64**	**254.89**	**215.42**	**365.60**	**500.03**	**648.92**	**973.77**	**1 170.81**	**2 045.78**	**2 328.98**
交　通	330.32	81.93	63.55	118.83	168.07	211.40	402.52	467.77	1 135.09	1 311.87
通　信	467.33	172.95	151.88	246.77	331.96	437.52	571.25	703.03	910.69	1 017.11
六、教育文化娱乐服务	**853.92**	**367.44**	**316.15**	**441.19**	**682.41**	**764.44**	**1 034.76**	**1 043.71**	**1 783.81**	**2 091.87**
#文化娱乐用品	206.67	32.36	25.56	77.39	106.85	172.16	292.21	299.64	541.96	599.26
教　育	511.24	310.41	268.68	320.01	505.84	475.64	583.90	561.44	800.43	1 036.30
七、居　　住	**909.42**	**510.65**	**481.94**	**591.62**	**712.89**	**846.56**	**890.52**	**1 261.13**	**1 920.01**	**2 013.03**
#住　房	257.29	105.23	92.92	97.52	155.13	197.25	191.59	456.62	884.81	854.31
水电燃料及其他	626.17	392.91	371.92	483.79	542.72	629.98	672.84	769.06	949.89	1 044.94
八、杂项商品和服务	**348.23**	**117.69**	**101.70**	**151.97**	**222.65**	**299.13**	**422.80**	**510.37**	**856.45**	**969.29**
#服　务	182.99	75.93	74.22	92.90	128.28	158.15	225.70	258.34	396.93	425.27

10—11　城镇居民家庭平均每人消费支出构成

(2006 年,按相对收入不等距九组分)　　　　单位:%

指　　标	合　计	最低 10%	#更低 5%	低 10%	较低 20%	中间 20%	较高 20%	高 10%	最高 10%	#更高 5%
消费支出	**100.00**	**100.00**	**100.00**	**100.00**	**100.00**	**100.00**	**100.00**	**100.00**	**100.00**	**100.00**
一、食　　品	38.84	45.38	46.11	45.25	42.29	41.49	38.54	36.80	31.57	31.25
(一)粮油类	15.39	10.92	12.08	8.80	7.42	6.59	5.51	4.88	3.48	3.15
(二)肉禽蛋水产品类	26.40	11.87	11.75	12.10	11.54	11.35	10.41	9.77	7.29	7.05
(三)蔬菜类	11.24	6.43	6.91	5.81	5.21	4.81	4.22	3.86	2.82	2.61
(四)调味品	1.77	1.01	1.03	0.83	0.81	0.77	0.66	0.62	0.47	0.45
(五)糖烟酒饮料类	13.71	4.90	4.66	5.67	5.28	5.84	5.43	5.27	4.75	4.46
(六)干鲜瓜果类	10.31	4.15	4.04	4.45	4.25	4.26	4.09	3.89	3.34	3.36
(七)糕点、奶及奶制品	6.80	2.49	2.27	2.97	2.96	2.88	2.65	2.55	2.12	1.93
(八其他食品	1.27	0.38	0.31	0.46	0.52	0.49	0.51	0.51	0.49	0.45
(九)饮食服务	13.10	3.24	3.08	4.17	4.31	4.50	5.06	5.46	6.81	7.79
二、衣　　着	10.60	7.78	7.32	8.42	9.74	10.73	10.98	11.12	11.71	12.35
#服　装	68.76	4.88	4.52	5.50	6.43	7.35	7.43	7.77	8.56	9.16
三、家庭设备用品及服务	4.53	2.66	2.75	3.51	3.69	4.37	4.48	5.32	5.67	5.99
#耐用消费品	33.21	0.34	0.53	0.89	0.91	1.41	1.37	2.16	2.27	2.23
室内装饰品	7.59	0.13	0.12	0.23	0.25	0.31	0.38	0.38	0.48	0.59
四、医疗保健	9.60	9.86	9.71	10.31	8.75	8.69	9.62	11.03	9.97	9.30
#药品费	46.22	5.89	5.02	3.97	4.84	4.20	4.47	5.01	3.74	3.31
医疗费	35.03	3.50	4.31	5.63	3.10	3.04	3.50	3.28	3.05	2.27
五、交通和通讯	9.99	7.00	6.59	7.66	8.39	8.80	10.67	10.49	12.72	12.93
交　通	41.41	2.25	1.94	2.49	2.82	2.87	4.41	4.19	7.06	7.29
通　信	58.59	4.75	4.64	5.17	5.57	5.94	6.26	6.30	5.66	5.65
六、教育文化娱乐服务	10.69	10.08	9.67	9.25	11.45	10.37	11.33	9.36	11.09	11.62
#文化娱乐用品	24.20	0.89	0.78	1.62	1.79	2.34	3.20	2.69	3.37	3.33
教　育	59.87	8.52	8.22	6.71	8.49	6.45	6.40	5.03	4.98	5.76
七、居　　住	11.39	14.01	14.74	12.40	11.96	11.49	9.75	11.30	11.94	11.18
#住　房	28.29	2.89	2.84	2.04	2.60	2.68	2.10	4.09	5.50	4.74
水电燃料及其他	68.85	10.78	11.37	10.14	9.10	8.55	7.37	6.89	5.91	5.80
八、杂项商品和服务	4.36	3.23	3.11	3.19	3.74	4.06	4.63	4.57	5.33	5.38
#服　务	52.55	2.08	2.27	1.95	2.15	2.15	2.47	2.32	2.47	2.36

10—12 城镇居民家庭平均每人购买的主要商品数量

(2006年)

品　　名	单　位	合　计	最低10%	#更低5%	低10%	较低20%	中间20%	较高20%	高10%	最高10%	#更高5%
粮　　食	千克	92.84	89.70	91.40	88.65	90.09	94.29	94.80	97.73	94.51	92.94
油 脂 类	千克	12.49	10.96	10.98	11.50	11.75	12.86	13.17	14.04	13.02	12.95
猪　　肉	千克	18.10	12.78	11.88	15.54	17.32	18.59	19.50	20.96	21.06	20.70
牛　　肉	千克	4.06	2.37	1.97	3.18	3.77	4.19	4.89	4.70	4.67	4.64
羊　　肉	千克	2.51	1.35	1.14	1.68	2.11	2.72	3.11	3.13	3.12	3.09
鸡	千克	4.37	3.07	2.77	3.80	4.25	4.35	4.92	4.72	5.02	5.57
鲜　　蛋	千克	16.52	12.67	12.72	14.98	15.29	17.28	17.65	19.08	18.18	18.25
鱼	千克	11.69	7.40	6.90	8.71	10.31	12.28	13.34	14.91	14.29	14.79
虾	千克	2.35	0.82	0.67	1.24	1.76	2.39	2.91	3.61	3.91	4.27
鲜　　菜	千克	165.43	133.34	133.16	145.41	157.87	167.70	176.87	181.47	190.64	193.05
白　　酒	千克	3.94	3.85	3.61	4.68	3.78	3.54	4.16	3.83	4.06	4.35
果　　酒	千克	0.60	0.22	0.16	0.40	0.41	0.55	0.68	0.92	1.29	1.40
啤　　酒	千克	17.37	6.58	5.72	10.82	15.59	19.37	20.95	24.49	20.18	17.87
碳酸饮料	千克	3.88	1.49	0.93	2.93	3.20	4.14	4.37	4.59	6.49	8.36
果蔬饮料	千克	1.86	0.74	0.43	1.09	1.40	1.78	2.19	2.88	3.24	3.21
瓶装饮用水	千克	12.89	2.75	1.08	6.50	7.42	12.74	15.02	24.47	26.50	31.81
茶 叶 量	千克	0.21	0.15	0.16	0.14	0.14	0.21	0.23	0.33	0.29	0.30
咖啡可可粉	千克	0.04	0.01	0.01	0.02	0.03	0.05	0.05	0.07	0.10	0.11
鲜　　果	千克	54.55	34.36	30.87	42.59	47.83	54.48	62.44	66.12	74.45	81.56
鲜　　瓜	千克	21.99	13.74	12.83	16.45	19.43	22.41	24.93	25.70	31.05	32.83
坚果及果仁	千克	3.30	1.68	1.56	2.45	2.76	3.15	3.69	4.69	5.17	5.27
糕　　点	千克	6.12	3.80	3.22	4.90	5.75	6.30	6.78	7.09	7.86	8.25
鲜 乳 品	千克	24.06	11.54	9.60	15.62	20.46	24.70	28.50	34.29	32.70	32.21
奶　　粉	千克	0.32	0.14	0.14	0.36	0.26	0.35	0.37	0.25	0.51	0.55
酸　　奶	千克	4.72	1.86	1.35	2.80	4.18	4.42	5.28	6.78	8.31	8.15
服　　装	件	5.40	2.87	2.37	3.67	4.57	5.30	6.22	6.88	8.63	8.99
鞋　　类	双	2.13	1.45	1.37	1.61	2.02	2.08	2.37	2.49	2.89	3.07

10—13　城镇居民家庭平均每百户年末耐用品拥有量

（2006年）

品　　名	单　位	合　计	最低10%	#更低5%	低10%	较低20%	中间20%	较高20%	高10%	最高10%	#更高5%
成套家具	套	41.66	27.01	24.85	29.16	38.00	38.64	47.82	48.89	56.32	60.24
摩托车	辆	7.09	5.72	6.14	5.73	7.77	6.86	7.14	7.35	8.09	6.35
自行车	辆	102.90	111.47	100.44	105.12	120.24	102.62	98.78	88.68	85.97	89.35
助力车	辆	4.99	2.55	1.90	2.82	2.77	4.05	8.26	6.56	6.53	6.58
家用汽车	辆	1.56	0.21	0.00	0.00	0.82	0.76	1.41	3.01	5.49	8.98
洗衣机	台	89.29	72.18	70.41	87.13	86.23	89.03	92.31	96.82	97.09	97.49
电风扇	台	71.54	49.45	45.54	59.17	71.15	69.53	77.54	84.89	78.90	78.87
电冰箱	台	89.37	71.25	67.35	75.72	85.34	91.41	96.10	97.12	97.37	99.34
冰柜	台	8.36	4.32	2.68	6.65	6.82	9.16	7.67	8.44	15.24	12.58
彩色电视机	台	123.54	106.23	104.82	112.57	120.27	122.89	125.64	134.68	138.09	139.72
影碟机	台	52.92	34.45	32.99	44.34	47.43	50.19	56.53	67.09	68.47	68.92
录音机	台	39.78	21.39	19.91	32.37	37.21	38.47	42.66	48.57	52.96	54.53
录放像机	台	19.75	4.56	4.61	11.29	17.12	18.52	22.48	27.60	32.41	32.94
家用电脑	台	34.98	9.97	5.64	11.60	23.00	33.40	43.94	50.21	65.34	70.05
组合音响	套	20.99	5.60	6.35	15.59	16.72	20.02	24.88	28.53	31.81	32.84
摄像机	架	6.23	0.46	0.43	1.63	1.85	3.29	8.42	12.21	17.62	18.61
照相机	架	43.93	11.74	7.34	21.41	32.40	42.69	52.21	62.16	76.16	76.38
钢琴	架	2.09	0.42	0.84	0.75	0.97	1.69	1.76	4.79	5.22	6.84
其他中高档乐器	件	5.94	1.50	1.29	1.63	4.47	5.83	7.56	8.07	10.52	8.42
微波炉	台	44.55	15.15	13.36	23.15	31.49	43.18	53.76	65.20	72.70	74.88
空调器	台	14.97	2.61	2.21	5.20	6.07	10.81	17.89	23.77	41.57	50.13
取暖器	台	15.09	4.43	2.69	10.70	11.93	13.48	19.42	20.16	22.22	19.13
电炊具	台	91.30	78.78	81.83	83.02	84.25	88.20	95.26	100.97	108.89	105.43
淋浴热水器	台	61.50	27.29	14.84	41.40	50.02	59.21	73.46	82.25	85.85	83.46
排油烟机	台	79.78	61.20	58.79	72.39	73.22	80.64	85.30	85.46	93.80	91.78
消毒碗柜	台	5.01	0.91	1.31	0.78	2.04	5.25	3.92	8.55	15.02	14.29
洗碗机	台	0.59	0.00	0.00	0.00	0.42	0.68	0.62	0.95	1.29	0.78
饮水机	台	26.74	8.40	6.77	13.32	19.76	25.39	31.43	36.16	48.36	46.04
吸尘器	台	22.22	2.12	2.63	6.81	14.49	18.11	27.52	37.85	46.32	48.43
健身器材	套	3.73	0.32	0.52	0.67	1.30	2.62	4.82	6.91	10.04	8.26
普通电话	部	92.04	78.08	75.75	85.77	91.93	91.73	96.20	96.29	96.59	96.19
移动电话	部	116.80	54.64	53.40	79.45	96.81	118.42	138.49	143.97	159.30	162.63
传真机	部	0.78	0.00	0.00	0.00	0.25	1.00	0.23	1.31	3.06	2.93

10—14 城市居民家庭住房情况

指　标	单　位	2006年	指　标	单　位	2006年
1.房屋产权(合计)	%	100.00	井、河水	%	0.08
租赁公房	%	14.94	其　他	%	0
租赁私房	%	1.95	11.用水情况(合计)	%	100.00
原有私房	%	1.43	独用自来水	%	99.13
房改私房	%	57.00	公用自来水	%	0.80
商品房	%	23.93	井、河水	%	0.08
其　他	%	0.75	其　他	%	0
2.住宅建筑式样(合计)	%	100.00	12.卫生设备(合计)	%	100.00
单栋住宅	%	0.08	无卫生设备	%	1.28
四居室	%	1.35	有厕所浴室	%	62.72
三居室	%	17.81	有厕所无浴室	%	34.46
二居室	%	60.41	公　用	%	1.54
一居室	%	16.08	13.取暖设备(合计)	%	100.00
普通楼房	%	1.77	无取暖设备	%	0.07
平房及其他	%	2.50	空调设备	%	0.11
3.建筑年份	年	15.40	暖　气	%	97.05
4.装修状况(合计)	%	100.00	其　他	%	2.77
有装修	%	62.46	14.炊用燃料使用情况(合计)	%	100.00
未装修	%	37.54	管道煤气	%	72.61
5.现有住房按市场价估计值	元	106 476.20	液化石油气	%	24.47
6.租赁房房租	元	20.32	煤	%	1.56
7.自有房房租折算	元	78.78	其　他	%	1.36
8.购房年份	年	6.44	15.通信设备使用情况		—
9.购房总金额	元	43 170.98	(1)无电话(合计)	%	100.00
购房实际支出金额	元	40 837.16	是	%	1.59
10.饮水情况(合计)	%	100.00	否	%	98.41
自来水	%	83.74	(2)固定电话	户/百户	92.04
矿泉水	%	9.46	(3)移动电话	户/百户	116.80
纯净水	%	6.72	(4)使用互联网	户/百户	21.41

10—15 各地区城市居民家庭

（2006

品　名	单位	全省	沈阳	大连	鞍山	抚顺	本溪
成套家具	套	41.66	58.60	39.40	43.00	25.50	32.33
摩托车	辆	7.09	5.40	4.00	9.50	4.50	4.33
自行车	辆	102.90	139.20	29.80	124.00	59.50	21.33
助力车	辆	4.99	10.60	0.80	10.00	1.00	0.33
家用汽车	辆	1.56	3.00	1.80	0.50	0.50	0.67
洗衣机	台	89.29	91.00	93.40	78.50	83.50	85.67
电风扇	台	71.54	71.20	83.80	64.50	69.50	57.00
电冰箱	台	89.37	93.20	95.80	92.50	85.50	84.00
冰柜	台	8.36	7.00	10.20	7.50	7.00	8.00
彩色电视机	台	123.54	129.20	131.60	123.00	117.50	115.33
影碟机	台	52.92	54.40	60.20	39.50	56.50	61.00
录音机	台	39.78	43.00	55.40	47.50	44.50	35.33
录放像机	台	19.75	24.60	43.20	14.00	10.50	11.67
家用电脑	台	34.98	43.40	58.60	25.00	28.00	27.00
组合音响	套	20.99	23.20	33.60	19.50	19.50	19.00
摄像机	架	6.23	11.00	10.80	4.50	3.00	3.00
照相机	架	43.93	58.20	71.80	39.00	36.50	35.33
钢琴	架	2.09	2.40	3.60	3.00	3.00	1.00
其他中高档乐器	件	5.94	7.20	7.60	2.50	8.00	4.67
微波炉	台	44.55	64.20	66.60	30.00	38.50	39.00
空调器	台	14.97	21.60	23.00	8.50	5.50	5.33
取暖器	台	15.09	13.80	28.00	10.00	17.00	22.67
电炊具	台	91.30	95.20	86.40	59.00	81.50	118.00
淋浴热水器	台	61.50	72.40	82.80	54.50	52.50	34.33
排油烟机	台	79.78	89.00	88.20	51.00	84.00	31.67
消毒碗柜	台	5.01	9.60	9.20	0.00	1.50	2.33
洗碗机	台	0.59	0.60	1.40	0.50	0.00	0.33
饮水机	台	26.74	37.40	25.80	10.50	14.00	14.00
吸尘器	台	22.22	33.00	30.00	20.50	18.00	8.33
健身器材	套	3.73	4.60	7.40	4.50	2.50	2.00
普通电话	部	92.04	93.40	95.80	94.00	91.50	82.00
移动电话	部	116.80	113.60	157.40	95.00	100.50	130.33
传真机	部	0.78	2.00	0.80	0.50	0.00	0.33

平均每百户耐用品拥有量

年末）

丹东	锦州	营口	阜新	辽阳	盘锦	铁岭	朝阳	葫芦岛
42.50	47.50	23.50	20.40	35.00	60.00	8.00	17.00	80.00
1.50	14.00	6.50	8.80	7.50	12.00	2.00	8.00	7.00
146.50	130.50	162.50	144.40	131.00	97.00	110.00	160.00	96.00
1.00	8.50	5.00	4.40	5.50	4.00	2.00	5.00	2.00
0.00	1.50	0.00	0.40	3.50	4.00	2.00	0.00	1.00
92.50	89.50	92.50	90.40	91.00	91.00	86.00	95.00	99.00
65.50	70.50	53.50	67.60	79.50	81.00	50.00	75.00	89.00
82.50	86.00	91.00	78.40	93.50	100.00	73.00	90.00	92.00
10.00	8.00	6.50	7.60	16.00	7.00	4.00	10.00	8.00
128.00	114.00	127.50	117.60	118.00	123.00	111.00	112.00	124.00
46.50	46.50	41.50	32.00	49.00	61.00	37.00	51.00	57.00
38.00	23.50	20.50	18.80	33.00	41.00	18.00	26.00	42.00
19.50	13.50	7.00	8.40	15.50	20.00	3.00	11.00	11.00
23.50	26.00	29.50	22.00	34.50	44.00	16.00	23.00	30.00
20.50	15.50	13.50	14.80	21.00	25.00	7.00	13.00	21.00
3.00	5.50	3.00	2.00	5.50	4.00	0.00	6.00	0.00
27.50	30.50	26.00	18.80	42.50	44.00	16.00	27.00	34.00
1.00	0.50	3.50	1.20	2.00	1.00	0.00	0.00	2.00
6.00	1.00	4.50	2.00	5.00	5.00	1.00	8.00	6.00
34.50	25.00	46.50	17.60	40.00	30.00	22.00	35.00	25.00
4.00	14.00	15.50	12.00	17.00	16.00	4.00	31.00	10.00
9.00	4.50	10.00	6.00	14.00	11.00	3.00	11.00	15.00
32.50	64.00	76.50	148.00	57.00	78.00	105.00	94.00	118.00
52.50	63.00	57.00	51.20	59.50	85.00	29.00	44.00	54.00
40.00	84.00	91.00	70.00	93.00	97.00	77.00	88.00	93.00
0.50	3.00	4.50	2.40	5.50	4.00	4.00	5.00	1.00
0.50	0.50	0.00	0.00	3.00	0.00	0.00	0.00	0.00
5.00	30.00	28.50	18.40	31.50	57.00	14.00	17.00	47.00
8.00	12.00	22.00	9.20	24.00	22.00	8.00	19.00	14.00
0.50	3.00	0.50	2.00	4.50	2.00	3.00	3.00	0.00
87.50	93.50	96.00	83.20	90.00	92.00	88.00	92.00	92.00
91.00	98.00	107.00	105.60	122.00	132.00	87.00	126.00	132.00
0.50	0.00	0.50	0.00	1.00	0.00	0.00	0.00	0.00

10—16 农民家庭基本情况

指　　标	单 位	2000年	2002年	2003年	2004年	2005年	2006年
调 查 户 数	**户**	**1 890**	**1 890**	**1 890**	**1 890**	**1 890**	**1 890**
调查户人口							
1.常 住 人 口	人	6 810	6 627	6 540	6 466	6 368	6 315
2.平均每户常住人口	人	3.60	3.51	3.46	3.42	3.37	3.34
3.平均每户整、半劳动力	人	2.65	2.57	2.58	2.57	2.52	2.5
4.平均每个劳动力负担人口(含本人)	人	1.36	1.36	1.34	1.33	1.34	1.34
平均每人全年收入							
1.总　收　入	元	3 588.6	4 205.8	4 458.3	4 888.0	6 028.3	6 521.4
2.纯　收　入	元	2 355.6	2 751.3	2 934.2	3 307.1	3 690.2	4 090.4
3.现 金 收 入	元	3 050.8	3 484.4	3 771.2	4 061.5	5 491.4	5 783.5
按人均纯收入分组的户数占调查户数比重							
200元以下	%	2.50	1.53	1.27	0.80	1.69	1.32
200 — 500	%	4.30	2.17	2.38	0.95	1.06	0.85
500 — 800	%	6.70	3.81	5.08	2.59	1.43	1.75
800 — 1000	%	4.40	3.65	3.81	2.43	1.38	1.22
1000 — 1200	%	5.70	4.76	3.86	2.91	2.38	2.17
1200 — 1500	%	5.00	8.94	6.67	4.71	4.87	3.44
1500 — 1700	%	6.60	5.13	3.65	4.76	4.18	3.81
1700 — 2000	%	8.60	8.52	7.41	6.19	6.35	4.92
2000 — 2500	%	14.10	13.76	13.07	12.43	10.21	10.42
2500 — 3000	%	11.10	10.48	10.69	12.49	11.22	10.47
3000 — 3500	%	8.40	9.42	10.53	10.95	8.84	9.37
3500 — 4000	%	5.00	6.77	7.62	8.99	9.26	7.46
4000 — 4500	%	4.00	5.29	5.82	6.98	8.31	7.04
4500 — 5000	%	2.10	3.23	3.97	4.76	5.03	6.3
5000 元 以 上	%	11.50	12.54	14.18	18.04	23.81	29.46
平均每人全年支出	**元**	**3 467.5**	**3 525.2**	**3 618.7**	**3 888.8**	**5 566.3**	**5 959.4**
家庭经营费用支出	元	1 006.0	1 137.9	1 261.1	1 352.4	2 061.2	2 126.6
购置生产性固定资产支出	元	107.7	100.3	144.4	135.6	238.5	146.9
税 费 支 出	元	136.5	115.1	80.1	48.9	6.3	5.1
生活消费支出	元	1 753.5	1 781.3	1 884.1	2 073.0	2 699.7	3 066.9
财 产 性 支 出	元	58.3	10.6	14.1	15.7	37.1	47.8
转 移 性 支 出	元	323.5	380.1	235.0	263.3	521.8	565.1

10—17 农民家庭人均总收入与人均纯收入

单位:元

指标	2005年	2006年	构成(%) 2005年	构成(%) 2006年
一、总收入	**6 028.3**	**6 521.4**	**100.0**	**100**
(一)工资性收入	1 212.2	1 499.5	20.1	23
在非企业组织中得到收入	301.5	376.2	5.0	5.8
在本乡地域内劳动得到收入	585.3	720.8	9.7	11
外出从业得到收入	325.4	402.5	5.4	6.2
(二)家庭经营收入	4 379.6	4 515.5	72.7	69.2
(三)财产性收入	113.2	141.8	1.9	2.2
(四)转移性收入	323.2	364.7	5.4	5.6
二、人均纯收入	**3 690.2**	**4 090.4**	**100.0**	**100**
(一)工资性收入	1 212.2	1 499.5	32.8	36.7
在非企业组织中得到收入	301.5	376.2	8.2	9.2
在本乡地域内劳动得到收入	585.3	720.8	15.9	17.6
外出从业得到收入	325.4	402.5	8.8	9.9
(二)家庭经营净收入	2 163.5	2 210.8	58.6	54
1.农业	1 361.4	1 432.9	36.9	35
2.林业	17.7	18	0.5	0.4
3.牧业	460.6	431.6	12.5	10.6
4.渔业	42.1	3.1	1.1	0.1
5.工业	26.6	44	0.7	1.1
6.建筑业	22.8	13.3	0.6	0.3
7.交通运输、邮电业	83.7	82	2.3	2
8.批零贸易、餐饮业	83.4	116.1	2.3	2.8
9.社会服务业	23.5	29.8	0.6	0.7
10.文教卫生业	16.4	23.2	0.4	0.6
11.其他家庭经营	25.4	16.9	0.7	0.4
(三)财产性净收入	113.2	141.8	3.1	3.5
(四)转移性净收入	201.3	238.3	5.5	5.8

10—18 各地区农民家庭人均纯收入

单位:元

地　　区	2000年	2002年	2003年	2004年	2005年	2006年
全　　省	**2 356**	**2 751**	**2 934**	**3 307**	**3 690**	**4 090**
沈　　阳	3 115	3 500	3 818	4 347	5 050	5 712
大　　连	3 740	4 140	4 513	5 106	5 903	6 984
鞍　　山	3 596	3 782	4 000	4 253	4 750	5 282
抚　　顺	2 763	3 113	3 308	3 580	3 743	4 160
本　　溪	2 752	3 150	3 372	3 663	4 022	4 455
丹　　东	2 974	3 263	3 480	3 816	4 178	4 650
锦　　州	2 295	2 822	3 020	3 400	3 730	4 165
营　　口	2 899	3 302	3 561	3 868	4 503	5 001
阜　　新	1 058	1 592	2 008	2 609	3 090	2 852
辽　　阳	2 902	3 200	3 465	3 800	4 133	4 600
盘　　锦	3 500	3 779	4 044	4 630	5 067	5 711
铁　　岭	2 503	2 929	3 137	3 482	3 756	4 222
朝　　阳	1 008	1 644	1 843	2 415	3 002	3 365
葫 芦 岛	1 850	2 416	2 572	3 052	3 428	3 650

注:1985年葫芦岛市未成立,该年数字包括在锦州及朝阳市内。

10—19 各地区农民家庭纯收入来源

(2006年)

单位:元

地区	人均纯收入	工资性收入	家庭经营纯收入	财产性收入	转移性收入
全省	**4 090.4**	**1 499.5**	**2 210.8**	**141.8**	**238.3**
沈阳	5 712.5	1 874.1	3 293.6	296.1	248.7
大连	6 984.5	2 726.2	3 666.3	198.1	393.9
鞍山	5 281.6	2 174.1	2 834.7	58.4	214.4
抚顺	4 159.6	1 678.9	2 305.8	72.9	102
本溪	4 455	2 021.4	2 209.8	107.6	116.2
丹东	4 649.7	2 367.2	1 878.5	102.4	301.6
锦州	4 165.3	1 075.9	2 882.9	66.5	140
营口	5 001.4	2 171.4	2 476.5	91.4	262.1
阜新	2 851.9	813.4	1 753	112.1	173.4
辽阳	4 730.1	2 240.5	2 209.9	197.3	82.4
盘锦	5 711.1	1 208.2	4 043.1	158.2	301.6
铁岭	4 222.4	1 372	2 612.2	101.6	136.6
朝阳	3 365.1	1 315.7	1 676	237.8	135.6
葫芦岛	3 650.4	1 562.9	1 915.9	98	73.6

10—20 农民家庭人均总支出

单位:元

指　　标	2005年	2006年	构　　成(%)	
			2005年	2006年
总　支　出	**5 566.3**	**5 959.4**	**100**	**100**
(一)家庭经营费用支出	2 061.1	2 126.6	37.03	35.69
(二)购置生产性固定资产支出	238.4	146.9	4.28	2.47
(三)税　费　支　出	6.3	5.1	0.11	0.09
(四)生活消费支出	2 699.7	3 066.9	48.50	51.47
1.食　　品	1 124.3	1 162.5	20.20	19.51
2.衣　　着	214.7	243	3.86	4.08
3.居　　住	366.9	509.7	6.59	8.55
4.家庭设备、用品及服务	100.4	112.2	1.80	1.88
5.医　疗　保　健	287.6	267.9	5.17	4.5
6.交　通　和　通　讯	339.4	337.1	6.10	5.66
7.文教娱乐用品及服务	198.5	354.6	3.57	5.95
8.其他商品和服务	67.9	79.9	1.22	1.34
(五)财　产　性　支　出	37.1	47.8	0.67	0.8
(六)转　移　性　支　出	521.8	565.1	9.37	9.48

10—21 各地区农民家庭人均生活消费支出

(2006 年)

单位:元

地区	生活消费支出合计	1. 食品	2. 衣着	3. 居住	4. 家庭设备用品	5. 交通和通讯	6. 文教娱乐用品及服务	7. 医疗保健	8. 其他商品和服务
全省	**3 066.87**	**1 162.53**	**242.98**	**509.66**	**112.22**	**337.08**	**354.59**	**267.86**	**79.94**
沈阳	3 494.34	1 243.13	313.67	662.61	123.88	415.92	404.26	230.50	100.37
大连	4 281.95	1 702.94	344.77	656.07	167.15	413.27	500.29	371.93	125.53
鞍山	3 560.18	1 337.27	276.21	755.88	121.36	342.36	362.17	240.79	124.14
抚顺	2 776.47	1 117.58	245.94	421.80	87.71	259.78	324.09	242.23	77.34
本溪	3 509.52	1 344.70	266.25	703.91	122.89	332.03	404.31	293.43	42.00
丹东	3 301.11	1 397.57	258.07	576.29	109.99	337.80	255.83	270.72	94.84
锦州	2 644.77	996.57	224.15	446.48	99.25	289.45	294.02	235.22	59.63
营口	3 857.02	1 215.59	338.77	623.45	143.34	390.01	803.18	224.31	118.37
阜新	2 770.05	1 179.25	284.87	310.73	101.93	337.82	314.56	202.88	38.01
辽阳	2 813.72	1 123.14	301.81	389.78	130.91	316.91	293.67	178.24	79.26
盘锦	3 806.43	1 648.41	323.37	686.61	148.46	321.04	344.65	254.87	79.04
铁岭	2 838.85	1 161.50	222.81	500.19	87.95	283.04	337.19	180.28	65.89
朝阳	3 097.61	1 112.35	190.48	624.43	108.07	335.76	390.09	269.23	67.20
葫芦岛	2 795.70	1 004.12	228.39	474.68	113.81	354.93	353.42	223.95	42.40

10—22 农村居民人均食品消费情况

单位:公斤

指标	2005年	2006年	指标	2005年	2006年
一、谷物和薯类	191.51	189.12	肉禽制品	2.03	1.57
#小麦	36.23	36.35	六、蛋类及蛋制品	8.58	9.35
稻谷	96.17	93.69	七、奶及奶制品	2.53	3.08
玉米	38.55	39.69	八、水产品	5.74	6.18
薯类	2.09	2.06	鱼类	4.11	3.8
二、豆类及豆制品	8.21	8.32	虾、贝、蟹类	1.13	1.9
大豆	3.84	3.91	藻类	0.15	0.18
三、蔬菜及菜制品	173.58	171.78	其他	0.35	0.3
四、油脂类	7.21	6.86	九、食糖	0.7	0.79
植物油	6.43	5.88	十、酒	13.72	13.6
动物油	0.78	0.98	#白酒	4.48	4.18
五、肉禽及其制品	21.96	22.54	啤酒	9.12	9.3
#猪肉	16.91	18.46	果酒	0.08	0.08
牛肉	0.51	0.4	十一、糖果		
羊肉	0.44	0.35	十二、水果及水果制品	26.21	19.2
家禽	2.08	1.77	十三、坚果及果仁制品	0.59	0.59

10—23 农民家庭平均每百户年末耐用消费品拥有量

品名	单位	2000年	2002年	2003年	2004年	2005年	2006年
大型家具	台	123.49	140.63	144.55	135.84	141.69	149.31
洗衣机	台	54.97	56.08	58.52	58.68	63.71	68.04
电风扇	台	48.84	51.32	51.53	52.59	58.73	60.95
电冰箱	台	14.97	16.67	18.31	19.52	28.04	32.22
空调机	台	0.21	0.32	0.32	0.42	0.79	0.53
抽油烟机	台	2.59	2.28	2.80	3.17	7.35	7.62
吸尘器	台	0.63	0.58	0.74	0.63	1.48	1.64
微波炉	台	0.11	0.11	0.26	0.63	2.70	4.34
热水器	台	1.59	1.75	2.33	2.75	5.19	6.08
自行车	辆	127.99	127.99	125.87	123.92	104.29	105.66
摩托车	辆	23.81	29.68	33.39	35.45	45.40	50.05
汽车(生活用)	台	0	0.16	0.42	0.63	0.26	0.37
电话机	部	39.37	57.99	71.38	76.14	87.25	90.98
移动电话	部	4.5	12.28	20.32	24.97	53.49	66.61
寻呼机	台	10.37	9.52	5.82	3.70	0.53	0.26
彩色电视机	台	72.65	81.22	86.93	91.69	102.28	106.67
黑白电视机	台	37.99	31.64	26.30	21.59	9.05	5.29
录放像机	台	4.55	5.29	5.29	6.83	4.44	5.19
摄像机	台	0.16	0.32	0.53	0.69	0.58	0.74
影碟机	台	14.02	20.11	25.13	27.20	43.54	45.71
组合音响	台	12.01	13.33	14.60	14.18	13.49	15.03
收录机	台	20.26	19.95	17.41	16.88	8.94	10.21
照相机	架	4.92	4.97	4.76	4.39	6.14	6.3
家用计算机	台	0.21	0.42	0.74	1.38	2.59	3.17
中高档乐器	件	0.26	0.16	0.11	0.05	0.69	0.53

10—24 各地区农村居民

(2006

地区	粮食	油脂类	烟叶	豆制品	蔬菜及菜制品	瓜类
全省	**193.96**	**6.86**	**0.32**	**3.49**	**171.78**	**3.22**
沈阳	184.09	9.69	0.41	3.22	241.46	3.14
大连	149.35	6.19	0.27	2.83	166.31	3.87
鞍山	213.90	8.69	0.45	2.88	184.45	3.57
抚顺	181.01	6.33	0.31	1.07	145.59	2.13
本溪	203.30	8.54	0.57	2.85	143.96	2.80
丹东	165.17	4.02	0.23	3.53	195.49	3.33
锦州	159.12	7.77	0.29	5.43	147.00	2.59
营口	197.02	6.07	0.27	3.77	147.98	2.91
阜新	208.25	7.55	0.45	1.77	192.39	3.63
辽阳	181.61	9.66	0.09	2.73	168.21	1.82
盘锦	207.71	13.51	0.19	3.05	233.66	6.85
铁岭	200.73	9.00	0.30	2.70	143.30	2.60
朝阳	208.72	3.62	0.40	3.49	148.15	4.89
葫芦岛	129.7	7.15	0.22	4.72	113.26	1.39

人均主要食品消费量

年）

单位:公斤

水果类	茶叶	坚果	肉禽及制品	蛋类及其制品	奶及奶制品	水产品	食糖	酒
19.20	**0.27**	**0.59**	**22.54**	**9.35**	**3.08**	**6.18**	**0.79**	**13.6**
14.43	0.55	1.37	14.99	6.97	4.25	3.98	0.68	14.36
34.56	0.04	0.98	38.12	3.48	8.4	14.85	0.95	14.26
18.60	0.07	0.35	19.99	9.76	2.05	4.04	0.59	12.44
14.80	0.03	0.72	19.64	8.13	2.35	3.53	0.91	12.98
22.64	0.06	1.71	32.07	9.23	3.03	4.91	0.84	16.96
25.70	0.10	2.02	37.25	11.72	3.60	8.57	0.85	12.07
14.33	0.10	0.19	12.22	6.94	2.33	3.25	1.06	10.96
22.46	0.05	0.44	15.43	6.80	2.32	6.75	0.61	8.64
13.72	0.65	0.21	26.93	8.50	2.49	2.78	0.60	19.66
18.37	0.08	1.15	15.06	8.34	2.75	4.41	0.62	11.55
25.31	0.05	0.53	30.07	12.49	3.51	16.11	0.46	11.99
15.60	1.00	1.20	15.80	6.90	2.40	2.40	0.50	14.40
19.59	0.19	0.46	22.96	8.58	4.56	2.74	0.70	19.22
13.13	0.15	0.45	14.45	5.07	2.40	3.65	0.81	14.25

10—25　各地区农村居民平均每百户主要耐用消费品拥有量

（2006 年末）

地　　区	大型家具（件）	洗衣机（台）	电风扇（台）	电冰箱（台）	空调机（台）	抽油烟机（台）	吸尘器（台）	微波炉（台）	热水器（台）	自行车（辆）	摩托车（辆）
全　　省	**149**	**68**	**61**	**32**	**1**	**8**	**2**	**4**	**6**	**106**	**50**
沈　　阳	84	74	59	35	3	20	6	12	10	114	41
大　　连	144	66	84	70	4	16	5	11	18	100	53
鞍　　山	167	73	63	40	1	11	2	3	4	120	43
抚　　顺	189	57	28	23	2	5	1	5	5	88	36
本　　溪	95	64	26	37	2	8	2	4	5	94	32
丹　　东	177	76	60	39	1	13	2	7	8	129	43
锦　　州	106	83	72	29	1	11	1	2	2	98	44
营　　口	115	77	60	40	2	6	2	5	2	111	44
阜　　新	95	82	66	20	1	2		1	1	85	70
辽　　阳	29	70	53	39	3	18	1	5	3	98	21
盘　　锦	120	86	77	39	2	13	2	5	7	142	52
铁　　岭	95	76	45	15	1	6	1	6	3	109	42
朝　　阳	159	62	69	24	0	6	0	2	2	103	53
葫 芦 岛	116	83	70	41	1	12	1	4	5	79	56

10—25 续表

（2006 年末）

地　　区	汽车（生活用）（辆）	电话机（部）	移动电话（部）	彩色电视机（台）	黑白电视机（台）	录放像机（台）	影碟机（台）	组合音响（台）	收录机（台）	照相机（架）	家用计算机（台）
全　　省		**91**	**67**	**107**	**5**	**5**	**46**	**15**	**10**	**6**	**3**
沈　　阳	2	92	77	108	2	6	53	16	13	14	10
大　　连	2	96	98	111	5	13	52	23	17	17	8
鞍　　山	0	94	72	113	3	2	41	19	12	7	3
抚　　顺	1	92	68	111	5	2	40	12	4	4	2
本　　溪	6	98	73	108	3	2	50	13	5	9	1
丹　　东	2	93	91	117	5	6	46	27	9	8	2
锦　　州	0	97	53	104	3	2	47	20	10	7	2
营　　口	1	93	104	121	0	6	30	7	13	4	2
阜　　新	1	88	68	106	4	5	40	10	11	4	2
辽　　阳	0	85	63	101		9	30	12	7	11	1
盘　　锦	0	98	78	112	3	4	59	18	16	9	5
铁　　岭	2	81	64	104	4	3	46	14	3	4	1
朝　　阳	4	82	67	100	12	1	43	15	12	4	1
葫 芦 岛	5	89	63	106	3	9	42	16	5	3	3

10—26 农民家庭住房情况

指标	单位	2003年	2004年	2005年	2006年
期末住房情况					
(一)住房面积	平方米/人	23.69	23.94	25.1	25.2
#租用住房面积	平方米/人	0.03	0.04	0.1	0.1
(二)住房价值	元/平方米	278.91	285.22	343.5	356.1
(三)住房类型					
1.楼房	平方米/人	0.45	0.44	1.3	0.9
2.砖瓦平房	平方米/人	22.45	22.87	23.0	23.2
3.其他	平方米/人	0.79	0.62	0.8	1
(四)住房结构					
1.钢筋混凝土结构	平方米/人	2.68	3.27	4.3	4.4
2.砖木结构	平方米/人	20.77	20.44	20.5	20.4
3.其他	平方米/人	0.25	0.23	0.3	0.4
期内新建(购)住房情况					
(一)新建(购)住房面积	平方米/人	0.47	0.39	0.4	0.3
(二)新建(购)住房价值	元/平方米	386.44	420.97	188.0	192.4
(三)新建(购)住房类型					
1.楼房	平方米/人	0.02	0.02	0.0	0.1
2.砖瓦平房	平方米/人	0.42	0.37	0.4	0.3
3.其他	平方米/人	0.03	0	0	0
(四)新建住(购)房结构					
1.钢筋混凝土结构	平方米/人	0.25	0.15	0.1	0.1
2.砖木结构	平方米/人	0.22	0.25	0.3	0.2
3.其他	平方米/人		0	0	0
期内新建(购)住房资金来源					
1.自筹	元/人	168.43	138.42	158.1	178.3
2.银行、信用社贷款	元/人	0.31	4.64	8.6	3.9
3.其他	元/人	13.38	21.5	21.2	10.2
居住条件	**(百户均)**				
住房有卫生设备的户数	户	99.74	99.95	99.1	99.8
使用安全饮用水的户数	户	92.8	99.5	100	99.5
有取暖设备的户数	户	100	100	100	100
#1.空调	户	0.1	0.1	0.1	0.1
2.暖气	户	9.95	12.28	19.8	23.1
3.火炕	户	90.05	87.72	80.1	76.8
燃料使用情况	**(百户均)**				
#1.液化气	户	1.53	3.17	10.8	7.4
2.煤炭	户	9.21	8.15	4.3	5.3
3.柴草	户	89.26	88.68	83.9	86.1

主要统计指标解释

城镇居民家庭就业人口 指城镇居民从事社会劳动并取得劳动报酬或经营收入的人口。就业人口包括通过国家统筹规划和指导由劳动部门介绍就业，自愿组织起来就业和自谋职业等方式，在国有制、集体所有制、中外合资、中外合作、外资在华独资的企事业单位和私营企业单位工作或从事个体劳动的有固定性职业或临时性职业的人口。被聘用和留用的离退休人员也计入就业人口。本指标可以反映城镇居民的就业情况，是计算就业面、负担系数的重要资料。

城镇居民家庭总收入 指调查户中生活在一起的所有家庭成员在调查期得到的工薪收入、经营净收入、财产性收入、转移性收入的总和，不包括出售财物和借贷收入。

城镇居民可支配收入 指调查户可用于最终消费支出和其它非义务性支出以及储蓄的总和，即居民家庭可以用来自由支配的收入。它是家庭总收入扣除交纳的所得税、个人交纳的社会保障费以及调查户的记账补贴后的收入。

城镇居民工薪收入 指就业人员通过各种途径得到的全部劳动报酬，包括所从事的主要职业的工资以及从事第二职业、其他兼职和零星劳动得到的其它劳动收入。

城镇居家家庭总支出 指家庭除借贷支出外的全部实际支出。包括消费性支出、购房建房支出、转移性支出、财产性支出、社会保障支出。

城镇居民消费支出 指调查户用于本家庭日常生活的全部支出，包括食品、衣着、家庭设备用品及服务、医疗保健、交通和通讯、娱乐教育文化服务、居住、杂项商品和服务八大类等。不包括用于赠送的商品或服务。消费支出按商品(服务)的用途分类。

城镇居民服务性消费支出 指调查户用于本家庭支付社会提供的各种文化和生活方面的非商品性服务费用。不包括为别人付款的服务。服务消费与商品消费不同，其特点在于其劳动过程和消费过程在时间与空间上的统一。

农村居民家庭纯收入 指农村常住居民家庭总收入中，扣除从事经营费用支出、税费支出、赠送农村内部亲友和生产性固定资产折旧以后剩余的，可直接用于进行生产性、非生产性建设投资、生活消费和积蓄的那一部分收入。它是反映农民家庭实际收入水平的综合性的主要指标。农民家庭纯收入，既包括从事生产性和非生产性的经营收入，又包括取自在外人口寄回带回和国家财政救济、各种补贴等非经营性收入，既包括货币收入，又包括自产自用的实物收入。但不包括向银行、信用社和向亲友借款等属于借贷性的收入。

农村居民家庭整半劳动力 指农村常住居民家庭成员中有劳动能力并经常参加实际劳动的人员。是生产的基本要素指标之一，是发展生产增加农民家庭收入的重要源泉。按规定，农村男 18 周岁至 50 周岁、女 18 周岁至 45 周岁为整劳动力；男 16 周岁至 17 周岁、51 周岁至 60 周岁、女 16 周岁至 17 周岁、46 周岁至 55 周岁为半劳动力。农民家庭整半劳动力，既包括在上述规定劳动年龄内和在劳动年龄以外有劳动能力并经常参加实际劳动的男女整半劳动力；也包括农民家庭常住人员中属于职工的劳动力。但不包括在劳动年龄内已丧失劳动能力的人员。

农村居民家庭生活消费支出 指农村常住居民家庭年内用于日常生产的全部开支。它是用来反映和研究农民家庭实际生活消费水平高低的重要指标。农民家庭生活消费支出，包括用于吃、穿、住、烧、用等生活消费品开支和文化、生活服务费用开支两大部分。

农村居民家庭商品性生活消费支出 指农村常住居民家庭用其货币收入，在市场上购买食品、衣着、家庭用家具器皿、日用杂品、燃料、耐用消费品，以及文教卫生用品等生活消费总量。包括向国有商店、集体商店和集市贸易市场以及其他流通渠道购买的全部生活消费品。农民家庭商品性生活消费支出，是农民家庭生活消费支出的一个重要组成部分，是用来反映和分析农民家庭生活消费水平的商品化程度，及其由自给性经济向商品经济发展趋势的重要指标，也是研究和预测农民家庭对市场消费品需求，制定商品供应计划的重要依据。

城乡储蓄存款余额 城乡储蓄存款，包括城镇居民储蓄存款和农民个人储蓄存款两部分。不包括居民的手存现金和工矿企业、部队、机关团体等集团存款。储蓄存款余额，是指城乡居民存入银行及农村信用社储蓄的时点数(存入数扣除取出数的余额)，如月末、季末或年末数额。

第十一篇

城市建设

11

CHENGSHI
JIANSHE

11—1 城市公用事业基本情况

指　　标	单 位	2000 年	2002 年	2003 年	2004 年	2005 年	2006 年
自来水全年供水总量	亿 吨	30.9	28.0	28.1	28.1	28.3	19.4
#生 活 用 水 量	亿 吨	10.4	9.6	9.4	10.2	10.4	7.4
人均日生活用水量	升	162.4	143.8	127.6	147.2	147.3	134.1
用 水 普 及 率	%	98.2	87.1	87.9	93.0	93.8	96.7
公共车辆(汽、电车)数	辆	13 136	15 601	16 224	16 969	17 548	17 907
平均每万人拥有	标 台	8.5	7.8	8.2	8.6	8.9	9.7
道路长度	公 里	9 249	9 875	10 204	10 407	10 556	11 096
平均每万人拥有	公 里	5.9	4.9	5.0	5.1	5.1	5.6
道路面积	万平米	10 152	14 270	14 885	15 635	16 337	17 623
平均每万人拥有	万平米	6.5	7.1	7.4	7.7	8.0	8.9
排水管道长度	公 里	8 354	8 880	9 120	9 308	10 519	10 860
平均每万人拥有	公 里	5.3	4.4	4.5	4.6	5.1	5.5
公用煤气、液化气							
人工煤气全年供气总量	亿立米	8.2	6.1	6.9	6.1	6.4	5.4
#家庭用量	亿立米	3.8	4.0	5.0	4.3	4.3	3.6
煤气管道长度	公 里	4 470	4 718	4 871	4 535	4 897	4 702
天然气全年供气总量	亿立米	2.5	3.1	3.0	3.8	3.7	5.3
液化气家庭用量	亿立米	28.2	26.4	27.6	28.6	25.1	28.1
燃气普及率	%	89.3	82.0	85.6	87.2	88.1	92.3
城市绿化							
园林绿地面积	公 顷	61 432	61 519	65 211	71 797	74 583	63 535
每万人拥有园林绿地面积	公 顷	39.2	30.5	32.2	35.2	36.3	32.2
公园个数	个	197	212	225	247	259	260
公园面积	公 顷	4 751	6 083	6 946	7 862	8 300	9 814
清洁卫生							
生活垃圾清运量	万 吨	838	774	791	779	769	756
粪便清运量	万 吨	160	152	144	159	148	132
每万人拥有公共厕所	座	6.7	5.1	4.7	4.9	4.7	4.2

注:人均指标按全部城镇人口计算,2000 年以前是按城镇人口中的非农人口计算。

11—2 各市区城市设施水平

年份、城市	人均住宅建筑面积（平方米）	城市用水普及率（%）	城市燃气普及率（%）	每万人拥有公共交通车辆（标台）	人均拥有道路面积（平方米）	人均公园绿地面积（平方米）
2000		98.20	89.30	8.45	6.47	5.72
2001	18.88	86.92	76.79	7.35	6.91	5.01
2002	19.37	87.08	81.96	7.84	7.08	5.68
2003	20.24	87.88	85.55	8.18	7.35	6.25
2004	20.99	92.99	87.16	8.64	7.67	7.12
2005	21.97	93.83	88.11	8.94	7.95	7.49
2006	23.02	96.74	92.34	9.74	8.93	8.32
沈阳	25.01	98.96	99.24	12.62	9.77	9.73
大连	25.21	100.00	99.43	19.46	10.08	9.50
鞍山	19.71	96.73	98.91	9.02	9.15	8.57
抚顺	23.36	100.00	100.00	9.75	7.31	7.65
本溪	19.73	97.95	77.61	7.08	5.60	7.90
丹东	20.21	97.13	99.97	6.61	9.53	6.20
锦州	25.30	100.00	95.00	6.03	8.42	7.15
营口	20.45	99.92	100.00	5.99	6.53	10.03
阜新	18.84	95.91	53.71	3.47	5.38	6.55
辽阳	20.47	100.00	85.13	5.09	10.68	7.76
盘锦	27.57	100.00	100.00	7.04	11.12	6.65
铁岭	19.14	97.61	97.40	6.02	10.99	7.67
朝阳	24.78	75.11	74.25	2.58	5.69	7.28
葫芦岛	24.30	100.00	91.20	8.58	10.79	12.55

11—3 各地区城市建设情况

年份、城市	建成区面积（平方公里）	征用土地面积（平方公里）	城市人口密度（人/平方公里）	年末实有房屋建筑面积（万平方米）	年末实有住宅建筑面积（万平方米）
2000	1558.6	22.6	1 174	52 481	30 841
2001	1612.4	11.2	1 236	57 657	33 982
2002	1660.4	21.2	1 246	62 065	36 970
2003	1694.6	36.6	1 244	67 316	40 488
2004	1737.3	38.7	1 256	70 939	42 615
2005	1779.9	71.9	1 243	74 153	44 978
2006	1859.6	77.2	2 163	77 698	47 546
沈阳	325.0	30.9	5 147	20 001	11 372
大连	258.0	4.0	2 669	13 234	7 893
鞍山	140.4	1.5	5 952	6 459	4 252
抚顺	120.5	0.9	2 432	5 652	3 635
本溪	106.5	2.7	1 199	3 552	1 947
丹东	53.4	7.8	4 921	3 263	2 128
锦州	63.6	1.4	2 018	4 389	2 867
营口	92.8	1.4	4 727	3 726	2 371
阜新	66.0	0.9	1 746	2 242	1 307
辽阳	83.6	1.3	1 253	2 482	1 397
盘锦	57.6	1.6	2 201	3 097	1 969
铁岭	39.1	1.2	4 262	3 051	1 958
朝阳	29.0		932	3 222	2 169
葫芦岛	64.3	2.7	709	3 326	2 281

11—4 各地区城市市政设施情况

年份、城市	年末实有道路长度（公里）	年末实有道路面积（万平方米）	城市桥梁（座）	城市排水管道长度（公里）	城市污水日处理能力（万立方米）	道路照明灯（千盏）
2000	9249	10 152	1 253	8 354	110.7	298
2001	9462	13 793	1 260	8 394	122.9	372
2002	9875	14 270	1 247	8 880	200.4	482
2003	10204	14 885	1 326	9 120	249	635
2004	10407	15 635	1 300	9 308	306.1	664
2005	10556	16 337	1 232	10 519	347.1	786
2006	11096	17 623	1 314	10 860	365.6	804
沈阳	2533	4 323	233	2 932	127.0	153
大连	1793	2 791	140	1 997	51.5	167
鞍山	469	1 289	23	493	33.0	43
抚顺	605	956	99	691	25.0	26
本溪	443	512	157	354	35.0	16
丹东	340	604	108	243		25
锦州	425	741	37	445	10.0	13
营口	449	563	36	495	10.0	0
阜新	324	421	36	242		10
辽阳	619	768	88	644	31.5	66
盘锦	337	651	55	419	10.0	29
铁岭	182	414	10	172	10.0	19
朝阳	222	283	11	198		11
葫芦岛	401	440	34	205	13.6	13

11—5 各地区城市供水情况

年份、城市	年末供水综合生产能力(万立方米/日)	年末供水管道长度(公里)	全年供水总量(万立方米)	#生活用水	#生产用水	用水人口(万人)	人均日生活用水量(升)
2000	1393	20 627	308 500	103 812	163 667	1 751	162.4
2001	1351	21 708	297 247	101 406	164 091	1 734	160.2
2002	1338	21 602	279 644	95 501	136 908	1 755	149.1
2003	1347	21 999	280 510	94 322	131 973	1 780	145.2
2004	1357	23 636	281 080	101 877	126 676	1 896	147.2
2005	1339	23 211	282 618	103 683	130 232	1 929	147.3
2006	889	22 093	193 825	73 794	45 301	1 736	134.1
沈阳	155.6	2 704	66 008	22 648	13 062	396.0	173.1
大连	169.2	4 205	37 443	11 980	8 240	277.0	118.7
鞍山	46.3	2 093	12 373	4 985	3 035	135.2	102.7
抚顺	110.7	1 749	12 780	4 502	6 319	128.3	155.1
本溪	35.6	458	5 516	3 238	816	77.9	128.9
丹东	76.0	668	5 903	2 028	1 326	60.4	100.2
锦州	36.6	627	8 821	3 301	2 936	78.8	136.7
营口	55.2	1 642	6 591	3 183	1 520	85.1	106.1
阜新	28.0	1 311	7 202	2 962	2 110	73.0	121.9
辽阳	27.7	732	4 376	2 292	708	58.7	213.2
盘锦	7.5	447	2 693	1 896	125	32.6	194.6
铁岭	17.6	670	3 159	1 390	229	36.8	109.3
朝阳	15.6	328	2 383	1 210	278	30.0	133.7
葫芦岛	30.0	939	3 586	1 718	1 110	40.8	115.4

11—6 各地区城市燃气情况

年份、城市	人工煤气生产能力(万立米/日)	管道长度(公里)			全年供气总量			用气人口(万人)		
		人工煤气	液化石油气	天然气	人工煤气(万立米)	液化石油气(吨)	天然气(万立米)	人工煤气	液化石油气	天然气
2000	163.1	4 470	195	2 950	81 957	379 194	24 923	422.1	568.8	409.9
2001	201.5	4 595	217	3 169	58 642	387 530	30 764	458.5	645.8	427.6
2002	218.7	4 718	254	3 355	61 430	377 990	30 701	511.6	698.5	441.5
2003	230.5	4 871	290	4 286	69 121	432 358	30 338	541.6	734.4	456.5
2004	214.4	4 535	198	5 214	61 112	456 355	37 698	474.7	726.8	575.9
2005	190.8	4 897	437	4 979	63 614	402 659	36 817	531.5	713.1	566.6
2006	168.9	4 702	478	5 610	54 347	487 296	53 495	474.1	718.5	629.5
沈阳				2 295		108 150	22 816		83.3	356.0
大连	75.0	2 036	262		25 041	150 083		184.0	91.4	
鞍山		1 049		332	11 390	10 235	2 058	94.8	9.3	35.2
抚顺				650		26 050	12 791		63.1	67.7
本溪	0.6	281	19		4 459	635		54.0	17.0	
丹东	21.0	367			3 735	6 330		46.0	17.4	
锦州	32.8	699	39		6 353	16 306		66.7	16.9	
营口			8	287		25 918	938		61.2	25.0
阜新				220		4 713	1 946		16.0	26.0
辽阳			3	354		15 300	753		36.1	25.1
盘锦			10	353		19 679	884		38.8	19.8
铁岭				360		1 925	2 749		7.7	29.0
朝阳	1.5	234			1 609	3 645		26.2	10.7	
葫芦岛			4	468		8 520	1 260		10.5	26.7

11—7 各地区城市集中供热情况

年份、城市	供热能力		供热总量		管道长度(公里)		供热面积
	蒸汽(吨/小时)	热水(兆瓦)	蒸汽(万吉焦)	热水(万吉焦)	蒸汽	热水	(万平方米)
2000	11 569	19 154	2 201	11 388	1 303	7 211	20 030
2001	11 435	20 564	2 747	12 888	1 659	8 617	22 048
2002	10 911	29 269	3 437	19 616	1 722	9 679	24 963
2003	10 975	30 874	3 999	19 719	1 707	10 927	29 669
2004	11 844	30 488	5 269	18 729	1 711	12 376	38 150
2005	12 583	36 051	6 435	22 508	2 312	14 093	47 621
2006	10 967	43 765	5 936	26 157	2 143	14 770	46 773
沈阳	699	9 306	116	5 930	706	3 212	15 800
大连	4 014	8 571	2 652	4 349	302	2 408	9 485
鞍山	180	2 883	165	2 062	12	1 829	2 554
抚顺	1 577	1 406	694	981	374	305	1 200
本溪	225	1 234	200	643	110	317	1 500
丹东	860	1 202	570	1 512	90	255	1 190
锦州	1 032	2 199	184	1 621	70	1 352	2 027
营口	150	212	46	28		12	365
阜新		1 345		1 014		548	1 656
辽阳	754	1 399	236	901	71	477	1 649
盘锦		1 592		1 092		440	1 250
铁岭	105	1 235	17	625	15	491	1 066
朝阳	260	766	336	1 189	42	665	1 050
葫芦岛		2 461		875		375	1 138

11—8 各地区城市公共交通情况

年份、城市	年末公共汽(电)车运营数(辆)	公共汽车	无轨电车	客运总量(万人次)	出租汽车(辆)
2000	13136	12 919	217	297 305	75 389
2001	14363	14 300	63	321 362	75 415
2002	15601	15 538	63	321 107	79 086
2003	16224	16 161	63	333 104	83 730
2004	16969	16 920	49	335 576	84 578
2005	17548	17 503	45	314 394	81 020
2006	17907	17 846	61	329 906	78 510
沈阳	5096	5 096		90 558	17 316
大连	4279	4 218	61	105 958	9 643
鞍山	1242	1 242		18 815	5 375
抚顺	1233	1 233		28 820	4 563
本溪	559	559		20 216	2 594
丹东	407	407		6 379	1 650
锦州	537	537		8 428	3 884
营口	516	516		5 821	4 900
阜新	343	343		4 355	2 810
辽阳	381	381		5 130	2 605
盘锦	420	420		4 100	3 226
铁岭	252	252		2 800	2 112
朝阳	153	153		1 235	2 678
葫芦岛	339	339		8 286	4 122

11—9 各地区城市园林绿化情况

年份、城市	城市园林绿地面积（公顷）	#公园绿地	公园（个）	公园面积（公顷）
2000	61 432	8 977	197	4 751
2001	65 394	10 002	206	5 852
2002	61 519	11 451	212	6 083
2003	65 211	12 654	225	6 946
2004	71 797	14 513	247	7 862
2005	74 583	15 387	259	8 300
2006	63 535	16 426	260	9 814
沈阳	11 974	4 307	53	3 716
大连	10 668	2 631	50	1 105
鞍山	4 930	1 207	6	476
抚顺	4 643	1 001	15	742
本溪	4 407	722	9	356
丹东	1 885	393	5	274
锦州	2 256	629	15	376
营口	2 877	864	13	637
阜新	1 930	512	13	358
辽阳	2 721	558	11	141
盘锦	1 867	389	7	234
铁岭	1 327	289	7	70
朝阳	802	362	4	115
葫芦岛	2 612	512	6	252

11—10 各地区城市环境卫生情况

年份、城市	清扫保洁面积（万平方米）	生活垃圾清运量（万吨）	粪便清运量（万吨）	市容环卫专用车辆总数（台）	公共厕所（座）	#三级以上
2000	16588	838	160	3 009	10 523	
2001	16574	768	148	2 997	9 211	
2002	17772	774	152	3 017	10 352	
2003	18590	791	144	2 920	9 529	
2004	18931	779	159	2 883	10 077	
2005	19588	769	148	3 313	9 661	
2006	21864	756	132	3 381	8 321	753
沈阳	8221	164.5	17.2	984	1 331	331
大连	2787	79.0	7.0	340	504	220
鞍山	1365	36.7	1.8	185	93	
抚顺	1162	50.0	6.6	160	500	15
本溪	532	35.7	5.6	123	623	12
丹东	682	27.3	9.6	191	918	15
锦州	792	32.0	5.5	192	300	21
营口	464	31.0	7.0	130	395	16
阜新	410	40.0	6.0	106	151	15
辽阳	814	21.9	13.2	146	544	34
盘锦	641	16.0	4.0	147	130	26
铁岭	517	15.5	0.8	39	155	18
朝阳	339	32.0	2.0	54	296	12
葫芦岛	529	11.5	1.4	58	135	12

主要统计指标解释

统计范围 地级以上城市的统计范围为城市行政区，不含市辖市、市辖县，含所有市辖建制区内的街道办、建制镇、乡；县级市的统计范围为城市规划区，含市政府所在地和规划区范围内的建制镇。规划区外的建制镇不予统计。建制镇按行政区范围统计，即包含所有设居民组建制和村民组建制的地区。县城的统计范围为县政府所在地的建制镇（即城关镇），按居民组建制的地区范围统计。

年底自来水生产能力 指年底城建部门管理的自来水厂和自备水源的社会单位取水、净化、送水、出厂输水干管等环节的实际生产能力。

年底供水管道长度 指从送水泵到用户水表之间所有管道的长度。

全年供水总量 指公用自来水厂和自备水源的社会单位全年的供水总量，包括有效供水量及损失水量。

生活用水量 指居民日常生活与公共福利设施的用水量。包括居民、饮食店、旅馆、医院、理发店、浴池、洗衣店、游泳池、商店、学校、机关、部队等单位的用水量。

城市人口用水普及率 指城市用水的非农业人口数（不包括临时人口和流动人口）与城市非农业人口总数之比。计算公式：

$$用水普及率=\frac{城市用水的非农业人口数}{城市非农业人口数}\times 100\%$$

人工煤气生产能力 指城市煤气厂制气、净化、输送等环节的综合实际生产能力。

全年供气总量 指全年售给各类用户的全部煤气量。包括工业用量、家庭用量和其他用量。

城市用气普及率 指使用煤气（包括人工煤气、液化石油气、天然气）的城市非农业人口数（不包括临时人口和流动人口）与城市非农业人口总数之比。计算公式：

$$城市煤气普及率=\frac{城市用气的非农业人口数}{城市非农业人口总数}\times 100\%$$

城市供热能力 指热电厂、热力公司和达到标准的集中采暖锅炉房向城市输送的供热源的设计能力。每小时向城市输送的蒸汽、热水能力。

城市供热总量 指热电厂、热力公司和达到标准的集中采暖锅炉房全年向城市输送的全部蒸汽、热水量。

城市供热管道长度 指热电厂、热力公司 和达到标准的集中采暖锅炉房管理的集中供热热源到用户之间的全部供气、供热水的管道长度。

年底实有铺装道路长度 指除土路外，路面经过铺装宽度在3.5米以上的道路，包括高级、次高级道路和普通道路。

城市桥梁 指城市范围内，修建在河道上的桥梁和道路与道路立交、道路跨越铁路的立交桥，以及人行天桥，包括永久性桥和半永久性桥，不包括临时性桥、铁路桥、涵洞。

城市下水道总长度 指所有排水总管、干管、支管及暗渠、检查井、连接井进出口等长度之和。

城市污水日处理能力 指污水处理厂每昼夜处理污水量的设计能力。

年末实有公共汽(电)车 指年底可参加营运的全部车辆数，包括年底营运车辆数和库存查封未参加营运的车辆，不包括非营运车辆，如架线车、油罐车、工程车、货车及其他专用车辆和借人的客运车辆。

营运线路长度 指设置的固定营运线路长度，包括郊区营运线路长度。不包括临时行驶的线路长度。

城市园林绿地面积 指城市公共绿地、专用绿地、生产绿地、防护绿地、郊区风景名胜区的全部面积。

公共绿地 指供游览休息的各种公园、动物园、植物园、陵园以及花园、游园和供游览休息用的林荫道绿地、广场绿地。不包括一般载植的行道树及林荫道的面积。

第十二篇

环境保护

12

HUANJING BAOHU

12—1 环境保护基本投资

指　　标	单　位	2000年	2002年	2003年	2004年	2005年	2006年
废水排放总量	万吨	205 622.25	189 218.22	191 840.85	195 257.05	218 704.63	212 952.93
#工业废水排放量	万吨	109 044.25	92 001.22	89 185.85	91 810.05	105 071.63	94 724.21
生活污水排放量	万吨	96 578.00	97 217.00	102 655.00	103 447.00	113 633.00	118 228.72
工业废水排放达标量	万吨	87 196.21	80 818.85	81 703.85	86 233.98	99 917.27	88 004.41
工业废水排放达标率	%	79.96	87.85	91.61	93.93	95.09	92.91
工业废气排放量	万标立方米	94 316 054	104 615 693	127 740 860	130 149 562	209 032 537	271 950 422
#燃料燃烧	万标立方米	59 249 172	60 767 980	68 136 771	67 983 924	106 400 800	100 339 014
生产工艺	万标立方米	35 066 882	43 847 713	59 604 089	62 165 638	102 631 737	171 611 408
二氧化硫排放量	万吨	93.25	79.25	82.29	83.10	119.75	125.91
#工　　业	万吨	70.57	57.30	63.73	64.93	96.15	103.69
生　　活	万吨	22.68	21.95	18.56	18.17	23.60	22.21
烟尘排放量	万吨	79.72	63.59	58.77	57.84	74.56	71.45
#工　　业	万吨	54.72	42.41	40.51	38.98	51.73	45.64
生　　活	万吨	25.00	21.18	18.26	18.86	22.83	25.81
工业粉尘排放量	万吨	42.92	33.94	34.74	34.39	45.26	42.05
工业二氧化硫去除量	万吨	66.57	65.36	67.02	69.41	72.40	90.37
工业烟尘去除量	万吨	861.09	874.69	924.69	986.58	1 125.04	1 209.37
工业粉尘去除量	万吨	308.73	339.77	371.89	410.25	432.89	470.88
建成城市烟尘控制区数	个	41	74	64	96	104	99
烟尘控制区面积	平方公里	1 141.86	1 100.4	1 433.9	1 453.2	1 523.6	1 590.00
工业固体废物产生量	万吨	7 562.47	8 146.26	8 249.98	8 878.56	10 241.83	13 012.62
#危险废物	万吨	88.90	68.10	58.49	46.95	52.56	44.50
工业固体废物综合利用量	万吨	2 573.03	3 139.07	3 397.64	3 551.70	4 267.76	4 958.01
工业固体废物综合利用率	%	34.02	38.28	40.61	39.94	41.61	38.10
工业固体废物排放量	万吨	84.05	35.42	14.21	11.65	9.39	24.69
"三废"综合利用产品产值	万元	164 387.8	200 243.2	133 004.9	252 058.6	256 174.2	305 735.70
环境污染与破坏事故次数	次	94	26	17	19	26	26
污染破坏事故赔款总额	万元	133.7	8.40	9.3	344.8	10.1	2.5
污染破坏事故罚款总额	万元	6.5	18.60	6.0	19.6	30.0	38.7
环境污染治理投资总额	万元	682 538.63	888 389.1	1 355 299.9	1 230 417.7	1 714 219.1	2 020 821.2
占生产总值比重	%	1.46	1.63	2.26	1.79	2.14	2.18
污染治理项目本年完成投资额	万元	120 194.6	102 426.60	154 297.9	264 608.5	466 810.4	644 001.30

12—2 各地区废水排放及处理情况

（2006年）

地区	汇总工业企业数（个）	废水治理设施数（套）	工业废水排放总量（万吨）	工业废水排放达标量（万吨）	生活污水排放量（万吨）
全省	**4 244**	**1 960**	**94 724.21**	**88 004.41**	**118 228.72**
沈阳	1 336	401	7 663.23	6 926.99	43 453.86
大连	440	305	33 698.17	32 986.39	14 734.09
鞍山	170	147	5 231.29	4 973.19	9 010.46
抚顺	230	95	5 968.41	5 572.71	8 140.77
本溪	95	90	10 012.21	9 845.08	4 241.30
丹东	175	130	3 782.60	3 144.43	5 110.00
锦州	151	139	5 087.03	4 231.24	4 345.69
营口	787	53	5 329.93	4 987.27	4 968.97
阜新	89	54	1 042.80	852.96	3 140.78
辽阳	136	87	5 873.54	5 790.76	4 319.78
盘锦	185	66	1 795.51	1 654.94	3 295.94
铁岭	146	90	2 245.74	2 005.43	4 724.62
朝阳	198	154	3 859.81	1 923.58	4 460.60
葫芦岛	106	149	3 133.95	3 109.44	4 282.18

12—3 各地区工业废气

(2006

地　　区	废气治理设施数（套）	工业废气排放总量（万标立方米）	燃料燃烧过程中废气排放量	生产工艺过程中废气排放量	工业二氧化硫排放量（吨）
全　　省	**9 269**	**271 950 422**	**100 339 014**	**171 611 408**	**1 036 915.09**
沈　　阳	1 596	11 147 755	6 043 124	5 104 631	70 005.39
大　　连	1 011	16 832 041	10 158 914	6 673 127	89 447.33
鞍　　山	1 833	40 436 003	8 555 509	31 880 494	103 236.58
抚　　顺	678	15 776 803	10 858 258	4 918 545	83 062.95
本　　溪	707	58 577 715	18 203 827	40 373 888	133 060.98
丹　　东	256	4 809 557	3 257 074	1 552 483	38 212.84
锦　　州	341	8 097 477	6 789 595	1 307 882	66 063.74
营　　口	1 161	73 339 479	5 057 869	68 281 610	73 867.34
阜　　新	163	4 247 170	3 699 070	548 100	60 654.60
辽　　阳	371	3 782 129	2 953 293	828 836	36 292.79
盘　　锦	141	3 241 706	2 536 465	705 241	12 333.02
铁　　岭	359	8 928 664	7 811 892	1 116 772	100 477.95
朝　　阳	356	11 070 093	6 906 569	4 164 624	63 600.34
葫 芦 岛	296	11 662 730	7 507 555	4 155 175	106 599.26

排 放 及 处 理 情 况

年）

工业二氧化硫去除量（吨）	工业烟尘排放量（吨）	工业烟尘去除量（吨）	工业粉尘排放量（吨）	工业粉尘去除量（吨）
903 705.61	**456 419.20**	**12 093 680.0**	**420 456.74**	**4 708 840.04**
22 808.14	60 960.13	1 044 558.0	6 737.88	23 598.48
138 120.10	21 514.86	778 358.7	19 989.51	282 952.64
31 991.00	41 169.72	703 762.8	73 443.87	1 834 366.05
40 131.81	28 821.46	1 555 921.0	16 620.02	493 465.18
7 089.49	44 142.46	646 665.6	85 376.31	1 191 003.18
240.00	26 082.83	564 281.0	11 492.28	21 143.01
30 901.01	47 464.56	1 151 181.0	12 435.47	36 769.10
50 559.21	40 904.92	608 517.9	59 111.62	212 529.64
49 136.04	16 736.17	857 773.7	6 702.35	20 895.31
18 519.03	22 293.64	205 832.6	28 071.00	107 517.27
18 177.56	6 532.25	122 185.6	1 950.82	2 984.27
4 606.59	43 664.73	2 432 486.0	35 967.39	79 391.34
5 447.53	26 226.98	412 473.1	43 469.16	232 084.67
485 978.10	29 904.51	1 009 682.0	19 089.06	170 139.90

12—4 各地区工业固体废物产生及处理利用情况

(2006年)

地区	工业固体废物产生量(万吨)	# 危险废物	工业固体废物综合利用量(万吨)	工业固体废物贮存量(万吨)	工业固体废物处置量(万吨)	工业固体废物排放量(万吨)	# 危险废物	"三废"综合利用产品产值(万元)
全省	**13 012.62**	**44.50**	**4 958.01**	**2 272.58**	**6 047.76**	**24.69**	**0**	**305 735.7**
沈阳	614.25	3.62	581.29	21.39	15.30	14.62	0	13 490.5
大连	272.63	5.15	216.98	11.04	47.51	0.10	0	19 788.2
鞍山	5 024.74	0.57	767.44	461.69	3 795.62	0	0	40 214.7
抚顺	1 250.61	4.07	817.99	409.97	21.89	0.75	0	109 621.3
本溪	2 313.71	0.52	918.89	65.06	1 329.46	0.30	0	1 331.4
丹东	310.67	6.87	195.67	107.80	6.86	0.34	0	5 041.9
锦州	273.33	6.63	130.09	2.70	143.96	0.09	0	13 134.6
营口	118.73	0.08	101.05	0	151.76	0	0	8 358.2
阜新	271.93	0.24	256.35	135.36	0.24	0	0	7 783.9
辽阳	809.50	1.44	132.49	671.54	5.53	0	0	33 602.1
盘锦	68.47	3.23	57.56	...	10.91	0	0	3 963.9
铁岭	444.97	...	174.12	236.15	48.73	0	0	2 818.7
朝阳	918.52	7.60	384.77	126.92	403.88	3.03	0	3 785.7
葫芦岛	320.56	4.48	223.31	25.67	66.12	5.46	0	42 800.6

12—5 各地区环境污染与破坏事故情况

年份、地区	环境污染与破坏事故次数(次)	水污染	大气污染	固体废物污染	噪声与振动危害	其他	污染直接经济损失(万元)	污染事故赔罚款总额(万元)
2000	94	39	34	16	4	1	130.4	140.2
2001	59	53	5	0	0	1	138.3	268.8
2002	26	17	4	0	5	0	56.7	27.0
2003	17	8	5	1	3	0	45.2	15.3
2004	19	10	7	2	0	0	579.4	364.4
2005	26	6	5	3	0	12	46.3	40.1
2006	26	8	8	7	0	3	77.5	41.2

12—6 环境污染治理投资

单位:万元

指标	2000年	2002年	2003年	2004年	2005年	2006年
环境污染治理投资总额	682 539	888 389	1 355 300	1 230 418	1 714 219	2 020 821
#城市环境基础设施建设投资	483 447	606 902	895 527	795 896	1 031 429	1 176 094
#燃气	44 006	27 048	71 001	60 299	37 292	68 220
集中供热	85 390	210 590	187 046	235 189	299 041	394 297
排水	91 237	45 268	166 219	116 216	154 939	108 161
园林绿化	130 947	236 257	235 439	204 176	220 361	237 144
市容环境卫生	39 194	6 928	26 806	21 505	18 493	34 463
工业污染源治理投资	120 195	102 427	355 711	264 609	466 810	644 001
建设项目"三同时"环保投资	78 897	179 061	104 062	169 913	215 980	200 726
环境污染治理投资总额占生产总值比重(%)	1.46	1.63	2.26	1.79	2.14	2.18

12—7 工业污染治理投资完成情况

年份、地区	污染治理项目本年完成投资(万元)	治理废水	治理废气	治理固体废物	治理噪声	治理其他	本年竣工项目数(个)
2000	120 194.6	61 765.0	42 489.0	8 856.9	372.0	6 710.8	662
2001	114 663.7	46 076.8	58 466.5	6 706.9	68.2	3 345.3	346
2002	102 426.6	42 208.0	18 951.4	10 503.9	200.9	30 562.4	319
2003	154 297.9	45 716.0	29 449.5	6 141.4	103.0	72 888.0	274
2004	226 576.2	36 905.3	52 987.4	798.0	137.8	135 747.7	235
2005	369 498.8	31 277.4	88 477.3	4 165.6	763.0	244 815.5	277
2006	520 470.3	79 661.0	78 075.7	3 026.0	675.0	359 032.6	289
沈阳	9 273.9	6 359.3	2 021.1	503.0	25.0	365.5	48
大连	193 923.6	4 298.1	9 173.0	146.0	0	180 306.5	51
鞍山	189 760.0	1 895.0	26 765.0	0	105.0	160 995.0	14
抚顺	34 092.4	3 646.0	14 496.4	1 330.0	0	14 619.0	33
本溪	22 645.1	11 147.0	11 498.0	0	0	0	7
丹东	2 025.0	1 607.3	288.6	129.1	0	0	16
锦州	10 118.7	8 180.7	773.0	300.0	505.0	360.0	13
营口	732.6	565.0	162.6	0	0	5.0	8
阜新	998.0	673.0	0	325.0	0	0	3
辽阳	15 559.0	12 301.0	3 071.0	0	0	187.0	19
盘锦	12 932.2	11 397.7	348.0	277.9	0	908.6	12
铁岭	11 010.2	9 181.2	1 243.0	0	0	586.0	33
朝阳	1 257.8	797.7	420.1	0	40.0	0	13
葫芦岛	16 141.8	761.2	7 814.8	15.0	0	700.0	19

主要统计指标解释

工业废水排放量 指经过企业厂区所有排放口排到企业外部的工业废水量。包括生产废水、外排的直接冷却水、超标排放的矿井地下水和与工业废水混排的厂区生活污水,不包括外排的间接冷却水(清污不分流的间接冷却水应计算在内)。

工业废水排放达标量 指报告期内废水中各项污染物指标都达到国家或地方排放标准的外排工业废水量,包括未经处理外排达标的,经废水处理设施处理后达标排放的,以及经污水处理厂处理后达标排放的。

工业废水排放达标率 指工业废水排放达标量占工业废水排放量的百分率,计算公式为:

工业废水排放达标率=工业废水排放达标量/工业废水排放量×100%

城镇生活污水排放量 指城镇居民每年排放的生活污水。用人均系数法测算。测算公式为:

城镇生活污水排放量=城镇生活污水排放系数×市镇非农业人口×365

城镇生活污水中化学需氧量(COD)产生量 指城镇居民每年排放的生活污水中的COD的产生量。用人均系数法测算。测算公式为:

城镇生活污水中COD产生量=城镇生活污水中COD产生系数×市镇非农业人口×365

化学需氧量(COD) 测量有机和无机物质化学所消耗氧的质量浓度的水污染指数。

工业废气排放量 指报告期内企业厂区内燃料燃烧和生产工艺过程中产生的各种排入大气的含有污染物的气体的总量,以标准状态(273K,101325Pa)计算。测算公式为:

工业废气排放量=燃料燃烧过程中废气排放量+生产工艺过程中废气排放量

生活及其他SO_2排放量 以生活及其他煤炭消费量和其含硫量为基础,根据以下公式计算:

生活及其他SO_2排放量=生活及其他煤炭消费量×含硫量×0.8×2

工业SO_2排放量 指报告期内企业在燃料燃烧和生产工艺过程中排入大气的SO_2总量,计算公式为:

工业SO_2排放量=燃料燃烧过程中SO_2排放量+生产工艺过程中SO_2排放量

工业烟尘排放量 指企业厂区内燃料燃烧过程中产生的烟气中夹带的颗粒物排放量。

生活及其他烟尘排放量 指除工业生产活动以外的所有社会、经济活动及公共设施的经营活动中燃烧所排放的烟尘纯重量。以生活及其他煤炭消费量为基础进行测算。

工业粉尘排放量 指企业在生产工艺过程中排放的能在空气中悬浮一定时间的固体颗粒物排放量。如钢铁企业的耐火材料粉尘、焦化企业的筛焦系统粉尘、烧结机的粉尘、石灰窑的粉尘、建材企业的水泥粉尘等。不包括电厂排入大气的烟尘。

工业固体废物产生量 指报告期内企业在生产过程中产生的固体状、半固体状和高浓度液体状废弃物的总量,包括危险废物、冶炼废渣、粉煤灰、炉渣、煤矸石、尾矿、放射性废物和其他废物等;不包括矿山开采的剥离废石和掘进废石(煤矸石和呈酸性或碱性的废石除外)。酸性或碱性废石指采掘的废石其流经水、雨淋水的pH值小于4或pH值大于10.5者。

危险废物 指列入国家危险废物名录或根据国家规定的危险废物鉴别标准和鉴别方法认定的,具有爆炸性、易燃性、易氧化性、毒性、腐蚀性、易传染疾病等危险特性之一的废物。

工业固体废物综合利用量 指报告期内企业通过回收、加工、循环、交换等方式,从固体废物中提取或者使其转化为可以利用的资源、能源和其他原材料的固体废物量(包括当年利用往年的工业固体废物贮存量),如用作农业肥料、生产建筑材料、筑路等。综合利用量由原产生固体废物的单位统计。

工业固体废物综合利用率 指工业固体废物综合利用量占工业固体废物产生量(包括综合利用往年贮存量)的百分率。计算公式为:

工业固体废物综合利用率=工业固体废物综合利用量/(工业固体废物产生量+综合利用往年贮存量)×100%

工业固体废物贮存量 指报告期内企业以综合利用或处置为目的,将固体废物暂时贮存或堆存在专设的贮存设施或专设的集中堆存场所内的数量。专设的固体废物贮存场所或贮存设施必须有防扩散、防流失、防渗漏、防止污染大气、水体的措施。

工业固体废物处置量 指报告期内企业将固体废物焚烧或者最终置于符合环境保护规定要求的场所,并不再回取的工业固体废物量(包括当年处置往年的工业固体废物贮存量)。处置方式有填埋(其中危险废物应安全填埋)、焚烧、专业贮存场(库)封场处理、深层灌注、回填矿井及海洋处置(经海洋管理部门同意投海处置)等。

工业固体废物排放量 指报告期内企业将所产生的固体废物排到固体废物污染防治设施、场所以外的数量,不包括矿山开采的剥离废石和掘进废石(煤矸石和呈酸性或碱性的废石除外)。

"三废"综合利用产品产值 指报告期内利用"三废"作为主要原料生产的产品价值(现行价);已经销售或准备销售的应计算产品价值,留作生产自用的不应计算产品价值。

环境污染与破坏事故 指由于违反环境保护法规的经济、社会活动与行为,以及意外因素的影响或不可抗拒的自然灾害等原因,致使环境受到污染,国家重点保护的野生动植物、自然保护区受到破坏,人体健康受到危害,社会经济和人民财产受到损失,造成不良社会影响的突发性事件。

环境污染治理投资 指在工业污染源治理和城市环境基础设施建设的资金投入中,用于形成固定资产的资金。包括工业新老污染源治理工程投资、建设项目"三同时"环保投资,以及城市环境基础设施建设所投入的资金。

第十三篇

农业

13

NONGYE

13—1 农村基层组织和农业基本情况

指　　标	单　位	2000 年	2002 年	2003 年	2004 年	2005 年	2006 年
乡　镇　数	个	1 134	1 418	1 011	1 007	993	976
#镇　　数	个	639	622	617	620	611	598
村民委员会	个	16 192	15 950	13 720	12 024	11 920	11 902
乡村户数	万　户	680.1	685.9	692.1	696.2	695.6	689.2
乡村从业人员	万　人	966.0	993.5	1 016.3	1 083.8	1 113.5	1 132.9
按行业分的乡村从业人员							
农林牧渔业	万　人	651.2	659.2	667.3	685.8	686.4	680.9
工　　业	万　人	77.6	80.5	85.8	94.9	106.1	112.9
建　筑　业	万　人	56.2	60.2	65.7	71.1	77.1	81.9
交通运输业、仓储及邮电通信业	万　人	37.5	38.2	39.8	43.2	44.5	43.7
批发零售贸易业、餐饮业	万　人	49.8	51.5	55.0	68.9	70.0	71.3
其他非农行业	万　人	93.7	103.9	102.7	119.9	129.4	142.2
年末常用耕地面积	千公顷	4 164.2	3 526.9	3 467.0	3 391.3	3 655.2	
水　　田	千公顷	685.9	601.9	530.3	542.6	581.7	
旱　　田	千公顷	3 478.3	2 925.0	2 936.7	2 848.7	3 073.5	
年内减少耕地面积	千公顷	10.0	67.3	118.0	53.1	33.1	
#国家基建占地	千公顷	2.0	7.2	4.6	3.3	4.0	
退耕还林还草占地	千公顷		41.6	94.2	23.4	8.7	
耕地改为园地	千公顷		13.6	6.2	13.1	2.8	
农业机械总动力	万千瓦	1 339.8	1 484.7	1 542.3	1 613.8	1 801.0	1 863.4
农用大中型拖拉机	台	35 101	35 191	34 627	35 570	42 777	45 035
农用大中型拖拉机	万千瓦	138.3	136.1	135.6	142.0	158.6	176.6
小型拖拉机	台	158 238	165 244	168 738	175 580	235 585	244 337
小型拖拉机	万千瓦	154.2	164.4	168.7	181.6	267.8	275.1
大中型拖拉机配套农具	部	47 676	46 386	47 675	51 000	56 923	60 879
小型拖拉机配套农具	部	180 065	193 783	204 707	227 000	281 395	311 894

注：1.2000 年耕地数据为年末实有耕地面积。2.2006 年农村用电量为售电量，下同。

13—1 续表

指　　标	单　位	2000 年	2002 年	2003 年	2004 年	2005 年	2006 年
渔用机动船	艘	36 948	35 918	40 825	41 587	37 590	40 963
渔用机动船	万千瓦		105.3	111.9	117.9	121.7	131.9
灌溉面积	千公顷	1 440.7	1 499.6	1 512.8	1 520.1	1 715.4	1 732.9
化肥施用量(折纯)	万　吨	109.4	111.4	112.6	117.9	119.9	121.1
乡村办水电站个数	个	119	134	134	140	146	152
装机容量	千　瓦	106 000	218 800	208 800	346 700	384 200	358 000
农村用电量	亿千瓦小时	103.5	119.2	145.8	149.6	153.3	219.0
农作物总播种面积	千公顷	3 622.0	3 577.0	3 476.6	3 666.5	3 801	3 860.1
粮　食	千公顷	2 858.6	2 658.6	2 563.6	2 965.8	3 179.7	3 249.7
谷　物	千公顷	2 365.3	2 216.6	2 103.5	2 594.6	2 871.8	2 955.7
#稻　谷	千公顷	489.7	457.1	392.0	492.1	538.1	578.2
小　麦	千公顷	117.5	47.2	19.8	19.9	21.4	17.4
玉　米	千公顷	1 422.5	1 395.1	1 401.4	1 835.9	2 076.7	2 130.5
豆　类	千公顷	326.2	296.8	321.3	267.9	214.8	196.6
薯　类	千公顷	167.1	145.1	138.8	103.3	93.2	97.4
油　料	千公顷	199.5	286.1	312	205.2	164.3	158.1
棉　花	千公顷	7.4	2.9	3.9	4.4	2.3	1.8
麻　类	千公顷	0.7	0.1	0.5	0.2		
糖　料	千公顷	16.5	13.1	1.1	0.9	1.8	1.4
烟　叶	千公顷	18.4	13.0	12.8	11.6	16.1	10.7
蔬　菜	千公顷	451.6	467.3	450.1	378.4	353.1	358.2
果园面积	千公顷	392.8	331.2	318.2	316.8	317.0	313.6

13—2 主要农牧渔业生产情况

指　　标	单　位	2000年	2002年	2003年	2004年	2005年	2006年
农产品产量							
粮　　食	万　吨	1 140.0	1 510.4	1 498.3	1 720.0	1 745.8	1 725.0
谷　　物	万　吨	1 026.2	1 376.8	1 340.6	1 841.9	1 877	1 840.8
#稻　　谷	万　吨	375.5	359.2	310.6	382.4	414.5	460.5
小　　麦	万　吨	35.4	11.5	6.1	6.9	8.9	7.3
玉　　米	万　吨	547.9	889.4	930.5	1 352.1	1 340.3	1 300.4
豆　　类	万　吨	50.1	56.3	70.0	63.2	49.3	40.5
薯　　类	万　吨	61.5	60.3	66.2	50.6	50.0	54.7
油　　料	吨	295 527	564 529	614 049	459 299	368 411	381 245
#花　　生	吨	256 249	507 904	548 406	419 110	330 103	356 837
油　菜　籽	吨	2 230	2 239	2 749	618	1 071	1 394
芝　　麻	吨	8 298	14 139	10 099	7 293	6 036	2 838
棉　　花	吨	5 604	2 983	3 481	4 742	2 685	2 096
麻　　类	吨	883	155	611	606	114	12
甜　　菜	吨	286 894	397 571	34 066	27 427	62 379	53 381
烟　　叶	吨	31 507	28 679	26 487	26 932	34 234	26 883
#烤　　烟	吨	28 589	25 987	22 945	24 243	31 742	24 215
柞　蚕　茧	吨	38 959	41 652	43 956	38 867	43 200	44 075
水　　果	万　吨	250.0	234.4	267.8	307.7	329.3	343.7
农产品单位面积产量							
谷　　物	公斤/公顷	4 339	6 211	6 373	7 099	6 536	6 228
棉　　花	公斤/公顷	763	1 044	891	1 086	1 167	1 187
花　　生	公斤/公顷	1 794	2 229	2 165	2 418	2 347	2 591
油　菜　籽	公斤/公顷	1 663	1 692	1 764	2 109	1 471	1 623
芝　　麻	公斤/公顷	596	870	823	894	1 161	776
甜　　菜	公斤/公顷	17 375	30 233	31 981	31 167	41 865	36 967

13—2 续表

指　　标	单　位	2000 年	2002 年	2003 年	2004 年	2005 年	2006 年
烤　　烟	公斤/公顷	1 716	2 207	2 092	2 321	2 109	2 529
大牲畜年末头数	万　头	420.7	421.5	455.0	476.9	495.9	472.3
#牛	万　头	254.0	264.8	301.9	329	344.7	327.3
马	万　头	37.0	34.4	33.3	31.3	28.2	26.8
驴	万　头	95.3	92.9	91.9	91.8	98.9	95.6
骡	万　头	34.4	29.4	28	24.8	24.1	22.6
肉猪出栏头数	万　头	1 413.8	1 648.7	1 754.3	1 894.6	2 063.2	2 232.4
猪年底头数	万　头	1 270.7	1 304.0	1 365.8	1 498	1 642.4	1 560.7
羊年底只数	万　只	386.1	548.4	730.8	819.2	830.2	818.5
山　　羊	万　只	187.3	251.9	319.7	387.4	426.3	422.6
绵　　羊	万　只	198.8	296.5	411.1	431.8	404	395.9
肉类产量	万　吨	236.1	270.2	291.9	316.5	346.1	372.1
#猪牛羊肉	万　吨	156.5	182.8	198.6	216.8	238.8	260.0
猪　　肉	万　吨	127.3	148.7	157.0	169.6	184.7	199.7
牛　　肉	万　吨	25.8	29.7	33.9	37.3	42.2	47.4
羊　　肉	万　吨	3.4	4.4	7.7	9.9	11.9	12.9
奶　　类	万　吨	22.0	30.8	46.4	62.3	78.8	97.4
#牛　　奶	万　吨	18.9	28.1	42.7	58.4	74.9	93.7
绵　羊　毛	吨	7 567	9 158	10 587	10 821	10 412	9 714
山　羊　毛	吨	748	1 119	1 393	1 635	1 680	1 777
羊　　绒	吨	356	372	719	894	1 053	1 354
禽　　蛋	万　吨	140.3	159.8	169.5	193.4	224.0	237.4
水产品总产量	万　吨	338.5	374.8	382	402.5	425.3	438.7
海水产品	万　吨	302.3	327.0	330.8	346.1	364.2	369.7
淡水产品	万　吨	36.2	47.8	51.2	56.4	61.1	69.0

注:粮食产量为抽样调查定产数、分品种产量为全面调查报表数。

13—3 农村基层组织情况

年份、地区	乡镇数（个）	#镇数	村民委员会（个）	乡村户数（万户）	乡村人口数（万人）	乡村从业人员（万人）
1978	1 141		15 248	505.5	2 274.1	663.4
1980	1 145		16 584	538.1	2 295.8	712.3
1985	1 212	369	16 427	564.2	2 290.2	858.4
1987	1 220	416	15 672	558.9	2 204.2	867.4
1988	1 223	427	15 709	572.9	2 217.7	865.2
1989	1 222	436	16 472	611.3	2 321.6	866.5
1990	1 216	436	16 498	631.4	2 337.5	869.4
1991	1 208	453	16 512	641.4	2 345.5	888.1
1992	1 221	466	16 535	645.0	2 342.9	891.3
1993	1 265	483	16 529	646.9	2 320.0	892.9
1994	1 225	505	16 509	651.6	2 311.7	894.2
1995	1 235	538	16 483	655.5	2 311.1	903.0
1996	1 217	580	16 444	656.1	2 302.9	907.5
1997	1 198	592	16 372	660.4	2 298.8	921.4
1998	1 217	634	16 310	663.8	2 289.9	933.2
1999	1 156	652	16 287	674.6	2 315.5	938.8
2000	1 134	639	16 192	680.1	2 311.5	966.0
2001	1 143	658	16 033	685.3	2 318.6	977.5
2002	1 033	622	15 950	685.9	2 314.5	993.5
2003	1 011	617	13 720	692.1	2 325.6	1 016.3
2004	1 007	620	12 024	696.2	2 338.9	1 083.8
2005	993	611	11 920	695.6	2 331.4	1 113.5
2006	976	598	11 902	689.2	2 289.3	1 132.9
沈阳	125	66	1 597	82.7	271.5	127.6
大连	76	54	1 003	94.0	286.2	137.7
鞍山	71	64	850	52.8	181.3	86.2
抚顺	46	24	619	25.5	84.1	48.8
本溪	29	22	296	15.1	52.6	26.9
丹东	63	59	670	42.6	144.4	76.7
锦州	79	46	1 127	59.3	197.3	98.4
营口	41	38	646	41.6	138.4	69.6
阜新	65	34	625	34.2	118.3	63.1
辽阳	37	29	535	31.1	99.7	50.3
盘锦	29	19	327	18.9	61.9	35.7
铁岭	90	51	1 176	58.4	199.9	83.7
朝阳	133	59	1 354	75.8	258.0	136.4
葫芦岛	92	33	1 077	57.2	195.7	91.6

13—4 乡村从业人员

（年末数）　　　　单位：万人

年份、地区	农林牧渔业	工　业	建筑业	交通运输业、仓储及邮电通信业	批发零售贸易业、餐饮业	其他非农行业
1978	581.1	61.0				21.3
1980	582.6	89.5				40.2
1985	614.0	104.7	34.8	59.9		45.0
1987	609.5	109.8	39.7	20.7	22.5	65.2
1988	603.8	109.3	41.0	21.2	24.2	59.7
1989	618.9	103.2	37.8	20.4	23.2	63.0
1990	631.2	99.1	34.6	20.0	23.1	61.4
1991	650.6	97.0	33.5	20.2	24.8	62.1
1992	637.0	100.0	36.0	22.3	29.2	67.1
1993	621.2	94.4	43.6	25.6	31.5	76.4
1994	611.3	91.8	47.6	30.3	37.6	75.5
1995	617.5	89.1	48.9	31.7	39.7	76.1
1996	629.4	89.7	51.9	32.3	40.7	63.5
1997	624.3	83.9	49.5	33.1	42.7	87.9
1998	633.3	78.1	49.2	33.4	43.8	95.3
1999	643.2	76.8	51.3	35.7	47.3	84.5
2000	651.2	77.6	56.3	37.5	49.8	93.7
2001	649.0	77.2	57.9	37.5	50.7	105.3
2002	659.2	80.5	60.2	38.2	51.5	103.9
2003	667.3	85.8	65.7	39.8	55.0	102.7
2004	685.8	94.9	71.1	43.2	68.9	119.9
2005	686.4	106.1	77.1	44.5	70.0	129.4
2006	680.9	112.9	81.9	43.6	71.3	142.2
沈　阳	77.1	13.7	7.8	5.2	8.8	15.0
大　连	70.7	19.9	10.4	5.7	8.4	22.6
鞍　山	47.2	13.2	6.0	4.7	7.6	7.5
抚　顺	31.7	3.8	2.4	1.8	2.7	6.4
本　溪	14.1	3.1	2.0	1.5	2.2	4.0
丹　东	46.8	9.2	4.6	3.0	5.4	7.7
锦　州	69.2	5.5	6.9	3.7	5.3	7.8
营　口	34.8	12.9	5.0	3.8	6.2	6.9
阜　新	39.2	3.6	3.3	1.5	2.7	12.9
辽　阳	29.2	6.8	4.1	2.4	3.6	4.2
盘　锦	24.3	2.6	1.2	1.5	2.9	3.1
铁　岭	55.5	3.7	6.1	2.4	4.4	11.7
朝　阳	82.5	9.1	14.4	3.5	5.9	21.1
葫芦岛	58.4	6.0	7.5	3.1	5.4	11.2

注：1.本表分行业劳动力是按从事的主行业划分的，如以农业为主、兼营商业的，仍作为农林牧渔业劳动力。

2.工业劳动力中包括村及村以下办的工业劳动力。

13—5 农林牧渔业总产值

单位:亿元

年份	农林牧渔业总产值	农业	林业	牧业	渔业	农林牧渔服务业
1952	16.6	14.2	0.1	1.8	0.5	
1957	21.2	17.0	0.7	2.8	0.7	
1965	26.5	21.9	0.7	3.3	0.6	
1970	37.7	31.2	0.6	4.6	1.3	
1975	48.3	37.6	1.3	7.5	1.9	
1978	49.2	38.9	1.1	7.1	2.1	
1979	59.9	45.8	1.4	10.6	2.1	
1980	73.5	55.6	2.5	13.2	2.2	
1981	78.6	56.8	3.2	16.1	2.5	
1982	85.4	60.0	3.4	18.9	3.1	
1983	106.5	80.1	3.5	19.5	3.4	
1984	117.6	85.8	4.1	22.8	4.9	
1985	118.1	74.6	4.2	31.3	8.0	
1986	142.0	95.0	4.2	32.3	10.5	
1987	169.2	108.3	4.9	39.6	16.4	
1988	227.4	131.8	5.0	67.7	22.9	
1989	222.8	125.4	4.8	69.8	22.8	
1990	273.8	163.5	6.6	75.5	28.2	
1991	295.9	175.3	6.9	80.6	33.1	
1992	330.1	193.8	7.5	88.6	40.2	
1993	425.7	245.7	9.4	117.4	53.3	
1994	546.8	294.2	11.0	171.9	69.7	
1995	691.8	382.7	12.9	206.0	90.2	
1996	804.7	449.5	13.9	224.7	116.6	
1997	834.7	433.8	15.1	247.1	138.6	
1998	969.8	534.7	17.4	269.6	148.1	
1999	977.1	510.9	18.5	282.4	165.2	
2000	967.4	463.5	19.7	304.2	180.0	
2001	1 045.7	503.1	21.8	332.3	188.5	
2002	1 132.5	540.1	27.9	361.3	203.2	
2003	1 215.0	497.3	38.4	422.0	224.0	33.3
2004	1 510.5	611.3	40.7	548.3	272.2	38.0
2005	1 671.6	640.1	44.5	636.5	306.7	43.8
2006	1 841.3	715.1	52.3	654.6	366.3	53.0

注:本表按当年价格计算。1991—2004 年农林牧渔业总产值为与农业普查衔接后国家核定数据。

2003 年以后数据是按新的国民经济行业分类标准和新的产值计算方法计算的。

13—6 农林牧渔业总产值指数

(以1952年为100)　　　　单位:%

年　份	农林牧渔业总产值	农　业	林　业	牧　业	渔　业
1952	100.0	100.0	100.0	100.0	100.0
1970	158.8	158.5	305.9	149.5	168.7
1975	194.5	189.0	590.7	197.9	268.2
1978	200.0	197.4	489.6	189.7	298.3
1979	206.7	204.0	536.2	199.3	283.2
1980	222.2	206.9	564.9	209.1	279.9
1981	227.2	210.4	692.4	285.6	309.8
1982	235.6	209.2	717.6	339.8	333.5
1983	285.1	271.4	730.3	343.4	344.9
1984	297.4	278.2	796.8	372.8	392.6
1985	270.0	223.4	734.9	465.3	463.3
1986	288.6	250.0	659.1	444.2	524.0
1987	303.6	263.0	700.2	441.5	664.2
1988	337.0	274.8	627.6	591.3	748.9
1989	322.6	249.9	613.2	606.5	837.7
1990	371.9	309.4	738.0	603.3	885.4
1991	388.5	319.7	737.8	636.8	947.0
1992	419.7	340.3	795.3	699.0	1 044.3
1993	474.4	386.3	866.4	827.1	1 091.3
1994	473.8	335.1	939.8	1 008.3	1 126.1
1995	530.7	373.1	1 001.3	1 111.7	1 327.5
1996	612.3	453.8	1 065.4	1 166.2	1 595.9
1997	629.7	426.7	1 137.1	1 282.3	1 802.0
1998	730.9	529.5	1 263.6	1 407.3	1 979.1
1999	755.4	512.8	1 319.5	1 514.1	2 212.7
2000	749.2	470.2	1 349.4	1 603.6	2 302.3
2001	799.0	510.1	1 474.7	1 710.3	2 373.3
2002	865.1	547.2	1 856.1	1 861.5	2 547.0
2003	926.3	570.2	2 120.4	2 028.8	2 726.9
2004	999.5	607.2	2 250.0	2 225.9	2 933.0
2005	1074.5	630.3	2 493.0	2 473.0	3 164.7
2006	1149.7	653.0	2 744.8	2 683.2	3 436.9

注:本表按不变价格计算,1991—2004年农林牧渔业产值指数为调整后的口径。

13—7 农林牧渔业总产值指数

(以上年为100)　　单位:%

年份	农林牧渔业总产值	农业	林业	牧业	渔业	农林牧渔服务业
1957	93.9	89.1	106.5	157.2	84.2	
1975	108.4	107.8	94.4	114.7	108.5	
1978	106.4	110.1	84.3	94.0	103.5	
1979	103.4	103.3	109.5	105.0	94.9	
1980	101.9	101.4	105.4	104.9	98.8	
1981	102.2	101.7	87.5	106.5	104.7	
1982	103.7	99.5	103.6	119.0	107.6	
1983	121.0	129.7	101.8	101.1	103.4	
1984	104.3	102.5	109.1	108.6	113.8	
1985	90.8	80.3	92.2	124.8	118.0	
1986	106.9	111.9	89.7	95.5	113.1	
1987	105.2	105.2	106.2	99.4	126.7	
1988	111.0	104.5	89.6	133.9	112.7	
1989	95.7	90.9	97.7	102.6	111.9	
1990	115.3	123.8	120.4	99.5	105.7	
1991	104.5	103.3	100.0	105.6	106.9	
1992	108.0	106.4	107.8	109.8	110.3	
1993	113.0	113.5	108.9	118.3	104.5	
1994	99.9	86.7	108.5	121.9	103.2	
1995	112.0	111.3	106.5	110.3	117.9	
1996	115.4	121.6	106.4	104.9	120.2	
1997	102.8	94.0	106.7	110.0	112.9	
1998	116.1	124.1	111.1	109.7	109.8	
1999	103.3	96.9	104.4	107.6	111.8	
2000	99.2	91.7	102.3	105.9	104.0	
2001	106.6	108.5	109.3	106.7	103.1	
2002	108.3	107.3	125.9	108.8	107.3	
2003	107.1	104.2	114.2	109.0	107.1	110.8
2004	107.9	106.5	106.1	109.7	107.6	110.3
2005	107.5	103.8	110.8	111.1	107.9	109.2
2006	107.0	103.6	110.1	108.5	108.6	119.7

13—8 各地区农林牧渔业总产值及指数

(2006 年)

地区	农林牧渔业总产值	#农业	林业	牧业	渔业
一、绝对数(万元)					
全省	**18 413 094**	**7 151 061**	**522 694**	**6 546 152**	**3 663 581**
沈阳	2 454 962	952 784	60 549	1 210 183	135 207
大连	3 904 588	923 258	35 640	1 081 625	1 486 915
鞍山	1 166 897	454 425	9 432	664 058	23 982
抚顺	631 189	245 509	56 900	245 107	77 633
本溪	474 522	159 975	104 282	160 802	42 038
丹东	982 055	374 192	65 120	203 541	312 262
锦州	1 799 945	714 115	16 278	849 442	197 479
营口	794 979	300 304	9 981	231 763	247 920
阜新	718 212	291 667	36 013	378 879	2 651
辽阳	548 220	233 398	6 965	232 016	67 718
盘锦	925 062	455 772	3 811	121 820	322 590
铁岭	1 790 008	842 678	46 611	875 713	16 581
朝阳	1 232 959	631 535	67 599	515 679	1 482
葫芦岛	890 821	286 263	13 496	392 612	171 315
二、指数(以上年为100)					
全省	**107.0**	**103.6**	**110.1**	**108.5**	**108.6**
沈阳	106.5	96.5	92.7	115.4	96.9
大连	112.8	110.0	93.1	124.8	106.8
鞍山	105.2	107.3	85.9	104.0	118.6
抚顺	107.2	109.7	103.1	102.9	112.4
本溪	109.6	106.7	108.8	111.2	114.8
丹东	108.1	111.2	112.6	98.2	111.0
锦州	98.3	89.2	88.8	97.6	117.5
营口	108.5	105.7	90.2	108.3	112.0
阜新	101.9	84.3	138.7	109.4	104.7
辽阳	106.3	104.9	139.5	103.1	110.7
盘锦	107.0	106.5	114.8	109.5	106.5
铁岭	112.9	113.8	119.6	111.7	121.0
朝阳	110.7	85.7	107.7	133.2	113.5
葫芦岛	101.9	97.7	95.1	103.6	104.0

注:绝对数按当年价格计算。指数省级按可比价计算,各市按不变价格计算。

13—9 农林牧渔业增加值

（2006年） 单位:万元

指标	农林牧渔业合计	农业	林业	牧业	渔业	农林牧渔服务业
一、当年现价产值	**18 413 094**	**7 151 061**	**522 694**	**6 546 152**	**3 663 581**	**529 606**
二、农林牧渔业中间消耗	**8 649 402**	**2 875 707**	**218 034**	**3 879 377**	**1 460 477**	**215 807**
1.物质消耗	7 110 824	2 176 255	159 368	3 592 942	1 062 230	120 029
(1)用种量	446 874	273 320	88 896	84 658		
(2)饲料、饲草	3 995 636	192 135		3 331 260	472 241	
(3)肥料	789 332	775 567	13 765			
(4)燃料	595 824	293 078	17 134	26 383	259 229	
(5)农药或兽药	193 459	102 992	5 173	85 294		
(6)用电量	156 606	117 032	5 912	18 915	14 747	
(7)农用塑料薄膜	135 725	135 725				
(8)其它物质消耗	677 339	286 406	28 488	46 432	316 013	
2.生产服务支出	1 538 578	699 452	58 666	286 435	398 247	95 778
三、农林牧渔业增加值	**9 763 692**	**4 275 354**	**304 660**	**2 666 775**	**2 203 104**	**313 799**
中间消耗占总产值(%)	46.97	40.21	41.71	59.26	39.86	40.75
增加值占总产值(%)	53.03	59.79	58.29	40.74	60.14	59.25

13—10 农业机械和农产品加工机械拥有量

机械名称	单位	2000年	2002年	2003年	2004年	2005年	2006年
农业机械总动力	万千瓦	1 339.82	1 484.7	1 542.3	1 613.8	1 801.0	1 863.4
农用大中型拖拉机	台	35 101	35 191	34 627	35 570	42 777	45 035
小型拖拉机	台	158 238	165 244	168 738	175 580	235 585	244 337
大中型拖拉机配套农具	万部	4.77	4.64	4.77	5.1	5.69	6.09
#机引犁	万部	3.87	3.79	4.24	4.73	6.35	7.19
机引耙	万部	2.26	1.91	2.22	2.5	2.53	2.81
机引播种机	万部	6.73	6.09	7.28	7.75	9.16	10.31
小型拖拉机机引农具	万部	18.00	19.4	20.47	22.7	28.14	31.19
机动水稻插秧机	台	2 317	1 831	1 560	1 460	1 413	2 506
农用排灌动力机械	万台/万千瓦	72.88/249.29	85.44/288.21	88.31/301	92.3/304.38	98.54/306.9	100.02/313.53
#柴油机	万台/万千瓦	8.69/78.32	11.56/105.27	12.77/117.86	13.2/122.27	14.73/132.23	15.42/133.82
电动机	万台/万千瓦	63.76/168.11	73.37/179.9	75.06/180.12	78.5/177.96	82.95/177.32	84.16/178.93
农用水泵	万台	97.47	112.8	112.45	112.6	123.9	124.22
喷灌机械	套	10 300	14 343			35 020	41 019
联合收割机	台	800	911	910	1 040	1 000	1 209
机动收割机	台	2 700	2 672	2 230		2 013	2 139
机动脱粒机	万台	11.66	11.56	12.28	11.48	11.34	11.40
种子精选机	台		12	120	50	59	56
谷物烘干机	台	100	48	36	70	294	297
粮食加工机械	万台	10.40	7.9	7.97	7.77	10.66	15.12
棉花加工机械	万台	0.04	0.03	0.03	0.03	0.03	0.02
油料加工机械	万台	0.15	0.33	0.33	0.34	0.32	0.32
机动喷雾(粉)机	万部	2.11	2.95	3.11	3.7	4.81	4.94
饲料粉碎机	万台	2.74	3.53	5.82	6.7	8.16	8.68
渔用机动船	艘	36 948	35 918	40 825	41 587	37 590	40 963
	万千瓦	89.33	105.26	111.90	117.90	121.70	131.94
推土机	台	897	1 485	1 659	1 828	1 856	1 905
贮油设备总容量	万吨	19.01	17.43	16.57		13.20	14.40

13—11 机耕、灌溉面积、化肥施用量、农村小水电站和农村用电量

年份	机耕面积（万公顷）	有效灌溉面积（万公顷）	#机电提灌	机电提灌面积占有效灌溉面积比重（%）	化肥施用量（万吨）		农村小型水电站		农村售电量（亿千瓦小时）
					实物量	折纯量	个数（个）	装机容量（千瓦）	
1978	204.5	85.3	68.5	80.2	205.8		111	33 837	17.8
1980	208.4	76.0	59.6	78.4	298.4		57	10 469	23.8
1981	191.0	71.8	56.7	79.0	302.4	63.0	72	13 519	25.3
1982	186.4	72.3	59.1	81.7	302.3	63.5	73	14 819	26.7
1983	177.2	67.6	54.5	80.6	307.4	67.5	70	15 075	31.3
1984	185.4	69.6	56.4	81.0	320.0	76.2	74	16 784	31.7
1985	187.7	72.4	59.7	82.5	273.4	70.9	75		29.3
1986	194.5	73.1	60.1	82.2	264.0	70.1	73		33.8
1987	207.8	76.9	62.8	81.7	265.2	67.3	66		38.7
1988	219.8	76.3	63.4	83.1	273.6	70.1	111	74 617	50.6
1989	219.2	76.0	62.8	82.6	281.8	74.6	113	92 522	46.0
1990	236.3	105.9	51.6	48.7	301.1	81.4	116	94 123	51.3
1991	251.8	108.9	87.7	80.5	313.4	85.1	114	95 638	54.8
1992	258.1	114.0	91.3	80.1	320.6	90.5	115	98 363	63.5
1993	256.7	117.0	92.7	79.2	320.7	95.1	115	99 218	73.7
1994	250.4	118.4	92.3	78.0	325.7	100.2	116	105 440	72.7
1995	246.3	120.4	94.0	78.1	334.9	103.1	120	134 721	81.6
1996	249.8	123.4	96.6	78.3	346.5	110.7	124	181 531	91.3
1997	260.9	127.7	99.0	77.5	344.2	113.0	121	183 000	96.0
1998	265.0	133.5	100.8	75.5	349.1	114.1			89.1
1999	278.8	138.9	105.0	75.6	353.8	116.7	97	100 360	93.7
2000	290.9	144.1	106.9	74.0	334.6	109.4	119	148 000	103.5
2001	277.2	148.2	106.3	71.7	329.2	109.8	133	208 800	105.4
2002	275.4	150.0	109.9	73.3	330.8	111.4	134	218 800	119.2
2003	272.1	151.3	105.6	69.8	329.3	112.6	134	208 800	145.8
2004	277.8	152.0	105.7	69.5	341.2	117.9	140	346 700	149.6
2005	297.9	152.7	104.1	68.2	354.2	119.9	146	384 200	153.3
2006	301.0	150.0	97.4	64.9	358.5	121.1	152	358 000	219.0

13—12 各地区化肥施用量

(2006年) 单位:万吨

地区	合计 实物量	合计 折纯量	氮肥 实物量	氮肥 折纯量
全省	**358.5**	**121.1**	**186.9**	**63.4**
沈阳	58.8	17.7	29.7	9.1
大连	45.0	14.6	22.8	5.9
鞍山	22.0	8.0	14.6	5.0
抚顺	8.6	2.9	4.7	1.7
本溪	4.0	1.3	2.3	0.9
丹东	20.8	6.5	14.7	4.0
锦州	31.4	13.0	15.1	6.7
营口	15.8	5.3	7.8	3.0
阜新	24.3	9.4	11.7	4.9
辽阳	15.2	5.2	8.3	3.0
盘锦	13.1	4.5	7.0	2.8
铁岭	49.6	17.1	22.1	7.7
朝阳	30.9	8.6	16.6	4.9
葫芦岛	19.0	7.0	9.5	3.8

13—12续表

(2006年) 单位:万吨

地区	磷肥 实物量	磷肥 折纯量	钾肥 实物量	钾肥 折纯量	复合肥 实物量	复合肥 折纯量
全省	**49.1**	**11.3**	**24.4**	**10.0**	**98.1**	**36.4**
沈阳	10.1	2.1	4.7	2.0	14.3	4.5
大连	4.9	1.1	3.0	1.4	14.3	6.2
鞍山	2.1	0.6	0.9	0.4	4.4	2.0
抚顺	1.1	0.3	0.7	0.3	2.1	0.6
本溪	0.6	0.1	0.3	0.1	0.8	0.2
丹东	1.9	0.3	0.9	0.5	3.3	1.7
锦州	3.5	0.8	2.3	1.0	10.5	4.5
营口	2.5	0.6	1.7	0.7	3.8	1.0
阜新	2.3	0.4	1.4	0.6	8.9	3.5
辽阳	2.2	0.6	1.1	0.4	3.6	1.2
盘锦	3.3	0.9	0.9	0.3	1.9	0.5
铁岭	6.3	1.4	2.3	0.9	18.9	7.1
朝阳	5.4	1.3	1.9	0.5	7.0	1.9
葫芦岛	2.9	0.8	2.3	0.9	4.3	1.5

13—13 灌溉、水库和除涝、治水、治碱情况

指标	单位	2000年	2002年	2003年	2004年	2005年	2006年
年底灌区数	处	85	81	81	81	79	73
#50万亩以上	处	4	4	4	4	4	4
30－50万亩	处	5	5	5	5	5	4
灌区有效灌溉面积	万公顷	33.9	50.6	50.5	51.0	52.6	48.5
#50万亩以上	万公顷	11.1	16.8	16.8	16.8	17.4	17.4
30－50万亩	万公顷	8.5	12.6	12.7	12.5	12.6	10.6
水库座数	座	921	917	942	942	963	918
大型水库	座	28	28	28	28	29	33
中型水库	座	65	68	68	68	71	74
小型水库	座	828	821	846	846	863	811
水库总容量	亿立方米	329.0	329.7	330.6	330.6	335.5	359.3
大型水库	亿立方米	298.8	298.8	299.3	299.3	303.1	325.5
中型水库	亿立方米	19.5	20.2	20.3	20.3	21.2	22.9
小型水库	亿立方米	10.6	10.7	11	11	11.2	10.9
水库灌溉面积	千公顷	535.3	506.2	505.3	509.9		520.0
除涝面积	千公顷	999.6	991.8	995.1	996	996.3	996.1
本年新增除涝面积	千公顷					0.32	
治理水土流失面积	万平方公里	4.5			5.6	5.7	5.9
本年水土流失治理面积	千公顷					192.6	149.2
盐碱地改良面积	千公顷	324.0	249.8	304.4	304.4	312.8	
本年新增改良面积	千公顷					1.13	
堤防长度	万公里	1.9	2.0	2.0	2.0	1.9	1.9
堤防保护面积	千公顷	1 701.6	1 766.2	1 781.5	1 791.8	1 806.6	1 897.7

注：大型水库为库容1亿立方米以上；中型水库为库容1千万至1亿立方米；小型水库库容10万至1千万立方米。

13—14 各地区农田水利情况

(2006 年)

地　　区	农田水利情况			
	有效灌溉面积（千公顷）	#机电提灌溉	机电提灌溉面积占灌溉面积(%)	机电井数(眼)
全　　省	**1 499.9**	**1 435.3**	**64.93**	**135 931**
沈　　阳	263.4	419.5	69.02	47 126
大　　连	104.5	48.0	42.87	5 535
鞍　　山	89.2	124.2	80.38	5 373
抚　　顺	44.2	11.1	25.11	1 032
本　　溪	19.9	4.5	22.61	579
丹　　东	70.8	20.1	23.73	911
锦　　州	176.5	153.9	84.25	14 717
营　　口	89.9	95.3	85.43	2 401
阜　　新	71.0	59.1	78.31	11 772
辽　　阳	83.8	50.3	20.41	2 952
盘　　锦	109.0	157.6	99.63	405
铁　　岭	139.4	133.9	59.68	13 986
朝　　阳	167.2	113.0	67.34	20 593
葫　芦　岛	71.2	44.9	57.02	8 549

13—15 各地区水利设施和除涝治碱面积

(2006 年)

地　　区	水库数（座）	水库总库容量（亿立方米）	除涝面积（千公顷）
全　　省	**918**	**359.29**	**996.14**
省　　直	15	283.55	
沈　　阳	32	5.53	313.44
大　　连	226	25.43	53.89
鞍　　山	28	0.97	120.55
抚　　顺	123	3.29	3.55
本　　溪	30	3.63	2.77
丹　　东	54	6.94	38.35
锦　　州	30	2.32	109.91
营　　口	40	2.72	47.10
阜　　新	63	2.89	39.77
辽　　阳	6	0.04	74.03
盘　　锦	7	1.82	96.44
铁　　岭	106	6.47	89.90
朝　　阳	86	4.86	0.41
葫　芦　岛	72	8.84	8.03

13—16 农作物播种面积

单位:千公顷

年份	农作物总播种面积	粮食作物	经济作物	其他作物	占总播种面积比重(%) 粮食作物	经济作物	其他作物
1978	4 041.7	3 327.3	381.7	332.8	82.3	9.4	8.3
1980	3 914.8	3 221.1	392.1	301.5	82.3	10.0	7.7
1981	3 846.8	3 139.3	410.4	297.1	81.6	10.7	7.7
1982	3 786.3	3 145.9	344.2	296.2	83.1	9.1	7.8
1983	3 738.6	3 172.1	290.7	275.7	84.8	7.8	7.4
1984	3 737.6	3 099.0	355.4	283.1	82.9	9.5	7.6
1985	3 705.8	2 889.5	532.3	283.9	78.0	14.4	7.6
1986	3 663.7	3 036.9	338.3	288.4	82.9	9.2	7.9
1987	3 620.6	3 130.8	199.3	290.5	86.5	5.5	8.0
1988	3 603.2	3 101.3	203.7	298.1	86.1	5.6	8.3
1989	3 594.5	3 083.5	211.8	299.2	85.8	5.9	8.3
1990	3 618.9	3 121.6	204.9	292.4	86.3	5.7	8.1
1991	3 638.1	3 089.9	257.5	290.7	84.9	7.1	8.0
1992	3 633.1	3 051.5	281.7	299.9	84.0	7.7	8.3
1993	3 630.0	3 049.2	224.6	356.2	84.0	6.1	9.9
1994	3 623.5	3 026.4	226.8	370.3	83.5	6.3	10.2
1995	3 623.7	3 030.9	210.4	382.4	83.6	5.8	10.6
1996	3 627.8	3 073.1	165.8	388.9	84.7	4.6	10.7
1997	3 627.0	3 037.1	181.1	408.8	83.7	5.0	11.3
1998	3 630.2	3 039.2	178.4	412.6	83.7	4.9	11.4
1999	3 643.1	3 055.3	163.3	424.5	83.9	4.5	11.7
2000	3 622.0	2 858.6	248.0	515.4	78.9	6.8	14.2
2001	3 559.9	2 758.1	279.9	522.0	77.5	7.9	14.7
2002	3 577.0	2 658.6	327.8	590.6	74.3	9.2	16.5
2003	3 476.6	2 563.6	344.6	568.4	73.7	9.9	16.3
2004	3 666.5	2 965.8	242.2	458.5	80.9	6.6	12.5
2005	3 801.0	3 179.7	199.4	421.9	83.7	5.2	11.1
2006	3 860.1	3 249.7	187.5	422.9	84.2	4.9	10.9

13—16 续表 1

单位:千公顷

年份	粮食作物	水稻	小麦	玉米	高粱	谷子	薯类
1978	3 327.3	376.4	67.7	1 340.7	630.7	211.5	76.7
1980	3 221.1	385.7	40.9	1 416.2	558.3	190.1	42.5
1981	3 139.3	397.3	34.6	1 267.8	594.9	211.3	39.6
1982	3 145.9	405.6	29.5	1 155.5	645.5	272.4	41.1
1983	3 172.1	403.2	21.3	1 219.9	656.3	273.7	54.0
1984	3 099.0	432.2	15.2	1 230.8	593.9	254.6	65.7
1985	2 889.5	480.2	11.8	1 198.0	416.7	210.1	72.3
1986	3 036.9	510.1	20.5	1 258.5	441.3	205.9	65.7
1987	3 130.8	548.4	27.2	1 341.1	448.4	188.7	64.0
1988	3 101.3	553.7	34.4	1 318.0	450.5	179.4	70.6
1989	3 083.5	553.4	55.0	1 313.2	420.3	177.3	73.6
1990	3 121.6	543.3	112.8	1 365.7	395.0	169.3	73.7
1991	3 089.9	542.2	147.2	1 372.4	367.5	147.2	78.8
1992	3 051.5	556.6	165.7	1 384.0	342.0	120.4	88.0
1993	3 049.2	484.1	183.1	1 416.2	326.0	120.1	99.9
1994	3 026.4	458.7	162.4	1 464.6	321.7	109.0	95.9
1995	3 030.9	472.6	171.3	1 517.5	308.3	102.8	102.5
1996	3 073.1	478.1	177.9	1 576.7	300.2	104.9	110.0
1997	3 037.1	491.7	167.9	1 573.4	257.6	106.1	105.6
1998	3 039.2	496.0	150.2	1 638.0	222.8	100.8	109.6
1999	3 055.3	501.5	152.9	1 677.8	202.5	89.6	130.5
2000	2 858.6	489.7	117.5	1 422.5	188.6	86.9	167.1
2001	2 758.1	449.5	86.1	1 366.3	163.0	130.5	151.1
2002	2 658.6	457.1	47.2	1 395.1	168.8	101.6	145.1
2003	2 563.6	392.0	19.8	1 401.4	125.3	111.2	138.8
2004	2 965.8	492.1	19.9	1 835.9	106.4	94.2	103.4
2005	3 179.7	538.1	21.4	2 076.7	107.8	86.6	93.2
2006	3 249.7	578.2	17.4	2 130.5	99.7	86.3	97.4

13—16 续表 2

单位:千公顷

年份	粮食作物		经济作物	棉花	油料	#花生	芝麻	向日葵
	大豆	其他杂粮						
1978	515.9	107.2	381.7	101.5	212.2	43.7	4.8	74.4
1980	472.9	114.7	392.1	38.5	303.2	97.5	12.3	169.6
1981	461.4	132.3	410.4	39.1	320.4	106.7	12.9	184.9
1982	458.4	137.8	344.2	46.5	242.5	121.9	34.3	77.5
1983	408.5	135.1	290.7	54.7	196.1	105.7	38.3	47.0
1984	372.5	134.1	355.4	72.9	252.3	144.4	52.9	49.5
1985	393.0	107.5	532.3	39.1	447.5	251.7	92.7	77.7
1986	410.3	124.6	338.3	17.9	280.6	161.6	22.9	81.5
1987	395.2	117.8	199.3	4.6	151.3	86.6	7.1	50.1
1988	381.5	113.3	203.7	10.3	135.4	83.8	3.3	42.9
1989	370.3	120.5	211.8	16.2	132.0	83.2	5.1	37.4
1990	349.0	112.8	204.9	19.1	125.1	78.0	4.7	37.7
1991	326.2	81.6	257.5	55.4	142.6	92.6	15.0	31.8
1992	302.3	74.8	281.7	74.9	142.7	90.4	24.5	25.5
1993	325.1	94.5	224.6	24.6	141.3	91.6	24.4	21.5
1994	318.6	95.4	226.8	25.7	144.4	102.9	18.1	22.2
1995	273.0	82.9	210.4	31.0	131.8	94.1	14.1	22.0
1996	239.2	86.1	162.4	12.4	95.1	67.1	6.5	20.4
1997	249.2	85.5	181.1	19.5	98.2	69.1	6.1	22.5
1998	249.6	72.2	178.4	20.5	122.4	91.0	9.0	21.9
1999	235.1	65.2	163.4	6.9	122.1	89.0	6.7	25.0
2000	301.9	84.5	248.0	7.3	199.5	142.8	1.4	28.2
2001	290.4	121.2	279.9	7.3	235.4	184.1	13.1	32.1
2002	266.6	77.1	327.8	2.9	286.1	227.9	16.2	37.5
2003	285.2	89.9	344.6	3.9	312.0	253.3	12.3	40.7
2004	244.4	69.6	242.2	4.4	205.2	173.3	8.2	19.8
2005	184.9	71.0	199.4	2.3	164.3	140.6	5.2	15.8
2006	168.4	43.6	187.5	1.8	158.1	137.7	3.7	14.0

13—16 续表 3

单位:千公顷

年份	经济作物				其他作物	#蔬菜	绿肥
	麻类	甜菜	烟叶	#烤烟			
1978	35.1	9.9	14.2	12.3	332.8	222.3	67.1
1980	25.5	11.1	9.6	8.7	301.5	202.1	67.6
1981	19.9	13.6	12.1	10.5	297.1	212.7	49.1
1982	13.9	19.3	14.2	11.5	296.3	227.2	37.9
1983	3.5	13.7	11.1	8.7	275.7	220.9	27.5
1984	2.2	9.1	11.1	8.7	283.1	218.7	31.1
1985	2.7	13.7	18.6	10.1	283.9	217.3	23.0
1986	2.7	12.9	15.7	7.2	288.4	230.6	19.9
1987	2.5	16.1	14.3	8.4	290.5	234.2	17.6
1988	2.5	25.9	18.6	12.4	298.1	241.5	13.3
1989	1.7	17.0	31.7	24.1	299.2	248.3	11.6
1990	1.8	22.5	26.0	20.3	292.4	253.3	11.9
1991	1.6	25.1	23.0	18.0	290.7	255.0	6.6
1992	1.5	20.8	24.3	19.6	299.9	267.8	6.7
1993	0.9	23.2	24.1	17.5	356.2	294.6	43.4
1994	0.7	28.8	18.7	13.5	370.3	318.3	0
1995	0.8	30.2	16.6	13.4	382.4	330.6	33.4
1996	0.4	27.2	27.3	24.8	388.9	342.2	
1997	0.3	23.8	33.2	29.0	408.8	354.2	
1998	0.2	17.1	15.2	13.0	412.6	353.2	
1999	0.4	13.7	17.0	15.3	424.5	369.9	
2000	0.7	16.5	18.4	16.7	515.4	413.2	
2001	0.2	18.0	11.5	10.1	522.0	412.9	
2002	0.1	13.1	13.0	11.8	590.6	467.3	
2003	0.5	1.1	12.8	11.0	568.4	450.1	
2004	0.2	0.9	11.6	10.4	458.5	378.4	
2005	0.05	1.5	16.1	15.1	421.9	353.1	
2006	0.01	1.4	10.7	9.6	422.9	358.2	

13—17 各地区农作物播种面积

（2006 年）　　单位:千公顷

地　区	农作物总播种面积	粮食作物	水稻	小麦	玉米	高粱	谷子	薯类
全省	**3 860.1**	**3 249.7**	**578.2**	**17.4**	**2 130.5**	**99.7**	**86.3**	**97.4**
沈阳	593.7	509.1	130.4	5.5	323.1	6.3	2.6	8.3
大连	327.5	279.4	27.1	0.5	182.3	1.1	2.2	27.2
鞍山	246.6	209.4	37.1	0.5	160.0	1.7	0.4	1.9
抚顺	114.1	97.7	20.5		67.5	0.1	0.1	2.4
本溪	62.4	51.0	9.7		34.9	0.2	1.0	1.7
丹东	203.6	166.8	52.2	0.1	99.8	0.5	0.4	4.5
锦州	411.3	350.1	25.3	1.6	281.6	23.5	2.0	3.3
营口	108.9	95.7	44.4		44.6	1.9	0.9	0.8
阜新	369.4	301.9	5.4	0.9	205.9	25.4	20.8	1.7
辽阳	152.4	136.0	49.3		79.8	0.5		2.2
盘锦	136.7	123.1	105.0		13.2	0.4		
铁岭	505.2	412.5	62.3	2.0	305.0	2.2	0.7	15.8
朝阳	401.1	334.6	0.3	5.5	204.3	27.8	48.2	11.7
葫芦岛	227.2	182.4	9.2	0.8	128.5	8.1	7.0	15.9

13—17 续表 1　　　　(2006 年)　　　　单位:千公顷

地区	粮食作物		经济作物				
	大豆	其他杂粮	棉花	油料	花生	芝麻	向日葵
全省	**168.4**	**43.6**	**1.8**	**158.1**	**137.7**	**3.7**	**14.0**
沈阳	25.9	2.8	0.5	15.3	14.1	0.1	1.1
大连	35.6	2.5		5.0	4.8		
鞍山	7.1	0.6		3.2	3.2		
抚顺	6.4	0.3		0.6	0.5		
本溪	2.9	0.4		0.5	0.5		
丹东	7.9	1.0		2.5	2.5		
锦州	11.1	1.6	0.1	17.7	16.9	0.1	0.1
营口	2.3	0.8		0.2	0.2		
阜新	18.2	7.2		45.9	40.1	1.3	3.7
辽阳	3.7	0.1		0.5	0.5		
盘锦	4.5						
铁岭	23.3	1.1		38.0	37.9		0.1
朝阳	10.4	22.5	1.1	11.7	0.8	1.7	9.0
葫芦岛	9.1	2.7	0.1	17.0	15.7	0.5	

13—17 续表 2　　　　(2006 年)　　　　单位:千公顷

地区	经济作物				其他作物
	麻类	甜菜	烟叶	烤烟	蔬菜
全省		**1.4**	**10.7**	**9.6**	**358.2**
沈阳		0.2			47.4
大连					37.6
鞍山		0.1	0.3	0.3	31.0
抚顺			0.7	0.2	8.1
本溪					5.3
丹东			3.5	3.4	20.1
锦州		0.2			39.7
营口					10.6
阜新			1.5	1.5	15.9
辽阳					13.8
盘锦					12.9
铁岭			1.9	1.9	45.8
朝阳		0.9	2.8	2.3	42.9
葫芦岛					27.1

13—18 主要农产品产量

年份	粮食（万吨）	水稻	小麦	玉米	高粱	谷子	薯类	大豆	其他杂粮	棉花（吨）
1952	544.0	29.9	11.4	125.9	193.3	75.9	20.9	55.4	31.3	91 750
1957	587.0	59.6	2.7	149.5	166.1	64.9	33.8	76.7	33.7	40 350
1965	670.7	88.7	6.5	248.3	163.4	61.1	34.2	44.5	24.0	43 600
1970	870.3	148.9	5.6	270.0	197.1	62.8	40.7	58.0	87.2	38 500
1975	1 119.4	194.5	15.2	436.0	291.2	30.9	8.1	45.2	98.3	36 200
1978	1 117.2	206.8	9.4	560.0	225.2	30.0	18.5	53.5	13.8	23 372
1980	1 221.6	235.3	5.5	653.6	226.8	23.3	10.5	53.6	13.0	21 348
1981	1 160.6	248.8	5.7	581.8	217.4	22.4	9.4	62.4	12.7	22 009
1982	1 151.8	253.8	4.9	558.2	225.9	29.3	9.4	57.8	12.5	23 278
1983	1 485.2	290.3	4.4	736.9	305.7	45.0	15.0	69.3	18.6	52 002
1984	1 425.8	331.0	2.5	715.5	248.6	33.1	17.7	63.4	14.0	66 092
1985	976.0	263.0	2.8	448.1	150.7	29.9	15.8	54.6	11.2	24 166
1986	1 222.2	323.8	4.0	607.3	168.4	27.9	15.3	63.5	12.0	11 647
1987	1 276.2	340.7	5.6	671.5	159.0	25.7	13.5	49.2	11.1	3 337
1988	1 307.2	340.2	8.2	680.6	161.6	20.0	18.8	44.4	13.6	6 381
1989	1 018.2	283.8	15.3	496.7	106.9	16.2	12.1	24.1	13.1	7 808
1990	1 494.7	375.7	44.3	812.3	180.8	30.5	19.4	43.5	14.5	13 595
1991	1 532.4	403.4	49.8	848.6	181.2	23.3	24.6	37.5	13.1	41 987
1992	1 568.4	417.7	65.5	864.5	152.7	18.5	26.2	32.4	11.1	27 949
1993	1 696.0	389.6	66.5	989.1	178.1	24.4	34.5	52.2	14.0	19 439
1994	1 337.1	297.7	49.5	613.9	181.5	25.5	28.3	48.3	14.4	16 727
1995	1 423.5	255.3	63.3	804.5	156.6	22.2	35.9	40.3	12.4	23 666
1996	1 660.1	366.1	59.4	1 047.3	183.0	29.1	42.5	43.6	15.8	10 813
1997	1 313.5	389.4	56.5	674.7	100.3	18.7	39.5	35.1	11.3	15 067
1998	1 828.9	407.5	61.4	1 205.3	141.6	28.6	47.8	52.8	15.0	17 876
1999	1 648.8	415.8	59.2	988.3	77.1	13.2	51.0	39.3	9.5	4 574
2000	1 140.0	375.5	35.4	547.9	51.6	9.3	61.5	47.9	8.7	5 604
2001	1 394.4	341.2	15.7	833.7	74.5	25.7	54.7	55.2	19.2	7 508
2002	1 510.4	359.2	11.51	889.42	83.11	23.31	60.27	52.6	30.98	2 983
2003	1 498.3	310.6	6.1	930.5	58.9	24.4	66.2	63.7	16.4	3 481
2004	1 720	382.4	6.9	1 352.1	62.0	26.9	50.6	59.2	15.6	4 742
2005	1 745.8	414.5	8.9	1 340.3	70.8	30.8	48.0	43.5	11.6	2 685
2006	1 725.0	460.5	7.3	1 300.4	44.1	19.3	54.7	36.9	9.2	2 096

注:1990～2006 年粮食产量系抽样调查定产数,分品种产量数系全面统计报表数。

13—18续表

年份	油料（吨）	#花生	芝麻	向日葵	麻类（吨）	甜菜（吨）	烟叶（吨）	#烤烟	蔬菜（万吨）
1952	107 050	100 017	3 117	196	27 800		25 450	22 580	135.2
1957	159 800	155 571	1 826	214	13 550		19 600	18 702	351.1
1965	99 900	93 750	1 600		16 150	17 600	23 700	22 850	442.3
1970	103 700	98 550	1 250		10 800	23 900	20 450	20 450	389.7
1975	105 100	75 950	1 000		97 500	44 250	28 450	27 750	397.7
1978	105 271	44 811	1 471	41 080	14 994	63 376	31 280	29 483	652.0
1980	282 529	137 440	4 059	13 142	9 487	127 239	23 617	22 361	548.7
1981	306 076	170 109	6 808	121 539	7 351	225 611	28 141	24 925	628.9
1982	247 432	174 552	19 101	50 389	5 394	338 453	33 696	28 745	672.6
1983	309 398	227 227	30 155	48 458	1 823	278 045	22 132	17 906	734.6
1984	420 467	326 794	33 203	56 181	1 355	200 774	27 587	22 081	784.6
1985	540 147	402 737	43 717	76 731	2 446	226 775	34 143	18 424	589.5
1986	316 211	221 858	8 899	76 336	2 054	218 267	27 137	10 370	700.9
1987	192 045	130 062	3 070	54 351	1 660	283 685	28 869	15 692	756.1
1988	167 916	133 437	1 362	29 448	2 875	481 603	36 383	22 094	784.8
1989	70 809	46 084	1 365	20 354	2 334	233 945	45 378	31 376	790.0
1990	174 537	133 427	2 879	33 939	2 586	497 538	44 005	31 575	861.3
1991	202 878	153 230	8 895	38 066	2 011	585 929	39 022	28 525	893.5
1992	176 256	129 402	15 415	29 663	2 494	523 226	44 297	32 283	1 003.2
1993	218 478	168 448	18 427	27 973	1 234	538 234	49 878	31 591	1 162.7
1994	244 305	200 079	14 022	29 192	1 050	392 366	35 721	23 534	1 130.6
1995	197 717	162 764	10 040	22 518	1 039	504 147	31 959	21 913	1 268.1
1996	170 003	134 450	5 618	28 367	396	585 516	56 091	50 344	1 438.6
1997	160 745	134 136	3 901	21 826	294	400 727	60 890	51 527	1 492.2
1998	233 611	198 115	5 798	28 422	210	416 120	31 319	26 182	1 588.1
1999	197 797	166 326	4 320	24 736	355	263 581	32 487	29 938	1 650.8
2000	295 527	256 249	8 298	12 685	883	286 894	31 507	28 589	1 757.0
2001	462 553	420 504	10 367	22 994	245	355 910	23 548	19 787	1 826.6
2002	564 529	507 904	14 139	34 245	155	397 226	28 679	25 987	2 098.6
2003	614 049	548 406	10 099	40 844	611	33 964	26 487	22 945	2 148.2
2004	459 299	419 110	7 293	24 153	606	27 427	26 932	24 243	2 034.6
2005	368 411	330 103	6 036	27 337	114	62 379	34 234	31 742	1 954.8
2006	381 245	356 837	2 838	17 064	12	53 381	26 883	24 215	2 129.8

13—19　各地区主要农产品产量

（2006 年）

地　　区	粮食（万吨）	水稻	小麦	玉米	高粱	谷子	薯类	大豆	其他杂粮	棉花（吨）
全　　省	**1 725.0**	**460.5**	**7.2**	**1 300.4**	**44.1**	**19.3**	**54.7**	**36.9**	**9.2**	**2 096**
沈　　阳	321.4	105.2	1.9	197.9	2.9	0.9	5.4	5.2	1.1	828
大　　连	152.2	16.2	0.2	113.0	0.4	0.7	12.4	8.4	0.7	19
鞍　　山	141.6	29.9	0.2	107.4	0.8	0.1	1.1	1.8	0.2	
抚　　顺	58.0	12.3		42.6			1.5	1.4	0.1	
本　　溪	26.2	5.7		18.3	0.1	0.4	0.9	0.6	0.1	
丹　　东	90.0	32.5		53.5	0.2	0.1	1.9	1.6	0.2	
锦　　州	180.0	19.4	0.6	143.7	11.6	0.4	2.0	2.0	0.3	56
营　　口	72.0	42.3		27.6	0.9	0.2	0.3	0.5	0.1	5
阜　　新	135.6	3.7	0.3	111.9	10.5	3.9	0.6	2.1	1.1	2
辽　　阳	90.7	36.7		51.3	0.3		1.5	0.9		
盘　　锦	106.1	98.0		6.5	0.3			1.4		
铁　　岭	331.4	51.9	0.6	255.7	1.7	0.3	13.0	7.7	0.5	
朝　　阳	140.7	0.2	3.0	104.6	10.8	10.9	4.9	1.5	4.3	1 114
葫 芦 岛	90.0	6.5	0.4	66.4	3.6	1.4	9.2	1.8	0.5	72

注：全省粮食以抽样调查的 1 725.0 万吨为定产数。

13—19 续表

（2006 年）

地　　区	油料（万吨）	#花生	#芝麻	#向日葵	麻类（吨）	甜菜（吨）	烟叶（吨）	#烤烟	蔬菜（万吨）
全　　省	**38.1**	**35.7**	**0.3**	**1.7**	**12**	**53 381**	**26 883**	**24 215**	**2 129.8**
沈　　阳	3.5	3.2		0.2		7 666			271.5
大　　连	1.4	1.3							254.6
鞍　　山	0.9	0.9				1 718	804	673	176.0
抚　　顺	0.1	0.2					1 641	446	37.1
本　　溪	0.1	0.1					48	48	24.0
丹　　东	0.9	0.9			4		7 812	7 631	96.4
锦　　州	3.2	3.1				12 006			283.5
营　　口									71.1
阜　　新	9.2	8.6	0.1	0.5			3 263	3 203	63.0
辽　　阳	0.2	0.2							63.5
盘　　锦									94.7
铁　　岭	13.7	13.7					4 557	4 530	259.8
朝　　阳	1.4	0.2	0.2	1	8	31 991	8 756	7 684	235.2
葫 芦 岛	3.5	3.3					2		199.4

13—20 主要农产品单位面积产量

（按播种面积计算）　　　　单位：公斤/亩

年份	粮食	水稻	小麦	玉米	高粱	谷子	薯类	大豆	其他杂粮	棉花
1978	224	367	93	279	238	95	161	69	86	16
1980	253	407	89	308	271	82	165	76	76	37
1981	247	418	109	306	244	71	158	90	64	38
1982	244	417	111	322	234	72	153	84	60	34
1983	312	480	139	403	311	110	185	113	92	64
1984	307	511	112	388	279	87	180	114	70	61
1985	225	365	158	249	241	95	146	93	69	41
1986	268	427	129	322	254	90	155	103	64	43
1987	272	421	136	334	236	91	141	83	63	48
1988	281	419	159	344	239	74	178	78	80	41
1989	220	348	185	252	170	61	110	44	59	32
1990	319(325)	461	262	397	305	120	176	83	86	48
1991	331(341)	491	226	412	329	105	208	77	85	51
1992	343(347)	500	264	416	298	103	199	71	80	25
1993	371(382)	536	242	466	364	135	231	107	99	53
1994	295(277)	433	204	279	376	156	197	101	100	43
1995	313(306)	360	246	353	339	144	233	98	100	51
1996	360(388)	511	222	443	406	185	257	122	122	58
1997	288(291)	528	224	286	259	118	249	94	88	52
1998	401(430)	548	273	491	424	189	291	141	139	58
1999	360(361)	553	258	393	254	98	261	111	97	44
2000	266(265)	511	201	257	182	71	245	106	69	51
2001	337(343)	506	122	407	305	131	241	127	106	69
2002	379(375)	524	163	425	328	153	277	132	268	69
2003	390(384)	528	206	443	313	146	318	149	122	59
2004	395(440)	518	232	491	389	190	326	162	149	72
2005	381(414)	514	278	430	438	237	343	157	187	78
2006	357(397)	530	279	407	295	149	374	146	141	79

注：1990～2006年粮食单产系抽样调查数，括号内为全面统计报表数。

13—20 续表　　　　（按播种面积计算）　　　　单位：公斤/亩

年份	油料	#花生	#芝麻	#向日葵	麻类	甜菜	烟叶	#烤烟	蔬菜
1978	33	69	20	37	28	428	147	160	1 956
1980	62	94	22	52	25	767	164	171	1 811
1981	64	107	35	44	25	1 104	155	158	1 971
1982	68	96	37	43	26	1 169	158	166	1 974
1983	105	144	52	69	35	1 359	133	138	2 218
1984	111	156	42	76	41	1 474	166	120	2 391
1985	81	107	31	61	59	1 101	122	122	1 808
1986	75	92	26	62	51	1 131	122	96	2 026
1987	85	100	28	72	44	1 178	135	125	2 152
1988	83	106	28	46	76	1 240	130	119	2 167
1989	36	37	18	36	88	917	96	87	2 121
1990	93	114	40	60	97	1 473	113	104	2 267
1991	95	110	39	80	83	1 554	113	106	2 336
1992	82	95	42	78	113	1 674	122	109	2 498
1993	103	123	50	87	93	1 547	138	120	2 631
1994	113	130	52	88	80	908	128	116	2 368
1995	100	115	47	68	91	1 115	128	109	2 557
1996	119	134	58	92	71	1 437	137	135	2 803
1997	109	129	43	65	77	1 121	122	119	2 809
1998	127	145	43	87	88	1 618	137	134	2 998
1999	108	125	43	66	60	1 278	127	130	2 975
2000	99	120	40	30	88	1 157	114	114	2 835
2001	131	152	53	48	74	1 319	137	130	2 949
2002	132	149	58	61	110	2 015	147	147	2 994
2003	131	144	55	67	75	2 132	138	139	3 088
2004	149	161	60	81	210	2 078	155	155	3 585
2005	149	156	77	115	158	2 791	141	141	3 691
2006	161	173	52	81	73	2 464	168	169	3 964

13—21 各地区主要农产品单位面积产量

（按播种面积计算，2006年）　　单位：公斤/公顷

地　　区	粮食	水稻	小麦	玉米	高粱	谷子	薯类	大豆	其他杂粮	棉花
全　　省	**5 958**	**7 964**	**4 182**	**6 104**	**4 426**	**2 237**	**5 614**	**2 191**	**2 119**	**1 187**
沈　　阳	6 313	8 067	3 536	6 127	4 628	3 484	6 504	2 009	3 866	1 714
大　　连	5 447	5 962	5 248	6 200	3 596	2 975	4 555	2 364	2 748	613
鞍　　山	6 761	8 074	3 709	6 715	5 002	2 473	5 811	2 498	3 503	
抚　　顺	5 942	6 012		6 319	4 856	2 228	6 012	2 180	2 448	
本　　溪	5 130	5 916	2 783	5 230	4 668	3 918	5 478	2 132	2 584	
丹　　东	5 395	6 239	655	5 361	3 067	1 528	4 233	2 014	1 844	
锦　　州	5 142	7 675	3 747	5 102	4 926	2 204	5 980	1 832	1 966	1 057
营　　口	7 533	9 529	4 000	6 191	4 959	2 686	3 731	2 243	2 057	1 250
阜　　新	4 492	6 725	3 341	5 431	4 122	1 890	3 366	1 174	1 500	2 000
辽　　阳	6 670	7 447	5 000	6 424	5 675	2 423	6 582	2 468	2 622	
盘　　锦	8 621	9 330		4 934	6 639			3 040		
铁　　岭	8 034	8 323	3 288	8 382	7 829	4 171	8 211	3 284	5 058	
朝　　阳	4 206	6 125	5 439	5 122	3 902	2 257	4 235	1 397	1 908	1 019
葫 芦 岛	4 933	7 057	4 346	5 168	4 397	1 996	5 841	2 014	1 792	713

13—21续表

（按播种面积计算，2006年）　　单位：公斤/公顷

地　　区	油料	#花生	#芝麻	#向日葵	麻类	甜菜	烟叶	#烤烟	蔬菜
全　　省	**2 412**	**2 591**	**776**	**1 221**	**1 091**	**36 967**	**2 523**	**2 529**	**59 463**
沈　　阳	2 256	2 301	880	1 836		29 945			57 304
大　　连	2 710	2 645	600	3 000					67 781
鞍　　山	2 929	2 931	1 400	3 000		26 431	2 689	2 714	56 878
抚　　顺	2 724	2 718		2 933			2 592	2 276	45 669
本　　溪	2 536	2 539		2 375			2 000	2 000	44 915
丹　　东	3 364	3 386	1 000	2 000	500		2 224	2 225	48 043
锦　　州	1 813	1 834	1 491	1 320		46 355			71 376
营　　口	2 150	2 150							67 261
阜　　新	2 008	2 146	630	1 163			2 157	2 163	39 578
辽　　阳	3 642	3 637		1 900					45 875
盘　　锦	4 217	4 217							73 218
铁　　岭	3 611	3 611	3 667	3 626			2 383	2 389	56 737
朝　　阳	1 172	2 204	830	1 132	2 667	37 027	3 172	3 342	54 797
葫 芦 岛	2 055	2 111	772	1 864			2 000		73 667

13—22 水果、蚕茧、园参、芦苇生产情况

指　　标	单　位	2000年	2002年	2003年	2004年	2005年	2006年
一、水　　果							
果园面积	千公顷	392.8	331.2	318.2	316.8	317.0	313.6
＃苹果园	千公顷	195.1	131.9	115.11	111.8	110.3	109.1
梨　园	千公顷	85.7	85.5	85.53	88.5	91.6	87.7
葡萄园	千公顷	27.8	35.6	37.37	36.8	28.1	26.8
山楂园	千公顷	26.8	17.6	15.3	14.3	14.0	12.0
果树株数	万　株	32 541.8	29 655	30 798	32 117	32 435	33 236.7
＃苹　果	万　株	8 388.4	5 768	5 330	5 470.3	5 838.5	6 172.4
梨	万　株	4 366.9	4 503	4 805.3	5 287.7	5 600.2	5 386.7
葡　萄	万　株	10 293.0	11 840	12 624	13 139	11 679	11 238.1
山　楂	万　株	2 263.4	1 683	1 483.7	1 328.4	1 337.5	1 270.5
结果株数	万　株	18 850.1	17 848	19 922	20 970	22 553	22 640.6
＃苹　果	万　株	4 012.0	3 242	3 042.3	3 389.7	3 562.3	3 813.6
梨	万　株	2 116.8	2 296	2 436.3	2 695.5	3 196.4	3 225.4
葡　萄	万　株	6 012.9	8 054	9 956	9 960.1	9 785.8	9 086.7
山　楂	万　株	1 776.5	1 334	1 215.2	1 078.9	1 123.2	1 082.7
水果产量	吨	2 499 660	2 344 015	2 678 104	3 076 521	3 292 674	3 437 027
＃苹　果	吨	1 231 479	1 005 142	1 089 937	1 222 119	1 299 595	1 301 399
梨	吨	455 404	412 724	515 892	605 679	690 345	705 232
葡　萄	吨	430 282	522 061	586 124	613 683	581 711	587 191
山　楂	吨	67 148	59 314	54 253	61 482	64 756	62 783
二、蚕　　业							
柞蚕茧产量	吨	38 959	41 652	44 362	38 867	43 200	44 075
桑蚕茧产量	吨	92	34	40	285	159	191
三、园　　参							
园参产量	吨	1 218	2 132.1	3 001.1	2 316.3	2 461.5	2 390.5
四、芦　　苇							
芦苇产量	万　吨	54.2	48.8	48.8	52.7	50.9	54.3

13—23 水果、蚕茧、园参产量

单位:吨

年份	水果总产量	#苹果	#梨	#葡萄	#山楂	蚕茧总产量	柞蚕茧	桑蚕茧	园参总产量
1978	937 915	656 750	227 700	7 130		40 587	40 521	66	
1979	1 023 981	753 902	213 118	8 013	1 738	42 895	42 767	128	
1980	782 677	610 133	109 907	6 244		56 757	56 634	123	775
1981	923 836	700 655	161 982	10 197		45 370	45 264	106	790
1982	761 164	572 714	128 719	9 765	7 796	30 267	30 159	108	761
1983	1 040 485	758 850	200 714	12 587	10 673	55 708	55 601	107	1 070
1984	955 126	683 926	187 981	19 882	12 108	38 052	38 968	84	902
1985	806 799	547 791	173 077	20 902	14 342	26 996	26 945	51	985
1986	803 832	546 862	171 840	23 521	14 717	24 790	24 760	30	1 302
1987	933 062	637 092	177 808	35 017	21 571	39 137	39 086	51	1 813
1988	958 557	621 544	195 066	53 092	24 643	34 825	34 768	57	2 639
1989	1 003 137	655 737	174 370	72 170	33 395	39 415	39 348	67	2 437
1990	1 112 886	759 244	166 806	73 567	36 562	40 772	40 641	131	2 766
1991	1 011 230	570 542	204 839	89 895	50 659	23 982	23 812	170	2 704
1992	1 527 272	979 434	222 916	121 829	73 918	26 124	25 926	198	2 719
1993	1 888 380	1 196 127	300 099	146 162	97 312	36 486	36 349	137	3 720
1994	1 845 580	1 069 137	323 985	158 210	99 411	27 808	27 720	178	2 073
1995	2 199 889	1 277 295	402 963	153 317	98 566	32 988	32 805	183	1 431
1996	2 480 339	1 505 993	477 330	185 421	80 719	29 411	29 158	253	1 226
1997	2 641 058	1 611 487	471 870	193 380	79 456	39 685	39 532	153	2 141
1998	2 985 505	1 674 628	610 898	275 557	85 093	44 563	44 455	108	1 304
1999	2 566 685	1 469 839	424 605	307 453	71 638	28 760	28 720	40	1 297
2000	2 499 660	1 231 479	455 404	430 282	67 148	39 051	38 959	92	1 218
2001	2 416 697	1 134 657	509 942	396 991	61 151	43 870	43 790	80	1 492
2002	2 344 015	1 005 142	412 724	522 061	59 314	41 998	41 652	34	2 132
2003	2 678 104	1 089 937	515 892	586 124	54 253	44 402	44 362	40	3 001
2004	3 076 521	1 222 119	605 679	613 683	61 482	39 152	38 867	285	2 316
2005	3 292 674	1 299 595	690 345	581 711	64 756	43 359	43 200	159	2 462
2006	3 437 027	1 301 399	705 232	587 191	62 783	44 266	44 075	191	2 390

13—24 林业生产情况

指标	单位	2000年	2002年	2003年	2004年	2005年	2006年
造林面积	千公顷	143.95	237.63	195.15	159.3	126.49	70.77
按造林用途分:							
用材林	千公顷	28.37	58.25	23.72	28.3	20.93	2.93
经济林	千公顷	32.61	28.91	24.13	17.3	6.18	4.19
防护林	千公顷	71.18	140.89	140.32	106.4	98.21	63.65
薪炭林	千公顷	11.68	9.37	6.98	7.3	1.17	
特种用材林	千公顷						
迹地更新面积	千公顷						
封山育林面积	千公顷						75.00
#本年新封面积	千公顷					68.48	4.54
零星植树	万株	5 344	7 678	8 422	8 400		7 097
育苗面积	千公顷	12.16	26.54	26.39	26.39	17.11	18.19
#当年新育	千公顷	8.27	17.08	12.85	12.85	6.16	6.42
当年苗木产量	万株					175 414	303 478
幼林抚育作业面积	千公顷	291.50	277.3	327.9			
成林抚育面积	千公顷	67.99	32.3				
木材采运量	万立方米	123.41	87.1			147.07	

13—25 各地区造林面积

单位:千公顷

地区	造林面积											
	合计			#用材林			#经济林			#防护林		
	2000年	2005年	2006年	2000年	2005年	2006年	2000年	2005年	2006年	2000年	2005年	2006年
全省	**143.9**	**126.5**	**70.8**	**28.4**	**20.9**	**2.9**	**32.6**	**6.3**	**4.2**	**71.1**	**98.2**	**63.6**
沈阳	7.7	16.1	5.7	0.8			3.6			3.2	16.1	5.7
大连	7.0	12.1	5.8	0.5	0.7		3.7	1.1	0.4	2.8	10.2	5.4
鞍山	6.0	4.1	4.3	1.9	2.4	0.1	2.0	0.6	0.7	2.1	1.1	3.4
抚顺	2.9	9.0	2.0	2.2	1.7		0.2	0.2		0.4	7.2	2.0
本溪	2.2	9.1	2.0	0.7	4.2	0.1	0.8	0.2	0.4	0.3	4.1	1.6
丹东	2.1	6.6	1.3	0.5	4.8	0.6	1.1	0.5	0.2		1.3	0.5
锦州	31.2	7.9	3.3	6.0	0.5		3.3	0.3	0.1	20.5	7.1	3.2
营口	6.7	2.2	1.2	3.8	0.9		1.6	0.2	0.2	0.8	0.6	1.0
阜新	11.9	16.1	16.1	3.1			2.4	0.5	0.8	6.4	15.7	15.3
辽阳	5.4	1.0	0.3	1.6	0.8		2.1	0.1		1.4	0.1	0.3
盘锦	0.8	0.5		0.1	0.4					0.7	0.1	
铁岭	4.8	10.0	4.6	2.2	4.0	1.7	1.1	1.2	0.3	1.3	4.7	2.6
朝阳	21.7	25.9	19.5	3.5		0.4	4.9	0.9	0.5	8.5	25.0	18.5
葫芦岛	33.6	5.9	4.7	1.5	0.5		5.6	0.5	0.6	22.7	4.9	4.1

13—26 大牲畜头数

单位:万头

年份	大牲畜年末头数	#役畜	牛	马	驴	骡
1978	287.3	193.7	136.0	61.4	52.7	37.2
1979	283.9	188.3	134.3	61.3	49.9	38.4
1980	279.1	177.3	130.6	61.9	46.9	39.7
1981	265.6	177.3	117.6	59.8	47.9	40.3
1982	255.6	183.5	107.9	57.7	49.5	40.5
1983	261.3	197.4	109.0	55.5	57.7	39.1
1984	284.7	209.9	123.2	56.9	64.6	40.0
1985	303.3	216.4	134.9	56.9	70.3	41.2
1986	313.9	219.5	140.2	56.1	75.3	42.3
1987	315.2	254.6	140.7	53.7	77.9	42.9
1988	319.1	217.4	142.8	51.9	80.8	43.6
1989	323.8	217.3	147.7	49.4	83.1	43.6
1990	326.1	217.2	150.9	47.0	84.4	43.8
1991	326.0	220.1	149.4	46.1	86.6	43.9
1992	331.6	214.2	155.4	45.1	87.5	43.6
1993	368.3	219.3	192.0	44.7	89.0	42.6
1994	438.9	228.6	261.2	44.3	91.2	42.2
1995	476.4	232.3	301.6	42.2	92.6	40.0
1996	505.4	244.4	330.9	42.2	93.5	38.9
1997	366.7	182.2	193.5	39.5	96.2	37.5
1998	382.1	187.9	209.3	40.6	95.2	37.0
1999	399.8	198.9	228.1	39.9	95.8	35.9
2000	420.7	212.8	254.0	37.0	95.3	34.4
2001	411.7	208.0	251.1	35.7	93.5	31.5
2002	421.5	198.7	264.8	34.4	92.9	29.4
2003	455.0	196.6	301.9	33.3	91.9	28.0
2004	476.9	192.6	329.1	31.3	91.8	24.8
2005	495.9	193.8	344.7	28.2	98.9	24.1
2006	472.3	175.4	327.3	26.8	95.6	22.6

注:全省畜牧业个别指标为评估论证数,下同。

13—27　肉类产量和猪羊头数

年　份	猪牛羊肉产量（万吨）	肉猪出栏头数（万头）	猪年末存栏头数（万头）	羊年末只数（万只）	山羊	绵羊
1978		554.3	1 184.6	138.2	28.1	110.1
1979		592.9	1 188.9	167.1	31.4	135.7
1980	42.9	656.3	1 057.5	194.7	36.6	158.1
1981	49.1	664.3	1 046.2	210.4	36.2	174.2
1982	56.0	711.3	1 069.9	207.8	33.6	174.2
1983	54.9	710.0	993.2	207.7	35.9	171.8
1984	54.9	685.2	892.9	193.9	36.0	157.9
1985	57.0	647.4	1 035.6	193.6	35.5	158.1
1986	58.1	650.9	1 031.7	215.5	39.5	176.0
1987	57.3	626.4	930.4	233.7	47.0	186.7
1988	68.9	691.4	1 065.4	274.2	60.9	213.3
1989	71.9	733.4	1 089.6	294.9	74.3	220.6
1990	78.8	797.2	1 093.5	267.2	73.4	193.8
1991	88.8	865.0	1 137.7	239.5	75.7	163.8
1992	99.7	945.4	1 222.0	247.9	73.7	174.2
1993	115.4	1 020.9	1 228.6	264.4	88.8	175.6
1994	144.5	1 254.4	1 340.1	302.0	115.8	186.2
1995	173.9	1 461.6	1 468.4	373.2	146.5	226.7
1996	190.4	1 640.6	1 426.5	403.1	164.1	238.9
1997	126.9	1 131.0	953.3	292.6	133.7	158.9
1998	138.8	1 223.9	1 039.9	318.1	146.3	171.7
1999	148.4	1 320.3	1 123.4	347.8	159.3	188.5
2000	156.5	1 413.8	1 270.7	386.1	187.3	198.8
2001	169.0	1 525.2	1 291.8	449.4	212.6	236.8
2002	182.8	1 648.7	1 304.3	548.4	251.9	296.5
2003	198.6	1 754.3	1 365.8	730.8	319.7	411.1
2004	216.8	1 894.6	1 498.0	819.2	387.4	431.8
2005	238.8	2 063.2	1 642.4	830.2	426.3	404.0
2006	260.0	2 232.4	1 560.7	818.5	422.6	395.9

13—28 畜牧业生产情况

指　　标	单位	2000年	2002年	2003年	2004年	2005年	2006年
一、畜产品产量							
1.猪牛羊出栏头数							
肉猪出栏头数	万头	1 413.8	1 648.7	1 754.25	1 894.59	2 063.21	2 232.39
出售和自宰的牛	万头	171.7	198.6	224.63	247.92	278.81	313.10
出售和自宰的羊	万只	239.2	320.7	491.23	636.04	774.82	841.46
2.肉类总产量	万吨	236.1	270.2	291.9	316.5	346.1	372.1
#猪肉	万吨	127.3	148.7	157	169.6	184.7	199.7
牛肉	万吨	25.8	29.7	33.9	37.3	42.2	47.4
羊肉	万吨	3.4	4.4	7.7	9.9	11.9	12.9
禽肉	万吨	76.4	83.9	89.6	95.6	102.1	106.6
兔肉	万吨	0.3	0.3	0.4	0.3	0.4	0.4
3.其他畜产品产量							
奶类	万吨	21.9	30.8	46.4	62.3	78.8	97.4
#牛奶	万吨	18.9	28.1	42.7	58.4	74.9	93.7
山羊毛	吨	748.0	1 119.0	1 393.0	1 635.0	1 680.0	1 777.5
绵羊毛	吨	7 567.0	9 158.0	10 587.0	10 821.0	10 412.0	9 714.2
羊绒	吨	356.0	372.0	719.0	894.0	1 053.0	1 354.0
蜂蜜	吨	5 819.0	8 148.0	1 075.0	1 788.0	1 942.0	3 780.3
禽蛋	万吨	140.3	159.8	169.5	192.4	224.0	237.4
二、牲畜年末头数							
1.大牲畜	万头	420.7	421.5	455.0	476.9	495.9	472.3
#役畜	万头	212.8	198.7	196.6	192.6	193.8	175.4
牛	万头	254.0	264.8	301.9	329.1	344.7	327.3
马	万头	37.0	34.4	33.3	31.3	28.2	26.8
驴	万头	95.3	92.9	91.9	91.8	98.9	95.6
骡	万头	34.4	29.4	28.0	24.8	24.1	22.6
2.猪	万头	1 270.7	1 304.0	1 365.8	1 498.0	1 642.4	1 560.7
3.羊	万只	386.1	548.4	730.8	819.2	830.2	818.5
山羊	万只	187.3	251.9	319.7	387.4	426.3	422.6
绵羊	万只	198.8	296.5	411.1	431.8	404.0	395.9

13—29 各地区牲畜饲养情况

(2006年)

地区	大牲畜年末头数（万头）	#役畜	#牛	#乳牛	马	驴	骡
全省	**472.3**	**175.4**	**327.3**	**25.7**	**26.8**	**95.6**	**22.6**
沈阳	69.8	12.3	55.1	8.1	5.0	6.8	2.9
大连	32.1	17.4	25.8	2.3	1.4	2.0	2.8
鞍山	23.9	6.9	18.6	1.0	1.8	2.4	1.2
抚顺	16.0	5.7	13.9	0.8	0.6	0.3	1.2
本溪	19.3	8.4	18.5	0.5	0.3	0.2	0.3
丹东	17.1	10.3	11.7	0.5	1.9	1.9	1.6
锦州	39.7	14.3	24.9	2.0	2.9	9.6	2.4
营口	5.9	1.6	4.7	0.4	0.4	0.5	0.4
阜新	45.7	22.7	16.8	3.3	5.2	22.0	1.7
辽阳	11.1	2.5	8.7	0.9	0.8	1.1	0.5
盘锦	3.2	0.4	2.7	0.6	0.2	0.1	0.1
铁岭	81.4	21.1	73.1	3.9	2.9	3.5	1.8
朝阳	84.7	41.8	42.3	2.9	2.1	36.8	3.5
葫芦岛	22.4	10.0	10.5	1.4	1.3	8.4	2.2

13—29 续表

(2006年)

地区	肉猪出栏头数（万头）	猪年末头数（万头）	羊年末只数（万只）	山羊	绵羊
全省	**2 232.4**	**1 560.6**	**818.5**	**422.6**	**395.9**
沈阳	409.8	250.4	57.1	18.8	38.3
大连	411.5	204.3	73.5	71.6	1.9
鞍山	203.1	94.4	51.4	46.5	4.9
抚顺	75.8	36.5	27.6	25.4	2.2
本溪	56.4	33.8	46.0	43.4	2.6
丹东	88.1	60.5	46.5	46.4	0.1
锦州	466.4	204.7	62.3	2.1	60.2
营口	72.9	32.2	48.8	46.6	2.2
阜新	235.9	136.1	69.0	0.9	68.1
辽阳	84.2	47.1	26.4	24.7	1.7
盘锦	54.7	42.9	2.3	1.4	0.9
铁岭	283.5	145.3	36.7	21.7	14.9
朝阳	262.4	168.4	203.3	44.6	158.7
葫芦岛	206.2	104.0	67.6	28.4	39.2

13—30 各地区畜产品产量

(2006 年)

地区	肉类总产量(万吨)	猪肉	牛肉	羊肉	奶类(万吨)	#牛奶
全省	**372.1**	**199.7**	**47.4**	**12.9**	**97.4**	**93.7**
沈阳	76.3	35.3	11.2	1.0	29.3	28.8
大连	65.3	33.8	3.8	0.9	12.0	10.2
鞍山	41.6	17.5	6.0	0.7	2.3	2.3
抚顺	13.3	6.9	2.5	0.4	3.2	3.1
本溪	10.8	5.2	2.5	0.5	1.9	1.9
丹东	14.0	7.7	1.3	0.3	2.1	2.1
锦州	55.2	38.1	7.3	2.3	9.0	8.6
营口	16.9	6.6	1.2	0.7	1.3	1.2
阜新	32.4	21.6	2.5	1.3	10.4	10.3
辽阳	13.0	7.0	1.8	0.2	4.0	3.9
盘锦	9.3	5.4	0.2	0.1	1.8	1.8
铁岭	62.0	24.6	18.6	0.8	10.8	10.3
朝阳	41.7	22.3	4.8	3.2	6.5	6.4
葫芦岛	31.8	18.9	2.8	1.4	2.8	2.8

13—30 续表

(2006 年)

地区	绵羊毛(吨)	山羊毛(吨)	羊绒(吨)	禽蛋(万吨)	蜂蜜(吨)
全省	**9 714.2**	**1 777.4**	**1 354.0**	**237.4**	**3 780.3**
沈阳	1 065.5	62.0	11.9	45.9	2.3
大连	28.8	369.8	516.9	23.4	1 178
鞍山	58.4	210.4	149.9	33.9	13.1
抚顺	142.6	38.8	40.6	9.0	0.5
本溪	65.5	215.0	127.3	4.6	55.0
丹东	0.5	278.5	140.8	7.6	90.1
锦州	2 313.8	6.4	0.3	28.7	202.6
营口	32.0	173.3	172.0	10.4	10.3
阜新	2 204.5	5.9	0.1	8.8	
辽阳	18.9	93.4	49.7	6.2	4.3
盘锦	5.7	1.6		3.0	
铁岭	233.4	88.6	8.6	10.7	
朝阳	2 616.0	97.5	84.4	25.2	2 101.5
葫芦岛	928.6	136.2	51.5	20.0	122.6

13—31 水产品生产情况

指　　标	2000年	2002年	2003年	2004年	2005年	2006年
水产品养殖面积(千公顷)	**366.9**	**437.1**	**531**	**557.8**	**616.5**	**680.5**
海水养殖面积	236.5	278.6	381	404.8	449.3	485.8
海上养殖	111.9	144.6	245	264.6	301.0	334.0
滩涂养殖	84.2	90.2	91	93.4	95.8	99.5
陆基养殖	40.4	43.8	45	46.8	52.5	52.3
内陆水域养殖面积	130.4	158.5	150	153	167.2	194.7
#池　　塘	33.9	40.4	44	41.3	46.7	49.3
水　　库	80.7	83.6	81	83	98.5	111.7
河　　沟			1	0.9	2.0	1.0
水产品产量(万吨)	338.5	374.8	382.0	402.5	425.3	438.7
海水产品产量	302.3	327.0	330.8	346.1	364.1	369.7
#海洋捕捞	150.2	148.8	148.0	149.12	152.0	147.3
人工养殖	152.1	178.2	182.8	197.03	212.1	222.4
#鱼　　类	76.7	87.6	83.8	90.1	91.3	86.4
甲壳类	37.9	36.6	32.6	36.2	35.0	34.9
贝　　类	138.3	152.9	165.2	163.6	173.5	191.0
藻　　类	35.0	34.9	33.0	38.4	39.5	34.3
其　　他	14.3	15.1	14.1	17.8	24.8	23.1
淡水产品产量	36.1	47.8	51.1	56.4	61.2	69.0
#天然生产	7.0	3.2	3.1	4.2	4.3	3.2
人工养殖	29.1	44.6	48.0	52.2	56.9	65.8
#鱼　　类	33.2	43.3	46.9	51.3	54.4	62.6
甲壳类	2.2	3.7	3.0	4.2	5.6	5.1

13—32 水产品产量

单位:万吨

年份	水产品合计	海水产品	#人工养殖	淡水产品	#人工养殖	比重(%) 海水	淡水
1978	46.9	46.2	10.7	0.7	0.7	98.5	1.5
1980	42.1	41.2	11.3	0.9	0.7	97.9	2.1
1981	44.6	43.5	14.1	1.1	1.0	97.5	2.5
1982	51.3	50.1	15.2	1.2	1.1	97.7	2.3
1983	51.2	49.5	15.9	1.7	1.5	96.7	3.3
1984	55.2	52.7	17.6	2.5	2.2	95.5	4.5
1985	58.3	55.2	16.7	3.1	2.5	94.7	5.3
1986	67.0	63.2	24.5	3.8	3.4	94.3	5.7
1987	80.6	75.9	32.1	4.7	4.5	94.2	5.8
1988	94.7	88.8	43.2	5.9	5.7	93.8	6.2
1989	101.2	94.8	48.1	6.4	6.0	93.7	6.3
1990	107.3	100.7	51.4	6.6	6.0	93.8	6.2
1991	114.1	106.4	54.9	7.7	6.9	93.3	6.7
1992	132.2	122.6	65.5	9.6	8.8	92.7	7.3
1993	151.7	139.7	73.8	12.0	11.3	92.1	7.9
1994	167.8	151.3	76.5	16.5	15.8	90.2	9.8
1995	197.9	178.4	87.3	19.5	15.8	90.1	9.9
1996	258.0	235.3	111.2	22.7	21.6	91.2	8.8
1997	285.1	258.0	112.3	27.1	24.6	90.5	9.5
1998	312.7	281.4	120.8	31.3	28.5	90.0	10.0
1999	333.8	296.8	139.2	37.0	31.3	88.9	11.1
2000	338.5	302.3	152.1	36.1	29.1	89.3	10.7
2001	350.8	310.5	160.9	40.3	36.8	88.5	11.5
2002	374.8	327.0	178.2	47.8	44.6	87.2	12.8
2003	382.0	330.8	182.8	51.1	48.0	86.6	13.4
2004	402.5	346.1	197.0	56.4	52.2	86.0	14.0
2005	425.3	364.1	212.1	61.2	56.9	85.6	14.4
2006	438.7	369.7	222.4	69.0	65.8	84.3	15.7

13—33 按人口平均的主要农产品产量

单位:公斤/人

产 品 名 称	2000年	2002年	2003年	2004年	2005年	2006年
粮 食	275.7	363.5	360	412	416.7	409.7
棉 花	0.1	0.1	0.1	0.1	0.1	
油 料	7.1	13.6	14.7	11.0	8.8	9.1
猪 牛 羊 肉	37.8	44.0	47.7	52.0	57.0	61.7
#猪 肉	30.8	35.8	37.7	40.6	44.1	47.4
水 产 品	81.9	90.2	91.8	96.5	101.5	104.2

13—34 农业事业机构和人员数

单位:个、人

年 份	农业技术推广站		家畜繁育改良站		乡镇畜牧兽医站		种畜禽场总数		种子站、种子公司	
	机 构	人 数	机 构	人 数	机 构	人 数	机 构	人 数	机 构	人 数
1979	1 289	8 514					70	2 629		
1980					1 210	9 204	69	2 946	48	3 751
1981					1 206	9 725	69	3 273	47	4 126
1982					1 191	8 502	69	3 191	47	3 772
1983					1 209	8 556	70	3 256	47	3 590
1984			156	850	1 222	8 756	71	3 787	46	3 450
1985	1 268	8 390	309	764	1 224	8 479	70	3 959	46	3 346
1986			89	290	1 321	8 738	71	4 025	46	3 300
1987	1 268	8 514	72	226	1 280	8 709	74	4 660	46	3 258
1988	1 276	8 602	63	218	1 323	8 902	76	4 567	46	3 150
1989	1 329	8 552	72	212	1 232	8 327	77	5 072	46	3 070
1990	1 332	8 323	122	418	1 246	8 480	77	4 734	49	3 041
1991	1 337	8 323	122	381	1 234	8 988	78	5 160	49	2 976
1992	1 337	8 268	99	377	1 240	9 975	78	5 370	49	2 898
1993	1 105	6 074	64	207	1 230	10 244	49	2 917	77	4 848
1994	1 122	6 779	58	419	1 233	10 374	49	2 876	82	5 499
1995	1 209	13 065	7	25	1 254	10 597	49	2 897	82	5 499
1996	1 292	7 738	3	18	1 234	10 422	49	2 342	83	5 560
1997	1 337	8 018	3	18	1 240	10 674	49	2 658	88	5 930
1998	1 337	8 018	93	1 301	1 242	9 838				
1999	1 337	8 400	55	1 196	1 217	9 800				
2000					1 190	9 681	49			
2001					1 200	9 551	49			
2002			70	1 325	1 038	9 399	336			
2003			61		1 141	8 862	379			
2004			65	1 212	1 116	8 491	441			
2005			67	1 195	1 081	7 529	423			
2006			110	1 067	660	4 781	639			

注:2002年以后种畜场总数为全社会口径。

13—35 农作物受灾及成灾面积

单位:千公倾

年份	粮豆成灾面积	粮豆成灾面积中		
		减产三至五成的	减产五至八成的	减产八成以上的
1981	893.9	348.6	276.7	268.6
1982	1 599.7	781.8	544.9	272.9
1983	672.3	432.0	177.2	63.1
1984	1 343.3	776.7	391.1	175.5
1985	1 983.9	918.8	675.8	389.2
1986	1 068.1	502.9	293.1	272.2
1987	1 353.1	867.4	371.3	114.4
1988	1 676.1	952.6	538.8	184.8
1989	2 448.1	1 050.0	868.4	529.7
1990	1 156.3	776.3	279.5	100.5
1991	1 207.2	773.7	272.8	160.8
1992	1 431.8	609.0	399.9	203.0
1993	914.9	632.8	161.8	64.0
1994	1 995.8	907.6	605.4	442.7
1995	1 500.9	799.5	363.5	337.9
1996	996.1	702.8	191.0	102.3
1997	2 249.9	1 148.0	844.5	257.4
1998	590.4	345.3	141.5	102.9
1999	1 321	598.4	399.0	323.2
2000	2 101	690	678	731
2001	1 454.6	654.1	480.7	315.7
2002	1 437.4	874.5	423.8	139.1
2003	1 143.3	665.1	352.7	125.0
2004	500.7	370.4	93.2	37.0
2005	1 316.5	888.5	254.2	129.9
2006	1 299.2	685.3	412.3	198.5

13—36 国营农场基本情况

指　　标	单　位	2000年	2002年	2003年	2004年	2005年	2006年
一、农　场　数	个	118	120	120	120	120	115
职工人数	万　人	25.5	26.3	26	26.5	26.7	26.7
二、耕地面积	万公顷	11.8	11.8	11.4	12.8	13.4	13.8
三、农业机械总动力	万千瓦	49.1	54.5	60.2	62.1	67.9	68.2
四、农业机械拥有量							
大中型农用拖拉机	台	993	1 271	2 607	1 611	1 653	1 465
小型及手扶拖拉机	台	8 834	8 002	5 911	10 136	8 538	8 986
农用排灌动力机械	台	17 881	11 208	13 417	13 219	16 131	13 847
联合收割机	台	10	10	28	17	20	20
农用载重汽车	辆	480	648	721	735	756	789
五、农用化肥施用量(折纯)	吨	62 341	66 418	45 562	69 984	53 294	68 025
六、农业总产值	亿　元	43.9	49.9	51.4	59.03	63.64	69.45
七、盈亏总额	亿　元	0.95	0.62	1.1	1.02	1.18	1.78
八、农作物总播种面积	万公顷	12.0	12.58	11.82	14.12	14.61	18.56
#粮食作物	万公顷	10.34	10.63	9.89	12.56	13.08	16.87
棉　花	公　顷	40	23		11		
油　料	公　顷	2 400	3 427	4 096	2 111	1 470	2 038
糖　料	公　顷	210	455	100	12	51	121
麻　类	公　顷	140	47				
年末实有果园面积	公　顷	11 737	14 368	10 706	10 755	11 521	12 165
九、主要农产品产量							
#粮食作物	万　吨	68.1	75.7	72.81	92.19	99.47	108.41
棉　花	吨	27.0	14		14		
油　料	吨	4 532	6 418	6 777	2 914	3 236	3 079
糖　料	万　吨	0.3	1.1	0.2	0.1	0.2	0.3
水　果	万　吨	5.6	5.7	7.4	6.8	7.2	8.1
十、畜牧业、渔业生产							
1.大牲畜年末头数	万　头	7.5	8.3	9.6	9.73	9.91	9.43
2.猪年末头数	万　头	31.1	36.4	38.1	41.26	50.68	49.5
3.羊年末只数	万　只	6.2	11.0	17.1	13.61	9.19	9.1
#绵　羊	万　只	4.5	6.6	12.62	9.41	4.24	4.2
4.畜产品产量							
猪牛羊肉产量	万　吨	3.6	6.6	8.7	9.27	10.22	11.63
#猪肉产量	万　吨	3.1	3.6	4.3	5.08	5.97	6.76
牛奶产量	万　吨	5.8	6.8	7.4	8.02	8.79	8.98
禽蛋产量	万　吨	2.5	2.4	2.3	2.61	3.18	3.29
羊毛产量	吨	156.0	122.0	125	114	111	94
5.水产品总产量	万　吨	7.3	11.4	13.1	15.23	18.16	20.1

主要统计指标解释

农业总产值 是以货币表现的农、林、牧、渔业全部产品的总量,它反映一定时期内农业生产的总规模和总成果。

农、林、牧、渔业的统计范围是:

(1)农业 包括农作物种植业和其他农业。

农作物种植业 包括谷物、豆类、薯类、棉、油料、糖料、麻类、烟叶、蔬菜、药材、瓜类和其他农作物的种植,以及茶园、桑园、果园的生产经营。

其他农业 包括采集野生植物的果实、纤维、树胶、树脂、油料以及柴草、野生药材、菌类等及农民家庭兼营的商品性工业。

(2)林业 包括林木的栽培(不包括茶园、桑园和果园的栽培、管理和收获等活动)、林产品的采集和村及村以下合作经济组织和农户的竹木采伐。

(3)牧业 包括除渔业养殖以外的一切动物饲养和放牧以及野生动物的捕猎和饲养。

(4)渔业 包括水生动物和海藻类植物的养殖和捕捞。

从所有制看,包括国有经济的各种专业农(农、林、牧、渔)场以及国家各级机关团体学校、科研机构、部队经营的农业;集体所有制的乡镇村各级办农场;农村各种经济组织经营的农、林、牧、渔业以及工矿企业家属集体经营的农业;农民家庭自营的农林牧渔业及兼营商品性工业等。

农业总产值的计算方法通常是按农林牧渔业产品及其副产品的产量分别乘以各自单位产品价格求得,少数生产周期较长,当年没有产品或产品产量不易统计的,则采用间接方法匡算其产值,然后将四业产品产值相加即为农业总产值。

1957年以前的农业总产值中包括了厩肥和农民自给性手工业(如农民自制衣服、鞋、袜,自己从事粮食初步加工等)。1958年及以后的农业总产值,林业中增加了村及村以下竹木采伐产值;牧业中取消费厩肥产值;副业中取消了农民自给性手工业产值,增加了村及村以下办的工业产值;渔业中增加了海洋捕捞水产品产值。1980年及以后的农业总产值,在副业中增加了农民家庭兼营业商品部分的产值。从1984年起村及村以下办工业产值划归工业。从1993年起,取消副业。将野生动物的捕猎划入牧业,野生植物采集和农民家庭兼营商品性工业划归农业。

粮食产量 指全社会的产量。包括国有经济经营的、集体统一经营的和农民家庭经营的粮食产量,还包括工矿企业家属办的农场和其他生产单位的产量。粮食除包括稻谷、小麦、玉米、高粱、谷子及其他杂粮外,还包括薯类和大豆。其产量计算方法,豆类按去豆荚后的干豆计算;薯类(包括甘薯和马铃薯,不包括芋头和木薯)1963年以前按每4公斤鲜薯折1公斤粮食计算,从1964年开始及以后改为按5公斤鲜薯折1公斤粮食计算。城市郊区作为蔬菜的薯类(如:马铃薯等)按鲜品计算,并且不做为粮食统计。其他粮食一律按脱粒后的原粮计算。

油料产量 指全部油料作物的生产量。包括花生、油菜籽、芝麻、向日葵籽、胡麻籽(亚麻籽)和其他油料。不包括大豆,也不包括木本油料和野生油料。花生以带壳干花生计算。

水产品产量 指人工养殖的水产品和天然生长的水产品的捕捞量。包括海水的鱼类、虾蟹类、贝类和藻类以及内陆水域的鱼类、虾蟹类和贝类,不包括淡水生植物。

猪、牛、羊肉产量 指当年出栏并已屠宰后除去头蹄下水后带骨肉(即胴体重)的重量。

耕地面积 指年初可以用来种植农作物、经常进行耕锄的田地,除包括熟地、当年新开荒地、连续撂荒未满三年的耕地和当年的休闲地(轮歇地)外,还包括以种植农作物为主并附带种植桑树、茶树、果树和其他林木的土地,以及沿海、沿湖地区已围垦利用的"海涂"、"湖田"等面积。但不包括属于专业性的桑园、茶园、果园、果木苗圃、林地、芦苇地、天然或人工草地面积。

农作物播种面积 指实际播种或移植有农作物的面积。凡是实际种植有农作物的面积,不论种植在耕地上还是种植在非耕地上,均包括在农作物播种面积中,同时还包括因遭灾而重新改种和补种的农作物面积,种一公顷算一公顷。

有效灌溉面积 指具有一定水源,地块比较平整,灌溉工程或设备已经配套,在一般年景下当年能够进行正常灌溉的耕地面积。

农用化肥施用量 指本年内实际用于农业生产的化肥数量。包括氮肥、磷肥、钾肥和复合肥。化肥施用量要求按折纯量计算数量。折纯法化肥施用量是把氮肥、磷肥和钾肥分别按含氮、含五氧化二磷、含氧化钾含量的百分比折算。复合肥按其所含主要成分折算。

农业机械总动力 指主要用于农、林、牧、渔业的各种动力机械的动力总和。包括耕作机械、排灌机械、收获机械、农产品加工机械、运输机械、植物保护机械、牧业机械、林业机械、渔业机械和其他农业机械〔内燃机按引擎马力折成瓦(特)计算,电动机按功率折成瓦(特)计算〕。不包括专门用于乡、镇、村、组办工业、基本建设、非农业运输、科学试验和教学等非农业生产方面用的动力机械与作业机械。

农林牧渔业劳动力 指直接参加农林牧渔业生产劳动的劳动力。

谷物 指籽实主要供作粮食的作物。这类作物包括稻谷、小麦、玉米、谷子、高粱和其他谷物,不包括豆类和薯类作物。

第十四篇

工业

14

GONGYE

14—1　全部国有及规模以上非国有工业企业单位数和总产值

分　类	企业单位数(个)		工业总产值(亿元)	
	2005年	2006年	2005年	2006年
总　计	**11 510**	**14 754**	**10 814.51**	**14 167.95**
在总计中:				
国有经济	1 010	898	1 375.59	1 641.23
中央企业	146	135	864.08	996.58
地方企业	864	763	511.51	644.65
集体企业	1 179	1 193	368.45	419.10
股份合作企业	273	279	101.42	137.61
联营经济	30	30	7.57	13.85
有限责任公司	1 433	1 783	2 980.97	3 545.65
股份有限公司	268	323	1 957.35	2 426.71
私营企业	5 118	7 713	1 694.83	2 880.85
港澳台投资企业	486	564	433.25	564.95
合资经营企业(港或澳台)	316	345	264.62	330.93
合作经营企业(港或澳台)	27	33	20.53	31.74
港澳台商独资经营企业	133	177	141.18	193.18
港澳台商投资股份有限公司	10	9	6.93	9.10
外商投资经济	1 711	1 968	1 894.98	2 536.64
中外合资经营企业	911	1 017	1 100.72	1 599.28
中外合作经营企业	96	110	42.64	55.13
外资企业	686	824	701.11	833.16
外商投资股份有限公司	18	17	50.52	49.07
其他工业	2	3	0.01	1.34
在总计中:				
国有及国有控股企业	1 397	1 254	5 771.15	6 449.76
在总计中:				
轻工业	3 520	4 514	1 788.12	2 421.28
重工业	7 990	10 240	9 026.39	11 746.67
在总计中:				
大型企业	114	118	5 294.03	6 529.85
中型企业	899	967	2 604.07	3 172.77
小型企业	10 497	13 669	2 916.41	4 465.33

注:1.本部分统计范围是全部国有及年产品销售收入500万元及以上非国有工业企业。

2.本部分工业增加值按生产法计算的。

14—2　全部国有及规模以上非国有工业分行业职工人数

单位:万人

分　类	2000 年	2002 年	2003 年	2004 年	2005 年	2006 年
总　计	**295.18**	**250.49**	**242.0**	**262.58**	**276.55**	**302.02**
在总计中:						
国有经济	133.43	77.14	63.7	59.80	52.06	49.12
中央企业	51.94	33.29	31.9	29.55	26.42	25.15
地方企业	81.49	43.85	31.8	30.25	25.64	23.97
集体企业	39.86	27.72	20.9	20.05	18.92	17.33
股份合作企业	5.68	4.81	4.7	3.37	2.93	2.97
联营经济	0.89	0.49	0.4	0.28	0.34	0.36
有限责任公司	51.95	65.47	66.3	62.71	74.20	78.53
股份有限公司	16.37	18.55	16.7	19.04	15.88	16.07
私营企业	17.17	22.61	30.0	46.73	59.28	78.15
港澳台投资企业	8.30	9.47	10.6	11.42	10.97	12.73
合资经营企业(港或澳台)	6.82	7.11	7.2	7.87	6.77	7.31
合作经营企业(港或澳台)	0.17	0.42	0.5	0.65	0.72	0.84
港澳台商独资经营企业	1.20	1.85	2.8	2.69	3.36	4.47
港澳台商投资股份有限公司	0.11	0.09	0.1	0.21	0.11	0.11
外商投资经济	21.42	24.11	28.4	38.98	41.96	46.72
中外合资经营企业	9.16	9.97	11.6	18.02	17.37	20.32
中外合作经营企业	1.17	1.43	1.7	2.09	2.06	2.35
外资企业	10.66	12.34	14.9	18.12	21.95	23.62
外商投资股份有限公司	0.43	0.38	0.2	0.75	0.58	0.44
其他工业	0.10	0.11	0.2	0.20	0.00	0.03
在总计中:						
国有及国有控股企业	196.29	147.21	128.6	122.86	116.99	112.96
在总计中:						
轻工业	68.98	61.62	56.0	63.04	68.94	77.31
重工业	226.20	188.87	185.9	199.54	207.61	224.71
在总计中:						
大型企业	148.47	123.51	88.4	87.76	100.69	105.90
中型企业	30.09	23.34	67.1	71.55	70.07	71.99
小型企业	116.62	103.64	86.5	103.27	105.79	124.13

14—3 工 业 总 产 值

(按经济类型分)

单位:亿元

年　份	工业总产值	#国有企业	#集体企业	#其他经济类型工业	总计中:国有及国有控股工业
1978	370.40	313.80	63.00		313.80
1980	443.99	362.00	74.80	7.19	362.00
1981	449.05	362.80	78.75	7.50	362.80
1982	468.25	372.76	85.99	9.50	372.76
1983	527.02	412.39	103.87	10.76	412.39
1984	612.07	464.47	130.85	16.75	464.47
1985	715.07	530.95	163.00	21.12	530.95
1986	786.79	578.69	183.15	24.95	578.69
1987	913.72	668.19	213.22	32.25	668.19
1988	1 112.44	798.37	267.13	46.94	798.37
1989	1 316.09	951.87	305.04	59.18	951.87
1990	1 348.17	983.92	305.42	58.83	983.92
1991	1 544.39	1 121.03	341.09	82.26	1 121.03
1992	1 876.95	1 326.63	426.56	123.76	1 326.63
1993	2 609.99	1 813.61	551.94	244.44	1 813.61
1994	3 117.82	1 966.44	692.66	458.72	1 966.44
1995	3 055.54	1 876.53	716.28	462.73	1 876.53
1996	3 354.61	1 947.05	804.87	602.69	2 106.14
1997	3 644.88	2 040.10	783.34	821.45	2 292.03
1998	3 147.86	1 687.23	364.46	1 096.17	2 109.37
1999	3 390.27	1 600.68	337.14	1 452.45	2 208.77
2000	4 249.46	1 326.14	315.12	2 608.20	2 827.94
2001	4 480.32	999.33	265.07	3 215.92	2 928.95
2002	4 888.02	971.82	258.34	3 657.86	3 051.61
2003	6 112.96	973.99	285.24	4 853.73	3 552.3
2004	8 603.90	1 303.10	292.76	7 008.04	4 881.66
2005	10 814.51	1 375.59	368.45	9 070.47	5 771.15
2006	14 167.95	1 641.23	419.10	12 107.62	6 449.76

注:本表1997年以前为乡及乡以上工业,1998年以后为全部国有及规模以上非国有工业产值。

14—4 各地区全部国有及规模

年份、地区	企业单位数（个）	工业增加值	实收资本	流动资产合计	流动资产年平均余额	固定资产小计	固定资产原价合计	固定资产净值年平均余额
1998	6 249	858.03	1 484.05	2 668.69	2 638.38	3 497.46	4 537.00	2 988.11
1999	5 816	935.70	1 746.30	2 983.00	2 741.90	3 859.10	5 141.10	3 170.90
2000	6 017	1 193.30	2 056.60	3 155.90	2 958.50	3 912.00	5 372.80	3 449.10
2001	5 847	1 255.69	2 288.31	3 354.48	3 275.78	4 354.16	6 112.04	3 810.21
2002	6 017	1 377.73	2 419.70	3 540.88	3 427.01	4 514.29	6 543.85	4 073.58
2003	6 842	1 715.92	2 417.98	3 843.47	3 758.78	4 367.12	6 814.11	3 940.30
2004	10 635	2 400.21	3 316.46	4 770.35	4 579.10	5 026.97	7 543.08	4 558.09
2005	11 510	3 108.44	3 225.57	5 330.42	5 045.59	5 493.10	8 202.52	4 848.73
2006	14 754	4 141.22	3 546.87	6 476.86	6 044.27	6 453.31	9 191.33	5 512.75
沈阳	4 129	914.18	822.55	1 523.57	1 518.83	1 079.44	1 378.99	920.10
大连	2 954	976.87	764.47	1 798.34	1 643.38	1 272.82	1 746.83	1 031.36
鞍山	1 017	441.91	245.81	470.17	351.22	825.56	1 016.73	665.18
抚顺	768	168.44	231.92	385.62	343.85	306.15	572.02	301.10
本溪	365	204.13	120.79	300.87	299.61	562.01	687.44	472.14
丹东	807	89.58	95.58	154.30	143.62	117.78	188.87	110.80
锦州	657	137.59	97.23	190.53	183.60	155.79	258.77	143.75
营口	1 218	248.59	121.91	267.21	257.34	239.54	274.39	196.35
阜新	272	36.80	60.12	74.00	69.21	147.87	156.85	103.54
辽阳	627	160.84	174.85	287.96	283.87	272.10	402.85	247.68
盘锦	303	337.95	429.23	272.55	243.75	512.32	1 090.92	465.75
铁岭	923	119.76	109.09	120.02	113.55	175.26	279.59	159.06
朝阳	479	77.53	45.84	116.20	109.65	104.26	139.84	84.27
葫芦岛	234	122.20	127.49	373.12	334.61	276.98	409.73	257.71

注：工业增加值按生产法计算的，下同。

以上非国有工业企业主要指标

年）

单位:亿元

流动负债合计	长期负债合计	所有者权益合计	主营业务收入	主营业务成本	主营业务税金及附加	营业费用	利润总额	本年应交增值税	利税总额
2 912.85	1 399.70	2 283.44	3 090.51	2 608.76	54.75	78.92	-16.50	145.47	183.72
3 165.20	1 300.90	2 947.60	3 429.70	2 875.10	55.10	92.26	58.20	154.90	268.20
3 220.90	1 454.40	3 066.30	4 311.90	3 623.50	65.40	109.24	176.20	190.40	432.10
3 475.59	1 414.73	3 460.95	4 580.34	3 892.85	62.88	114.44	144.46	194.59	401.93
3 695.87	1 508.87	3 598.88	5 013.91	4 221.40	71.17	135.99	156.16	210.46	437.79
4 003.90	1 369.75	3 776.27	6 340.92	5 321.37	84.67	163.18	235.95	245.58	566.20
5 036.77	1 372.94	4 519.86	8 540.71	7 264.61	99.44	199.85	430.78	294.39	824.61
5 323.14	1 549.11	4 852.41	10 747.31	9 409.07	120.57	236.69	355.98	336.47	813.02
6 237.06	1 707.39	5 845.19	13 997.96	12 223.93	160.37	282.29	449.75	418.24	1 028.36
1 425.25	329.44	1 153.38	3 111.07	2 653.32	38.64	84.03	77.71	67.43	183.78
1 673.96	320.88	1 284.92	3 383.81	3 067.08	24.65	81.13	42.78	60.58	128.02
447.92	168.27	721.66	1 162.21	914.21	10.90	25.88	130.47	54.89	196.25
290.03	66.29	377.12	829.01	800.36	14.75	12.15	-61.03	18.88	-27.40
408.46	138.67	307.60	596.23	518.36	4.67	9.16	26.32	30.38	61.37
149.92	17.42	123.20	300.48	254.43	2.81	7.54	14.68	12.42	29.91
156.12	30.92	190.90	613.86	571.04	11.60	9.04	-0.30	12.87	24.16
277.25	23.06	251.05	694.63	593.75	10.87	18.96	33.11	27.25	71.23
100.55	66.71	67.40	145.01	123.86	1.23	3.36	1.90	6.39	9.52
259.51	55.40	293.43	666.54	586.72	6.24	9.62	33.05	16.60	55.89
228.67	164.83	429.97	753.86	556.84	11.64	4.35	124.00	46.45	182.09
107.66	41.92	160.87	341.09	288.58	4.87	5.06	9.60	13.14	27.61
102.90	22.09	116.17	259.15	225.81	1.95	6.12	12.98	11.47	26.39
397.11	90.47	198.52	645.70	607.44	11.34	5.14	-9.29	17.70	19.75

14—5 全部国有及规模以上

(2006

项目	企业单位数(个)	工业增加值	实收资本	资产合计	流动资产合计	流动资产年平均余额	固定资产合计	固定资产原价
总计	**14 754**	**4 141.22**	**3 546.87**	**14 140.89**	**6 476.86**	**6 044.27**	**6 453.31**	**9 191.33**
国有经济	898	628.22	816.56	2 769.94	945.03	820.89	1 545.37	2 057.76
中央企业	135	432.91	530.40	1 762.02	558.46	425.81	1 027.00	1 376.41
地方企业	763	195.32	286.15	1 007.92	386.57	395.07	518.37	681.36
集体企业	1 193	116.56	55.86	278.95	174.35	171.53	82.83	111.82
股份合作企业	279	34.17	17.73	95.95	52.68	48.44	31.71	38.10
联营企业	30	3.13	3.69	10.91	5.67	5.15	2.93	5.09
国有联营企业	4	0.45	0.88	1.96	0.71	0.75	1.10	1.47
集体联营企业	9	0.46	0.60	1.80	1.31	0.65	0.40	0.68
国有与集体联营企业	6	0.49	0.30	0.90	0.49	0.64	0.35	0.51
其他联营企业	11	1.73	1.91	6.25	3.17	3.11	1.08	2.43
有限责任公司	1 783	973.55	943.66	4 806.55	2 239.08	2 106.64	2 212.68	2 960.71
国有独资	58	351.60	313.45	1 880.57	699.55	695.47	1 091.96	1 499.96
其他有限责任公司	1 725	621.94	630.21	2 925.99	1 539.53	1 411.17	1 120.71	1 460.75
股份有限公司	323	616.84	414.00	1 551.42	667.93	645.65	806.92	1 629.28
私营企业	7 713	878.28	448.57	1 910.62	931.43	885.73	735.71	873.00
私营独资企业	3 039	252.29	111.33	476.26	238.39	229.95	195.55	233.13
私营合伙企业	182	18.24	8.35	31.31	14.28	13.84	13.89	15.86
私营有限责任公司	4 001	519.85	281.99	1 223.00	590.67	556.08	466.18	549.66
私营股份责任	491	87.91	46.90	180.05	88.08	85.85	60.09	74.35
其他企业	3	0.23	1.09	2.71	0.64	0.71	2.03	2.22
港、澳、台投资企业	564	183.17	187.61	604.04	331.77	308.81	224.21	363.03
合资经营企业(港或澳、台资)	345	104.77	94.98	377.80	217.38	207.49	131.37	212.41
合作经营企业(港或澳、台资)	33	10.75	12.10	27.48	12.48	12.77	11.44	21.86
港澳台商独资经营企业	177	64.28	79.28	194.79	100.22	86.77	80.11	126.90
港澳台投资股份有限企业	9	3.37	1.25	3.98	1.68	1.78	1.29	1.87
外商投资企业	1 968	707.08	658.10	2 109.80	1 128.28	1 050.72	808.92	1 150.31
中外合资经营企业	1 017	429.88	331.61	1 274.76	708.88	660.44	454.47	600.23
中外合作经营企业	110	16.03	24.46	51.45	26.11	24.83	21.81	32.52
外资企业	824	240.95	297.20	692.63	369.13	346.97	268.61	431.90
外商投资股份有限公司	17	20.23	4.83	90.96	24.16	18.48	64.03	85.66
在总计中:轻工业	4 514	738.36	708.75	2 064.90	977.34	939.83	851.17	1 168.56
重工业	10 240	3 402.86	2 838.12	12 075.99	5 499.52	5 104.44	5 602.14	8 022.76
在总计中:大型企业	118	1 888.09	1 732.68	7 402.07	3 182.90	2 927.15	3 685.86	5 598.83
中型企业	967	931.00	819.06	3 319.49	1 543.29	1 448.81	1 489.54	1 993.40
小型企业	13 669	1 322.13	995.13	3 419.34	1 750.67	1 668.31	1 277.91	1 599.10

非国有工业企业主要指标——

年）

单位:亿元

固定资产净值年平均余额	负债合计	流动负债合计	长期负债合计	所有者权益	主营业务收入	主营业务成本	主营业务税金及附加	利润总额	本年应交增值税	利税总额
5 512.75	**8 131.48**	**6 237.06**	**1 707.39**	**5 845.19**	**13 997.96**	**12 223.93**	**160.37**	**449.75**	**418.24**	**1 028.36**
1 284.09	1 431.56	1 051.15	343.35	1 222.79	1 736.68	1 428.09	14.73	118.41	79.96	213.10
829.89	730.18	511.35	207.22	919.53	1 131.53	897.36	11.24	116.00	58.93	186.17
454.20	701.38	539.80	136.13	303.26	605.15	530.73	3.49	2.40	21.03	26.93
72.93	180.57	157.98	14.63	98.39	401.59	359.89	3.50	13.12	14.56	31.17
28.62	63.59	51.53	9.61	32.36	132.14	120.30	0.41	2.95	2.79	6.15
2.93	7.37	6.94	0.39	3.53	12.33	10.66	0.07	0.20	0.58	0.85
1.12	1.16	0.91	0.25	0.79	1.52	1.38	0.01	−0.10	0.04	−0.04
0.40	1.28	1.28	0.00	0.52	1.93	1.76	0.01	0.07	0.05	0.13
0.32	0.57	0.55	0.02	0.33	2.11	1.84	0.01	−0.08	0.09	0.01
1.10	4.36	4.20	0.11	1.89	6.77	5.68	0.05	0.30	0.39	0.75
1 838.55	3 185.74	2 377.32	773.87	1 573.40	3 619.81	3 145.00	29.02	106.25	129.86	265.13
925.69	1 165.79	779.54	381.25	683.64	1 368.85	1 200.92	9.38	40.53	59.46	109.38
912.86	2 019.94	1 597.79	392.61	889.76	2 250.96	1 944.07	19.64	65.72	70.40	155.75
708.23	708.71	462.50	240.25	842.71	2 367.83	2 191.28	64.14	−21.08	53.35	96.41
669.06	1 083.30	903.87	122.35	827.32	2 706.70	2 376.04	19.73	100.41	66.86	187.00
188.66	273.16	226.59	33.69	203.10	800.51	698.35	8.83	30.66	21.38	60.87
11.61	15.39	13.19	1.62	15.92	61.61	55.27	0.55	2.34	1.89	4.79
414.26	692.49	573.69	78.87	530.51	1 581.90	1 389.81	9.40	56.43	37.70	103.53
54.53	102.25	90.40	8.16	77.80	262.69	232.62	0.95	10.98	5.88	17.81
1.97	0.91	0.36	0.00	1.80	1.36	1.04	0.01	0.22	0.00	0.23
199.58	327.34	265.39	47.25	276.70	544.12	450.24	3.43	36.27	17.14	56.83
118.33	224.29	175.91	35.98	153.51	315.69	259.49	2.72	22.51	9.99	35.22
10.55	13.39	10.28	2.66	14.09	30.37	27.35	0.02	0.95	1.06	2.02
69.38	87.41	77.27	8.35	107.38	191.96	157.84	0.69	12.81	6.00	19.50
1.32	2.25	1.94	0.25	1.73	6.10	5.55	0.00	0.00	0.10	0.10
706.79	1 142.40	960.01	155.70	966.19	2 475.40	2 141.40	25.32	93.01	53.14	171.47
396.45	779.71	655.99	108.63	493.84	1 556.94	1 352.64	23.96	60.00	36.25	120.21
21.37	22.82	21.36	1.25	28.63	52.40	47.80	0.06	0.53	0.84	1.43
247.78	319.01	263.43	44.52	373.62	816.87	700.85	0.87	27.47	11.75	40.09
41.18	20.86	19.23	1.30	70.10	49.20	40.12	0.43	5.02	4.30	9.74
774.98	1 109.11	906.04	153.37	955.79	2 301.63	1 952.09	29.39	65.48	50.70	145.57
4 737.77	7 022.37	5 331.02	1 554.02	4 889.40	11 696.33	10 271.84	130.97	384.27	367.54	882.78
3 083.92	4 143.88	3 039.08	1 080.05	3 093.98	6 672.47	5 842.01	99.08	204.18	217.96	521.22
1 282.08	2 018.83	1 571.91	400.52	1 300.67	3 060.57	2 660.60	35.41	103.20	99.37	237.98
1 146.76	1 968.78	1 626.07	226.81	1 450.55	4 264.93	3 721.32	25.88	142.37	100.92	269.16

14—6 按行业分的全部国有及规模

(2006

行业	企业单位数(个)	工业增加值	实收资本	资产总计	流动资产合计	流动资产年平均余额	固定资产合计	固定资产原价
煤炭开采和洗选业	212	85.45	117.60	355.14	127.61	136.42	197.11	302.42
石油和天然气开采业	7	272.89	364.18	581.67	156.77	138.30	395.18	907.36
黑色金属矿采选业	490	54.33	19.22	101.86	48.11	45.11	42.05	52.21
有色金属矿采选业	149	24.44	11.07	60.93	34.03	28.40	21.07	28.66
非金属矿采选业	202	17.17	11.22	44.91	21.74	21.33	20.27	25.96
其他采矿业	1	0.04	0.05	0.21	0.09	0.03	0.12	0.19
农副食品加工业	1 067	217.72	110.29	402.21	188.75	183.49	160.62	186.64
食品制造业	307	42.24	34.12	118.10	42.21	47.38	55.06	67.88
饮料制造业	173	38.92	32.45	111.40	46.82	43.31	51.29	75.63
烟草制品业	6	21.90	0.67	31.18	20.41	20.66	9.18	12.96
纺织业	457	51.38	48.18	168.38	80.77	75.00	72.53	96.36
纺织服装、鞋、帽制造业	480	58.83	27.53	93.31	47.58	44.09	34.39	46.52
皮革、毛皮、羽毛(绒)及其制品业	214	29.61	6.87	30.98	20.77	20.63	8.55	11.18
木材加工及木、竹、藤、棕、草制品业	360	32.35	26.62	80.78	42.41	39.66	33.23	42.77
家具制造业	206	42.38	14.04	71.95	35.67	33.36	27.63	36.35
造纸及纸制品业	287	23.38	21.56	94.41	40.55	41.18	47.91	62.14
印刷业和记录媒介的复制	178	11.36	13.18	46.95	20.53	18.98	21.60	34.32
文教体育用品制造业	50	5.36	3.67	11.75	6.57	5.62	3.88	4.86
石油加工、炼焦及核燃料加工业	237	383.71	60.11	792.91	454.96	441.06	313.69	580.39
化学原料及化学制品制造业	919	167.66	242.61	896.85	332.15	325.38	477.60	660.79
医药制造业	246	55.47	60.95	214.14	101.75	105.01	66.67	94.06
化学纤维制造业	33	17.80	140.00	121.64	54.85	53.14	58.24	108.51
橡胶制品业	190	30.72	30.44	111.52	54.58	53.50	41.35	60.32
塑料制品业	533	73.04	73.09	281.31	165.66	156.87	91.41	125.80
非金属矿物制品业	1 272	187.56	175.06	600.15	274.67	265.65	239.66	324.54
黑色金属冶炼及压延加工业	528	688.50	338.90	2 378.28	812.82	696.10	1 379.49	1 705.49
有色金属冶炼及压延加工业	302	110.00	68.24	415.68	252.79	233.28	121.85	157.13
金属制品业	647	101.18	63.87	243.00	141.51	140.95	75.63	103.01
通用设备制造业	1 974	299.45	207.65	933.45	564.39	517.50	289.69	370.35
专用设备制造业	776	142.02	103.41	549.89	336.78	316.98	162.86	199.75
交通运输设备制造业	565	255.96	342.14	1 401.66	911.24	808.71	411.10	534.15
电气机械及器材制造业	756	156.44	137.30	456.80	268.91	254.22	127.60	188.91
通信设备、计算机及其他电子设备制造业	213	111.81	144.61	401.22	232.94	215.28	101.56	161.80
仪器仪表及文化、办公用机械制造业	203	22.58	18.37	60.30	38.25	35.40	15.37	22.83
工艺品及其他制造业	134	12.90	21.56	62.99	26.72	24.68	30.47	39.03
废弃资源和废旧材料回收加工业	10	3.37	0.63	3.86	2.31	2.23	0.69	0.94
电力、热力的生产和供应业	269	276.06	378.34	1 614.67	409.34	397.17	1 123.05	1 583.86
燃气生产和供应业	25	3.65	18.47	45.17	15.03	14.75	26.39	35.91
水的生产和供应业	76	11.64	58.61	149.32	43.80	43.42	97.25	139.34

以上非国有工业企业主要指标

年)

单位:亿元

固定资产净值年平均余额	负债合计	流动负债合计	长期负债合计	所有者权益	主营业务收入	主营业务成本	主营业务税金及附加	利润总额	本年应交增值税	利税总额
174.57	196.84	114.75	80.92	158.29	202.10	150.45	3.04	3.51	15.58	22.13
360.17	232.72	132.18	100.38	348.95	396.27	228.56	7.21	117.53	37.18	161.92
37.03	58.16	52.93	4.40	43.70	150.34	122.38	3.56	12.86	8.41	24.83
17.10	31.96	26.69	4.24	28.97	65.95	48.13	0.56	7.44	3.31	11.31
18.29	22.14	18.90	2.95	22.78	44.68	34.35	1.29	3.16	2.10	6.55
0.04	0.17	0.17	0.00	0.05	0.10	0.08	0.00	−0.02	0.00	−0.02
142.61	227.87	192.12	27.25	174.34	748.59	675.27	3.46	20.04	8.44	31.95
49.82	60.68	44.99	14.39	57.42	132.92	109.86	0.87	5.31	2.43	8.61
48.26	61.17	44.45	15.18	50.23	95.23	68.43	5.74	4.65	4.74	15.14
7.52	18.88	18.87	0.01	12.30	31.68	12.92	12.32	1.62	3.46	17.40
68.85	103.20	81.78	19.03	65.17	156.67	140.16	0.57	3.45	3.27	7.29
31.95	48.59	41.64	2.32	44.72	157.90	135.54	0.40	5.42	3.28	9.09
7.51	20.43	19.55	0.26	10.55	92.05	71.41	2.03	3.31	4.45	9.79
32.54	44.44	33.28	8.38	36.33	104.95	91.47	0.53	4.09	1.59	6.20
25.24	32.74	27.33	2.51	39.22	112.69	91.92	0.28	7.58	1.41	9.26
44.13	54.72	49.06	4.39	39.69	73.46	63.75	0.39	2.27	1.97	4.63
20.84	26.00	21.20	3.68	20.95	36.63	31.10	0.32	1.04	1.35	2.70
2.77	6.72	5.62	0.95	5.02	16.56	14.31	0.09	0.22	0.54	0.86
273.36	327.69	245.07	81.92	465.22	2 128.67	2 155.20	51.23	−146.98	23.96	−71.79
415.24	509.06	319.68	180.18	368.22	741.62	643.60	7.32	26.79	18.99	53.10
61.19	130.61	98.83	19.32	83.53	143.17	102.88	0.54	5.77	4.50	10.80
59.80	43.45	41.61	1.74	78.19	69.88	63.69	0.70	−6.53	2.80	−3.04
38.84	63.87	50.34	8.24	47.65	118.31	97.85	0.50	2.81	2.85	6.16
91.22	165.92	136.05	24.41	115.39	237.79	207.22	0.96	9.20	3.49	13.66
231.19	351.80	287.79	53.10	248.34	548.87	469.12	3.26	22.84	20.40	46.50
1 097.12	1 228.82	943.16	279.64	1 006.02	2 084.98	1 764.53	14.23	160.70	91.47	266.41
109.73	286.72	231.95	33.35	128.95	431.55	390.26	1.31	14.81	11.33	27.45
69.26	142.16	120.97	10.64	100.84	345.01	302.22	1.32	10.41	5.80	17.53
230.09	574.31	488.93	74.67	359.14	972.71	831.04	3.45	36.15	26.47	66.07
137.80	365.07	314.97	45.21	184.82	424.46	355.43	1.81	16.96	11.61	30.38
330.31	1 039.36	922.61	104.91	361.10	1 046.62	909.52	21.62	29.74	18.63	69.98
114.18	280.40	233.44	24.42	176.40	520.26	448.61	1.03	18.65	9.36	29.05
86.18	213.65	186.05	22.70	187.56	415.97	358.69	0.61	11.61	3.93	16.16
14.00	27.60	25.03	2.05	32.70	61.05	47.66	0.28	4.26	1.98	6.52
27.36	32.51	26.14	5.73	30.49	47.82	40.79	0.15	0.97	1.14	2.26
1.15	1.46	1.28	0.07	2.41	7.47	6.64	0.04	0.57	0.17	0.78
923.12	1 025.51	586.54	421.98	589.15	981.61	893.84	7.05	29.71	53.34	90.11
25.62	21.58	16.35	5.04	23.59	20.76	18.92	0.11	0.12	1.03	1.26
86.77	52.52	34.74	16.83	96.80	30.62	26.12	0.19	−2.29	1.46	−0.64

14—7 按行业分的全部国有及规模以上

(2006

行业	工业增加值率(%)	总资产贡献率(%)	资产负债率(%)
全省总计	**29.23**	**8.22**	**57.50**
煤炭开采和洗选业	41.48	6.60	55.43
石油和天然气开采业	65.45	28.59	40.01
黑色金属矿采选业	34.27	25.07	57.10
有色金属矿采选业	34.26	19.24	52.45
非金属矿采选业	34.50	15.50	49.28
其他采矿业	38.11	-5.95	77.89
农副食品加工业	27.95	9.05	56.65
食品制造业	30.96	7.98	51.38
饮料制造业	38.47	14.31	54.91
烟草制品业	64.76	56.89	60.55
纺织业	30.00	5.35	61.29
纺织服装、鞋、帽制造业	33.39	10.36	52.07
皮革、毛皮、羽毛(绒)及其制品业	30.46	35.90	65.95
木材加工及木、竹、藤、棕、草制品业	29.71	8.64	55.02
家具制造业	35.61	13.53	45.49
造纸及纸制品业	29.53	5.47	57.96
印刷业和记录媒介的复制	31.05	6.51	55.37
文教体育用品制造业	30.65	7.84	57.22
石油加工、炼焦及核燃料加工业	17.89	-8.00	41.33
化学原料及化学制品制造业	22.75	7.04	56.76
医药制造业	35.64	5.77	60.99
化学纤维制造业	26.50	-2.02	35.72
橡胶制品业	24.63	6.26	57.27
塑料制品业	30.51	6.53	58.98
非金属矿物制品业	33.23	8.87	58.62
黑色金属冶炼及压延加工业	35.16	12.2	51.67
有色金属冶炼及压延加工业	24.66	8.33	68.98
金属制品业	28.10	8.07	58.50
通用设备制造业	29.85	7.88	61.53
专用设备制造业	31.37	6.25	66.39
交通运输设备制造业	23.59	5.46	74.15
电气机械及器材制造业	28.51	7.04	61.38
通信设备、计算机及其他电子设备制造业	25.79	4.75	53.25
仪器仪表及文化、办公用机械制造业	36.17	11.13	45.77
工艺品及其他制造业	26.37	4.44	51.60
废弃资源和废旧材料回收加工业	42.52	20.15	37.70
电力、热力的生产和供应业	30.01	7.04	63.51
燃气生产和供应业	20.25	3.76	47.78
水的生产和供应业	37.19	-0.08	35.17

非国有工业企业主要经济效益指标

年)

流动资产周转次数（次/年）	工业成本费用利润率（%）	全员劳动生产率（元/人）	产品销售率（%）
2.32	**3.38**	**137 119**	**98.31**
1.48	1.85	44 060	98.06
2.87	45.66	298 369	99.89
3.33	9.65	89 418	96.08
2.32	13.14	80 199	94.96
2.09	7.88	61 911	95.46
3.37	-13.76	58 462	100.00
4.08	2.82	166 876	97.58
2.81	4.32	99 479	97.87
2.20	5.62	141 393	97.35
1.53	9.31	849 565	99.19
2.09	2.28	55 476	96.17
3.58	3.64	45 728	96.85
4.46	4.08	81 217	98.83
2.65	4.11	85 406	95.75
3.38	7.26	117 941	96.17
1.78	3.24	73 556	95.47
1.93	2.98	84 799	99.56
2.95	1.41	74 501	96.70
4.83	-6.65	689 041	99.29
2.28	3.81	121 015	98.65
1.36	4.41	138 141	95.53
1.32	-9.00	56 841	99.68
2.21	2.59	91 476	91.74
1.52	4.10	132 387	99.59
2.07	4.40	101 647	96.84
3.00	8.39	211 844	99.77
1.85	3.61	190 487	98.98
2.45	3.13	131 270	97.80
1.88	3.90	114 733	97.28
1.34	4.19	112 786	97.28
1.29	2.95	126 449	97.69
2.05	3.79	139 633	97.08
1.93	2.90	143 918	97.92
1.72	7.58	94 079	99.38
1.94	2.05	43 921	99.26
3.34	8.19	207 647	96.15
2.47	3.13	186 723	99.93
1.41	0.49	26 225	98.50
0.71	-6.79	34 032	97.50

14—8 国有及国有控股

(2006

项　　目	企业单位数(个)	工业增加值	实收资本	资产合计	流动资产合计	流动资产年平均余额	固定资产合计	固定资产原价
总　　计	**1 254**	**1 884.59**	**1 923.99**	**7 940.35**	**3 282.92**	**3 022.67**	**4 132.45**	**6 116.48**
总计中:亏损企业	429	304.90	371.24	1 447.50	632.61	625.46	699.28	1 117.12
总计中:中央企业	135	432.91	530.40	1 762.02	558.46	425.81	1 027.00	1 376.41
地方企业	763	195.32	286.15	1 007.92	386.57	395.07	518.37	681.36
总计中:轻工业	341	104.69	278.31	618.30	281.76	270.24	275.15	421.23
重工业	913	1 779.90	1 645.69	7 322.05	3 001.16	2 752.44	3 857.31	5 695.24
总计中:大型企业	72	1 586.51	1 486.90	6 331.93	2 646.07	2 403.77	3 285.50	5 002.65
中型企业	206	216.52	307.59	1 197.76	457.54	447.44	658.95	877.44
小型企业	976	81.55	129.50	410.66	179.31	171.46	188.00	236.39
煤炭开采和洗选业	19	70.93	101.59	312.60	112.63	123.58	175.74	277.62
石油和天然气开采业	2	272.66	363.54	580.30	156.33	137.97	394.29	906.26
黑色金属矿采选业	3	0.65	0.29	0.52	0.25	0.22	0.27	0.70
有色金属矿采选业	5	3.79	2.09	11.31	8.41	5.47	2.68	4.87
非金属矿采选业	13	2.09	2.29	8.44	3.81	3.96	4.51	5.94
其他采矿业	0	0	0	0	0	0	0	0
农副食品加工业	45	5.16	6.52	24.02	8.78	9.40	13.26	16.67
食品制造业	19	1.07	2.01	7.39	2.26	2.95	3.25	5.62
饮料制造业	8	0.39	0.18	0.85	0.28	0.27	0.53	0.75
烟草制品业	3	21.64	0.61	30.71	20.03	20.23	9.12	12.88
纺织业	28	3.90	7.43	21.01	8.52	8.28	10.85	15.35
纺织服装、鞋、帽制造业	9	0.52	0.33	1.33	0.87	0.83	0.41	0.64
皮革、毛皮、羽毛(绒)及其制品业	2	0.09	0.07	0.41	0.25	0.21	0.08	0.11
木材加工及木、竹、藤、棕、草制品业	15	0.61	1.30	3.04	1.69	1.61	1.25	1.77
家具制造业	5	0.10	0.31	0.71	0.31	0.37	0.25	0.37
造纸及纸制品业	15	3.21	4.55	41.42	15.87	15.73	24.15	32.03
印刷业和记录媒介的复制	69	3.83	5.77	22.98	9.84	8.97	10.59	18.77
文教体育用品制造业	2	0	0	0	0	0	0	0
石油加工、炼焦及核燃料加工业	22	252.45	25.03	563.89	329.24	318.99	219.20	452.93
化学原料及化学制品制造业	76	75.41	173.47	588.58	173.97	172.98	366.67	523.05
医药制造业	14	12.13	16.52	64.02	29.51	35.76	12.89	25.74
化学纤维制造业	5	14.62	135.76	111.07	49.05	47.41	54.12	101.81
橡胶制品业	13	2.01	3.87	18.06	9.59	9.20	6.76	8.57
塑料制品业	22	0.83	1.81	7.46	4.58	2.93	2.32	2.94
非金属矿物制品业	78	9.69	25.87	72.60	30.14	31.96	32.08	46.16
黑色金属冶炼及压延加工业	29	507.29	225.36	1 822.67	544.07	437.21	1 164.47	1 438.98
有色金属冶炼及压延加工业	22	33.19	34.56	200.48	116.96	102.37	58.73	76.28
金属制品业	26	6.23	11.11	23.51	13.10	13.00	8.55	17.17
通用设备制造业	124	88.35	76.72	381.01	241.22	225.65	115.82	153.17
专用设备制造业	75	60.56	44.51	322.19	199.25	185.42	98.91	115.81
交通运输设备制造业	129	109.64	171.92	858.61	606.35	532.39	212.55	290.04
电气机械及器材制造业	59	13.22	20.39	86.84	50.31	47.89	26.59	35.35
通信设备、计算机及其他电子设备制造业	31	63.48	67.75	222.65	143.49	132.07	44.54	66.54
仪器仪表及文化、办公用机械制造业	19	2.28	2.81	9.18	5.73	5.46	2.21	3.00
工艺品及其他制造业	8	3.18	9.12	36.05	13.28	11.94	18.87	21.88
废弃资源和废旧材料回收加工业	0	0	0	0	0	0	0	0
电力、热力的生产和供应业	164	228.35	311.70	1 312.74	322.51	319.65	925.34	1 277.09
燃气生产和供应业	12	0.40	12.93	33.86	11.22	11.08	19.98	28.75
水的生产和供应业	64	10.61	53.91	137.83	39.20	39.25	90.63	130.88

工业企业主要指标

年）

单位:亿元

固定资产净值年平均余额	负债合计	流动负债合计	长期负债合计	所有者权益	主营业务收入	主营业务成本	主营业务税金及附加	利润总额	本年应交增值税	利税总额
3 472.77	**4 585.72**	**3 300.53**	**1 231.93**	**3 191.62**	**6 570.39**	**5 758.78**	**106.16**	**164.36**	**232.09**	**502.61**
600.95	786.94	510.27	248.31	644.28	1 746.90	1 780.13	46.58	−189.80	17.02	−126.21
829.89	730.18	511.35	207.22	919.53	1 131.53	897.36	11.24	116.00	58.93	186.17
454.20	701.38	539.80	136.13	303.26	605.15	530.73	3.49	2.40	21.03	26.93
251.63	323.41	267.96	44.31	294.90	360.37	293.45	13.85	−1.02	11.49	24.32
3 221.14	4 262.31	3 032.57	1 187.61	2 896.72	6 210.02	5 465.32	92.32	165.37	220.60	478.29
2 754.63	3 532.30	2 512.06	996.45	2 636.62	5 613.90	4 940.04	88.89	145.42	192.08	426.38
561.07	778.68	571.37	198.44	419.07	659.72	554.35	15.89	16.29	34.15	66.33
157.07	274.74	217.10	37.04	135.92	296.77	264.39	1.39	2.65	5.86	9.89
157.27	174.26	94.27	79.99	138.34	162.21	116.42	2.43	2.11	13.64	18.18
359.28	232.22	131.68	100.38	348.07	395.63	228.04	7.20	117.51	37.17	161.88
0.27	0.19	0.19	0	0.34	1.67	1.42	0.01	−0.08	0.08	0.01
2.46	9.10	8.11	0.99	2.21	9.03	5.54	0.08	0.42	0.65	1.16
3.25	4.74	3.77	0.98	3.70	4.17	2.43	0.17	0.06	0.40	0.63
0	0	0	0	0	0	0	0	0	0	0
12.87	14.04	13.06	0.97	9.98	27.49	24.24	0.11	1.11	0.39	1.61
3.56	5.14	1.63	3.21	2.25	5.55	4.83	0.03	−0.08	0.21	0.16
0.55	0.67	0.58	0.08	0.18	1.25	1.04	0.04	0	0.04	0.09
7.46	18.65	18.64	0.01	12.06	30.16	11.64	12.31	1.58	3.40	17.29
10.70	18.14	14.58	3.52	2.87	13.44	12.84	0.02	0.05	0.29	0.36
0.37	0.97	0.90	0.01	0.37	1.32	1.10	0	−0.02	0.03	0.01
0.07	0.34	0.30	0.04	0.08	0.31	0.25	0	0.01	0	0.01
1.28	1.78	1.34	0.45	1.26	2.85	2.50	0.01	0.04	0.05	0.10
0.25	0.29	0.19	0.09	0.42	0.40	0.35	0	−0.01	0	0
22.50	27.53	25.56	1.97	13.89	9.30	7.01	0.06	0.08	0.51	0.65
10.62	13.75	11.10	2.19	9.23	11.92	10.02	0.05	0.07	0.63	0.76
0	0	0	0	0	0	0	0	0	0	0
194.21	174.46	116.49	57.97	389.43	1 585.27	1 637.24	47.77	−153.82	8.52	−97.53
316.06	342.39	187.49	154.37	226.62	414.03	363.99	5.33	14.01	10.94	30.28
13.56	39.77	29.98	3.86	24.25	41.72	30.45	0.11	2.15	0.97	3.23
55.60	36.47	34.99	1.48	74.59	55.33	49.49	0.67	−6.08	2.47	−2.94
6.90	10.90	8.24	1.73	7.16	12.06	10.42	0.04	0.02	0.18	0.25
2.12	5.32	4.41	0.72	2.14	2.75	2.22	0.01	0.02	0.07	0.10
33.78	51.68	39.24	12.23	20.92	31.40	26.46	0.30	−0.46	1.60	1.43
915.45	869.88	629.29	240.43	809.35	1 381.56	1 116.23	11.34	141.99	71.39	224.72
50.11	160.30	123.65	22.39	40.19	141.58	128.30	0.56	0.52	5.66	6.73
8.18	11.33	11.08	−0.05	12.18	23.16	19.22	0.32	0.58	1.05	1.94
85.20	255.09	216.06	38.41	125.93	300.35	247.28	0.83	8.31	10.65	19.8
80.36	238.49	204.30	32.34	83.70	191.22	164.63	0.73	4.79	5.06	10.58
169.78	703.82	629.18	70.42	154.79	512.97	453.75	8.03	5.49	7.02	20.54
23.09	71.44	62.60	6.49	15.40	67.99	59.99	0.19	0.64	1.25	2.08
39.51	140.04	128.96	7.01	82.62	232.20	196.47	0.37	5.24	2.91	8.52
1.95	4.53	4.08	0.40	4.65	3.98	2.75	0.02	0.46	0.22	0.70
16.04	21.64	16.41	4.83	14.40	16.36	14.51	0.04	−0.71	0.28	−0.39
0	0	0	0	0	0	0	0	0	0	0
766.58	863.77	483.52	364.50	448.97	840.94	771.35	6.71	20.89	42.55	70.15
20.36	16.01	12.77	3.22	17.86	10.85	10.13	0.09	0.16	0.42	0.66
81.17	46.60	31.91	14.29	91.23	28.00	24.23	0.18	−2.68	1.37	−1.13

14—9 各地区国有及国有

（2006

指　　标	沈　阳	大　连	鞍　山	抚　顺	本　溪	丹　东
企业单位数(个)	427	147	58	164	49	37
实 收 资 本	341.42	269.44	125.42	165.77	93.85	42.62
资 产 总 计	1 471.24	1 393.99	1 011.00	506.91	749.34	76.07
流动资产合计	729.14	784.81	248.53	276.96	231.28	25.50
流动资产年平均余额	713.32	724.59	141.55	245.60	236.25	24.49
固定资产合计	544.47	544.70	657.42	204.39	511.27	46.31
固定资产原价合计	689.43	707.80	817.24	438.75	614.47	93.15
固定资产净值年平均余额	436.02	418.78	519.76	210.15	424.95	46.89
流动负债合计	739.92	717.77	245.11	181.87	335.42	35.46
长期负债合计	226.01	166.56	129.67	40.70	119.79	6.33
主营业务收入	922.11	1 276.91	726.15	588.31	481.54	33.15
主营业务成本	769.14	1 210.33	538.05	591.82	425.18	29.48
主营业务税金及附加	15.78	16.63	7.48	12.62	3.06	0.11
利 润 总 额	13.57	−37.30	109.98	−73.06	19.25	1.13
本年应交增值税	27.89	17.09	40.14	10.09	24.44	2.16
利 税 总 额	57.24	−3.58	157.60	−50.35	46.74	3.41

控股工业企业主要指标

年)

单位:亿元

锦州	营口	阜新	辽阳	盘锦	铁岭	朝阳	葫芦岛
42	95	34	64	20	38	44	34
36.96	20.22	38.13	116.45	396.83	54.84	17.74	104.30
168.38	125.10	143.36	215.18	721.49	144.44	105.30	556.79
72.68	48.44	29.78	78.32	205.35	61.56	50.91	297.26
70.03	49.44	29.06	77.36	185.71	58.44	51.01	267.67
75.09	71.46	108.57	127.57	474.12	77.05	50.33	234.29
127.08	82.57	111.80	219.75	1 040.89	147.36	77.47	361.21
66.99	55.63	67.11	107.71	432.22	71.04	40.83	220.74
57.93	75.09	53.89	72.81	164.76	47.75	40.50	320.51
13.67	7.37	55.08	24.95	152.87	30.96	7.79	79.18
301.25	103.48	67.50	233.33	611.90	88.91	125.35	515.20
296.83	79.65	55.93	204.08	428.79	70.38	109.44	487.57
9.59	8.78	0.66	4.15	10.56	1.25	0.70	10.57
−16.85	6.76	0.54	8.62	120.41	2.47	6.22	−11.13
2.52	6.37	3.81	6.08	43.74	6.92	6.30	12.74
−4.74	21.92	5.02	18.85	174.71	10.64	13.21	12.17

14—10 各地区全部国有及规模以上非国有工业企业主要经济效益指标

年份、地区	工业增加值率(%)	总资产贡献率(%)	资产负债率(%)	流动资产周转次数(次/年)	工业成本费用利润率(%)	全员劳动生产率(元/人·年)	产品销售率(%)
1998		4.90	65.55	1.17	-0.53	19444	98.18
1999		5.20	60.35	1.25	1.73	24842	97.88
2000		7.08	60.46	1.46	4.27	31307	97.79
2001	28.03	6.13	58.69	1.40	3.26	38579	97.33
2002	28.19	6.25	59.18	1.46	3.24	55001	98.24
2003	28.07	7.31	58.76	1.69	3.92	70910	98.09
2004	27.90	8.48	58.30	1.87	5.34	91408	98.13
2005	28.74	7.84	58.22	2.13	3.46	112402	98.47
2006	29.23	8.22	57.50	2.32	3.38	137119	98.31
沈阳	27.78	6.70	61.93	2.05	2.66	159159	97.78
大连	28.42	4.89	61.16	2.06	1.28	143140	98.92
鞍山	41.61	14.38	42.61	3.31	12.74	167213	98.56
抚顺	20.15	-3.12	48.63	2.41	-7.09	103979	98.38
本溪	35.59	7.83	61.82	1.99	4.65	128642	99.60
丹东	28.68	11.32	57.97	2.09	5.26	70590	96.53
锦州	21.20	7.54	49.85	3.34	-0.05	124299	96.87
营口	34.04	14.01	54.68	2.70	5.15	161695	97.86
阜新	24.05	5.12	71.73	2.10	1.33	39256	97.49
辽阳	23.44	10.03	51.99	2.35	5.28	127578	98.37
盘锦	43.76	22.63	46.99	3.09	20.52	247858	98.42
铁岭	33.75	9.63	48.33	3.00	3.04	84206	97.20
朝阳	28.73	11.75	52.21	2.36	5.25	74785	96.39
葫芦岛	20.07	4.52	71.28	1.93	-1.43	89372	99.38

14—11 各地区国有及国有控股工业企业主要经济效益指标

年份、地区	工业增加值率（%）	总资产贡献率（%）	资产负债率（%）	流动资产周转次数（次/年）	工业成本费用利润率（%）	全员劳动生产率（元/人·年）	产品销售率（%）
1998		4.60	65.99	1.05	−1.41	23513	97.90
1999		4.64	59.96	1.14	0.76	22070	98.47
2000		6.64	60.85	1.37	3.98	27981	98.95
2001	29.04	5.59	59.63	1.29	2.60	35702	98.38
2002	29.10	5.57	61.00	1.34	2.16	60328	98.93
2003	29.24	6.76	59.51	1.64	3.14	80786	98.76
2004	28.76	8.42	58.06	1.87	5.84	114284	98.69
2005	28.76	7.45	59.33	2.15	2.78	141864	99.86
2006	29.22	7.28	57.75	2.17	2.62	166833	99.31
沈阳	26.65	4.58	67.94	1.29	1.55	119737	97.51
大连	23.52	0.76	64.65	1.76	−2.85	233061	99.55
鞍山	49.57	16.35	37.08	5.13	17.97	246885	100.07
抚顺	19.19	−9.36	43.99	2.40	−11.53	131119	98.50
本溪	37.28	7.10	60.75	2.04	4.19	163392	101.02
丹东	41.58	5.83	56.52	1.35	3.47	85606	95.80
锦州	13.73	−1.79	42.78	4.30	−5.44	141277	98.37
营口	38.84	18.93	65.91	2.09	7.65	346865	100.16
阜新	28.25	4.70	76.02	2.32	0.80	39774	98.56
辽阳	20.04	9.01	45.60	3.02	3.92	114773	100.38
盘锦	47.11	25.23	44.05	3.29	25.78	279510	99.35
铁岭	41.84	8.06	54.50	1.52	2.89	72873	98.51
朝阳	23.89	13.03	45.86	2.46	5.21	118002	100.55
葫芦岛	20.18	3.89	71.81	1.92	−2.15	113365	100.17

14—12 按行业分的“三资”工业企业主要指标

（2006 年）

单位：亿元

行业	企业单位数（个）	工业增加值（现价）	资产总计	负债合计	所有者权益	主营业务收入	利税总额	本年应交增值税
总计	**2 532**	**890.24**	**2 713.83**	**1 469.74**	**1 242.89**	**3 019.52**	**228.31**	**70.28**
总计中：轻工业	1 253	267.41	667.45	343.79	323.65	803.16	57.78	15.81
重工业	1 279	622.84	2 046.39	1 125.95	919.24	2 216.36	170.52	54.47
总计中：大型企业	26	191.43	658.28	370.57	286.51	678.09	63.44	12.24
中型企业	306	395.98	1 164.82	636.83	527.99	1 369.65	98.04	38.42
小型企业	2 200	302.84	890.73	462.34	428.39	971.78	66.83	19.63
煤炭开采和洗选业		0	0	0	0	0	0	
石油和天然气开采业	0	0	0	0	0	0	0	0
黑色金属矿采选业	5	3.14	6.76	2.92	3.83	5.99	2.26	0.33
有色金属矿采选业	8	1.91	4.64	2.90	1.75	5.25	0.47	0.19
非金属矿采选业	10	1.18	3.16	1.14	2.02	3.14	0.47	0.10
其他采矿业	1	0.04	0.21	0.17	0.05	0.10	-0.02	0
农副食品加工业	243	65.59	137.08	83.74	53.35	237.59	12.71	2.09
食品制造业	94	22.34	61.54	30.84	30.69	68.42	5.58	1.15
饮料制造业	42	26.67	75.07	38.72	36.35	60.58	12.20	3.86
烟草制品业	1	0.03	0.07	0.06	0.01	0.11	0.01	0
纺织业	116	15.74	48.76	28.85	19.91	45.27	1.01	0.67
纺织服装、鞋、帽制造业	254	25.91	45.69	22.75	22.94	73.44	3.66	1.53
皮革、毛皮、羽毛(绒)及其制品业	39	6.85	12.44	7.85	4.59	22.88	0.94	0.74
木材加工及木、竹、藤、棕、草制品业	100	14.09	42.71	26.02	16.68	42.14	2.38	0.50
家具制造业	76	23.15	49.23	20.83	28.40	55.09	6.68	0.43
造纸及纸制品业	43	5.55	15.98	5.97	10.02	20.96	1.40	0.32
印刷业和记录媒介的复制	15	1.08	6.59	2.77	3.83	3.15	0.27	0.16
文教体育用品制造业	26	4.02	6.78	3.67	3.11	11.05	0.53	0.42
石油加工、炼焦及核燃料加工业	23	86.72	131.23	98.04	33.19	372.82	16.35	12.03
化学原料及化学制品制造业	121	22.48	55.54	23.64	31.90	72.38	5.69	2.00
医药制造业	51	21.43	59.83	31.69	28.14	42.59	3.57	1.48
化学纤维制造业	7	0.27	2.57	2.50	0.08	2.61	-0.54	0.01
橡胶制品业	31	15.97	41.28	16.40	24.88	58.81	2.82	1.08
塑料制品业	112	38.29	178.49	101.69	76.79	129.91	7.77	1.33
非金属矿物制品业	156	36.96	114.77	60.28	54.49	110.91	11.07	4.37
黑色金属冶炼及压延加工业	42	24.95	115.73	69.68	46.04	101.08	2.85	2.53
有色金属冶炼及压延加工业	35	34.45	135.96	75.76	60.20	127.80	12.87	1.77
金属制品业	105	44.02	89.61	49.59	40.02	147.94	6.63	1.39
通用设备制造业	223	45.58	144.25	72.91	71.34	141.82	12.59	3.34
专用设备制造业	109	23.98	65.03	28.31	36.73	69.39	5.78	1.55
交通运输设备制造业	108	118.53	463.25	298.25	163.80	469.21	48.90	10.08
电气机械及器材制造业	114	67.67	188.93	93.64	95.29	212.18	15.37	3.94
通信设备、计算机及其他电子设备制造业	84	36.89	147.14	56.71	90.43	149.87	5.22	0.46
仪器仪表及文化、办公用机械制造业	50	9.38	23.13	7.71	15.42	26.77	2.39	0.70
工艺品及其他制造业	58	6.15	17.82	5.27	12.55	18.53	1.65	0.58
废弃资源和废旧材料回收加工业	1	0.34	0.92	0.02	0.90	0.53	0.28	0.02
电力、热力的生产和供应业	19	37.72	207.59	92.34	115.25	106.19	16.23	8.97
燃气生产和供应业	6	0.74	8.63	3.99	4.64	2.20	0.08	0.11
水的生产和供应业	4	0.45	5.42	2.13	3.29	0.82	0.18	0.04

14—13 按行业分的大中型工业企业主要经济效益指标

(2006 年)

行业	工业增加值率(%)	总资产贡献率(%)	资产负债率(%)	流动资产周转次数(次/年)	工业成本费用利润率(%)	全员劳动生产率(元/人·年)	产品销售率(%)
全省总计	**29.05**	**8.08**	**57.48**	**2.22**	**3.32**	**158 475**	**98.77**
煤炭开采和洗选业	43.15	6.19	54.84	1.35	1.73	46 041	98.44
石油和天然气开采业	65.51	28.65	40.02	2.87	45.76	299 495	99.89
黑色金属矿采选业	36.49	28.78	61.22	2.94	15.04	85 307	94.13
有色金属矿采选业	36.87	17.24	52.13	1.69	18.81	66 444	92.34
非金属矿采选业	38.31	11.67	57.78	1.27	7.99	48 769	93.63
其他采矿业	0	0	0	0	0	0	0
农副食品加工业	27.92	9.64	61.40	4.14	2.93	178 918	97.03
食品制造业	31.02	9.57	53.81	3.03	4.96	138 773	97.05
饮料制造业	48.25	21.31	48.90	2.01	9.17	150 627	98.67
烟草制品业	67.15	59.97	60.59	1.49	10.10	1 046 527	99.16
纺织业	28.34	5.05	60.70	1.88	2.59	50 187	95.74
纺织服装、鞋、帽制造业	30.13	14.19	47.28	3.58	5.68	70 388	95.94
皮革、毛皮、羽毛(绒)及其制品业	24.16	9.71	70.02	2.81	2.11	24 336	98.99
木材加工及木、竹、藤、棕、草制品业	33.07	8.95	55.31	2.28	6.75	100 439	91.06
家具制造业	42.85	16.99	40.54	2.20	18.20	110 802	92.12
造纸及纸制品业	37.41	4.89	65.49	1.27	2.69	81 878	91.84
印刷业和记录媒介的复制	27.94	4.77	61.84	1.42	0.66	69 349	100.87
文教体育用品制造业	25.24	5.82	67.88	2.67	0.34	62 037	94.56
石油加工、炼焦及核燃料加工业	17.39	−10.45	39.34	4.88	−7.58	793 479	99.48
化学原料及化学制品制造业	19.73	6.44	57.48	2.28	3.51	117 111	99.44
医药制造业	35.78	5.80	66.42	1.25	4.85	136 216	99.19
化学纤维制造业	26.59	−2.39	34.46	1.19	−10.45	52 885	99.96
橡胶制品业	22.41	5.64	57.87	1.77	2.70	98 353	87.30
塑料制品业	29.39	7.69	63.06	1.20	6.78	182 302	100.72
非金属矿物制品业	34.78	7.77	60.00	1.74	4.05	107 115	95.54
黑色金属冶炼及压延加工业	38.45	12.52	50.90	2.85	10.14	212 722	100.10
有色金属冶炼及压延加工业	23.65	7.53	70.42	1.59	3.56	182 041	100.88
金属制品业	26.52	7.89	61.67	2.36	2.99	155 055	99.16
通用设备制造业	28.47	7.33	63.34	1.75	3.47	136 553	97.67
专用设备制造业	30.57	4.61	71.49	1.11	2.96	117 120	98.02
交通运输设备制造业	22.37	5.32	75.48	1.24	2.89	140 439	97.73
电气机械及器材制造业	26.58	7.93	55.64	1.87	4.92	113 501	97.17
通信设备、计算机及其他电子设备制造业	23.90	4.78	53.47	2.04	2.73	144 545	98.17
仪器仪表及文化、办公用机械制造业	33.46	12.28	33.76	1.84	8.41	65 868	99.94
工艺品及其他制造业	25.84	2.79	49.67	1.53	0.57	38 912	100.58
废弃资源和废旧材料回收加工业	43.80	−1.84	13.27	20.70	−0.34	340 402	95.29
电力、热力的生产和供应业	29.85	7.31	63.20	2.56	3.15	201 167	99.99
燃气生产和供应业	17.18	4.34	48.34	1.19	0.72	18 590	98.33
水的生产和供应业	36.28	−0.25	33.96	0.69	−7.80	35 818	98.68

14—14 按行业分的大中

(2006

行业	企业单位数(个)	工业增加值	实收资本	资产合计	流动资产合计	流动资产年平均余额	固定资产合计	固定资产原价
全省总计	**1 085**	**2 819.09**	**2 551.74**	**10 721.56**	**4 726.19**	**4 375.95**	**5 175.40**	**7 592.23**
煤炭开采和洗选业	13	74.88	110.93	331.78	116.89	126.48	185.96	288.53
石油和天然气开采业	2	272.66	363.54	580.30	156.33	137.97	394.29	906.26
黑色金属矿采选业	19	15.03	3.66	30.36	14.89	13.71	11.40	14.54
有色金属矿采选业	15	10.13	4.94	33.68	18.46	14.42	10.54	15.64
非金属矿采选业	7	4.73	3.66	17.24	8.47	8.48	7.58	9.94
其他采矿业	0	0	0	0	0	0	0	0
农副食品加工业	75	85.19	33.68	156.98	70.78	68.35	65.41	73.79
食品制造业	23	21.02	11.82	50.52	17.36	21.76	25.49	33.10
饮料制造业	23	23.94	19.28	56.60	27.32	23.24	24.68	42.86
烟草制品业	2	21.61	0	29.33	19.92	20.12	8.80	12.39
纺织业	48	22.70	23.68	93.99	43.54	40.11	42.31	57.35
纺织服装、鞋、帽制造业	28	22.50	8.38	34.82	17.86	16.95	12.32	17.16
皮革、毛皮、羽毛(绒)及其制品业	4	2.16	1.52	5.62	3.54	3.16	1.82	3.39
木材加工及木、竹、藤、棕、草制品业	15	9.92	8.56	26.42	12.91	12.31	11.67	16.22
家具制造业	9	19.61	3.02	40.53	20.79	18.52	14.54	18.80
造纸及纸制品业	9	6.52	5.06	29.00	11.88	12.14	15.58	20.19
印刷业和记录媒介的复制	5	2.23	2.42	14.28	5.69	5.63	6.28	12.66
文教体育用品制造业	3	1.62	0.87	4.23	2.56	2.24	1.21	1.35
石油加工、炼焦及核燃料加工业	18	338.55	37.62	704.10	404.75	395.82	282.66	541.94
化学原料及化学制品制造业	52	94.50	185.70	679.98	219.84	215.54	401.59	563.62
医药制造业	21	29.32	27.64	123.19	61.96	63.50	32.10	53.20
化学纤维制造业	6	15.27	138.91	116.82	52.11	50.46	56.46	106.04
橡胶制品业	18	17.71	22.12	82.98	39.18	38.91	30.61	45.30
塑料制品业	22	26.56	21.54	138.34	90.03	81.48	41.28	58.40
非金属矿物制品业	76	77.03	87.25	302.54	127.65	127.02	122.14	172.55
黑色金属冶炼及压延加工业	61	605.37	285.58	2 187.02	708.03	598.21	1 308.98	1 620.59
有色金属冶炼及压延加工业	28	68.39	45.07	327.89	199.23	182.55	95.56	124.01
金属制品业	32	45.24	25.48	109.65	68.13	69.54	31.05	46.43
通用设备制造业	108	167.55	108.54	576.55	359.31	331.00	176.86	228.06
专用设备制造业	57	81.69	56.46	383.14	238.23	223.60	113.91	138.63
交通运输设备制造业	84	206.34	283.79	1 241.45	816.47	722.75	361.09	472.60
电气机械及器材制造业	52	69.04	77.92	235.32	149.29	134.03	65.31	106.34
通信设备、计算机及其他电子设备制造业	31	87.22	122.13	320.74	189.51	175.36	74.75	134.67
仪器仪表及文化、办公用机械制造业	14	7.64	8.13	21.81	12.63	12.09	6.70	11.57
工艺品及其他制造业	9	6.45	16.61	46.80	17.45	16.01	24.30	30.91
废弃资源和废旧材料回收加工业	1	1.84	0.01	0.78	0.04	0.20	0.06	0.07
电力、热力的生产和供应业	74	246.96	342.64	1 445.96	359.53	348.70	1 020.82	1 462.39
燃气生产和供应业	8	1.95	14.00	33.87	11.91	11.83	18.95	27.07
水的生产和供应业	13	8.03	39.58	106.95	31.71	31.78	70.33	103.66

型工业企业主要指标

年)

单位:亿元

固定资产净值年平均余额	负债合计	流动负债合计	长期负债合计	所有者权益	主营业务收入	主营业务成本	主营业务税金及附加	利润总额	本年应交增值税	利税总额
4 365.99	**6 162.70**	**4 610.99**	**1 480.57**	**4 394.64**	**9 733.03**	**8 502.61**	**134.49**	**307.39**	**317.32**	**759.19**
163.89	181.95	102.00	79.94	149.84	170.61	123.34	2.52	2.76	14.11	19.40
359.28	232.22	131.68	100.38	348.07	395.63	228.04	7.20	117.51	37.17	161.88
8.57	18.59	17.86	0.52	11.77	40.29	31.00	1.19	5.13	2.19	8.51
7.97	17.56	13.41	3.28	16.12	24.37	15.40	0.21	3.93	1.54	5.67
6.26	9.96	8.43	1.41	7.28	10.73	8.03	0.34	0.79	0.74	1.87
0	0	0	0	0	0	0	0	0	0	0
57.15	96.38	83.08	10.45	60.60	283.14	260.78	0.56	8.02	4.59	13.17
23.43	27.18	18.23	8.91	23.33	65.90	53.35	0.29	2.98	1.14	4.41
23.46	27.68	23.36	4.32	28.93	46.74	27.60	5.12	3.45	3.37	11.94
7.14	17.77	17.76	0.01	11.56	29.95	11.51	12.31	1.59	3.38	17.28
39.93	57.05	40.98	14.62	36.94	75.39	68.21	0.21	1.90	1.59	3.71
11.47	16.46	14.08	0.69	18.36	60.73	51.95	0.14	3.20	1.44	4.78
1.65	3.93	3.79	0.14	1.68	8.86	7.94	0	0.18	0.27	0.45
11.81	14.61	9.07	5.34	11.81	28.10	24.35	0.04	1.78	0.23	2.05
12.37	16.43	13.48	1.08	24.10	40.65	30.41	0.01	6.30	0.26	6.57
13.71	18.99	16.74	1.87	10.01	15.37	12.29	0.08	0.40	0.72	1.20
6.86	8.83	6.28	2.10	5.45	7.97	6.64	0.02	0.05	0.42	0.50
0.89	2.87	2.43	0.44	1.36	5.99	5.13	0	0.02	0.20	0.23
246.87	277.03	199.91	77.12	427.08	1 931.65	1 974.24	50.48	−153.06	21.39	−81.18
345.02	390.82	224.68	166.12	269.59	491.92	428.11	6.36	16.41	13.09	35.86
29.88	81.83	62.9	12.76	41.37	79.07	53.33	0.22	3.47	2.46	6.14
57.96	40.26	38.62	1.63	76.56	60.27	54.64	0.67	−6.59	2.59	−3.33
28.46	48.02	36.95	7.24	34.96	68.99	58.27	0.20	1.79	2.06	4.05
42.27	87.24	74.72	12.36	51.10	98.09	83.29	0.03	6.16	0.94	7.14
120.13	181.54	141.56	36.37	121.00	221.14	186.49	0.92	8.58	9.50	19.00
1 033.07	1 113.12	843.54	265.89	930.46	1 707.87	1 406.34	13.33	156.41	82.72	252.47
85.57	230.90	186.68	30.29	96.99	290.13	260.35	0.68	9.78	7.90	18.36
28.19	67.62	56.46	5.77	42.03	164.29	141.92	0.48	4.77	2.29	7.55
131.78	365.20	301.02	59.33	211.35	580.03	493.75	1.41	19.31	16.08	36.80
93.96	273.92	236.05	36.37	109.22	249.21	211.50	0.86	7.20	6.55	14.61
288.77	937.00	836.97	94.16	303.25	892.78	774.96	21.05	24.87	14.60	60.52
58.43	130.93	113.80	13.29	104.39	250.00	212.13	0.29	11.69	4.72	16.70
61.94	171.50	153.02	15.35	149.24	357.88	308.96	0.42	9.43	2.98	12.83
6.91	7.37	6.77	0.60	14.45	22.27	16.81	0.10	1.70	0.78	2.58
21.42	23.25	17.90	4.96	23.55	24.50	20.57	0.04	0.14	0.70	0.89
0.58	0.10	0	0	0.68	4.21	4.21	0	−0.01	0	−0.01
848.46	913.91	517.68	392.29	532.05	892.29	815.11	6.47	27.12	50.54	84.13
19.30	16.37	12.67	3.70	17.50	14.06	12.60	0.09	0.13	0.88	1.09
61.18	36.33	26.45	9.47	70.63	21.98	19.07	0.13	−1.92	1.18	−0.61

14—15 各地区大中型

年份、地区	企业单位数（个）	工业增加值	实收资本	资产合计	流动资产合计	流动资产年平均余额	固定资产合计	固定资产原价
1998	1 331	663.60	1 210.42	5 699.55	2 189.07	2 178.12	3 118.29	4 065.90
1999	847	645.22	1 334.40	5 933.87	2 259.48	2 056.71	3 238.46	4 362.61
2000	857	855.67	1 458.65	5 908.55	2 312.97	2 162.03	3 088.51	4 351.57
2001	869	916.29	1 635.55	6 398.33	2 471.46	2 419.39	3 463.49	4 947.97
2002	883	984.27	1 703.09	6 718.00	2 605.10	2 522.50	3 573.53	5 269.20
2003	810	1 288.13	1 763.21	6 879.72	2 771.05	2 726.92	3 309.07	5 432.53
2004	964	1 801.28	2 451.48	8 343.69	3 372.61	3 276.59	4 090.47	6 285.24
2005	1 013	2 284.95	2 408.23	9 209.77	3 981.22	3 776.64	4 486.60	6 910.54
2006	1 085	2 819.09	2 551.74	10 721.56	4 726.19	4 375.95	5 175.40	7 592.23
沈阳	207	470.57	506.51	1 993.25	1 022.61	1 002.89	712.56	936.71
大连	287	688.84	497.92	2 446.91	1 341.84	1 232.75	943.89	1 317.62
鞍山	85	368.49	179.80	1 231.31	349.01	237.25	743.59	916.37
抚顺	55	137.22	200.22	620.77	322.33	284.12	265.33	516.63
本溪	45	181.56	101.78	801.92	256.30	259.11	529.94	646.20
丹东	52	32.75	59.13	147.33	73.40	65.82	64.39	117.94
锦州	50	74.27	61.64	261.74	122.28	119.06	113.99	206.68
营口	72	118.73	50.85	294.14	127.65	126.40	144.71	153.60
阜新	37	25.36	45.19	189.19	52.68	49.80	124.41	129.00
辽阳	50	111.73	136.47	470.46	223.00	220.22	212.68	324.70
盘锦	22	300.81	403.73	746.89	218.41	197.22	481.34	1 051.48
铁岭	33	56.89	68.86	199.86	78.70	74.22	111.98	208.29
朝阳	47	44.32	26.34	149.61	69.56	65.35	65.96	95.28
葫芦岛	42	102.67	113.31	616.43	326.02	293.58	255.21	384.24

工业企业主要指标

单位:亿元

固定资产净值年平均余额	负债合计	流动负债合计	长期负债合计	所有者权益	主营业务收入	主营业务成本	主营业务税金及附加	利润总额	本年应交增值税	利税总额
2 641.39	3 705.71	2 378.86	1 303.62	1 993.84	2 378.74	2 005.48	49.13	-25.30	122.79	146.61
2 626.00	3 409.07	2 296.96	1 106.82	2 524.79	2 568.69	2 146.07	47.74	50.13	126.41	224.28
2 733.46	3 515.17	2 338.83	1 171.62	2 386.85	3 196.35	2 681.87	56.32	142.54	150.46	349.32
3 032.42	3 645.86	2 527.98	1 106.09	1 635.55	3 398.32	2 874.07	55.32	118.89	150.07	324.27
3 242.04	3 879.93	2 706.67	1 168.43	2 837.12	3 671.30	3 072.43	61.50	121.10	160.23	342.80
3 279.89	3 870.74	2 924.72	937.82	2 999.36	4 751.49	3 937.53	76.37	194.97	189.26	460.60
3 671.47	4 668.19	3 528.31	1 133.17	3 587.59	6 349.30	5 352.85	88.45	367.20	230.66	686.31
3 915.82	5 374.15	4 002.55	1 349.24	3 715.13	8 000.32	6 990.98	105.92	268.27	262.38	636.57
4 365.99	6 162.7	4 610.99	1 480.57	4 394.64	9 733.03	8 502.61	134.49	307.39	317.32	759.19
580.39	1 269.06	962.72	260.14	722.99	1 662.98	1 408.41	30.49	35.69	44.22	110.4
762.44	1 540.78	1 261.60	266.31	902.84	2 539.24	2 328.68	22.11	11.99	43.27	77.37
592.00	489.57	339.57	148.93	629.43	922.42	705.53	8.77	121.81	47.64	178.22
262.75	291.38	230.57	60.41	329.38	688.54	677.61	13.53	-67.46	14.88	-39.05
441.22	490.28	360.46	128.58	280.51	523.30	456.24	3.84	22.92	27.23	53.98
62.41	86.72	75.83	10.68	60.61	120.18	101.95	1.32	5.37	5.28	11.97
104.25	121.35	97.02	23.94	140.39	408.19	384.84	10.43	-8.06	6.78	9.15
108.94	155.19	144.19	9.15	138.95	324.31	269.53	9.15	18.97	15.25	43.37
81.46	139.72	76.82	61.34	49.46	103.12	87.98	0.78	0.94	4.83	6.55
190.76	236.54	188.34	46.19	233.92	482.83	422.31	5.28	26.64	11.43	43.35
438.02	337.95	177.51	160.21	392.65	617.39	432.37	10.88	120.23	44.35	175.46
98.94	104.33	70.88	33.35	95.52	143.67	118.00	1.65	5.04	8.99	15.68
50.33	72.33	58.96	13.17	77.28	161.44	139.35	1.20	9.93	7.70	18.82
238.15	444.72	354.76	87.17	171.71	540.12	507.7	10.82	-10.37	13.69	14.14

14—16 历 年 主 要

年份、地区	化学纤维（万吨）	纱（万吨）	布（亿米）	毛 线（吨）	呢 绒（万米）	丝（吨）	机制纸及纸板（万吨）
1990	15.6	109.8	6.5	5 087	1 840.0	2 905	77.5
1991	15.8	110.1	6.4	4 099	1 781.1	2 667	75.1
1992	17.1	112.0	6.0	4 981	1 672.7	1 917	79.1
1993	15.7	99.3	5.6	3 524	1 431.4	2 280	75.4
1994	17.9	18.2	5.4	2 785	1 548.6	3 292	82.3
1995	19.8	18.0	5.8	2 725	1 185.0	3 484	97.5
1996	20.7	16.9	4.7	4 449	745.4	4 550	95.7
1997	28.1	17.2	5.4	1 902	648.5	3 588	84.2
1998	30.5	14.3	4.7	1 970	373.2	1 996	72.0
1999	29.2	15.2	5.3	1 655	606.1	1 328	58.8
2000	34.2	18.3	5.0	1 633	479.0	2 414	55.2
2001	36.0	16.0	4.3	1 179	230.3	1 675	62.9
2002	33.5	16.4	5.0	1 491	168.1	2 110	52.0
2003	26.3	15.6	3.4	1 447	109.2	1 640	59.1
2004	30.7	17.2	4.3	1 839.9	379.8	3 297.3	72.6
2005	24.1	18.7	5.7	1 541.0	106.0	2 190.9	83.4
2006	22.47	18.26	5.37	1 810.50	118.40	2 591.98	67.46
沈阳	0.22	3.56	0.27	1 810.50	0.00	0.00	3.17
大连	2.61	2.65	0.30	0.00	63.00	156.00	7.21
鞍山	0.22	2.34	1.72	0.00	0.00	704.00	10.54
抚顺	5.05	0.43	0.03	0.00	0.00	0.00	1.48
本溪	0.00	1.88	0.57	0.00	0.00	0.00	0.29
丹东	7.09	0.66	0.37	0.00	0.00	486.28	10.80
锦州	0.00	1.14	0.16	0.00	0.00	0.00	20.42
营口	1.30	1.81	1.04	0.00	0.00	118.20	0.47
阜新	0.00	1.01	0.27	0.00	0.00	0.00	0.00
辽阳	5.97	0.71	0.14	0.00	0.00	0.00	0.40
盘锦	0.00	0.00	0.00	0.00	0.00	0.00	2.39
铁岭	0.00	0.00	0.00	0.00	0.00	1 127.50	6.71
朝阳	0.00	1.15	0.39	0.00	55.40	0.00	3.58
葫芦岛	0.00	0.93	0.11	0.00	0.00	0.00	0.00

注：1993年以前纱产量的计量单位为万件。

工 业 产 品 产 量

缝纫机（万架）	自行车（万辆）	手表（万只）	日用精铝制品（万吨）	灯泡（亿只）	合成洗涤剂（万吨）	原盐（万吨）	糖（万吨）
0.5	97.2	430.4	0.5	1.2	5.3	129.9	3.2
0.4	85.5	467.7	0.5	1.5	4.2	240.4	3.6
0.3	125.9	359.9	0.5	1.5	4.3	293.2	5.4
0.4	195.4	554.5	0.6	1.1	2.9	282.9	5.2
0.3	190.7	397.7	0.4	3.3	3.5	275.9	3.8
0.2	112.1	409.9	0.6	3.7	2.9	230.9	3.8
0.2	87.9	316.4	0.6	4.3	6.9	232.5	4.0
0.2	55.1	212.4	0.3	1.4	5.7	286.1	5.3
0.1	53.1	98.0	0.2	1.3	6.8	190.9	5.1
0.1	16.3	97.0	0.2	1.1	6.3	282.2	4.5
0.2	46.2	69.0	0.2	0.5	7.0	275.9	2.1
0.3	15.2	69.2	0.1	1.3	9.1	284.6	4.0
0.3	2.2	86.0	0.1	1.5	10.4	280.6	4.2
0.3				1.4	9.7	166.6	5.1
0.7	1.4	152.8		1.8	9.8	200.6	3.8
0.6	0.4	169.6		1.8	8.9	180.6	4.2
0.55	0.00	145.14		5.14	14.05	191.30	1.33
0.00	0.00	0.00		5.11	3.61	0.00	0.07
0.55	0.00	133.32		0.00	0.66	91.62	0.00
0.00	0.00	0.00		0.00	0.00	0.00	0.02
0.00	0.00	0.00		0.00	4.28	0.00	0.00
0.00	0.00	0.00		0.00	5.50	0.00	0.00
0.00	0.00	11.83		0.00	0.00	0.00	0.00
0.00	0.00	0.00		0.01	0.00	15.99	0.00
0.00	0.00	0.00		0.03	0.00	67.45	0.00
0.00	0.00	0.00		0.00	0.00	0.00	0.00
0.00	0.00	0.00		0.00	0.00	0.00	0.00
0.00	0.00	0.00		0.00	0.00	16.20	0.00
0.00	0.00	0.00		0.00	0.00	0.00	0.00
0.00	0.00	0.00		0.00	0.00	0.00	1.25
0.00	0.00	0.00		0.00	0.00	0.04	0.00

14—16 续表 1

年份、地区	卷烟（万箱）	罐头（万吨）	啤酒（万吨）	家用电冰箱（万台）	电视机（万台）
1990	50.6	5.8	55.0	16.4	115.1
1991	42.8	7.6	64.3	11.8	59.62
1992	45.3	8.8	78.5	10.3	73.2
1993	40.3	4.0	62.8	12.0	49.9
1994	40.3	7.6	108.0	12.2	54.3
1995	43.2	8.2	113.4	14.2	47.7
1996	40.3	8.1	118.8	9.4	56.7
1997	40.5	6.0	128.7	6.9	73.2
1998	41.8	4.1	129.1	8.5	173.2
1999	33.2	2.7	144.3	13.2	229.3
2000	23.0	2.9	149.7	23.1	374.7
2001	31.0	2.8	144.2	14.7	378.0
2002	38.0	3.4	137.1	51.6	404.9
2003	41.3	5.2	149.4	106.8	446.0
2004	45.9	10.7	155.4	116.3	346.2
2005	45.9	5.6	184.61	120.4	550.2
2006	47.83	7.33	200.37	133.45	333.90
沈阳	21.00	0.02	59.48	0.00	271.75
大连	0.00	5.12	43.58	94.28	47.69
鞍山	0.00	0.36	20.26	0.00	0.00
抚顺	0.00	0.00	10.77	0.00	0.00
本溪	0.00	0.05	7.40	0.00	0.00
丹东	0.00	1.07	9.39	0.00	5.45
锦州	0.00	0.41	13.13	0.00	0.00
营口	26.83	0.30	0.21	39.17	0.00
阜新	0.00	0.00	5.70	0.00	0.00
辽阳	0.00	0.00	2.95	0.00	0.00
盘锦	0.00	0.00	8.75	0.00	0.00
铁岭	0.00	0.00	5.83	0.00	0.00
朝阳	0.00	0.00	9.84	0.00	0.00
葫芦岛	0.00	0.00	3.07	0.00	0.00

原煤（万吨）	原油（万吨）	天然气（亿立方米）	发电量（亿千瓦小时）	#水电	生铁（万吨）	钢（万吨）	成品钢材（万吨）
5 101.0	1 368.7	20.4	435.8	35.5	1 145.5	1 216.3	939.9
5 234.7	1 374.2	20.6	448.3	40.3	1 227.8	1 262.5	978.8
5 394.6	1 387.8	21.1	489.1	32.4	1 262.7	1 349.9	1 082.9
5 566.8	1 420.1	23.8	505.3	27.4	1 314.0	1 413.3	1 270.3
5 509.3	1 502.5	21.2	504.0	18.5	1 274.1	1 340.6	1 186.9
5 626.4	1 552.7	21.1	540.1	41.7	1 337.1	1 335.9	1 074.2
6 040.6	1 504.3	19.6	583.9	45.2	1 358.5	1 369.3	1 210.3
5 883.8	1 504.1	19.1	615.2	28.8	1 358.1	1 354.9	1 223.5
5 785.7	1 452.1	15.6	608.1	21.6	1 419.0	1 406.5	1 149.2
4 779.3	1 430.3	14.3	610.5	25.5	1 448.9	1 492.2	1 235.6
4 454.9	1 401.1	14.7	645.6	14.9	1 555.4	1 553.8	1 443.2
4 468.2	1 385.0	14.7	662.1	22.7	1 593.7	1 660.7	1 655.2
5 180.8	1 351.2	13.3	725.3	14.5	1 886.4	1 942.5	2 086.7
5 871.0	1 332.0	13.3	837.0	22.9	2 061.0	2 169.0	2 334.0
6 641.9	1 283.2	10.3	874.9	38.6	2 547.8	2 612.8	2 657.9
6 395.0	1 261.0	11.7	904.2	56.7	3 113.9	3 059.0	3 235.9
7 367.27	1 226.46	11.94	1 014.54	47.03	3 759.46	3 702.25	3 848.89
1 453.34	0.00	0.31	45.31	0.00	0.38	20.17	141.17
0.00	0.00	0.00	153.19	0.24	0.00	50.67	111.15
0.00	0.00	0.00	41.95	0.05	1 604.42	1 600.04	1 639.45
597.31	25.00	1.80	114.42	0.95	236.84	288.90	240.25
268.36	0.00	0.00	42.22	16.19	1 337.15	1 255.55	979.80
255.69	0.00	0.00	70.24	17.84	81.88	0.00	1.39
84.66	0.00	0.00	91.98	0.00	0.00	0.00	1.75
0.00	0.00	0.00	53.73	0.00	255.27	245.78	143.16
1 613.26	0.00	0.28	45.32	0.00	0.00	0.00	4.29
245.90	0.00	0.00	22.01	1.09	14.56	14.89	333.29
0.00	1 201.46	8.90	7.69	0.00	0.00	0.00	2.44
2 212.13	0.00	0.64	156.22	0.11	15.80	3.91	2.17
232.70	0.00	0.00	31.43	0.50	203.22	222.30	219.07
403.92	0.00	0.00	128.76	0.00	0.44	0.04	29.51

14—16 续表 2

年份、地区	铁合金（万吨）	水 泥（万吨）	平板玻璃（万重量箱）	木 材（万立方米）	硫 酸（万吨）	纯 碱（万吨）	烧 碱（万吨）	农用氮、磷、钾化肥（万吨）
1990	16.0	1 092.0	995.3	85.6	74.1	76.2	28.3	63.4
1991	15.9	1 312.2	1 022.4	91.1	81.2	71.2	29.4	60.3
1992	20.3	1 644.4	1 188.5	96.7	86.2	72.4	29.7	62.8
1993	21.4	1 947.9	1 350.2	107.6	78.6	74.8	27.8	54.8
1994	24.1	1 891.2	1 299.0	121.8	95.8	73.9	30.5	79.1
1995	30.4	1 911.0	1 233.3	150.5	106.9	69.1	26.3	78.2
1996	30.2	1 743.1	1 591.6	69.6	108.7	71.9	37.5	82.0
1997	23.9	1 829.0	1 494.2	163.2	108.7	71.2	33.4	84.7
1998	19.5	1 663.7	1 546.9	132.0	100.0	69.2	32.5	76.8
1999	14.3	1 711.1	1 536.8	171.7	105.5	72.1	30.9	87.2
2000	13.3	1 954.9	1 475.3	145.9	119.9	74.1	33.4	97.6
2001	13.6	2 090.5	1 537.7	66.8	118.8	76.5	37.2	97.9
2002	12.9	2 145.8	1 470.9	69.8	113.1	82.5	45.0	88.8
2003	17.2	2 332.0	1 362.0	49.2	110.6	80.0	48.3	91.7
2004	48.6	2 495.7	1 785.2		121.7	80.7	48.1	88.1
2005	36.4	2 680.7	1 854.0	0.0	120.7	74.9	53.6	89.6
2006	52.25	3 341.35	1 650.92		107.56	47.39	62.55	87.68
沈　阳	0.00	231.00	519.68		0.00	0.00	18.00	0.63
大　连	0.52	681.00	558.25		12.80	47.35	1.06	7.80
鞍　山	1.07	212.34	0.00		0.00	0.00	0.00	3.95
抚　顺	3.34	149.62	0.00		7.07	0.00	0.00	0.00
本　溪	0.00	395.73	0.00		3.56	0.00	5.67	6.50
丹　东	0.00	67.38	0.00		0.00	0.00	0.00	7.69
锦　州	27.18	92.36	0.00		16.58	0.00	0.00	11.46
营　口	0.00	71.40	0.00		0.00	0.00	5.84	0.02
阜　新	0.14	110.45	559.59		6.79	0.00	0.00	0.08
辽　阳	9.02	475.11	0.00		0.00	0.00	0.04	0.00
盘　锦	0.00	27.81	0.00		0.00	0.00	0.00	25.61
铁　岭	0.00	415.42	0.00		0.00	0.00	0.00	0.00
朝　阳	0.34	202.83	13.39		2.23	0.00	0.00	0.00
葫芦岛	10.49	161.36	0.00		58.53	0.00	31.98	23.96

＃氮肥	＃磷肥	化学农药（万吨）	乙烯（万吨）	电石（万吨）	塑料（万吨）	轮胎外胎（万条）	金属切削机床（万台）	汽车（万辆）	大中型拖拉机（万台）	小型拖拉机（万台）	铁路机车（台）
55.0	8.3	1.5	8.4	6.4	14.0	191.8	1.6	2.4		2.3	
51.4	8.9	1.5	14.9	6.8	24.3	223.5	1.8	4.2		2.2	
50.9	11.9	1.5	20.4	5.2	30.0	311.1	2.1	6.1	0.1	2.5	
49.6	5.2	1.2	25.1	6.1	39.1	426.7	2.4	5.1	0.1	3.1	
67.0	10.3	1.2	28.8	6.8	42.0	292.4	1.7	3.0	0.1	0.8	238
70.1	7.8	2.3	32.1	8.9	51.3	303.7	1.4	2.5	0.6	0.1	257
73.9	6.9	1.7	35.3		58.5	309.5	1.3	2.8	2.5	2.5	300
74.3	8.9	2.1	35.7	3.2	65.7	361.2	1.1	3.9	0.04	3.7	274
70.7	4.2	1.9	38.7	2.6	71.5	472.9	0.9	4.3	0.02	0.8	
78.5	5.2	2.3	39.7	1.4	80.9	499.6	0.9	5.8	0.03	1.1	
82.4	8.4	2.2	41.7	2.6	94.1	576.0	1.6	8.2	0.3	0.2	63.1
86.6	8.7	2.2	40.2	2.2	99.7	621.2	2.1	7.9		1.0	58.0
80.9	6.1	2.6	44.2	4.3	104.6	643.5	3.1	9.0	0.9	0.9	70.9
82.6	6.9	2.1	47.9	5.3	117.4	787.1	5.6	13.0			
85.4	2.8	1.8	48.2	11.6	129.5	935.7	9.4	14.3			242.0
84.9	4.7	2.7	47.1	1.9	121.6	1 095.6	11.3	15.0	0.0	0.0	202
79.67	7.94	3.55	49.27	6.91	129.72	1 141.82	13.10	29.01	…	…	256
0.48	0.11	0.20	0.00	0.00	27.61	362.61	8.07	26.66	…	0.00	0
5.91	1.89	2.21	0.00	0.00	31.36	474.43	4.71	0.00	0.00	0.00	256
3.95	0.00	0.00	0.00	0.00	3.81	166.82	0.00	0.00	0.00	…	0
0.00	0.00	0.06	17.97	0.91	3.39	0.00	0.04	0.00	0.00	0.00	0
6.50	0.00	0.00	0.00	0.00	0.14	0.00	0.01	0.00	0.00	0.00	0
7.69	0.00	0.14	0.00	6.00	2.24	0.00	0.18	2.27	0.00	0.00	0
5.73	5.73	0.00	0.00	0.00	4.89	26.00	0.02	0.00	0.00	0.00	0
0.00	0.02	0.58	0.00	0.00	11.02	0.00	0.06	0.00	0.00	0.00	0
0.03	0.02	0.06	0.00	0.00	0.51	0.00	0.00	0.00	0.00	0.00	0
0.00	0.00	0.00	13.24	0.00	37.53	0.00	0.00	0.00	0.00	0.00	0
25.61	0.00	0.30	18.06	0.00	4.3	0.00	0.00	0.00	0.00	0.00	0
0.00	0.00	0.00	0.00	0.00	1.37	0.00	0.00	0.00	0.00	0.00	0
0.00	0.00	0.00	0.00	0.00	0.09	111.97	0.02	0.08	0.00	0.00	0
23.78	0.18	0.00	0.00	0.00	1.45	0.00	0.00	0.00	0.00	0.00	0

14—17 工业产品产量

产品名称	单位	2000年	2002年	2003年	2004年	2005年	2006年
化学纤维	万吨	34.2	33.5	26.3	30.68	24.05	22.47
#合成纤维	万吨	30.5	29.0	21.2	25.08	18.09	16.58
纱	万吨	18.3	16.4	15.6	17.2	18.70	18.26
布	亿米	5.0	5.0	3.4	4.31	5.71	5.37
#纯棉布	亿米	1.7	1.9	1.1	1.56	1.46	2.83
混纺交织布	亿米	2.1	2.03	1.6	1.58	1.42	1.28
毛线	吨	1 633	1 491	1 447	1 839.86	1 541.00	1 810.5
呢绒	万米	479.0	168.1	109.2	379.82	106.00	118.4
麻袋(混合数)	万条	310.6	65.7		30.00	0.00	0.00
丝	吨	2 414	2 110	1 640	3 297.34	2 190.90	2 591.98
丝织品	万米	2 450.0	1 490.2	849.7	962.59	465.20	1 186.05
机制纸及纸板	万吨	55.2	52.0	59.1	72.57	83.37	67.46
缝纫机	万架	0.2	0.3	0.3	0.71	0.63	0.55
自行车	万辆	46.2	2.2	0	1.35	0.36	0.00
表	万只	69.0	86.0	113.8	152.81	169.57	145.14
钟	万只	14.2	6.4	7.4	0.55	0.00	0
日用玻璃制品	万吨	15.1	11.6	7.5	12.17	8.38	10.38
灯泡	万只	5 055.4	14 693.1	13 864	18 412.23	18 491.70	51 401.70
合成洗涤剂	吨	70 447.2	104 451.7	97 342	98 498.72	89 198.50	140 546.00
牙膏	万支	2 282.5	2 227.6	2 249	3 953.00	3 379.10	11 158.32
原盐	万吨	275.9	280.6	166.6	200.62	180.64	191.30
糖	万吨	2.1	4.2	5.1	3.76	1.13	1.33
卷烟	万箱	23.0	38.0	41.3	45.86	45.88	47.83
白酒	万吨	18.2	17.2	14.5	18.77	27.34	28.85
啤酒	万吨	149.7	137.1	149.4	155.37	184.61	200.37
味精	万吨	3.7	3.7	4.3	4.36	4.69	5.23
食用植物油	万吨	47.6	66.2	75.4	85.68	89.63	136.89
化学原料药	万吨	2.5	2.4	2.7	4.82	3.82	4.02
家用电冰箱	万台	23.1	51.6	106.8	116.34	120.43	133.45
电视机	万部	374.7	404.9	446	346.15	550.21	333.9
#彩电	万部	374.4	404.8	446.0	346.15	550.21	333.9
农用化肥	万吨	97.6	88.8	91.7	88.14	89.63	87.68
#氮肥	万吨	82.4	80.9	82.6	85.36	84.85	79.67
磷肥	万吨	8.4	6.1	6.9	2.78	4.75	7.94
化学农药	万吨	2.2	2.6	2.1	1.83	2.67	3.55

14—17 续表 1

产品名称	单位	2000 年	2002 年	2003 年	2004 年	2005 年	2006 年
乙烯	万吨	41.7	44.2	47.9	48.23	47.13	49.27
合成橡胶	吨	25 969.1	22 071	24 348	23 018.79	11 119	26 826
轮胎外胎	万条	576.0	643.5	787.1	935.67	1 095.65	1 141.82
交流电动机	万千瓦	290.6	495.0	536.1	946.86	773.39	720.82
金属切削机床	台	15 627	31 294	56 297	94 328	112 727	130 967
数控机床	台	1 622	2 669	4 600	11 066	14 887	22 213
汽车	辆	82 243	90 106	130 005	142 825	150 488	290 085
#载货汽车	辆	14 756	7 897	12 330	2 332	43 438	67 925
摩托车	辆	5 426			1 602	1 952	26 837
轴承	万套	10 694	8 262.7	8 800	12 301.83	10 312.06	10 265.13
拖拉机	台	2 549	8 663	941	671	10	10
#小型拖拉机	台	2 210	8 510	902	391	6	13
原煤	万吨	4 454.9	5 180.8	5 871	6 641.93	6 395.03	7 367.27
原油	万吨	1 401.1	1 351.2	1 332	1 283.19	1 260.96	1 226.46
汽油	万吨	683.9	766.9	822.9	925.79	965.60	1 032.33
柴油	万吨	1 202.1	1 350.8	1 566	1 831.60	1 899.60	1 911.19
天然气	亿立方米	14.7	13.3	13.3	10.30	11.72	11.94
发电量	亿千瓦小时	645.6	725.3	837	874.85	904.21	1 014.54
#水电	亿千瓦小时	14.9	14.5	22.9	38.59	56.73	47.03
生铁	万吨	1 555.4	1 886.4	2 061	2 547.81	3 113.95	3 759.46
钢	万吨	1 553.8	1 942.5	2 169	2 612.79	3 059.05	3 702.25
成品钢材	万吨	1 443.2	2 086.7	2 334	2 657.91	3 235.93	3 848.89
#铁道用钢材	万吨	40.3	46.7	41.7	72.83	75.13	75.16
优质钢材	万吨	86.3	115.1	146.5			
线材	万吨	127.5	202.2	155.8	217.49	261.82	307.49
铁合金	万吨	13.3	12.9	17.2	48.58	36.40	52.25
焦炭	万吨	788.9	871.5	923	1 013.76	1 237.89	1 503.40
水泥	万吨	1 954.9	2 145.8	2 332	2 495.73	2 680.67	3 341.35
平板玻璃	万重量箱	1 475.3	1 470.9	1 362	1 785.17	1 853.96	1 650.92
木材	万立方米	145.9	69.8	49.2			
硫酸	万吨	119.9	113.1	110.6	121.68	120.72	107.56
纯碱	万吨	74.1	82.5	80.0	80.67	74.86	47.39
烧碱	万吨	33.4	45.0	48.3	48.08	53.59	62.55
合成氨	万吨	109.3	103.1	103.1	103.79	99.10	78.43

主要统计指标解释

工业 指从事自然资源的开采,对采掘品和农产品进行加工和再加工的物质生产部门。具体包括:(1)对自然资源的开采,如采矿、晒盐、森林采伐等(但不包括禽兽捕猎和水产捕捞);(2)对农副产品的加工、再加工,如粮油加工、食品加工、轧花、缫丝、纺织、制革等;(3)对采掘品的加工、再加工,如炼铁、炼钢、化工生产、石油加工、机器制造、木材加工等,以及电力、自来水、煤气的生产和供应等;(4)对工业品的修理、翻新,如机器设备的修理、交通运输工具(包括小卧车)的修理等。

1984年以前农村的村及村以下办工业归属农业,1984年以后的划归工业。

工业统计调查单位 工业统计调查单位分为两类:独立核算法人工业企业和工业活动单位。

(1)独立核算法人工业企业 是指从事工业生产经营活动的单位。独立核算法人工业企业应同时具备以下条件:①依法成立,有自己的名称、组织机构和场所,能够承担民事责任;②独立拥有和使用资产,承担负债,有权与其他单位签订合同;③独立核算盈亏,并能够编制资产负债表。

(2)工业活动单位 是指在一个场所从事一种或主要从事一种工业生产活动的经济单位。它包括独立核算工业企业按主营业务活动(即工业生产活动)划分的主营业务活动单位和非工业企业所属的工业生产活动单位(即原非独立核算工业生产单位)。工业活动单位,一般应同时具备以下三个条件:①具有一个场所,从事一种或主要从事一种工业活动;②单独组织工业生产、经营或业务活动;③单独核算收入和支出。

国有经济工业(即过去的全民所有制工业或国营工业) 指生产资料归国家所有的一种经济类型。包括中央和地方各级国家机关、部队、科研机构、学校、人民团体和国有经济企事业单位等举办的国有经济工业。1957年以前的公私合营和私营工业,后均改造为国营工业,1992年改为国有工业,这部分工业的资料不单独分列时,均包括在国有工业内。

集体经济工业 指生产资料归公民集体所有的一种经济类型,是社会主义公有制经济的组成部分。包括城乡所有使用集体投资举办的企业,以及部分个人通过集资自愿放弃所有权并依法经工商行政管理机关认定为集体所有制的企业。

其他经济类型工业 指除国有经济工业、集体经济工业以外的其他经济类型工业企业(单位)。包括私营经济、个体经济、联营经济、股份制经济(股份有限公司,有限责任公司);外商投资经济(中外合资经营、中外合作经营、外资企业);港、澳、台投资经济(与大陆合资经营、与大陆合作经营、港、澳、台独资企业)及其他经济类型的工业。

轻工业 指主要提供生活消费品和制作手工工具的工业。按其所使用的原料不同,可分为两大类:(1)以农产品为原料的轻工业,是指直接或间接以农产品为基本原料的轻工业。主要包括食品制造、饮料制造、烟草加工、纺织、缝纫、皮革和毛皮制作、造纸以及印刷等工业;(2)以非农产品为原料的轻工业,是指以工业品为原料的轻工业。主要包括文教体育用品、化学药品制造、合成纤维制造、日用化学制品、日用玻璃制品、日用金属制品、手工工具制造、医疗器械制造、文化和办公用机械制造等工业。

重工业 是指为国民经济各部门提供物质技术基础的主要生产资料的工业。按其生产性质和产品用途,可以分为下列三类:(1)采掘(伐)工业,是指对自然资源的开采,包括石油开采、煤炭开采、金属矿开采、非金属矿开采和木材采伐等工业;(2)原材料工业,指向国民经济各部门提供基本材料、动力和燃料的工业。包括金属冶炼及加工、炼焦及焦炭化学、化工原料、水泥、人造板以及电力、石油和煤炭加工等工业;(3)加工工业,是指对工业原材料进行再加工制造的工业。包括装备国民经济各部门的机械设备制造工业、金属结构、水泥制品等工业,以及为农业提供的生产资料如化肥、农药等工业。

根据上述划分原则,修理业中以重工业产品为修理作业对象的划为重工业,反之划为轻工业。

工业总产值 是以货币表现的工业企业在一定时期内生产的已出售或可供出售工业产品总量,它反映一定时间内工业生产的总规模和总水平。它包括:在本企业内不再进行加工,经检验、包装入库(规定了需包装的产品除外)的成品价值,工业性作业价值,自制半成品、在产品期末初差额价值(生产周期较长的企业计算)。工业总产值采用"工厂法"计算,即以工业企业作为一个整体,按企业工业生产活动的最终成果来计算,企业内部不允许重复计算,不能把企业内部各个车间(分厂)生产的成果相加。但在企业之间、行业之间、地区之间存在着重复计算。

轻重工业总产值的划分也是按"工厂法"计算的,即一个工业企业在正常情况下生产的主要产品的性质属于轻工业,则该企业的全部总产值作为轻工业总产值;一个工业企业生产的主要产品的性质属于重工业,则该企业的全部总产值作为重工业总产值。

工业销售产值 是以货币表现的工业企业在一定时期内销售的本企业生产的工业产品产量。包括已销售的成品、半成品价值,对外提供的工业性作业价值和对本单位基本建设部门、生活福利部门等提供的产品和工业性作业及自制设备的价值。已销售的成品、半成品不论是本期生产的、还是上期生产的,只要是本期销售出去的均包括在内。对外提供的工业性作业是指企业按合同对外提供的工业性劳务。企业为本单位基本建设部门、生活福利部门等提供的产品和工业性作业及自制设备也应视同销售,这部分也作为销售统计。

工业销售产值的计算范围、计算价格和计算方法与工业总产值一致,但两者计算的基础不同:工业销售产值计算的基础是产品销售总量,工业总产值计算的基础是工业产品生产总量。

工业增加值 是指工业企业在报告期内以货币表现的工业生产活动的最终成果。是企业生产产品或提供劳务过程中新增加的价值,是总产出与中间投入之间的差额。

固定资产原价 指企业在建造、购置、安装、改建、扩建、技术改造某项固定资产时所支出的全部货币总额。它一般包括买价、包装费、运杂费和安装费等。

固定资产净值 是指固定资产原价减去历年已提折旧额后的净额。

流动资产 流动资产是指可以在一年或者超过一年的一个营业周期内变现或者耗用的资产，包括现金及各种存款、短期投资、应收及预付货款、存货等。

总资产贡献率 反映企业全部资产的获利能力，是企业经营业绩和管理水平的集中体现，是评价和考核企业盈利能力的核心指标。计算公式为：

$$总资产贡献率(\%)=\frac{(利润总额+税金总额+利息支出)}{平均资产总额}\times 100\%$$

资产负债率 该指标既反映企业经营风险的大小，也反映企业利用债权人提供的资金从事经营活动的能力。计算公式为：

$$资产负债率(\%)=\frac{负债总额}{资产总额}\times 100\%$$

利税总额 指企业产品销售税金及附加加本年应交增值税加利润总额之和。

资金利税率 指在一定时期内已实现的利润、税金总额与同期的资产(固定资产净值和流动资产)之比。计算公式：

$$资金利税率(\%)=\frac{报告期累计实现利税总额}{固定资产净值平均余额+流动资产平均余额}\times 100\%$$

资金利税率反映每单位(通常是每万元)资金所提供的利税金额。它是考察和评价部门或企业资金运用的经济效益，分析资金投入效果的主要分析指标。

工业成本利润率 指在一定时期的利润与成本费用之比，是反映工业生产成本及费用投入的经济效益指标，同时也是反映降低成本的经济效益的指标。计算公式：

$$工业成本费用利润率(\%)=\frac{利润总额}{成本费用总额}\times 100\%$$

工业增加值率 指在一定时期内工业增加值占同期工业总产值的比重，反映降低中间消耗的经济效益。计算公式：

$$工业增加值率(\%)=\frac{工业增加值(现价)}{工业总产值(现价)+本年应交销项税额}\times 100\%$$

流动资产周转次数 指在一定时期内流动资产完成的周转次数，反映流动资产的周转速度。计算公式：

$$流动资金周转次数=\frac{产品销售收入}{全部流动资产平均余额}$$

产品销售率 指一定时期内销售产值与同期全部工业总产值之比，反映工业产品生产已实现销售的程度。计算公式：

$$工业产品销售率(\%)=\frac{报告期现价工业销售产值}{报告期现价工业总产值}\times 100\%$$

主营业务收入 指企业销售产品的销售收入和提供劳务等主要经营业务取得的业务收入总额。

主营业务成本 指企业销售产品和提供劳务等主要经营业务的实际成本。

主营业务税金及附加 指企业销售产品和提供工业性劳务等主要经营业务应负担的城市维护建设税、消费税、资源税和教育费附加。

主营业务利润 指企业销售产品和提供工业性劳务等主要经营业务收入扣除其成本、费用、税金后的利润。

利润总额 指企业实现的利润。

应交增值税 指企业在报告期内应交纳的增值税额。

全员劳动生产率 指根据产品的价值量指标计算的平均每一个职工在单位时间内的产品生产量。是考核企业经济活动的重要指标，是企业生产技术水平、经营管理水平、职工技术熟练程度和劳动积极性的综合表现。目前我国的全员劳动生产率是将工业企业的工业增加值除以同一时期全部职工的平均人数来计算的。计算公式：

$$全员劳动生产率=\frac{工业增加值}{全部职工平均人数}$$

为了使各年度的全员劳动生产率数字可以比较，各年的全员劳动生产率均按指数换算成1990年不变价格。

实物劳动生产率 指根据某种产品实物量计算的平均每个职工(或工人)在单位时间内生产的产品数量。这是通过产品实物来反映劳动者在生产中的劳动效率指标。我国目前有全员实物劳动生产率(通常简称全员效率)和工人实物劳动生产率两个指标。计算公式：

$$全员实物劳动生产率(全员效率)=\frac{产品产量}{全部职工平均人数}$$

$$工人实物劳动生产率=\frac{产品产量}{生产工人(包括学徒)平均人数}$$

计算实物劳动生产率的产品产量，是指报告期生产的，并经检验符合质量标准或合同规定的技术要求的合格产品产量。不包括不合格品和废品的数量。

资本金 指企业在工商行政管理部门登记的注册资金合计。企业资本金按投资主体可分为国家资本金、法人资本金、个人资本金和外商资本金等。资本金合计包括企业各种投资主体注册的全部资本金。

总资产 指企业拥有或控制的全部资产。包括流动资产、长期投资、固定资产、无形及递延资产、其他长期资产等，即为企业资产负债表的资产总计项。

(1)流动资产　指企业可以在一年内或者超过一年的一个生产周期内变现或耗用的资产合计。包括现金及各种存款、短期投资、应收及预付款项、存货等。

(2)固定资产　指企业固定资产净值、固定资产清理、在建工程、待处理固定资产损失所占用的资金合计。

(3)无形资产　指企业长期使用而没有实物形态的资产。包括专利权、非专利技术、商标权、著作权、土地使用权、商誉等。

总负债　指企业承担并需要偿还的全部债务。包括流动负债和长期负债等,即为企业资产负债表的负债合计项。

(1)流动负债　指企业在一年内或者超过一年的一个营业周期内需要偿还的债务合计,其中包括短期借款、应付及预收款项、应付工资、应交税金和应交利润等。

(2)长期负债　指企业在一年以上或者超过一年的一个生活周期内需要偿还的债务合计,其中包括长期借款、应付债务、长期应付款项等。

所有者权益　指企业投资人对企业净资产的所有权。企业净资产等于企业全部资产减去全部负债后的余额,其中包括投资者对企业的最初投入,以及资本公积金、盈余公积金和未分配利润,对股份制企业即为股东权益。

第十五篇

建筑业

15

JIANZHUYE

15—1 建筑业企业概况

年份	施工企业	国有企业	集体企业	港澳台商投资企业	外商投资企业	其他内资企业
企业单位数(个)						
1980	558	149	409			
1985	892	192	700			
1990	1 537	294	1 243			
1991	1 509	302	1 207			
1992	1 652	340	1 312			
1993	2 425	464	1 908	8	21	2
1994	2 757	554	2 130	9	33	0
1995	2 648	568	1 999	13	28	4
1996	2 410	562	1 747	23	19	2
1997	2 387	554	1 712	26	32	1
1998	2 366	557	1 447	38	29	0
1999	2 626	580	1 465	39	40	0
2000	2 738	556	1 463	38	33	0
2001	2 662	555	1 027	47	30	1
2002	2 505	448	657	42	37	1
2003	2 716	397	526	35	48	1
2004	3 124	373	409	30	50	2
2005	3 299	348	370	33	51	0
2006	3 435	319	350	28	50	0
年末从业人员(万人)						
1980	39.99	30.47	9.52			
1985	69.26	36.63	32.63			
1990	97.07	44.81	52.26			
1991	97.34	45.27	52.07			
1992	108.55	47.86	60.69			
1993	159.70	46.80	63.90			
1994	135.2	40.08	45.07			
1995	89.66	37.48	49.49			
1996	102.69	48.63	52.43			

注:①施工企业总产值即是施工产值。

②1996 年建筑业统计范围为资质等级四级以上。

③从 1996 年以后,农村建筑队改为建筑业企业资质等级四级以下即非等级企业。

④2004 年以后数据,建筑业部分的所有指标口径均为总承包与专业承包企业。

15—1 续表

年份	施工企业	国有企业	集体企业	港澳台商投资企业	外商投资企业	其他内资企业
1997	107.35	50.39	54.87			
1998	98.51	43.88	44.89	0.44	0.41	0
1999	103.22	43.08	43.78	0.39	0.57	0
2000	95.99	35.96	40.55	0.42	0.51	0
2001	98.62	31.26	31.48	0.83	0.39	0.01
2002	95.14	25.97	23.72	0.58	0.49	0.01
2003	96.68	22.41	19.8	0.34	1.3	0.01
2004	100.35	19.85	15.58	0.32	1.24	0.13
2005	91.72	19.27	13.07	0.36	1.44	0
2006	99.65	16.79	12.37	0.80	1.20	0
建筑业总产值(亿元)						
1980	18.4	14.5	3.9			
1985	49.6	30.4	19.2			
1990	126.6	74.5	52.1			
1991	144.1	82.6	61.5			
1992	217.3	120.5	96.8			
1993	318.7	162.5	144.7	0.4	1.0	0
1994	385.2	209.0	168.5	0.4	1.8	0
1995	407.3	222.3	176.8	0.4	1.9	0.2
1996	400.5	174.3	130.9	1.7	1.9	0.1
1997	429.1	245.7	169.5	1.7	2.3	0
1998	419.0	216.9	143.8	4.1	2.2	0
1999	489.3	224.9	160.0	7.2	5.4	0
2000	598.1	252.1	176.3	7.7	5.5	0
2001	761.2	262.8	162.9	114.8	64.9	1.2
2002	839.3	265.3	140.7	10.1	9.3	0.2
2003	1 017.1	285.5	131.6	6.57	28.79	0.1
2004	1 245.1	323.7	104.3	4.6	30.7	2.0
2005	1 481.7	386.6	114.0	6.2	28.5	0
2006	1 775.0	387.9	130.2	16.8	41.5	0

15—2 建　筑　施　工

（2006

地　区	企业个数	按登记注册类型					
		国有企业	集体企业	股份合作企业	联营企业	有限责任公司	股份有限公司
全　省	**3 435**	**319**	**350**	**54**	**10**	**982**	**5**
沈　阳	834	96	70	12	3	194	2
大　连	1 062	37	60	15	2	272	2
鞍　山	234	34	66	8	1	4	
抚　顺	126	15	27			45	
本　溪	134	9	15	1		73	
丹　东	119	19	13	7		37	
锦　州	160	18	19	1	3	109	
营　口	123	13	3	1	1	35	
阜　新	127	11	6			56	
辽　阳	145	14	26	3		13	
盘　锦	110	16	8	5		59	
铁　岭	55	17	9			14	
朝　阳	111	8	12			37	
葫芦岛	95	12	16	1		34	1

企　业　个　数

年)　　　　　　　　　　　　　　　　　　　　　　　　　　　　　　　　　　单位:个

分　组				按经济组织类型分组			
私营企业	其他企业	港澳台商投资企业	外商投资企业	独资企业	合作伙伴企业	股份有限公司	有限责任公司
1 637		**28**	**50**	**708**	**77**	**161**	**2 489**
424		10	23	174	18	32	610
647		12	15	107	23	39	893
119		1	1	103	12	21	98
39				44		21	61
33			3	25	1	7	101
43				32	7	20	60
6		2	2	38	5	1	116
68			2	20	2	6	95
50		1	3	18			109
87		1	1	45	3	5	92
22				24	5	2	79
15				27		2	26
53		1		22			89
31				29	1	5	60

15—3 建 筑 施 工 企

（2006

指　　标	单　位	合　计	按 登 记 注 册				
			国有企业	集体企业	股份合作企　业	联营企业	有限责任公　司
施工企业单位个数	个	3 435	319	350	54	10	982
年 平 均 人 数	万人	144.8	25.8	15.5	2.3	0.1	55.6
自有固定资产原价	亿元	455.2	124.8	37.7	13.8	0.6	147.7
自有固定资产净价	亿元	314.5	78.3	26.4	8.5	0.4	99.4
自有机械设备台数	万台	36.7	7.5	5.4	1.3	0.0	10.6
自有机械设备净价	亿元	134.6	32.5	8.4	1.4	0.2	47.0
自有机械设备总功率	万千瓦	648.2	162.3	61.4	7.0	0.7	248.2
建 筑 业 总 产 值	亿元	1 775.0	387.9	130.2	49.8	1.4	692.1
建 筑 业 增 加 值	亿元	445.0	96.1	33.8	15.4	0.4	169.2
#固定资产本年折旧	亿元	28.8	8.1	1.9	1.9	0.0	9.9
#本年主营业务应付工资总额	亿元	246.7	50.5	20.1	4.6	0.2	99.9
#本年主营业务应付福利费总额	亿元	30.0	6.0	2.4	0.6	0.0	12.1
#工程结算税金及附加	亿元	57.6	13.6	4.0	1.3	0.0	22.6
#管理费用中的税金	亿元	3.3	0.7	0.2	0.1	0.0	1.3
#劳动待业保险费	亿元	11.9	3.7	1.0	0.6	0.0	4.9
#住房公积金及住房补贴	亿元	3.7	1.2	0.3	0.2	0.0	1.5
#营业利润	亿元	63.1	12.3	3.9	6.1	0.0	17.0
房 屋 施 工 面 积	万平方米	12 102.3	1 451.1	1 192.2	223.8	8.9	5 303.0
房 屋 竣 工 面 积	万平方米	6 259.9	610.8	720.7	70.0	5.4	2 753.5
利　润　总　额	亿元	58.0	11.0	3.3	3.7	0.0	16.4
利　税　总　额	亿元	118.9	25.4	7.5	5.0	0.1	40.2
全员劳动生产率							
按 总 产 值 计 算	元/人	122 571	150 118	83 939	217 843	91 622	124 576
按 增 加 值 计 算	元/人	30 730	37 209	21 798	67 447	27 900	30 462
技 术 装 备 率	元/人	9 297	12 586	5 411	6 319	12 627	8 465
动 力 装 备 率	千瓦/人	4.5	6.3	4.0	3.1	4.6	4.5
房屋建筑面积竣工率	%	51.7	42.1	60.5	31.3	60.8	51.9
产 值 利 润 率	%	3.3	2.8	2.5	7.4	1.9	2.4
产 值 利 税 率	%	6.7	6.5	5.7	10.1	5.8	5.8

业主要经济指标

年）

类型分组					按经济组织类型分组			
股份有限公司	私营企业	其他企业	港澳台商投资企业	外商投资企业	独资企业	合作伙伴企业	股份有限公司	有限责任公司
5	1 637		28	50	708	77	161	2 489
2.1	39.7		1.0	2.6	42.1	2.6	7.9	92.1
11.3	107.5		2.8	9.0	165.5	15.3	27.7	246.8
8.9	83.9		1.6	7.2	106.7	9.6	21.1	177.0
0.2	11.1		0.2	0.3	13.3	1.4	1.4	20.6
3.1	37.8		0.7	3.4	42.3	2.0	8.9	81.5
3.0	152.4		3.4	9.8	228.5	9.6	25.0	385.0
34.2	421.2		16.8	41.5	524.9	53.2	99.3	1 097.7
8.7	107.8		3.6	9.9	131.7	16.3	26.1	270.9
0.7	5.5		0.2	0.6	10.2	1.9	1.8	14.9
4.6	59.4		2.1	5.2	71.6	5.1	14.2	155.7
0.6	7.4		0.3	0.6	8.5	0.6	1.8	19.0
0.9	13.3		0.5	1.5	17.8	1.4	3.0	35.3
0.0	1.0		0.0	0.0	0.9	0.1	0.1	2.1
0.1	1.5		0.0	0.1	4.7	0.6	0.4	6.1
0.0	0.4		0.0	0.0	1.5	0.2	0.1	1.8
1.9	19.4		0.6	1.9	16.4	6.2	4.7	35.8
341.1	3 487.4		64.6	30.3	2 695.3	263.1	718.1	8 425.8
174.0	1 851.3		58.6	15.5	1 364.8	98.1	431.6	4 365.3
2.3	18.4		0.6	2.2	14.5	3.8	5.0	34.7
3.2	32.7		1.1	3.7	33.3	5.2	8.1	72.2
160 839	105 969		167 737	159 491	124 598	201 437	125 475	119 136
41 077	27 113		36 194	37 940	31 261	61 690	33 042	29 402
14 688	9 514		6 900	13 182	10 038	7 448	11 254	8 843
1.4	3.8		3.4	3.7	5.4	3.6	3.2	4.2
51.0	53.1		90.6	51.4	50.6	37.3	60.1	51.8
6.8	4.4		3.3	5.3	2.8	7.1	5.0	3.2
9.4	7.8		6.4	8.9	6.3	9.9	8.2	6.6

15—4 建　筑　业

(2006

地　　区	建筑业总产值	按登记注册类型分					
		国有企业	集体企业	股份合作企业	联营企业	有限责任公司	股份有限公司
全　　省	**177 498 533**	**38 786 468**	**13 019 750**	**4 978 809**	**135 875**	**69 207 540**	**3 421 850**
沈　　阳	39 094 884	11 891 940	3 211 356	352 873	42 750	13 922 224	382 540
大　　连	54 657 490	5 888 523	2 380 236	379 122	30 710	20 140 316	2 836 150
鞍　　山	14 057 323	4 208 468	2 144 929	3 750 909	25 658	50 513	
抚　　顺	7 087 670	1 632 820	643 794			3 382 426	
本　　溪	7 030 149	311 388	204 295	30 390		5 042 749	
丹　　东	7 504 892	2 350 192	460 023	294 405		3 306 688	
锦　　州	6 803 547	2 724 041	666 635	28 000	30 480	3 257 821	
营　　口	5 415 382	873 242	91 190	10 002	6 277	1 045 352	
阜　　新	3 446 091	625 860	100 290			2 139 827	
辽　　阳	12 692 771	1 341 226	930 060	73 978		9 348 440	
盘　　锦	7 517 946	3 458 673	192 006	59 130		2 978 298	
铁　　岭	5 108 757	2 508 366	610 860			1 462 468	
朝　　阳	3 576 085	417 083	549 682			1 691 859	
葫　芦　岛	3 505 546	554 646	834 394			1 438 559	203 160

15—5 建　筑　业

(2006

地　　区	资产合计	按登记注册类型分					
		国有企业	集体企业	股份合作企业	联营企业	有限责任公司	股份有限公司
全　　省	**147 419 455**	**33 920 075**	**10 878 098**	**3 834 293**	**117 871**	**55 029 900**	**4 958 891**
沈　　阳	32 532 322	10 918 272	2 073 501	281 520	33 757	10 154 038	872 661
大　　连	44 015 273	3 428 536	1 505 804	225 686	22 161	17 201 729	4 003 842
鞍　　山	12 684 501	3 944 975	2 551 217	2 898 389	19 909	46 258	
抚　　顺	4 611 117	739 909	562 550			2 472 173	
本　　溪	5 956 770	191 343	258 630	25 930		4 237 779	
丹　　东	6 839 153	2 381 978	279 423	236 729		2 918 275	
锦　　州	5 714 542	1 898 862	489 127	8 440	19 314	3 191 356	
营　　口	4 370 962	750 393	64 898	6 934	22 730	1 060 507	
阜　　新	3 689 124	1 157 824	103 382			1 856 993	
辽　　阳	8 960 903	1 431 689	917 157	43 823		5 628 492	
盘　　锦	8 127 922	4 767 257	238 243	102 532		2 694 275	
铁　　岭	3 262 694	1 290 942	254 236			1 260 629	
朝　　阳	2 806 293	358 231	451 279			1 350 255	
葫　芦　岛	3 847 879	659 864	1 128 651	4 310		957 141	82 388

总　　产　　值

年)

单位:千元

组				按经济组织类型分组			
私营企业	其他企业	港澳台商投资企业	外商投资企业	独资企业	合作伙伴企业	股份有限公司	有限责任公司
42 115 219		**1 679 552**	**4 153 470**	**52 486 516**	**5 316 528**	**9 926 463**	**109 769 026**
5 852 994		449 048	2 989 159	15 224 550	417 171	1 519 644	21 933 519
21 680 861		1 126 256	195 316	8 401 124	577 432	4 112 047	41 566 887
3 684 746		2 100	190 000	6 451 859	3 788 843	182 350	3 634 271
1 428 630				2 407 517		1 158 618	3 521 535
1 429 048			12 279	516 860	30 390	1 056 942	5 425 957
1 093 584				2 810 215	294 405	637 192	3 763 080
64 430		1 800	30 340	3 391 876	58 900		3 352 771
2 707 893			681 426	1 078 072	16 279	816 048	3 504 983
442 814		82 350	54 950	727 210			2 718 881
988 367		10 700		2 287 708	73 978	84 516	10 246 569
829 839				3 650 679	59 130		3 808 137
527 063				3 129 341		49 996	1 929 420
910 163		7 298		1 006 065			2 570 020
474 787				1 403 440		309 110	1 792 996

企　　业　　资　　产

年)

单位:千元

组				按经济组织类型分组			
私营企业	其他企业	港澳台商投资企业	外商投资企业	独资企业	合作伙伴企业	股份有限公司	有限责任公司
34 120 774		**827 405**	**3 732 148**	**45 489 728**	**4 072 675**	**10 292 120**	**87 564 932**
5 150 468		372 398	2 675 707	13 136 235	348 953	1 749 215	17 297 919
16 994 184		347 915	285 416	5 058 938	319 161	4 841 785	33 795 389
3 112 390		2 871	108 492	6 538 767	2 928 274	221 110	2 996 350
836 485				1 419 821		549 368	2 641 928
1 198 930			44 158	451 643	25 930	848 273	4 630 924
1 022 748				2 661 401	236 729	678 517	3 262 506
53 038		7 215	47 190	2 391 839	33 299	500	3 288 904
2 000 780			464 720	994 418	29 664	570 985	2 775 895
408 292		57 050	105 583	1 261 812			2 427 312
905 644		33 216	882	2 368 501	43 823	69 693	6 478 886
325 615				5 005 500	102 532	11 576	3 008 314
456 887				1 566 828		50 200	1 645 666
639 788		6 740		835 410			1 970 883
1 015 525				1 798 615	4 310	700 898	1 344 056

15—6 建 筑 业

(2006

地 区	负债合计	按登记注册类型分					
		国有企业	集体企业	股份合作企业	联营企业	有限责任公司	股份有限公司
全 省	**90 517 005**	**24 078 737**	**6 654 740**	**2 628 798**	**62 345**	**35 066 956**	**3 156 901**
沈 阳	21 574 076	8 452 697	1 225 383	140 144	14 674	6 915 891	557 936
大 连	23 026 232	2 532 264	746 255	109 493	7 671	9 407 406	2 544 695
鞍 山	8 465 521	3 000 102	1 564 623	2 061 229	17 566	18 309	
抚 顺	2 779 991	384 915	333 289			1 653 173	
本 溪	3 385 981	78 025	177 379	19 460		2 588 047	
丹 东	4 026 546	1 643 362	136 432	205 652		1 617 372	
锦 州	3 778 034	1 414 091	289 013	1 380	4 464	2 029 830	
营 口	2 609 558	434 780	47 390	966	17 970	653 609	
阜 新	2 238 913	716 509	44 129			1 158 781	
辽 阳	6 810 284	1 004 033	596 001	24 213		4 701 407	
盘 锦	5 289 411	2 779 334	161 656	66 261		2 102 442	
铁 岭	2 384 468	921 515	164 728			974 928	
朝 阳	1 614 182	220 527	324 787			712 026	
葫 芦 岛	2 533 808	496 583	843 675			533 735	54 270

15—7 建 筑 业 企

(2006

地 区	实收资本合计	按登记注册类型分					
		国有企业	集体企业	股份合作企业	联营企业	有限责任公司	股份有限公司
全 省	**41 631 847**	**7 404 487**	**3 248 653**	**1 083 125**	**47 873**	**14 365 162**	**974 996**
沈 阳	8 501 393	2 016 087	563 032	129 892	16 500	2 660 602	316 078
大 连	14 139 224	632 334	631 725	149 132	13 000	4 924 581	608 918
鞍 山	3 472 362	825 450	728 370	683 735	2 343	27 636	
抚 顺	1 553 453	204 689	219 997			760 162	
本 溪	1 578 068	74 814	63 000	6 110		1 084 843	
丹 东	1 689 110	429 890	116 294	56 321		725 882	
锦 州	1 612 980	416 945	168 360	3 000	12 500	963 638	
营 口	1 383 225	262 115	16 370	5 100	3 530	362 710	
阜 新	1 112 394	259 105	52 177			592 597	
辽 阳	1 521 574	284 271	237 414	15 405		579 919	
盘 锦	2 104 247	1 377 585	70 787	33 650		520 145	
铁 岭	747 901	272 434	83 145			272 587	
朝 阳	1 036 712	119 681	125 288			539 575	
葫 芦 岛	1 179 204	229 087	172 694	780		350 285	50 000

企　业　负　债

年）

单位：千元

组				按经济组织类型分组			
私营企业	其他企业	港澳台商投资企业	外商投资企业	独资企业	合作伙伴企业	股份有限公司	有限责任公司
16 383 565		**453 970**	**2 030 993**	**31 109 186**	**2 706 335**	**5 760 763**	**50 940 721**
2 457 061		262 116	1 548 174	9 745 247	160 207	1 048 556	10 620 066
7 393 016		143 817	141 615	3 330 817	122 486	2 876 516	16 696 413
1 724 368		1 658	77 666	4 597 301	2 082 048	125 084	1 661 088
408 614				803 309		249 535	1 727 147
516 874			6 196	256 074	19 460	344 982	2 765 465
423 728				1 779 794	205 652	340 256	1 700 844
22 865		817	15 574	1 703 704	7 072		2 067 258
1 267 451			187 392	582 231	18 936	264 265	1 744 126
236 135		29 450	53 909	760 639			1 478 274
470 917		13 246	467	1 610 045	24 213	36 815	5 139 211
179 718				2 940 990	66 261	2 576	2 279 584
323 297				1 102 093		40 918	1 241 457
353 976		2 866		553 304			1 060 878
605 545				1 343 638		431 260	758 910

业　实　收　资　本

年）

单位：千元

组				按经济组织类型分组			
私营企业	其他企业	港澳台商投资企业	外商投资企业	独资企业	合作伙伴企业	股份有限公司	有限责任公司
13 169 671		**327 785**	**1 010 095**	**10 926 509**	**1 227 479**	**2 863 521**	**26 614 338**
2 154 613		88 541	556 048	2 653 178	168 892	663 662	5 015 661
6 817 554		192 248	169 732	1 336 531	229 285	1 017 168	11 556 240
1 174 882		1 213	28 733	1 562 237	689 906	78 980	1 141 239
368 605				455 866		251 563	846 024
313 339			35 962	138 814	6 110	157 850	1 275 294
360 723				546 184	56 321	166 896	919 709
18 500		1 000	29 037	588 555	18 500	500	1 005 425
572 988			160 412	336 185	8 630	184 930	853 480
159 215		20 000	29 300	311 887			800 507
384 014		19 680	871	530 071	15 405	32 170	943 928
102 080				1 448 372	33 650	9 000	613 225
119 735				358 579		9 282	380 040
247 065		5 103		251 719			784 993
376 358				408 331	780	291 520	478 573

15—8　建筑业企业工程结算税

(2006

地　　区	税金合计	按登记注册类型分					
		国有企业	集体企业	股份合作企业	联营企业	有限责任公司	股份有限公司
全　　省	**6 088 602**	**1 430 953**	**418 338**	**137 190**	**5 247**	**2 381 640**	**89 280**
沈　　阳	1 229 939	376 979	91 837	11 367	1 836	433 331	4 770
大　　连	1 854 646	200 076	81 374	16 464	942	682 374	78 454
鞍　　山	410 429	143 143	60 736	92 509	797	2 565	
抚　　顺	209 185	52 467	18 836			93 296	
本　　溪	232 165	9 933	7 165	1 075		165 051	
丹　　东	267 475	87 626	17 989	9 003		119 724	
锦　　州	315 156	128 859	22 223	940	1 422	159 529	
营　　口	207 809	34 324	4 062	653	250	36 680	
阜　　新	119 151	23 564	4 562			70 688	
辽　　阳	456 042	50 338	34 770	3 040		335 814	
盘　　锦	359 488	189 673	10 199	2 139		125 988	
铁　　岭	189 639	98 346	18 255			56 565	
朝　　阳	125 393	16 302	18 699			55 490	
葫 芦 岛	112 085	19 323	27 631			44 545	6 056

15—9　建　筑　业　企

(2006

地　　区	利润总额	按登记注册类型分					
		国有企业	集体企业	股份合作企业	联营企业	有限责任公司	股份有限公司
全　　省	**5 797 525**	**1 104 567**	**329 283**	**366 666**	**2 620**	**1 641 255**	**233 777**
沈　　阳	698 762	101 604	91 978	10 114	976	184 033	−1 111
大　　连	2 437 085	96 243	69 248	5 232	1 112	879 182	235 563
鞍　　山	1 383 085	604 824	150 300	350 049	−199	6 461	
抚　　顺	78 646	22 344	−6 800			45 316	
本　　溪	118 197	5 968	−949	360		59 046	
丹　　东	288 569	17 153	11 791	−337		210 232	
锦　　州	78 840	21 503	−1 145	730	23	56 584	
营　　口	292 424	28 565	4 241	−242	708	57 817	
阜　　新	15 154	716	46			4 804	
辽　　阳	108 232	19 056	−871	57		80 678	
盘　　锦	173 102	131 517	3 287	703		25 347	
铁　　岭	74 231	48 910	3 066			8 089	
朝　　阳	33 262	9 331	1 398			11 784	
葫 芦 岛	17 936	−3 167	3 693			11 882	−675

金及附加与管理费用中的税金

年）

单位:千元

组				按经济组织类型分组			
私营企业	其他企业	港澳台商投资企业	外商投资企业	独资企业	合作伙伴企业	股份有限公司	有限责任公司
1 424 622		**51 190**	**150 142**	**1 876 027**	**149 242**	**316 152**	**3 747 181**
193 254		13 422	103 143	472 061	14 012	43 232	700 634
754 077		34 539	6 346	292 206	23 061	125 750	1 413 629
104 932		23	5 724	204 613	93 637	4 562	107 617
44 586				75 668		35 540	97 977
48 602			339	17 139	1 075	35 924	178 027
33 133				105 615	9 003	19 421	133 436
1 284		70	829	151 207	2 372	1	161 576
99 932			31 908	42 692	903	37 790	126 424
15 847		2 652	1 838	28 150			91 001
31 880		185	15	85 661	3 040	2 916	364 425
31 489				199 872	2 139	66	157 411
16 473				116 951		1 674	71 014
34 603		299		36 752			88 641
14 530				47 440		9 276	55 369

业　利　润　总　额

年）

单位:千元

组				按经济组织类型分组			
私营企业	其他企业	港澳台商投资企业	外商投资企业	独资企业	合作伙伴企业	股份有限公司	有限责任公司
1 844 015		**56 186**	**219 156**	**1 452 978**	**375 394**	**495 207**	**3 473 946**
161 842		16 755	132 571	193 773	11 407	15 036	478 546
1 109 801		34 310	6 394	170 435	11 861	287 421	1 967 368
260 077		24	11 549	759 237	350 124	18 991	254 733
17 786				15 436		17 560	45 650
53 733			39	5 047	360	48 006	64 784
49 730				28 944	-337	33 050	226 912
-306		126	1 325	20 223	753	-49	57 913
136 733			64 602	41 051	466	69 946	180 961
1 506		5 320	2 762	762			14 392
9 637		-239	-86	19 261	57	1 170	87 744
12 248				134 804	703	100	37 495
14 166				52 040		4 471	17 720
10 859		-110		11 429			21 833
6 203				536		-495	17 895

15—10 建 筑 业

（2006

地区	增加值	按登记注册类型分					
		国有企业	集体企业	股份合作企业	联营企业	有限责任公司	股份有限公司
全省	**44 500 533**	**9 613 849**	**3 381 156**	**1 541 501**	**41 375**	**16 922 864**	**873 907**
沈阳	9 846 328	2 959 202	813 596	91 801	12 327	3 489 851	93 735
大连	14 221 863	1 374 119	626 068	96 527	8 954	5 393 158	753 044
鞍山	3 914 583	1 251 568	567 610	1 231 589	7 252	13 967	
抚顺	2 108 094	448 298	168 871			1 039 762	
本溪	1 783 613	80 370	51 993	8 343		1 276 876	
丹东	1 736 921	464 470	141 868	72 807		739 094	
锦州	1 814 599	666 165	197 856	4 804	10 401	910 160	
营口	1 290 385	200 067	21 080	3 314	2 441	266 450	
阜新	715 992	127 668	25 059			444 889	
辽阳	2 455 198	290 830	219 656	14 687		1 716 668	
盘锦	1 779 559	954 167	46 511	17 589		594 898	
铁岭	1 066 068	541 100	128 544			294 728	
朝阳	959 062	116 343	158 641			428 380	
葫芦岛	808 268	139 482	213 803	40		313 983	27 128

15—11 建 筑 业 企

（2006

地区	利税总额	按登记注册类型分					
		国有企业	集体企业	股份合作企业	联营企业	有限责任公司	股份有限公司
全省	**11 886 127**	**2 535 520**	**747 621**	**503 856**	**7 867**	**4 022 895**	**323 057**
沈阳	1 928 701	478 583	183 815	21 481	2 812	617 364	3 659
大连	4 291 731	296 319	150 622	21 696	2 054	1 561 556	314 017
鞍山	1 793 514	747 967	211 036	442 558	598	9 026	
抚顺	287 831	74 811	12 036			138 612	
本溪	350 362	15 901	6 216	1 435		224 097	
丹东	556 044	104 779	29 780	8 666		329 956	
锦州	393 996	150 362	21 078	1 670	1 445	216 113	
营口	500 233	62 889	8 303	411	958	94 497	
阜新	134 305	24 280	4 608			75 492	
辽阳	564 274	69 394	33 899	3 097		416 492	
盘锦	532 590	321 190	13 486	2 842		151 335	
铁岭	263 870	147 256	21 321			64 654	
朝阳	158 655	25 633	20 097			67 274	
葫芦岛	130 021	16 156	31 324			56 427	5 381

增　　加　　值

年）

单位：千元

组				按经济组织类型分组			
私营企业	其他企业	港澳台商投资企业	外商投资企业	独资企业	合作伙伴企业	股份有限公司	有限责任公司
10 775 434		**362 414**	**988 033**	**13 168 495**	**1 628 187**	**2 614 022**	**27 089 829**
1 536 326		111 213	738 277	3 803 262	109 632	379 826	5 553 608
5 702 919		224 102	42 972	2 036 973	143 281	1 113 428	10 928 181
804 303		355	37 939	1 828 754	1 240 661	43 092	802 076
451 163				662 400		367 854	1 077 840
363 083			2 948	132 864	8 343	256 147	1 386 259
318 682				606 338	72 807	184 651	873 125
16 363		640	8 210	864 619	15 392	−1	934 589
652 488			144 545	249 609	5 755	178 592	856 429
83 473		21 575	13 328	152 959			563 033
211 647		1 896	−186	513 766	14 687	22 858	1 903 887
166 394				1 000 678	17 589	1 180	760 112
101 696				671 938		10 781	383 349
253 065		2 633		286 627			672 435
113 832				357 708	40	55 614	394 906

业　利　税　总　额

年）

单位：千元

组				按经济组织类型分组			
私营企业	其他企业	港澳台商投资企业	外商投资企业	独资企业	合作伙伴企业	股份有限公司	有限责任公司
3 268 637		**107 376**	**369 298**	**3 329 005**	**524 636**	**811 359**	**7 221 127**
355 096		30 177	235 714	665 834	25 419	58 268	1 179 180
1 863 878		68 849	12 740	462 641	34 922	413 171	3 380 997
365 009		47	17 273	963 850	443 761	23 553	362 350
62 372				91 104		53 100	143 627
102 335			378	22 186	1 435	83 930	242 811
82 863				134 559	8 666	52 471	360 348
978		196	2 154	171 430	3 125	−48	219 489
236 665			96 510	83 743	1 369	107 736	307 385
17 353		7 972	4 600	28 912			105 393
41 517		−54	−71	104 922	3 097	4 086	452 169
43 737				334 676	2 842	166	194 906
30 639				168 991		6 145	88 734
45 462		189		48 181			110 474
20 733				47 976		8 781	73 264

15—12 各地区总承包与专业承包建筑企业个数、设备及人数

(2006年)

地 区	建筑业企业个数(个)	年末自有机械设备总功率(万千瓦)	年末自有机械设备净值(万元)	计算建筑业劳动生产率的平均人数(万人)	劳动生产率(元/人)
全 省	**3 435**	**648.2**	**1 346 344**	**144.8**	**122 571**
沈 阳	834	122.0	238 541	30.1	130 010
大 连	1 062	175.2	445 139	44.5	122 962
鞍 山	234	8.8	9 382	11.0	128 257
抚 顺	126	32.5	52 784	9.1	78 117
本 溪	134	52.3	62 283	7.0	100 336
丹 东	119	30.0	88 228	5.3	140 462
锦 州	160	32.3	48 724	6.1	111 963
营 口	123	26.5	76 649	4.4	121 919
阜 新	127	18.5	33 468	3.8	91 039
辽 阳	145	49.1	91 979	7.3	173 316
盘 锦	110	36.1	76 764	4.5	167 662
铁 岭	55	20.8	37 790	3.6	141 290
朝 阳	111	24.1	47 779	4.1	88 192
葫 芦 岛	95	20.0	36 836	4.1	84 952

15—13 各地区国有总承包与专业承包建筑企业个数、设备及人数

(2006年)

地 区	建筑业企业个数(个)	年末自有机械设备总功率(万千瓦)	年末自有机械设备净值(万元)	计算建筑业劳动生产率的平均人数(万人)	劳动生产率(元/人)
全 省	**331**	**182.9**	**388 730**	**28.8**	**151 800**
沈 阳	99	54.3	94 841	8.8	139 674
大 连	39	17.7	48 882	5.0	173 737
鞍 山	34	1.1	2 078	2.3	184 663
抚 顺	16	7.7	18 718	2.2	99 225
本 溪	10	1.1	3 021	0.6	76 724
丹 东	19	17.7	40 359	1.4	163 401
锦 州	18	10.2	17 595	1.4	194 144
营 口	13	6.3	18 403	0.9	102 205
阜 新	12	6.6	12 726	0.7	94 759
辽 阳	14	7.1	17 333	0.9	145 881
盘 锦	16	26.2	59 864	1.9	184 423
铁 岭	17	9.5	19 549	1.2	216 015
朝 阳	12	10.5	27 393	0.9	140 507
葫 芦 岛	12	7.0	7 970	0.6	100 316

15—14 各地区集体总承包与专业承包建筑企业个数、设备及人数

(2006年)

地区	建筑业企业个数(个)	年末自有机械设备总功率(万千瓦)	年末自有机械设备净值(万元)	计算建筑业劳动生产率的平均人数(万人)	劳动生产率(元/人)
全省	**404**	**68.5**	**98 370**	**17.8**	**101 135**
沈阳	82	9.3	19 406	2.4	145 973
大连	75	16.8	24 121	2.7	100 494
鞍山	74	4.7	3 722	4.5	130 641
抚顺	27	6.1	6 687	1.0	61 879
本溪	16	2.4	3 290	0.4	60 160
丹东	20	2.5	5 917	0.9	80 653
锦州	20	3.6	7 107	1.0	72 767
营口	4	0.5	777	0.1	83 977
阜新	6	0.8	1 625	0.2	48 567
辽阳	29	8.8	10 525	1.3	77 905
盘锦	13	2.8	2 403	0.4	67 077
铁岭	9	3.3	2 797	0.8	76 703
朝阳	12	1.7	2 313	0.8	72 061
葫芦岛	17	5.1	7 681	1.2	68 053

15—15 各地区总承包与专业承包建筑企业施工及竣工产值

(2006年)

单位:千元

地区	建筑业总产值	建筑工程产值	安装工程产值	其他产值	竣工产值
全省	**177 498 533**	**148 212 443**	**24 364 270**	**4 921 820**	**116 374 505**
沈阳	39 094 884	33 180 632	5 651 177	263 075	25 567 559
大连	54 657 490	47 662 950	5 518 444	1 476 096	37 699 238
鞍山	14 057 323	10 973 324	1 680 739	1 403 260	7 165 901
抚顺	7 087 670	5 057 340	1 682 340	347 990	4 741 270
本溪	7 030 149	5 758 442	1 109 985	161 722	4 562 498
丹东	7 504 892	6 930 653	305 148	269 091	4 577 686
锦州	6 803 547	4 429 020	2 290 979	83 548	4 434 359
营口	5 415 382	5 108 506	255 307	51 569	4 519 878
阜新	3 446 091	2 993 630	382 136	70 325	2 551 303
辽阳	12 692 771	11 633 680	889 419	169 672	5 970 262
盘锦	7 517 946	4 846 493	2 480 706	190 747	5 273 062
铁岭	5 108 757	3 548 753	1 371 590	188 414	3 494 221
朝阳	3 576 085	3 227 200	326 855	22 030	2 964 206
葫芦岛	3 505 546	2 861 820	419 445	224 281	2 853 062

15—16 各地区国有总承包与专业承包建筑企业施工及竣工产值

(2006年)

单位:千元

地区	建筑业总产值	建筑工程产值	安装工程产值	其他产值	竣工产值
全省	**43 772 372**	**33 307 778**	**9 361 348**	**1 103 246**	**25 857 023**
沈阳	12 337 502	10 858 108	1 405 264	74 130	8 348 443
大连	8 756 333	7 289 133	1 387 837	79 363	3 954 760
鞍山	4 208 468	3 315 403	753 543	139 522	1 846 426
抚顺	2 207 550	1 511 370	441 750	254 430	1 417 786
本溪	448 375	226 086	205 489	16 800	391 692
丹东	2 350 192	2 038 018	49 643	262 531	1 213 554
锦州	2 724 041	1 220 259	1 467 812	35 970	1 496 996
营口	873 242	858 919	14 323		733 672
阜新	708 706	617 787	52 919	38 000	490 123
辽阳	1 341 226	716 738	623 688	800	1 054 169
盘锦	3 458 673	1 667 710	1 709 196	81 767	2 343 997
铁岭	2 508 366	1 420 239	1 003 974	84 153	1 041 784
朝阳	1 295 052	1 280 582	14 470		1 063 603
葫芦岛	554 646	287 426	231 440	35 780	460 018

15—17 各地区集体总承包与专业承包建筑企业施工及竣工产值

(2006年)

单位:千元

地区	建筑业总产值	建筑工程产值	安装工程产值	其他产值	竣工产值
全省	**17 998 559**	**12 921 512**	**3 582 060**	**1 494 987**	**12 970 490**
沈阳	3 564 229	1 797 727	1 724 873	41 629	3 020 238
大连	2 759 358	2 173 960	443 046	142 352	2 429 717
鞍山	5 895 838	4 166 918	533 006	1 195 914	3 035 638
抚顺	643 794	311 374	312 066	20 354	305 057
本溪	234 685	149 561	74 292	10 832	196 975
丹东	754 428	721 371	30 057	3 000	604 911
锦州	694 635	510 317	155 309	29 009	607 504
营口	101 192	96 192	5 000		109 032
阜新	100 290	100 290			76 290
辽阳	1 004 038	878 336	100 272	25 430	679 485
盘锦	251 136	152 170	98 966		194 396
铁岭	610 860	586 120	15 000	9 740	622 678
朝阳	549 682	549 682			409 826
葫芦岛	834 394	727 494	90 173	16 727	678 743

15—18 各地区总承包与专业承包建筑企业施工及竣工房屋面积

(2006年)

单位:万平方米、千元

地区	房屋建筑施工面积	#本年新开工面积	#投标承包面积	房屋建筑竣工面积	房屋建筑竣工价值
全省	**12 102.3**	**8 291.3**	**10 768.6**	**6 259.9**	**53 798 940**
沈阳	3 030.6	1 784.0	2 629.7	1 408.4	10 746 138
大连	4 332.1	3 029.2	4 103.3	2 327.4	24 396 423
鞍山	649.2	375.1	477.4	172.8	1 279 658
抚顺	390.3	315.5	388.2	252.4	1 765 114
本溪	494.0	318.8	425.8	270.6	2 444 490
丹东	393.1	292.1	342.8	213.3	1 842 509
锦州	377.0	307.0	367.3	253.1	1 750 767
营口	455.7	357.0	343.0	325.7	2 253 600
阜新	393.6	295.6	384.8	201.6	1 330 783
辽阳	278.5	189.1	251.2	142.3	1 149 601
盘锦	126.6	116.4	47.8	37.0	321 034
铁岭	440.3	350.3	355.5	166.4	1 161 966
朝阳	375.9	276.8	329.7	259.2	1 642 999
葫芦岛	365.3	284.3	322.2	229.8	1 713 858

15—19 各地区国有总承包与专业承包建筑企业施工及竣工房屋面积

(2006 年)

单位:万平方米、千元

地区	房屋建筑施工面积	#本年新开工面积	#投标承包面积	房屋建筑竣工面积	房屋建筑竣工价值
全省	**1 642.7**	**947.5**	**1 500.6**	**712.0**	**6 131 543**
沈阳	844.1	460.8	731.4	371.9	3 253 103
大连	238.3	119.8	235.9	107.6	1 130 574
鞍山	93.3	44.2	89.2	1.0	15 980
抚顺	52.3	43.0	52.3	37.1	282 289
本溪	23.0	18.9	20.8	13.7	116 226
丹东	54.5	30.3	54.4	34.4	269 740
锦州	98.0	72.9	97.1	44.3	309 481
营口	14.0	13.4	13.7	14.0	88 964
阜新	4.3	2.5	4.3	1.9	11 300
辽阳	52.7	32.6	42.6	24.4	208 281
盘锦	12.4	6.8	4.3	5.6	74 688
铁岭	76.1	51.8	76.1	9.5	56 004
朝阳	55.4	32.9	55.4	27.9	196 235
葫芦岛	24.3	17.6	23.1	18.7	118 678

15—20　各地区集体总承包与专业承包建筑企业施工及竣工房屋面积

（2006年）　　单位:万平方米、千元

地　　区	房屋建筑施工面积	#本年新开工面积	#投标承包面积	房屋建筑竣工面积	房屋建筑竣工价值
全　省	**1 416.0**	**1 019.2**	**1 208.6**	**790.8**	**5 723 399**
沈　阳	290.5	178.6	239.7	171.6	1 044 515
大　连	213.3	181.1	206.7	152.4	1 330 346
鞍　山	234.5	128.2	147.8	53.2	392 886
抚　顺	14.7	12.0	14.6	8.2	48 519
本　溪	10.8	3.2	10.8	8.0	40 390
丹　东	102.7	66.6	95.0	63.8	558 109
锦　州	76.3	67.5	75.3	62.2	420 890
营　口	18.8	9.3	18.8	14.2	90 252
阜　新	7.6	7.6	7.6	7.2	67 730
辽　阳	94.9	63.7	91.0	49.8	353 920
盘　锦	21.2	20.0	18.2	11.3	75 630
铁　岭	109.9	99.3	74.4	42.3	349 540
朝　阳	102.2	75.3	94.7	66.5	409 626
葫芦岛	118.7	106.8	114.1	80.0	541 046

15—21 各地区总承包与专业承包建筑企业年末资产负债

(2006 年)　　单位:千元

地　区	流动资产合计	固定资产合计	固定资产原价	固定资产累计折旧	无形及递延资产合计
全　省	**108 815 570**	**31 447 758**	**45 524 733**	**16 098 319**	**3 038 936**
沈　阳	25 715 057	5 454 299	7 943 803	3 082 738	667 161
大　连	32 327 409	9 575 082	13 417 287	4 016 657	828 238
鞍　山	8 908 850	3 086 567	4 354 526	1 506 351	132 427
抚　顺	3 433 249	1 089 762	1 886 042	857 544	46 638
本　溪	4 281 524	1 145 856	1 778 338	686 682	102 121
丹　东	4 567 079	1 635 761	2 083 743	675 053	312 599
锦　州	4 208 480	1 216 675	1 805 116	641 319	87 863
营　口	3 050 333	1 076 651	1 409 939	339 803	196 745
阜　新	2 571 393	953 645	1 250 390	367 144	91 745
辽　阳	6 864 676	1 857 364	2 841 077	1 064 062	159 789
盘　锦	5 965 210	1 935 958	3 074 028	1 488 887	78 403
铁　岭	2 279 490	784 762	1 211 311	458 204	80 797
朝　阳	1 810 023	817 176	1 280 799	512 759	133 583
葫芦岛	2 832 797	818 200	1 188 334	401 116	120 827

15—21 续表　　(2006 年)　　单位:千元

地　区	资产总计	流动负债合计	长期负债合计	负债合计	所有者权益合计
全　省	**147 419 455**	**86 875 575**	**3 641 430**	**90 517 005**	**56 902 450**
沈　阳	32 532 322	20 913 359	660 717	21 574 076	10 958 246
大　连	44 015 273	22 040 107	986 125	23 026 232	20 989 041
鞍　山	12 684 501	7 855 957	609 564	8 465 521	4 218 980
抚　顺	4 611 117	2 754 513	25 478	2 779 991	1 831 126
本　溪	5 956 770	3 323 657	62 324	3 385 981	2 570 789
丹　东	6 839 153	3 666 408	360 138	4 026 546	2 812 607
锦　州	5 714 542	3 671 087	106 947	3 778 034	1 936 508
营　口	4 370 962	2 580 171	29 387	2 609 558	1 761 404
阜　新	3 689 124	2 214 205	24 708	2 238 913	1 450 211
辽　阳	8 960 903	6 610 112	200 172	6 810 284	2 150 619
盘　锦	8 127 922	4 929 527	359 884	5 289 411	2 838 511
铁　岭	3 262 694	2 316 836	67 632	2 384 468	878 226
朝　阳	2 806 293	1 489 283	124 899	1 614 182	1 192 111
葫芦岛	3 847 879	2 510 353	23 455	2 533 808	1 314 071

15—22 各地区国有总承包与专业承包建筑企业年末资产负债

（2006年）

单位：千元

地区	流动资产合计	固定资产合计	固定资产原价	固定资产累计折旧	无形及递延资产合计
全省	**27 718 753**	**8 825 152**	**14 567 375**	**6 286 700**	**588 518**
沈阳	9 151 929	1 790 770	3 064 146	1 398 313	226 730
大连	4 200 892	1 185 697	2 093 252	912 256	163 410
鞍山	2 622 600	1 067 091	1 509 407	480 711	17 685
抚顺	812 900	354 683	670 565	373 849	6 633
本溪	269 965	69 583	159 576	92 097	805
丹东	1 730 970	574 047	952 223	397 491	20 526
锦州	1 527 054	343 845	574 713	236 771	10 795
营口	513 230	221 364	311 256	89 892	14 712
阜新	937 289	296 826	438 742	155 289	4 200
辽阳	917 956	464 094	666 293	214 015	2 435
盘锦	3 274 434	1 367 092	2 287 595	1 153 403	51 304
铁岭	768 046	450 135	729 839	280 124	6 599
朝阳	565 952	411 222	742 772	361 911	58 649
葫芦岛	425 536	228 703	366 996	140 578	4 035

15—22 续表

（2006年）

单位：千元

地区	资产总计	流动负债合计	长期负债合计	负债合计	所有者权益合计
全省	**37 906 235**	**25 593 393**	**1 528 624**	**27 122 017**	**10 784 218**
沈阳	11 320 339	8 373 672	345 280	8 718 952	2 601 387
大连	5 637 436	4 378 708	95 943	4 474 651	1 162 785
鞍山	3 944 975	2 459 493	540 609	3 000 102	944 873
抚顺	1 191 506	697 368	21 872	719 240	472 266
本溪	340 353	213 015	200	213 215	127 138
丹东	2 381 978	1 549 503	93 859	1 643 362	738 616
锦州	1 898 862	1 398 455	15 636	1 414 091	484 771
营口	750 393	434 580	200	434 780	315 613
阜新	1 242 400	771 703	6 721	778 424	463 976
辽阳	1 431 689	999 087	4 946	1 004 033	427 656
盘锦	4 767 257	2 481 330	298 004	2 779 334	1 987 923
铁岭	1 290 942	906 798	14 717	921 515	369 427
朝阳	1 048 241	434 524	89 211	523 735	524 506
葫芦岛	659 864	495 157	1 426	496 583	163 281

15—23 各地区集体总承包与专业承包建筑企业年末资产负债

(2006 年)　　单位:千元

地　　区	流动资产合计	固定资产合计	固定资产原价	固定资产累计折旧	无形及递延资产合计
全　　省	**10 554 799**	**3 482 458**	**5 150 323**	**1 870 759**	**285 911**
沈　　阳	1 715 701	528 484	760 538	242 747	28 029
大　　连	1 095 030	583 586	853 686	273 340	9 314
鞍　　山	4 046 173	1 192 323	1 845 851	752 267	42 848
抚　　顺	397 671	155 163	277 748	123 819	689
本　　溪	204 451	72 561	99 569	30 102	4 358
丹　　东	326 738	151 675	183 861	44 733	28 719
锦　　州	365 510	112 267	178 613	68 212	10 758
营　　口	54 324	17 508	22 366	4 858	
阜　　新	60 486	40 291	50 522	10 546	2 505
辽　　阳	667 611	238 542	323 786	100 584	31 968
盘　　锦	230 007	104 992	86 582	23 602	4 776
铁　　岭	171 365	78 017	138 923	61 481	1 695
朝　　阳	348 760	45 289	71 062	27 085	56 224
葫 芦 岛	870 972	161 760	257 216	107 383	64 028

15—23 续表

(2006 年)　　单位:千元

地　　区	资产总计	流动负债合计	长期负债合计	负债合计	所有者权益合计
全　　省	**14 712 391**	**9 186 512**	**97 026**	**9 283 538**	**5 428 853**
沈　　阳	2 355 021	1 327 811	37 716	1 365 527	989 494
大　　连	1 731 490	854 690	1 058	855 748	875 742
鞍　　山	5 449 606	3 612 024	13 828	3 625 852	1 823 754
抚　　顺	562 550	333 027	262	333 289	229 261
本　　溪	284 560	196 839		196 839	87 721
丹　　东	516 152	304 194	37 890	342 084	174 068
锦　　州	497 567	290 393		290 393	207 174
营　　口	71 832	48 356		48 356	23 476
阜　　新	103 382	43 955	174	44 129	59 253
辽　　阳	960 980	616 864	3 350	620 214	340 766
盘　　锦	340 775	227 217	700	227 917	112 858
铁　　岭	254 236	160 192	4 536	164 728	89 508
朝　　阳	451 279	324 097	690	324 787	126 492
葫 芦 岛	1 132 961	846 853	－3 178	843 675	289 286

15—24 各地区总承包与专业承包建筑企业损益及分配

(2006年)　　　　单位:千元

地区	工程结算收入	工程结算成本	工程结算税金及附加	工程结算利润	其他业务利润
全省	**169 197 029**	**149 403 861**	**5 760 086**	**13 544 973**	**659 739**
沈阳	35 698 447	31 380 626	1 173 432	2 967 939	92 929
大连	52 121 251	46 078 171	1 755 433	4 223 075	190 450
鞍山	12 079 450	10 016 451	384 445	1 648 364	305 138
抚顺	6 465 999	5 909 351	203 758	351 135	7 012
本溪	7 033 207	6 335 720	224 992	459 826	5 652
丹东	7 690 287	6 702 761	253 227	714 112	2 860
锦州	6 863 905	6 117 411	279 293	393 946	7 043
营口	5 247 655	4 563 630	188 280	487 535	815
阜新	3 455 119	3 145 981	111 944	197 021	12 239
辽阳	12 768 735	11 527 390	441 878	756 765	13 101
盘锦	7 627 324	6 737 327	340 164	520 409	4 911
铁岭	5 347 981	4 720 780	181 744	432 541	3 751
朝阳	3 444 480	3 114 710	113 207	209 363	10 559
葫芦岛	3 353 189	3 053 552	108 289	182 942	3 279

15—24 续表

(2006年)　　　　单位:千元

地区	管理费用	营业利润	利润总额	应收工程款	亏损企业个数(个)
全省	**7 346 527**	**6 305 750**	**5 797 525**	**27 400 188**	**768**
沈阳	1 803 580	1 164 668	698 762	6 037 625	183
大连	1 914 046	2 407 834	2 437 085	9 146 186	249
鞍山	359 915	1 540 889	1 383 085	2 573 171	26
抚顺	336 425	8 411	78 646	284 800	49
本溪	332 850	120 186	118 197	706 854	21
丹东	343 947	291 980	288 569	928 626	26
锦州	320 938	61 555	78 840	1 323 045	57
营口	170 465	295 058	292 424	536 081	21
阜新	176 177	8 823	15 154	506 201	41
辽阳	624 172	95 443	108 232	2 444 355	33
盘锦	309 275	174 620	173 102	1 409 075	15
铁岭	349 605	73 111	74 231	677 048	8
朝阳	157 540	41 597	33 262	502 972	28
葫芦岛	147 592	21 575	17 936	324 149	11

15—25　各地区国有总承包与专业承包建筑企业损益及分配

(2006 年)　　单位:千元

地　区	工程结算收入	工程结算成本	工程结算税金及附加	工程结算利润	其他业务利润
全　省	**42 527 412**	**37 842 352**	**1 517 195**	**3 089 784**	**354 256**
沈　阳	11 098 333	9 915 349	372 821	806 531	41 758
大　连	8 518 321	7 798 586	281 880	427 825	20 053
鞍　山	3 911 638	3 304 469	136 824	463 670	251 832
抚　顺	2 028 069	1 906 810	61 766	59 493	3 250
本　溪	448 820	384 118	15 990	47 298	527
丹　东	2 647 775	2 353 702	81 857	211 986	2 460
锦　州	2 894 789	2 588 412	126 831	138 468	6 740
营　口	873 260	781 052	29 033	62 825	17
阜　新	720 621	617 491	23 627	79 503	7 804
辽　阳	1 412 747	1 267 615	47 380	97 020	13 864
盘　锦	3 334 973	2 865 447	185 754	276 199	3 065
铁　岭	2 817 680	2 439 466	93 178	282 355	1 346
朝　阳	1 290 472	1 148 861	41 438	96 619	1 580
葫芦岛	529 914	470 974	18 816	39 992	－40

15—25 续表　　(2006 年)　　单位:千元

地　区	管理费用	营业利润	利润总额	应收工程款	亏损企业个数(个)
全　省	**2 024 383**	**1 221 489**	**1 154 287**	**8 281 307**	**60**
沈　阳	523 582	273 630	115 007	2 354 859	18
大　连	287 334	131 074	106 855	1 690 231	5
鞍　山	133 401	561 916	604 824	970 251	3
抚　顺	68 423	－13 889	50 966		5
本　溪	40 853	3 834	6 424	29 327	1
丹　东	174 754	22 015	17 153	459 759	5
锦　州	116 006	25 333	21 503	464 832	6
营　口	32 132	29 246	28 565	156 735	2
阜　新	80 362	－10 134	－7 327	69 161	4
辽　阳	88 964	16 646	19 056	476 425	1
盘　锦	140 494	114 929	131 517	1 126 208	1
铁　岭	233 023	44 655	48 910	302 887	3
朝　阳	67 558	21 580	14 001	162 406	2
葫芦岛	37 497	654	－3 167	18 226	4

15—26 各地区集体总承包与专业承包建筑企业损益及分配

(2006 年)

单位:千元

地 区	工程结算收入	工程结算成本	工程结算税金及附加	工程结算利润	其他业务利润
全 省	**16 625 304**	**14 372 441**	**525 416**	**1 695 251**	**62 724**
沈 阳	3 011 912	2 508 732	98 863	402 900	5 108
大 连	2 967 521	2 686 151	91 336	189 181	3 047
鞍 山	5 072 567	4 128 296	144 374	787 900	53 583
抚 顺	578 186	515 145	18 414	44 627	37
本 溪	230 312	194 501	7 637	26 420	424
丹 东	708 018	624 738	25 123	55 831	308
锦 州	652 103	587 841	22 759	35 341	173
营 口	108 502	96 826	4 194	7 482	
阜 新	109 315	100 622	3 651	5 042	65
辽 阳	1 070 031	973 538	36 143	60 249	2 238
盘 锦	294 464	270 745	10 629	12 888	
铁 岭	455 967	409 044	17 415	23 320	-2 774
朝 阳	549 686	517 259	17 934	14 208	515
葫 芦 岛	816 720	759 003	26 944	29 862	

15—26 续表

(2006 年)

单位:千元

地 区	管理费用	营业利润	利润总额	应收工程款	亏损企业个数(个)
全 省	**737 907**	**1 005 768**	**695 949**	**2 666 675**	**90**
沈 阳	209 998	198 340	102 092	368 739	14
大 连	116 412	74 719	74 480	182 581	15
鞍 山	120 401	717 471	500 349	1 204 234	14
抚 顺	53 448	-8 695	-6 800	11 785	18
本 溪	27 363	-917	-589	64 029	4
丹 东	43 067	11 402	11 454	159 021	4
锦 州	35 241	132	-415	233 995	8
营 口	3 174	3 999	3 999	5 000	1
阜 新	4 841	261	46	24 375	2
辽 阳	63 123	-2 442	-814	88 215	5
盘 锦	9 654	2 596	3 990	17 161	1
铁 岭	16 890	2 907	3 066	660	1
朝 阳	10 366	1 554	1 398	276 230	2
葫 芦 岛	23 929	4 441	3 693	30 650	1

主要统计指标解释

建筑业统计单位　指从事房屋、构筑物建造和设备安装活动的生产单位，根据不同的组织方式，建筑业统计的调查单位分为法人建筑业企业和附营建筑施工单位。法人建筑业企业是指专门组织的独立核算的法人建筑业企业，它应同时具备的条件是：①依法成立，有自己的名称、组织机构和场所，能够承担民事责任；②独立拥有和使用资产，承担负债，有权与其他单位签订合同；③独立核算盈亏，能够编制资产负债表。另一种调查单位是其他行业的企业、事业单位为完成本单位固定资产建造任务而自行组织的附营建筑施工单位，它应同时具备的条件是：①具有一个场所，从事或主要从事建筑安装活动；②单独组织生产经营活动；③在企业内部单独核算收支。

建筑业总产值(即自行完成施工产值)　指建筑业企业或附属施工单位自行完成的按工程进度计算的建筑安装生产总值。施工产值包括：

①建筑工程产值：指列入建筑工程预算内的各种工程价值。

②设备安装工程产值：指设备安装工程价值。

③房屋、构筑物修理产值：指房屋、构筑物修理所完成的价值，但不包括被修理房屋、构筑物本身的价值和生产设备的修理价值。

④非标准设备制造产值：指加工制造没有定型的、非标准的生产设备的加工费和原材料价值，不论是现场还是附属加工厂为本单位承建工程制造的非标准设备的价值，都应计算产值。

竣工产值　指在报告期内，按照设计所规定的工程内容全部完成，达到了设计规定的交工条件，经有关部门检查验收鉴定合格的单位工程价值之和。

房屋建筑施工面积　指在报告期内施工的全部房屋建筑面积。包括本期内新开工的、上期施工跨入本期继续施工、上期停建本期复工的房屋建筑面积；不包括上期开工后又停工，本期未施工的房屋建筑面积。

房屋建筑竣工面积　指在报告期内，按照设计所规定的工程内容全部完成，达到了设计规定的交工条件，经有关部门检查验收鉴定合格的房屋建筑面积。

住宅竣工面积　指房屋建筑竣工面积中供居住用的房屋建筑竣工面积。

自有机械设备年末总台数　指归本企业(或单位)所有，属于本企业固定资产的生产性机械设备年末总台数。包括施工机械、生产设备、运输设备以及其他设备。

自有机械设备年末总功率　指本企业(或单位)自有施工机械、生产设备、运输设备以及其他设备等列为在册固定资产的生产性机械设备年末总功率，按设定能力或查定能力计算。包括机械本身的动力和为该机械服务的单独动力设备，如电动机等。计量单位用千瓦，动力换算可按1马力=0.735千瓦折合成千瓦数。电焊机、变压器、锅炉不计算动力。

工程结算收入　指企业(或单位)按工程的分部分项自行完成的建筑产品价值并已与甲方在报告期内办理结算手续的工程价款收入，以及向甲方收取的除工程价款以外的按规定列作营业收入的各种款项，如临时设施费、劳动保险费、施工机械调迁费等以及向甲方收取的各种索赔款。

工程结算利润　指已结算工程实现的利润。如为亏损以“-”号表示。其计算公式为：

工程结算利润=工程结算收入-工程结算成本-工程结算税金及附加

企业总收入　指与企业生产经营直接有关的各项收入，包括工程结算收入和其他业务收入，即：

企业总收入=工程结算收入+其他业务收入

第十六篇

运输和邮电

16

YUNSHU
HE
YOUDIAN

16—1 交通运输业基本情况

指　　标	2000年	2002年	2003年	2004年	2005年	2006年
运输线路长度(公里)						
铁路营业里程	8 800	8 809	8 888	9 299	9 282	9 309
公　　路	45 547	48 051	50 095	52 415	53 521	97 191
内　　河	813	813	813	813	813	813
民　　航	219 198	239 243	238 429	335 729	329 166	376 435
#国际航线	14 143	22 733	39 157	59 320	69 703	63 516
管　　道		1 195	1 195	1 195	1 195	1 195
客运量总计(万人)	51 555	54 339	50 813	58 099	60 599	64 543
铁　　路	10 174	9 701	8 706	9 591	9 503	9 883
公　　路	40 385	43 554	41 076	47 370	49 917	53 317
水　　运	616	626	542	637	650	714
民用航空	380	458.1	489.1	501.5	528.9	629
货运量总计(万吨)	83 603.9	83 573.1	85 825.6	91 401.6	97 748	109 140
铁　　路	12 523	13 126	13 135	13 844	14 271	15 750
公　　路	64 515	64 104	65 981	70 164	74 799	82 142
水　　运	3 091	3 071	3 649	4 447	5 730	7 518
民用航空	8.9	8.1	9.0	8.6	9.4	11
管　　道	3 466	3 264	3 051.6	2 938	2 939	3 719
民用汽车拥有量(万辆)	78.6	88.7	103.5	127.1	153.8	187.1
载客汽车辆数(万辆)	43.8	52.4	64.6	73.5	89.6	107.3
载货汽车辆数(万辆)	34.8	35.1	35.9	38.9	42.4	47.3
私人汽车拥有量(万辆)	23.6	30.8	35.3	60.3	71.8	98.2
民用运输船舶拥有量(艘)						
#机 动 船	776	658	629	710	735	771
驳　　船	58	40	22	21	25	27
私人运输船舶拥有量(艘)						
#机 动 船	330	320	245	284	293	282
驳　　船		3	0			
沿海主要港口货物吞吐量(万吨)	13 665	16 565	19 365	24 957	30 208	35 666

16—2 运输线路长度

单位:公里

年份	铁路营业里程	#辽宁省	公路通车里程	#高级次高级	#高速公路	内河航道里程	民航通航里程	#国内航线	输油里程	#辽宁省
1990	8 798	3 702	40 109	10 172	375	508	99 545	89 199	2 238	1 419
1991	8 993	3 758	40 195	11 471	375	508	136 027	129 195	2 238	1 419
1992	8 993	3 758	41 548	13 644	391	508	204 870	200 822	2 238	1 419
1993	8 993	3 758	41 638	15 382	406	508	271 841	258 947	2 238	1 419
1994	8 807	3 758	42 763	17 155	420	508	305 884	242 445	2 238	1 419
1995	8 811	3 568	43 434	18 590	509	508	277 945	259 264	2 238	1 419
1996	8 811	3 568	43 753	19 365	509	508	321 207	246 776	2 235	1 415
1997	8 813	3 569	44 041	20 171	509	508	179 369	166 238	2 235	1 415
1998	8 796	3 558	44 483	21 419	707	508	124 089	110 587	2 235	1 415
1999	8 798	3 558	45 020	23 023	877	813	192 148	170 339	2 237	1 195
2000	8 800	3 556	45 547	24 264	1 068	813	219 198	201 702	2 237	1 195
2001	8 792	3 548	46 603	25 664	1 068	813	192 148	170 339	2 237	1 195
2002	8 809	3 565	48 051	27 557	1 637	813	239 243	211 331	2 237	1 195
2003	8 887	3 939	50 095	30 600	1 637	813	238 429	191 061	2 237	1 195
2004	9 299	3 939	52 415	34 838	1 637	813	335 729	276 409	2 237	1 195
2005	9 282	3 922	53 521	37 930	1 773	813	329 166	255 545	2 237	1 195
2006	9 309	3 927	97 191	43 333	1 849	813	376 435	312 239	2 237	1 195

16—3 旅 客 运 输 量

单位:万人

年份	总计	铁路	公路	水运	民航
1990	44 547	15 823	28 367	302	55
1991	46 643	14 733	31 480	355	75
1992	50 908	15 083	35 263	465	97
1993	49 756	15 072	34 050	521	113
1994	50 223	15 366	34 223	502	132
1995	52 228	13 928	37 591	533	176
1996	55 828	11 884	43 193	553	198
1997	53 430	10 403	42 276	540	211
1998	51 140	9 960	40 468	474	238
1999	49 239	9 937	38 382	595	325
2000	51 555	10 174	40 385	616	380
2001	52 259	10 038	41 207	602	412
2002	54 339	9 701	43 554	626	458
2003	50 813	8 706	41 076	542	489
2004	58 099	9 591	47 370	637	501
2005	60 599	9 503	49 917	650	529
2006	64 543	9 883	53 317	714	629

16—4 旅客周转量

单位:亿人公里

年份	总计	铁路	公路	水运	民航
1990	369.30	254.9	97.44	5.93	11.13
1991	392.80	259.1	111.50	6.90	15.30
1992	503.70	285.2	125.90	8.70	19.60
1993	465.90	306.0	121.30	8.70	29.9
1994	471.40	312.8	120.40	7.70	30.5
1995	451.54	292.5	109.90	8.61	40.5
1996	456.97	261.2	149.45	9.42	36.9
1997	460.91	271.5	145.53	9.18	34.7
1998	476.3	276.7	159.1	7.3	33.2
1999	496.4	291.9	149.6	11.9	43.0
2000	534.4	314.1	159.9	10.7	49.7
2001	562.4	326.5	167.1	8.4	60.4
2002	585.5	340.1	173.8	8.6	63.0
2003	545.3	306.9	164.1	7.2	67
2004	662.2	370.4	194.9	8.4	88.5
2005	673.1	381.4	210.1	8.4	73.2
2006	747.2	412.6	236.6	9.2	88.8

注:1. 铁路 1978 以前为沈阳、锦州两路局合计数,1979 年以后扣除长春分局数,1983 年以后为辽宁境内数,1988 年以后还包括地方铁路。

2. 公路、水运口径同客运量。

16—5 货物运输量

单位:万吨

年份	总计	铁路	公路	水运	民航	管道
1990	76 326.3	14 306	56 105	1 521	1.30	4 393
1991	79 057.3	14 624	58 197	1 861	2.30	4 373
1992	81 084.0	14 852	59 739	2 145	2.00	4 346
1993	91 578.0	14 953	69 964	2 325	2.00	4 334
1994	89 876.0	14 096	68 953	2 396	3.00	4 428
1995	88 464.9	13 073	68 524	2 649	3.2	4 216
1996	84 823.0	13 053	65 174	2 472	4.0	4 120
1997	99 588.0	12 972	80 471	2 145	5.0	3 995
1998	83 478.0	12 100	65 481	1 977	5.4	3 915
1999	84 625.0	12 162	66 253	2 542	7.4	3 660
2000	83 603.9	12 523	64 515	3 091	8.9	3 466
2001	82 295.0	12 990	63 281	2 726	6.8	3 292
2002	83 573.1	13 126	64 101	3 071	8.1	3 264
2003	85 825.6	13 135	65 981	3 649	9.0	3 052
2004	91 401.6	13 844	70 164	4 447	8.6	2 938
2005	97 748.4	14 271	74 799	5 730	9.4	2 939
2006	109 140	15 750	82 142	7 518	11	3 719

16—6 货物周转量

单位:亿吨公里

年份	总计	铁路	公路	水运	民航	管道
1990	1 062.5	943.3	150.8	289.3	0.21	218.9
1991	1 791.1	980.1	174.2	419.6	0.29	216.9
1992	1 947.6	1 023.2	207.6	501.3	0.37	215.1
1993	2 078.8	1 044.1	227.8	593.7	0.55	212.7
1994	2 085.8	1 038.2	221.3	605.8	0.64	219.9
1995	2 090.2	1 011.4	198.5	671.1	0.69	208.5
1996	1 929.0	1 003.6	245.1	479.4	0.94	200.0
1997	1 846.7	1 047.8	297.6	316.1	0.66	191.5
1998	1 568.3	900.7	206.5	314.7	0.9	145.5
1999	1 794.3	926.2	207.7	531.2	1.2	127.9
2000	1 809.2	962.4	209.4	572.4	1.1	63.9
2001	1 861.8	976.7	215.8	607.9	1.1	60.3
2002	1 914.3	970.6	221.8	661.0	1.4	59.6
2003	2 426.5	1 012.8	226.5	1 130.6	1.6	55.0
2004	2 995.6	1 154.2	327.0	1 461.1	1.7	51.6
2005	3 400.6	1 194.8	415.6	1 738.2	1.6	50.5
2006	4 090.9	1 206.0	474.7	2 361.6	1.8	46.7

16—7 铁路机车车辆年末实有数

指　　标	单 位	2000 年	2002 年	2003 年	2004 年	2005 年	2006 年
中 央 铁 路							
机车台数总计	台	1 693	1 710	1 607	1 585	1 600	1 543
蒸 汽 机 车	台	243	3	0	0	0	
内 燃 机 车	台	1 450	1 545	1 399	1 362	1 372	1 321
客车辆数总计	辆	4 146	4 218	3 928	4 066	3 969	4 017
软 座 车	辆	42	60	66	66	75	85
硬 座 车	辆	2 368	2 171	2 258	2 069	1 969	1 965
软 卧 车	辆	176	223	228	258	258	263
硬 卧 车	辆	1 026	1 188	1 189	1 338	1 334	1 369
软 硬 座 车	辆	15	0	0	0	0	0
代 用 客 车	辆	0	0	0	0	0	0
行 李 车	辆	250	268	0	0	0	0
餐　　车	辆	168	187	187	208	205	205
其　　他	辆	101	4	0	0	0	0
辽宁省境内各分局							
机车台数总计	台	771	846	814	794	889	964
蒸 汽 机 车	台	71	3	0	0	0	0
内 燃 机 车	台	700	681	606	571	661	742
客车辆数总计	辆	1 910	2 044	2 039	2 121	2 058	2 208
软 座 车	辆	25	60	45	45	54	61
硬 座 车	辆	1 089	1 051	1 190	1 050	1 002	1 042
软 卧 车	辆	72	102	102	114	112	127
硬 卧 车	辆	462	566	610	726	708	783
软 硬 座 车	辆	4	0	0	0	0	0
代 用 客 车	辆	0	0	0	0	0	0
行 李 车	辆	116	125	0	0	0	0
餐　　车	辆	75	83	92	109	121	115
其　　他	辆	67	1	0	0		0

16—8 辽宁省辖区铁路主要站旅客发送量

单位:万人

车站名称	2000年	2002年	2003年	2004年	2005年	2006年
总计	**10 173.7**	**9 692.1**	**7 963.3**	**9 591.0**	**9 503.4**	**9 883.0**
开原	100.9	91.5	90.3	101.9	100.6	113.5
铁岭	193.7	179.7	175.0	191.6	178.8	189.2
沈阳	1 167.6	1 235.3	1 001.7	1 176.5	1 121.4	1 272.0
沈阳南	200.5	170.7	156.4	152.3	138.0	130.8
辽阳	219.1	216	193.0	222.3	217.4	217.9
黑山	8.9	4.4	0	2.5	2.2	2.3
鞍山	294.5	305.8	266.0	327.3	306.9	291.5
海城	167.7	161.6	143.4	159.7	145.6	151.7
大石桥	101.0	113.1	94.3	117.8	114.0	122.7
瓦房店	160.0	170.9	158.9	182.6	156.9	177.0
金州	194.7	164.6	149.0	151.2	137.3	144.8
南关岭	6.3	4.3	2.9	2.3	2.6	1.7
周水子	48.7	34.5	33.4	30.4	29.5	24.3
大连	705.8	786.3	527.4	902.2	897.5	948.5
皇姑屯	19.5	10.2	12.0	12.9	9.9	8.5
大成	10.2	7.2	7.6	6.9	5.5	3.7
抚顺	127.2	140.4	103.1	107.3	96.3	102.1
大官屯	6.9	6.6	4.6	5.2	5.1	3.8
沈阳东	1.8	2.5	1.3	1.5	1.5	0.7
沈阳北	1 043.9	1 118.1	830.2	1 209.1	1 217.6	1 377.8
营口	44.2	44.4	36.7	37.5	35.1	37.3
旅顺	5.1	3.9	3.2	3.2	3.2	2.6
丹东	184.1	176.6	120.4	170.6	168.0	189.0
凤凰城	75.1	80.9	67.9	93.2	93.6	106.7
本溪	574.2	616.5	577.4	684.0	706.7	775.0
本溪湖	59.7	52.5	34.4	29.0	34.8	32.5
安平	13.4	11.8	10.4	10.5	10.0	11.8
沈阳西	6.1	3.1	3.2	3.0	3.6	3.2
锦州	420.8	423.6	345.0	415.1	406.4	406.6
锦西	135.7	119.6	100.1	118.1	109.6	118.8
大虎山	47.8	50.5	45.0	53.2	53.4	58.5
渤海	8.7	4.7	3.0	2.1	1.8	0.4
盘锦	53.9	51.9	42.5	49.2	40.6	49.9
朝阳	90.8	84.3	65.7	74.8	75.3	79.9
阜新	90.4	108.8	94.3	122.1	114.7	127.5

16—9 辽宁省辖区铁路主要站货物发送量

单位:万吨

车站名称	2000年	2002年	2003年	2004年	2005年	2006年
总计	**12 523.1**	**13 125.5**	**13 135**	**14 153.0**	**14 270.9**	**15 750.0**
开原	47.9	23.9	35.9	55.6	69.3	53.0
铁岭	47.6	47.4	39.2	55.7	49.2	37.0
沈阳	70.1	67.4	61.9	63.3	53.1	42.8
沈阳南	43.5	63.5	50.4	59.4	46.4	37.4
辽阳	42.4	35.6	33.6	22.7	30.6	17.6
黑山	10.5	13.2	15.4	8.1	8.9	9.0
鞍山	22.1	15.7	15.0	11.5	9.2	7.3
海城	81.6	67.4	56.7	70.8	72.4	79.5
大石桥	112.9	89.9	84.2	154.7	136.0	121.0
瓦房店	18.8	14.5	9.0	6.3	3.1	2.3
金州	140.9	116.2	43.9	51.3	35.7	50.7
南关岭	38.1	26.3	27.3	31.1	24.2	18.8
周水子	20.9	31.9	23.5	22.3	17.2	18.5
大连	0	0	0	0	0	0
大连西	15.1	15.2	5.8	0	0	0
皇姑屯	13.0	5.4	0	0	0	0
大成	84.8	83.5	82.0	83.8	105.7	103.2
抚顺	18.2	10.4	8.2	10.4	6.7	11.2
大官屯	657.1	670.3	662.3	748.1	754.9	629.0
沈阳东	54.9	51.0	52.5	48.7	59.6	73.4
沈阳北	0	0	0	0	0	0
营口	84.0	64.4	65.8	77.8	78.5	67.2
甘井子	464.3	269.5	327.2	338.4	332.6	316.1
旅顺	8.3	7.9	54.6	4.2	4.8	3.7
丹东	80.0	170.5	209.3	185.4	194.2	250.2
凤凰城	10.1	10.8	8.5	13.9	15.5	9.3
本溪	404.8	518.1	483.2	508.2	589.4	736.1
本溪湖	164.4	202.3	189.9	161.7	168.9	173.0
安平	451.3	435.9	410.6	375.1	269.2	346.8
沈阳西	21.7	16.1	16.1	17.9	15.5	9.7
锦州	288.2	310.9	276.9	311.2	300.9	323.9
锦西	340.3	326.1	307.1	309.6	290.7	271.3
大虎山	38.3	48.3	23.2	12.6	11.9	8.7
渤海	105.4	120.8	117.8	147.1	174.3	153.1
盘锦	84.4	64.3	63.9	69.6	46.3	52.5
朝阳	39.2	37.9	47.3	33.1	45.3	43.9
阜新	530.6	572.6	528.7	575.2	577.8	673.6

16—10 民用车辆拥有量

(2006年末)　　　　单位:辆

指标	总计	总计中:		总计中:			报废
		营运	非营运	进口	个人	新注册	
合计	**3 104 157**	**575 026**	**2 529 131**	**207 665**	**2 086 498**	**270 515**	**14 672**
一、汽车	1 870 717	519 253	1 351 464	121 188	981 830	187 839	13 548
1.载客汽车	1 073 364	124 266	949 098	102 920	638 582	142 991	8 723
#大型	41 703	27 149	14 554	1 281	3 182	4 138	798
中型	95 785	11 005	84 780	4 104	38 092	3 867	1 263
小型	851 226	79 323	771 903	95 380	532 895	132 324	6 200
微型	84 650	6 789	77 861	2 155	64 413	2 662	462
#轿车	580 315	69 841	510 474	68 706	377 985	82 309	3 005
2.载货汽车	473 050	276 090	196 960	16 636	110 035	33 864	3 926
#重型	119 303	70 339	48 964	3 599	15 092	6 403	1 210
中型	78 203	46 045	32 158	265	11 455	3 105	444
轻型	264 209	151 585	112 624	12 763	76 960	23 847	2 085
微型	11 335	8 121	3 214	9	6 528	509	187
#普通载货	265 452	161 424	104 028	7 033	64 652	15 276	2 241
3.其它汽车	324 303	118 897	205 406	1 632	233 213	10 984	899
二、电车	207	168	39	0	0	65	74
无轨	96	94	2	0	0	61	44
有轨	111	74	37	0	0	4	30
三、摩托车	1 201 459	32 009	1 169 450	85 789	1 100 767	79 412	913
普通	1 119 216	31 339	1 087 877	81 015	1 022 473	78 673	847
轻便	82 243	670	81 573	4 774	78 294	739	66
四、拖拉机	184	2	182	19	25	4	0
大中型	63	2	61	16	14	0	0
小型方向盘式	120	0	120	3	11	4	0
五、挂车	27 888	22 995	4 893	576	3 189	2 831	132
六、其它类型车	3 702	599	3 103	93	687	364	5

16—11 公路线路年底到达数

（2006 年）

单位:公里

指标	公里里程总计	等级公路					
		合计	专用公路		一般公路		
			高速	一级	二级	三级	四级
本年年底到达数	**97 191**	**75 255**	**1 849**	**1 543**	**13 964**	**28 147**	**29 752**
1. 干线公路	12 614	12 614	1 849	1 099	7 839	1 795	31 583
国道	4 684	4 684	1 192	546	2 678	268	0
省道	7 930	7 930	656	553	5 161	1 528	31 583
2. 县道	11 594	11 594	0	405	5 355	5 294	539
3. 乡道	28 759	28 759	0	22	505	18 980	9 252
4. 专用公路	983	963	0	12	122	377	452

16—12 公路运输主要经济技术指标

（地方交通部门）

指　　标	单　位	2000年	2002年	2003年	2004年	2005年	2006年
载客汽车工作率	%	89.0	92.5	90.6	95.6	96.3	96.5
载客汽车实载率	%	52.0	62.8	61.0	69.3	67.2	74.1
百车公里耗汽油	升	25.9	25.0	23.5	25.5	21.1	23.9
百吨公里耗汽油	升	11.5	11.0	12.8	10.5	10.0	9.6
百车公里耗柴油	升	23.5	23.4	23.8	26.7	23.2	25.7
百吨公里耗柴油	升	11.5	10.9	10.9	10.4	10.4	10.0
载货汽车工作率	%	53.0	65.6	68.0	74.0	75.7	80.2
栽货汽车实载率	%	55.5	56.2	58.0	59.8	67.4	70.3
百车公里耗汽油	升	36.2	33.0	32.0	28.9	28.1	27.3
百吨公里耗汽油	升	7.6	7.1	7.2	8.1	8.5	8.4
百车公里耗柴油	升	34.7	32.5	31.5	28.2	28.1	27.9
百吨公里耗柴油	升	6.0	5.8	5.8	6.7	7.1	7.0

16—13 船舶拥有量

指　标	单　位	2000年	2002年	2003年	2004年	2005年	2006年
民用船舶拥有量							
水运船舶	艘	776	658	629	710	735	798
净载重吨	吨	1 463 476	1 713 746	2 321 532	2 932 627	2 981 843	4 027 037
#拖　轮	艘	32	27	19	17	18	17
驳　船	艘	58	40	22	21	25	27
净载重吨	吨	19 841	16 333	6 704	7 752	12 710	21 139
交通部门船舶拥有量							
运输船舶	艘	72	37	34			
#客　轮	艘	6	1	5			
客轮载客量	客位	1 208	200	500			
货　轮	艘	40	25	21			
货轮净载重	吨	136 301	70 179	58 785			
拖　轮	艘	11	0	1			
驳　船	艘	0	2	2			
帆　船	艘		0	0			

16—14　全社会水运客货运输量

年　　份	货运量（万吨）	#交通部门	货运周转量（万吨公里）	#交通部门	客运量（万人）	#交通部门	旅客周转量（万人公里）	#交通部门
1990	1 521	1 433	2 892 885	2 891 254	302	290	59 396	58 990
1991	1 861	1 787	4 196 000	4 194 000	355	342	59 296	58 990
1992	2 145	1 894	5 013 673	4 829 714	465	418	86 880	83 157
1993	2 325	1 843	5 936 798	5 072 678	521	396	86 605	78 167
1994	2 426	1 969	6 152 164	5 314 440	501	379	78 201	70 172
1995	2 649	2 262	6 711 204	5 823 222	533	400	86 146	75 792
1996	2 472	2 136	4 794 110	3 721 911	553	415	94 208	80 454
1997	2 145	1 916	3 161 179	2 360 667	540	404	91 795	76 555
1998	1 977	1 679	3 147 000	2 231 000	474	340	73 000	59 000
1999	2 542	2 270	4 528 000	3 465 000	595	425	119 000	98 000
2000	3 091	2 733	5 724 000	4 723 000	616	421	107 000	87 469
2001	2 726	2 019	6 079 116	4 576 611	602	381	84 299	59 082
2002	3 071	2 567	6 609 993	4 908 246	626	356	86 095	59 785
2003	3 649	2 942	11 305 708	9 875 729	542	307	71 790	51 295
2004	4 447		14 611 161		637		84 187	
2005	5 730		17 381 637		650		83 902	
2006	7 518		23 616 152		714		91 583	

16—15 沿海港口码头长度和泊位数

港　　名	2000 年	2002 年	2003 年	2004 年	2005 年	2006 年
港口码头长度(米)	**34 823**	**35 884**	**40 826**	**43 284**	**38 699**	**49 037**
#大连港	21 044	22 781	29 207	30 715	26 119	31 112
营口港	2 953	5 124	6 072	6 002	5 994	8 896
丹东港	1 738	1 793	2 003	2 605	2 605	3 610
锦州港	1 927	2 083	2 188	2 058	2 058	3 542
港口码头泊位(个)	**204**	**253**	**292**	**323**	**288**	**310**
#大连港	105	136	206	223	192	191
营口港	48	49	50	51	47	57
丹东港	11	14	14	26	26	31
锦州港	8	9	10	9	9	15

注:(1)码头泊位包括浮筒泊位。

(2)2005 年均为生产用码头长度和泊位。

16—16 沿海港口吞吐量

指　　标	2000 年	2002 年	2003 年	2004 年	2005 年	2006 年
货物吞吐量(万吨)	**13 665**	**16 565**	**19 365**	**24 957**	**30 208**	**35 666**
#大　连　港	9 084	10 851	12 602	14 516	17 085	20 046
营　口　港	2 217	3 006	4 005	5 978	7 537	9 477
进　　口	5 027	6 266	7 536	9 709	13 106	16 106
#外　　贸	1 998	2 381	3 186	4 464	5 447	5 445
内　　贸	3 030	3 885	4 350	5 245	7 659	10 661
出　　口	8 638	10 299	11 829	15 248	17 102	19 560
#外　　贸	3 045	3 310	4 111	3 233	4 195	4 540
内　　贸	5 593	6 989	7 718	12 015	12 907	15 020
旅客进出港量(万人)	**743**	**838**	**736**	**641**	**659**	**664**
进　　港	363	409	361	324	329	329
出　　港	380	429	375	317	330	335

16—17 民用航空运输量

指　　标	单位	2000年	2002年	2003年	2004年	2005年	2006年
(一)客　运　量	**万人**	**380.5**	**458.1**	**489.1**	**501.5**	**531.9**	**628.9**
国际航线	万人	36.9	51.0	53.5	61.1	71.9	76
地区航线	万人	5.4	5.2	2.1	2.0	2.9	3.4
国内航线	万人	338.2	407.2	435.6	438.3	457.1	552.9
(二)旅客周转量	**万人公里**	**496 902**	**630 244**	**670 376.2**	**693 048.9**	**732 629**	**866 387.2**
国际航线	万人公里	44 365	70 043	72 977.7	88 309.8	96 213.4	99 478.9
地区航线	万人公里	14 622	14 092	6 111	5 602	7 991	9 468
国内航线	万人公里	437 915	560 201	597 398.5	599 137.4	635 654.9	766 908.3
(三)货(邮)运量	**吨**	**88 862**	**81 050**	**89 755.6**	**86 178.1**	**94 355**	**106 806**
国际航线	吨	14 792	13 246	8 407.4	17 174.1	17 888.3	17 635
地区航线	吨	1 330	465	583	246	365.1	400.0
国内航线	吨	72 739	67 804	18 476.8	68 757.7	76 406.1	89 191
(四)货邮周转量	**万吨公里**	**10 901.4**	**13 905.8**	**15 606.6**	**14 256**	**15 769.2**	**17 990.2**
国际航线	万吨公里	967.9	1 404.1	1 895.9	1 961.9	2 117.6	2 148.3
地区航线	万吨公里	189.8	122.9	37.0	67.4	98.7	108.7
国内航线	万吨公里	9 743.6	12 501.7	13 710.8	12 235.8	13 651.6	15 841.9
(五)总周转量	**万吨公里**	**50 761.8**	**70 242.1**	**75 566.3**	**76 375.2**	**81 122**	**95 289.9**
国际航线	万吨公里	4 888.9	7 661.5	8 407.4	9 880.8	10 693.6	11 009.7
地区航线	万吨公里	1 439.2	1 382.4	583	569.2	811.7	949.6
国内航线	万吨公里	44 433.7	62 581.0	67 158.9	65 925.1	80 028.4	84 280.2

注：此表数为北方航空公司提供。

16—18 邮电业务基本情况

指　　标	单　位	2000 年	2002 年	2003 年	2004 年	2005 年	2006 年
邮电业务总量	亿　元	242.6	249.3	291.0	365.2	450.7	564.9
电信业务总量	亿　元		232.1	272.0	354.5	427.1	537.2
邮政业务总量	亿　元		17.2	19.0	20.5	23.6	27.7
函　　件	亿　件	1.7	1.3	1.6	1.4	1.3	1.0
包　　件	万　件	298.7	342.5	366	304.9	309.2	297.1
特快专递	万　件	389.7	509.1	619.8	744.3	804.4	911.6
报刊期发数	万　份	415.3	378.9	352	351.9	338.9	379.7
长途电话通话量	万　次	76 443	80 822	162 257	208 537	249 252	123 461.3
本地电话年末用户	万　户	519.7	712.4	1 278.6	1 492.7	1 661.2	1 701.8
城市电话用户	万　户			907.3	1 074.4	1 203.4	1 229.7
农村电话用户	万　户			371.2	411.8	449.9	472.1
住宅电话年末用户	万　户	421.6	561.4	972.8	979.1	1 407.8	1 418.7
城市电话用户	万　户			618.8	586.4	979.6	970.0
农村电话用户	万　户			354.0	392.7	428.3	448.8
年末无线寻呼用户	万　户	281.0	146.2	121.7	43.9	3.9	0
年末移动电话用户	万　户	429.3	846.6	962.9	1 180.9	1 394.9	1 677.8
年末国际互联网用户	万　户		335.9	382.6	448.9	331.8	327.1
邮电局、所	处	3 241	3 144	1 643	1 668	1 685	1 645
邮路总长度	万公里	22.0	22.8	33.0	27.8	29	27.2
汽车邮路	公　里	23 540	32 446	32 629	34 829	34 187	33 136
铁路邮路	公　里	4 222	4 282	4 282	4 158	4 158	4 158

注:2001 年及以后邮电业务总量按 2000 年不变价计算。

16—19 各地区邮电业务量

(2006年)

地区	邮电业务总量（万元）	邮政业务总量	电信业务总量	函件（万件）	报刊期发数（万份）	特快专递（万件）	移动电话用户（万户）	国际互联网用户（万户）	本地电话年末用户（万户）	城市电话用户	农村电话用户
全省	**5 649 856.9**	**277 553.4**	**5 372 303.5**	**9 938.1**	**379.7**	**911.6**	**1 677.8**	**327.1**	**14 701.2**	**1 229.7**	**472.1**
沈阳	1 447 750.1	56 787.4	1 390 962.7	3 269.3	86.6	275.0	406.1	82.4	375.3	306.1	69.2
大连	1 251 454.4	59 912.9	1 191.541.5	2 425.5	87.4	260.7	330.2	75.2	324.8	258.9	66.0
鞍山	426 681.7	21 343.5	405 338.2	846.6	34.0	62.1	138.6	21.3	161.3	123.8	37.5
抚顺	227 598.7	12 120.4	215 478.3	339.4	18.5	32.0	89.2	10.0	94.5	80.0	14.5
本溪	191 283.7	11 331.4	179 952.3	405.1	11.5	23.0	55.6	6.9	67.4	52.4	15.0
丹东	275 396.3	14 442.9	260 953.4	569.7	20.5	45.1	77.6	11.4	92.6	63.0	29.7
锦州	275 692.2	13 273.3	262 418.9	287.1	15.0	37.3	99.0	12.5	107.9	64.3	43.7
营口	257 137.8	12 043.6	245 094.2	389.5	12.3	29.5	79.0	8.1	75.3	46.9	28.4
阜新	164 923.2	6 313.3	158 609.9	118.8	16.3	14.3	66.5	5.4	61.0	40.1	20.9
辽阳	198 130.6	14 861.2	183 269.4	201.3	16.6	22.9	62.3	6.7	67.2	45.8	21.4
盘锦	170 793.9	15 171.8	155 622.1	212.6	14.1	18.9	54.3	7.1	44.6	30.2	14.4
铁岭	212 906.5	12 275.4	200 631.1	362.4	14.2	23.0	78.8	6.9	71.9	37.9	34.0
朝阳	212 883.4	11 281.0	201 602.4	235.9	15.4	24.4	78.6	6.5	84.2	41.5	42.7
葫芦岛	233 590.4	13 588.2	220 002.2	275.0	17.4	43.5	62.1	9.7	73.7	38.8	34.9

注：邮电业务总量按各个时期的不变价格计算。

16—20 邮　　电

指　标	邮电业务总量（万元）	邮政业务总量	电信业务总量	函件（万件）	报刊期发数（万份）	特快专递（万件）	集邮业务（万枚）
1978	9 580.1			14 725	720		
1979	9 939.1			15 157	799		
1980	10 576.4			14 908	953		
1981	11 208.9			14 631	1 235		
1982	11 775.6			14 743	1 214		
1983	12 872.0			15 359	1 380		
1984	14 710.6			17 421	1 773		
1985	17 302.7			21 002	1 791		
1986	18 961.6			22 048	1 610	3	
1987	21 732.6			24 175	1 752	5	
1988	26 878.3			24 464	1 325	9	786
1989	34 519.4			23 146	705	20	1 337
1990	83 985.9			21 964	1 176	20.0	3 586
1991	108 122.3			19 454	1 123	28.0	5 651
1992	154 880.9			21 281	903	46.0	7 817
1993	242 108.4			23 791	1 163	92.0	9 812
1994	322 405.5			25 001	816	166.0	10 940
1995	500 819.1			24 288	698	215.0	13 977
1996	625 297.2			22 317	630	259.0	17 290
1997	883 518.2			21 642	701	254.2	22 681
1998	1 322 580.0			23 450	745	261.9	24 367
1999	1 578 634.5			18 140	594	315.8	24 179
2000	2 426 098.7	87 083.6	2 339 015.1	17 309	415	389.7	19 834
2001	2 130 798.6	160 002.4	1 970 796.2	14 867	440	466.6	12 014
2002	2 492 991.7	172 482.8	2 320 508.9	13 094	379	509.1	7 822
2003	2 909 994.0	190 452.5	2 719 541.5	15 985	352	619.8	4 413
2004	3 651 650.0	204 598.1	3 447 051.9	13 857.6	352	744.3	3 714
2005	4 507 393.4	235 650.4	4 271 743.3	12 465.9	339	804.4	4 371
2006	5 649 856.9	277 553.0	5 372 303.5	9 938.1	380	911.6	3 800

注：邮电业务总量按各个时期的不变价格计算。

业　　务　　量

无线寻呼用户（万户）	移动电话用户（万户）	国际互联网用户（万户）	本地电话年末用户（万户）	城市电话用户	农村电话用户	住宅电话年末用户（万户）	城市电话用户	农村电话用户
			15.4	10.3	5.1			
			16.1	11.0	5.1			
			17.2	12.0	5.2			
			18.5	13.2	5.3			
			20.4	14.8	5.6			
			22.4	16.5	5.9			
			24.6	18.5	6.1			
0.1			27.7	21.2	6.5			
0.2			32.8	25.8	7.0			
0.8			38.0	30.5	7.5	4.9		
2.0			43.1	35.2	7.9	8.5		
4.5	0.2		50.3	41.6	8.7	12.7		
13.8	0.5		66.6	56.5	10.1	23.2		
44.7	1.8		98.8	85.3	13.5	47.1		
91.1	7.9		155.6	135.9	19.7	90.9		
159.1	19.8		229.1	194.8	34.3	141.5		
228.0	36.2	0.1	319.0	261.7	57.3	201.9		
268.0	67.2	0.5	394.3	309.7	84.6	245.7		
342.8	128.8	2.3	476.8	366.4	110.4	295.8		
302.7	207.7	12.2	579.2	439.3	139.9	358.7		
281.0	429.3	61.8	699.5	519.7	179.8	421.6		
202.9	703.8	163.4	860.7	621.5	239.2	488.9		
146.2	846.6	335.9	1 016.5	712.4	304.1	561.4		
121.7	962.9	382.6	1 278.6	907.3	371.2	972.8	618.8	354.0
43.9	1 180.9	448.9	1 492.7	1 074.4	411.8	979.1	586.4	392.7
3.9	1 394.9	331.8	1 661.2	1 203.4	449.9	1 407.8	979.6	428.3
0	1 677.8	327.1	1 701.8	1 229.7	472.1	1 418.7	970.0	448.8

16—21 邮电通信水平

指标	单位	2003年	2004年	2005年	2006年
平均每一邮电局所服务面积	平方公里	89.6	88.4	87.5	89.7
平均每一邮电局所服务人口	万人	2.5	2.5	2.5	2.6
设有邮政局所的乡(镇)比重	%	97.5	92	91.3	90.9
已通邮的行政村比重	%	100	100	100	100
平均每人每年发函件数	件	3.81	3.33	2.96	2.34
平均每百人每年订报刊数	份	8.4	8.4	8.0	8.9
固定电话普及率	部/百人	31.2	35.8	39.4	39.9
移动电话普及率	部/百人	23.5	28.3	33.1	39.3
城市固定电话普及率	部/百人	22.1	25.8	28.5	28.8
进入长话自动网的县(市)比重	%	100	100	100	100
已通固定电话的乡(镇)比重	%	100	100	100	100
已通固定电话的行政村比重	%	100	100	100	100

主要统计指标解释

铁路营业里程 又称营业长度,指办理客货运输业务的铁路正线总长度。凡是全线或部分建成双线及以上的线路,以第一线的实际长度计算;复线、站线、段管线、岔线和特殊用途线以及不计算运费的联络线都不计算营业里程。铁路营业里程是反映铁路运输业基础设施发展水平的重要指标,也是计算客货周转量、运输密度和机车车辆运用效率等指标的基础资料。

铁路正线延展里程 是正线第一线、第二线、第三线和其他正线建筑里程之和,不包括站线、段管线、岔线及特殊用途线的延展里程。它是作为计算铁路线上钢轨、枕木及路基砂石需要量的主要依据。

铁路电气化里程 指在全部铁路营业里程中已安装了供电线路及设备,可以供电力机车牵引列车运行的区段的总里程。电气化里程占铁路营业里程的比重。

铁路自动闭塞里程 为保证列车安全运行,在一个区间,同一时间内,一般只允许一列列车运行,这种保证列车在这个区间安全间隔运行的技术方法称为"闭塞",自动闭塞里程是指装有列车自动完成闭塞作用设备的铁路里程。自动闭塞里程占铁路营业里程的比重也是反映铁路现代化的重要标志之一。

公路里程 指在一定时期内实际达到《公路工程技术标准 JTJ01－88》规定的等级公路,并经公路主管部门正式验收交付使用的公路里程数。其计算单位为:Km。它包括大中城市的郊区公路以及通过小城镇街道部分的公路里程,也包括桥梁、渡口的长度,但不包括大中城市的街道、厂矿、林区生产用道和农业生产用道的里程。两条或多条公路共同经由同一路段,只计算一次,不得重复计算里程长度。公路里程是反映公路建设发展规模的重要指标,也是计算运输网密度等指标的基础资料。

内河航道里程 也称"内河通航里程",是反映内河水运网规模、水平和发展情况的主要指标;是指在一定时期内,能通航运输船舶及排筏的天然河流、湖泊水库、运河及通航渠道的长度。包括全年季节性通航累计三个月以上的航道,但不包括仅供零散流放竹、木排的河道。

民用航空航线里程 指民航运输定期班机飞行的航线长度的总和。航线长度按机场之间的距离计算,通常有两种计算方法:将每条航线长度相加称为重复计算航线里程;如将两线或两条以上航线经过同一区段里程,只计算一次航线长度称为不重复计算航线里程。一般常用的是后者,它能确切反映民航运输网的规模,表明民航事业为国民经济服务和方便人民生活程度的主要指标。

输油(气)管道长度 也称"输油(气)里程",是反映管道运输发展规模和水平的主要指标;是指油品(或天然气)的实际输送距离,一般按输油(气)管道的单线长度计算。若包括复线和备用线长度则称为输油(气)管道延展长度,是指管道辅设的实际长度。我们通常使用的是不包括复线的"输油(气)管道里程"。

货(客)运量 指在一定时期内,各运输部门实际运送的货物(旅客)数量。是反映运输业为国民经济和人民生活服务的数量指标,也是制定和检查运输生产计划,研究运输发展规模和速度的重要指标。货运按吨计算,客运按人计算。货物不论运输距离长短,货物类别,均按实际重要统计;旅客不论行程远近或票价多少,均按一人一次作为客运量统计。半价票、小孩票也按一人统计。

货(客)运密度 指在一定时期内某种运输方式运输线路的某一区段平均每公司线路通过的货物(旅客)运输周转量。计算单位是吨(人)公里/公里。计算公式为:

$$货(客)运密度 = \frac{货物(旅客)周转量}{营业线路长度}$$

货(客)运密度是反映交通运输线路上货物(旅客)运输量运输繁忙程度的主要指标。是平衡运输线路运输能力和通过能力,规划线路建设及改造、配备技术设备,研究运输网布局的重要依据。

货物(旅客)周转量 指在一定时期内,由各种运输工具运送的货物(旅客)数量与其相应运输距离的乘积之总和,是反映运输生产总成果的重要指标,也是编制和检查运输生产计划,计算运输效率、劳动生产率以及核算运输单位成本的主要基础资料。通常以吨公里和人公里为计算单位。计算货物周转量通常按发出站与到达站之间的最短距离,也就是计费距离计算。

铁路货车平均静载重 指铁路货车在始发站静止状态下平均每车装载的货物重量,用以分析货车完成装车时车辆载重力的利用情况。计算单位为"吨",计算公式为:

$$货车平均静载重(吨) = \frac{货物发送吨数}{装车数}$$

静载重的多少取决于运送货物的性质、种类、车辆的类型和装载技术的高低。根据货车的平均标记载重与静载重进行对比,可以反映货车载重能力的利用程度。计算公式为:

$$货车载重力利用率(\%) = \frac{货车平均静载重}{货车平均标记载重} \times 100\%$$

铁路货运机车日产量 指平均每台货运机车在一昼夜内所完成的总重吨公里数。它既包括载运货物的重量,也包括车辆本身的自重,它从时间和牵引能力两方面反映了机车运用效率。计算单位为"吨公里",计算公式为:

$$货运机车平均日产量(吨公里) = \frac{货运总重吨公里数}{货运机车台日数}$$

沿海主要港口货物吞吐量 指由水运进出沿海主要港区范围，并经过装卸的货物数量，包括邮件及办理托运手续的行李、包裹以及补给运输船舶的燃、物料和淡水。其计量单位为吨。货物吞吐量的货种分类及其主要流向流量，反映了港口在国内外物资交流和对外贸易运输中的地位和作用。吞吐量可以分为进口、出口，又可以分为国内贸易和对外贸易。

邮电业务总量 指以货币表现的邮电部门用于传递信息和提供其他邮电服务的总数量。它综合反映了一定时期邮电工作的总成果，是研究邮电业务量构成和发展趋势的重要指标。根据邮电管理体制不同，分为中央国营业务总量和地方国营业务总量。它用各种邮电分类业务量，如函件件数、电报份数、长话张数、市内电话和农村电话的年均户数、订销报刊累计份数等，分别乘以相应的平均单价（不变价），加总后再加上出租电路和设备的收入、代用户维护电话交换机和线路等设备的收入、其他业务收入求得。

市内电话 指接入县城（包括个别城镇）及县以上城市的市内电话网上，并按市内电话进行经营管理的电话。按计费办法分为包月制和计次制两种。

(1)住宅电话 指话机装在居民住宅里的电话。它包括私人付费、公费和免费三个部分。

(2)私人付费电话 指住宅居民自费安装并自己缴纳通话费的电话。

第十七篇

国内贸易

17

GUONEI MAOYI

17—1 限额以上批发零售贸易业基本情况

登记注册类型、行业	2005年			2006年		
	法人企业（个）	产业活动单位（个）	从业人数（人）	法人企业（个）	产业活动单位（个）	从业人数（人）
总　　计	**2 143**	**5 730**	**205 842**	**2 070**	**5 893**	**195 414**
一、批发业	1 280	3 121	76 426	1 138	2 761	61 550
其中:国有及国有控股	366	1 493	47 533	318	1 350	36 503
1.按登记注册类型分组						
内资	1 235	3 065	74 916	1 100	2 714	60 085
国有	274	617	31 419	217	505	23 375
集体	49	174	2 954	41	85	2 244
股份合作	17	37	310	8	29	214
联营企业	4	4	230	3	3	141
国有联营	1	1	27	1	1	6
集体联营	2	2	188	1	1	120
国有与集体联营	1	1	15	1	1	15
其他联营	0	0	0	0	0	0
有限责任公司	291	324	14 329	293	314	12 718
国有独资公司	22	24	2 207	14	14	953
其他有限责任公司	269	300	12 122	279	300	11 765
股份有限公司	44	904	12 072	39	887	9 322
私营企业	556	1 005	13 602	499	891	12 071
私营独资	21	111	688	23	26	418
私营合伙	7	18	210	5	16	163
私营有限责任公司	503	849	12 221	442	820	11 122
私营股份有限公司	25	27	483	29	29	368
其他	0	0	0	0	0	0
港澳台商投资企业	13	15	471	10	12	519
与港澳台商合资经营	8	10	235	6	7	192
与港澳台商合作经营	1	1	60	0	0	0
港澳台商独资	4	4	176	4	5	327
港澳台商独资股份有限公司	0	0	0	0	0	0
外商投资企业	32	41	1 039	28	35	946
中外合资经营	7	10	472	3	4	295
中外合作经营	0	0	0	0	1	18
外资企业	25	31	567	25	30	633
外商投资股份有限公司	0	0	0	0	0	0
2.按国民经济行业分组						
农畜产品批发业	156	171	10 462	117	132	6 466
食品、饮料及烟草制品批发业	106	602	14 054	84	472	13 862

17—1 续表 1

登记注册类型、行业	2005年			2006年		
	法人企业（个）	产业活动单位（个）	从业人数（人）	法人企业（个）	产业活动单位（个）	从业人数（人）
米、面制品及食用油批发业	47	146	2 896	28	61	2 577
烟草制品批发业	18	105	7 159	17	61	7 420
纺织、服装及日用品批发业	42	51	2 379	40	46	1 952
服装批发业	20	20	849	21	21	938
文化、体育用品及器材批发业	20	20	994	22	22	1 068
医药及医疗器材批发业	70	83	3 946	81	91	3 749
矿产品、建材及化工产品批发业	507	1 491	29 137	465	1 326	21 173
煤炭及制品批发业	38	39	952	37	38	796
石油及制品批发业	105	1 051	20 053	99	942	12 254
金属及金属矿批发业	235	240	4 756	223	228	5 026
建材批发业	13	14	292	13	14	243
化肥批发业	19	46	832	17	17	457
机械设备、五金交电及电子产品批发	324	347	13 127	286	319	11 250
汽车、摩托车及零配件批发业	98	104	2 505	93	103	2 450
家用电器批发业	17	20	987	8	11	765
计算机、软件及辅助设备批发业	48	53	1 257	46	55	1 035
贸易经纪与代理	14	19	477	11	11	384
其他批发业	41	337	1 850	32	342	1 646
二、零售业	863	2 609	129 416	932	3 132	133 864
其中:国有及国有控股	154	899	42 263	161	1 047	37 058
1.按登记注册类型分组						
内资	840	2 572	121 140	901	3 083	120 150
国有	110	257	12 042	100	230	9 211
集体	33	43	3 024	35	47	4 853
股份合作	17	119	1 014	14	15	517
联营企业	0	1	30	0	0	0
国有联营	0	0	0	0	0	0
集体联营	0	0	0	0	0	0
国有与集体联营	0	0	0	0	0	0
其他联营	0	1	30	0	0	0
有限责任公司	229	1 218	44 362	268	1 608	47 110
国有独资公司	1	1	304	2	3	422
其他有限责任公司	228	1 217	44 058	266	1 605	46 688
股份有限公司	35	317	26 092	42	510	26 411
私营企业	416	616	34 526	442	673	32 048
私营独资	37	46	2 040	64	67	1 456

17—1 续表 2

登记注册类型、行业	2005年			2006年		
	法人企业（个）	产业活动单位（个）	从业人数（人）	法人企业（个）	产业活动单位（个）	从业人数（人）
私营合伙	9	9	478	9	9	821
私营有限责任公司	345	508	29 742	348	558	28 179
私营股份有限公司	25	53	2 266	21	39	1 592
其他	0	1	50	0	0	0
港澳台商投资企业	7	10	2 522	9	14	4 352
与港澳台商合资经营	5	8	2 489	7	12	4 321
与港澳台商合作经营	0	0	0	0	0	0
港澳台商独资	2	2	33	1	1	21
港澳台商独资股份有限公司	0	0	0	1	1	10
外商投资企业	16	27	5 754	22	35	9 362
中外合资经营	10	19	5 062	11	19	5 600
中外合作经营	1	3	291	1	5	715
外资企业	4	4	371	9	10	3 017
外商投资股份有限公司	1	1	30	1	1	30
2. 按国民经济行业分组						
综合零售业	173	717	80 630	182	946	79 520
百货零售业	97	205	57 400	94	174	50 868
超级市场零售业	68	120	20 611	78	417	25 128
食品、饮料及烟草制品专门零售业	22	52	1 548	23	73	1 605
纺织、服装及日用品专门零售业	45	107	5 375	58	119	5 459
服装零售业	27	43	3 902	34	52	3 553
文化、体育用品及器材专门零售业	69	132	6 880	71	130	6 979
体育用品零售业	4	4	192	4	4	191
图书零售业	50	109	4 482	53	110	4 721
医药及医疗器材专门零售业	53	726	14 952	60	779	13 488
药品零售业	52	725	14 935	58	777	13 466
汽车、摩托车、燃料及零配件专门	330	624	11 955	365	838	15 852
汽车零售业	220	226	6 250	240	248	7 544
机动车燃料零售业	80	356	5 052	88	541	7 521
家用电器及电子产品专门零售业	139	209	6 043	125	196	9 036
家用电器零售业	35	71	4 017	38	75	3 950
计算机、软件及辅助设备零售业	83	87	1 337	70	73	4 520
通讯设备零售业	14	42	577	12	43	500
五金、家具及室内装修材料专门零	23	24	1 537	29	30	1 551
无店铺及其他零售业	9	18	496	19	21	374
邮购及电子销售业	2	2	38	2	2	38

17—2 星级住宿业和限额以上餐饮业基本情况

登记注册类型、行业	2005年			2006年		
	法人企业（个）	产业活动单位（个）	从业人数（人）	法人企业（个）	产业活动单位（个）	从业人数（人）
总计	**705**	**959**	**96 998**	**827**	**1 128**	**103 170**
一、住宿业	354	400	51 193	369	417	51 455
其中：国有及国有控股	140	160	18 731	143	166	19 441
1.按登记注册类型分组						
内资	288	326	33 852	304	343	35 427
国有	119	139	14 877	125	147	16 197
集体	24	26	1 999	26	27	2 046
股份合作	4	4	719	2	2	146
联营企业	1	1	50	1	1	50
国有联营	1	1	50	1	1	50
集体联营	0	0	0	0	0	0
国有与集体联营	0	0	0	0	0	0
其他联营	0	0	0	0	0	0
有限责任公司	56	67	6 765	61	71	7 555
国有独资公司	2	2	188	2	2	220
其他有限责任公司	54	65	6 577	59	69	7 335
股份有限公司	12	14	1 746	10	12	1 120
私营企业	72	75	7 696	79	83	8 313
私营独资	23	23	1 851	28	29	1 962
私营合伙	2	2	175	3	3	240
私营有限责任公司	44	47	5 504	43	45	5 460
私营股份有限公司	3	3	166	5	6	651
其他	0	0	0	0	0	0
港澳台商投资企业	32	35	8 847	32	35	8 139
与港澳台商合资经营	27	30	7 703	25	28	6 427
与港澳台商合作经营	3	3	900	4	4	1 348
港澳台商独资	2	2	244	2	2	244
港澳台商独资股份有限公司	0	0	0	1	1	120
外商投资企业	34	39	8 494	33	39	7 889
中外合资经营	28	31	6 137	25	28	4 552
中外合作经营	2	2	778	2	2	786
外资企业	3	5	1 506	6	9	2 551
外商投资股份有限公司	1	1	73	0	0	0
2.按国民经济行业分组						
旅游饭店	339	382	49 302	346	389	48 549
一般旅馆	11	14	1 393	18	23	2 270
其他住宿服务	4	4	498	5	5	636

17—2 续表 1

登记注册类型、行业	2005年			2006年		
	法人企业（个）	产业活动单位（个）	从业人数（人）	法人企业（个）	产业活动单位（个）	从业人数（人）
二、餐饮业	351	559	45 805	458	711	51 715
其中：国有及国有控股	19	22	1 631	9	14	1 150
1.按登记注册类型分组						
内资	268	302	24 663	379	417	31 482
国有	13	15	896	6	8	555
集体	12	13	894	11	12	851
股份合作	11	12	527	8	9	382
联营企业	1	1	18	0	1	26
国有联营	0	0	0	0	1	26
集体联营	1	1	18	0	0	0
国有与集体联营	0	0	0	0	0	0
其他联营	0	0	0	0	0	0
有限责任公司	57	73	6 365	50	61	5 565
国有独资公司	0	1	179	0	1	179
其他有限责任公司	57	72	6 186	50	60	5 386
股份有限公司	4	6	416	5	7	499
私营企业	168	180	15 195	299	319	23 604
私营独资	50	50	3 844	147	151	10 170
私营合伙	7	7	475	6	6	378
私营有限责任公司	97	108	10 006	133	148	12 170
私营股份有限公司	14	15	870	13	14	886
其他	2	2	352	0	0	0
港澳台商投资企业	25	27	2 201	27	54	2 980
与港澳台商合资经营	16	16	1 378	19	20	1 760
与港澳台商合作经营	2	2	173	1	1	65
港澳台商独资	7	9	650	7	33	1 155
港澳台商独资股份有限公司	0	0	0	0	0	0
外商投资企业	58	230	18 941	52	240	17 253
中外合资经营	33	39	4 252	29	33	3 093
中外合作经营	7	31	3 069	5	28	2 655
外资企业	16	158	11 490	17	178	11 475
外商投资股份有限公司	2	2	130	1	1	30
2.按国民经济行业分组						
正餐服务业	326	366	30 401	439	483	37 421
快餐服务业	20	188	14 565	15	223	13 706
饮料及冷饮服务业	1	1	57	1	1	62
其他餐饮服务业	4	4	782	3	4	526

17—3 社会消费品零售总额(一)

(按城乡分)

单位:亿元

年份、地区	社会消费品零售总额	按地区分			按城乡分	
		市	县	县以下	城镇	乡村
1978	71.2	42.6	19.1	9.5	52.8	18.4
1979	83.1	50.6	18.9	13.6	59.9	23.2
1980	101.8	64.4	20.2	17.2	72.6	29.2
1981	115.5	68.1	20.9	26.5	80.1	35.4
1982	121.5	71.2	21.6	28.7	84.6	36.9
1983	134.3	78.6	24.2	31.5	92.3	42.0
1984	158.1	96.0	27.6	34.5	109.0	49.1
1985	195.5	119.8	34.4	41.3	137.5	58.0
1986	244.3	154.0	41.3	49.0	175.0	69.3
1987	285.9	185.8	46.3	53.8	205.7	80.2
1988	368.0	243.4	60.5	64.1	269.6	98.4
1989	411.7	282.4	60.0	69.3	307.7	104.0
1990	421.1	297.6	56.8	66.7	322.3	98.8
1991	467.3	332.5	66.5	68.3	363.6	103.7
1992	540.6	415.6	52.1	72.9	415.6	125.0
1993	682.1	534.8	54.5	92.8	589.3	92.8
1994	870.5	699.8	57.0	113.7	756.8	113.7
1995	1 122.0	911.5	72.9	137.6	984.4	137.6
1996	1 289.4	1 051.0	79.3	159.1	1 130.3	159.1
1997	1 450.6	1 184.2	86.0	180.4	1 270.2	180.4
1998	1 568.7	1 286.0	87.0	195.7	1 373.0	195.7
1999	1 696.1	1 401.5	92.3	202.3	1 493.8	202.3
2000	1 847.6	1 529.9	102.3	215.4	1 632.2	215.4
2001	2 034.9	1 683.6	114.2	237.1	1 797.8	237.1
2002	2 258.4	1 889.4	115.6	253.4	2 005.0	253.4
2003	2 330.8	1 963.7	111.9	255.2	2 075.6	255.2
2004	2 642.8	2 223.6	127.6	291.6	2 351.2	291.6
2005	2 999.0	2 523.7	145.5	329.7	2 669.3	329.7
2006	3 434.6	2 872.5	163.9	398.2	3 036.4	398.2
沈阳	1 048.7	996.4	26.0	26.3	1 022.4	26.3
大连	839.3	783.9	1.9	53.6	785.7	53.6
鞍山	254.0	178.1	23.3	52.6	201.4	52.6
抚顺	202.2	175.2	12.3	14.8	187.5	14.8
本溪	99.0	75.0	14.6	9.4	89.6	9.4
丹东	138.2	86.1	10.6	41.5	96.6	41.5
锦州	157.9	112.4	16.2	29.2	128.6	29.2
营口	122.6	87.8	0.0	34.8	87.8	34.8
阜新	75.1	62.0	5.0	8.1	67.0	8.1
辽阳	103.6	63.3	8.1	32.1	71.5	32.1
盘锦	91.7	67.3	4.3	20.1	71.6	20.1
铁岭	111.5	64.4	15.9	31.3	80.2	31.3
朝阳	74.1	37.1	11.6	25.4	48.7	25.4
葫芦岛	116.7	83.4	14.2	19.0	97.7	19.0

注:1993年以后是将市和县视为城镇,县以下为乡村。

17—4 社会消费品零售总额(二)

(按经济类型分)

单位:亿元

年份、地区	国有经济	集体经济	私营	个体	其他
1978	53.0	31.5			0.8
1979	61.5	34.9		0.1	1.8
1980	69.9	45.3		1.3	3.6
1981	71.5	57.5		2.5	5.5
1982	74.5	60.2		4.3	6.4
1983	79.4	64.9		9.1	7.5
1984	90.2	73.3		16.1	9.4
1985	103.6	63.3		28.5	14.2
1986	118.9	91.9		38.2	34.4
1987	135.5	103.3		52.0	44.0
1988	175.3	127.8		70.7	57.2
1989	192.6	131.4		89.5	74.2
1990	198.4	87.1		95.8	78.4
1991	225.8	129.4		108.8	92.9
1992	259.1	135.8		131.7	124.5
1993	232.0	132.4	3.0	185.4	129.3
1994	229.1	143.1	35.4	296.2	166.7
1995	262.5	163.3	67.2	407.1	221.9
1996	255.8	170.5	95.5	523.1	243.5
1997	246.6	175.2	114.6	631.0	283.2
1998	226.9	157.1	150.6	739.5	294.6
1999	222.7	145.2	181.1	828.6	318.5
2000	238.4	126.9	207.2	958.0	317.1
2001	233.4	130.9	238.0	1 096.2	336.4
2002	224.6	135.7	273.3	1 212.6	412.2
2003	209.2	135.3	326.4	1 358.1	301.8
2004	197.8	127.7	407.6	1 509.2	400.6
2005	174.6	108.4	491.8	1 683.1	541.1
2006	199.9	124.3	563.5	1 927.3	619.7
沈阳	106.2	58.1	144.6	533.5	206.3
大连	22.5	14.2	187.0	395.5	220.1
鞍山	9.1	7.6	56.2	162.0	19.2
抚顺	9.2	6.4	35.9	123.0	27.7
本溪	6.9	1.6	10.2	67.7	12.7
丹东	4.2	6.2	20.7	88.9	18.3
锦州	18.4	7.1	16.3	95.7	20.4
营口	3.3	5.6	17.9	73.2	22.6
阜新	6.5	3.4	8.5	36.9	19.8
辽阳	1.8	1.8	16.8	78.5	4.6
盘锦	5.4	4.0	16.9	54.5	10.9
铁岭	1.0	2.9	8.9	87.9	10.8
朝阳	2.8	3.2	13.4	46.5	8.1
葫芦岛	2.5	2.2	10.2	83.5	18.3

注:1992年以前为社会商品零售总额。

17—5 社会消费品零售总额(三)

(按行业分)

单位:亿元

年份	批发零售贸易业	住宿和餐饮业	制造业	其他行业
1978	75.2	3.4	4.6	2.1
1979	83.8	4.1	5.8	4.6
1980	98.2	5.4	9.2	7.3
1981	109.3	6.4	11.6	9.7
1982	115.0	7.2	12.2	11.0
1983	127.3	7.8	13.0	12.8
1984	149.6	8.9	15.4	15.1
1985	159.1	10.9	18.5	7.0
1986	206.3	14.2	20.6	25.2
1987	242.6	15.3	24.2	30.9
1988	313.2	20.4	29.7	39.3
1989	349.9	21.2	29.4	50.5
1990	318.9	20.6	29.7	51.9
1991	393.3	21.9	34.9	61.0
1992	446.8	25.6	36.4	80.8
1993	503.0	37.6	39.7	101.8
1994	607.5	60.1	45.5	157.4
1995	782.6	92.3	49.0	198.1
1996	906.2	117.4	52.5	213.3
1997	1 028.6	134.5	57.7	229.8
1998	1 123.9	159.5	52.7	232.6
1999	1 222.3	188.2	51.4	234.2
2000	1 355.1	219.7	52.4	220.4
2001	1 500.3	259.3	57.5	217.8
2002	1 667.1	305.2	61.1	225.0
2003	1 935.6	338.9	0	56.3
2004	2 184.6	396.9	0	61.3
2005	2 479.2	453.1	0	66.7
2006	2 870.3	513.0	0	51.4

17—6 各地区社会

（2006

项目	沈阳市	大连市	鞍山市	抚顺市	本溪市
社会消费品零售总额	**10 487 404**	**8 392 966**	**2 540 359**	**2 022 475**	**989 618**
一、按销售单位所在地分					
1.市	9 964 218	7 838 896	1 781 075	1 752 087	750 109
2.县	259 894	18 560	233 023	122 857	145 513
3.县以下	263 292	535 510	526 260	147 531	93 996
二、按行业分组					
1.批发和零售业	8 972 657	6 959 045	2 006 754	1 615 685	818 935
限额以上企业	3 494 742	2 456 866	438 190	406 789	149 256
限额以下企业及个体户	5 477 915	4 502 178	1 568 564	1 208 896	669 679
2.住宿和餐饮业	1 283 213	1 338 911	533 605	295 368	144 780
星级(限额以上)企业	220 586	230 226	34 253	18 982	11 656
星级以外(限额以下)企业和个体户	1 062 628	1 108 684	499 352	276 386	133 125
3.其他	231 534	95 010	0	111 423	25 903

消费品零售总额

年）

单位：万元

丹东市	锦州市	营口市	阜新市	辽阳市	盘锦市	铁岭市	朝阳市	葫芦岛市
1 381 941	**1 578 517**	**1 226 357**	**750 968**	**1 036 204**	**917 097**	**1 114 793**	**741 047**	**1 166 733**
860 537	1 124 036	878 245	620 122	633 471	672 973	643 502	371 152	834 495
105 942	162 320	0	49 818	81 395	42 882	158 780	116 006	142 470
415 462	292 161	348 112	81 029	321 338	201 243	312 511	253 888	189 768
1 170 458	1 266 757	1 009 813	662 295	838 887	750 903	994 408	593 764	1 042 234
162 181	327 117	341 263	171 214	88 395	231 107	164 861	113 836	163 307
1 008 277	939 640	668 550	491 081	750 492	519 796	829 548	479 927	878 926
211 483	283 621	216 544	87 612	195 903	150 727	120 385	143 492	124 499
31 386	9 997	15 736	5 019	12 630	29 923	14 576	8 560	16 981
180 097	273 624	200 808	82 594	183 274	120 803	105 809	134 933	107 519
0	28 139	0	1 061	1 414	15 468	0	3 791	0

17—7 限额以上批发零售贸易业商品销售总额

(2006 年)　　　　　　　　　　　　　　　　单位:万元

登记注册类型、行业	销售总额	#批　　发	#零　　售
总　　　计	**57 390 374**	**47 596 098**	**9 794 276**
一、批发业	47 707 900	46 267 051	1 440 850
其中:国有及国有控股	34 855 835	34 033 987	821 848
1.按登记注册类型分组			
内资企业	46 806 000	45 373 354	1 432 646
国有企业	10 887 188	10 731 969	155 220
集体企业	219 105	209 543	9 562
股份合作企业	26 891	23 829	3 062
联营企业	11 971	7 415	4 556
国有联营企业	5 017	2 760	2 256
集体联营企业	5 685	3 385	2 300
国有与集体联营企业	1 270	1 270	0
其他联营企业	0	0	0
有限责任公司	5 344 432	5 219 194	125 238
国有独资企业	431 668	427 335	4 333
其他有限责任公司	4 912 764	4 791 858	120 906
股份有限公司	25 146 875	24 416 122	730 753
私营企业	5 169 537	4 765 283	404 254
私营独资企业	102 278	99 139	3 139
私营合伙企业	83 670	72 790	10 880
私营有限责任公司	4 776 454	4 389 758	386 696
私营股份有限公司	207 135	203 596	3 540
其他企业	0	0	0
港、澳、台商投资企业	424 254	423 919	334
合资经营企业	200 569	200 235	334
合作经营企业	0	0	0
独资经营企业	223 685	223 685	0
投资股份有限公司	0	0	0
外商投资企业	477 647	469 777	7 870
中外合资经营企业	40 968	40 968	0
中外合作经营企业	7 870	0	7 870
外资企业	428 809	428 809	0
外商投资股份有限公司	0	0	0
2.按国民经济行业分组			
农畜产品批发业	1 145 824	1 143 948	1 876
食品、饮料及烟草制品批发业	2 984 224	2 784 997	199 228
米、面制品及食用油批发业	419 309	389 253	30 056
烟草制品批发业	1 764 177	1 756 474	7 703
纺织、服装及日用品批发业	714 306	699 121	15 185
服装批发业	317 357	311 506	5 851
文化、体育用品及器材批发业	173 952	143 162	30 790
医药及医疗器材批发业	1 026 791	889 951	136 840
矿产品、建材及化工产品批发	37 919 496	37 191 478	728 018
煤炭及制品批发业	390 055	388 495	1 560
石油及制品批发业	24 900 931	24 177 719	723 212
金属及金属矿批发业	9 694 448	9 693 363	1 085
建材批发业	73 738	73 738	0
化肥批发业	236 015	235 802	213
机械设备、五金交电及电子产	3 392 195	3 063 282	328 913
汽车、摩托车及零配件批发	750 361	563 985	186 377
家用电器批发业	211 041	209 942	1 099
计算机、软件及辅助设备批	561 127	538 803	22 324
贸易经纪与代理	210 131	210 131	0
其他批发业	140 981	140 981	0

17—7续表　　(2006年)　　单位:万元

登记注册类型、行业	销售总额	#批发	#零售
二、零售业	9 682 474	1 329 047	8 353 427
其中:国有及国有控股	3 315 238	658 274	2 656 964
1.按登记注册类型分组			
内资企业	8 464 939	1 099 004	7 365 935
国有企业	466 415	113 509	352 906
集体企业	59 663	3 860	55 803
股份合作企业	32 697	3 246	29 451
联营企业	0	0	0
国有联营企业	0	0	0
集体联营企业	0	0	0
国有与集体联营企业	0	0	0
其他联营企业	0	0	0
有限责任公司	2 745 801	194 228	2 551 573
国有独资企业	25 890	0	25 890
其他有限责任公司	2 719 911	194 228	2 525 683
股份有限公司	2 692 272	605 681	2 086 591
私营企业	2 468 092	178 481	2 289 611
私营独资企业	88 043	7 944	80 099
私营合伙企业	13 230	961	12 269
私营有限责任公司	2 290 197	154 271	2 135 926
私营股份有限公司	76 621	15 304	61 318
其他企业	0	0	0
港、澳、台商投资企业	482 006	39 632	442 374
合资经营企业	480 560	39 632	440 928
合作经营企业	0	0	0
独资经营企业	850	0	850
投资股份有限公司	596	0	596
外商投资企业	735 529	190 411	545 118
中外合资经营企业	339 922	1 407	338 515
中外合作经营企业	83 183	0	83 183
外资企业	309 644	189 004	120 640
外商投资股份有限公司	2 780	0	2 780
2.按国民经济行业分组			
综合零售业	3 947 545	346 733	3 600 811
百货零售业	2 762 890	163 295	2 599 595
超级市场零售业	1 109 370	182 992	926 378
食品、饮料及烟草制品专门零	97 479	2 868	94 611
纺织、服装及日用品专门零售	338 069	8 043	330 027
服装零售业	254 557	6 877	247 681
文化、体育用品及器材专门零	159 382	24 536	134 847
体育用品零售业	7 637	1 000	6 637
图书零售业	103 945	15 147	88 799
医药及医疗器材专门零售业	512 843	127 143	385 700
药品零售业	503 953	127 143	376 811
汽车、摩托车、燃料及零配件	3 837 770	770 771	3 066 999
汽车零售业	2 232 468	229 519	2 002 949
机动车燃料零售业	1 539 176	536 672	1 002 504
家用电器及电子产品专门零售	636 213	39 409	596 804
家用电器零售业	425 860	5 728	420 132
计算机、软件及辅助设备零	145 589	30 918	114 671
通讯设备零售业	58 939	2 763	56 177
五金、家具及室内装修材料专	138 995	9 394	129 601
无店铺及其他零售业	14 180	151	14 028
邮购及电子销售业	1 091	151	939

17—8 各地区限额以上批发

(2006

登记注册类型、行业	沈阳市	大连市	鞍山市	抚顺市	本溪市
总　　计	**28 944 517**	**12 675 975**	**6 189 870**	**3 320 861**	**378 060**
一、批发业	24 913 744	10 094 709	5 696 084	2 828 676	267 883
其中:国有及国有控股	20 221 259	6 033 532	4 620 342	648 928	222 167
1.按登记注册类型分组					
内资	24 473 325	9 658 320	5 688 214	2 828 676	267 883
国有	2 117 188	2 207 961	4 331 589	313 860	84 152
集体	64 081	57 189	50 037	19 048	100
股份合作	2 992	0	4 159	5 649	0
联营企业	5 017	0	1 270	0	0
国有联营	5 017	0	0	0	0
集体联营	0	0	0	0	0
国有与集体联营	0	0	1 270	0	0
其他联营	0	0	0	0	0
有限责任公司	2 798 711	1 752 760	174 894	157 562	20 880
国有独资公司	363 978	63 893	0	0	3 797
其他有限责任公司	2 434 733	1 688 867	174 894	157 562	17 083
股份有限公司	17 557 072	3 552 246	287 484	2 325 340	162 751
私营企业	1 928 266	2 088 165	838 781	7 218	0
私营独资	26 171	15 130	35 629	0	0
私营合伙	0	0	31 830	0	0
私营有限责任公司	1 868 009	2 052 265	657 885	7 218	0
私营股份有限公司	34 086	20 771	113 436	0	0
其他	0	0	0	0	0
港澳台商投资企业	276 665	130 365	0	0	0
与港澳台商合资经营	125 602	57 744	0	0	0
与港澳台商合作经营	0	0	0	0	0
港澳台商独资	151 063	72 621	0	0	0
港澳台商独资股份有限公司	0	0	0	0	0
外商投资企业	163 753	305 024	7 870	0	0
中外合资经营	28 193	12 775	0	0	0
中外合作经营	0	0	7 870	0	0
外资企业	135 561	293 249	0	0	0
外商投资股份有限公司	0	0	0	0	0
2.按国民经济行业分组					
农畜产品批发业	165 781	443 668	98 253	0	0

零售贸易业商品销售总额

年）

单位:万元

丹东市	锦州市	营口市	阜新市	辽阳市	盘锦市	铁岭市	朝阳市	葫芦岛市
470 059	1 057 890	526 260	323 613	1 086 287	1 067 682	389 913	473 707	485 681
217 947	654 731	267 471	252 657	1 008 427	844 533	124 026	377 875	159 139
112 518	428 321	255 916	233 861	974 509	665 989	86 847	221 848	129 797
217 947	641 906	267 471	252 657	1 004 029	844 533	124 026	377 875	159 139
86 890	407 760	98 376	115 077	285 634	545 653	86 662	76 591	129 797
0	13 465	0	0	0	15 186	0	0	0
2 401	0	0	0	0	11 690	0	0	0
0	0	0	0	0	5 685	0	0	0
0	0	0	0	0	0	0	0	0
0	0	0	0	0	5 685	0	0	0
0	0	0	0	0	0	0	0	0
0	0	0	0	0	0	0	0	0
28 951	162 429	2 755	0	23 627	139 367	20 137	55 534	6 826
0	0	0	0	0	0	0	0	0
28 951	162 429	2 755	0	23 627	139 367	20 137	55 534	6 826
25 627	17 464	155 715	118 784	673 757	111 913	3 626	144 028	11 069
74 078	40 787	10 625	18 796	21 011	15 040	13 601	101 722	11 447
0	0	0	10 397	0	0	983	13 968	0
39 284	1 577	0	0	10 978	0	0	0	0
32 223	9 680	10 625	8 398	10 033	15 040	12 618	85 636	6 824
2 571	29 530	0	0	0	0	0	2 119	4 623
0	0	0	0	0	0	0	0	0
0	12 825	0	0	4 398	0	0	0	0
0	12 825	0	0	4 398	0	0	0	0
0	0	0	0	0	0	0	0	0
0	0	0	0	0	0	0	0	0
0	0	0	0	0	0	0	0	0
0	0	0	0	0	0	0	0	0
0	0	0	0	0	0	0	0	0
0	0	0	0	0	0	0	0	0
0	0	0	0	0	0	0	0	0
0	0	0	0	0	0	0	0	0
10 482	192 181	9 591	55 253	0	122 644	17 996	21 712	8 264

登记注册类型、行业	沈阳市	大连市	鞍山市	抚顺市	本溪市
食品、饮料及烟草制品批发业	1 314 019	559 144	131 336	89 674	85 155
米、面制品及食用油批发业	181 975	65 413	0	5 445	22 837
烟草制品批发业	500 985	358 368	123 466	81 894	62 318
纺织、服装及日用品批发业	49 460	656 102	0	0	0
服装批发业	18 101	290 512	0	0	0
文化、体育用品及器材批发业	146 641	20 334	0	0	0
医药及医疗器材批发业	745 686	101 969	42 579	2 755	19 877
矿产品、建材及化工产品批发业	20 596 749	6 863 398	5 376 453	2 719 249	134 318
煤炭及制品批发业	156 853	114 139	41 858	52 651	0
石油及制品批发业	17 438 618	3 945 307	293 006	1 752 009	134 218
金属及金属矿批发业	2 534 883	1 982 814	4 952 348	110 891	0
建材批发业	3 219	60 599	4 106	0	100
化肥批发业	180 703	28 766	23 085	0	0
机械设备、五金交电及电子产品批发	1 886 212	1 235 475	44 619	16 998	0
汽车、摩托车及零配件批发业	321 201	320 384	26 313	3 890	0
家用电器批发业	111 238	60 357	0	0	0
计算机、软件及辅助设备批发业	517 949	43 178	0	0	0
贸易经纪与代理	0	179 178	0	0	0
其他批发业	9 197	35 440	2 844	0	28 534
二、零售业	4 030 774	2 581 266	493 786	492 185	110 176
其中:国有及国有控股	1 478 536	593 101	44 181	263 559	48 301
1.按登记注册类型分组					
内资	3 480 787	1 941 447	474 550	492 185	110 176
国有	153 797	66 711	11 309	30 127	4 907
集体	11 441	2 545	11 857	4 776	0
股份合作	8 728	300	4 698	0	0
联营企业					
有限责任公司	1 056 521	655 608	230 164	213 921	60 454
国有独资公司	22 575	3 314	0	0	0
其他有限责任公司	1 033 946	652 293	230 164	213 921	60 454
股份有限公司	1 133 731	684 297	22 438	218 889	6 214
私营企业	1 116 570	531 986	194 085	24 472	38 603
私营独资	15 786	12 372	12 107	7 571	487
私营合伙	1 143	6 060	1 050	0	0
私营有限责任公司	1 087 712	487 023	162 370	16 901	36 786

年）　　　　　　　　　　　　　　　　　　　　　　　　　　　单位:万元

丹东市	锦州市	营口市	阜新市	辽阳市	盘锦市	铁岭市	朝阳市	葫芦岛市
98 242	92 574	92 275	55 829	152 719	76 978	86 662	67 288	82 330
11 844	0	16 465	0	88 285	27 044	0	0	0
66 580	91 769	72 320	55 829	64 434	49 934	86 662	67 288	82 330
8 744	0	0	0	0	0	0	0	0
8 744	0	0	0	0	0	0	0	0
0	0	0	0	0	6 977	0	0	0
0	74 859	0	0	0	8 834	4 227	26 005	0
42 568	223 337	164 675	125 320	850 449	546 411	5 498	203 671	67 402
0	8 494	0	6 536	0	0	5 498	0	4 026
39 284	187 537	164 675	118 784	140 399	511 301	0	175 793	0
3 283	8 410	0	0	5 207	8 819	0	27 878	59 914
0	0	0	0	5 714	0	0	0	0
0	0	0	0	0	0	0	0	3 461
11 974	66 418	0	16 255	2 281	68 457	0	42 573	932
0	0	0	16 255	2 281	38 174	0	21 864	0
0	39 446	0	0	0	0	0	0	0
0	0	0	0	0	0	0	0	0
25 627	0	930	0	2 978	1 418	0	0	0
20 310	5 363	0	0	0	12 814	9 642	16 626	212
252 111	403 159	258 788	70 956	77 861	223 149	265 887	95 832	326 543
144 041	221 711	127 650	42 087	10 269	4 029	139 638	13 129	185 006
245 047	403 159	258 788	70 956	77 011	223 149	265 887	95 253	326 543
7 066	157 532	3 163	4 612	10 269	1 841	1 920	6 710	6 452
746	2 143	2 061	12 340	0	3 267	2 853	1 953	3 681
0	0	678	0	5 003	2 293	10 996	0	0
77 250	182 364	32 072	42 321	20 409	40 235	38 335	56 884	39 263
0	0	0	0	0	0	0	0	0
77 250	182 364	32 072	42 321	20 409	40 235	38 335	56 884	39 263
141 535	8 663	121 782	0	9 128	21 883	137 718	5 237	180 759
18 451	52 458	99 033	11 683	32 201	153 629	74 065	24 469	96 388
768	4 621	3 274	566	774	3 774	22 887	3 056	0
0	0	0	0	954	0	1 120	2 903	0
16 815	45 251	95 760	11 117	30 474	143 225	50 058	15 276	91 429

17—8 续表 2　　　　　　　　　　　　　　　　　　　　　　　　　　　　　　(2006

登记注册类型、行业	沈阳市	大连市	鞍山市	抚顺市	本溪市
私营股份有限公司	11 928	26 531	18 557	0	1 329
其他	0	0	0	0	0
港澳台商投资企业	72 486	398 383	3 223	0	0
与港澳台商合资经营	72 486	398 383	2 627	0	0
与港澳台商合作经营	0	0	0	0	0
港澳台商独资	0	0	0	0	0
港澳台商独资股份有限公司	0	0	596	0	0
外商投资企业	477 500	241 437	16 013	0	0
中外合资经营	197 060	142 283	0	0	0
中外合作经营	45 514	37 669	0	0	0
外资企业	232 147	61 484	16 013	0	0
外商投资股份有限公司	2 780	0	0	0	0
2.按国民经济行业分组					
综合零售业	1 528 803	1 171 718	164 490	347 735	76 239
百货零售业	915 047	843 021	91 253	326 735	66 864
超级市场零售业	590 306	296 320	60 437	21 000	5 635
食品、饮料及烟草制品专门零售业	60 578	18 315	1 898	2 189	2 685
纺织、服装及日用品专门零售业	192 385	76 383	24 873	35 240	1 329
服装零售业	144 112	53 998	20 644	30 738	0
文化、体育用品及器材专门零售业	83 971	30 979	8 011	2 396	2 079
体育用品零售业	0	6 847	0	790	0
图书零售业	50 599	17 317	4 734	1 607	2 079
医药及医疗器材专门零售业	198 407	214 904	10 462	17 341	9 505
药品零售业	190 737	213 685	10 462	17 341	9 505
汽车、摩托车、燃料及零配件专门	1 644 852	889 460	218 687	13 991	6 529
汽车零售业	900 714	865 327	167 896	13 991	6 529
机动车燃料零售业	718 690	22 595	36 932	0	0
家用电器及电子产品专门零售业	268 396	169 203	53 560	10 175	11 810
家用电器零售业	162 402	125 875	50 750	10 175	11 810
计算机、软件及辅助设备零售业	61 719	38 730	2 810	0	0
通讯设备零售业	42 398	4 210	0	0	0
五金、家具及室内装修材料专门零	52 031	9 627	10 176	62 469	0
无店铺及其他零售业	1 351	677	1 631	648	0
邮购及电子销售业	1 091	0	0	0	0

年）　　　　　　　　　　　　　　　　　　　　　　　单位:万元

丹东市	锦州市	营口市	阜新市	辽阳市	盘锦市	铁岭市	朝阳市	葫芦岛市
868	2 585	0	0	0	6 630	0	3 234	4 959
0	0	0	0	0	0	0	0	0
7 064	0	0	0	850	0	0	0	0
7 064	0	0	0	0	0	0	0	0
0	0	0	0	0	0	0	0	0
0	0	0	0	850	0	0	0	0
0	0	0	0	0	0	0	0	0
0	0	0	0	0	0	0	580	0
0	0	0	0	0	0	0	580	0
0	0	0	0	0	0	0	0	0
0	0	0	0	0	0	0	0	0
0	0	0	0	0	0	0	0	0
19 590	157 261	97 871	43 749	29 550	165 612	36 710	38 015	70 202
7 064	113 337	66 148	40 141	6 504	146 229	34 754	35 592	70 202
9 608	43 924	31 724	3 608	23 046	19 383	1 956	2 424	0
0	4 999	0	3 705	0	2 119	0	0	992
0	2 158	678	0	850	0	501	1 666	2 005
0	382	0	0	850	0	162	1 666	2 005
1 703	7 720	2 485	2 588	2 764	1 841	3 480	6 091	3 274
0	0	0	0	0	0	0	0	0
1 703	4 763	2 485	2 588	2 764	1 841	2 770	5 421	3 274
7 421	18 110	7 772	0	4 991	4 630	3 317	3 611	12 372
7 421	18 110	7 772	0	4 991	4 630	3 317	3 611	12 372
204 989	186 706	142 875	6 767	23 163	31 793	216 613	34 388	216 958
61 681	56 204	31 931	2 024	21 616	17 945	39 239	26 156	21 214
142 901	129 699	110 944	0	0	3 368	177 374	5 008	191 664
18 408	22 469	7 107	14 148	15 589	17 154	0	12 061	16 133
7 599	1 299	5 143	10 646	15 589	9 717	0	9 776	5 080
10 809	13 630	1 964	1 444	0	7 438	0	2 285	4 760
0	4 621	0	2 058	0	0	0	0	5 652
0	3 738	0	0	954	0	0	0	0
0	0	0	0	0	0	5 267	0	4 606
0	0	0	0	0	0	0	0	0

17—9　限额以上批发、零售贸易业商品销售类值

（2006年）　　单位:万元

类　　别	销售合计	批　　发	零　　售
总　　计	**52 273 883.4**	**43 564 759.8**	**8 709 123.6**
1.食品、饮料、烟酒类	4 597 650.1	3 534 478.9	1 063 171.2
(1)粮油类	1 399 373.6	1 274 410.8	124 962.8
(2)肉禽蛋类	178 032.4	21 292.8	156 739.6
(3)其他食品类	895 407.3	383 968.4	511 438.9
(4)饮料类	124 902.8	33 664.8	91 238.0
(5)烟酒类	1 999 934.0	1 821 142.1	178 791.9
2.服装、鞋帽、针纺织品类	1 885 813.3	426 616.8	1 459 196.5
(1)服装类	1 337 588.3	327 897.5	1 009 690.8
(2)鞋帽类	296 454.8	18 896.0	277 558.8
(3)针、纺织品类	251 770.2	79 823.3	171 946.9
3.化妆品类	175 110.8	8 561.6	166 549.2
4.金银珠宝类	206 671.7	15 263.7	191 408.0
5.日用品类	404 081.5	84 101.6	319 979.9
#洗涤用品类	109 451.5	25 238.7	84 212.8
儿童玩具类	14 353.3	788.2	13 565.1
6.五金、电料类	212 563.0	123 279.5	89 283.5
7.体育、娱乐用品类	60 102.3	6 115.9	53 986.4
8.书报杂志类	252 653.3	155 670.0	96 983.3
9.电子出版物及音像制品类	29 909.9	18 787.9	11 122.0

注:此表为快报数。

17—9 续表

(2006 年)

单位:万元

类　　别	销售合计	批　　发	零　　售
10.家用电器和音像器材类	1 227 138.8	458 968.4	768 170.4
11.中西药品类	1 364 568.8	879 307.2	485 261.6
#西药	1 082 828.8	709 640.6	373 188.2
中草药及中成药	239 048.6	145 995.9	93 052.7
12.文化办公用品类	477 231.8	303 920.1	173 311.7
13.家俱类	67 701.2	3 639.4	64 061.8
14.通讯器材类	513 834.9	255 635.1	258 199.8
15.煤炭及制品类	519 316.5	516 131.3	3 185.2
16.木材及制品类	10 369.3	10 261.2	108.1
17.石油及制品类	26 340 874.5	24 826 384.7	1 514 489.8
18.化工材料及制品类	2 208 720.1	2 208 720.1	0.0
#化肥类	238 822.7	238 822.7	0.0
19.金属材料类	6 249 675.2	6 249 675.2	0.0
20.建筑及装潢材料类	181 253.6	91 090.8	90 162.8
21.机电产品及设备类	1 105 573.6	1 052 353.0	53 220.6
#农机类	91 920.4	91 920.4	0.0
22.汽车类	2 434 407.0	681 273.1	1 753 133.9
23.种子饲料类	155 446.6	155 446.6	0.0
24.棉麻类	105 203.6	105 203.6	0.0
25.其他类	1 488 012.0	1 393 874.1	94 137.9

17—10 限额以上批发零售

（2006

登记注册类型、行业	流动资产小计	固定资产原价	累计折旧	资产合计	负债合计	实收资本
总计	**11 436 732**	**2 961 314**	**820 916**	**15 742 779**	**11 867 267**	**2 288 233**
一、批发业	8 802 169	1 228 255	403 699	10 967 851	8 445 539	1 438 886
其中：国有及国有控股	4 714 125	926 843	314 702	6 158 564	4 451 089	798 311
1.按登记注册类型分组						
内资	8 659 208	1 219 597	398 824	10 819 132	8 337 897	1 407 651
国有	3 185 615	583 171	181 249	3 832 171	2 844 386	480 966
集体	234 694	16 550	5 453	257 639	241 956	22 822
股份合作	4 156	857	517	5 236	3 222	1 856
联营企业	5 127	3 067	486	7 869	5 224	2 848
国有联营	2 655	20	8	2 667	2 567	100
集体联营	1 874	2 957	461	4 530	2 246	2 648
国有与集体联营	599	90	17	672	411	100
其他联营	0	0	0	0	0	0
有限责任公司	2 147 547	186 525	52 229	2 463 736	2 100 477	338 868
国有独资公司	357 237	29 989	11 451	396 073	391 108	47 052
其他有限责任公司	1 790 310	156 536	40 778	2 067 663	1 709 368	291 815
股份有限公司	1 109 189	276 062	115 581	1 840 674	1 171 877	201 227
私营企业	1 972 880	153 364	43 310	2 411 808	1 970 756	359 065
私营独资	37 871	5 601	1 986	42 614	35 757	4 619
私营合伙	6 582	2 249	951	10 048	4 840	3 470
私营有限责任公司	1 857 525	143 006	39 725	2 281 726	1 866 261	343 426
私营股份有限公司	70 902	2 509	648	77 420	63 897	7 550
其他	0	0	0	0	0	0
港澳台商投资企业	52 648	2 421	1 378	54 927	50 675	8 400
与港澳台商合资经营	23 563	1 448	781	24 648	24 911	4 985
与港澳台商合作经营	0	0	0	0	0	0
港澳台商独资	29 085	973	597	30 279	25 764	3 415
港澳台商独资股份有限公司	0	0	0	0	0	0
外商投资企业	90 312	6 237	3 497	93 792	56 967	22 835
中外合资经营	10 417	2 719	1 756	11 517	7 039	6 600
中外合作经营	0	0	0	0	0	0
外资企业	79 895	3 518	1 741	82 275	49 928	16 235
外商投资股份有限公司	0	0	0	0	0	0
2.按国民经济行业分组						
农畜产品批发业	1 382 393	207 477	51 520	1 697 164	1 593 607	118 189

贸易业主要财务指标

年）

单位：万元

主营业务收入	主营业务成本	主营业务税金及附加	主营业务利润	管理费用	营业利润	利润总额	本年应付工资总额	本年应付福利费总额	本年应缴增值税总额
48 704 058	**45 827 176**	**63 594**	**2 526 089**	**886 657**	**647 805**	**576 011**	**354 714**	**45 289**	**343 652**
40 282 332	38 281 199	38 521	1 776 494	454 507	510 636	462 878	175 813	24 772	202 462
30 396 602	28 986 570	23 520	1 213 694	223 324	440 676	382 938	113 965	17 939	147 670
39 626 603	37 679 123	38 517	1 722 845	442 210	498 389	450 613	169 998	24 192	197 373
9 713 363	9 129 634	13 655	529 766	158 608	249 269	261 014	72 642	12 316	70 002
205 735	188 672	307	16 406	4 942	-746	-710	1 660	480	1 422
22 679	21 902	82	695	333	22	156	120	19	56
11 243	10 759	5	406	383	-112	-154	74	11	66
4 288	4 217	0	-2	49	-2	-3	9	1	1
5 685	5 388	3	295	290	-145	-185	38	5	45
1 270	1 155	2	114	45	35	35	27	4	20
0	0	0	0	0	0	0	0	0	0
4 900 520	4 687 357	3 250	199 321	70 127	19 353	44 107	22 959	3 102	19 820
371 766	356 005	189	14 681	9 042	-8 584	2 579	3 219	382	1 624
4 528 755	4 331 353	3 061	184 640	61 085	27 937	41 528	19 739	2 720	18 196
19 891 437	19 102 156	8 958	652 243	46 322	201 013	113 423	34 346	5 372	72 607
4 881 626	4 538 643	12 259	324 008	161 495	29 590	32 776	38 198	2 894	33 401
94 009	90 408	106	3 319	2 036	-1 429	3	400	63	621
78 906	76 579	31	2 297	973	317	318	115	14	311
4 527 699	4 199 154	11 902	310 736	155 627	28 651	30 418	37 175	2 756	29 334
181 012	172 503	220	7 656	2 859	2 051	2 038	508	60	3 135
0	0	0	0	0	0	0	0	0	0
369 991	351 618	3	18 370	2 069	775	756	2 251	191	1 540
172 030	165 674	0	6 357	568	22	35	1 132	139	601
0	0	0	0	0	0	0	0	0	0
197 961	185 944	3	12 013	1 501	753	722	1 119	53	939
0	0	0	0	0	0	0	0	0	0
285 738	250 458	1	35 279	10 228	11 472	11 509	3 564	388	3 549
33 943	31 251	0	2 692	616	292	319	341	17	226
0	0	0	0	0	0	0	0	0	0
251 795	219 207	1	32 586	9 612	11 180	11 190	3 223	371	3 323
0	0	0	0	0	0	0	0	0	0
1 199 280	1 124 939	402	62 078	31 649	-47 912	-9 974	7 307	1 302	243

17—10 续表 1

登记注册类型、行业	流动资产小计	固定资产原价	累计折旧	资产合计	负债合计	实收资本
食品、饮料及烟草制品批发业	811 609	274 816	86 333	1 209 960	552 980	183 756
米、面制品及食用油批发业	215 833	83 709	29 762	325 097	299 858	44 942
烟草制品批发业	499 923	155 298	51 165	644 310	137 768	28 081
纺织、服装及日用品批发业	237 621	51 273	14 404	469 900	218 344	84 753
服装批发业	89 391	7 992	3 030	120 240	55 798	21 832
文化、体育用品及器材批发业	94 770	31 121	7 913	132 411	109 818	17 471
医药及医疗器材批发业	328 357	32 857	8 523	376 596	331 917	44 098
矿产品、建材及化工产品批发业	4 456 506	510 096	193 759	5 332 510	4 235 714	713 098
煤炭及制品批发业	182 008	12 016	4 151	202 101	155 801	31 469
石油及制品批发业	830 311	336 116	138 764	1 340 166	853 084	172 715
金属及金属矿批发业	2 805 885	107 603	30 377	3 064 804	2 628 607	374 500
建材批发业	34 850	1 319	675	39 107	27 758	7 091
化肥批发业	175 759	8 727	2 033	208 578	182 300	25 227
机械设备、五金交电及电子产品批发	1 385 939	102 451	35 207	1 531 560	1 263 960	247 243
汽车、摩托车及零配件批发业	311 940	29 455	8 460	359 380	272 787	69 201
家用电器批发业	14 527	1 482	245	16 026	13 796	3 070
计算机、软件及辅助设备批发业	128 937	4 534	2 107	134 782	125 152	23 129
贸易经纪与代理	66 455	9 372	3 618	171 032	96 840	21 454
其他批发业	38 520	8 791	2 423	46 718	42 360	8 824
二、零售业	2 634 563	1 733 059	417 217	4 774 929	3 421 728	849 347
其中:国有及国有控股	661 358	731 830	176 159	1 579 022	932 040	208 933
1.按登记注册类型分组						
内资	2 309 048	1 455 920	342 012	4 211 600	3 002 362	703 640
国有	125 256	104 954	26 794	221 849	152 909	36 400
集体	31 857	16 316	4 041	45 237	60 008	6 529
股份合作	8 991	3 192	757	19 094	14 480	3 122
联营企业	0	0	0	0	0	0
有限责任公司	763 928	500 952	109 184	1 287 218	1 023 920	264 483
国有独资公司	9 354	39 377	4 988	43 889	40 705	1 329
其他有限责任公司	754 574	461 575	104 196	1 243 329	983 215	263 154
股份有限公司	625 489	561 127	142 098	1 517 935	876 484	167 112
私营企业	753 528	269 379	59 138	1 120 266	874 562	225 994
私营独资	25 195	12 017	2 333	37 175	21 874	14 522
私营合伙	4 081	853	171	4 907	2 824	1 793
私营有限责任公司	707 435	239 970	52 973	1 046 905	824 834	201 633

单位:万元

主营业务收入	主营业务成本	主营业务税金及附加	主营业务利润	管理费用	营业利润	利润总额	本年应付工资总额	本年应付福利费总额	本年应缴增值税总额
2 639 758	2 038 632	11 773	433 178	187 558	348 999	210 064	49 305	8 484	58 819
387 447	366 448	49	19 416	7 939	－5 451	－208	3 331	403	－273
1 567 064	1 236 455	6 194	297 229	74 913	226 781	208 794	35 107	6 584	56 336
675 016	626 345	174	48 067	19 148	4 991	44 825	6 071	839	870
299 055	276 547	77	22 001	6 552	2 884	3 226	2 239	275	376
158 620	142 200	1 135	14 588	6 016	526	696	2 735	553	2 507
906 487	869 151	2 472	33 883	14 906	1 214	1 421	5 423	735	4 306
31 324 868	30 290 071	15 664	1 009 140	137 307	173 864	182 006	68 235	9 684	113 254
384 978	368 231	249	16 284	6 886	1 700	1 583	2 052	240	2 163
20 074 448	19 403 541	10 292	658 026	48 081	67 779	67 590	36 584	5 436	80 481
8 591 557	8 338 073	3 963	245 727	58 879	84 415	95 083	21 048	2 769	23 895
68 735	59 507	48	9 180	1 733	5 270	4 988	824	49	1 033
228 252	225 647	40	2 127	1 692	－1 550	446	452	73	35
3 045 216	2 882 196	6 576	150 777	50 984	22 752	25 149	34 451	2 871	18 237
725 417	682 884	976	40 406	11 997	9 182	9 618	20 097	502	5 953
56 819	53 075	84	3 660	930	375	390	567	69	671
548 204	534 518	2 107	11 579	4 430	－1 656	－1 977	3 078	256	1 342
194 070	171 770	90	22 210	4 137	7 215	8 047	1 252	183	2 871
139 017	135 896	236	2 570	2 802	－1 013	645	1 036	122	1 356
8 421 726	7 545 978	25 072	749 595	432 150	137 169	113 134	178 900	20 517	141 190
2 914 068	2 568 261	12 112	309 848	167 830	112 042	94 693	92 338	10 220	63 386
7 480 319	6 709 969	23 523	652 065	364 676	128 365	111 603	162 014	20 039	127 251
369 904	330 413	914	36 097	25 230	701	800	21 264	1 827	26 296
45 887	42 421	332	2 168	2 488	429	110	3 316	542	386
27 350	25 886	41	1 315	811	－149	171	324	53	279
0	0	0	0	0	0	0	0	0	0
2 357 848	2 132 698	7 194	201 987	115 738	20 325	19 097	41 015	5 693	36 733
13 761	11 686	21	1 531	3 176	－1 000	－591	809	113	165
2 344 088	2 121 011	7 173	200 456	112 562	21 326	19 688	40 206	5 580	36 568
2 396 384	2 116 831	9 404	250 035	124 876	94 470	80 949	65 988	7 654	39 807
2 282 945	2 061 721	5 638	160 463	95 533	12 589	10 476	30 107	4 270	23 749
85 514	78 093	305	6 390	2 307	3 437	2 836	1 554	181	689
12 624	10 818	175	1 554	603	501	448	658	94	73
2 123 470	1 915 451	4 851	148 847	90 121	8 891	7 252	26 832	3 878	22 570

17—10 续表 2

登记注册类型、行业	流动资产小计	固定资产原价	累计折旧	资产合计	负债合计	实收资本
私营股份有限公司	16 816	16 540	3 661	31 281	25 029	8 046
其他	0	0	0	0	0	0
港澳台商投资企业	121 058	151 002	35 010	250 102	181 004	54 819
与港澳台商合资经营	120 433	150 742	35 009	249 217	180 183	54 767
与港澳台商合作经营	0	0	0	0	0	0
港澳台商独资	236	260	1	496	447	52
港澳台商独资股份有限公司	389	0	0	389	374	0
外商投资企业	204 457	126 137	40 195	313 226	238 362	90 889
中外合资经营	75 032	110 109	35 996	166 220	99 231	76 378
中外合作经营	1 045	2 525	1 642	2 694	1 654	6 700
外资企业	127 171	13 395	2 469	142 995	137 416	7 761
外商投资股份有限公司	1 210	108	87	1 318	60	50
2.按国民经济行业分组						
综合零售业	1 200 739	1 151 048	275 839	2 529 814	1 838 059	406 330
百货零售业	891 612	893 109	205 598	1 984 190	1 346 464	305 119
超级市场零售业	297 633	238 289	66 969	508 061	449 606	97 117
食品、饮料及烟草制品专门零售业	24 467	13 838	3 619	40 077	29 761	5 768
纺织、服装及日用品专门零售业	86 145	116 919	19 680	209 793	144 434	74 207
服装零售业	52 388	98 309	15 812	154 916	101 552	60 379
文化、体育用品及器材专门零售业	81 743	55 208	16 969	130 632	86 519	22 602
体育用品零售业	4 178	3 388	568	7 777	6 487	891
图书零售业	65 721	45 053	14 194	105 742	65 175	19 361
医药及医疗器材专门零售业	228 497	86 319	21 370	347 205	230 973	57 478
药品零售业	228 048	86 253	21 347	343 155	230 762	57 128
汽车、摩托车、燃料及零配件专门	752 679	269 226	69 730	1 196 586	840 005	213 348
汽车零售业	651 875	114 765	24 895	850 800	632 724	167 251
机动车燃料零售业	84 155	148 759	43 678	318 849	189 348	36 639
家用电器及电子产品专门零售业	176 887	13 629	4 409	204 805	161 885	35 660
家用电器零售业	126 914	8 193	2 170	150 478	127 841	15 302
计算机、软件及辅助设备零售业	37 947	4 191	1 715	41 538	24 694	16 925
通讯设备零售业	11 154	1 122	478	11 841	8 830	2 969
五金、家具及室内装修材料专门零	78 576	21 308	4 321	105 968	85 719	29 005
无店铺及其他零售业	4 832	5 566	1 280	10 050	4 372	4 950
邮购及电子销售业	1 916	248	133	2 124	1 361	850

单位:万元

主营业务收入	主营业务成本	主营业务税金及附加	主营业务利润	管理费用	营业利润	利润总额	本年应付工资总额	本年应付福利费总额	本年应缴增值税总额
61 338	57 359	306	3 671	2 502	-240	-60	1 064	117	418
0	0	0	0	0	0	0	0	0	0
423 928	363 875	1 224	58 629	31 082	7 256	5 700	7 408	0	3 730
422 569	362 784	1 224	58 561	30 882	7 188	5 632	7 378	0	3 689
0	0	0	0	0	0	0	0	0	0
850	659	0	-10	201	-10	-10	30	0	33
510	432	0	78	0	78	78	0	0	8
517 479	472 134	325	38 901	36 392	1 549	-4 169	9 479	478	10 209
205 609	174 839	158	24 493	17 882	1 941	-2 643	6 599	320	7 628
5 267	4 780	0	487	910	-499	-515	316	29	59
303 463	291 522	167	11 774	17 598	-1 151	-1 011	2 565	129	2 187
3 141	993	0	2 148	2	1 258	0	0	0	335
3 414 814	2 964 494	16 633	396 048	296 318	59 642	37 169	91 642	11 771	77 286
2 429 252	2 093 195	12 823	308 808	242 182	48 164	46 516	67 831	9 258	63 359
942 390	837 104	3 603	78 528	50 933	11 944	-9 223	22 704	2 382	13 293
53 121	45 846	192	6 678	5 626	-321	999	2 164	330	1 430
237 006	162 117	1 343	33 477	23 673	987	-308	7 421	730	3 771
192 866	126 125	1 001	26 044	19 062	68	-1 604	5 039	429	3 094
120 836	97 942	798	20 849	17 988	-2 226	601	18 205	1 461	3 243
7 321	6 239	7	1 044	1 023	-277	-277	114	15	62
85 558	66 736	327	17 350	14 439	-1 952	872	15 168	1 046	2 584
458 532	406 009	1 597	49 892	16 826	6 873	7 283	9 659	1 091	6 946
449 627	398 660	1 577	48 355	16 668	6 942	7 320	9 479	1 066	6 919
3 482 121	3 264 438	2 949	198 375	49 512	68 810	63 324	39 732	3 473	40 454
2 093 066	2 001 469	1 494	83 806	37 765	14 541	14 835	8 519	1 136	18 843
1 328 612	1 206 414	1 390	111 026	10 044	54 188	48 368	30 414	2 250	21 091
567 603	531 731	1 041	31 688	14 259	6 802	4 866	7 632	1 234	5 534
366 459	341 669	538	23 018	9 700	4 105	4 033	5 607	529	4 832
140 395	134 623	149	5 550	3 281	575	497	1 405	297	518
55 352	50 266	347	2 903	1 204	2 118	329	542	75	121
72 985	61 450	336	10 016	7 486	-5 320	-2 747	2 081	368	2 299
14 707	11 952	183	2 572	464	1 921	1 948	364	59	227
1 085	624	7	454	194	-58	-59	56	6	12

17—11 星级住宿业和限额以上餐饮业经营情况

(2006 年)

单位:万元

登记注册类型、行业	法人单位(个)	产业活动单位(个)	年末从业人数(人)	营业额	客房收入	餐费收入	商品销售收入	其他收入
总计	**827**	**1 128**	**103 170**	**1 165 065**	**287 371**	**785 852**	**24 145**	**67 696**
一、住宿业	369	417	51 455	530 884	261 170	206 049	12 135	51 531
其中:国有及国有控股	143	166	19 441	156 889	76 744	62 212	5 082	12 851
1.按登记注册类型分组								
内资	304	343	35 427	302 464	145 960	125 028	7 030	24 447
国有	125	147	16 197	130 341	63 772	51 425	4 131	11 013
集体	26	27	2 046	15 482	7 764	6 625	410	683
股份合作	2	2	146	882	293	587	0	3
联营企业	1	1	50	265	265	0	0	0
国有联营	1	1	50	265	265	0	0	0
集体联营	0	0	0	0	0	0	0	0
国有与集体联营	0	0	0	0	0	0	0	0
其他联营	0	0	0	0	0	0	0	0
有限责任公司	61	71	7 555	83 291	40 687	35 117	1 368	6 119
国有独资公司	2	2	220	838	414	417	0	7
其他有限责任公司	59	69	7 335	82 453	40 273	34 701	1 368	6 111
股份有限公司	10	12	1 120	7 274	4 183	2 481	23	588
私营企业	79	83	8 313	64 929	28 997	28 793	1 098	6 042
私营独资	28	29	1 962	10 432	4 592	4 850	150	840
私营合伙	3	3	240	2 490	765	1 459	46	221
私营有限责任公司	43	45	5 460	41 817	16 096	19 979	861	4 880
私营股份有限公司	5	6	651	10 190	7 544	2 505	41	100
港澳台商投资企业	32	35	8 139	115 825	58 004	43 116	2 725	11 979
与港澳台商合资经营	25	28	6 427	95 998	47 475	36 575	2 580	9 369
与港澳台商合作经营	4	4	1 348	18 116	9 597	5 778	145	2 596
港澳台商独资	2	2	244	644	344	285	0	15
港澳台商独资股份有限公司	1	1	120	1 066	587	479	0	0
外商投资企业	33	39	7 889	112 596	57 206	37 905	2 379	15 105
中外合资经营	25	28	4 552	54 149	26 648	18 582	447	8 472
中外合作经营	2	2	786	8 044	4 179	3 699	0	166
外资企业	6	9	2 551	50 403	26 379	15 624	1 932	6 468
外商投资股份有限公司	0	0	0	0	0	0	0	0
2.按国民经济行业分组								
旅游饭店	346	389	48 549	509 632	249 464	197 381	12 044	50 744
一般旅馆	18	23	2 270	15 995	9 486	5 944	50	514
其他住宿服务	5	5	636	5 258	2 220	2 724	41	273

17—11 续表　　　　(2006年)　　　　单位:万元

登记注册类型、行业	法人单位(个)	产业活动单位(个)	年末从业人数(人)	营业额	客房收入	餐费收入	商品销售收入	其他收入
二、餐饮业	458	711	51 715	634 181	26 201	579 803	12 011	16 165
其中:国有及国有控股	9	14	1 150	11 416	2 785	6 688	12	1 931
1.按登记注册类型分组								
内资	379	417	31 482	346 804	21 387	306 451	9 278	9 689
国有	6	8	555	6 112	1 017	4 883	4	208
集体	11	12	851	5 916	515	5 349	0	52
股份合作	8	9	382	2 373	29	2 322	20	2
联营企业	0	1	26	360	0	360	0	0
国有联营	0	1	26	360	0	360	0	0
集体联营	0	0	0	0	0	0	0	0
国有与集体联营	0	0	0	0	0	0	0	0
其他联营	0	0	0	0	0	0	0	0
有限责任公司	50	61	5 565	64 589	9 824	48 228	1 924	4 613
国有独资公司	0	1	179	1 265	608	492	0	166
其他有限责任公司	50	60	5 386	63 324	9 217	47 737	1 924	4 447
股份有限公司	5	7	499	4 666	459	4 166	0	42
私营企业	299	319	23 604	262 788	9 542	241 143	7 330	4 773
私营独资	147	151	10 170	118 386	1 299	112 466	2 979	1 643
私营合伙	6	6	378	3 075	0	3 075	0	0
私营有限责任公司	133	148	12 170	131 298	7 206	117 228	3 872	2 993
私营股份有限公司	13	14	886	10 028	1 037	8 374	480	137
其他	0	0	0	0	0	0	0	0
港澳台商投资企业	27	54	2 980	41 555	2 508	33 654	698	4 695
与港澳台商合资经营	19	20	1 760	24 968	1 660	18 107	698	4 502
与港澳台商合作经营	1	1	65	2 158	0	2 158	0	0
港澳台商独资	7	33	1 155	14 429	848	13 388	0	192
港澳台商独资股份有限公司	0	0	0	0	0	0	0	0
外商投资企业	52	240	17 253	245 822	2 307	239 698	2 035	1 782
中外合资经营	29	33	3 093	33 908	2 307	29 420	746	1 436
中外合作经营	5	28	2 655	23 689	0	23 689	0	0
外资企业	17	178	11 475	187 508	0	185 872	1 289	346
外商投资股份有限公司	1	1	30	717	0	717	0	0
2.按国民经济行业分组								
正餐服务业	439	483	37 421	407 068	24 931	359 860	11 153	11 124
快餐服务业	15	223	13 706	219 099	46	218 883	152	18
饮料及冷饮服务业	1	1	62	366	0	366	0	0
其他餐饮服务业	3	4	526	7 648	1 224	695	705	5 024

17—12 星级住宿业和限额

(2006

登记注册类型、行业	流动资产小计	固定资产原价	累计折旧	资产合计	负债合计	实收资本
总计	**626 520**	**2 345 991**	**728 536**	**2 582 203**	**1 881 451**	**988 956**
一、住宿业	432 061	1 927 002	606 282	2 037 217	1 520 853	795 435
其中:国有及国有控股	74 969	515 690	139 821	503 351	325 163	285 545
1.按登记注册类型分组						
内资	209 250	914 240	239 762	1 101 343	709 254	453 519
国有	67 732	331 152	87 746	355 831	205 313	241 351
集体	5 134	51 158	16 473	41 887	23 597	13 824
股份合作	341	2 907	348	3 150	1 209	2 050
联营企业	507	0	0	552	1 165	25
国有联营	507	0	0	552	1 165	25
集体联营	0	0	0	0	0	0
国有与集体联营	0	0	0	0	0	0
其他联营	0	0	0	0	0	0
有限责任公司	46 575	270 813	68 382	334 287	210 488	101 986
国有独资公司	114	14 931	3 134	14 999	11 736	5 026
其他有限责任公司	46 461	255 882	65 247	319 288	198 752	96 959
股份有限公司	3 711	38 355	9 961	35 209	24 905	1 319
私营企业	85 250	219 855	56 852	330 426	242 577	92 964
私营独资	8 539	48 691	9 312	55 872	31 681	20 444
私营合伙	30 422	1 888	133	83 624	62 975	20 273
私营有限责任公司	32 019	146 463	41 407	155 467	125 253	44 672
私营股份有限公司	14 271	22 813	5 999	35 463	22 668	7 576
其他	0	0	0	0	0	0
港澳台商投资企业	122 448	449 189	153 219	434 469	381 233	154 953
与港澳台商合资经营	98 653	372 491	143 778	338 549	310 037	136 688
与港澳台商合作经营	15 544	46 719	7 997	57 181	33 010	14 166
港澳台商独资	454	1 865	181	3 046	-1 429	2 426
港澳台商独资股份有限公司	7 797	28 114	1 263	35 692	39 614	1 673
外商投资企业	100 363	563 574	213 301	501 405	430 366	186 963
中外合资经营	**54 385**	**284 006**	**106 585**	**274 439**	**256 854**	**95 102**
中外合作经营	17 467	70 533	19 644	60 544	60 660	28 210
外资企业	28 512	209 035	87 072	166 423	112 852	63 652
外商投资股份有限公司	0	0	0	0	0	0
2.按国民经济行业分组						
旅游饭店	421 691	1 864 167	594 951	1 972 024	1 484 407	763 234
一般旅馆	7 942	54 572	8 728	56 690	35 160	24 981
其他住宿服务	2 428	8 263	2 603	8 503	1 287	7 220

以上餐饮业主要财务指标

年）

单位：万元

主营业务收入	主营业务成本	主营业务税金及附加	主营业务利润	管理费用	营业利润	利润总额	本年应付工资总额	本年应付福利费总额
1 105 068	**429 590**	**61 694**	**563 117**	**252 329**	**8 498**	**-8 562**	**108 068**	**16 523**
496 833	136 614	27 155	313 368	192 336	-21 263	-34 900	62 739	13 128
146 658	53 680	7 954	77 578	50 546	-14 807	-16 329	22 294	3 271
279 180	95 952	16 038	152 559	88 315	-22 004	-26 286	38 235	6 397
120 189	46 994	6 480	59 269	37 634	-10 149	-9 115	18 552	2 929
15 983	6 813	962	7 558	4 260	-1 369	-1 547	2 184	219
882	377	49	456	408	-280	-280	75	8
176	10	10	157	39	-40	-40	46	6
176	10	10	157	39	-40	-40	46	6
0	0	0	0	0	0	0	0	0
0	0	0	0	0	0	0	0	0
0	0	0	0	0	0	0	0	0
73 874	19 203	3 941	47 424	29 029	-6 290	-9 303	8 848	1 773
836	283	47	506	402	-169	-172	44	6
73 038	18 920	3 895	46 918	28 627	-6 120	-9 131	8 804	1 767
7 274	1 877	437	4 675	1 195	-601	-597	1 117	90
60 802	20 679	4 159	33 021	15 751	-3 275	-5 405	7 413	1 371
9 111	3 899	699	4 171	1 870	-722	-703	1 288	91
2 120	651	164	471	132	87	86	212	7
39 427	12 399	2 385	23 053	12 468	-2 664	-4 814	5 374	1 161
10 145	3 730	912	5 325	1 281	25	26	540	112
0	0	0	0	0	0	0	0	0
116 062	23 041	5 722	86 638	50 191	7 638	4 190	13 205	3 789
96 274	19 763	4 758	71 093	42 487	5 059	1 778	10 302	2 789
18 110	2 797	882	14 431	6 313	3 958	3 791	2 189	798
611	195	29	388	1 078	-1 044	-1 044	514	174
1 066	285	53	727	313	-335	-335	200	28
101 591	17 621	5 395	74 171	53 830	-6 897	-12 804	11 299	2 942
43 337	**10 510**	**2 320**	**26 122**	**24 391**	**-12 220**	**-15 255**	**5 176**	**956**
7 796	1 811	388	5 578	5 320	-2 363	-2 363	964	71
50 458	5 300	2 687	42 472	24 119	7 687	4 814	5 159	1 915
0	0	0	0	0	0	0	0	0
476 498	129 902	26 010	301 803	185 930	-19 990	-33 486	60 471	12 807
15 278	5 075	883	8 407	5 382	-1 385	-1 508	1 815	221
5 057	1 637	262	3 158	1 024	112	94	452	100

17—12 续表 (2006

	流动资产小计	固定资产原价	累计折旧	资产合计	负债合计	实收资本
二、餐饮业	194 458	418 989	122 254	544 987	360 598	193 521
其中:国有及国有控股	2 666	17 291	5 234	24 112	15 523	9 195
1.按登记注册类型分组						
内资	130 676	236 753	52 367	342 992	217 672	115 426
国有	1 257	4 385	2 055	11 117	6 471	8 715
集体	903	1 914	732	2 898	5 056	391
股份合作	639	1 033	411	1 216	627	452
联营企业	0	0	0	0	0	0
国有联营	0	0	0	0	0	0
集体联营	0	0	0	0	0	0
国有与集体联营	0	0	0	0	0	0
其他联营	0	0	0	0	0	0
有限责任公司	38 311	52 473	13 817	85 201	51 591	25 137
国有独资公司	0	0	0	0	0	0
其他有限责任公司	38 311	52 473	13 817	85 201	51 591	25 137
股份有限公司	628	6 684	679	7 384	7 760	5 400
私营企业	88 938	170 264	34 673	235 176	146 167	75 331
私营独资	24 266	59 096	9 535	82 233	46 396	29 846
私营合伙	1 356	3 005	930	4 121	3 957	366
私营有限责任公司	57 929	94 883	20 695	132 715	79 546	42 770
私营股份有限公司	5 386	13 280	3 513	16 107	16 269	2 349
其他	0	0	0	0	0	0
港澳台商投资企业	25 302	60 116	28 176	61 317	59 222	22 955
与港澳台商合资经营	20 653	22 809	5 919	39 748	31 790	18 176
与港澳台商合作经营	705	101	81	725	153	500
港澳台商独资	3 944	37 206	22 177	20 843	27 278	4 279
港澳台商独资股份有限公司	0	0	0	0	0	0
外商投资企业	38 480	122 121	41 711	140 678	83 704	55 140
中外合资经营	17 551	28 658	9 901	44 254	27 297	26 011
中外合作经营	6 516	9 329	−1 598	19 068	15 992	8 669
外资企业	14 339	84 099	33 390	77 264	40 370	20 378
外商投资股份有限公司	75	36	18	92	46	83
2.按国民经济行业分组						
正餐服务业	172 274	300 720	83 996	428 914	292 874	156 338
快餐服务业	19 399	94 728	31 981	94 209	52 522	25 344
饮料及冷饮服务业	88	116	60	154	78	83
其他餐饮服务业	2 698	23 425	6 218	21 710	15 125	11 756

年）

单位:万元

主营业务收入	主营业务成本	主营业务税金及附加	主营业务利润	管理费用	营业利润	利润总额	本年应付工资总额	本年应付福利费总额
608 236	292 976	34 539	249 749	59 994	29 761	26 338	45 330	3 395
6 915	3 012	301	3 375	1 334	−210	−152	763	54
334 831	179 937	20 644	108 754	33 366	11 938	8 885	25 168	1 832
3 236	1 842	121	1 157	692	−885	−855	456	14
5 911	3 380	235	2 262	970	−323	−324	707	89
2 353	1 609	209	536	161	104	125	155	16
0	0	0	0	0	0	0	0	0
0	0	0	0	0	0	0	0	0
0	0	0	0	0	0	0	0	0
0	0	0	0	0	0	0	0	0
0	0	0	0	0	0	0	0	0
59 768	30 164	3 162	24 409	7 004	2 043	1 454	4 874	402
0	0	0	0	0	0	0	0	0
59 768	30 164	3 162	24 409	7 004	2 043	1 454	4 874	402
4 441	3 189	231	1 021	281	−236	−236	155	42
259 121	139 753	16 687	79 369	24 258	11 234	8 720	18 822	1 270
116 941	63 815	8 851	32 917	11 853	7 289	7 180	8 147	432
3 068	1 789	211	949	657	−74	−25	345	0
129 083	68 530	6 940	41 869	10 829	4 864	2 433	9 537	770
10 029	5 620	686	3 633	919	−845	−868	794	68
0	0	0	0	0	0	0	0	0
39 519	20 825	2 016	15 537	6 389	−1 495	−1 689	2 539	198
22 933	13 006	1 175	8 192	3 423	−767	−1 046	1 874	172
2 158	1 469	108	582	181	36	36	69	9
14 429	6 351	733	6 763	2 785	−764	−679	596	17
0	0	0	0	0	0	0	0	0
233 885	92 214	11 879	125 458	20 239	19 318	19 142	17 623	1 365
34 022	18 583	1 642	10 236	2 501	−856	−907	2 406	134
22 954	10 493	1 158	11 303	965	−348	−141	1 373	45
176 192	62 646	9 077	103 697	16 773	20 494	20 161	13 844	1 187
717	492	2	223	0	28	28	0	0
393 023	215 877	23 672	122 611	42 074	7 744	4 332	33 775	2 145
207 123	75 502	10 540	120 972	16 081	21 180	21 202	10 568	1 161
366	68	18	279	129	−8	−8	135	13
7 723	1 529	308	5 886	1 710	845	812	852	76

17—13 各地区限额以上批发零售贸易业企业资产、负债及所有者权益

(2006年)

单位:万元

地区	资产合计	#流动资产	负债合计	所有者权益合计
全省	**15 742 779**	**11 436 732**	**11 867 267**	**3 792 568**
沈阳	5 409 259	4 062 664	4 308 986	1 100 272
大连	6 215 704	4 574 698	4 494 242	1 721 462
鞍山	1 525 347	1 244 030	1 221 182	304 165
抚顺	290 171	149 627	184 419	86 089
本溪	167 066	89 152	128 337	38 728
丹东	258 836	98 321	136 041	122 795
锦州	430 321	319 258	397 011	33 310
营口	194 824	101 784	100 210	46 627
阜新	128 208	63 627	111 058	17 150
辽阳	190 984	133 460	122 924	68 060
盘锦	423 298	333 884	347 506	67 418
铁岭	181 793	87 107	108 299	73 494
朝阳	150 164	79 262	105 623	37 622
葫芦岛	176 807	99 860	101 432	75 375

17—14 各地区限额以上批发零售贸易业企业主要财务指标

(2006年)

单位:万元

地区	主营业务收入	主营业务成本	主营业务税金及附加	主营业务利润	管理费用中的税金
全省	**48 704 058**	**45 827 176**	**63 594**	**2 526 089**	**32 120**
沈阳	25 039 350	23 776 484	32 671	993 128	9 060
大连	11 825 111	10 927 482	14 560	882 409	9 052
鞍山	5 197 520	4 999 245	4 080	194 195	4 010
抚顺	937 201	859 121	2 827	68 362	1 262
本溪	334 424	298 323	765	32 737	3 658
丹东	473 910	436 681	709	34 828	313
锦州	831 428	763 353	1 258	58 144	716
营口	485 680	434 128	1 097	48 648	907
阜新	296 425	265 339	474	28 874	305
辽阳	1 049 700	1 007 142	838	37 353	686
盘锦	1 051 278	1 003 762	1 621	45 776	478
铁岭	362 609	318 630	993	33 837	601
朝阳	429 530	387 754	1 062	30 919	648
葫芦岛	389 893	349 733	640	36 879	425

17—15 各地区限额以上批发零售贸易业企业增加值

(2006年)

单位:万元

地区	增加值合计	本年提取的固定资产折旧	本年应付工资总额	本年应付福利费总额	劳动失业保险费	主营业务税金及附加	利润总额	管理费用中税金额
全省	**1 278 242**	**145 429**	**354 714**	**45 289**	**61 086**	**63 594**	**576 011**	**32 120**
沈阳	366 094	41 831	123 694	13 982	20 941	32 671	123 914	9 060
大连	447 810	56 405	110 039	14 286	21 764	14 560	221 704	9 052
鞍山	145 412	9 254	21 071	2 603	5 139	4 080	99 255	4 010
抚顺	58 784	7 452	11 603	2 452	2 697	2 827	30 491	1 262
本溪	27 627	2 545	6 388	900	892	765	12 481	3 658
丹东	34 731	1 322	19 142	898	808	709	11 539	313
锦州	31 771	4 415	10 888	1 840	2 390	1 258	10 264	716
营口	38 033	3 748	8 339	1 260	1 316	1 097	21 366	907
阜新	18 606	2 147	6 027	871	1 173	474	7 608	305
辽阳	29 288	2 457	5 984	759	568	838	17 996	686
盘锦	14 191	5 250	10 208	1 801	769	1 621	-5 936	478
铁岭	14 909	2 571	7 183	1 080	363	993	2 118	601
朝阳	26 089	2 925	6 652	916	1 484	1 062	12 403	648
葫芦岛	24 899	3 107	7 496	1 641	782	640	10 808	425

17—16 各地区星级住宿业和限额以上餐饮业增加值

(2006年)

单位:万元

地区	增加值合计	本年提取的固定资产折旧	本年应付工资总额	本年应付福利费总额	劳动失业保险费	主营业务税金及附加	利润总额	管理费用中税金额
全省	**293 479**	**97 186**	**108 068**	**16 523**	**8 220**	**61 694**	**-8 562**	**10 352**
沈阳	124 711	28 396	40 498	5 512	2 305	27 988	16 252	3 760
大连	112 696	51 372	34 670	6 424	3 979	18 731	-7 364	4 885
鞍山	11 895	3 732	5 889	820	168	2 817	-2 058	527
抚顺	7 568	1 894	3 654	236	196	1 782	-366	173
本溪	3 519	885	2 092	275	53	764	-565	16
丹东	4 019	1 663	3 291	355	120	1 857	-3 399	132
锦州	4 907	1 407	2 905	1 295	767	960	-2 657	231
营口	4 653	3 926	2 778	183	124	1 525	-4 049	165
阜新	1 277	174	1 361	93	253	380	-1 002	18
辽阳	2 355	865	2 474	224	120	1 028	-2 357	2
盘锦	4 039	845	2 304	233	82	1 346	-935	164
铁岭	4 282	538	2 299	304	9	701	367	64
朝阳	3 429	379	1 683	125	43	931	130	139
葫芦岛	4 131	1 109	2 172	445	3	883	-560	80

主要统计指标解释

社会消费品零售额 指各种经济类型的批发零售贸易业、住宿餐饮业、和其他行业对城乡居民和社会集团的消费品零售额的总和。这个指标反映通过各种商品流通渠道向居民和社会集团供应的生活消费品来满足他们生活需要，是研究人民生活、社会消费品购买力、货币流通等问题的重要指标。社会消费品零售额包括:(1)售给城乡居民作为生活用的商品及修建房屋用的建筑材料;(2)售给机关、团体、学校、部队、企业、事业单位的职工食堂和旅店(招待所)附设专门供本店旅客食用,不对外营业的食堂的各种食品、燃料;企业、单位和国营农场直接售给本单位职工和职工食堂的自己生产的产品;(3)售给部队干部、战士生活用的粮食、副食品、衣着品、日用品、燃料;(4)售给来华的外国人、华侨、港澳台同胞的消费品(包括友谊商店、在海关前后设立的免税商店、外轮供应公司等);(5)居民自费购买的中、西药品、中药材及医疗用品;(6)报社、出版社直接售给居民和社会集团的报纸、图书、杂志,集邮公司(包括邮局集邮专柜)出售的新旧纪念邮票、特种邮票、首日封、集邮册、集邮工具等;(7)旧货寄售商店自购、自销部分的商品零售额;(8)煤气公司、液化石油气站售给居民和社会集团的煤气灶具和罐装液化石油气;

批发零售贸易业商品购、销、存总额 指以各种经济类型的批发、零售贸易业为总体的商品购、销、存。

商品购进总额 指从本企业(单位)以外的单位和个人购进(包括从国外直接进口)作为转卖或加工后转卖的商品。这个指标反映批发零售贸易业从国内、国外市场上购进商品的总量。商品购进总额包括:(1)从工农业生产者购进的商品;(2)从出版社、报社的出版发行部门购进的图书、杂志和报纸;(3)从各种经济类型的批发零售贸易企业(单位)购进的商品;(4)从其他单位购进的商品,如从机关、团体、企业、单位购进的剩余物资,从餐饮业、服务业购进的商品,从海关、市场管理部门购进的缉私和没收的商品,从居民收购的废旧商品等;(5)从国(境)外直接进口的商品。

商品销售总额 指对本企业(单位)以外的单位和个人出售(包括对国(境)外直接出口)的商品。这个指标反映批发零售贸易业在国内市场上销售商品以及出口商品的总量。商品销售总额包括:(1)售给城乡居民和社会集团消费用的商品;(2)售给工业、农业、建筑业、运输邮电业、批发零售贸易业、餐饮业、服务业、公用事业等作为生产、经营使用的商品;(3)售给批发零售贸易业作为转卖或加工后转卖的商品;(4)对国(境)外直接出口的商品。

批发零售贸易业年末库存 指年末各种经济类型的批发零售贸易企业(单位)已取得所有权的商品。它反映各地区、各批发零售贸易企业(单位)的商品库存情况和对市场商品供应的保证程度。期末库存包括:(1)存放在批发零售贸易业经营单位(如门市部、批发站、经营处)仓库、货场、货柜和货架中的商品;(2)挑选、整理、包装中的商品;(3)已记入购进而尚未运到本单位的商品,即发货单或银行承兑凭证已到而货未到部分;(4)寄放他处的商品,如因购货方拒绝承付而暂时存放在购货方的商品和已办完加工成品收回手续而未提回的商品;(5)委托其他单位代销(未作销售或调出)尚未售出的商品;(6)代其他单位购进尚未交付的商品。

第十八篇

对外经济贸易

18

DUIWAI
JINGJI
MAOYI

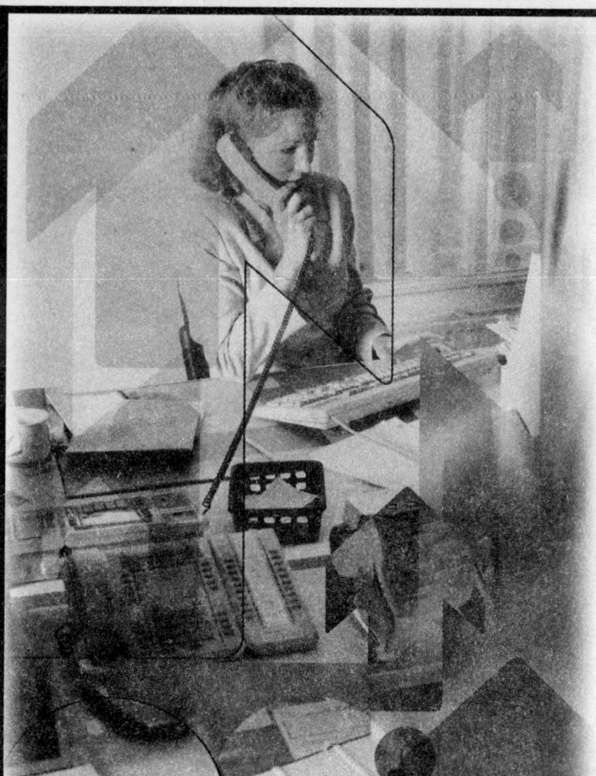

18—1 对外经济贸易基本情况

单位:户、个、亿美元

指标	2000年	2002年	2003年	2004年	2005年	2006年
进出口总额	**190.2**	**217.4**	**265.6**	**344.4**	**410.1**	**483.9**
出口总额	108.5	123.7	146.3	189.2	234.4	283.2
进口总额	81.7	93.7	119.3	155.2	175.7	200.7
进出口差额	+26.8	+30.0	+27.0	+34.0	+58.7	82.5
外商直接投资合同项目	**1 883**	**2 125**	**2 327**	**2 491**	**2 686**	**2 336**
外商直接投资合同金额	**51.78**	**71.85**	**97.02**	**86.62**	**110.16**	**152.40**
实际外商直接投资额	**25.52**	**39.16**	**55.83**	**54.07**	**35.90**	**59.86**
外商投资企业基本情况						
年底登记户数	13 146	13 642	13 814	14 858	16 542	16 402
投资总额	655.43	664.08	735.01	679.15	815.07	944.85
注册资本	396.26	430.02	386.88	402.07	495.33	596.67
#外　方	254.48	279.56	282.22	279.65	361.71	432.22
对外经济合作						
合同金额	6.22	5.45	4.97	6.00	7.12	8.50
#对外承包工程	3.28	2.33	2.06	3.10	5.46	6.61
对外劳务合作	2.93	3.02	2.90	2.84	1.66	1.89
完成营业额	4.13	5.03	4.84	5.57	6.52	7.15
#对外承包工程	2.03	1.85	1.72	2.59	4.27	4.94
对外劳务合作	2.09	3.17	3.10	2.97	2.25	2.21

注:本表为海关统计数。

18—2 外贸进出口总额

单位:亿美元、%

年份	进出口总额	出口额	#地方产品出口	进口额	差额(+、-)	指数(以上年为100) 出口额	进口额	出口额指数(以1953年为100)
1978	15.9	15.2		0.7	+14.5	130.1	190.6	1 614.9
1979	26.7	26.0		0.7	+25.3	171.5	116.4	2 769.1
1980	40.5	39.8		0.7	+39.1	152.9	104.2	4 234.0
1981	44.3	43.4	8.9	0.9	+42.5	109.1	117.6	4 619.1
1982	43.7	43.0	8.1	0.7	+42.3	99.0	80.5	4 572.3
1983	40.0	39.2	9.1	0.8	+38.3	91.2	111.4	4 168.1
1984	51.1	49.9	10.7	1.2	+48.7	127.4	159.0	5 309.6
1985	53.9	50.4	10.5	3.5	+46.9	101.0	280.6	5 363.8
1986	34.3	30.8	12.1	3.5	+27.0	61.1	100.3	3 276.6
1987	42.2	37.9	15.1	4.3	+33.6	123.0	132.1	4 029.8
1988	44.5	38.7	18.9	5.8	+32.9	102.3	124.9	4 121.3
1989	53.4	44.5	21.3	8.9	+35.6	114.8	154.2	4 729.8
1990	63.2	56.1	25.1	7.1	+49.0	126.0	78.3	5 957.4
1991	67.3	57.7	32.1	9.6	+48.1	103.0	138.3	6 138.3
1992	76.6	61.8	39.1	14.8	+37.0	106.9	153.2	6 569.3
1993	84.6	62.1	42.5	22.5	+39.6	100.7	151.7	6 901.1
1994	97.0	68.7	52.9	28.3	+40.4	110.5	125.5	7 627.8
1995	109.9	82.6	65.6	27.3	+55.2	120.3	96.7	9 175.6
1996	112.5	83.4	68.2	29.1	+54.3	100.9	106.4	9 264.4
1997	129.6	88.9	75.0	40.7	+48.2	106.6	139.9	9 877.8
1998	127.4	80.5	73.0	46.9	+37.1	87.8	75.4	8 942.3
1999	137.3	82.0	77.4	55.3	+26.7	101.9	117.9	9 111.1
2000	190.2	108.5	105.3	81.7	+26.8	132.3	147.7	12 055.5
2001	199.1	111.1	104.8	88.0	+23.1	102.4	107.7	12 344.4
2002	217.4	123.7	118.2	93.7	+30.0	111.3	106.5	13 744.4
2003	265.6	146.3	131.7	119.3	+27.0	118.3	127.3	16 255.5
2004	344.4	189.2	177.2	155.2	+34.0	129.3	130.1	21 022.2
2005	410.1	234.4	232.4	175.7	+58.7	123.9	113.2	26 044.4
2006	483.9	283.2	260.6	200.7	82.5	120.8	114.2	31 466.7

注:1998年以后为海关统计数。

18—3 按贸易性质分进出口总额

单位:万美元

分类	2005年	2006年	2006年比上年增长%	比重(%) 2005年	比重(%) 2006年
进出口总额	**4 101 253**	**4 839 121**	**18.0**		
出口总额	**2 343 870**	**2 832 250**	**20.8**	**100**	**100**
一般贸易	1 081 394	1 374 048	27.1	46.1	48.5
国家间、国际组织无偿援助和赠送的物资	1 064	1 409	32.4		0.1
来料加工装配贸易	226 402	260 046	14.9	9.7	9.2
进料加工贸易	951 210	1 080 885	13.6	40.6	38.2
寄售、代销贸易	2				
边境小额贸易	15 479	20 680	33.6	0.6	0.7
对外承包工程货物	1 087	2 930	169.5		0.1
租赁贸易	401	200	-50.1		
出料加工贸易	212	28	-86.8		
易货贸易	145	248	71.0		
保税仓库进出境货物	18 848	22 726	20.6	0.8	0.8
保税区仓储转口货物	46 940	68 633	46.2	2.0	2.4
其他	686	416	-39.6		
进口总额	**1 757 383**	**2 006 871**	**14.2**	**100**	**100**
一般贸易	740 797	788 299	6.4	42.2	39.3
国家间、国际组织无偿援助和赠送的物资	7	39	457.1		
华侨、港澳同胞、外籍华人捐赠物资	23	75	226.1		
来料加工装配贸易	169 074	211 176	24.9	9.6	10.5
进料加工贸易	617 581	731 702	18.5	35.1	36.5
寄售、代销贸易					
边境小额贸易	6 721	6 093	-9.3	0.4	0.3
来料加工装配进口的设备	4 138	3 685	-10.9	0.2	0.2
租赁贸易	28 244	26 581	-5.9	1.6	1.3
外商投资企业作为投资进口的设备、物品	54 585	58 864	7.8	3.1	2.9
出料加工贸易	207	29	-86.0		
易货贸易	203	212	4.4		
保税仓库进出境货物	52 052	97 648	87.6	3.0	4.9
保税区仓储转口货物	74 335	74 341		4.2	3.7
其他	9 416	8 127	-13.7	0.5	0.4

18—4 各地区进出口总额

单位:万美元

地　　区	2002年	2003年	2004年	2005年	2006年
进口总额					
总　　计	**937 309**	**1 193 011**	**1 551 937**	**1 757 383**	**2 006 871**
沈　　阳	145 535	225 599	281 510	221 733	263 091
大　　连	625 195	777 021	987 422	1 181 098	1 453 765
鞍　　山	38 627	36 566	65 107	83 971	66 186
抚　　顺	9 255	10 477	16 024	18 221	14 749
本　　溪	10 091	15 270	44 188	67 404	40 254
丹　　东	53 093	60 304	69 288	43 347	33 428
锦　　州	4 133	5 493	13 691	30 922	26 783
营　　口	21 801	29 188	39 718	45 121	48 110
阜　　新	194	360	354	536	508
辽　　阳	6 161	8 350	4 434	6 094	17 475
盘　　锦	4 461	3 384	4 194	4 719	5 420
铁　　岭	2 138	2 277	1 266	1 254	1 438
朝　　阳	1 030	1 921	2 908	7 955	7 124
葫 芦 岛	15 595	16 802	21 834	45 008	28 540
出口总额					
总　　计	**1 236 592**	**1 463 131**	**1 891 771**	**2 343 870**	**2 832 250**
沈　　阳	138 045	198 445	233 647	232 347	265 822
大　　连	848 935	952 952	1 085 448	1 378 025	1 725 809
鞍　　山	35 293	40 982	100 212	131 866	213 853
抚　　顺	16 661	25 021	40 936	40 055	52 457
本　　溪	10 131	9 370	52 602	74 953	85 989
丹　　东	90 042	105 667	131 322	151 113	140 501
锦　　州	12 448	14 835	46 248	53 937	65 553
营　　口	49 573	60 680	78 182	100 997	117 326
阜　　新	1 664	2 432	3 671	3 492	4 038
辽　　阳	6 502	8 281	13 215	23 934	39 410
盘　　锦	5 084	9 536	17 624	13 532	10 182
铁　　岭	4 530	5 800	8 125	8 347	10 028
朝　　阳	2 418	4 654	13 210	22 092	26 074
葫 芦 岛	15 266	24 476	67 329	109 180	75 208

18—5 海关同主要国家(地区)进出口总额

单位:万美元

国家、地区	进出口总额		进口总额		出口总额	
	2005年	2006年	2005年	2006年	2005年	2006年
香港	99 788	117 032	13 716	12 609	86 072	104 423
澳门	339	379	14	1	325	378
朝鲜	82 306	63 683	22 860	19 209	59 446	44 474
日本	1 049 993	1 088 357	418 863	398 921	631 130	689 436
菲律宾	26 612	32 680	9 141	9 690	17 471	22 990
韩国	494 036	563 170	205 700	226 155	288 336	337 015
泰国	50 930	55 758	16 963	24 615	33 967	31 143
马来西亚	45 803	46 958	19 951	20 921	25 852	26 037
新加坡	78 150	139 752	8 248	14 890	69 902	124 862
印度尼西亚	57 238	78 352	7 716	11 311	49 522	67 041
匈牙利	3 154	3 730	536	976	2 618	2 754
德国	210 633	287 361	151 050	210 481	59 583	76 880
法国	25 488	39 192	13 114	24 410	12 374	14 782
意大利	45 254	86 245	15 055	19 570	30 199	66 675
比利时	32 037	45 354	8 199	6 946	23 838	38 408
英国	54 400	75 504	9 667	14 898	44 733	60 606
丹麦	24 849	38 423	8 545	7 040	16 304	31 383
瑞典	15 411	17 050	8 778	9 617	6 633	7 433
瑞士	6 825	6 999	5 868	5 870	957	1 129
奥地利	13 434	7 230	11 534	5 318	1 900	1 912
西班牙	23 763	39 547	4 673	4 748	19 090	34 799
加拿大	53 105	56 368	28 399	23 131	24 706	33 237
美国	464 316	535 080	129 174	116 311	335 142	418 769
澳大利亚	88 508	94 287	56 105	66 244	32 403	28 043
新西兰	9 664	8 591	6 366	4 971	3 298	3 620
土耳其	9 988	11 589	1 540	2 701	8 448	8 888
荷兰	120 497	98 293	6 043	5 311	114 454	92 982
巴基斯坦	6 175	9 997	854	1 243	5 321	8 754
埃及	4 191	6 273	177	129	4 014	6 144
利比亚	389	709	14		375	709
俄罗斯	80 494	100 705	46 632	46 243	33 862	54 462
波兰	5 913	11 037	488	565	5 425	10 472
捷克	2 216	2 465	1 017	1 474	1 199	991
罗马尼亚	2 967	3 459	747	1 035	2 220	2 424
保加利亚	617	941	18	56	599	885
孟加拉	3 682	3 557	296	174	3 386	3 383
巴西	48 565	72 165	38 283	54 980	10 282	17 185

18—6 海关主要商品出口数量

品名	单位	2000年	2002年	2003年	2004年	2005年	2006年
大豆	万吨	1.4	5.2	5.2	8.7	12.4	12.8
食用植物油	吨	2 070	1 336	531	854	54 876	68 184
花生仁	吨	25 426	23 123	21 108	23 666	22 631	13 652
冻鸡	吨	36 465	35 777	19 371	8 124	14 923	13 253
水产品	吨	222 071	358 964	292 465	321 532	312 342	405 784
苹果	吨	22 388	23 157	29 128	41 096	26 571	25 220
棉布	万米	3 024				624	486
绸缎	万米	24.5	29.8	14.7	35.8		
蜂蜜	吨	4 303	6 148	5 370	2 715	3 053	2 914
纸张	吨	6 389	6 742	10 520	7 661	4 937	2 635
烤烟	吨	607	5 931	4 750	3 688	1 935	541
钢材	万吨	65.7	64.7	76.1	222.8	300	580
煤炭	万吨		16.6	8.0	9.3	2.7	0.3
成品油	万吨	204.2	425.3	279.1	264.9	314.9	386.4
原油	万吨	368	313.8	326.7	61.7	52.3	5.1
生铁	万吨		3.0	2.8	0.6	0.2	0.5
硴石	吨	26 038	21 823	14 020	26 352	19 769	13 577
滑石块	吨	284 059	248 632	257 277	220 627	185 522	214 999
石蜡	吨	200 458	263 763	219 215	271 537	344 942	342 066
染料	吨	11 995	15 186	13 547	13 319	14 725	19 935
轮胎	套	2 513 218	2 311 811	2 725 221	3 667 266	4 809 260	5 315 211
机床	台	6 884	4 346	3 503	5 742	9 914	21 576
轴承	万套	5 711	2 331	2 626	3 574	4 708	4 062
汽车	辆	2 438	606	814	2 186	5 212	9 148

18—7 海关主要商品进口数量

品　　名	单位	2000 年	2002 年	2003 年	2004 年	2005 年	2006 年
货船	艘	49	27	47	31	34	42
汽车	辆	7 295	20 134	25 421	31 457	22 531	26 570
卡车	辆	212	517	934	277	86	210
旅行车	辆	484	2 345	1 392	1 186	797	212
小轿车	辆	3 278	8 626	15 463	24 710	15 794	23 642
机床	台	2 125	3 875	3 643	3 154	3 419	19 515
钢材	吨	630 032	707 053	775 106	641 676	590 661	488 538
型材	吨		4 266	5 456	14 029	541 164	21 244
铜	吨	36 846	10 783	12 391	13 853	17 560	26 966
铝	吨	28 103	12 145	13 552	17 580	22 992	23 864
橡胶	吨	54 661		38 734	51 196	76 194	90 332
纯碱	吨	3 303		4 542	5 001	1	10
染料及中间体	吨	528		801	732	746	701
农药	吨	848	749	2 528	64	499	782
彩色电视机	台	216	298		2 948	328	13 769
显像管	只	2 279 913	2 753 565		2 445 852	1 490 723	1 207 194
收录机	台	103	276		2 376	631	21 201

18—8 利用外资概况

单位:个、万美元

年份	总计		对外借款		外商直接投资		外商其他投资	
	项目	金额	项目	金额	项目	金额	项目	金额
签订利用外资协议(合同)								
1980	24	487					24	487
1985	136	24 213	22	3 916	71	16 353	43	3 944
1990	550	85 298	70	34 403	365	46 703	115	4 192
1991	720	92 238	40	33 733	575	54 006	105	4 499
1992	2 264	269 694	39	68 353	2 148	197 922	77	3 419
1993	4 147	431 588	27	49 074	4 054	379 615	66	2 899
1994	2 810	499 888	63	50 495	2 677	448 846	70	547
1995	2 484	466 820	54	60 702	2 406	397 449	24	8 669
1996	1 901	502 673	27	24 728	1 853	445 601	21	32 344
1997	1 734	550 991	17	57 080	1 698	438 835	19	55 076
1998	1 740	506 974	26	46 747	1 708	438 957	6	21 270
1999	1 785	505 987	44	51 200	1 736	444 517	5	10 270
2000	1 908	555 807	17	26 983	1 883	517 775	8	11 049
2001	1 893	592 312	14	31 611	1 876	546 649	3	14 052
2002	2 132	742 914	5	11 194	2 125	718 520	2	13 200
2003	2 328	982 243	1	12 000	2 327	970 243		
2004	2 491	866 200			2 491	866 200		
2005	2 686	1 101 596			2 686	1 101 596		
2006	2 336	1 524 039			2 336	1 524 039		
实际利用外资额								
1980		457						457
1985		4 192		1 617		1 569		1 006
1990		78 725		51 749		24 831		2 145
1991		97 157		61 429		31 360		4 368
1992		85 931		39 512		43 916		2 503
1993		169 055		43 402		122 731		2 922
1994		198 135		55 230		142 388		517
1995		190 691		49 377		140 405		909
1996		237 915		44 637		167 142		26 136
1997		305 876		29 775		221 446		54 655
1998		314 104		71 742		220 471		21 891
1999		303 820		85 470		206 366		11 984
2000		301 620		35 472		255 219		10 929
2001		358 627		33 282		311 293		14 052
2002		425 538		20 777		391 561		13 200
2003		571 074		12 812		558 262		
2004		540 679				540 679		
2005		359 042				359 042		
2006		598 554				598 554		

18—9 各地区实际外商直接投资额

单位:万美元

地区	2000年	2002年	2003年	2004年	2005年	2006年
总计	**255 219**	**391 561**	**558 262**	**540 679**	**359 042**	**598 554**
沈阳	71 229	140 880	224 237	242 277	212 312	303 444
大连	130 597	160 309	221 126	220 328	100 153	224 475
鞍山	8 787	16 422	22 651	19 261	6 936	13 534
抚顺	2 216	5 815	6 776	3 260	4 207	5 279
本溪	864	2 084	3 205	4 617	3 856	5 035
丹东	3 696	7 553	10 106	8 646	6 432	11 449
锦州	5 939	11 911	13 131	4 928	6 647	9 557
营口	13 952	21 530	24 816	16 319	7 840	10 078
阜新	314	1 702	2 230	2 107	1 328	1 844
辽阳	2 695	5 233	4 005	4 211	3 299	5 121
盘锦	9 100	5 592	8 100	2 462	1 464	2 052
铁岭	3 600	6 587	10 196	7 650	1 564	3 172
朝阳	1 110	2 483	3 088	2 434	584	2 494
葫芦岛	1 120	3 460	4 595	2 179	2 420	1 020

18—10 按国别、地区分实际外商直接投资额

单位:万美元

国别、地区	2000年	2002年	2003年	2004年	2005年	2006年
香港	66 398	127 241	182 321	147 096	139 993	167 937
澳门	767	770	2 453	1 545	1 436	1 332
台湾	7 427	15 350	16 382	19 650	5 793	16 668
印度尼西亚	10	245	22	1 007	395	12
日本	44 910	80 675	85 252	85 972	41 003	73 991
马来西亚	2 252	399	1 610	1 608	4 675	3 440
菲律宾	52	50	1 008	2 096	373	450
新加坡	7 452	12 936	11 888	12 827	13 158	27 636
韩国	26 405	29 707	91 236	104 621	51 435	93 564
泰国	306	333	932	1 280	2 780	2 472
比利时	382	54	2 666	3 321	495	1 050
丹麦	60	93	122	503	215	596
英国	2 910	4 725	9 052	3 755	4 861	3 508
德国	6 447	11 788	10 079	4 805	3 693	7 238
法国	87	2 783	2 755	878	31	1 520
意大利	240	361	810	808	2 426	4 986
荷兰	4 051	904	14 355	3 136	2 921	4 255
新西兰	326	527	515	1 778	1 005	903
西班牙	23	58	96	6	84	1 036
芬兰	798	95	800	366		25
瑞士	3 531	450	1 478		503	101
加拿大	3 234	6 482	5 808	10 947	4 499	13 849
美国	47 045	49 760	45 947	64 096	28 262	55 693
澳大利亚	1 980	3 128	11 062	12 006	3 949	9 726

18—11 外商直接投资

（按国别、地区分）　　　　单位：个、万美元

国别、地区	2002年		2003年		2004年		2005年		2006年	
	项　目	合　同 外资额	项　目	合　同 外资额	项　目	合　同 外资额	项　目	合　同 外资额	项　目	合　同 外资额
日　本	366	76 057	446	109 381	466	96 432	538	121 048	458	169 000
香　港	193	208 746	356	307 644	404	264 534	459	350 758	475	457 864
韩　国	672	95 089	762	188 776	859	155 827	839	237 107	618	291 576
澳　门	4	3 796	15	8 690	7	8 611	13	4 943	16	7 304
新加坡	38	24 491	41	12 333	57	34 564	48	12 894	33	35 050
泰　国	6	4 313	6	6 903	10	3 118	7	7 812	3	2 090
马来西亚	14	23 158	13	6 883	16	2 573	19	4 931	14	9 430
美　国	295	116 846	249	113 933	231	84 888	268	133 755	207	142 226
英　国	26	17 345	18	12 685	26	13 767	25	5 240	23	5 593
法　国	11	1 568	5	360	10	521	2	200	11	5 648
德　国	22	15 177	19	6 903	31	5 545	40	24 726	18	8 016
澳大利亚	40	9 978	43	45 501	33	13 286	45	21 552	51	45 005
意大利	10	1 261	12	4 334	16	5 056	25	12 871	12	7 769
加拿大	66	19 600	76	24 477	83	24 471	87	27 074	90	61 956
西班牙	4	91	3	-146	4	54	4	254	5	1 798
瑞　士	1	622		370	1	36	2	58	1	880
菲律宾	2	2 150	9	5 369	2	1 439	5	2 256	8	1 328
荷　兰	7	2 040	9	9 102	8	2 253	15	5 414	13	5 647
丹　麦	2	69	3	174	1	435	1	289	2	598
比利时	2	28	1	1 495	1	3 798	5	380	2	1 481
新西兰	8	1 012	7	2 042	14	1 907	12	-5	10	331
芬　兰			1	2 760	1	51				179
台　湾	142	30 535	112	32 854	114	42 923	92	22 758	93	64 731

18—12　按行业分对外签订外商直接投资合同情况

行　　　业	2004年	2005年	2006年
一、合同项目(个)			
总　　　计	**2 491**	**2 686**	**2 336**
农、林、牧、渔业	81	69	55
采　矿　业	26	25	16
制　造　业	1 666	1 717	1 366
电力、燃气及水的生产和供应业	13	15	29
建　筑　业	43	42	38
交通运输、仓储及邮政业	20	12	24
信息传输、计算机服务和软件业	87	129	90
批发和零售业	107	151	158
住宿和餐饮业	108	125	101
金　融　业	5	4	2
房 地 产 业	159	178	242
租赁和商务服务业	98	139	122
科学研究、技术服务和地质勘查业	26	31	46
水利、环境和公共设施管理业	13	3	9
居民服务和其他服务业	21	28	17
教　　　育	3	2	1
卫生、社会保障和社会福利业	4	1	2
文化、体育和娱乐业	11	15	18
公共管理和社会组织			
国 际 组 织			
二、合同外资额(万美元)			
总　　　计	**866 166**	**1 101 596**	**1 524 039**
农、林、牧、渔业	23 700	21 048	25 350
采　矿　业	9 474	6 938	8 470
制　造　业	528 298	716 719	898 064
电力、燃气及水的生产和供应业	14 817	10 534	20 512
建　筑　业	26 094	6 333	6 743
交通运输、仓储及邮政业	13 791	11 875	32 056
信息传输、计算机服务和软件业	17 489	41 606	21 198
批发和零售业	5 624	32 004	29 688
住宿和餐饮业	16 826	15 442	15 115
金　融　业	7 923	3 767	837
房 地 产 业	168 500	180 554	365 030
租赁和商务服务业	11 456	29 677	27 549
科学研究、技术服务和地质勘查业	4 013	11 235	46 610
水利、环境和公共设施管理业	2 668	2 006	3 995
居民服务和其他服务业	3 522	4 658	8 213
教　　　育	418	12	18
卫生、社会保障和社会福利业	3 827	2 084	3 008
文化、体育和娱乐业	7 726	5 104	11 583
公共管理和社会组织			
国 际 组 织			

18—13 按行业分实际外商直接投资额

单位:万美元

行业	2004年	2005年	2006年
总计	**540 679**	**359 042**	**598 554**
农、林、牧、渔业	17 512	2 353	5 367
采矿业	3 117	1 660	2 252
制造业	308 044	176 122	342 981
电力、燃气及水的生产和供应业	10 090	3 915	11 202
建筑业	13 404	5 575	1 698
交通运输、仓储及邮政业	10 890	9 059	9 211
信息传输、计算机服务和软件业	11 753	8 315	15 871
批发和零售业	11 114	4 647	19 912
住宿和餐饮业	9 526	3 789	5 750
金融业		559	334
房地产业	119 045	98 312	152 248
租赁和商务服务业	12 393	5 928	10 159
科学研究、技术服务和地质勘查业	851	1 639	7 734
水利、环境和公共设施管理业	763	1 132	871
居民服务和其他服务业	352	3 965	8 157
教育	995	98	
卫生、社会保障和社会福利业	423	17	58
文化、体育和娱乐业	8 863	1 835	4 749
公共管理和社会组织			
国际组织			

18—14　年末登记外商投资企业行业分布情况

行　　业	企业数(户)		投资总额(百万美元)		注册资本(百万美元)			
							#外　方	
	2005年	2006年	2005年	2006年	2005年	2006年	2005年	2006年
总　　计	**16 542**	**16 402**	**81 507**	**94 485**	**49 533**	**59 667**	**36 171**	**43 222**
农、林、牧、渔业	486	451	1 551	1 540	1 098	1 101	800	762
采　矿　业	62	59	210	230	159	178	111	127
制　造　业	10 701	10 541	44 383	53 188	27 725	34 485	19 669	24 139
电力、燃气及水的生产和供应业	66	84	2 056	2 455	876	1 062	633	743
建　筑　业	541	493	2 209	2 264	1 785	1 728	1 291	1 269
交通运输、仓储及邮政业	143	149	1 758	1 914	918	1 000	586	659
信息传输、计算机服务和软件业	496	556	2 849	3 129	1 773	2 040	1 512	1 745
批发和零售业	996	922	1 282	1 508	819	1 084	598	889
住宿和餐饮业	850	812	3 230	2 883	1 866	1 600	1 144	1 016
金　融　业	16	18	389	435	338	362	285	319
房　地　产　业	964	1 050	14 608	19 519	8 323	11 451	6 371	8 673
租赁和商务服务业	539	562	1 663	1 777	1 177	1 293	941	1 084
科学研究、技术服务和地质勘查业	230	276	1 112	1 291	661	968	565	781
水利、环境和公共设施管理业	59	59	536	545	281	272	191	203
居民服务和其他服务业	197	188	225	282	171	205	107	143
教　　育	11	10	32	31	16	14	6	6
卫生、社会保障和社会福利业	12	10	238	146	92	79	59	58
文化、体育和娱乐业	170	158	3 170	1 322	1 449	730	1 297	595
公共管理和社会组织								
国　际　组　织								

18—15 外商投资企业分国别、地区注册登记情况

(2006年)

国别、地区	企业个数(个)		投资总额(万美元)		注册资本(万美元)		#外方(万美元)	
	年末实有	本年新增	绝对数	比重	绝对数	比重	绝对数	比重
合计	**16 402**	**2 033**	**1 355 650**	**100.0**	**1 009 933**	**100.0**	**865 187**	**100.0**
香港	3 069	379	452 359	33.4	320 735	31.8	277 393	32.1
澳门	63	8	5 415	0.4	2 724	0.3	1 590	0.2
台湾	908	88	67 968	5.0	62 111	6.2	59 483	6.9
印度尼西亚	19	4	3 457	0.3	3 216	0.3	3 038	0.4
日本	3 351	419	95 930	7.1	71 794	7.1	62 295	7.2
马来西亚	106	13	14 408	1.1	10 403	1.0	7 062	0.8
菲律宾	26	7	1 453	0.1	1 213	0.1	1 201	0.1
新加坡	345	30	30 071	2.2	21 583	2.1	19 646	2.3
韩国	4 251	549	201 994	14.9	158 485	15.7	139 138	16.1
泰国	69	2	1 506	0.1	1 006	0.1	1 006	0.1
比利时	20	1	280		200		200	
丹麦	14	2	76		56		56	
英国	176	19	9 715	0.7	8 443	0.8	7 288	0.8
德国	198	16	14 185	1.0	9 551	0.9	8 329	1.0
法国	56	9	5 393	0.4	3 471	0.3	2 401	0.3
奥地利	24	5	8 410	0.6	3 563	0.4	2 949	0.3
意大利	88	10	7 163	0.5	7 323	0.7	6 250	0.7
卢森堡	5							
荷兰	68	11	13 886	1.0	6 152	0.6	5 496	0.6
葡萄牙	7	2	3 875	0.3	3 250	0.3	2 492	0.3
西班牙	26	3	1 190	0.1	1 190	0.1	1 023	0.1
芬兰	9							
瑞士	17	1	7		7		7	
加拿大	458	69	52 900	3.9	47 448	4.7	41 658	4.8
美国	1 822	173	103 419	7.6	86 869	8.6	74 171	8.6
澳大利亚	273	40	45 297	3.3	35 805	3.5	32 761	3.8
新西兰	57	10	1 517	0.1	1 006	0.1	569	0.1

18—16 对外承包工程和劳务合作

年份	合同份数（份）	合同金额（万美元）	完成营业额（万美元）	营业利润（万美元）	外汇净收入（万美元）	派出人员（人）	年末在外人数（人）
总计							
1985	77	8 045	3 547	231	347	1 236	2 415
1990	223	23 984	8 445	478	830	10 354	8 459
1991	253	13 942	9 037	392	741	12 074	9 945
1992	354	27 501	14 170	985	948	18 197	13 167
1993	396	39 143	20 609			18 983	16 821
1994	609	55 763	31 484				24 569
1995	795	62 925	32 117			20 946	26 868
1996	832	48 704	29 599			21 159	23 573
1997	1 002	63 469	37 784			23 866	29 095
1998	1 173	56 681	44 406			25 925	31 717
1999	1 362	44 661	35 574			31 052	36 724
2000	1 381	62 229	41 334			38 781	45 936
2001	1 284	50 554	46 512			42 240	47 744
2002	1 017	54 504	50 326			51 585	57 292
2003	981	49 749	48 368			58 376	64 126
2004	917	60 022	55 715			64 263	66 575
2005	900	71 200	65 200			69 364	71 100
2006	1 200	85 000	71 500			76 490	78 500
承包工程							
1985	32	6 523	2 392	59	38	207	297
1990	46	14 052	6 767	332	280	1 999	2 280
1991	54	6 433	4 505	132	302	3 842	2 555
1992	79	18 867	9 231	428	380	6 441	3 009
1993	136	26 818	10 877			4 883	3 556
1994	180	44 900	19 600				
1995	191	39 414	17 626			4 509	4 966
1996	209	28 875	15 850			5 616	3 027

18—16 续表

年份	合同份数（份）	合同金额（万美元）	完成营业额（万美元）	营业利润（万美元）	外汇净收入（万美元）	派出人员（人）	年末在外人数（人）
1997	216	39 754	20 980			3 399	4 263
1998	247	35 901	28 258			4 467	4 305
1999	215	21 137	17 503			2 722	2 860
2000		32 811	20 309				
2001	72	9 327	15 962			2 751	2 265
2002	156	23 330	18 474			1 749	2 741
2003	228	20 644	17 151			1 801	2 000
2004	200	31 043	25 920			5 539	5 800
2005	281	54 600	42 662			3 176	4 045
2006	171	66 131	49 429			6 340	7 416
劳务合作							
1985	45	1 522	1 155	172	309	1 029	2 118
1990	177	9 932	1 678	146	550	8 355	6 179
1991	199	7 509	4 532	260	439	8 232	7 390
1992	275	8 634	4 939	557	568	11 756	10 158
1993	260	12 325	9 732			14 100	13 265
1994	429	10 863	11 884				24 569
1995	596	22 804	14 451			16 408	21 848
1996	618	19 634	13 616			15 504	20 545
1997	763	22 776	16 313			20 459	24 823
1998	922	20 397	15 660			21 428	27 401
1999	1 129	23 478	18 006			28 316	33 851
2000		29 310	20 926				
2001	926	27 486	20 326			26 766	33 599
2002	850	30 175	31 700			49 748	54 551
2003	750	29 001	31 005			56 508	62 059
2004	712	28 410	29 662			58 661	60 770
2005	619	16 600	22 538			66 188	67 055
2006	1 029	18 869	22 071			70 150	71 084

主要统计指标解释

利用外资　指我国各级政府、部门、企业和其他经济组织通过吸收外商直接投资以及用其他方式筹措的境外现汇、设备、技术等。

外商直接投资　是指外国企业和经济组织或个人(包括华侨、港澳台胞以及我国在境外注册的企业)按我国有关政策、法规，用现汇、实物、技术等在我国境内开办外商独资企业、与我国境内的企业或经济组织共同举办中外合资经营企业、合作经营企业或合作开发资源的投资(包括外商投资收益的再投资)以及经政府有关部门批准的项目投资总额内，企业从境外借入的资金。

对外承包工程　包括各对外承包公司以招标议标承包方式承揽的下列业务(1)承包国外工程建设项目;(2)承包我国对外经援项目;(3)承包我国驻外机构的工程建设项目;(4)承包我国境内利用外资进行建设的工程项目;(5)与外国承包公司合营或联合承包工程项目时我国公司分包部分;(6)以服务成果向业主收费的技术服务项目(包括承担地形地貌测绘;地质资源勘探与普查;建设区域规划;提供设计文件、图纸、生产工艺技术资料和工程技术经济咨询;工程项目的可行性考察、研究和评估;进行技术指导和培训人员等);(7)对外承包兼营的房屋开发业务。对外承包工程的营业额是以货币表现的本期内完成的对外承包工程的工作量,包括以前年度签订的合同和本年度新签订的合同在报告期完成的工作量。

对外劳务合作　指以收取工资的形式向业主或承包商提供技术和劳动服务的活动。我国对外承包公司在境外开办的合营企业,中国公司同时又提供劳务的,其劳务部分也纳入劳务合作统计。劳务合作营业额按报告期内向雇主提交的结算数(包括工资、加班费和奖金等)统计。

第十九篇

旅游

19

LUYOU

19—1 旅游事业发展情况

指标	单位	2000年	2002年	2003年	2004年	2005年	2006年
入境旅游人数	人次	**612 222**	**929 428**	**778 943**	**1 080 809**	**1 301 955**	**1 612 987**
外国人	人次	500 509	794 172	668 090	937 671	1 111 091	1 372 550
港澳台同胞	人次	111 713	135 256	110 853	143 138	190 864	240 437
平均逗留天数	天	3.4	3.2	3.2	3.1	3.2	3.1
国内居民出境人数	人次	**105 230**	**98 793**	**67 674**	**133 965**	**212 996**	**438 156**
国内旅游人数	万人次	**4 263**	**6 305**	**6 303**	**8 019**	**9 860**	**13 166**
旅游收入							
国际旅游收入	万美元	38 265	55 021	45 410	61 281	73 777	93 430
国内旅游收入	亿元	223.7	397.6	407.5	519.4	674.7	896.1
星级饭店总数	个	**216**	**347**	**379**	**445**	**499**	**497**
旅行社数	个	**504**	**653**	**803**	**902**	**1 003**	**1 073**

19—2 按国别分外国入境旅游人数

单位:人次

国别	2000年	2002年	2003年	2004年	2005年	2006年
总计	**500 509**	**794 172**	**668 090**	**937 671**	**1 111 091**	**1 372 550**
#日本	216 857	320 136	241 119	383 613	429 841	503 850
菲律宾	1 748	6 720	5 619	6 257	5 932	9 118
新加坡	7 676	13 767	13 195	14 422	17 977	20 676
泰国	2 914	4 050	3 854	4 196	5 002	6 784
印度尼西亚	2 427	4 519	4 169	4 823	4 632	8 821
美国	15 808	23 266	18 781	26 666	31 497	38 973
加拿大	3 688	5 642	4 972	7 374	8 671	11 163
英国	3 774	6 389	7 948	7 943	9 659	14 338
法国	2 733	3 585	3 721	5 062	6 542	9 466
德国	5 963	8 898	10 017	15 899	17 234	22 356
意大利	2 675	2 754	2 256	3 709	4 149	6 031
俄罗斯	19 813	33 738	29 612	43 671	63 459	88 553
澳大利亚	3 485	5 972	4 519	6 154	7 325	9 332
新西兰	501	1 606	1 050	1 706	1 846	2 588

19—3 按地区分接待入境旅游人数

单位:人次

地区	2000年	2002年	2003年	2004年	2005年	2006年
接待旅游人数	**612 222**	**929 428**	**778 943**	**1 080 809**	**1 301 955**	**1 612 987**
沈阳	172 766	237 627	184 255	272 838	326 513	400 036
大连	338 286	491 100	373 000	520 035	600 030	700 032
鞍山	29 963	45 812	46 726	58 665	68 409	86 246
抚顺	3 495	6 903	10 517	14 960	19 669	33 097
本溪	7 847	20 527	25 967	35 512	52 201	82 199
丹东	40 258	75 508	68 489	86 583	103 494	128 000
锦州	3 755	15 950	22 700	29 499	54 952	68 117
营口	5 991	12 160	13 858	16 400	17 011	21 109
阜新	643	1 620	1 641	2 005	2 313	3 033
辽阳	1 476	3 889	6 024	8 811	9 803	12 660
盘锦	1 712	2 730	5 380	8 836	14 464	33 626
铁岭	352	1 182	2 015	4 899	7 051	13 006
朝阳	519	725	909	1 111	1 544	3 180
葫芦岛	5 159	13 695	17 462	20 655	24 501	28 646

19—4 按地区分旅游外汇收入

单位:万美元

地区	2000年	2002年	2003年	2004年	2005年	2006年
旅游外汇收入	**38 265**	**55 021**	**45 410**	**61 281**	**73 777**	**93 430**
沈阳	10 014	13 702	11 102	14 342	17 272	23 156
大连	23 427	33 000	25 120	35 000	40 000	46 500
鞍山	2 053	3 189	3 202	4 216	4 945	6 080
抚顺	191	332	358	397	504	915
本溪	202	515	657	1 082	1 702	3 891
丹东	1 480	2 629	2 414	2 770	3 680	4 493
锦州	170	510	697	975	1 841	3 095
营口	167	326	568	671	718	943
阜新	26	60	63	78	90	136
辽阳	57	158	325	413	468	649
盘锦	73	137	288	479	747	1 359
铁岭	18	54	91	229	330	634
朝阳	28	38	51	59	77	167
葫芦岛	359	371	474	570	676	938

19—5 按地区分国内旅游人数及收入

（2006 年）　　　　单位：万人次、百万元

地区	国内旅游接待人数	过夜旅游者	一日游游客	国内旅游收入	过夜旅游者	一日游游客
全省	**13 166**	**8 969**	**4 197**	**89 607**	**83 811**	**5 796**
沈阳	4 513	2 010	2 503	25 430	23 242	2 188
大连	2 150	1 893	257	22 300	21 714	586
鞍山	965	863	102	6 340	6 044	296
抚顺	690	509	181	4 410	4 042	368
本溪	720	563	157	4 710	4 397	313
丹东	950	689	261	6 200	5 949	251
锦州	532	426	106	3 680	3 482	198
营口	285	176	109	1 682	1 405	277
阜新	135	84	51	670	521	149
辽阳	510	446	64	4 020	3 912	108
盘锦	454	259	195	2 998	2 362	636
铁岭	360	321	39	2 007	1 983	24
朝阳	372	265	107	2 676	2 385	291
葫芦岛	530	465	65	2 484	2 373	111

主要统计指标解释

旅游者人数 (1)入境国际旅游者人数:指来中国参观、访问、旅行、探亲、访友、休养、考察、参加会议和从事经济、科技、文化、教育、宗教等活动的外国人、港澳同胞和台湾同胞的人数。包括入境旅游者和入境一日游游客。不包括外国在我国的常驻机构,如使领馆、通讯社、企业办事处的工作人员;来我国常住的外国专家、留学生以及在岸逗留不过夜人员。

(2)出境居民人数:指大陆居民因公务活动或私人事务短期出境的人数。公务活动出境居民人数包括在国际交通工具上的中国服务员工,因私出境居民人数不包括在国际交通工具上的中国服务员工。

(3)国内旅游者人数:指我国大陆居民和在我国常住1年以上的外国人、港澳台同胞离开常住地在境内其他地方的旅游设施内至少停留一夜,最长不超过12个月的人数;和国内居民离开惯常住地10公里以上,出游时间超过6小时不足24小时,并未在境内其他地方的旅游住宿设施过夜的国内一日游游客。

国际旅游(外汇)收入 指入境旅游的外国人、港澳同胞和台湾同胞在中国大陆旅游过程中发生的一切旅游支出,对于国家来说就是国际旅游(外汇)收入。

国际旅行社 指经营对外招徕并接待外国人、港澳同胞和台湾同胞来中国、回内地旅游业务的旅行社。

国内旅行社 指负责经营招徕、组团、接待国内游客的旅游业务,以及不对外招徕,负责经营接待国际旅行社或其它涉外部门组织的外国人、港澳同胞和台湾同胞来中国、回内地旅游业务的旅行社。

星级饭店 指设备、设施、服务符合《旅游饭店星级的划分与评定》(中华人民共和国国家标准),通过相关旅游管理部门评定,并取得星级饭店称号的饭店(含预备星级饭店)。

第二十篇

金融业

20

JINRONGYE

第三十篇

20—1 金融机构存款、贷款余额

单位:亿元

指标	2004年	2005年	2006年	指标	2004年	2005年	2006年
年末存款余额	10 193.5	11 967.0	13 596.8	商业贷款	961.6	888.0	929.3
一、企业存款	2 807.0	3 118.6	3 833.6	建筑业贷款	132.3	163.6	189.2
活期存款	2 062.6	2 235.3	2 681.5	农业贷款	281.3	513.0	583.1
定期存款	744.4	883.3	1 152.2	乡镇企业贷款	330.4	91.0	5.6
二、财政存款	100.3	116.6	144.3	三资企业贷款	94.4	88.2	83.7
三、机关团体存款	299.1	471.2	451.1	私营企业及个体贷款	135.3	116.7	129.8
四、储蓄存款	6 048.5	6 950.2	7 701.2	其他短期贷款	927.6	952.4	1 053.3
活期存款	1 659.1	1 897.2	2 230.6	二、中期流动资金贷款	291.4	–	–
定期存款	4 389.4	5 053.1	5 740.6	三、中长期贷款	2 693.9	3 444.5	4 161.5
五、农业存款	105.6	132.4	168.6	基本建设贷款	1 186.8	1 175.3	1 510.3
六、信托存款	3.2	37.6	0.0	技术改造贷款	133.8	180.4	146.0
七、委托存款	5.1	34.6	36.5	其他中长期贷款	1 373.3	2 088.8	2 505.3
八、其他存款	824.8	1 105.7	1 261.5	四、信托贷款	1.3	31.4	0
年末贷款余额	7 744.5	7 958.1	9 117.2	五、融资租赁	0.0	0.0	0
一、短期贷款	4 284.3	3 805.0	4 206.8	六、委托贷款	19.8	13.7	12.0
工业贷款	1 421.4	992.0	1 232.8	七、票据融资及各项垫款	453.8	663.4	736.9

20—2 各地区金融机构存款余额

（2006 年）　　单位:万元

地　　区	金融机构存款余额	# 企业存款	# 储蓄存款余额	定期存款	活期存款
全　　省	**135 967 845**	**38336489**	**77 011 856**	**54 705 872**	**22 305 985**
沈　　阳	39 712 846	13330155	19 219 758	12 624 827	6 594 930
大　　连	37 213 409	12371119	17 360 940	12 274 274	5 086 666
鞍　　山	10 057 156	2038534	6 971 676	5 226 505	1 745 171
抚　　顺	5 354 726	1054471	3 857 139	2 787 888	1 069 250
本　　溪	4 256 315	835539	2 772 304	1 993 273	779 031
丹　　东	4 907 161	741651	3 655 237	2 743 214	912 023
锦　　州	5 667 917	993587	3 929 219	2 999 850	929 368
营　　口	4 456 060	810571	3 276 166	2 328 713	947 453
阜　　新	2 542 679	561410	1 750 339	1 275 747	474 592
辽　　阳	4 055 475	732483	2 969 866	2 154 589	815 277
盘　　锦	4 827 615	1189006	3 219 160	2 486 149	733 012
铁　　岭	3 346 382	666609	2 437 491	1 807 583	629 908
朝　　阳	3 453 791	587386	2 464 751	1 756 720	708 032
葫 芦 岛	4 721 191	1141817	3 128 152	2 246 896	881 256

20—3 各地区金融机构贷款余额

(2006年) 单位:万元

地区	金融机构贷款余额	#工业贷款	#商业贷款	#农业贷款
全省	**91 172 178**	**12 327 814**	**9 293 081**	**5 830 510**
沈阳	24 945 333	2 544 607	2 501 493	955 818
大连	28 082 806	3 905 671	1 735 113	1 356 909
鞍山	5 138 617	1 221 568	656 637	424 687
抚顺	2 147 562	395 624	199 170	180 548
本溪	2 494 417	529 626	135 508	163 193
丹东	2 281 709	254 175	364 895	373 270
锦州	3 276 716	398 782	536 735	414 067
营口	3 235 413	571 069	500 741	265 129
阜新	1 776 370	195 770	311 137	219 071
辽阳	2 505 288	571 060	464 460	267 531
盘锦	1 618 913	386 691	430 648	136 123
铁岭	2 686 905	189 879	848 287	352 890
朝阳	2 313 414	190 823	372 168	338 345
葫芦岛	2 995 395	768 980	241 328	337 716

20—4 金融机构现金收入

单位:亿元

项 目	2000年	2002年	2003年	2004年	2005年	2006年
收入总计	**14 891.5**	**18 631.6**	**21 649.9**	**27 201.7**	**29 915.5**	**34 892.7**
商品销售收入	1 558.0	1 634.0	1 998.4	2 532.4	2 772.3	3 038.1
服务事业收入	597.4	696.3	754.1	838.0	917.6	972.9
税款收入	63.9	93.3	110.0	128.3	149.4	160.1
城乡个体经营收入	451.5	474.3	490.5	558.0	539.8	594.7
储蓄存款收入	9 515.1	13 062.3	15 880.8	20 184.6	22 621.2	26 719.4
其他金融机构收入	283.0	154.1	157.4	182.8	138.6	105.9
居民归还贷款收入	139.9	230.6	293.7	393.6	474.0	512.4
汇兑收入	362.1	382.0	225.6	226.0	207.7	234.2
有价证券收入	142.6	89.7	83.4	88.7	72.5	50.8
其他收入	1 878.1	1 815.0	1 656.1	2 069.3	2 022.5	2 504.2

20—5 金融机构现金支出

单位:亿元

项　　目	2000 年	2002 年	2003 年	2004 年	2005 年	2006 年
支出总计	**14 891.6**	**18 631.4**	**21 706.7**	**27 191.5**	**29 943.6**	**34 926.2**
工资性支出	1 009.9	937.0	973.7	1 041.3	1 146.9	1 257.2
农副产品采购支出	331.7	348.8	455.8	523.4	617.6	659.0
行政企业管理费支出	818.8	982.0	1 293.3	1 600.6	1 591.8	1 735.2
城乡个体经营支出	584.1	704.3	812.1	907.2	1 059.8	983.9
储蓄存款支出	9 406.5	12 793.2	15 470.2	19 830.7	21 979.1	26 240.7
其他金融机构支出	199.7	170.2	154.0	165.1	138.6	83.5
居民提取贷款支出	152.8	244.4	317.6	427.4	474.0	511.3
汇兑支出	187.2	198.9	136.5	120.8	207.7	89.6
有价证券支出	123.2	99.7	101.7	63.6	72.5	47.6
其他支出	1 924.3	1 839.5	1 680.0	2 041.0	2 022.5	2 461.3

20—6 金融机构现金投放回笼差额

单位:亿元

年份	现金收入	现金支出	投放(+) 回笼(-)
1953	20.3	22.0	1.7
1957	34.7	35.1	0.4
1962	40.0	39.6	-0.4
1965	40.8	41.8	1.0
1970	46.0	45.8	-0.2
1975	63.9	66.3	2.4
1978	78.6	82.7	4.0
1980	124.3	131.0	6.7
1981	148.4	154.5	6.1
1982	164.2	166.6	2.4
1983	202.9	212.0	9.1
1984	245.4	256.8	11.4
1985	308.5	324.0	15.5
1986	390.7	406.1	15.4
1987	511.9	530.5	18.6
1988	760.4	825.8	65.4
1989	905.4	937.1	31.7
1990	972.8	1 027.3	54.5
1991	1 174.3	1 241.5	67.2
1992	1 671.6	1 770.8	99.2
1993	2 541.2	2 692.7	151.5
1994	3 333.6	3 477.7	144.1
1995	4 385.6	4 439.9	54.3
1996	5 274.4	5 292.2	17.8
1997	7 116.1	7 116.9	0.8
1998	10 171.1	10 170.2	-0.9
1999	12 223.3	12 256.7	33.4
2000	14 891.5	14 891.6	0.1
2001	16 843.3	16 811.6	-31.7
2002	18 631.6	18 631.4	-0.2
2003	21 649.9	21 706.7	-2.7
2004	27 201.7	27 191.5	-10.2
2005	29 915.5	29 943.6	28.1
2006	34 892.7	34 926.2	33.5

20—7 全省城乡储蓄存款年末余额

单位:万元

年 份	总 计	定 期	活 期	人均年末储蓄余额(元)
1980	245 865			71
1981	325 130			92
1982	416 003			116
1983	552 337			152
1984	736 296			201
1985	1 009 775			274
1986	1 408 872			378
1987	1 977 449			523
1988	2 565 080			671
1989	3 452 835			891
1990	4 631 835			1 182
1991	5 912 030			1 501
1992	7 287 623			1 841
1993	8 999 197			2 259
1994	12 183 191			3 040
1995	16 598 143			4 115
1996	22 910 247			5 647
1997	27 274 384	22 974 919	4 299 465	6 690
1998	31 899 065	26 870 855	5 028 210	7 799
1999	35 457 579	28 999 085	6 458 494	8 641
2000	37 795 571	29 534 329	8 261 242	9 140
2001	41 310 225	31 388 192	9 922 033	9 961
2002	46 650 485	34 545 038	12 105 446	11 226
2003	54 347 393	39 720 971	14 626 422	12 909
2004	60 485 185	43 894 320	16 590 865	14 495
2005	69 502 369	50 530 553	18 971 815	16 591
2006	77 011 856	54 705 872	22 305 985	18 291

主要统计指标解释

信贷资金 国家银行用于发放贷款的资金叫信贷资金。中国人民银行信贷资金的来源有各项存款、对国际金融机构负债、流通中货币、银行自有资金及当年结益等。信贷资金的运用有各项贷款、黄金占款、外汇占款、财政借款及在国际金融机构中的资产等。

存款 企业、机关、团体或居民根据可以收回的原则，把货币资金存入银行或其他信用机构保管并取得一定利息的一种信用活动形式。根据存款对象的不同可划分为企业存款、财政存款、机关团体存款、基本建设存款、城镇储蓄存款、农村存款等科目。它是银行信贷资金的主要来源。

贷款 银行或其他信用机构根据必须归还的原则，按一定利率，为企业、个人等提供资金的一种信用活动形式。我国银行贷款，分流动资金贷款、固定资产贷款、城乡个体工商户贷款以及农户贷款等科目。

第二十一篇

教育、科技

21

JIAOYU
KEJI

21—1 教育事业基本情况

指　　标	2000年	2002年	2003年	2004年	2005年	2006年
学 校 数(所)	**16 562**	**15 250**	**14 339**	**13 253**	**12 222**	**11 305**
普通高等学校	58	66	69	70	75	77
中 等 学 校	3 148	3 023	2 931	2 902	2 836	2 794
#专业学校	133	137	106	103	101	103
普通中学	2 401	2 362	2 341	2 317	2 274	2 237
小　　学	13 356	12 161	11 339	10 281	9 311	8 434
专任教师(人)	**381 972**	**378 243**	**382 936**	**382 869**	**382 111**	**376 847**
普通高等学校	27 508	33 819	38 086	40 697	43 960	46 816
中 等 学 校	168 580	168 875	173 903	174 969	174 562	174 183
#专业学校	9 285	8 742	7 249	7 176	7 361	7 889
普通中学	139 731	142 232	144 016	144 608	144 647	143 219
小　　学	185 884	175 549	170 947	167 203	163 589	155 848
招 生 数(人)	**1 545 644**	**1 573 193**	**1 601 613**	**1 552 626**	**1 554 585**	**1 588 265**
普通高等学校	110 211	151 116	163 802	184 473	210 495	220 608
中 等 学 校	926 526	958 986	1 005 161	952 010	964 149	978 997
#专业学校	30 399	56 814	67 692	70 104	76 976	64 705
普通中学	830 026	812 406	820 180	766 071	761 646	763 321
小　　学	508 907	463 091	432 650	416 143	379 941	388 660
在校学生(人)	**6 271 649**	**6 273 311**	**6 254 817**	**6 228 554**	**6 161 325**	**6 103 089**
普通高等学校	297 710	450 536	514 191	583 465	659 351	720 548
中 等 学 校	2 529 767	2 761 377	2 848 701	2 850 759	2 835 819	2 835 730
#专业学校	148 905	151 810	159 466	189 284	201 740	191 758
普通中学	2 167 017	2 398 928	2 410 745	2 360 549	2 314 498	2 268 575
小　　学	3 444 172	3 061 398	2 891 925	2 794 330	2 666 155	2 546 811
毕业生数(人)	**1 450 106**	**1 476 024**	**1 556 188**	**1 502 877**	**1 547 257**	**1 586 579**
普通高等学校	49 834	72 791	98 908	115 889	144 984	154 970
中 等 学 校	677 947	780 697	862 002	875 231	903 204	924 820
#专业学校	35 843	42 856	45 823	37 663	53 096	55 231
普通中学	551 157	666 377	740 994	752 884	757 448	766 410
小　　学	722 325	622 536	595 278	511 757	499 069	506 789
每一教师负担学校数(人)						
普通高等学校	10.8	13.3	13.5	14.3	15.0	15.4
中 等 学 校	15.0	16.4	16.4	16.3	16.2	16.3
小　　学	18.5	17.4	16.9	16.7	16.3	16.3

21—2 各级各类学校情况

年份	普通高等学校	中等专业学校	＃中等师范学校	普通中学	农业中学职业中学	小学	幼儿园	盲、聋哑学校
一、学校数(所)								
1980	41	111	21	2 696	402	15 945	3 688	34
1981	44	113	21	2 569	425	16 147	3 267	33
1982	44	121	24	2 559	321	16 056	4 443	37
1983	50	127	24	2 539	460	16 033	2 178	35
1984	57	132	24	2 526	540	15 860	6 923	33
1985	62	149	28	2 511	775	15 904	7 424	36
1986	64	160	31	2 507	750	15 762	7 177	35
1987	64	163	31	2 517	734	15 729	6 672	38
1988	63	169	32	2 509	681	15 732	11 416	46
1989	63	167	31	2 499	653	15 679	8 633	48
1990	63	166	31	2 489	618	15 630	9 714	51
1991	62	167	31	2 478	613	15 540	9 300	53
1992	61	165	30	2 457	598	15 230	9 372	52
1993	61	166	30	2 433	608	14 805	12 536	53
1994	61	165	30	2 448	606	14 655	10 923	52
1995	61	171	30	2 459	594	14 594	11 220	50
1996	61	173	29	2 447	561	14 464	9 945	51
1997	62	174	30	2 434	537	14 386	10 176	53
1998	61	170	26	2 444	523	14 084	9 899	52
1999	64	151	12	2 429	450	13 748	9 935	52
2000	58	133	9	2 401	383	13 356	9 990	50
2001	61	119	5	2 376	333	12 739	6 913	73
2002	66	137	5	2 362	340	12 161	6 639	75
2003	69	130	5	2 341	298	11 339	7 033	75
2004	70	127	4	2 317	309	10 281	6 891	75
2005	75	125	4	2 274	285	9 311	7 069	74
2006	77	127	4	2 237	274	8 434	7 071	74
二、教职工数(人)								
1980	35 996	15 290	2 457	190 400	2 761	204 586	28 528	896
1981	38 181	16 679	2 621	185 583	5 368	210 559	35 118	948
1982	44 104	18 447	2 615	177 969	5 100	221 262	36 825	1 002
1983	45 397	18 752	2 823	169 196	8 065	222 132	48 106	1 037
1984	47 931	19 389		164 619	10 509	226 149		1 113
1985	51 718	20 282	3 622	168 036	16 390	230 139	59 594	1 102
1986	52 404	22 437	4 052	170 815	18 218	233 434	64 637	1 169
1987	54 572	23 448	4 577	176 662	20 075	235 433	69 138	1 208
1988	56 047	24 981	4 656	181 151	20 998	241 978	88 908	1 364
1989	58 438	24 885	4 926	182 481	20 918	246 153	81 554	1 431
1990	57 825	25 143	5 049	184 851	20 920	249 322	77 645	1 551
1991	58 277	24 832	4 869	187 373	21 253	248 415	78 709	1 686
1992	59 008	25 295	4 904	189 663	20 774	248 454	82 566	1 775

21-2续表1

年份	普通高等学校	中等专业学校	#中等师范学校	普通中学	农业中学职业中学	小学	幼儿园	盲、聋哑学校
1993	59 138	25 492	4 973	186 545	21 518	239 700	83 082	1 876
1994	58 687	25 429	5 029	184 758	21 266	237 673	71 633	2 056
1995	58 455	25 757	5 044	189 553	22 979	237 981	69 346	1 847
1996	57 727	25 935	4 785	189 329	21 597	235 189	64 877	1 907
1997	57 359	25 368	4 424	188 057	22 068	233 770	62 089	1 882
1998	58 078	24 387	3 681	175 632	20 291	224 535	56 463	2 012
1999	59 590	22 602	1 984	175 820	19 443	222 460	54 582	1 891
2000	61 707	18 651	1 457	175 455	17 858	216 677	52 422	1 911
2001	65 237	16 211	719	178 162	16 974	211 684	39 271	2 375
2002	69 667	16 560	622	177 547	17 104	205 229	39 592	2 457
2003	75 632	15 615	627	179 521	20 123	199 829	42 852	2 474
2004	79 093	15 062	423	180 225	20 480	194 973	45 983	2 563
2005	82 816	15 052	422	180 016	20 833	190 548	48 558	2 565
2006	84 535	15 658	639	177 916	20 683	180 474	50 258	2 589
三、教师数(人)								
1980	12 832	5 972	1 151	142 725	2 010	171 507	15 421	564
1981	13 140	6 452	1 257	130 973	3 813	173 226	15 088	593
1982	16 176	7 421	1 354	122 877	3 302	183 664	17 459	620
1983	16 549	7 619	1 433	116 484	5 010	184 083	22 269	656
1984	17 518	7 845	1 600	111 632	6 804	187 319	27 885	650
1985	19 046	8 658	1 834	114 708	10 218	191 669	32 490	717
1986	21 196	9 586	2 060	117 852	11 417	195 086	33 925	742
1987	21 963	10 114	2 264	123 376	12 645	197 593	34 294	790
1988	22 640	11 466	2 495	129 309	13 195	206 399	37 070	884
1989	23 933	11 587	2 545	130 884	13 091	209 873	44 427	964
1990	23 292	11 633	2 665	132 769	13 067	212 196	42 776	1 061
1991	23 384	11 703	2 642	135 487	13 464	211 353	43 835	1 152
1992	23 503	11 856	2 686	137 044	13 045	210 141	49 473	1 257
1993	23 575	12 003	2 661	135 397	13 336	201 664	48 909	1 254
1994	23 530	12 129	2 735	135 499	13 429	202 349	43 828	1 378
1995	23 400	12 378	2 730	137 185	13 765	198 815	44 598	1 326
1996	23 079	12 502	2 592	139 660	13 561	198 408	43 103	1 369
1997	23 109	12 435	2 367	140 643	13 915	197 347	42 274	1 334
1998	23 394	12 282	2 059	138 546	13 983	192 539	38 981	1 398
1999	25 179	11 286	1 103	139 497	13 691	191 011	37 881	1 357
2000	27 508	9 285	795	139 731	12 517	185 884	36 383	1 399
2001	30 364	8 441	391	142 503	11 875	181 444	22 801	1 743
2002	33 819	8 742	337	142 232	11 798	175 549	23 521	1 829
2003	38 086	8 521	349	144 016	13 453	170 947	24 946	1 854
2004	40 697	8 472	257	144 608	13 718	167 203	26 937	1 927
2005	43 960	8 728	259	144 647	14 031	163 589	28 594	1 903
2006	46 816	9 230	401	143 219	13 932	155 848	29 818	1 948

21－2续表2

年份	普通高等学校	中等专业学校	#中等师范学校	普通中学	农业中学职业中学	小学	幼儿园	盲、聋哑学校
四、在校学生数(人)								
1980	62 514	47 060	11 601	2 632 189	65 142	4 423 867	429 056	3 564
1981	74 885	40 408	10 969	2 221 820	66 662	4 333 400	445 352	3 434
1982	60 979	46 494	12 952	1 982 561	56 521	4 363 900	527 236	3 346
1983	67 218	51 202	14 222	1 817 581	77 011	4 286 634	652 632	3 416
1984	79 001	60 923	18 311	1 761 390	95 273	4 308 307	838 423	3 286
1985	95 161	70 371	20 350	1 868 360	147 212	4 223 416	929 591	3 365
1986	107 434	81 860	26 526	2 014 999	149 910	4 189 324	928 257	3 446
1987	112 652	89 384	30 526	2 048 761	137 783	4 107 393	937 057	3 617
1988	120 510	97 540	31 018	1 962 214	146 140	4 082 650	1 270 266	3 958
1989	122 543	102 879	28 894	1 830 394	147 422	4 126 831	976 651	4 065
1990	123 314	103 902	28 442	1 810 876	149 780	4 073 374	936 852	4 468
1991	124 777	104 269	28 888	1 887 654	151 572	3 915 360	1 037 576	4 769
1992	134 671	110 011	29 447	1 969 532	155 112	3 736 363	1 134 184	5 089
1993	155 554	124 707	32 019	1 911 632	155 231	3 686 796	1 257 278	5 100
1994	171 284	133 067	33 162	1 922 132	167 876	3 750 611	1 090 474	5 186
1995	179 412	140 870	32 182	2 008 338	182 984	3 751 941	1 021 123	5 050
1996	182 684	143 911	27 537	2 029 776	185 244	3 790 718	936 111	4 815
1997	188 159	149 730	24 426	1 950 241	195 742	3 886 760	879 987	4 870
1998	199 223	155 459	23 723	1 884 915	207 315	3 829 655	853 886	4 882
1999	235 819	156 847	18 872	1 961 673	194 860	3 666 131	838 133	4 837
2000	297 710	148 905	16 845	2 167 017	170 517	3 444 172	835 542	4 933
2001	372 336	143 044	7 949	2 323 395	154 398	3 230 517	726 634	8 590
2002	450 536	151 810	2 857	2 398 928	164 241	3 061 398	667 930	8 926
2003	514 191	173 347	4 006	2 410 745	186 817	2 891 925	675 118	8 429
2004	583 465	208 597	4 233	2 360 549	197 555	2 794 330	673 088	8 539
2005	659 351	220 233	4 438	2 314 498	201 774	2 666 155	685 587	8 296
2006	720 548	209 940	4 596	2 268 575	218 446	2 546 811	715 301	8 300
五、招生数(人)								
1980	15 949	18 092	5 572	1 025 557	60 799	875 860		717
1981	15 290	18 762	5 350	828 500	27 020	820 200		695
1982	17 387	17 677	4 761	650 100	31 750	733 700		584
1983	22 780	22 752	6 814	581 195	48 429	679 322		520
1984	27 402	25 221	7 093	597 400	62 211	646 509		
1985	34 076	29 545	7 929	715 460	80 307	717 494		772
1986	32 827	33 191	11 544	715 455	69 237	748 948		690
1987	34 756	34 311	10 929	683 593	57 539	669 707		757
1988	38 398	36 156	10 388	657 379	59 625	674 101		1 012
1989	35 149	31 655	8 539	610 627	59 407	710 199		635
1990	35 102	30 047	8 911	629 468	55 550	596 030		975
1991	36 094	33 803	9 101	696 406	58 782	523 096	498 215	836
1992	45 129	39 517	10 232	721 178	60 251	559 753	596 844	768

21－2 续表 3

年　份	普通高等学校	中等专业学校	#中等师范学校	普通中学	农业中学职业中学	小　学	幼儿园	盲、聋哑学校
1993	55 071	44 226	10 398	653 170	60 781	652 210	689 042	705
1994	52 183	43 849	9 637	690 513	68 753	750 424	0	750
1995	53 310	43 821	7 957	756 666	67 881	703 538	607 336	715
1996	55 048	41 930	6 385	660 620	61 469	643 884	564 749	766
1997	56 373	47 282	7 732	600 728	74 485	611 404	527 969	721
1998	60 302	45 681	7 290	668 295	75 897	512 002	502 367	693
1999	87 851	42 839	3 523	755 550	56 341	503 795	481 840	609
2000	110 211	30 399	3 743	830 026	50 470	508 907	483 092	576
2001	127 577	37 222	2 303	817 663	52 691	484 661	440 299	913
2002	151 116	56 814	1 376	812 406	63 208	463 091	394 029	1 082
2003	163 802	73 948	1 708	820 180	72 508	432 650	376 388	803
2004	184 473	78 223	1 582	766 071	66 032	416 143	358 325	738
2005	210 495	83 121	1 446	761 646	73 151	379 941	344 990	698
2006	220 608	70 802	1 341	763 321	94 223	388 660	344 455	753
六、毕业生数(人)								
1980	11 068	11 347	5 039	1 289 581	578	799 087		512
1981	2 776	24 905	5 946	714 489	13 576	797 104		522
1982	31 121	11 488	2 763	613 639	21 153	598 542		384
1983	16 565	17 907	5 618	574 763	27 632	547 519		371
1984	15 612	15 528	3 098	548 891	22 999	512 965		
1985	17 495	20 226	6 318	502 101	27 994	689 598		517
1986	20 583	22 752	6 138	494 658	43 709	704 016		459
1987	29 394	26 932	7 019	522 777	54 614	680 861		405
1988	31 552	28 004	9 724	587 835	42 195	637 753		471
1989	32 708	26 326	10 882	572 508	47 204	593 257		429
1990	33 768	29 716	9 400	550 359	45 627	591 654		377
1991	33 530	33 223	8 484	538 346	49 550	660 343	415 665	419
1992	35 208	33 377	9 564	540 132	50 882	685 996	516 460	439
1993	33 615	30 449	7 821	542 163	50 122	630 759	650 232	330
1994	35 923	30 362	8 588	575 786	49 965	636 786		478
1995	44 072	33 966	9 304	601 421	51 246	672 482		522
1996	51 068	37 503	11 093	573 876	57 709	576 164		543
1997	49 591	40 340	10 497	626 046	63 502	500 252		513
1998	47 557	37 850	7 721	686 541	66 788	555 892		527
1999	49 964	40 100	7 158	618 065	60 060	644 042		551
2000	49 834	35 843	5 921	551 157	70 175	722 325		467
2001	60 271	42 499	4 825	581 476	66 852	679 852	379 010	883
2002	72 791	42 856	559	666 377	53 324	622 536	366 891	871
2003	98 908	47 479	1 964	740 994	48 605	595 278	350 428	790
2004	115 889	39 344	715	752 884	50 831	511 757	324 423	878
2005	144 984	58 457	1 045	757 448	61 219	499 069	299 493	971
2006	154 970	60 828	1 451	766 410	62 835	506 789	307 386	853

21—3 研　究　生　数

单位:人

年　份	招生数	在校学生数			毕业生数		
		小计	攻读硕士学位	攻读博士学位	小计	攻读硕士学位	攻读博士学位
1978	302	302					
1980	143	709					
1981	382	691	672	19	397	397	
1982	439	941	920	21	160	160	
1983	614	1 426	1 396	30	132	132	
1984	819	2 124	2 082	42	122	121	
1985	2 091	3 687	3 170	155	584	578	6
1986	1 989	5 009	4 146	208	670	639	13
1987	1 771	5 570	4 857	317	1 193	838	17
1988	1 575	5 160	4 668	379	1 929	1 604	24
1989	1 322	4 637	4 180	417	1 763	1 599	86
1990	1 404	4 343	3 858	462	1 677	1 558	84
1991	1 320	4 144	3 581	563	1 500	1 401	75
1992	1 415	4 290	3 671	619	1 245	1 159	85
1993	2 016	4 955	4 185	770	1 307	1 222	85
1994	2 602	6 274	5 298	976	1 273	1 138	135
1995	2 367	7 236	5 972	1 264	1 425	1 272	153
1996	2 647	7 787	6 313	1 474	1 962	1 753	209
1997	2 978	8 304	6 621	1 683	2 316	2 106	210
1998	3 197	9 164	7 292	1 872	2 126	1 852	274
1999	4 005	10 574	8 203	2 371	2 426	2 101	325
2000	5 804	13 655	10 726	2 929	2 910	2 532	378
2001	7 898	18 446	14 637	3 809	2 971	2 589	382
2002	9 569	23 949	19 131	4 818	3 674	3 135	539
2003	13 242	31 796	25 694	6 102	5 027	4 395	632
2004	16 254	40 678	33 392	7 286	6 726	5 914	812
2005	18 901	49 772	41 340	8 432	9 342	8 315	1 027
2006	20 998	58 424	49 283	9 141	11 516	10 249	1 267

21—4 分学科研究生情况

(2006年)　　　　单位:人

项　　目	招生数	博　士	硕　士	在校学生数	博　士	硕　士	毕业生数	博　士	硕　士
总　　计	**21 722**	**2 513**	**19 209**	**60 687**	**10 275**	**50 412**	**11 956**	**1 504**	**10 452**
哲　　学	185	13	172	526	105	421	143	21	122
经 济 学	1 117	168	949	3 262	715	2 547	733	106	627
法　　学	1 051	19	1 032	2 636	94	2 542	504	7	497
教 育 学	747	10	737	1 883	27	1 856	346	6	340
文　　学	1 232	11	1 221	3 202	31	3 171	634		634
历 史 学	160		160	365		365	55		55
理　　学	1 593	258	1 335	4 397	893	3 504	1 005	186	819
工　　学	9 253	1 828	7 971	26 774	5 587	21 187	4 998	676	4 322
农　　学	724	87	637	2 009	310	1 699	362	43	319
医　　学	3 037	427	2 610	7 920	1 414	6 506	1 634	348	1 286
军 事 学									
管 理 学	2 623	238	2 385	7 713	1 099	6 614	1 542	111	1 431
普通高校	**20 998**	**2 208**	**18 790**	**58 424**	**9 141**	**49 283**	**11 516**	**1 267**	**10 249**
哲　　学	185	13	172	526	105	421	143	21	122
经 济 学	1 117	168	949	3 262	715	2 547	733	106	627
法　　学	1 041	19	1 022	2 609	94	2 515	504	7	497
教 育 学	747	10	737	1 883	27	1 856	346	6	340
文　　学	1 232	11	1 221	3 202	31	3 171	634		634
历 史 学	160		160	365		365	55		55
理　　学	1 379	145	1 234	3 704	462	3 242	861	78	783
工　　学	8 770	1 097	7 673	25 276	4 906	20 370	4 708	551	4 157
农　　学	707	80	627	1 964	288	1 676	356	39	317
医　　学	3 037	427	2 610	7 920	1 414	6 506	1 634	348	1 286
军 事 学									
管 理 学	2 623	238	2 385	7 713	1 099	6 614	1 542	111	1 431
科研院所	**724**	**305**	**419**	**2 263**	**1 134**	**1 129**	**440**	**237**	**203**
哲　　学									
经 济 学									
法　　学	10		10	27		27			
教 育 学									
文　　学									
历 史 学									
理　　学	214	113	101	693	431	262	144	108	36
工　　学	483	185	298	1 498	681	817	290	125	165
农　　学	17	7	10	45	22	23	6	4	2
医　　学									
军 事 学									
管 理 学									

21—5 各类高等学校基本情况

(2006 年)　　　　单位:人

项　　目	学校数(所)	招生数	在校学生数	毕业生数	教职工数	#专任教师
总　　计	**77**	**220 608**	**720 548**	**154 970**	**84 535**	**46 816**
综合大学	11	40 924	123 273	28 581	13 707	7 581
理工院校	27	95 729	311 919	64 642	37 173	20 060
农林院校	5	11 242	35 867	8 313	4 007	2 173
医药院校	6	13 310	54 260	10 522	7 560	4 204
师范院校	7	20 637	67 633	14 786	8 627	5 098
语文院校	2	3 853	12 846	1 808	1 096	679
财经院校	9	17 977	55 530	15 352	6 845	3 653
政法院校	2	3 486	11 502	2 139	1 296	672
体育院校	2	1 874	6 691	1 439	942	429
艺术院校	5	7 045	21 610	2 725	2 475	1 694
民族院校	1	2 940	10 196	1 906	807	573
短期职业大学						

21—6 普通高等学校(机构)学生数

(2006 年)　　　　单位:人

项　　目	招生数	在校学生数	毕(结)业生数	授予学位数
研究生数	21 722	60 687	11 956	11 930
博士	2 513	10 275	1 504	1 551
硕士	19 209	50 412	10 452	10 379
普通本科、专科生	220 608	720 548	154 970	84 398
本科	138 592	482 502	90 339	84 398
专科	82 016	238 046	64 631	
成人本科、专科生	85 319	223 098	49 205	3 236
本科	38 081	102 954	19 854	3 236
专科	47 238	120 144	29 351	
网络本科、专科生	22 059	53 014	14 252	6 155
本科	11 480	35 679	12 101	6 155
专科	10 579	17 335	2 151	
在职人员攻读博士、硕士学位	6 960	18 824		3 512
学历文凭考试		2 830	1 686	
电大注册视听生		3 796	289	
自考助学班	16 145	39 875	9 010	
研究生课程进修班		3 718	2 177	
普通预科生		300		
进修及培训		3 933	55 237	
留学生	2 233	3 370	1 222	163

21—7 普通本、专科分学科学生数

(2006年)　　　　　　单位:人

项　　目	招生数	本　科	专　科	在校学生数	本　科	专　科	毕业生数	本　科	专　科
总　　计	**220 608**	**138 592**	**82 016**	**720 548**	**482 502**	**238 046**	**154 970**	**90 339**	**64 631**
#师　　范	14 067	7 113	6 954	44 576	28 062	16 514	10 997	6 890	4 107
哲　　学	60	60		145	145		59	59	
经　济　学	8 989	6 920	2 069	32 255	25 337	6 918	7 833	5 382	2 451
法　　学	6 818	4 610	2 208	24 471	17 238	7 233	5 922	3 384	2 538
教　育　学	12 178	3 862	8 316	34 968	14 225	20 743	8 235	2 772	5 463
文　　学	35 722	25 253	10 469	112 780	82 283	30 497	22 068	13 757	8 311
历　史　学	365	365		1 137	1 137		251	251	
理　　学	9 345	9 345		33 136	33 136		6 542	6 542	
工　　学	92 718	55 919	36 799	298 362	193 931	104 431	65 423	38 099	27 324
农　　学	5 127	1 762	3 365	16 702	6 505	10 197	3 458	1 410	2 048
医　　学	11 769	8 527	3 242	48 008	36 523	11 485	9 937	5 604	4 333
军　事　学									
管　理　学	37 517	21 969	15 548	118 584	72 042	46 542	25 242	13 079	12 163

21—8 成人本、专科分学科学生数

（2006 年）　　单位：人

项　　目	招生数	本　科	专　科	在　校 学生数	本　科	专　科	毕　业 生　数	本　科	专　科
总　　计	**85 319**	**38 081**	**47238**	**223 098**	**102 954**	**120 144**	**49 205**	**19 854**	**29 351**
成人高等学校办	**13 708**	**1 166**	**12542**	**35 043**	**2 818**	**32 225**	**6 584**	**275**	**6 309**
＃师　范	1 545	787	758	3 246	2 031	1 215			
哲　学									
经济学	1 820		1820	3 519		3 519	927		927
法　学	423	224	199	762	449	313	518	275	243
教育学	1 386	615	771	2 496	1 348	1 148	15		15
文　学	810	168	642	1 961	669	1 292	519		519
历史学									
理　学				42		42	15		15
工　学	4 854	155	4699	16 083	338	15 745	1 160		1 160
农　学	77		77	190		190	99		99
医　学	413		413	1 902		1 902	62		62
军事学									
管理学	3 925	4	3921	8 088	14	8 074	3 269		3 269
普通高等学校办	**71 611**	**36 915**	**34696**	**188 055**	**100 136**	**87 919**	**42 621**	**19 579**	**23 042**
＃师　范	10 577	8 493	2084	37 059	28 597	8 462	6 317	4 330	1 987
哲　学									
经济学	1 958	623	1335	5 121	2 149	2 972	3 303	1 236	2 067
法　学	5 673	5 062	611	15 894	13 889	2 005	1 925	871	1 054
教育学	5 590	2 855	2735	16 493	10 557	5 936	1 528	521	1 007
文　学	10 208	7 112	3096	28 560	19 456	9 104	7 644	5 991	1 653
历史学	177	177		481	481		123		123
理　学	1 298	802	496	5 370	4 056	1 314	503	19	484
工　学	19 211	8 301	10910	47 495	19 377	28 118	8 703	3 133	5 570
农　学	1 981	810	1171	3 875	1 799	2 076	868	133	735
医　学	8 763	4 936	3827	23 692	12 298	11 394	7 681	3 622	4 059
军事学									
管理学	16 752	6 237	10515	41 074	16 074	25 000	10 343	4 053	

21—9 网格本、专科分学科学生数

(2006 年)

单位:人

项目	招生数	本科	专科	在校学生数	本科	专科	毕业生数	本科	专科
总计	**22 059**	**11 480**	**10 579**	**53 014**	**35 679**	**17 335**	**14 252**	**12 101**	**2 151**
＃师范									
哲学									
经济学	639	496	143	1 304	1 161	143	699	699	
法学	2 676	1 600	1 076	6 007	4 547	1 460	1 759	1 533	226
教育学									
文学	26	10	16	611	456	155	376	254	122
历史学									
理学									
工学	2 286	819	1 467	8 372	5 632	2 740	2 897	2 613	284
农学									
医学	512	418	94	4 265	3 119	1 146	511	229	282
军事学									
管理学	15 920	8 137	7 783	32 455	20 764	11 691	8 010	6 773	1 237

21—10 各类中等职业学校(机构)基本情况

(2006年)　　单位:人

项　目	学校数(所)	毕业生数	招生数	在校学生数	教职工数	#专任教师
合　计	**557**	**158 410**	**215 676**	**567 155**	**47 799**	**30 964**
1.调整后中职	24	5 597	6 097	18 182	2 191	1 341
2.普通中等专业学校	103	55 231	64 705	191 758	13 467	7 889
#中等师范学校						
3.成人中专	1	2 269	7 137	13 546	572	371
4.职业高中	274	62 835	94 223	218 446	20 683	13 932
5.技工学校	155	32 478	43 514	125 223	10 886	7 431

21—11 中等职业学校(机构)学生分科类情况

(2006年)　　单位:人

项　目	招生数	#初中毕业生	#应届毕业生	在校学生数	毕业生数	#获得职业资格证书
总　计	**172 162**	**160 960**	**151 979**	**441 932**	**125 932**	**56 984**
农林类	11 792	11 267	8 862	24 213	6 178	3 204
资源与环境类	1 030	709	610	2 777	562	178
能源类	1 821	1 575	1 527	3 883	530	79
土木水利工程类	3 756	3 377	3 272	8 039	2 938	1 605
加工制造类	43 697	42 029	40 536	100 918	19 116	10 176
交通运输类	12 541	10 988	10 603	29 898	8 700	5 508
信息技术类	28 260	27 365	26 726	69 800	23 948	12 312
医药卫生类	12 780	12 322	11 046	46 659	9 647	2 217
商贸与旅游类	22 834	21 533	20 085	57 505	20 367	11 540
财经类	5 622	5 437	5 257	17 383	6 971	2 749
文化艺术与体育类	12 158	10 768	10 292	38 465	12 083	3 917
社会公共事物类	3 709	2 171	2 100	9 394	4 627	1 270
师范类	8 160	8 072	7 905	24 963	8 469	1 188
其他	4 002	3 347	3 158	8 035	1 796	1 041

21—12 普通高中学校和学生情况

(2006 年)

单位:人

项目	学校数(所)	高级中学	完全中学	招生数	在校学生数	毕业生数
总计	**470**	**351**	**119**	**258 495**	**768 629**	**224 519**
教育部门和集体办	349	269	80	228 764	687 394	201 002
社会力量办	116	79	37	28 105	75 746	21 612
其他部门办	5	3	2	1 626	5 489	1 905
城市	285	196	89	128 325	384 743	118 876
教育部门和集体办	188	130	58	104 882	320 724	99 738
社会力量办	93	63	30	21 817	58 530	17 269
其他部门办	4	3	1	1 626	5 489	1 869
县镇	146	125	21	114 260	330 056	88 877
教育部门和集体办	127	113	14	108 817	315 321	85 018
社会力量办	19	12	7	5 443	14 735	3 859
其他部门办						
农村	39	30	9	15 910	53 830	16 766
教育部门和集体办	34	26	8	15 065	51 349	16 246
社会力量办	4	4		845	2 481	484
其他部门办	1		1			36

21—13 普通初中学校和学生情况

(2006 年)

单位:人

项目	学校数(所)	初级中学	九年一贯制	招生数	在校学生数	毕业生数
总计	**1 767**	**1 405**	**362**	**504 826**	**1 499 946**	**541 891**
教育部门和集体办	1 707	1 369	338	486 990	1 448 236	527 308
社会力量办	42	23	19	16 423	47 536	12 925
其他部门办	18	13	5	1 413	4 174	1 658
城市	447	377	70	164 909	498 788	173 385
教育部门和集体办	406	353	53	150 044	457 589	162 734
社会力量办	29	16	13	13 577	37 463	9 289
其他部门办	12	8	4	1 288	3 736	1 362
县镇	200	167	33	82 059	242 039	81 082
教育部门和集体办	187	159	28	79 454	232 677	77 736
社会力量办	10	5	5	2 549	9 222	3 272
其他部门办	3	3		56	140	74
农村	1 120	861	259	257 858	759 119	287 424
教育部门和集体办	1 114	857	257	257 492	757 970	286 838
社会力量办	3	2	1	297	851	364
其他部门办	3	2	1	69	298	222

21—14 普通小学学校和学生情况

(2006年)　　单位:人

项　　目	学校数(所)	招生数	在校学生数	毕业生数
总　计	**8 434**	**388 660**	**2 546 811**	**506 789**
教育部门和集体办	8 370	383 554	2 511 086	499 404
社会力量办	43	3 821	26 765	5 635
其他部门办	21	1 285	8 960	1 750
城　市	895	119 330	766 810	157 638
教育部门和集体办	860	115 100	739 381	151 843
社会力量办	25	3 260	20 434	4 478
其他部门办	10	970	6 995	1 317
县　镇	413	53 315	337 440	65 486
教育部门和集体办	403	52 866	331 860	64 445
社会力量办	6	373	5 061	913
其他部门办	4	76	519	128
农　村	7 126	216 015	1 442 561	283 665
教育部门和集体办	7 107	215 588	1 439 845	283 116
社会力量办	12	188	1 270	244
其他部门办	7	239	1 446	305

21—15 各级普通学校毕业生升学率和学龄儿童入学率

单位:%

年　份	学龄儿童入学率	小学升初中	初中升高级中学
1990	99.4	92.0	34.7
1991	99.0	92.5	37.1
1992	99.0	92.6	38.7
1993	99.0	90.3	39.1
1994	99.1	93.4	40.9
1995	99.4	93.0	41.7
1996	99.3	96.0	41.9
1997	99.4	96.1	44.7
1998	99.4	95.7	48.2
1999	99.3	95.2	50.0
2000	99.3	93.9	57.4
2001	99.7	95.6	57.4
2002	99.4	98.1	66.3
2003	99.7	98.7	68.1
2004	99.7	99.2	74.7
2005	99.7	99.3	82.7
2006	99.8	99.6	85.4

注:初中升高级中学包含升入技工学校。

21—16 教育发展水平

年份	各类学校在校生占全省人口(%)	平均每万人口中有(人)			大中小学生各占学生总数(%)		
		大学生	中学生	小学生	大学生	中学生	小学生
1978	24.2	15.1	1 039.2	1 371.5	0.6	42.7	56.3
1980	20.7	18.0	778.5	1 276.8	0.9	37.3	61.2
1981	19.1	21.3	651.8	1 234.3	1.1	34.0	64.3
1982	18.1	17.1	572.2	1 224.6	0.9	31.3	67.0
1983	17.4	18.6	524.7	1 187.2	1.1	30.1	68.0
1984	17.3	21.7	511.4	1 183.0	1.3	29.5	68.3
1985	17.4	25.9	549.1	1 150.6	1.5	31.5	65.9
1986	17.6	29.0	584.1	1 130.4	1.6	33.1	64.0
1987	17.2	30.0	582.8	1 094.8	1.7	33.7	63.2
1988	16.8	31.7	554.6	1 074.0	1.9	32.9	63.7
1989	16.3	31.8	513.6	1 071.7	1.9	31.2	65.2
1990	15.6	31.6	464.7	1 045.3	2.0	29.6	66.7
1991	15.7	31.8	519.2	996.8	2.0	33.0	63.3
1992	15.1	34.1	498.8	946.3	2.3	33.1	62.8
1993	14.8	39.2	481.5	928.6	2.6	32.5	62.7
1994	14.9	42.9	481.1	938.8	2.9	32.2	62.7
1995	15.1	44.6	499.5	933.2	3.0	33.0	61.7
1996	15.2	45.2	501.7	937.0	3.0	33.0	61.7
1997	15.2	46.3	479.5	955.7	3.0	31.6	62.9
1998	14.9	48.8	461.6	937.8	3.3	31.0	63.1
1999	14.7	57.6	478.8	894.9	3.9	32.6	60.9
2000	14.7	72.3	526.1	836.1	4.9	35.8	56.8
2001	14.7	89.9	561.0	780.1	6.1	38.3	53.2
2002	14.6	108.5	577.9	737.5	7.4	39.6	50.5
2003	14.4	123.6	579.7	695.4	8.6	40.3	48.4
2004	14.2	140.0	566.5	670.6	9.8	39.8	47.2
2005	14.0	157.7	553.6	637.7	11.3	39.6	45.6
2006	13.6	171.6	540.2	606.4	12.5	39.5	44.3

21—17 各地区普通高等学校基本情况

(2006年)

单位:人

地区	学校数(所)	招生数	在校学生数	毕业生数	教职工数	#专任教师
总计	**77**	**220 608**	**720 548**	**154 970**	**84 535**	**46 816**
沈阳	30	88 391	301 308	67 345	36 039	19 309
大连	21	59 473	201 378	39 119	23 882	13 212
鞍山	2	8 921	2 190	6 637	3 321	1 844
抚顺	3	9 136	28 705	6 349	2 836	1 585
本溪	1	3 010	10 458	2 558	1 185	611
丹东	2	6 821	20 040	6 260	2 358	1 269
锦州	6	19 178	64 163	13 128	5 909	3 680
营口	2	3 562	8 214	1 554	1 177	658
阜新	2	8 342	26 903	5 993	2 988	1 885
辽阳	2	5 076	11 610	3 060	1 216	862
盘锦	2	1 553	2 938	323	1 037	439
铁岭	2	2 089	3 954	520	876	507
朝阳	1	1 578	4 068	940	772	453
葫芦岛	1	3 478	7 619	1 184	939	502

21—18 各地区中等职业学校基本情况

(2006 年)　　单位:人

地　区	学校数(所)	招生数	在校学生数	毕业生数	教职工数	#专任教师
总　计	**402**	**172 162**	**441 932**	**125 932**	**36 913**	**23 533**
沈　阳	125	40 576	116 540	36 120	11 537	7 057
大　连	69	28 640	69 970	21 197	5 195	3 262
鞍　山	25	13 670	30 213	5 419	1 975	1 342
抚　顺	26	7 357	19 373	6 544	2 194	1 393
本　溪	11	6 884	19 515	6 278	1 854	1 203
丹　东	20	10 228	24 464	6 702	1 618	1 108
锦　州	19	10 007	25 885	7 777	1 884	1 203
营　口	19	8 383	22 801	6 586	1 743	1 195
阜　新	18	6 503	17 583	6 091	2 033	1 182
辽　阳	12	7 597	18 346	4 427	995	743
盘　锦	6	4 996	11 680	2 880	674	492
铁　岭	22	9 220	24 243	5 704	1 935	1 219
朝　阳	17	12 311	27 697	6 836	2 241	1 380
葫 芦 岛	13	5 790	13 625	3 371	1 035	754

21—19 各地区普通高中基本情况

(2006 年)　　单位:人

地　区	学校数(所)	招生数	在校学生数	毕业生数	教职工数	#专任教师
总　计	**470**	**258 495**	**768 629**	**224 519**	**51 305**	**39 794**
沈　阳	108	45 312	133 698	41 471	10 643	8 303
大　连	80	39 435	124 105	36 691	8 237	6 710
鞍　山	38	19 049	52 762	16 667	3 263	2 486
抚　顺	25	13 326	40 135	12 282	2 773	2 093
本　溪	23	8 997	28 431	9 707	2 172	1 617
丹　东	23	15 962	47 982	14 023	2 701	2 117
锦　州	32	15 831	49 147	15 118	3 334	2 435
营　口	17	16 444	48 209	12 928	2 726	2 127
阜　新	18	11 545	33 530	9 615	1 782	1 295
辽　阳	11	10 936	30 819	7 749	1 868	1 498
盘　锦	16	8 249	24 881	7 316	1 979	1 363
铁　岭	22	14 593	41 150	11 818	2 571	1 942
朝　阳	35	22 831	68 867	17 440	4 681	3 854
葫 芦 岛	22	15 985	44 913	11 694	2 575	1 954

21—20 各地区普通初中基本情况

(2006年)

单位:人

地区	学校数(所)	招生数	在校学生数	毕业生数	教职工数	#专任教师
总计	**1 767**	**504 826**	**1 499 946**	**541 891**	**126 611**	**103 425**
沈阳	240	77 057	229 100	84 658	19 955	16 307
大连	198	72 265	199 997	74 060	16 066	13 636
鞍山	134	42 323	137 146	42 209	11 496	9 248
抚顺	113	23 157	68 923	25 642	6 950	5 439
本溪	63	17 726	52 225	19 113	5 479	4 177
丹东	106	27 186	81 353	31 408	6 911	5 644
锦州	136	37 607	111 035	36 577	8 883	7 231
营口	86	25 778	77 816	37 557	6 577	5 489
阜新	97	24 007	71 975	25 230	6 859	5 187
辽阳	71	20 030	57 402	20 927	4 804	3 945
盘锦	63	16 860	53 626	16 064	4 610	3 628
铁岭	133	36 317	106 478	35 836	8 617	7 122
朝阳	187	47 653	143 854	52 817	11 140	9 395
葫芦岛	140	36 860	109 016	39 793	8 264	6 977

21—21 各地区普通小学基本情况

(2006年)

单位:人

地区	学校数(所)	招生数	在校学生数	毕业生数	教职工数	#专任教师
总计	**8 434**	**388 660**	**2 546 811**	**506 789**	**180 474**	**155 848**
沈阳	849	59 245	378 081	77 432	29 211	24 714
大连	888	51 431	348 888	71 815	20 996	17 767
鞍山	811	33 101	207 891	42 494	15 924	13 280
抚顺	343	15 081	107 023	23 772	9 355	8 115
本溪	146	11 124	82 035	17 779	6 731	5 933
丹东	521	21 887	148 766	26 967	9 778	8 808
锦州	600	27 524	184 156	37 795	13 071	11 228
营口	387	23 626	143 645	25 947	9 602	8 260
阜新	590	17 313	120 633	24 025	9 365	8 348
辽阳	375	17 930	113 857	20 070	6 914	5 811
盘锦	262	14 393	86 591	16 862	6 898	6 004
铁岭	762	29 940	191 776	36 957	13 150	11 623
朝阳	1 054	36 060	242 540	47 665	17 275	15 261
葫芦岛	846	30 005	190 929	37 209	12 204	10 696

21—22 各地区特殊教育基本情况

(2006年) 单位:人

地区	学校数(所)	招生数	在校学生数	毕业生数	教职工数	#专任教师
总计	**74**	**753**	**8 300**	**853**	**2 589**	**1 948**
沈阳	14	138	1 420	209	537	364
大连	10	96	1 372	129	387	302
鞍山	7	49	716	79	264	190
抚顺	3	42	341	37	113	80
本溪	2	35	237	33	68	57
丹东	6	118	687	39	200	169
锦州	7	27	571	19	187	141
营口	4	89	994	145	228	195
阜新	6	39	307	32	142	93
辽阳	3	9	145	28	78	67
盘锦	2	20	102	12	43	30
铁岭	4	18	454	32	125	105
朝阳	3	39	621	34	133	96
葫芦岛	3	34	333	25	84	59

21—23 各地区每十万人口各级学校平均在校生数

(2006年) 单位:人

地区	幼儿园	小学	初中阶段	高中阶段	高等学校
总计	**1 703.2**	**6 064.2**	**3 571.5**	**2 882.4**	**1 715.7**
沈阳	1 552.8	5 393.0	3 267.9	3 569.4	4 297.9
大连	1 854.1	6 134.8	3 516.7	3 412.6	3 541.0
鞍山	1 991.1	5 968.8	3 937.6	2 382.3	838.1
抚顺	1 120.2	4 774.7	3 074.9	2 654.8	1 280.6
本溪	1 953.1	5 249.6	3 342.0	3 068.2	669.2
丹东	1 828.2	6 135.8	3 355.4	2 987.9	826.5
锦州	2 464.5	5 964.4	3 596.2	2 430.1	2 078.1
营口	1 191.0	6 223.6	3 371.5	3 076.6	355.9
阜新	1 308.8	6 256.1	3 732.7	2 650.7	1 395.2
辽阳	2 570.3	6 246.4	3 149.2	2 697.3	636.9
盘锦	2 185.7	6 844.7	4 238.9	2 890.0	232.2
铁岭	1 561.8	6 317.9	3 507.8	2 154.3	130.3
朝阳	1 343.8	7 145.9	4 238.3	2 845.1	119.9
葫芦岛	1 286.9	6 950.6	3 968.6	2 131.0	277.4

21—24 科技活动基本情况

指　　标	单　位	2000年	2002年	2003年	2004年	2005年	2006年
科技活动人员	万人	16.5	15.8	15.9	16.6	18.6	18.8
＃科学家和工程师	万人	11.4	11.0	11.7	11.5	12.3	12.9
研究与试验发展折合全时人员	万人年	4.9	5.1	5.6	6.0	6.7	7.0
＃科学家和工程师	万人年	3.9	4.2	4.5	4.7	5.6	5.9
科技经费筹集额	亿元	104.8	135.9	151.3	192.3	217.0	231.1
＃政府资金	亿元	27.2	32.7	34.0	40.6	42.7	48.9
企业资金	亿元	60.6	83.1	101.0	132.1	153.3	158.0
金融机构贷款	亿元	6.2	11.2	6.9	11.0	7.4	11.6
科技经费内部支出	亿元	89.4	120.2	145.2	177.9	204.2	224.2
＃劳务费	亿元	22.8	26.9	33.1	37.2	36.2	39.5
固定资产购建费	亿元	21.7	26.5	38.0	43.5	43.0	62.8
研究与试验发展经费支出	亿元	41.7	63.7	83.0	106.9	125.3	136.4
＃基础研究	亿元	1.5	2.1	1.8	2.6	3.0	6.2
应用研究	亿元	7.2	7.1	10.5	16.3	23.2	20.4
试验发展	亿元	33.0	51.6	64.2	81.6	93.1	103.4
研究与试验发展经费支出占生产总值比重	%	0.89	1.17	1.38	1.56	1.57	1.47
技术市场成交额	亿元	34.8	50.8	62.0	75.3	86.5	80.6
专利申请受理数	件	7 151	9 851	13 545	14 695	15 672	17 052
发　明	件	1 299	1 619	2 584	2 907	3 267	4 368
实用新型	件	4 970	6 388	7 859	7 494	8 192	8 594
外观设计	件	882	1 844	3 102	4 294	4 213	4 090
专利申请授权数	件	4 842	4 551	5 656	5 749	6 195	7 399
发　明	件	458	385	644	911	942	1 063
实用新型	件	3 703	3 260	3 905	3 752	4 235	5 277
外观设计	件	681	906	1 107	1 086	1 018	1 059

21—25 科学研究和开发机构基本情况

指　　标	单 位	2000 年	2002 年	2003 年	2004 年	2005 年	2006 年
科技活动人员	万人	2.3	2.0	1.9	1.8	2.0	1.9
＃科学家和工程师	万人	1.6	1.4	1.4	1.4	1.6	1.3
研究与试验发展折合全时人员	万人年	1.0	0.48	0.46	0.60	0.55	0.55
＃科学家和工程师	万人年	0.69	0.38	0.37	0.47	0.49	0.49
＃基础研究	万人年	0.1	0.02	0.03	0.04	0.05	0.06
应用研究	万人年	0.2	0.09	0.12	0.16	0.16	0.15
试验发展	万人年	0.7	0.37	0.32	0.30	0.34	0.20
科技经费筹集额	亿元	23.4	24.2	26.4	25.3	26.0	29.0
＃政府资金	亿元	16.2	12.2	13.8	14.2	14.9	16.5
企业资金	亿元	2.2	6.7	8.6	6.4	6.4	8.9
金融机构贷款	亿元	0.4	0.8	0.3.	0.5	0	0.5
科技经费内部支出	亿元	21.3	22.6	26.7	23.5	25.9	28.4
＃劳务费	亿元	5.7	7.8	8.2	8.2	6.5	6.9
固定资产购建费	亿元	4.6	3.4	5.7	4.7	5.3	6.1
研究与试验发展经费支出	亿元	10.9	8.0	9.2	9.3	11.2	12.0
＃基础研究	亿元	0.9	0.5	0.7	0.8	1.0	1.3
应用研究	亿元	2.6	1.3	2.8	2.7	3.2	4.0
试验发展	亿元	7.5	5.3	4.0	4.2	5.0	3.0

21—26 大中型工业企业科技活动基本情况

指　　标	单 位	2000 年	2002 年	2003 年	2004 年	2005 年	2006 年
有科技活动的企业	个	282	293	292	322	301	294
占全部企业的比重	%	73.6	33.3	36.5	33.4	29.7	27.1
科技机构数	个	338	254	250	306	295	303
科技活动人员	万人	7.6	8.3	8.4	8.4	10.0	9.8
＃科学家和工程师	万人	4.8	5.1	5.6	5.3	5.6	5.9
研究与试验发展折合全时人员	万人年	2.1	2.4	2.8	2.9	3.5	3.4
＃科学家和工程师	万人年	1.6	1.9	2.2	2.0	2.8	2.7
科技机构科技活动人员	万人	2.7	2.4	2.6	2.7	3.2	3.3
＃科学家和工程师	万人	1.9	1.7	1.9	1.7	1.9	2.1
科技经费筹集额	亿元	45.1	73.7	87.1	111.8	133.3	137.9
＃政府资金	亿元	2.9	4.1	3.8	6.0	5.1	9.8
企业资金	亿元	36.8	59.8	77.1	99.4	119.4	116.5
金融机构贷款	亿元	2.5	7.8	5.3	6.1	4.0	7.3
科技经费内部支出	亿元	38.6	68.6	85.5	104.8	129.7	136.7
＃开发新产品经费支出	亿元	14.2	26.0	38.7	50.0	92.7	82.9
科技经费支出占主营业务收入比重	%	1.65	1.86	1.80	1.65	1.62	1.41
研究与试验发展经费支出	亿元	19.9	37.9	53.2	70.0	84.3	85.9
技术引进经费支出	亿元	21.3	17.3	16.7	21.1	9.3	19.4
消化吸收经费支出	亿元	0.7	0.3	0.3	10.2	0.8	2.1
购买国内技术支出	亿元	0.7	0.2	0.4	14.1	1.2	2.8

21—27 高等学校科技活动情况

指　　标	单　位	2000年	2002年	2003年	2004年	2005年	2006年
科技活动人员	万人	1.9	2.0	2.5	2.6	2.6	2.9
＃科学家和工程师	万人	1.8	1.9	2.5	2.1	2.2	2.5
研究与试验发展机构	个	414	345	499	275	277	320
研究与试验发展折合全时人员	万人年	0.9	1.0	1.2	1.2	1.3	1.5
＃科学家和工程师	万人年	0.8	0.9	1.2	1.2	1.3	1.5
＃基础研究	万人年	0.26	0.27	0.31	0.40	0.40	0.6
应用研究	万人年	0.50	0.56	0.62	0.69	0.60	0.7
试验发展	万人年	0.1	0.1	0.28	0.18	0.30	0.22
科技经费筹集额	亿元	9.7	12.3	15.5	22.1	21.4	24.0
＃政府资金	亿元	4.8	6.0	7.0	9.4	8.0	8.7
企业资金	亿元	3.7	5.4	5.4	10.3	11.6	13.7
金融机构贷款	亿元	0	0	0	0.1	0	0
科技经费内部支出	亿元	7.8	10.3	14.3	19.8	19.1	22.0
＃劳务费	亿元	3.1	2.4	3.6	3.3	3.9	4.1
固定资产购建费	亿元	0.6	1.3	1.3	4.6	2.7	3.3
研究与试验发展经费支出	亿元	2.4	6.2	7.8	10.2	12.3	15.6
＃基础研究	亿元	0.5	1.3	0.7	1.7	1.4	2.4
应用研究	亿元	1.2	3.1	3.7	6.4	7.1	8.9
试验发展	亿元	0.69	1.6	2.9	1.7	3.7	4.2

21—28 高技术行业规模以上工业企业科技活动投入情况

(2006年)

行　　业	科技活动人员（人）	研究与试验发展折合全时人员（人年）	＃科学家和工程师	科技活动经费支出（万元）	＃R&D经费	＃新产品经费	技术改造经费支出（万元）
合　　计	**19 288**	**7 958**	**7 109**	**186 193**	**89 108**	**94 763**	**56 386**
医药制造业	3 000	1 093	886	29 678	12 379	21 038	10 348
＃化学药品制造业	2 245	777	624	19 794	7 695	13 041	8 383
中成药品制造业	359	179	134	5 827	1 318	5 075	498
生物、生化制品制造业	160	70	68	2 816	2 206	1 971	903
航空航天器制造业	6 390	2 612	2 410	87 271	44 310	19 292	36 620
电子及通信设备制造业	7 927	3 285	2 995	50 657	24 231	43 268	8 316
通信设备制造业	259	105	102	6 574	5 774	5 971	50
雷达及配套设备制造业	180	66	47	3 246	2 102	2 118	0
广播电视设备制造业	52	0	0	382	0	382	44
电子器件制造业	6 042	2 689	2 546	20 543	8 503	17 792	5 903
电子元件制造业	729	180	166	3 339	1 250	2 451	1 448
家用视听设备制造业	463	164	124	8 288	5 680	6 275	30
其他电子设备制造业	202	81	10	8 282	920	8 277	840
电子计算机及办公设备制造业	133	62	61	225	165	220	20
电子计算机整机制造业	35	0	0	55	0	55	20
电子计算机外部设备制造业	98	62	61	170	165	165	0
医疗器械及仪器仪表制造业	1 812	906	758	18 270	8 021	10 854	1 080
＃医疗仪器设备及器械制造业	610	254	230	1 312	314	1 312	5
器械仪表制造业	1 202	652	528	16 957	7 707	9 541	1 075

21—29 高技术行业规模以上工业企业科技活动产出情况

(2006 年)　　　　单位:万元

行　业	工业总产值	#新产品	产品销售收入	#新产品	#出口	专利申请(件)	拥有发明专利数(件)
合　计	**7 564 811**	**1 344 781**	**7 254 123**	**1 220 616**	**61 198**	**367**	**248**
医药制造业	1 556 406	115 449	1 431 653	112 030	23 546	31	55
#化学药品原药制造业	1 001 152	78 172	933 389	74 152	23 230	10	20
化学药品制剂制造业	181 785	15 265	151 893	17 081	0	16	13
生物、生化制品制造业	242 692	19 940	218 958	18 845	316	4	16
航空航天器制造业	866 825	709 510	868 407	596 028	0	67	78
电子及通信设备制造业	3 426 342	483 283	3 248 809	476 978	37 251	147	7
通信设备制造业	82 190	3 483	76 639	3 055	0	1	2
雷达及配套设备制造业	254 491	210 621	243 408	207 067	0	0	0
广播电视设备制造业	31 734	2 826	28 368	2 410	610	0	0
电子器件制造业	1 406 000	254 121	1 373 442	252 786	27 828	8	5
电子元件制造业	431 908	11 651	417 684	11 073	8 813	0	0
家用视听设备制造业	1 121 236	0	1 042 636	0	0	138	0
其他电子设备制造业	98 779	580	66 630	580	0	0	0
电子计算机及办公设备制造业	932 805	11 546	932 561	11 395	0	12	15
电子计算机整机制造业	2 445	0	2 398	0	0	0	0
电子计算机外部设备制造业	901 736	191	903 337	150	0	3	3
医疗器械及仪器仪表制造业	743 142	24 220	731 345	23 413	400	110	91
#医疗仪器设备及器械制造业	274 893	222	270 145	222	222	28	30
器械仪表制造业	468 249	23 998	461 179	23 191	178	82	61

主要统计指标解释

普通高等学校 指按照国家规定的设置标准和审批程序批准举办的，通过全国普通高等学校统一招生考试，招收高中毕业生为主要培养对象，实施高等教育的全日制大学、独立设置的学院和高等专科学校、高等职业学校和其他机构。

大学、独立设置的学院主要实施本科层次以上教育，高等专科学校、高等职业学校实施专科层次教育，其他机构是承担国家普通招生计划任务不计校数的机构。包括普通高等学校分校和批准筹建的普通高等学校等。

成人高等学校 指按照国家规定的设置标准和审批程序批准举办的，通过全国成人高等学校统一招生考试，招收具有高中毕业或同等学历的在职从业人员为主要培养对象，利用函授、业余、脱产等多种形式对其实施高等学历教育的学校。包括职工高等学校、农民高等学校、管理干部学院、教育学院、独立函授学院、广播电视大学、其他机构等。其他机构是承担国家成人招生计划任务不计校数的机构。

小学学龄儿童净入学率 指调查范围内已入小学学习的学龄儿童占校内外学龄儿童总数(包括弱智儿童，不包括盲聋哑儿童)的比重。计算公式为：小学学龄儿童净入学率＝已入学的小学学龄儿童数/校内外小学学龄儿童总数×100％

国家财政性教育经费 包括国家财政预算内教育经费，各级政府征收用于教育的税费，企业办学校教育经费，校办产业、勤工俭学和社会服务收入用于教育的经费。

财政预算内教育经费 指中央、地方各级财政或上级主管部门在年度内安排，并计划拨到教育部门和其他部门主办的各级各类学校、教育事业单位，列入国家预算支出科目的教育经费，包括教育事业拨款、科研经费拨款、基建拨款和其他经费拨款。

科技活动 指在自然科学、农业科学、医药科学、工程与技术科学、人文与社会科学领域(简称科学技术领域)中，与科技知识的产生、发展、传播和应用密切相关的有组织的活动。可分为研究与试验发展(R&D)、研究与试验发展成果应用及相关的科技服务三类活动。该定义是联合国教科文组织考虑成员国特别是发展中国家开展科技统计工作的需要，而对科技活动所作的统计界定。

科技活动人员 指直接从事科技活动、以及专门从事科技活动管理和为科技活动提供直接服务，累计的实际工作时间占全年制度工作时间 10％及以上的人员。(1)直接从事科技活动的人员包括：在独立核算的科学研究与技术开发机构、高等学校、各类企业及其他事业单位内设的研究室、实验室、技术开发中心及中试车间(基地)等机构中从事科技活动的研究人员、工程技术人员、技术工人及其它人员；虽不在上述机构工作，但编入科技活动项目(课题)组的人员；科技信息与文献机构中的专业技术人员；从事论文设计的研究生等。(2)专门从事科技活动管理和为科技活动提供直接服务的人员，包括：独立核算的科学研究与技术开发机构、科技信息与文献机构、高等学校、各类企业及其他事业单位主管科技工作的负责人，专门从事科技活动的计划、行政、人事、财务、物资供应、设备维护、图书资料管理等工作的各类人员，但不包括保卫、医疗保健人员、司机、食堂人员、茶炉工、水暖工、清洁工等为科技活动提供间接服务的人员。该指标用来反映投入科技活动人力的规模。

科学家与工程师 指科技活动人员中具有高、中级技术职称(职务)的人员和不具有高、中级技术职称(职务)的大学本科及以上学历人员。该指标用来反映投入科技活动人力的素质。

研究与试验发展(R&D) 指在科学技术领域，为增加知识总量，以及运用这些知识去创造新的应用进行的系统的创造性的活动，包括基础研究、应用研究、试验发展三类活动。国际上通常采用 R&D 活动的规模和强度指标反映一国的科技实力和核心竞争力。

基础研究 指为了获得关于现象和可观察事实的基本原理的新知识(揭示客观事物的本质、运动规律，获得新发现、新学说)而进行的实验性或理论性研究，它不以任何专门或特定的应用或使用为目的。其成果以科学论文和科学著作为主要形式。用来反映知识的原始创新能力。

应用研究 指为获得新知识而进行的创造性研究，主要针对某一特定的目的或目标。应用研究是为了确定基础研究成果可能的用途，或是为达到预定的目标探索应采取的新方法(原理性)或新途径。其成果形式以科学论文、专著、原理性模型或发明专利为主。用来反映对基础研究成果应用途径的探索。

试验发展 指利用从基础研究、应用研究和实际经验所获得的现有知识，为产生新的产品、材料和装置，建立新的工艺、系统和服务，以及对已产生和建立的上述各项作实质性的改进而进行的系统性工作。其成果形式主要是专利、专有技术、具有新产品基本特征的产品原型或具有新装置基本特征的原始样机等。在社会科学领域，试验发展是指把通过基础研究、应用研究获得的知识转变成可以实施的计划(包括为进行检验和评估实施示范项目)的过程。人文科学领域没有对应的试验发展活动。主要反映将科研成果转化为技术和产品的能力，是科技推动经济社会发展的物化成果。

研究与试验发展人员 指参与研究与试验发展项目研究、管理和辅助工作的人员，包括项目(课题)组人员，企业科技行政管理人员和直接为项目(课题)活动提供服务的辅助人员。反映投入从事拥有自主知识产权的研究开发活动的人力规模。

研究与试验发展人员全时当量 指全时人员数加非全时人员按工作量折算为全时人员数的总和。例如：有两个全时人员和三个非全时人员(工作时间分别为 20％、30％和 70％)，则全时当量为 2＋0.2＋0.3＋0.7＝3.2 人年。为国际上比较科技人力投入而制定的可比指标。

专业技术人员 指从事专业技术工作和专业技术管理工作的人员，即企事业单位中已经聘任专业技术职务从事专业技术工作和专业技术管理工作的人员，以及未聘任专业技术职务，现在专业技术岗位上工作的人员。包括工程技术人员，农业技术人员，科学研究人员，卫生技术人员，教学人员，经济人员，会计人员，统计人员，翻译人员，图书资料、档案、文博人员，新闻出版人员，律师、公证人员，广播电视播音人员，工艺美术人员，体育人员，艺术人员及企业政治思想工作人员，共十七个专业技术职务类别。用来反映科技人力资源情况。

科技活动经费筹集　指从各种渠道筹集到的计划用于科技活动的经费，包括政府资金、企业资金、事业单位资金、金融机构贷款、国外资金和其他资金等。反映各社会经济主体对促进科技进步所做的努力。

政府资金　指从各级政府部门获得的计划用于科技活动的经费，包括科学事业费、科技三项费、科研基建费、科学基金、教育等部门事业费中计划用于科技活动的经费以及政府部门预算外资金中计划用于科技活动的经费等。

企业资金　指从自有资金中提取或接受其他企业委托的，科研院所和高校等事业单位接受企业委托获得的，计划用于科研和技术开发的经费。不包括来自政府、金融机构及国外的计划用于科技活动的资金。

金融机构贷款　指从各类金融机构获得的用于科技活动的贷款。

科技活动经费内部支出　指报告年内用于科技活动的实际支出，包括劳务费、科研业务费、科研管理费，非基建投资购建的固定资产、科研基建支出以及其他用于科技活动的支出。不包括生产性活动支出、归还贷款支出及转拨外单位支出。反映科技投入实际完成情况。

劳务费　指以货币或实物形式直接或间接支付给从事科技活动人员的劳动报酬及各种费用。包括各种形式的工资、津贴、奖金、福利、离退休人员费用、人民助学金等。反映改善科技人员待遇情况。

固定资产购建费　指报告年内使用非基建投资购建的固定资产和用于科研基建投资的实际支出额，即固定资产实际支出和科研基建投资实际完成额之和。固定资产是指长期使用而不改变原有实物形态的主要物资设备、图书资料、实验材料和标本以及其他设备和家具、房屋、建筑物。反映用于改善科研条件和科研手段方面的投入情况。

新产品　指采用新技术原理、新设计构思研制、生产的全新产品，或在结构、材质、工艺等某一方面比原有产品有明显改进，从而显著提高了产品性能或扩大了使用功能的产品。既包括政府有关部门认定并在有效期内的新产品，也包括企业自行研制开发，未经政府有关部门认定，从投产之日起一年之内的新产品。用来反映科技产出及对经济增长的直接贡献。

第二十二篇

文化、体育、卫生

22

WENHUA
TIYU
WEISHENG

22—1 文化事业基本情况

项　　目	2000年	2002年	2003年	2004年	2005年	2006年
一、文化事业机构数(个)	**1 994**	**15 467**	**16 828**	**18 219**	**18 186**	**19 085**
文化部门	1 994	4 916	2 239	8 114	8 081	10 101
其他部门		10 551	14 589	10 105	10 105	8 984
二、文化事业人员数(人)	**20 922**	**62 167**	**67 085**	**65 316**	**65 195**	**92 380**
文化部门	20 922	28 804	20 367	38 790	38 669	43 859
其他部门		33 363	46 718	26 526	26 526	48 521
三、各类文化艺术事业单位数(个)						
文化馆、艺术馆	125	125	125	124	124	133
公共图书馆	128	128	128	126	126	126
博物馆	30	34	35	37	37	37
电影院	322					
艺术表演场所	71	69	70	59	59	50
艺术表演团体	77	72	74	70	70	66
电影放映单位	738					
四、戏剧、电影观众(万人次)						
戏剧	1 169.2	818.0	907.0	645.9	960.5	1 103.6
电影						
五、按总人口平均每人观看(次)						
戏剧	0.28	0.20	0.22	0.15	0.23	0.26
电影						

22—2 广播电视事业

项　　目	单 位	2000 年	2002 年	2003 年	2004 年	2005 年	2006 年
一、职 工 人 数	人	**22 178**	**24 498**	**23 579**	**24 230**	**25 047**	**24 783**
二、广播事业情况							
广播电台	座	16	15	15	15	15	15
发射台及转播台	座	35	35	32	32	32	33
发射机功率	千瓦	1 057	1 062	1 071	1 066	1 066	1 143
平均每天播音时间	小时:分	1 024:36	1 182:55	1 312:26	1 374:12	1 535:50	1 900:30
广播人口综合覆盖率	%	97.92	97.80	97.84	98.12	98.17	98.23
年广播节目制作时间	小时				331 822	353 886	459 060
新　　闻	小时				47 881	50 799	64 176
综　　艺	小时				110 888	125 848	178 854
专　　题	小时				98 737	112 131	121 034
广 播 剧	小时				49	324	170
广　　告	小时				41 451	42 452	59 052
其　　他	小时				32 816	22 332	35 774
三、电视事业情况							
电 视 台	座	15	15	15	16	16	16
电视发射及转播台	座	585	483	433	428	408	367
发射机功率	千瓦	463	463	461	437	433	430
平均每周播出时间	小时:分	3 528:01	9 391:34	9 355:22	9 681:42	10 740:17	12 285:26
电视人口综合覆盖率	%	97.83	97.60	97.71	98.00	98.19	98.29
电视节目制作时间	小时				119 114	143 948	184 511
新　　闻	小时				19 994	21 350	25 005
综　　艺	小时				24 083	35 475	55 066
专　　题	小时				24 747	29 801	37 764
影 视 剧	小时				1 595	1 334	335
广　　告	小时				31 347	43 136	44 279
其　　他	小时				17 348	12 852	22 062

22—3 图书、杂志和报纸出版情况

年份	图书				杂志			报纸		
	种数（种）	#新出版	总印数（万册）	总印张数（万印张）	种数（种）	总印数（万册）	总印张数（万印张）	种数（种）	总印数（万份）	总印张数（万印张）
1990	2 776	2 087	20 000	79 000	236	14 000	30 000	65	83 000	63 000
1991	3 603	2 799	22 000	94 000	242	15 000	33 000	67	99 000	71 000
1992	3 203	2 336	21 000	90 000	255	16 000	30 000	70	94 000	70 000
1993	3 602		23 000	120 000	289	16 000	38 000	84	87 000	88 000
1994	4 419	2 986	24 000	108 000						
1995	3 585	1 975	18 000	79 000	295	15 000	34 000	88	90 000	88 000
1996	4 419	2 228	23 000	107 000	288	14 000	31 000	97	88 000	117 000
1997	4 979	2 678	22 000	104 000	286	14 000	31 000	89	99 000	124 000
1998	5 251	2 838	24 000	114 000	274	13 000	31 000	85	105 000	175 000
1999	5 256	2 711	23 000	106 000	277	13 000	32 000	85	110 000	206 000
2000	5 008	2 752	17 082	108 047	289	8 634	22 369	87	125 845	319 018
2001	5 117	2 719	18 176	123 953	306	14 043	33 907	97	124 584	1 097 498
2002	6 632	3 026	16 374	106 225	321	12 896	31 246	17	52 989	110 635
2003	6 519	2 826	15 428	92 405	322	10 881	30 241	17	50 631	150 874
2004	5 511	2 899	11 666	83 959	234	6 891	25 647	81	145 408	510 101
2005	6 598		12 394	88 222	325	10 890	30 251	81	145 800	510 235
2006	7 370		12 355	91 425	324	8 025	30 537	123	159 117	720 835

注：2002、2003 年报纸为省级报纸统计数。

22—4 图书出版分类构成情况

（2006 年）

类　　别	种　数（种）	印　数（万册）	印　张（千印张）
总　　计	**5 424**	**11 218**	**910 624**
使用“中国标准书号”合计	5 424	11 218	910 624
马列主义、毛泽东思想	7	4	444
哲　学	29	23	3 042
社会科学总论	44	24	3 724
政治、法律	118	87	15 288
军　事	12	13	1 277
经　济	551	334	55 105
文化、科学、教育、体育	2 612	9 422	675 200
语言、文字	392	250	35 675
文　学	313	344	40 542
艺　术	252	122	10 728
历史、地理	111	56	5 766
自然科学总论	15	3	570
数理科学、化学	88	46	6 246
天文学、地球科学	5	2	176
生物科学	15	13	1 094
医学、卫生	111	48	5 090
农业科学	27	13	1 140
工业技术	518	287	33 850
交通运输	167	82	12 077
航空、航天			
环境科学	14	34	1 659
综合性图书	22	10	1 912
不使用“中国标准书号”图书			

22—5 录像、录音制品出版情况

年份、地区	录像制品				录音制品			
	数码激光视盘		高密度激光视盘		录音带		激光唱盘	
	种数（种）	数量（万张）	种数（种）	数量（万张）	种数（种）	数量（万盒）	种数（种）	数量万张）
2001	270	207.1	1	0.1	77	314.6	49	60.6
2002	750	1 102.7	283	339.1	226	525.5	5	1.9
2003	876	2 967.6	245	1 342.5	80	229.4	42	27.6
2004	570	2 475.0	475	893.0	234	536.0	146	144.0
2005	317	292.3	194	189.4	108	122.4	66	32.2
2006	77	729.5	17	93.6	1	1.0	61	99.8

22—6 体委系统职工人数

(2006 年)

单位:人

人员分类	合计	# 优秀运动队	# 体育运动学校	# 少儿业余体校	# 公共体育场馆	# 体育服务公司
全省	**22 381**	**1 668**	**6 558**	**13 174**	**739**	**242**
运动员	17 999	1 036	5 038	11 925		
专职教练员	1 360	171	500	641	48	
专职文化教师	398		363	35		
科技人员	7	2	5			
宣传出版人员						
医务人员	42	21	19	1	1	
管理人员	1 514	206	367	405	341	195
其它人员	1 061	232	266	167	349	47

22—7 运动员历年创世界纪录情况

年　份	项数（项）	#女子	人数（人）	#女子	次数（次）	#女子
1985	1	1	2	2	2	2
1986	1	–	1	–	1	–
1987	3	2	7	5	12	9
1988	2	2	4	4	9	9
1989	10	10	4	4	10	10
1990	2	1	4	3	2	1
1991	8	8	6	6	10	10
1992	3	3	8	8	20	20
1993	20	18	14	12	30	27
1994	3	3	4	4	4	4
1995	1	1	1	1	1	1
1996	2	2	1	1	3	3
1997	9	9	5	5	11	11
1998	17	15	14	12	20	18
1999	13	12	9	8	22	21
2000	4	3	2	1	7	6
2001	4	4	6	6	4	4
2002	11	11	7	7	13	13
2003	13	–	7	–	34	–
2004	4	4	3	3	4	4
2005	3	3	3	3	4	4
2006	3	3	1	1	3	3

注：总计的项数和人数中剔除了历年重复数（以下同）。

22—8 运动员分项创世界纪录情况

(2006年)

项目	项数(项)	#女子	人数(人)	#女子	次数(次)	#女子
总计	**3**	**3**	**1**	**1**	**3**	**3**
举重	3	3	1	1	3	3

22—9 运动员分项获得世界冠军情况

(2006年)

项目	项数(项)	#女子	人数(人)	#女子	次数(次)	#女子
总计	**11**	**10**	**11**	**10**	**11**	**10**
乒乓球	1	1	2	2	1	1
射击	1	1	1	1	1	1
击剑	1	1	2	2	1	1
羽毛球	1	1	3	3	1	1
举重	3	3	1	1	3	3
潜水	3	3	1	1	3	3
赛艇	1		1		1	

22—10 运动员近年获得世界冠军情况

年份	项数(项)	#女子	人数(人)	#女子	次数(次)	#女子
1985	3	1	3	1	4	1
1986	6	4	8	4	8	4
1987	4	3	6	4	8	6
1988	2	1	4	3	10	8
1989	11	10	5	4	11	10
1990	11	7	7	4	12	8
1991	15	13	7	5	16	14
1992	6	5	8	7	13	12
1993	24	24	18	18	24	24
1994	4	4	7	5	12	8
1995	7	3	9	5	8	4
1996	6	6	5	5	8	8
1997	7	7	4	4	7	7
1998	14	8	11	9	15	8
1999	14	12	9	8	15	13
2000	9	7	6	5	9	7
2001	9	9	4	4	9	9
2002	12	10	10	8	12	10
2003	18	–	12	–	19	–
2004	11	10	11	10	12	11
2005	6	6	6	6	6	6
2006	11	10	11	10	11	10

22—11 运动员分项创获亚洲冠军情况

(2006 年)

项　　目	项　数（项）	#女　子	人　数（人）	#女　子	次　数（次）	#女　子
总　　计	**24**	**18**	**30**	**25**	**25**	**19**
赛　　艇	1	1	1	1	1	1
射　　击	1		1		1	
田　　径	3	2	3	2	3	2
乒　乓　球	4	4	2	2	5	5
排　　球	1	1	4	4	1	1
曲　棍　球	1	1	5	5	1	1
游　　泳	6	4	3	2	6	4
羽　毛　球	2	2	3	3	2	2
帆　　板	1		1		1	
皮　划　艇	2	1	2	1	2	1
击　　剑	1	1	2	2	1	1
篮　　球	1	1	3	3	1	1

22—12 与外国体育活动交往情况

项　　目	单　位	2000 年	2002 年	2003 年	2004 年	2005 年	2006 年
来我省的体育团体							
次　　数	次	58	0	0	0	17	6
人　　数	人	830	0	0	0	148	97
我省派出的体育团体							
次　　数	次	254	194	61	77	86	104
人　　数	人	977	391	101	270	326	336

22—13 卫生机构、

（2006

卫生机构名称	机构数（个）	床位数(张)			人	
		编制床位	实有床位	标准床位	合计	小计
总计	**3 525**	**191 017**	**179 794**	**95 328**	**246 595**	**189 678**
市	2 499	162 688	154 419	88 594	209 637	160 747
县	1 026	28 329	25 375	6 734	36 958	28 931
一、医院	956	148 099	142 360	82 280	181 358	140 523
市	832	132 931	128 023	77 537	162 069	125 405
县	124	15 168	14 337	4 743	19 289	15 118
综合医院	616	103 286	100 272	59 436	132 563	104 038
县医院	52	10 059	9 665	3 719	13 763	10 773
其他医院	564	93 227	90 607	55 717	118 800	93 265
中医医院	112	14 244	13 127	6 320	19 530	15 056
中西医结合医院	7	210	240	180	443	340
民族医院	2	150	110	50	190	113
专科医院	219	30 209	28 611	16 294	28 632	20 976
口腔医院	21	353	341	208	1 776	1 434
眼科医院	11	572	542	275	829	501
肿瘤医院	7	1 945	2 365	2 183	1 976	1 539
心血管病医院	3	66	108	98	106	77
胸科医院	3	1 303	1 303	385	1 350	947
血液病医院	1	50	30	30	37	27
妇产(科)医院	23	3 874	3 188	1 915	5 602	4 377
儿童医院	4	790	700	472	1 234	967
精神病医院	36	8 585	8 201	3 357	5 024	3 592
传染病医院	20	4 532	4 236	2 925	4 142	2 893
皮肤病医院	4	470	127	30	214	132
结核病医院	7	2 301	1 881	1 490	1 452	935
职业病医院	2	600	600	600	684	535
骨科医院	16	1 376	1 446	315	1 313	1 018
康复医院	18	1 783	1 907	880	1 367	881
整形外科医院	4	58	72	42	85	60
美容医院	4	71	83	83	107	71
其他专科医院	35	1 480	1 481	1 006	1 334	990
二、疗养院	37	10 918	9 828	4 756	4 463	2 008
三、社区卫生服务中心	122	1 008	747	368	3 451	2 903
四、卫生院	1 065	26 400	22 583	5 739	24 769	19 594

床　数、人　员　数

年）

员				数(人)				
卫生技术人员						其他技术人员	管理人员	工勤人员
执业医师	执业助理医师	注册护士	药剂人员	检验人员	其他			
68 964	**11 424**	**68 478**	**13 836**	**10 417**	**16 559**	**10 810**	**16 859**	**29 248**
58 884	7 953	60 865	11 395	8 955	12 695	9 308	14 703	24 879
10 080	3 471	7 613	2 441	1 462	3 864	1 502	2 156	4 369
50 011	5 258	57 899	10 613	6 605	10 137	7 587	11 476	21 772
44 902	4 051	52 567	9 181	5 963	8 741	6 817	10 509	19 338
5 109	1 207	5 332	1 432	642	1 396	770	967	2 434
37 302	3 595	43 872	7 427	4 842	7 000	5 257	8 150	15 118
3 589	768	4 087	959	455	915	551	628	1 811
33 713	2 827	39 785	6 468	4 387	6 085	4 706	7 522	13 307
5 752	885	4 776	1 780	694	1 169	895	1 239	2 340
114	49	91	29	13	44	17	47	39
30	9	24	35	8	7	2	58	17
6 813	720	9 136	1 342	1 048	1 917	1 416	1 982	4 258
621	110	374	22	15	292	111	68	163
173	19	218	26	15	50	51	109	168
543	19	748	86	69	74	112	100	225
30	9	26	6	4	2	5	11	13
306	9	477	64	48	43	82	75	246
9	1	11	2	2	2	2	5	3
1 430	158	1 795	240	238	516	247	359	619
364	10	468	60	59	6	69	72	126
877	138	1 950	169	116	342	195	371	866
807	67	1 283	309	227	200	244	304	701
54	3	48	15	11	1	2	26	54
266	37	443	68	59	62	64	92	361
194	7	202	37	26	69	34	47	68
400	69	313	90	43	103	79	73	143
320	35	370	58	40	58	67	130	289
25	2	27	2	3	1	1	6	18
29	6	27	3	3	3	13	14	9
365	21	356	85	70	93	38	120	186
593	204	908	94	58	151	232	657	1 566
965	209	1 069	349	155	156	127	228	193
6 306	3 136	4 470	1 773	879	3 030	1 031	1 422	2 722

22－13续表1 (2006

卫生机构名称	机构数（个）	床位数(张)			人	
		编制床位	实有床位	标准床位	合计	小计
街道卫生院	57	566	526	176	930	814
乡镇卫生院	1 008	25 834	22 057	5 563	23 839	18 780
市	510	14 396	12 662	3 825	13 053	10 125
县	498	11 438	9 395	1 738	10 786	8 655
中心卫生院	236	10 093	8 433	2 307	9 602	7 580
乡卫生院	772	15 741	13 624	3 256	14 237	11 200
五、门诊部	431	649	625	175	5 429	4 349
市	415	487	483	170	5 245	4 200
县	16	162	142	5	184	149
综合门诊部	264	428	417	100	3 541	2 890
中医门诊部	61	59	39	14	711	535
中西医结合门诊部	6	0	0	0	62	54
专科门诊部	99	162	169	61	1 112	868
六、急救中心(站)	11	120	150	150	878	450
七、采供血机构	23	0	0	0	1 219	818
八、妇幼保健院(所、站)	111	1 612	1 396	588	5 409	4 318
省属	1	100	54	54	185	144
省辖市(地区)属	14	382	292	260	979	739
地辖市属	63	653	567	133	2 731	2 241
县属	30	477	483	141	1 461	1 146
其他	3	0	0	0	53	48
妇幼保健院	33	1 418	1 191	532	2 914	2 294
妇幼保健所	45	148	129	16	1 677	1 353
妇幼保健站	32	46	60	40	801	661
生殖保健中心	1	0	16	0	17	10
九、专科疾病防治院(所、站)	104	1 826	1 726	1 102	3 706	2 687
专科疾病防治院	9	922	806	654	805	514
结核病防治院	1	150	80	80	107	69
职业病防治院	6	722	676	574	590	373
其他	2	50	50	0	108	72
专科疾病防治所(站、中心)	95	904	920	448	2 901	2 173
口腔病防治所(站、中心)	13	1	7	0	496	421
精神病防治所(站、中心)	2	110	130	110	41	26
结核病防治所(站、中心)	54	677	669	328	1 739	1 255

年）

员				数（人）				
卫生技术人员						其他技术人员	管理人员	工勤人员
执业医师	执业助理医师	注册护士	药剂人员	检验人员	其他			
280	119	221	80	29	85	33	55	28
6 026	3 017	4 249	1 693	850	2 945	998	1 367	2 694
3 190	1 674	2 491	891	461	1 418	577	776	1 575
2 836	1 343	1 758	802	389	1 527	421	591	1 119
2 443	1 164	1 867	666	325	1 115	324	506	1 192
3 583	1 853	2 382	1 027	525	1 830	674	861	1 502
1 987	245	1 248	413	218	238	197	490	393
1 924	234	1 210	395	211	226	190	477	378
63	11	38	18	7	12	7	13	15
1 320	149	848	283	158	132	111	310	230
270	34	101	79	16	35	32	83	61
25	4	10	9	2	4	2	3	3
371	57	289	42	42	67	52	93	99
184	0	206	17	14	29	80	47	301
144	43	355	19	176	81	146	109	146
2 047	386	977	215	340	353	236	482	373
60	1	51	9	9	14	12	13	16
383	18	213	35	71	19	45	137	58
1 064	202	526	92	173	184	125	205	160
509	160	181	78	84	134	52	126	137
31	5	6	1	3	2	2	1	2
957	178	667	131	159	202	106	279	235
723	124	224	53	126	103	89	138	97
364	82	83	31	54	47	41	63	36
3	2	3	0	1	1	0	2	5
1 000	297	637	149	177	427	203	394	422
214	28	150	35	48	39	74	64	153
22	1	26	7	7	6	16	8	14
145	18	117	26	39	28	57	38	122
47	9	7	2	2	5	1	18	17
786	269	487	114	129	388	129	330	269
168	34	93	9	0	117	24	39	12
13	1	9	2	1	0	0	2	13
404	164	316	89	99	183	66	222	196

22－13 续表 2　　　　（2006

卫生机构名称	机构数（个）	床位数（张）			人	
		编制床位	实有床位	标准床位	合计	小计
职业病防治所（站、中心）	2	100	100	0	72	49
地方病防治所（站、中心）	19	6	4	0	361	286
药物戒毒所（中心）	1	0	0	0	46	10
其　　他	4	10	10	10	146	126
十、疾病预防控制中心（防疫站）	130	60	60	0	9 838	7 565
疾病预防控制中心/防疫站/防病中心	121	60	60	0	9 510	7 298
省　　属	1	0	0	0	415	283
省辖市（地区）属	13	0	0	0	2 225	1 732
地辖市属	65	0	0	0	3 987	3 027
县　　属	35	60	60	0	2 410	1 871
其　　他	7	0	0	0	473	385
其中：疾病预防控制中心	67	0	0	0	6 222	4 826
卫生防疫站	54	60	60	0	3 288	2 472
预防保健中心	9	0	0	0	328	267
十一、卫生监督所	53	0	0	0	2 555	1 961
省　　属	1	0	0	0	120	96
省辖市（地区）属	12	0	0	0	905	704
地辖市属	25	0	0	0	997	784
县　　属	11	0	0	0	335	239
其　　他	4	0	0	0	198	138
十二、卫生监督检验（监测、检测）所（站）	30	0	0	0	320	262
食品卫生监督检验（监测、检测）所（站）	2	0	0	0	191	141
其　　他	28	0	0	0	129	121
十三、医学科学研究机构	8	40	40	40	138	54
医学科学（研究）院（所）	3	0	0	0	44	10
中医（药）研究院（所）	1	0	0	0	17	14
民族医（药）学研究所	1	0	0	0	33	0
医学专科研究所	3	40	40	40	44	30
十四、医学在职培训机构	3	0	0	0	28	10
十五、健康教育所（站、中心）	10	0	0	0	174	85
十六、其他卫生机构	431	285	279	130	2 860	2 091
临床检验中心（所、站）	3	0	0	0	58	50
乡防保组	360	31	42	0	1 710	1 353
其　　他	67	254	237	130	1 086	688

年)

人员数(人)								
卫生技术人员						其他技术人员	管理人员	工勤人员
执业医师	执业助理医师	注册护士	药剂人员	检验人员	其他			
15	4	20	2	4	4	3	10	10
123	45	14	10	24	70	28	20	27
5	0	3	1	1	0	3	30	3
58	21	32	1	0	14	5	7	8
3 612	1 029	389	83	1 576	876	526	837	910
3 508	986	345	75	1 556	828	517	804	891
120	4	3	0	126	30	28	53	51
844	131	144	30	496	87	154	156	183
1 444	414	108	18	604	439	232	397	331
860	399	58	18	275	261	97	140	302
240	38	32	9	55	11	6	58	24
2 357	499	274	53	1 197	446	347	456	593
1 151	487	71	22	359	382	170	348	298
104	43	44	8	20	48	9	33	19
1 160	201	33	14	80	473	154	281	159
67	2	0	0	0	27	2	13	9
467	52	4	1	17	163	47	89	65
471	84	26	10	40	153	70	89	54
66	38	1	2	6	126	23	59	14
89	25	2	1	17	4	12	31	17
125	47	7	9	21	53	2	20	36
55	29	1	0	17	39	2	14	34
70	18	6	9	4	14	0	6	2
26	5	5	3	6	9	19	61	4
8	2	0	0	0	0	9	24	1
6	0	3	3	2	0	3	0	0
0	0	0	0	0	0	0	33	0
12	3	2	0	4	9	7	4	3
3	1	1	0	0	5	6	5	7
59	16	2	3	0	5	49	19	21
742	347	272	82	112	536	215	331	223
3	0	0	0	46	1	4	2	2
520	254	114	35	27	403	111	158	88
219	93	158	47	39	132	100	165	133

22—14　各地区卫生机构、床位数

(2006 年)

地　　区	卫生机构数(个)	#医院	#卫生院	#门诊部、所	#疾病预防控制中心(防疫站)	#妇幼保健院(所站)	医疗机构床位数(张)	#医院、卫生院
总　　计	**15 876**	**956**	**1 008**	**431**	**130**	**111**	**179 794**	**164 417**
沈　　阳	1 994	211	121	156	19	15	35 227	33 856
大　　连	2 531	128	102	122	14	12	28 153	25 955
鞍　　山	1 982	76	72	39	9	9	17 264	14 426
抚　　顺	637	67	48	18	10	8	10 589	10 517
本　　溪	287	36	33	5	8	7	8 947	8 440
丹　　东	515	44	69	12	7	4	10 911	9 921
锦　　州	888	57	80	3	9	8	10 824	10 518
营　　口	1 503	66	48	22	9	6	8 450	7 734
阜　　新	521	45	59	2	9	9	6 742	6 126
辽　　阳	676	43	33	8	7	8	7 558	7 014
盘　　锦	742	39	31	4	6	3	5 731	5 102
铁　　岭	1 126	33	72	13	8	7	7 646	7 152
朝　　阳	1 325	50	139	7	8	8	8 867	8 492
葫 芦 岛	1 149	61	101	21	7	7	12 885	9 164

22—15　各地区卫生机构人员数

(2006 年)　　单位:人

地　　区	卫生机构人员合计	#卫生技术人员	#执业(助理)医师	#注册护士
总　　计	**273 374**	**216 457**	**94 321**	**76 796**
沈　　阳	60 586	48 560	20 401	18 105
大　　连	42 166	34 070	14 801	12 895
鞍　　山	25 765	19 307	8 557	7 255
抚　　顺	14 370	11 583	4 758	4 564
本　　溪	13 560	10 334	3 855	4 147
丹　　东	13 617	10 533	4 511	3 841
锦　　州	16 541	12 932	5 558	3 961
营　　口	14 425	11 325	5 266	3 695
阜　　新	11 327	8 773	3 583	3 102
辽　　阳	9 700	8 036	3 834	2 864
盘　　锦	9 461	7 594	3 646	2 596
铁　　岭	14 128	11 542	5 403	3 458
朝　　阳	12 944	10 903	5 006	2 805
葫 芦 岛	14 784	10 965	5 142	3 508

22—16　城市前十位疾病死亡原因及构成

(2006 年)

顺　　序	疾病死亡原因	占死亡总人数的%
	十种死因合计	**97.98**
1	循环系统疾病	46.65
2	肿瘤	26.85
3	呼吸系统疾病	7.48
4	损伤和中毒外部原因	4.74
5	内分泌、营养和代谢的其他疾病	4.16
6	消化系统疾病	2.66
7	泌尿生殖系统疾病	1.60
8	其他疾病	1.41
9	神经系统疾病	1.30
10	传染病和寄生虫病	1.13
	女性十种死因合计	**97.98**
1	循环系统疾病	48.69
2	肿瘤	24.65
3	呼吸系统疾病	7.86
4	内分泌、营养和代谢的其他疾病	5.39
5	损伤和中毒外部原因	3.31
6	泌尿生殖系统疾病	2.07
7	消化系统疾病	2.00
8	其他疾病	1.87
9	神经系统疾病	1.41
10	诊断不明	0.73
	男性十种死因合计	**98.05**
1	循环系统疾病	45.15
2	肿瘤	28.47
3	呼吸系统疾病	7.20
4	损伤和中毒外部原因	5.79
5	内分泌,营养和代谢的其他疾病	3.26
6	消化系统疾病	3.14
7	传染病和寄生虫病	1.48
8	其他疾病	1.25
9	神经系统疾病	1.23
10	其他疾病	1.08

主要统计指标解释

文化事业机构 指从事专业文化工作和为专业文化工作服务的独立建制的单位。不包括这些单位另外举办独立核算的其他机构和各部门的业余文化组织。该指标主要反映文化事业机构发展规模水平。

艺术表演团体 指从事戏曲、音乐、舞蹈、杂技等专业艺术表演,有独立帐户的单位,不包括半工半艺、半农半艺和民间职业剧团。该指标主要反映全国专业艺术表演团体发展规模水平。

艺术表演观众人数(人次) 指售票、包场演出或民族地区免费演出的艺术表演观众人次数,不包括彩排审查和内部观摩演出的观看人次数。该指标主要反映全国观看专业艺术表演团体演出的效益规模。

卫生机构 包括医疗机构、疾病预防控制中心(防疫站)、采供血机构、卫生监督及监测(检验)机构、医学科研和在职培训机构、健康教育所等。

医疗机构 包括医院、社区卫生服务中心(站)、疗养院、卫生院、门诊部、诊所(卫生所、医务室)、妇幼保健院(所、站)、专科疾病防治院(所、站)、急救中心(站)和临床检验中心。医疗机构分为非赢利性医疗机构和赢利性医疗机构。

医院 包括综合医院、中医医院、中西医结合医院、民族医院、各类专科医院和护理院。

卫生技术人员 指卫生机构中医生、护理人员、药剂人员、检验人员等卫生技术人员。

医生 指在医疗、预防保健机构工作且取得《执业医师证书》的执业医师和执业助理医师。

卫生服务总费用 反映全国当年用于医疗卫生保健服务所消耗的资金总额,用筹资来源法测算。政府预算卫生支出指各级政府用于卫生事业的财政预算拨款。社会卫生支出指政府预算外的卫生资金投入,主要表现为社会医疗保险。其中包括如企事业单位和乡村集体经济单位举办的医疗卫生机构的设施建设费,企业职工医疗卫生费,行政事业单位负担的职工公费医疗超支部分等。居民个人卫生支出指城乡居民用自己可支配的经济收入支付的各项医疗卫生费用和医疗保险费用。

第二十三篇

其他社会活动

23

QITASHEHUI
HUODONG

23—1 历届省人民代表大会的代表人数

单位:人

届别	年份	代表总数	#女代表	#少数民族代表	占代表总数比重(%) #女代表	占代表总数比重(%) #少数民族代表
一届	1954	588		100		17.0
二届	1959	566	107	39	18.9	6.89
三届	1964	795				
四届	1975					
五届	1978	1 200	292	160	24.33	13.33
六届	1983	900	219	146	24.33	16.22
七届	1988	725	142	118	19.59	16.28
八届	1993	745	159	115	21.34	15.44
九届	1998	622	123	97	19.77	15.59
十届	2003	619	108	102	17.45	16.48

23—2 历届省政治协商会议的委员人数

单位:人

届别	年份	代表总数	#中国共产党委员	#少数民族委员	占委员总数比重(%) #中国共产党委员	占委员总数比重(%) #少数民族委员
一届	1954	122	28	16	22.95	13.11
二届	1959	376	123	32	32.71	8.51
三届	1963	403	125	31	31.02	7.69
四届	1977	586	245	57	41.81	9.73
五届	1983	595	220	65	36.97	10.92
六届	1988	696	245	83	35.20	11.93
七届	1993	695	242	81	34.82	11.65
八届	1998	723	283	97	39.14	13.42
九届	2003	750	284	98	37.87	13.07

23—3 工会组织情况

年份	工会基层组织数(个)	全省已建工会组织的基层单位的职工与会员人数(人)				工会专职工作人员数(人)
		职工人数	#女职工	会员人数	#女会员	
1980	19 004	6 149 000	2 340 000	5 182 000		26 000
1981	20 341	7 097 000	2 864 000	6 020 000	2 446 000	30 000
1982	20 953	7 372 000	2 986 000	6 455 000	2 651 000	33 000
1983	21 141	7 546 000	2 032 000	6 770 000	2 738 000	34 000
1984	22 350	7 881 000	3 199 000	7 092 000	2 876 000	38 000
1985	22 763	8 267 000	3 388 000	7 421 000	3 078 000	43 709
1986	23 190	8 341 973	3 462 049	7 605 645	3 202 109	47 842
1987	24 742	8 536 873	3 532 603	7 880 001	3 257 621	47 301
1988	25 753	8 712 119	3 611 855	8 034 410	3 370 064	41 910
1989	27 217	8 840 457	3 665 482	8 181 168	3 394 077	44 150
1990	27 836	8 968 227	3 750 636	8 340 951	3 497 883	46 875
1991	28 642	8 979 281	3 768 625	8 387 414	3 541 636	48 521
1992	29 222	9 164 759	3 828 618	8 567 567	3 584 922	45 584
1993	30 083	9 177 011	3 781 547	8 537 051	3 540 817	41 276
1994	27 629	9 133 500	3 843 987	8 420 047	3 501 514	31 215
1995	28 448	9 290 683	3 987 323	9 234 588	3 796 173	36 167
1996	27 517	9 095 895	3 796 520	8 577 752	3 564 856	39 693
1997	24 310	8 395 588	3 276 594	7 180 188	2 956 720	33 321
1998	23 317	7 198 855	2 994 485	6 694 517	2 784 204	23 766
1999	21 647	6 199 418	2 529 928	5 659 855	2 315 330	21 406
2000	41 167	8 018 747	3 360 629	7 515 909	3 100 980	27 396
2001	64 659			8 155 000		
2002	41 715	8 877 337	2 566 828	8 606 854	2 454 640	18 372
2003	35 717	7 933 711	2 540 304	7 698 113	2 388 475	18 683
2004	39 963	8 402 783	2 947 246	8 223 150	2 820 343	20 346
2005	43 614	8 830 676	3 351 654	8 621 046	3 121 658	19 626
2006	48 691	9 685 316	2 927 952	9 371 941	2 756 933	19 931

注:1998 年以后工会专职工作人员数为工会专职干部人数。

23—4 妇联组织情况

项目	单位	2000 年	2002 年	2003 年	2004 年	2005 年	2006 年
妇联组织总计	个	**1 766**	**1 862**	**1 757**	**1 594**	**1 594**	**1 702**
一、地方妇联	个	**1 745**	**1 862**	**1 757**	**1 594**	**1 594**	**1 702**
省级和市级	个	15	14	14	14	14	14
县(市)、区、乡(镇)级	个	1 256	1 229	1 122	1 114	1 114	1 130
街道妇联	个	474	619	621	466	466	558
二、农林场妇联	个	**21**					
建立基层妇代会组织数	个	22 024	19 876	17 474	15 156	15 156	15 711
#一类妇代会	人	16 224					
二类妇代会	人	5 540					
各类妇女工作委员会	个	3 111	432	2 292	7 244	7 274	10 023
各类妇女联谊组织数	个	299	38	208	45	45	76
民主党派中的妇女组织	个	73	44	47	42	42	56

23—5 律师、公证、调解工作基本情况

项　　目	单 位	2000 年	2002 年	2003 年	2004 年	2005 年	2006 年
一、律 师 工 作							
律师事务所	个	397	417	441	458	484	506
律　　师	人	4 280	4 330	4 549	4 839	5 134	5 301
专职律师	人	3 281	4 044	4 291	4 558	4 890	5 067
兼特邀职律师	人	999	286	258	281	244	234
聘请担任常年法律顾问的单位	处	7 497	6 374	7 073	6 604	7 978	8 015
民事诉讼代理	件	25 283	24 842	25 256	32 392	31 768	31 602
经济诉讼代理	件	12 713	10 156	10 098	13 166	12 902	12 337
行政诉讼代理	件	1 305	1 560	1 814	1 802	2 022	2 074
刑事辩护	件	12 203	12 420	12 910	12 871	13 332	13 608
非诉讼法律事务	件	15 592	19 035	27 595	27 600	37 468	34 974
解答法律咨询	万人次	24.08	18.78	19.77	19.35	20.56	24.69
代写法律事务文书	万件	4.30	4.65	6.14	4.83	5.44	5.75
涉外及港澳台	件	400	389	1 203	653	1 119	678
二、公 证 工 作							
公 证 处	个	112	109	110	110	107	106
公证人员	人	922	976	965	1 022	1 021	1 110
#公 证 员	人	659	624	590	587	576	562
公证员助理	人	80	95	79	99	138	218
办理公证文书	万件	67	69.5	66.7	71.8	63.42	69.09
三、人民调解工作							
专职司法助理员	人	1 614	1 437	1 581	1 501	1 682	1 734
人民调解委员会	个	32 724	25 146	25 309	22 516	21 513	22 371
调解人员	万人	19.8	27.2	28.34	15.63	16.59	15.51
调解民间纠纷	万件	17.1	14.8	14.42	14.22	14.13	14.41

23—6 国内公证文书分类

(2006年)

分类	办证件数（件）	比重（%）	分类	办证件数（件）	比重（%）
一、经济公证			其他	13 126	11.1
合计	118 409	100.0	二、民事公证		
购销	13	...	合计	332 332	100.0
联营	21	...	收养	21	...
拍卖	315	0.3	解除收养	3	…
贷款	82 118	69.4	继承权	40 230	12.1
担保	5 266	4.4	遗嘱	7 820	2.4
招标、投标	621	0.5	产权	3 969	1.2
科技协作			亲属关系	377	0.1
供用电	38	...	死亡	58	…
劳务合同	1 374	1.2	房屋买卖	126 496	38.1
建筑工程承包	30	…	房屋租赁	229	0.1
工商服务业承包	56	…	留学协议	288	0.1
农林牧副渔业承包	4 159	3.5	遗赠扶养协议	112	…
乡镇企业承包	73	0.1	其他民事协议		
财产租赁	186	0.2	委托书	29 429	8.9
企业租赁	7	...	赠与书	16 482	5.0
资产经营责任制	533	0.5	声明书	21 370	6.4
其他经济合同	5 097	4.3	现场监督	12 675	3.8
法人(代表人)资格	1 166	1.0	签名印鉴属实	2 045	0.6
法人委托书	1 570	1.3	文本相符	970	0.3
公司章程	50	...	宅基地使用权	380	0.1
执行许可证明	694	0.6	证据保全	2 269	0.7
提存	1 896	1.6	其他	67 109	20.2

23—7 涉外公证文书分类

(2006年)

分类	办证件数(件)	比重(%)	分类	办证件数(件)	比重(%)
合计	**240 156**	**100.0**	委托书	1 424	0.6
收养	1 366	0.6	营业证书	1 412	0.6
遗嘱	90	…	公司章程	394	0.2
出生	27 914	11.6	其他法律文书	2 664	1.1
死亡	1 467	0.6	职称	2 221	0.9
生存、居住	830	0.3	法人资格	105	…
学历	18 740	7.8	商标注册	20	…
经历	3 147	1.3	贷款	69	…
国籍	12 794	5.3	担保	254	0.1
婚姻状况	21 112	8.8	其他经济合同	375	0.2
亲属关系	38 733	16.1	副本等与原本相符	28 874	12.0
继承权	98	…	签名印鉴属实	24 438	10.2
受、未受刑事处分	20 314	8.5	其他	27 702	11.5
声明书	3 599	1.5			

23—8 调解民间纠纷分类

项目	调节纠纷(件)			各类纠纷所占比重(%)		
	2000年	2005年	2006年	2000年	2005年	2006年
合计	**170 464**	**145 594**	**144 106**	**100.00**	**100.00**	**100.00**
婚姻	41 946	37 242	38 827	24.61	25.58	26.94
继承	9 088			5.33		
赡、抚、扶养	13 617			7.99		
家庭	12 112			7.11		
房屋宅基地	16 340	11 310	9 848	9.59	7.77	6.83
债务	11 647			6.83		
生产经营	15 323			8.98		
邻里	24 338	30 140	33 195	14.28	20.70	23.04
损害赔偿	7 808	8 424	7 903	4.58	5.79	5.48
其他	18 245	58 478	54 333	10.70	40.16	37.70

23—9 交通事故发生情况

(2006年)

类别	发生起数（起）	死亡人数（人）	受伤人数（人）	损失折款（万元）
总计	**8 670**	**2 611**	**8 323**	**4 382.4**
机动车	6 180	1 845	5 953	3 264.4
#摩托车				
拖拉机				
非机动车	87	23	75	6.0
#自行车				
行人乘车	81	25	58	8.1
其他	1 306	414	1 312	649.9

23—10 火灾事故发生情况

(2006年)

指标	单位	合计	按事故发生程度分		
			特大	重大	一般
发生起数	起	22 086		8	22 078
死亡	人	120		20	100
受伤	人	91		7	84
损失折款	万元	3 423		297	3 126
平均每起事故损失	元	1 550		371 250	1 416

23—11 各地区交通事故发生情况

(2006年)

地　　区	发生起数 (起)	死亡人数 (人)	受伤人数 (人)	损失折款 (万元)
全　　省	**8 670**	**2 611**	**8 323**	**4 382.4**
沈　　阳	2 162	622	2 352	1 109.9
大　　连	1 712	293	1 325	995.7
鞍　　山	731	172	709	197.5
抚　　顺	387	199	345	142.0
本　　溪	227	99	164	157.0
丹　　东	383	159	241	200.0
锦　　州	628	117	626	330.0
营　　口	335	146	302	179.6
阜　　新	349	110	393	92.2
辽　　阳	314	109	330	213.6
盘　　锦	372	158	419	160.0
铁　　岭	414	56	492	157.6
朝　　阳	274	123	293	200.1
葫 芦 岛	306	237	260	231.7

23—12 各地区火灾事故发生情况

(2006年)

地　　区	发生起数 (起)	死亡人数 (人)	受伤人数 (人)	直接经济损失 (万元)
全　　省	**22 086**	**120**	**91**	**3 423**
沈　　阳	6 620	29	3	497
大　　连	1 274	13	12	475
鞍　　山	2 016	11	2	171
抚　　顺	1 723	10	20	315
本　　溪	525	7	8	135
丹　　东	654	3	24	95
锦　　州	2 508	12	5	198
营　　口	747	5	3	238
阜　　新	1 128	6		149
辽　　阳	1 308	5		141
盘　　锦	582	3	1	78
铁　　岭	1 330	9	7	384
朝　　阳	764	3	5	351
葫 芦 岛	881	4	1	196

23—13 结婚登记和离婚情况

年份	准予登记结婚(对)	初婚(人)	再婚(人)	准予登记离婚(对)	离婚率(‰)
1983	331 960	640 749	23 171	8 649	0.24
1984	387 829	748 957	26 701	8 810	0.24
1985	419 729	811 197	28 261	8 963	0.24
1986	440 722	845 008	36 436	14 416	0.39
1987	472 011	900 299	43 723	19 006	0.51
1988	415 219	785 176	45 262	22 379	0.59
1989	395 049	739 189	43 448	22 530	0.59
1990	383 976	710 383	57 569	24 459	0.63
1991	340 245	628 962	51 528	23 541	0.60
1992	411 425	772 983	49 867	24 565	0.62
1993	330 506	612 579	48 433	26 825	0.68
1994	294 877	539 149	50 605	29 890	0.75
1995	304 103	553 927	54 279	29 554	0.74
1996	308 500	560 821	56 179	30 279	0.75
1997	275 310	496 601	54 019	32 828	0.81
1998	264 684	473 115	56 253	34 772	0.85
1999	257 598	462 363	52 833	34 657	0.85
2000	272 644	482 897	62 391	35 300	0.86
2001	253 586	448 154	59 018	40 376	0.97
2002	235 007	402 638	67 376	40 731	0.98
2003	250 933	427 360	74 506	49 299	1.18
2004	290 391	496 718	84 064	74 093	1.78
2005	257 021	426 672	92 552	79 680	1.90
2006	308 815	516 992	106 182	77 273	1.84

23—14 各地区结婚登记和离婚情况

(2006 年)

地区	准予登记结婚(对)	初婚(人)	再婚(人)	准予登记离婚(对)
全省	**308 815**	**516 992**	**106 182**	**77 273**
沈阳	69 251	112 044	27 198	16 667
大连	51 978	89 080	16 366	10 396
鞍山	24 982	42 229	7 735	7 059
抚顺	15 742	24 706	6 778	7 053
本溪	10 833	17 217	4 449	3 374
丹东	15 205	24 990	5 420	4 061
锦州	18 631	31 802	5 460	4 595
营口	13 604	24 389	2 819	2 679
阜新	12 473	21 713	3 233	3 316
辽阳	12 257	19 802	4 712	3 737
盘锦	9 652	15 928	3 376	2 968
铁岭	19 567	32 448	6 686	5 222
朝阳	18 893	32 064	5 722	2 877
葫芦岛	15 747	26 759	4 735	3 269

23—15　社会福利事业、企业单位数和人员数

指　　　标	机　构　数(个)			工作人员数(人)		
	2000 年	2005 年	2006 年	2000 年	2005 年	2006 年
总　　　计	**4 072**	**4 043**	**3 891**	**110 903**	**115 883**	**101 468**
一、社会福利事业单位	1 194	1 266	1 226	9 954	12 331	11 665
民政部门办	56	78	76	2 857	3 476	3 395
社会集体办	1 138	1 188	1 150	7 097	8 855	8 270
二、社会福利企业单位	2 769	2 660	2 546	99 427	102 036	88 309
民政部门办	1 908	2 093	2 038	72 554	80 027	70 866
社会集体办	861	567	508	26 873	22 009	17 443
三、烈士纪念建筑物管理单位	22	23	23	397	340	347
四、收容遣送单位	44	43	45	735	725	730
五、殡葬管理单位	43	51	51	390	451	417

23—16　收养性社会福利事业单位基本情况

(2006 年)

指　　　标	单　位　数 (个)	工作人员数 (人)	床　位　数 (张)	年末收养人数 (人)
收养性福利事业单位	**1 226**	**11 665**	**83 957**	**57 927**
优抚休、疗养院	3	290	465	352
光　荣　院	23	720	2 128	1 643
社会福利院	45	1 892	8 686	6 804
儿童福利院	2	136	786	772
精神病人福利院	3	357	535	460
城镇老年性福利机构	297	2 510	21 119	13 276
农村老年性福利机构	827	5 432	47 249	32 889
其他收养机构	26	328	2 807	1 731

23—17 各地区城镇社区服务设施和城市居民最低生活保障制度情况

（2006 年）

单位:个

地区	城镇社区服务设施数	从业人员	便民利民服务网点	城乡居民最低生活保障情况			
				城镇低保人数（人）	保障资金（万元）	农村低保人数（人）	保障资金（万元）
全省	**6 691**	**349 580**	**63 563**	**1 409 971**	**151 479**	**518 503**	**20 732**
沈阳	778	19 187	4 962	158 770	16 826	69 216	2 066
大连	798	88 852	4 707	93 941	12 871	48 258	4 689
鞍山	1 695	26 587	9 406	123 194	13 120	39 942	1 915
抚顺	1 133	76 002	10 227	166 398	16 185	24 057	886
本溪				112 683	11 038	18 417	563
丹东	37	4 333	1 034	55 637	8 289	27 341	871
锦州	283	7 149	1 883	76 962	8 054	43 357	1 490
营口	225	16 805	9 282	74 160	7 011	30 112	1 228
阜新	90	32 509	3 940	173 052	18 434	45 519	727
辽阳	871	44 623	6 484	50 545	4 870	21 135	838
盘锦	119	14 177	6 862	23 659	3 807	15 583	962
铁岭	120	2 326	191	73 516	7 275	65 208	2 124
朝阳	145	10 055	3 216	157 064	14 834	35 592	1 050
葫芦岛	397	6 975	1 369	70 390	8 866	34 766	1 322

23—18 各地区优抚事业基本情况

（2006 年）

单位:人

地区	优抚对象总人数	革命伤残人员	烈军属人数	在乡退伍红军战士	在乡复员军人	在乡退伍军人
全省	**125 621**	**34 583**	**8 750**	**4**	**52 839**	**29 445**
沈阳	11 829	5 292	719		3 815	2 003
大连	20 683	6 021	1 377		7 699	5 586
鞍山	9 681	3 598	981		4 219	883
抚顺	5 844	2 040	385		2 493	926
本溪	6 723	1 614	421	3	2 174	32 511
丹东	8 966	2 649	733		4 851	733
锦州	13 935	2 646	748		5 554	4 987
营口	9 129	2 293	697		2 946	3 193
阜新	5 564	1 145	344		1 714	2 361
辽阳	3 594	1 035	281		1 721	557
盘锦	4 307	880	313		2 479	635
铁岭	9 977	1 628	482		4 449	3 418
朝阳	7 962	1 927	743		4 333	959
葫芦岛	7 427	1 815	526	1	4 392	693

23—19 社会福利企业基本情况

年份	民政部门办			社会办		
	单位（个）	职工（人）	＃残疾职工	单位（个）	职工（人）	＃残疾职工
1985	148	33 016	10 373	628	24 656	10 181
1986	140	31 301	9 784	1 890	74 710	21 738
1987	187	36 741	11 903	2 409	77 225	30 056
1988	218	40 198	13 638	3 296	86 756	31 168
1989	246	42 287	14 596	3 390	93 962	38 010
1990	289	39 853	13 553	3 535	105 385	42 729
1991	368	43 379	15 688	3 539	103 478	45 088
1992	361	42 179	15 220	3 867	111 643	48 951
1993	430	40 424	14 899	4 223	115 500	49 712
1994	470	40 752	15 552	4 084	119 815	51 702
1995	436	35 778	14 049	4 378	132 557	58 644
1996	416	33 252	12 814	4 140	116 753	54 131
1997	804	44 072	15 972	3 460	102 985	46 956
1998	437	29 493	11 327	3 574	98 703	45 725
1999	298	21 366	7 815	3 263	99 320	45 176
2000	1 908	72 554	31 978	861	26 873	11 837
2001	2 122	77 860	35 426	611	17 778	8 002
2002	2 093	79 778	35 594	697	18 390	8 837
2003	2 073	76 530	33 664	625	23 057	10 915
2004	2 106	78 389	36 122	602	22 044	10 402
2005	2 093	80 027	37 354	567	22 009	10 437
2006	2 038	70 866	28 045	508	17 443	9 686

23—20 各地区基本养老保险情况

年份、地区	年末参加基本养老保险人数（万人）				基金收支情况（亿元）	
		在职职工	＃企业(含其他)	离退休人数	基金收入	基金支出
2000	1 029.9	748.9	679.7	281	127.6	469.5
2001	1 022.8	733.9	666.7	288.9	134.4	178.6
2002	1 039.2	737	669.6	302.2	160.3	202.9
2003	1 070.4	754.9	688.6	315.5	177	216.4
2004	1 101.0	767.2	695.1	333.8	213.2	243.9
2005	1 193.6	832.8	760.5	360.8	250.5	287.7
2006	1 248.8	865.8	790.2	383	292.1	356.8
沈阳	236.3	158.3	146.9	78.0	54.1	67.2
大连	189.2	134.9	120.9	54.4	54.6	62.5
鞍山	78.3	55.5	45.8	22.8	13.2	21.9
抚顺	83.3	59.7	57.3	23.7	12.5	21.0
本溪	66.2	48.2	42.6	18.1	10.9	14.4
丹东	53.5	37.0	33.8	16.6	9.8	14.9
锦州	57.2	39.4	32.4	17.8	9.5	14.9
营口	50.6	35.6	33.6	15.0	8.4	12.5
阜新	34.8	25.1	23.1	9.7	4.1	6.7
辽阳	43.1	31.5	30.0	11.6	8.3	10.7
盘锦	44.3	31.1	27.2	13.1	6.6	7.8
铁岭	40.2	28.2	23.7	12.0	7.7	9.3
朝阳	37.3	27.1	25.2	10.2	5.9	8.3
葫芦岛	37.2	26.8	23.9	10.5	6.9	9.3

23—21 各地区失业保险情况

单位:万人

年份、地区	参保人数	企业	国有企业	集体企业	其他企业	事业单位	领取失业保险金人数
2000	694.0	638.4	415.6	164.2	24.8	54.5	18.2
2001	648.0	590.0	364.6	158.4	34.2	66.5	20.3
2002	591.1	517.2	315.7	128.4	37.7	73.9	82.0
2003	622.2	486.3	248.4	124.6	77.4	102.5	67.0
2004	616.2	467.3	214.0	120.7	94.2	108.8	81.7
2005	607.7	454.6	204.4	119.2	93.9	108.9	46.5
2006	614.1	456.3	209.2	116.1	92.8	109.0	25.9
沈阳	118.9	92.4	31.6	23.9	28.1	17.9	6.5
大连	92.2	65.2	22.4	7.3	15.7	16.1	4.2
鞍山	64.5	54.2	35.5	14.3	3.5	7.4	3.1
抚顺	54.9	44.8	14.2	17.6	11.9	6.1	2.1
本溪	39.2	31.1	16.0	10.1	5.0	4.1	2.3
丹东	25.7	16.9	5.1	4.7	6.1	5.8	1.8
锦州	39.0	31.4	20.5	6.9	3.6	6.9	0.8
营口	22.1	12.9	5.7	2.9		5.0	0.5
阜新	22.6	16.6	6.3	7.3	2.9	4.8	0.7
辽阳	20.7	13.1	6.5	3.7	2.3	3.8	0.5
盘锦	25.3	20.3	17.9	0.8	1.5	3.6	0.6
铁岭	28.4	19.5	10.7	7.9	0.6	7.0	0.4
朝阳	23.8	15.2	6.1	3.3	5.8	7.1	1.5
葫芦岛	25.5	19.4	7.7	5.4	5.6	5.3	0.6

23—22 各地区基本医疗保险情况

年份、地区	年末参加基本医疗保险人数(万人)			基金收支情况(亿元)	
	合计	在岗职工	退休人员	基金收入	基金支出
2000	108.1	71.5	36.6	6.9	3.8
2001	304.3	216.9	87.4	10.7	8.3
2002	619.0	430.3	188.7	27.1	14.5
2003	697.6	480.4	217.2	37.5	31.8
2004	783.7	536.4	247.3	53.3	49.5
2005	864.2	584.2	280.0	68.2	69.3
2006	959.3	651.9	307.4	89.4	67.7
沈阳	216.5	140.4	76.0	24.3	17.0
大连	204.8	146.6	58.2	21.4	18.0
鞍山	87.9	54.6	33.3	6.3	4.7
抚顺	57.0	37.0	20.0	3.8	2.9
本溪	43.4	29.5	13.9	5.0	3.7
丹东	43.0	28.2	14.8	2.8	2.1
锦州	48.2	31.9	16.4	4.0	2.8
营口	41.2	27.1	14.1	2.7	2.1
阜新	34.8	24.0	10.8	2.6	1.6
辽阳	43.6	30.9	12.8	3.3	2.5
盘锦	30.5	24.2	6.3	3.8	3.0
铁岭	33.7	24.6	9.1	2.9	2.4
朝阳	35.0	22.4	12.7	2.1	1.6
葫芦岛	31.0	24.5	6.5	2.4	1.9

注:支出为医院(药店)实际发生额。

主要统计指标解释

社会福利事业单位　指集中收养社会孤老、残、幼的机构，包括由民政部门管理的社会福利院、儿童福利院、精神病人福利院和城镇集体举办的福利院及农村集体举办的敬老院以及优抚医院和具有收养能力的社区服务中心等。该指标主要反映我国在社会福利性单位投入的水平。

社会福利事业单位收养人数　包括民政部门管理和城镇、农村集体举办的社会福利事业单位中收养的老人、少年儿童、缺乏生活自理能力的残疾人员和精神病人。该指标主要反映收养性社会福利单位的收养能力。

社会福利企业单位　指以安置城镇有一定劳动能力的盲、聋、哑和肢体残疾人员就业为目的，享受国家减免税待遇的国有或集体企业。包括福利工厂、福利商业和服务业、假肢厂和安置农场等单位。该指标主要反映我国对残疾人照顾的特殊政策。

农村五保户　指农村中既无劳动能力，又无经济来源的老、弱、孤、残的农民，其生活由集体供养，实行保吃、保穿、保住、保医、保葬(孤儿保教)，简称“五保”，享受五保待遇的家庭叫五保户。该指标主要反映农村弱势群体的人员数量。

离婚率　指当年离婚人数占年平均人口的比重，计算公式为：

离婚率＝当年离婚对数×2/年平均人口数×1000‰

聋儿入普幼普小率　指本年度内进入普通幼儿园、普通小学的聋儿数与在训聋儿数(不含当年新收训聋儿数)之比。该指标主要反映经过康复训练的聋儿进入普通幼儿园和普通小学的情况。

综合防治康复精神病人数　指在开展精神病防治康复工作地区，采取不同形式，接受综合性防治康复措施、开放式管理的精神病人数。该指标主要反映精神病患者接受治疗康复情况。

监护率　指通过监护小组、家庭病床、工疗站、社会就业以及精神卫生机构，接受社会化、综合性、开放式治疗与康复的精神病人占经调查摸底、登记在册的精神病人数的百分比。该指标主要反映对精神病患者落实治疗康复措施的情况。

精神病人社会参与率　指生活能自理，并参加生产劳动和社会生活的精神病人数占监护精神病人数的百分比。该指标主要反映精神病人康复状况和参与社会的情况。

未入学适龄残疾儿童少年　指根据义务教育法规定应接受义务教育，但因各种原因未能入学的适龄视力残疾、听力与言语残疾、智力残疾、肢体残疾、精神残疾、多重残疾儿童少年。适龄残疾儿童少年的年龄段参照各省级人民政府依照义务教育法规定的入学年龄。该指标主要反映因各种原因未能入学的适龄残疾儿童的年度变化，为制定残疾儿童义务教育发展规划及其应采取的方针、政策和措施提供依据，同时为各地开展资助残疾儿童就学工作提供依据。

律师　指依法取得律师执业证书，担任法律顾问，民事(刑事、行政)案件代理人、刑事案件辩护人、办理非诉讼业务，解答法律询问，代写法律事务文书等，为社会提供法律服务的人员。

公证人员　指在公证处工作的人员总称，包括公证处主任、副主任、公证员、公证员助理(助理公证员)和其他从事辅助性工作的人员。

公证文书　指公证处根据当事人申请，依照事实和法律，按照法定程序制作的，具有法律效力的司法证明文书。根据公证书用途和使用地，公证书分为国内公证书、国内经济公证书、涉外民事公证书、涉外经济公证书四类。

调解员　指在人民调解委员会担负调解民间纠纷工作的人员，包括调解委员会的委员和调解小组的调解员。该指标主要反映从事人民调解工作的人员数量。

调解民间纠纷　指调解委员会按照法律规定，根据自愿原则，用说服教育的方法调解民间发生的有关民事权利和义务争执的件数，包括调解成功数和调解未成功数。该指标主要反映人民调解委员会的工作量。

立案　指人民检察院对受理的报案、控告、举报或自首及自行发现的犯罪线索、犯罪嫌疑人进行初步调查后，认为存在职务犯罪事实和应追究刑事责任，并决定作为刑事案件进行侦查的诉讼活动，是追究犯罪的开始。该指标主要反映人民检察院依法将职务犯罪线索作为刑事案件进行侦查的诉讼活动。

大案　指贪污、贿赂案数额在5万元以上，挪用公款案数额在10万元以上，集体私分、巨额财产来源不明、隐瞒境外存款案数额在50万元以上以及按照《人民检察院直接受理的渎职、侵权重、特大案件标准(试行)》认定的案件。该指标主要反映人民检察院立案查办的职务犯罪案件中经济损失大、社会危害严重的案件。

要案　指县、处级以上干部的犯罪案件。该指标主要反映国家工作人员中县、处级以上干部因职务犯罪被人民检察院依法立案侦查的情况。

决定逮捕　指人民检察院对直接受理、自行侦查的案件，认为需要逮捕犯罪嫌疑人时，依据法律做出的逮捕决定。该指标主要反映人民检察院对直接受理的案件行使决定逮捕权的情况。

批准逮捕　指人民检察院对公安机关、国家安全机关、监狱管理机关提出逮捕的犯罪嫌疑人进行审查，根据事实，依法做出逮捕决定。该指标主要反映人民检察院对提请逮捕机关提请逮捕犯罪嫌疑人进行审查后依法做出批准逮捕决定的情况。

决定起诉　指人民检察院对公安机关、国家安全机关、监狱管理机关和检察机关内设机构反贪污贿赂部门等移送起诉的案件进行审查，根据事实，做出提起公诉的案件。该指标主要反映人民检察院对各种刑事案件向人民法院提起公诉的情况。

申诉　指经检察机关信访部门审查处理后，移送到检察机关申诉部门的申诉案件，包括不服检察机关处理决定和不服法院刑事判决和裁定的申诉的案件。

受理劳动争议案件数 指劳动争议仲裁委员会根据国家有关规定，对劳动争议当事人的申请予以审查，符合受理条件而正式立案、准备处理的劳动争议案件数。

基本养老保险

1.(参保)职工人数:指报告期末按照国家法律、法规和有关政策规定参加基本养老保险并在社保经办机构已建立缴费记录档案的职工人数，包括中断缴费但未终止养老保险关系的职工人数，不包括只登记未建立缴费记录档案的人数。

2.(参保)离退休人员人数:指报告期末参加基本养老保险的离休、退休和退职人员的人数。

3.基本养老保险基金收入:指根据国家有关规定，由纳入基本养老保险范围的缴费单位和个人按国家规定的缴费基数和缴费比例缴纳的养老保险基金，以及通过其他方式取得的形成基金来源的收入。包括单位和职工个人缴纳的基本养老保险费、基本养老保险基金利息收入、上级补助收入、下级上解收入、转移收入、财政补贴和其他收入。

4.基本养老保险基金支出:指按照国家政策规定的开支范围和开支标准从养老保险基金中支付给参加基本养老保险的离休、通休、退职人员个人的养老金、丧葬抚恤补助，以及由于保险关系转移、上下级之间调剂资金等原因而发生的支出。包括离休金、退休金、退职金、各种补贴、医疗费、死亡丧葬补助费、抚恤救济费、社会保险经办机构管理费、补助下级支出、上解上级支出、转移支出、其他支出等。

5.基本养老保险基金累计结余:指截止报告期末基本养老保险基金收支相抵后的累计余额。

离休、退休、退职人员 指正式办理了离休、退休、退职手续，并享受相应的离休、退休、退职待遇的人员。

基本医疗保险

1.参保人数:指报告期末按国家有关规定参加基本医疗保险的人数。包括参加保险的职工人数和退休人员人数。

2.基金收入:指根据国家有关规定，由纳入基本医疗保险范围的缴费单位和个人，按国家规定的缴费基数和缴费比例缴纳的基金，以及通过其他方式取得的形成基金来源的款项，包括:单位缴纳的社会统筹基金收入、个人缴纳的个人账户基金收入、财政补贴收入、利息收入、其他收入。

3.基金支出:指按照国家政策规定的开支范围和开支标准从社会统筹基金中支付给参加基本医疗保险的职工和退休人员的医疗保险待遇支出，和从个人帐户基金中支付给参加基本医疗保险的职工和退休人员的医疗费用支出，以及其他支出。包括:住院医疗费用支出、门急诊医疗费用支出、个人账户基金支出、其他支出。

4.基金累计结余:指截止报告期末基本医疗保险的社会统筹和个人帐户基金累计结余金额。包括银行存款、财政专户、债券投资和其他。

失业保险

1.参保人数:指报告期末按照国家法律、法规和有关政策规定参加了失业保险的城镇企业事业单位的职工及地方政府规定参加失业保险的其他人员的人数。

2.失业保险基金收入:指按照规定从企业、事业及其他单位筹集的失业保险费及其他并入失业保险基金收入的总额。包括单位和个人缴纳的失业保险费、失业保险基金利息收入、上级补助收入、下级上解收入、转移收入、财政补贴和其他收入。

3.失业保险基金支出:指报告期内为保障失业人员和下岗职工基本生活、促进其再就业等支出的基金总额。包括失业救济金、医疗费、死亡丧葬补助费、抚恤救济费、转业训练费支出、失业保险经办机构管理费、补助下级支出、上解上级支出、转移支出和其他支出。

4.基金累计结余:指截止报告期末失业保险基金收支相抵后的累计余额。

工伤保险

1.参加保险人数:指报告期末依据国家有关规定参加工伤保险的职工人数。

2.享受保险待遇人数:指劳动者因工负伤致残、死亡或因患职业病致残，根据有关规定享受工伤保险待遇职工或供养直系亲属人数。包括伤残人数、职业病人数、因工死亡人数、供养直系亲属人数。

3.基金收入:指根据国家有关规定，由参加工伤保险的单位按国家规定的缴费基数和缴费比例缴纳的工伤保险基金，以及通过其他形式取得的形成基金来源的款项。包括:单位缴纳的社会统筹基金收入、财政补贴收入、利息收入、其他收入。

4.基金支出:指按照国家政策规定的开支范围和开支标准从工伤保险基金中支付给参加工伤保险的人员及供养直系亲属工伤保险待遇支出及其他支出。包括工伤医疗费、伤残补助金、工亡补助金、护理费、丧葬补助费、工伤预防费用、职业康复费用和其他支出。

5.基金累计结余:指截止报告期末工伤保险基金累计结余金额。包括银行存款、财政专户、债券投资和其他。

生育保险

1.参保人数:指报告期末依据有关规定参加生育保险的职工人数。

2.基金收入:指根据国家有关规定，由参加生育保险的单位按照国家规定的缴费基数和缴费比例缴纳的生育保险基金，以及通过其他方式取得的形成基金来源的款项，包括:单位缴纳的基金收入、利息收入和其他收入。

3.基金支出:指按照国家政策规定的开支范围和开支标准，从生育保险基金中支付给参加生育保险的职工，因妊娠、分娩和计划生育手术而享受的待遇及其他支出。包括:生育津贴、医疗费用支出及其他支出。

4.基金累计结余:指截止报告期末生育保险基金累计结余金额。包括银行存款、财政专户、债券投资和其他。

离休、退休、退职人员保险福利费用 指离休、退休、退职人员实际得到的生活费用总额，包括从社会保险经办机构和单位得到的费用。

1.离休金:指按规定支付给离休人员的生活费用。

2.退休金:指按规定支付给退休人员的生活费用。

3.退职生活费:指按规定支付给退职人员的生活费用。

4.医疗卫生费:指单位直接支付给离休、退休、退职人员的医疗费、住院费以及住院伙食补助等费用。

5.其他:指离休金、退休金、退职生活费和医疗卫生费以外的其他保险福利费用,如丧葬抚恤救济费、生活补贴、物价补贴、冬季取暖补贴等。

附录

各省、市、县区经济指标比较

附录

GESHENG
SHIXIANQU
JINGJI
ZHIBIAO
BIJIAO

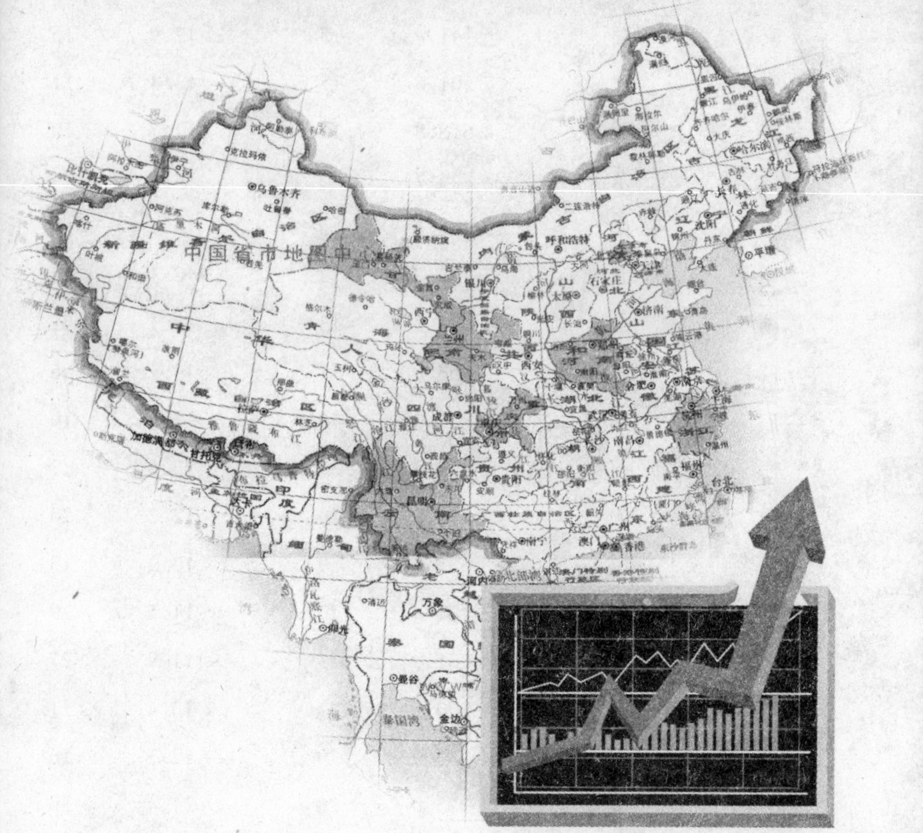

附录1 2006年各省(市、区)主要经济指标

地区	地区生产总值				第一产业增加值			
	绝对值(亿元)	位次	比上年增长(%)	位次	绝对值(亿元)	位次	比上年增长(%)	位次
全国	**209 406.8**		**10.7**		**24 700.0**		**5.0**	
北京	7 720.3	10	12.0	24	98.0	27	0.6	30
天津	4 337.7	21	14.4	5	119.0	26	3.5	24
河北	11 613.7	6	13.2	14	1 605.4	3	5.0	19
山西	4 746.5	18	11.8	28	276.6	25	5.1	16
内蒙古	4 790.0	17	18.0	1	641.7	18	6.0	13
辽宁	9 257.1	8	13.8	8	976.4	11	6.9	5
吉林	4 249.2	22	15.0	2	686.0	17	6.6	7
黑龙江	6 216.8	14	12.0	24	734.0	16	8.0	2
上海	10 297.0	7	12.0	24	93.8	28	0.8	29
江苏	21 548.4	3	14.9	3	1 544.9	6	5.0	19
浙江	15 648.9	4	13.6	9	923.0	12	3.0	26
安徽	6 141.9	15	12.9	15	1 027.2	10	6.3	10
福建	7 501.6	11	13.4	11	885.2	13	2.5	28
江西	4 618.8	19	12.3	19	786.3	14	6.5	8
山东	21 846.7	2	14.7	4	2 138.9	1	5.2	15
河南	12 464.1	5	14.1	6	2 049.4	2	7.3	4
湖北	7 497.2	12	12.1	22	1 140.4	8	5.1	16
湖南	7 493.2	13	12.1	22	1 331.3	7	4.8	21
广东	25 968.6	1	14.1	6	1 571.4	5	3.8	23
广西	4 802.0	16	13.5	10	1 031.9	9	6.5	8
海南	1 052.4	28	12.5	17	344.2	23	9.1	1
重庆	3 486.2	24	12.2	20	428.5	21	-5.0	31
四川	8 637.8	9	13.3	13	1 603.5	4	3.0	26
贵州	2 267.4	27	11.5	29	392.9	22	4.6	22
云南	4 001.9	23	11.9	27	751.2	15	6.8	6
西藏	290.1	31	13.4	11	51.1	31	6.2	11
陕西	4 383.9	20	12.7	16	488.5	20	7.4	3
甘肃	2 275.0	26	11.4	30	333.2	24	5.1	16
青海	641.1	30	12.2	20	69.6	30	3.5	24
宁夏	707.0	29	12.5	17	79.2	29	6.1	12
新疆	3 019.0	25	11.0	31	533.2	19	5.7	14

注:1.地区生产总值绝对值按现价计算,速度按不变价计算。

2.工业增加值统计范围是全部国有及限额以上非国有工业企业。

3.本部分数据为各地(含我省)快报数,与年报略有出入。

附录1续表1

地区	第二产业增加值				第三产业增加值			
	绝对值（亿元）	位次	比上年增长（%）	位次	绝对值（亿元）	位次	比上年增长（%）	位次
全国	**102 004.0**		**12.5**		**82 702.8**		**10.3**	
北京	2 217.2	20	12.6	31	5 405.1	5	11.9	13
天津	2 485.8	16	17.6	9	1 732.9	18	11.0	19
河北	6 071.3	6	15.0	23	3 937.0	7	13.9	6
山西	2 742.5	14	15.3	22	1 727.4	19	7.7	31
内蒙古	2 329.5	17	25.1	1	1 818.8	17	14.5	4
辽宁	4 720.8	8	18.4	6	3 559.9	9	10.1	27
吉林	1 886.6	21	17.1	11	1 676.6	20	16.3	1
黑龙江	3 397.4	11	13.9	27	2 085.4	15	10.5	24
上海	4 997.8	7	12.8	30	5 205.4	6	11.5	17
江苏	12 186.5	3	16.0	18	7 817.0	2	15.5	2
浙江	8 437.7	4	13.9	28	6 288.2	4	15.1	3
安徽	2 656.0	15	17.9	7	2 458.7	14	10.7	22
福建	3 736.1	10	17.0	12	2 880.3	13	12.6	8
江西	2 319.0	18	16.3	17	1 513.5	24	9.9	28
山东	12 729.0	2	16.8	15	6 978.8	3	14.2	5
河南	6 762.4	5	17.7	8	3 652.3	8	12.0	12
湖北	3 363.8	12	15.9	19	2 993.0	12	11.0	19
湖南	3 123.5	13	15.5	21	3 038.4	11	12.4	9
广东	13 430.6	1	16.9	13	10 966.6	1	12.2	10
广西	1 882.3	22	19.3	5	1 887.8	16	12.1	11
海南	287.8	30	19.8	4	420.4	28	11.0	19
重庆	1 500.1	24	16.8	15	1 557.6	22	13.8	7
四川	3 775.2	9	20.0	3	3 259.1	10	11.6	16
贵州	982.0	27	14.3	26	892.5	27	11.8	14
云南	1 710.2	23	16.9	13	1 540.5	23	9.1	29
西藏	80.0	31	22.9	2	159.0	31	11.7	15
陕西	2 318.2	19	14.9	24	1 577.2	21	11.4	18
甘肃	1 048.2	26	14.8	25	893.6	26	10.2	26
青海	330.8	29	15.7	20	240.7	30	10.5	24
宁夏	347.5	28	17.3	10	280.3	29	9.0	30
新疆	1 437.9	25	13.5	29	1 047.9	25	10.7	22

附录1续表2

地区	人均生产总值		在岗职工平均工资		国有在岗职工平均工资	
	绝对值（元）	位次	绝对值（元）	位次	绝对值（元）	位次
全国	**15 973**		**21 001**		**22 112**	
北京	49 505	2	40 117	2	43 298	2
天津	40 961	3	28 682	4	31 240	6
河北	16 894	11	16 590	26	17 152	26
山西	14 106	15	18 300	16	18 719	19
内蒙古	20 047	10	18 469	15	19 386	16
辽宁	21 802	8	19 624	10	20 681	13
吉林	15 625	13	16 583	27	17 118	28
黑龙江	16 268	12	16 505	28	16 374	30
上海	57 310	1	41 188	1	44 097	1
江苏	28 685	5	23 782	7	28 722	7
浙江	31 684	4	27 820	5	42 962	3
安徽	10 044	28	17 949	18	17 755	23
福建	21 152	9	19 318	11	23 926	9
江西	10 679	24	15 590	31	16 491	29
山东	23 546	7	19 228	12	22 804	10
河南	13 279	16	16 981	23	17 886	22
湖北	13 150	17	16 048	29	18 064	21
湖南	11 830	20	17 850	20	18 862	18
广东	28 077	6	26 186	6	31 352	5
广西	10 240	27	18 064	17	18 972	17
海南	12 650	18	15 890	30	15 398	31
重庆	12 437	19	19 215	13	21 402	11
四川	10 546	25	17 852	19	20 230	14
贵州	5 750	31	16 815	25	17 638	25
云南	8 961	29	18 711	14	20 017	15
西藏	10 396	26	31 518	3	32 355	4
陕西	11 762	22	16 918	24	17 139	27
甘肃	8 749	30	17 246	22	18 108	20
青海	11 753	23	22 679	8	24 984	8
宁夏	11 784	21	21 239	9	21 370	12
新疆	14 871	14	17 819	21	17 704	24

附录1续表3

地区	固定资产投资额		房地产开发投资额		商品房销售额	
	绝对值（亿元）	位次	绝对值（亿元）	位次	绝对值（亿元）	位次
全国	**109 869.8**		**19 382.5**		**20 509.7**	
北京	3 371.5	11	1 719.9	3	2 159.0	3
天津	1 819.1	24	402.3	16	696.3	10
河北	5 499.4	7	480.0	15	358.6	17
山西	2 259.3	20	208.6	24	153.3	25
内蒙古	3 363.1	12	325.0	20	257.0	22
辽宁	5 689.0	6	1 142.2	7	923.9	7
吉林	2 595.3	17	310.5	23	194.1	23
黑龙江	2 235.8	21	321.3	21	325.5	19
上海	3 900.0	9	1 275.6	5	2 177.1	2
江苏	9 763.6	2	1 901.0	1	2 127.7	4
浙江	7 592.7	4	1 572.8	4	1 678.4	5
安徽	3 544.7	10	637.5	10	535.9	11
福建	3 068.4	15	787.4	9	807.5	9
江西	2 683.2	16	343.6	19	291.4	20
山东	11 134.7	1	1 178.7	6	988.5	6
河南	5 907.7	5	582.0	12	483.6	14
湖北	3 344.8	13	564.8	13	521.0	12
湖南	3 165.5	14	556.1	14	389.9	15
广东	7 978.2	3	1 834.3	2	2 490.6	1
广西	2 198.2	22	370.0	18	329.9	18
海南	418.8	29	89.3	28	70.9	29
重庆	2 405.3	19	629.6	11	505.7	13
四川	4 416.1	8	919.5	8	896.3	8
贵州	1 193.3	26	187.6	25	150.2	26
云南	2 128.3	23	314.6	22	366.3	16
西藏	224.2	31	7.4	31	7.4	31
陕西	2 480.6	18	394.8	17	274.7	21
甘肃	1 024.9	27	97.7	27	91.7	27
青海	408.5	30	31.2	30	22.4	30
宁夏	508.7	28	76.9	29	78.4	28
新疆	1 565.0	25	120.4	26	156.7	24

附录 1 续表 4

地　　区	地方财政一般预算收入		地方财政一般预算支出	
	绝对值（亿元）	位次	绝对值（亿元）	位次
全　　国	**18 303.6**		**30 431.3**	
北　　京	1 117.2	6	1 296.8	9
天　　津	417.0	16	543.1	26
河　　北	620.5	9	1 180.4	10
山　　西	583.4	11	915.6	15
内 蒙 古	343.4	20	812.1	18
辽　　宁	817.7	7	1 422.7	7
吉　　林	245.2	24	718.4	21
黑 龙 江	386.8	17	968.5	13
上　　海	1 576.1	3	1 795.6	4
江　　苏	1 656.7	2	2 013.3	2
浙　　江	1 298.2	5	1 471.9	5
安　　徽	428.0	15	940.2	14
福　　建	541.2	12	728.7	20
江　　西	305.5	23	696.4	22
山　　东	1 356.3	4	1 833.4	3
河　　南	679.2	8	1 440.1	6
湖　　北	476.1	14	1 047.0	12
湖　　南	477.9	13	1 064.5	11
广　　东	2 179.5	1	2 553.3	1
广　　西	342.6	21	729.5	19
海　　南	81.8	28	174.5	31
重　　庆	317.7	22	594.3	25
四　　川	607.6	10	1 347.4	8
贵　　州	226.8	25	610.6	24
云　　南	380.0	18	893.6	16
西　　藏	14.6	31	200.2	29
陕　　西	362.5	19	824.2	17
甘　　肃	141.2	27	528.6	27
青　　海	42.2	30	214.7	28
宁　　夏	61.4	29	193.2	30
新　　疆	219.5	26	678.5	23

附录1续表5

地　　区	价格指数(%)		城镇居民人均可支配收入		农民人均纯收入	
	居民消费价格指数	位　次	绝对值(元)	位　次	绝对值(元)	位　次
全　　国	**101.5**		**11 759.5**		**3 587.0**	
北　　京	100.9	30	19 977.5	2	8 275.5	2
天　　津	101.5	15	14 283.1	5	6 227.9	4
河　　北	101.7	10	10 304.6	13	3 801.8	10
山　　西	102.0	4	10 027.7	15	3 180.9	19
内 蒙 古	101.5	17	10 358.0	12	3 341.9	16
辽　　宁	101.2	25	10 369.6	11	4 090.4	9
吉　　林	101.4	19	9 775.1	19	3 641.1	11
黑 龙 江	101.9	6	9 182.3	25	3 552.4	12
上　　海	101.2	26	20 667.9	1	9 138.7	1
江　　苏	101.6	11	14 084.3	6	5 813.2	5
浙　　江	101.1	28	18 265.1	3	7 334.8	3
安　　徽	101.2	24	9 771.1	20	2 969.1	21
福　　建	100.8	31	13 753.3	7	4 834.8	7
江　　西	101.2	27	9 551.1	21	3 459.5	13
山　　东	101.0	29	12 192.2	8	4 368.3	8
河　　南	101.3	22	9 810.3	17	3 261.0	17
湖　　北	101.6	13	9 802.7	18	3 419.4	14
湖　　南	101.4	18	10 504.7	10	3 389.6	15
广　　东	101.8	8	16 015.6	4	5 079.8	6
广　　西	101.3	20	9 898.8	16	2 770.5	23
海　　南	101.5	14	9 395.1	22	3 255.5	18
重　　庆	102.4	1	11 569.7	9	2 873.8	22
四　　川	102.3	2	9 350.1	23	3 002.4	20
贵　　州	101.7	9	9 116.6	27	1 984.6	31
云　　南	101.9	7	10 069.9	14	2 250.5	29
西　　藏	102.0	3	8 941.1	29	2 435.0	26
陕　　西	101.5	16	9 267.7	24	2 260.2	28
甘　　肃	101.3	23	8 920.6	30	2 134.1	30
青　　海	101.6	12	9 000.4	28	2 358.4	27
宁　　夏	101.9	5	9 177.3	26	2 760.1	24
新　　疆	101.3	21	8 871.3	31	2 737.3	25

附录1续表6

地　区	建筑业总产值 绝对值（亿元）	建筑业总产值 位次	社会消费品零售总额 绝对值（亿元）	社会消费品零售总额 位次	比上年增长（%）	位次
全　国	**40 975.5**		**76 410.0**		**13.7**	
北　京	2 161.4	5	3 275.2	11	12.8	30
天　津	924.3	15	1 356.8	23	14.0	25
河　北	1 439.3	12	3 397.4	9	15.1	12
山　西	892.0	17	1 613.4	17	15.2	11
内蒙古	474.1	24	1 595.3	19	16.0	4
辽　宁	1 768.0	8	3 434.6	6	14.5	22
吉　林	685.0	20	1 675.8	16	14.7	20
黑龙江	699.3	19	1 997.7	15	13.5	27
上　海	2 107.6	6	3 360.4	10	13.0	29
江　苏	5 154.5	2	6 623.2	3	16.2	3
浙　江	5 590.9	1	5 325.3	4	15.0	15
安　徽	1 139.1	14	2 029.4	14	15.0	15
福　建	1 158.2	13	2 704.2	13	15.3	9
江　西	662.3	21	1 428.0	21	15.5	6
山　东	2 788.6	3	7 122.5	2	16.3	2
河　南	1 495.6	10	3 880.5	5	15.5	6
湖　北	1 702.0	9	3 412.0	8	15.1	12
湖　南	1 475.1	11	2 834.2	12	15.3	9
广　东	2 536.8	4	9 118.1	1	15.7	5
广　西	514.1	23	1 600.8	18	14.6	21
海　南	64.6	30	308.3	28	14.8	18
重　庆	885.2	18	1 403.6	22	15.4	8
四　川	1 780.1	7	3 421.6	7	14.8	18
贵　州	291.2	27	689.8	27	13.7	26
云　南	652.1	22	1 188.9	24	14.9	17
西　藏	53.9	31	89.7	31	22.7	1
陕　西	895.4	16	1 522.0	20	15.1	12
甘　肃	344.3	26	717.5	26	13.4	28
青　海	105.7	29	180.1	30	12.2	31
宁　夏	130.8	28	199.0	29	14.1	23
新　疆	404.0	25	727.6	25	14.1	23

附录1续表7

地　　区	进出口总额				出口总额	
	绝对值（亿美元）	位次	比上年增长（%）	位次	绝对值（亿美元）	位次
全　国	**17 606.9**		**23.8**		**9 690.7**	
北　京	1 581.7	4	26.0	15	379.8	7
天　津	644.8	7	21.0	23	335.0	8
河　北	185.3	10	15.3	27	128.4	10
山　西	66.3	20	19.5	24	41.4	18
内蒙古	59.6	23	22.2	20	21.4	25
辽　宁	483.9	9	18.0	25	283.2	9
吉　林	79.1	17	21.2	22	30.0	24
黑龙江	128.6	11	34.4	7	84.4	11
上　海	2 275.3	3	22.1	21	1 135.9	3
江　苏	2 840.0	2	24.6	16	1 604.2	2
浙　江	1 391.5	5	29.6	11	1 009.0	4
安　徽	122.6	12	34.4	7	68.4	13
福　建	626.6	8	15.2	28	412.6	6
江　西	61.9	22	52.4	3	37.5	19
山　东	952.1	6	24.1	17	586.0	5
河　南	98.6	15	27.6	13	67.0	14
湖　北	117.6	13	29.9	10	62.6	16
湖　南	73.5	18	22.5	19	50.9	17
广　东	5 272.2	1	23.2	18	3 019.5	1
广　西	66.7	19	28.7	12	35.9	21
海　南	28.5	27	11.9	31	13.8	27
重　庆	54.7	24	27.5	14	33.5	23
四　川	110.2	14	39.5	6	66.2	15
贵　州	16.2	28	15.2	28	10.4	28
云　南	62.3	21	31.4	9	33.9	22
西　藏	3.3	31	59.8	1	2.2	31
陕　西	53.6	25	17.1	26	36.3	20
甘　肃	38.2	26	45.2	5	15.1	26
青　海	6.5	30	57.7	2	5.3	30
宁　夏	14.4	29	48.8	4	9.4	29
新　疆	91.0	16	14.6	30	71.4	12

附录 1 续表 8

地区	进口总额		农林牧渔业总产值			
	绝对值（亿美元）	位次	绝对值（亿元）	位次	比上年增长（%）	位次
全国	**7 916.1**		**42 424.4**		**5.4**	
北京	1 201.9	3	270.0	27	1.2	28
天津	309.8	7	271.0	26	3.5	26
河北	56.9	10	2 771.8	3	5.5	15
山西	24.9	20	512.4	25	5.7	14
内蒙古	38.2	16	1 085.9	18	6.8	10
辽宁	200.7	9	1 841.3	9	7.0	8
吉林	49.2	13	1 155.5	17	7.5	4
黑龙江	44.2	14	1 387.7	14	6.4	12
上海	1 139.4	4	237.0	28	0.7	30
江苏	1 235.8	2	2 707.1	4	4.9	17
浙江	382.5	5	1 514.6	12	3.5	25
安徽	54.2	12	1 779.9	10	6.5	11
福建	214.0	8	1 496.4	13	3.0	27
江西	24.4	21	1 228.3	15	6.1	13
山东	366.1	6	4 056.6	1	5.2	16
河南	31.6	17	3 589.7	2	7.4	5
湖北	55.0	11	1 871.0	8	4.9	18
湖南	22.6	23	2 131.9	7	4.9	19
广东	2 252.6	1	2 678.3	5	4.0	22
广西	30.7	18	1 648.1	11	7.3	7
海南	14.7	27	543.9	24	9.4	1
重庆	21.2	24	637.2	21	−3.9	31
四川	44.0	15	2 602.1	6	3.7	24
贵州	5.8	28	610.6	22	4.8	20
云南	28.4	19	1 209.8	16	8.4	2
西藏	1.1	31	70.0	31	0.8	29
陕西	17.3	26	818.7	20	7.3	6
甘肃	23.1	22	561.4	23	4.6	21
青海	1.2	30	100.6	30	3.7	23
宁夏	4.9	29	152.2	29	6.8	9
新疆	19.6	25	883.5	19	7.5	3

附录1续表9

地区	规模以上工业增加值				主营业务收入		利润总额	
	绝对值（亿元）	位次	比上年增长（%）	位次	绝对值（亿元）	位次	绝对值（亿元）	位次
全国	**79 752.0**		**16.6**		**308 424.2**		**18 783.6**	
北京	1 767.5	16	14.1	30	8 649.6	11	407.9	16
天津	2 223.8	13	18.8	19	8 782.7	10	690.9	9
河北	3 816.0	8	19.8	16	13 011.6	8	888.1	8
山西	2 086.2	14	18.3	22	5 684.5	17	367.1	17
内蒙古	1 667.2	18	29.8	1	4 080.4	20	332.5	18
辽宁	3 850.0	7	20.0	14	13 756.4	6	434.3	13
吉林	1 395.0	20	18.5	20	4 309.3	18	201.0	22
黑龙江	2 554.5	11	15.2	28	5 685.9	16	1 275.9	5
上海	4 456.0	5	13.4	31	19 030.9	5	1 086.7	7
江苏	10 015.1	3	21.4	8	41 030.2	2	1 901.8	3
浙江	5 655.1	4	17.4	26	27 125.4	4	1 324.6	4
安徽	1 762.7	17	20.3	12	5 813.7	14	230.9	21
福建	2 745.6	9	20.4	10	9 288.5	9	446.6	12
江西	1 189.3	22	22.7	7	4 054.2	21	198.1	23
山东	11 122.8	1	23.6	5	38 430.5	3	2 634.0	1
河南	4 150.6	6	23.4	6	13 711.3	7	1 145.3	6
湖北	2 303.5	12	20.0	14	7 198.9	13	408.9	15
湖南	2 003.0	15	20.1	13	5 742.5	15	264.8	20
广东	10 718.6	2	18.3	22	42 427.4	1	1 958.3	2
广西	1 090.8	24	23.8	4	3 119.6	24	188.1	24
海南	197.7	30	26.5	2	573.4	30	41.5	29
重庆	845.4	25	20.6	9	3 177.4	23	154.7	25
四川	2 597.0	10	24.0	3	7 674.3	12	430.7	14
贵州	693.2	27	17.5	25	1 886.6	27	117.4	27
云南	1 240.4	21	17.8	24	3 278.0	22	300.2	19
西藏	21.0	31	19.8	16	27.6	31	3.9	31
陕西	1 571.8	19	18.4	21	4 259.8	19	513.6	11
甘肃	774.2	26	17.3	27	2 440.2	26	107.4	28
青海	240.3	29	20.4	10	633.8	29	120.3	26
宁夏	258.6	28	19.6	18	827.0	28	25.3	30
新疆	1 145.1	23	15.0	29	2 712.8	25	583.0	10

附录1续表10

地区	亏损企业亏损总额		资产合计		负债合计		总资产贡献率	
	绝对值（亿元）	位次	绝对值（亿元）	位次	绝对值（亿元）	位次	绝对值（%）	位次
全国	**2 125.3**		**285 941.1**		**165 181.7**		**13.5**	
北京	100.1	6	13 797.6	7	5 375.2	12	5.8	31
天津	89.0	8	7 307.9	14	4 259.7	14	15.5	8
河北	105.2	5	11 133.3	8	6 831.6	7	15.6	7
山西	38.1	19	8 621.6	12	5 824.5	9	11.8	17
内蒙古	14.9	28	5 438.7	18	3 309.2	17	13.9	12
辽宁	250.0	1	13 920.4	6	8 066.6	6	8.7	28
吉林	71.8	11	5 045.7	20	2 919.1	20	10.5	25
黑龙江	67.5	12	5 526.6	17	3 143.4	19	32.7	1
上海	209.8	3	17 609.4	5	8 812.4	5	11.4	20
江苏	148.4	4	30 438.0	2	18 472.6	2	12.4	14
浙江	77.0	9	23 491.7	4	14 127.4	4	12.1	15
安徽	37.8	20	6 299.4	15	3 919.4	15	10.6	22
福建	49.2	17	7 959.0	13	4 291.5	13	11.7	18
江西	32.7	21	3 495.6	24	2 195.1	22	14.6	11
山东	89.1	7	26 251.5	3	15 171.3	3	19.3	5
河南	57.2	14	10 910.4	9	6 584.6	8	21.0	3
湖北	53.7	16	9 826.8	10	5 409.3	11	10.4	26
湖南	30.3	23	5 356.8	19	3 248.7	18	15.3	10
广东	241.8	2	33 635.1	1	19 332.0	1	11.4	19
广西	25.1	25	3 510.5	23	2 146.6	23	13.1	13
海南	10.1	29	923.0	30	561.6	30	10.6	23
重庆	17.9	26	3 646.4	22	2 139.3	24	10.6	24
四川	39.0	18	9 033.8	11	5 624.7	10	11.3	21
贵州	25.8	24	3 012.9	27	1 982.0	25	11.9	16
云南	30.5	22	4 646.7	21	2 606.6	21	19.7	4
西藏	0.4	31	109.7	31	28.7	31	7.3	29
陕西	54.3	15	5 976.4	16	3 580.2	16	16.3	6
甘肃	73.2	10	3 086.8	26	1 755.7	27	10.1	27
青海	5.8	30	1 385.4	28	923.0	28	15.3	9
宁夏	16.3	27	1 286.6	29	773.1	29	7.2	30
新疆	63.3	13	3 257.4	25	1 766.9	26	27.5	2

附录 1 续表 11

地　　区	资产负债率		流动资产周转次数		成本费用利润率		产品销售率	
	绝对值（%）	位次	绝对值（次/年）	位次	绝对值（%）	位次	绝对值（%）	位次
全　　国	**57.8**		**2.5**		**6.6**		**98.1**	
北　　京	39.0	30	2.0	23	4.9	26	98.7	5
天　　津	58.3	18	2.4	10	8.6	9	99.2	2
河　　北	61.4	7	2.8	4	7.4	12	98.2	13
山　　西	67.6	1	1.8	27	7.0	13	97.7	22
内 蒙 古	60.9	9	2.4	12	9.2	8	97.7	21
辽　　宁	58.0	19	2.2	18	3.3	30	98.1	15
吉　　林	57.9	20	2.3	15	5.1	21	96.3	29
黑 龙 江	56.9	23	2.4	9	29.6	1	98.2	12
上　　海	50.0	29	2.2	17	6.1	17	99.1	3
江　　苏	60.7	11	2.7	6	4.9	27	98.5	6
浙　　江	60.1	14	2.2	16	5.1	21	97.9	18
安　　徽	62.2	6	2.4	12	4.2	29	98.4	11
福　　建	53.9	28	2.4	10	5.1	23	96.9	25
江　　西	62.8	4	2.8	5	5.3	19	98.5	7
山　　东	57.8	21	3.4	1	7.4	11	98.5	9
河　　南	60.4	13	3.1	2	9.3	7	98.5	7
湖　　北	55.1	26	2.1	20	6.1	16	98.0	16
湖　　南	60.7	12	2.9	3	5.1	24	99.7	1
广　　东	57.5	22	2.5	8	4.9	25	97.3	23
广　　西	61.2	8	2.3	14	6.5	15	96.3	30
海　　南	60.9	9	1.8	24	8.0	10	96.8	26
重　　庆	58.7	17	2.0	22	5.2	20	98.4	10
四　　川	62.3	5	2.1	20	6.1	17	97.9	18
贵　　州	65.8	3	1.8	26	7.0	14	96.6	27
云　　南	56.1	25	1.6	29	10.9	6	98.0	17
西　　藏	26.1	31	0.9	31	15.8	4	92.0	31
陕　　西	59.9	16	1.8	25	14.1	5	98.1	14
甘　　肃	56.9	23	2.2	19	4.8	28	97.8	20
青　　海	66.6	2	1.6	30	23.8	3	96.4	28
宁　　夏	60.1	15	1.7	28	3.2	31	97.0	24
新　　疆	54.2	27	2.7	7	29.0	2	98.8	4

附录2 2006年 省 辖 市

指标名称	单位	沈阳	大连	鞍山	抚顺	本溪
土地面积	平方公里	12 942	12 574	9 252	11 272	8 434
年底总人口	万人	703.6	572.1	349.0	223.9	156.2
男	万人	352.5	288.4	177.1	112.8	78.7
女	万人	351.1	283.7	171.8	111.1	77.4
出生人口	人	48 554	33 505	28 366	13 059	8 520
死亡人口	人	40 725	27 026	23 381	15 616	8 519
年底总户数	万户	236.9	198.5	113.3	80.4	55.0
地区生产总值	亿元	2 519.63	2 569.67	1 136.01	457.82	400.34
第一产业	亿元	135.20	208.60	61.03	31.43	25.84
第二产业	亿元	1 139.12	1 229.04	622.49	254.48	241.41
#工业	亿元	1 008.82	1 058.84	577.69	228.18	221.76
第三产业	亿元	1 245.32	1 132.03	452.49	171.92	133.09
人均地区生产总值	元	35 940	42 579	32 644	20 425	25 619
地区生产总值指数	上年=100	116.7	116.5	115.6	115.1	116.1
第一产业	上年=100	104.1	110.9	107.2	107.2	110.6
第二产业	上年=100	122.2	119.6	118.8	116.7	119.6
#工业	上年=100	124.6	120.2	118.7	115.9	119.6
第三产业	上年=100	113.6	114.3	112.3	114.3	111.0
人均地区生产总值指数	上年=100	115.9	116.2	115.3	115.3	116.2
就业人员	万人	307.3	352.4	161.1	129.2	79.3
第一产业	万人	78.4	74.2	48.2	33.0	14.7
第二产业	万人	86.7	107.1	58.1	46.3	34.4
第三产业	万人	142.2	171.1	54.8	49.9	30.3
城镇登记失业人员数	万人	11.8	6.0	5.2	5.1	3.7
城镇就业人员	万人	179.7	214.6	74.9	80.3	52.4
#国有单位	万人	57.0	34.9	34.1	19.0	22.8
城镇集体单位	万人	14.7	3.6	16.4	13.6	8.7
港澳台商投资单位	万人	2.5	3.8	0.6	0.4	0.3
外商投资单位	万人	8.0	27.4	0.5	1.0	0.2
私营企业	万人	33.6	88.6	8.7	12.7	6.1
个体	万人	37.0	32.0	10.3	19.7	9.7
职工人数	万人	86.7	81.3	37.6	27.6	24.0
职工工资总额	亿元	198.04	194.91	79.68	55.62	46.24
职工平均工资	元	22 978	24 204	21 119	19 740	19 248
国有单位	元	26 338	28 129	23 663	19 940	21 520
城镇集体单位	元	11 730	16 790	9 735	9 905	11 039
其他单位	元	20 460	22 078	19 432	21 493	12 574
全社会固定资产投资	亿元	1 790.35	1 469.49	378.43	200.80	150.64
#国有经济	亿元	485.55	498.31	152.52	83.32	111.94
集体经济	亿元	101.09	134.22	30.92		2.80
私营个体经济	亿元	921.34	693.56	183.41	37.61	32.45
城镇	亿元	1 701.08	1 211.69	302.23	179.13	140.25
#房地产开发投资完成额	亿元	538.29	337.23	31.45	23.65	32.20
农村	亿元	89.27	257.80	76.20	21.67	10.39
商品房屋销售额	亿元	419.92	284.54	29.05	18.60	22.89

基 本 情 况(地区数)

丹东	锦州	营口	阜新	辽阳	盘锦	铁岭	朝阳	葫芦岛
15 025	10 111	5 180	10 355	4 761	4 084	12 935	19 700	10 368
242.5	309.2	231.1	193.0	182.5	127.1	304.5	340.1	275.7
122.5	156.3	117.9	96.9	93.1	64.4	155.3	175.1	141.5
120.0	152.9	113.2	96.1	89.5	62.7	149.2	165.0	134.1
16 882	25 486	19 806	14 641	13 359	10 605	29 577	36 385	27 456
15 309	16 157	14 324	11 406	7 780	6 702	9 955	18 026	15 009
79.4	102.6	80.0	63.4	65.2	44.3	101.6	107.4	91.2
385.33	460.25	457.24	158.64	393.03	509.15	323.93	254.02	348.11
58.16	94.43	45.19	32.88	27.62	50.69	79.68	63.50	48.07
169.05	182.55	249.26	60.08	244.62	371.94	139.10	105.05	168.07
143.05	161.48	229.00	50.91	219.90	350.15	126.38	93.44	154.36
158.12	183.27	162.79	65.68	120.80	86.51	105.15	85.48	131.97
15 893	14 906	19 810	8 227	21 562	39 316	10 673	7 469	12 676
116.1	116.2	118.8	111.1	116.0	106.1	120.1	118.0	114.1
107.8	107.1	108.4	94.9	108.2	107.0	111.2	110.1	106.5
123.7	119.9	126.8	120.5	115.9	104.5	127.2	127.2	117.6
125.8	120.9	127.7	124.2	117.2	104.0	129.6	127.1	119.1
112.0	117.9	110.9	113.1	118.1	112.2	118.5	113.7	112.7
115.8	115.9	118.5	111.0	116.0	104.4	119.3	117.2	113.6
114.1	146.7	101.1	111.6	87.8	91.0	127.0	170.8	128.1
47.2	71.6	35.1	40.2	29.9	43.5	57.6	83.2	59.3
27.2	28.1	28.4	28.9	29.7	21.9	26.8	35.6	29.8
39.7	47.1	37.5	42.6	28.3	25.6	42.6	52.0	39.0
2.8	3.7	2.5	2.2	2.1	1.4	2.0	2.7	2.7
37.4	48.4	31.4	48.5	37.5	55.4	43.3	34.4	36.5
13.2	20.7	11.3	14.4	11.1	41.6	15.0	14.1	15.8
4.0	6.3	1.9	9.7	4.4	0.8	6.8	3.1	5.2
0.1	0.6	0.5	0.1	0.1	0.1	0.5	0.2	0.3
1.4	0.6	1.9	0.3	0.6	0.3	0.2	0.2	0.2
1.3	2.5	0.8	10.1	7.3	4.6	5.2	2.3	0.7
12.4	12.7	10.8	11.8	7.7	3.6	8.6	7.8	7.7
18.1	24.3	16.4	16.7	17.9	42.0	22.3	21.3	22.2
29.54	37.92	27.01	24.80	32.55	61.82	36.81	32.93	34.36
16 260	15 284	16 303	14 705	17 705	14 695	16 547	15 513	15 290
18 606	15 480	17 873	16 393	18 579	14 629	14 155	15 666	14 925
10 857	9 281	9 830	8 956	12 682	10 396	7 329	13 687	8 756
12 294	17 890	14 905	9 631	18 436	15 889	24 269	15 638	20 220
160.72	121.69	290.26	101.49	141.67	201.21	202.76	139.69	122.88
24.99	36.08	119.96	60.61	52.77	148.05	48.49	32.33	46.15
20.54	8.24	4.18	1.67	7.46	0.54	3.11	4.24	5.75
85.44	71.64	150.75	36.13	78.20	50.25	46.52	98.13	68.02
129.36	99.79	244.30	87.23	119.08	184.50	165.78	112.92	90.98
34.45	16.00	24.96	10.18	15.36	12.98	27.24	22.97	15.21
31.36	21.90	45.96	14.26	22.60	16.70	36.98	26.77	31.90
22.63	19.41	26.87	9.69	13.23	8.06	17.77	18.04	17.13

附录2续表1

指标名称	单位	沈阳	大连	鞍山	抚顺	本溪
#住宅	亿元	366.37	242.70	22.39	15.99	17.50
商品房屋销售面积	万平方米	1 243.8	628.8	109.9	84.7	101.0
#住宅	万平方米	1 150.6	570.2	96.7	76.7	89.4
商品房屋平均销售价格	元/平方米	3 376	4 525	2 645	2 195	2 266
#住宅	元/平方米	3 184	4 256	2 316	2 086	1 958
地方财政收入	亿元	175.63	196.14	56.16	27.56	26.76
#各项税收	亿元	107.08	139.87	32.62	16.30	14.98
#增殖税	亿元	14.39	26.38	9.34	3.68	4.87
营业税	亿元	45.01	63.24	8.45	5.26	4.12
企业所得税	亿元	11.45	18.09	5.92	1.21	1.51
个人所得税	亿元	6.28	9.61	1.81	1.03	0.82
地方财政支出	亿元	268.76	266.52	90.78	60.82	51.09
#基建支出	亿元	12.51	45.95	4.76	6.75	5.64
支农支出	亿元	10.63	12.40	3.96	2.09	1.82
教育支出	亿元	33.83	25.41	9.96	7.22	7.69
社会保障补助支出	亿元	46.59	30.75	14.70	10.97	8.10
农村居民人均纯收入	元	5 712	6 984	5 282	4 160	4 455
农村居民人均生活费支出	元	3 494	4 282	3 560	2 776	3 510
#食品支出	元	1 243	1 703	1 337	1 118	1 345
城镇居民人均可支配收入	元	11 651	13 350	10 761	9 305	9 478
城镇居民人均生活消费性支出	元	8 670	10 534	8 287	6 853	7 694
#食品支出	元	3 229	4 205	2 888	2 737	3 254
农村人均住房面积	平方米	25.3	29.0	27.1	22.3	23.5
乡村户数	万户	82.7	94.0	52.8	25.5	15.1
乡村从业人员	万人	127.6	137.7	86.2	48.8	26.9
#农林牧渔业	万人	77.1	70.7	47.2	31.8	14.2
农林牧渔业总产值	亿元	245.50	390.46	116.69	63.12	46.90
农林牧渔业总产值指数	上年=100	106.5	112.8	105.2	107.2	109.6
化肥使用量(折纯量)	万吨	17.7	14.6	8.0	2.9	1.3
有效灌溉面积	千公顷	263.4	104.5	89.2	44.2	19.9
总播种面积	千公顷	593.7	327.5	246.6	114.1	62.4
#粮食作物	千公顷	509.1	279.4	209.4	97.7	51.0
粮食产量	万吨	321.4	152.2	141.6	58.0	26.2
棉花产量	吨	828	19			
油料产量	万吨	3.5	1.4	0.9	0.1	0.1
水果产量	万吨	48.3	117.5	22.5	7.4	5.4
肉类产量	万吨	76.3	65.3	41.6	13.3	10.8
#猪牛羊肉产量	万吨	47.5	38.5	24.2	9.8	8.2
奶类	万吨	29.3	12.0	2.3	3.2	1.9
#牛奶	万吨	28.8	10.2	2.3	3.1	1.9
水产品产量	吨	162 428	2 160 657	33 350	13 013	12 329
工业企业单位数	个	4 129	2 954	1 017	768	365

丹　东	锦　州	营　口	阜　新	辽　阳	盘　锦	铁　岭	朝　阳	葫芦岛
19.30	16.58	23.81	8.04	11.07	7.80	12.45	12.88	14.10
104.1	112.8	165.9	59.6	64.4	44.4	95.5	112.8	98.7
95.0	99.5	154.2	53.8	57.8	43.8	82.0	93.4	86.9
2 174	1 720	1 619	1 627	2 055	1 814	1 861	1 599	1 736
2 032	1 667	1 544	1 495	1 915	1 780	1 519	1 379	1 623
21.89	20.62	20.48	8.97	21.91	25.95	16.31	14.89	19.75
12.66	13.55	14.25	5.99	11.24	17.77	9.61	8.86	12.70
2.41	2.26	3.33	1.29	2.99	6.86	1.96	2.33	3.12
4.75	5.90	4.83	2.78	3.97	3.57	3.35	3.15	4.34
0.94	0.94	1.16	0.25	0.54	1.63	0.66	0.64	1.02
0.87	0.75	0.69	0.34	0.69	1.08	0.62	0.61	0.61
47.56	51.03	43.91	39.49	38.43	40.13	45.06	50.40	55.25
2.91	4.01	2.37	5.88	2.34	3.73	2.34	3.51	2.03
1.92	2.09	1.31	1.09	1.16	2.31	2.00	2.35	1.68
8.13	5.93	5.45	4.20	4.31	4.62	7.49	8.38	5.64
8.63	8.12	7.04	8.42	5.06	4.51	4.45	7.36	17.95
4 650	4 165	5 001	2 852	4 600	5 711	4 222	3 365	3 650
3 301	2 645	3 857	2 770	2 814	3 806	2 839	3 098	2 796
1 398	997	1 216	1 179	1 123	1 648	1 162	1 112	1 004
7 860	9 981	10 135	7 598	9 649	12 205	7 437	7 440	9 795
6 088	8 060	7 911	5 999	7 254	9 156	6 212	5 900	7 549
2 636	3 511	3 068	2 429	3 358	3 097	2 337	2 149	2 774
24.8	26.9	27.8	25.1	26.3	31.3	22.8	24.9	25.9
42.6	59.3	41.6	34.2	31.1	18.9	58.4	75.8	57.2
76.7	98.4	69.7	63.1	50.3	35.7	83.8	136.4	91.6
46.8	69.2	34.8	39.2	29.2	24.3	55.5	82.5	58.4
98.21	179.99	79.50	71.82	54.82	92.51	179.00	123.30	89.08
108.1	98.3	108.5	101.9	106.3	107.0	112.9	110.7	101.9
6.5	13.0	5.3	9.4	5.2	4.5	17.1	8.6	7.0
70.8	176.5	89.9	71.0	83.8	108.9	139.4	167.2	71.2
203.6	411.3	108.9	369.4	152.4	136.7	505.2	401.1	227.2
166.8	350.1	95.7	301.9	136.0	123.1	412.5	334.6	182.4
90.0	180.0	72.0	135.6	90.7	106.1	331.4	140.7	90.0
	56	5	2				1 114	72
0.9	3.2		9.2	0.2		13.7	1.4	3.5
37.7	45.0	59.7	4.9	11.6	3.6	28.5	31.4	54.9
14.0	55.2	16.9	32.4	13.0	9.3	62.0	41.7	31.8
9.3	47.7	8.5	25.4	9.0	5.7	44.0	30.3	23.1
2.1	9.0	1.3	10.4	4.0	1.8	10.8	6.5	2.8
2.1	8.6	1.2	10.3	3.9	1.8	10.3	6.4	2.8
443 560	372 137	409 941	4 509	73 386	250 860	14 564	2 533	400 119
807	657	1 218	272	627	303	923	479	234

附录 2 续表 2

指标名称	单位	沈阳	大连	鞍山	抚顺	本溪
大型企业	个	32	32	8	7	3
中型企业	个	175	255	77	48	42
小型企业	个	3 922	2 667	932	713	320
工业总产值	亿元	3 290.90	3 437.46	1 061.91	835.82	573.58
＃国有及国有控股	亿元	987.40	1 301.19	607.27	590.89	450.47
＃内资企业	亿元	2 249.69	2 097.17	1 005.77	780.83	561.25
港澳台商投资企业	亿元	172.21	107.79	30.93	14.84	5.64
外商投资企业	亿元	868.99	1 232.51	25.21	40.15	6.70
工业企业增加值	亿元	914.18	976.87	441.91	168.44	204.13
工业企业增加值指数	上年＝100	132.5	127.6	120.4	116.2	120.8
工业企业资产总计	亿元	3 033.07	3 316.80	1 453.16	734.13	887.26
工业企业负债合计	亿元	1 878.50	2 028.59	619.20	357.01	548.52
工业企业主营业务收入	亿元	3 111.07	3 383.81	1 162.21	829.01	596.23
工业企业利润总额	亿元	77.71	42.78	130.47	－61.03	26.32
建筑业企业单位数	个	835	1 062	234	126	135
建筑业企业从业人员	万人	14.3	33.5	10.6	4.6	3.9
建筑业总产值	亿元	391.32	546.57	140.57	70.88	71.10
房屋建筑施工面积	万平方米	3 030.6	4 364.0	649.2	390.3	494.0
房屋建筑竣工面积	万平方米	1 408.4	2 347.8	172.8	252.4	270.6
公路里程	公里	10 924	10 226	6 870	5 481	3 616
＃等级公路	公里	9 239	5 671	6 768	4 146	2 704
民用汽车拥有量	辆	440 571	354 652	164 749	109 879	60 003
＃私人汽车	辆	242 877	190 514	86 553	56 591	34 201
邮电业务总量	亿元	144.78	125.14	42.66	22.76	23.91
邮政业务总量	亿元	5.68	5.99	2.13	1.21	1.13
电信业务总量	亿元	139.10	119.15	40.53	21.55	22.78
本地电话用户	万户	375.3	324.8	161.3	94.5	67.4
移动电话用户	万户	406.1	330.2	138.6	89.2	55.6
社会消费品零售总额	亿元	1 048.74	839.30	254.04	202.25	98.96
批发和零售业	亿元	897.27	695.90	200.68	161.57	81.89
住宿和餐饮业	亿元	128.32	133.89	53.36	29.54	14.48
其它行业	亿元	23.15	9.50		11.14	2.59
批发和零售业、住宿和餐饮业企业数	个	919	807	265	102	46
＃批发和零售业	个	668	589	218	57	27
批发和零售业、住宿和餐饮业从业人数	人	102 601	77 151	18 613	12 775	7 579
＃批发和零售业	人	65 834	46 585	13 179	9 041	5 409
批发和零售业销售总额	亿元	2 894.45	1 267.60	618.99	332.09	37.81
＃零售业	亿元	403.08	258.13	49.38	49.22	11.02
货物进出口总额	万美元	528 913	3 179 574	280 039	67 206	126 243
进口额	万美元	263 091	1 453 765	66 186	14 749	40 254
出口额	万美元	265 822	1 725 809	213 853	52 457	85 989
实际外商直接投资额	万美元	303 444	224 475	13 534	5 279	5 035
入境旅游者人数	万人次	40.0	70.0	8.6	3.3	8.2
＃外国人	万人次	33.2	61.6	7.3	2.3	7.0
国际旅游外汇收入	万美元	23 156.0	46 500.0	6 080.0	915.0	3 891.0

丹　东	锦　州	营　口	阜　新	辽　阳	盘　锦	铁　岭	朝　阳	葫芦岛
3	5	3	1	6	4	3	3	7
49	45	69	36	44	18	30	44	35
755	607	1 146	235	577	281	890	432	192
312.35	648.90	730.19	153.03	686.14	772.34	354.82	269.80	608.80
35.14	307.08	105.59	68.38	235.10	633.98	93.39	124.53	477.44
257.35	549.20	513.27	125.54	562.93	759.81	317.28	257.04	597.31
11.72	49.08	51.86	6.55	65.30	5.15	32.03	7.19	4.69
43.28	50.62	165.06	20.94	57.91	7.39	5.50	5.57	6.80
89.58	137.59	248.59	36.80	160.84	337.95	119.76	77.53	122.20
130.5	124.9	129.5	116.3	121.5	105.2	132.8	128.0	108.4
293.12	380.64	553.93	238.44	611.16	841.78	311.35	243.10	691.20
169.92	189.74	302.87	171.04	317.73	395.52	150.48	126.92	492.69
300.48	613.86	694.63	145.01	666.54	753.86	341.09	259.15	645.70
14.68	−0.30	33.11	1.90	33.05	124.00	9.60	12.98	−9.29
119	160	123	127	146	110	55	111	95
4.9	4.4	3.0	2.3	5.8	4.1	2.7	3.4	2.6
75.05	68.04	54.15	34.46	127.03	75.18	51.09	35.76	35.06
393.1	377.0	455.7	393.6	278.5	126.6	440.3	375.9	365.3
213.3	253.1	325.7	201.6	142.3	37.0	166.4	259.2	229.8
6 790	6 778	3 745	5 619	3 063	3 096	10 006	13 348	5 780
4 475	6 592	2 382	5 619	3 063	2 980	8 009	6 547	5 210
82 017	105 191	123 271	44 543	74 192	91 363	78 021	81 771	60 494
40 847	53 713	62 056	20 080	38 109	40 020	50 349	41 002	24 918
27.53	27.57	25.71	16.46	19.83	17.06	21.26	21.26	23.40
1.44	1.33	1.20	0.60	1.50	1.50	1.20	1.10	1.40
26.09	26.24	24.51	15.86	18.33	15.56	20.06	20.16	22.00
92.6	107.9	75.3	61	67.2	44.6	71.9	84.2	73.7
77.6	99	79	66.5	62.3	54.3	78.8	78.6	62.1
138.19	157.85	122.64	75.10	103.62	91.71	111.48	74.10	116.67
117.05	126.68	100.98	66.23	83.89	75.09	99.44	59.38	104.22
21.15	28.36	21.65	8.76	19.59	15.07	12.04	14.35	12.45
	2.81		0.11	0.14	1.55		0.38	
89	139	69	48	59	104	74	111	65
46	107	41	30	34	78	55	80	40
7 546	13 647	11 138	5 328	5 320	11 847	6 529	10 198	8 312
4 137	10 702	7 605	3 621	2 989	8 336	4 487	7 798	5 691
47.01	105.79	52.63	32.36	108.63	106.77	38.99	47.37	48.57
25.21	40.32	25.88	7.10	7.79	22.31	26.59	9.58	32.65
173 929	92 336	165 436	4 546	56 885	15 602	11 466	33 198	103 748
33 428	26 783	48 110	508	17 475	5 420	1 438	7 124	28 540
140 501	65 553	117 326	4 038	39 410	10 182	10 028	26 074	75 208
11 449	9 557	10 078	1 844	5 121	2 052	3 172	2 494	1 020
12.8	6.8	2.1	0.3	1.3	3.4	1.3	0.3	2.9
12.6	4.9	2.1	0.3	1.2	1.5	1.2	0.3	1.8
4 493.0	3 095.0	943.0	136.0	649.0	1 359.0	634.0	167.0	938.0

附录 2 续表 3

指 标 名 称	单 位	沈 阳	大 连	鞍 山	抚 顺	本 溪
国内旅游人数	万人次	4 513.3	2 150.0	965.0	690.0	720.0
国内旅游收入	万元	2 543 000	2 230 000	634 000	441 000	471 000
星级饭店数	个	110	158	20	22	23
金融机构人民币存款	亿元	3 971.28	3 721.34	1 005.72	535.47	425.63
＃企业存款	亿元	1 333.02	1 237.11	203.85	105.45	83.55
城乡居民储蓄存款	亿元	1 921.98	1 736.09	697.17	385.71	277.23
定　期	亿元	1 262.48	1 227.43	522.65	278.79	199.33
活　期	亿元	659.49	508.67	174.52	106.93	77.90
金融机构人民币贷款	亿元	2 494.53	2 808.28	513.86	214.76	249.44
＃工业贷款	亿元	254.46	390.57	122.16	39.56	52.96
商业贷款	亿元	250.15	173.51	65.66	19.92	13.55
农业贷款	亿元	95.58	135.69	42.47	18.05	16.32
幼儿园数	所	683	1 529	786	276	268
在园儿童数	万人	10.9	10.5	6.9	2.5	3.1
普通小学学校数	所	849	888	811	343	146
普通小学专任教师数	人	24 714	17 767	13 280	8 115	5 933
普通小学招生数	万人	5.9	5.1	3.3	1.5	1.1
普通小学在校学生数	万人	37.8	34.9	20.8	10.7	8.2
普通小学毕业生数	万人	7.7	7.2	4.3	2.4	1.8
普通中学学校数	所	348	278	172	138	86
普通中学专任教师数	人	24 610	20 346	11 734	7 532	5 794
普通中学招生数	万人	12.2	11.2	6.1	3.7	2.7
普通中学在校学生数	万人	36.3	32.4	19.0	10.9	8.1
普通中学毕业生数	万人	12.6	11.1	5.9	3.8	2.9
普通高等学校数	所	30	21	2	3	1
普通高等学校专任教师数	人	19 309	13 212	1 844	1 585	611
普通高等学校招生数	万人	8.8	6.0	0.9	0.9	0.3
普通高等学校在校学生数	万人	30.1	20.1	2.9	2.9	1.1
普通高等学校毕业生数	万人	6.7	3.9	0.7	0.6	0.3
公共图书馆	个	21	12	9	7	7
公共图书馆藏书量	万册、件	840.0	490.6	179.8	155.9	103.4
广播覆盖率	%	100.0	98.8	97.1	98.7	99.4
电视覆盖率	%	100.0	98.9	96.1	98.4	98.4
有线电视入户率	%	49.1	55.1	35.6	57.2	46.6
卫生机构数	个	1 994	2 531	1 982	637	287
＃医院、卫生院	个	332	230	148	115	69
疾病预防控制中心(防疫站)	个	19	14	9	10	8
妇幼保健院(所站)	个	15	12	9	8	7
卫生机构床位数	张	35 227	28 153	17 264	10 589	8 947
＃医院、卫生院	张	33 856	25 955	14 426	10 517	8 440
卫生机构人员数	人	60 586	42 166	25 765	14 370	13 560
＃卫生技术人员	人	48 560	34 070	19 307	11 583	10 334
＃执业(助理)医师	人	20 401	14 801	8 557	4 758	3 855

丹东	锦州	营口	阜新	辽阳	盘锦	铁岭	朝阳	葫芦岛
950.0	532.0	285.0	135.0	510.0	454.0	360.0	372.0	530.0
620 000	368 000	168 200	67 000	402 000	299 800	200 700	267 600	248 400
39	24	18	16	8	14	10	15	20
490.72	566.79	445.61	254.27	405.55	482.76	334.64	345.38	472.12
74.17	99.36	81.06	56.14	73.25	118.90	66.66	58.74	114.18
365.52	392.92	327.62	175.03	296.99	321.92	243.75	246.48	312.82
274.32	299.99	232.87	127.57	215.46	248.61	180.76	175.67	224.69
91.20	92.94	94.75	47.46	81.53	73.30	62.99	70.80	88.13
228.17	327.67	323.54	177.64	250.53	161.89	268.69	231.34	299.54
25.42	39.88	57.11	19.58	57.11	38.67	18.99	19.08	76.90
36.49	53.67	50.07	31.11	46.45	43.06	84.83	37.22	24.13
37.33	41.41	26.51	21.91	26.75	13.61	35.29	33.83	33.77
406	691	245	231	391	375	638	290	262
4.4	7.6	2.5	2.5	4.7	2.8	4.7	4.6	3.5
521	600	387	590	375	262	762	1 054	846
8 808	11 228	8 260	8 348	5 811	6 004	11 623	15 261	10 696
2.2	2.8	2.4	1.7	1.8	1.4	3.0	3.6	3.0
14.9	18.4	14.4	12.1	11.4	8.7	19.2	24.3	19.1
2.7	3.8	2.6	2.4	2.0	1.7	3.7	4.8	3.7
129	168	103	115	82	79	155	222	162
7 761	9 666	7 616	6 482	5 443	4 991	9 064	13 249	8 931
4.3	5.3	4.2	3.6	3.1	2.5	5.1	7.1	5.3
12.9	16.0	12.6	10.6	8.8	7.9	14.8	21.3	15.4
4.5	5.2	5.1	3.5	2.9	2.3	4.8	7.0	5.2
2	6	2	2	2	2	2	1	1
1 269	3 680	658	1 885	862	439	507	453	502
0.7	1.9	0.4	0.8	0.5	0.2	0.2	0.2	0.4
2.0	6.4	0.8	2.7	1.2	0.3	0.4	0.4	0.8
0.6	1.3	0.2	0.6	0.3		0.1	0.1	0.1
8	9	8	7	9	5	9	8	7
120.7	113.8	86.5	38.7	74.8	36.1	56.0	59.7	37.9
98.4	99.4	99.2	95.1	100.0	100.0	96.6	96.5	96.9
98.4	99.2	99.2	98.3	99.9	100.0	96.7	96.5	95.8
37.1	20.1	32.2	36.1	20.6	42.2	30.2	20.6	25.9
515	888	1 503	521	676	742	1 126	1 325	1 149
113	137	114	104	76	70	105	189	162
7	9	9	9	7	6	8	8	7
4	8	6	9	8	3	7	8	7
10 911	10 824	8 450	6 742	7 558	5 731	7 646	8 867	12 885
9 921	10 518	7 734	6 126	7 014	5 102	7 152	8 492	9 164
13 617	16 541	14 425	11 327	9 700	9 461	14 128	12 944	14 784
10 533	12 932	11 325	8 773	8 036	7 594	11 542	10 903	10 965
4 511	5 558	5 266	3 583	3 834	3 646	5 403	5 006	5 142

附录3　2006年各市市辖区基本情况

区　名　称	行政区域土地面积(平方公里)	年末总人口(万人)	当年出生人口(人)	当年死亡人口(人)	年末总户数(户)	年末单位从业人员数(人)	#第二产业	#第三产业
沈阳市								
和平	38	63.4	2 698	3 903	213 112	126 507	32 597	93 831
沈河	18	61.2	3 213	3 819	206 795	84 344	12 093	72 154
大东	57	64.7	3 437	4 844	233 435	88 215	52 828	35 331
皇姑	41	75.9	3 910	5 196	250 673	96 989	40 206	56 171
铁西	106	81.3	4 248	6 348	282 980	105 603	67 880	37 723
大连市								
中山	44	35.2	1 539	2 351	131 539	28 476	7 116	21 166
西岗		30.8	1 328	2 129	114 964			
沙河口		65.3	3 462	3 573	229 802	20 635	5 717	14 904
鞍山								
铁东	29	48.9	2 193	3 184	159 142	12 852	2 525	10 327
铁西	15	29.4	1 208	2 288	109 506	14 258	8 173	6 085
立山	59	42.6	1 847	3 212	149 103	9 193	3 528	5 665
抚顺市								
新抚	30	28.3	1 177	1 319	104 521	5 740	503	5 237
东洲	227	30.4	1 178	2 344	121 150	14 181	3 369	10 812
望花	112	32.3	1 404	2 391	119 585	7 838	3 027	4 806
丹东市								
元宝	81	18.3	760	1 394	70 268	6 162	3 953	2 209
振兴	80	38.5	1 728	2 830	139 340	16 118	9 937	6 176
锦州市								
古塔	25	24.8	1 518	1 367	88 708	4 183	903	2 239
凌河	30	37.5	1 959	2 147	139 288	6 627	2 574	4 053
营口市								
站前	70	26.5	1 328	1 542	100 520	8 990	5 600	3 390
西市	22	16	765	759	63 582	8 521	5 523	2 998
辽阳市								
白塔	24	21	1 087	1 108	81 699	51 532	29 106	22 387
文圣	46	18	892	1 078	72 426	26 052	8 085	17 953
宏伟	70	12	558	356	42 986	34 231	16 035	7 216

附录3续表1

区名称	城镇登记失业人员数（人）	地区生产总值（万元）	第一产业增加值	第二产业增加值	#工业	第三产业增加值	地方财政预算内收入（万元）	各项税收
沈阳市								
和平	16 470	2 468 558	1 066	411 726	182 631	2 055 766	130 760	108 840
沈河	7 787	2 398 502		388 620	117 000	2 009 882	134 594	83 078
大东	4 700	1 994 646		1 437 474	1 352 117	557 172	104 521	74 800
皇姑	7 919	1 160 900		322 701	244 745	838 199	65 763	46 479
铁西	14 080	2 058 875	1 500	1 246 489	1 115 850	810 886	107 534	75 396
大连市								
中山		1 024 506	36 526	139 417	47 681	848 563	77 899	74 410
西岗		617 812		151 775	61 733	466 037	57 698	54 718
沙河口		936 037		161 840	77 877	774 197	67 025	62 127
鞍山市								
铁东	9 633	317 398	90	33 150	18 548	284 158	39 090	84 350
铁西	11 800	225 046		88 549	81 804	136 497	16 716	38 289
立山	20 975	252 449	4 200	147 787	145 391	100 462	21 361	50 184
抚顺市								
新抚	13 000	204 394	650	23 164	20 164	180 580	18 248	16 216
东洲		126 101	8 638	61 436	57 336	56 027	12 863	10 994
望花		158 053	6 250	76 730	66 588	75 073	15 826	12 010
丹东市								
元宝	5 500	100 130	4 710	39 330	29 073	56 090	7 290	19 025
振兴	51 359	209 994	17 512	86 375	81 501	106 107	17 390	49 166
锦州市								
古塔	1 645	321 083	350	51 415	50 021	269 318	19 461	18 286
凌河	66 617	339 669	1 402	90 565	78 082	247 702	21 605	33 100
营口市								
站前	13 382	216 604		111 172	108 729	105 432	9 165	19 366
西市	7 981	92 056		57 556	49 037	34 500	7 880	16 700
辽阳市								
白塔	2 208	548 605	1 455	299 842	172 707	247 308	10 793	10 440
文圣	10 195	287 724	790	69 891	56 181	217 043	8 558	7 383
宏伟	2 479	969 254	4 908	858 312	841 234	106 034	13 206	9 978

附录3续表2

区名称	财政支出（万元）	#科学事业费支出	教育事业费支出	规模以上工业企业数（个）	规模以上工业总产值（现价、万元）	内资企业	港、澳、台商投资企业	外商投资企业
沈阳市								
和平	139 337	76	35 000	87	469 859	410 312	36 239	23 308
沈河	149 477	55	31 443	43	339 435	313 678	2 539	23 218
大东	127 360	227	32 430	250	5 002 977	1 459 930	94 415	3 448 632
皇姑	79 147	69	22 108	120	1 159 176	1 103 304	22 627	33 245
铁西	124 229	105	34 274	272	4 119 576	3 630 071	249 070	240 434
大连市								
中山	77 104	174	12 013	52	127 739	31 188	11 015	85 535
西岗	74 790	16	9 646	53	448 981	286 661	10 785	151 535
沙河口	82 746	0	12 358	86	167 288			
鞍山								
铁东	45 184	11	13 060	6	55 013	18 586	36 427	
铁西	25 860	5	5 709	66	194 803	157 210	5 677	31 916
立山	36 729	22	9 276	60	235 716	172 829	45 262	17 625
抚顺市								
新抚	17 500	14	4 360	16	32 408	24 637		7 771
东洲	22 311	15	4 525	42	107 061	103 123	1 773	2 165
望花	24 957	12	6 876	51	146 141	145 700	714	
丹东市								
元宝	14 705	21	3 057	36	100 603	77 898	12 610	10 094
振兴	28 132	407	5 940	73	255 017	191 611	17 901	45 505
锦州市								
古塔	19 526	25	2 759	40	236 238	145 449	21 563	69 227
凌河	22 475		2 976	49	258 542	211 137	22 770	24 634
营口市								
站前	13 731	3	1 864	87	376 138	294 033	37 300	44 805
西市	14 308		1 613	77	217 690	161 928	19 291	36 471
辽阳市								
白塔	13 222	23	2 322	63	665 871	615 669	3 794	46 408
文圣	10 818	2	1 805	37	184 824	171 920	500	12 504
宏伟	27 616	3	5 198	54	3 217 052	2 234 375	585 973	396 704

附录3续表3

区名称	规模以上工业从业人员年平均数（人）	规模以上工业流动资产年平均余额（万元）	规模以上固定资产净值年平均余额（万元）	规模以上工业主营业务收入（万元）	＃主营业务税金及附加	规模以上工业本年应交增值税（万元）	规模以上工业利润总额（万元）	建筑业企业个数（个）
沈阳市								
和平	19 065	572 696	332 091	456 307	44 323	24 970	4 915	180
沈河	10 081	189 036	231 115	312 363	2 622	6 864	1 370	138
大东	56 661	2 601 753	1 229 939	4 791 081	200 569	115 189	30 059	75
皇姑	34 566	982 236	457 256	1 164 728	1 809	12 834	16 076	67
铁西	85 440	2 818 779	1 033 044	3 721 629	21 054	104 114	38 879	87
大连市								
中山	3 349	47 848	20 305	126 567	144	2 261	6 072	120
西岗	13 953	514 297	540 931	528 328	1 873	17 807	12 641	149
沙河口	5 345	109 094	48 349	165 861	1 015	7 259	－2 527	220
鞍山								
铁东	2 423	44 191	39 612	41 102	87	709	－23 622	29
铁西	9 403	133 160	70 804	193 409	585	6 258	3 921	42
立山	6 150	153 123	104 640	239 433	1 724	9 403	3 822	4
抚顺市								
新抚	2 882	9 393	12 268	31 962	454	1 357	60	5
东洲	6 803	65 543	45 392	95 575	908	3 581	112	1
望花	5 183	79 544	38 222	139 645	1 113	8 708	19 749	
丹东市								
元宝	3 816	47 260	26 335	82 951	379	4 017	3 891	9
振兴	8 660	91 317	42 041	243 066	671	11 917	6 859	15
锦州市								
古塔	7 533	129 573	82 028	210 422	1 214	8 635	10 294	1
凌河	13 426	156 448	108 565	24 752	3 834	10 095	1 467	48
营口市								
站前	5 474	54 891	33 335	342 083	727	4 087	10 050	
西市	5 086	46 203	31 831	145 211	726	2 467	3 904	
辽阳市								
白塔	14 185	313 115	169 367	617 792	2 018	33 114	8 036	42
文圣	11 640	149 737	154 016	174 678	1 116	3 335	－5 056	39
宏伟	37 134	1 643 194	1 369 685	3 272 019	40 957	60 039	234 212	21

附录 3 续表 4

区　名　称	建筑业从业人数（人）	建筑业总产值（万元）	社会消费品零售总额（万元）	限额以上批发零售贸易业商品销售总额（万元）	出口总额（万美元）	当年合同外资金额（万美元）	当年实际使用外资金额（万美元）	城镇固定资产投资（万元）
沈　阳　市								
和　　平	32 654	874 908	2 110 584	3 891 014	9 886	41 428	33 953	1 458 283
沈　　河	29 198	872 939	2 107 704	1 909 177	21 217	45 609	38 619	1 521 324
大　　东	9 550	309 460	700 586	769 873	14 403		21 960	1 444 215
皇　　姑	9 721	178 288	583 631	790 437	3 646	63 519	20 801	1 353 112
铁　　西	14 038	489 112	1 505 078	1 176 918	11 555	38 554	20 732	1 088 998
大　连　市								
中　　山	16 820	231 113	1 169 984	131 033	59 699	166	9 218	920 842
西　　岗	20 869	260 562	680 553	77 492	15 000	10 100	6 630	652 009
沙　河　口	27 574	250 946	1 307 472	11 654 193	20 192	15 215	8 103	811 000
鞍　　山								
铁　　东	1 050	27 766	371 052	13 244	1 536	4 379	1 423	106 977
铁　　西	19 098	136 953	262 173	183 945	2 428	3 041	1 066	109 157
立　　山	348	5 809	103 237	188 537	2 265		1 095	104 996
抚　顺　市								
新　　抚	579	14 779	713 819	16 969	3 462	1 331	179	109 152
东　　洲	218	779	20 148	15 596	1 559	932	19	111 969
望　　花			7 889	650	14 026	2 875	23	119 718
丹　东　市								
元　　宝	2 906	48 857	239 100	9 232	7 116	358	800	97 300
振　　兴	3 900	29 187	212 788	68 447	25 334		1 917	220 339
锦　州　市								
古　　塔	430	11 300	332 350	29 505	1 000	800	501	47 228
凌　　河	6 260	87 349	313 451	41 520	3 251	1 210	532	51 919
营　口　市								
站　　前			49 554	18 159	5 400		323	71 401
西　　市			1 834		3 601	4 099	317	56 842
辽　阳　市								
白　　塔	7 592	95 542	244 916	239 770	1 100	2 600	627	99 733
文　　圣	4 967	60 177	130 115	79 734	1 268		386	58 423
宏　　伟	5 330	59 051	42 107	720 496	5 901	3 898	612	334 555

附录3续表5

区名称	城镇新增固定资产（万元）	城镇固定资产投资项目个数（个）	房地产开发投资额（万元）	普通中学数（所）	小学数（所）	普通中学专任教师数（人）	小学专任教师数（人）	普通中学在校学生数（人）
沈阳市								
和平	754 940	900	825 582	19	35	2 102	1 659	28 334
沈河	942 762	455	630 534	25	28	2 436	1 992	15 714
大东	742 126	510	577 079	26	35	1 715	1 659	22 996
皇姑	1 142 699	509	415 190	22	32	2 081	1 854	40 677
铁西	446 163	142	714 531	28	49	3 069	2 183	32 766
大连市								
中山	146 762	77	531 813	11	24	1 094	964	12 704
西岗	268 789	30	505 792	11	24	820	701	10 315
沙河口	700 000	60	577 040	19	33	1 503	1 546	16 017
鞍山								
铁东	106 977	124	120 026	8	21	1 247	1 098	19 807
铁西	139 949	51	31 721	9	15	691	648	9 100
立山	72 533	29	45 447	11	22	998	830	14 558
抚顺市								
新抚	100 639	91	14 643	10	12	679	677	8 969
东洲	107 676	80	43 169	13	26	824	1 172	7 532
望花	10 434	108	19 838	14	24	759	1 062	8 166
丹东市								
元宝	25 530	29	66 111	1	11	93	444	1 082
振兴	200 000	169	45 660	3	22	208	1 116	1 842
锦州市								
古塔	47 228	42	14 525		14		801	
凌河	51 919	40	25 317		19		1 050	
营口市								
站前	57 963	81	42 797		12		660	
西市	49 025	54			11		573	
辽阳市								
白塔	88 693	96	63 787	6	13	667	704	
文圣	29 809	43	21 600		11		607	
宏伟	12 957	76	12 462	6	10	675	331	7 937

附录3续表6

区名称	小学在校学生数（人）	医院、卫生院数（所）	医院、卫生院床位数（床）	医院、卫生院技术人员数（人）	#执业医师助理执业医师	城镇在岗职工年平均人数（人）	城镇在岗职工工资总额（万元）	社会福利收养性单位数（个）
沈阳市								
和平	26 297	34	7 229	8 619	3 174	116 758	343 137	1
沈河	27 504	72	4 333	5 172	2 028	75 363	184 418	
大东	23 386	20	700	1 038	1 038	84 990	195 624	11
皇姑	34 310	13	385	797	294	94 043	225 689	8
铁西	32 305	23	1 546	1 528	666	106 317	238 242	1
大连市								
中山	16 515	13	3 445	2 992	1 138	25 375	47 731	
西岗	13 960	18	3 946	3 325	1 299			16
沙河口	27 318	25	4 254	4 484	1 797	16 323	32 479	
鞍山								
铁东	19 432	10	390	515	365	12 362	19 140	3
铁西	9 960	29	1 754	2 182	861	13 203	16 879	
立山	13 496					8 190	13 156	14
抚顺市								
新抚	12 486	3	120	660	324	5 697	7 885	2
东洲	11 397	5	200	108	61	6 513	9 109	15
望花	13 207	17	1 597	1 252	412	7 516	9 407	8
丹东市								
元宝	6 447	6	20	97	44	6 365	5 699	17
振兴	18 039	11	405	432	152	15 165	14 959	24
锦州市								
古塔	11 220	2	410	256	109	4 127	4 454	
凌河	16 933	3	347	294	127	6 587	6 979	
营口市								
站前	12 390	8	180	175	109	9 078	9 108	13
西市	6 922	9	40	59	24	5 812	8 719	16
辽阳市								
白塔	12 397	17	927	950	366	51 994	79 935	
文圣	9 201	25	320	337	296	26 502	40 245	
宏伟	6 241	4	691	518	235	33 910	100 394	

附录3续表7

区名称	社会福利收养性单位床位数（床）	参加基本养老保险的职工数（人）	参加基本医疗保险的职工数（人）	参加失业保险人数（人）	城镇居民最低生活保障人数（人）	交通事故件数（件）	刑事案件立案数（件）	犯罪人数（人）	民事案件发案数（件）
沈阳市									
和平	100	178 400		153 671	17 507	541	7 573	1 289	4 702
沈河		107 258		129 947	233 385	1 245	6 654	857	4 792
大东	1 300	126 129	190 183	150 214	3 928	78	6 292	1 388	5 192
皇姑	800	17 753		142 040	21 592	164	7 136	883	7 787
铁西	120	289 000		120 000	20 514	625	818	1 035	5 679
大连市									
中山									
西岗	1 060								
沙河口									
鞍山									
铁东	290	27 481	7 897	10 407	39 790	144	452	680	3 885
铁西		20 063	5 446	11 434	40 991	93	254	370	1 025
立山	1 318	18 121		8 681	26 068	99	254	428	1 190
抚顺市									
新抚	111	13 516	4 446	3 686	20 597	402	282	397	1 328
东洲	716	15 253	7 034	9 043	50 794		288	443	1 431
望花	405	15 107	15 107	15 107	34 082		1 971	2 578	1 117
丹东市									
元宝	1 161	25 000	8 600	21 000	9 595		757	252	745
振兴	918				19 107	48	1 613	568	1 775
锦州市									
古塔		6 803	4 563	4 681	17 729		484	308	911
凌河		7 978	6 640	5 400	28 416		571	480	1 328
营口市									
站前	706	17 771	9 487	9 023	17 735		223	248	641
西市	1 034	19 849	13 666	8 012	17 340		575	113	463
辽阳市									
白塔		23 000	37 000	2 333	14 822	1 700	308	305	649
文圣		14 768	12 047	3 812	10 260	1 863	320	220	341
宏伟		4 682	6 570	1 093	2 856	663	293	115	347

附录4　2006年各市农业县区基本情况

县(市)区名称	行政区域土地面积(平方公里)	年末总人口(万人)	当年出生人口(人)	当年死亡人口(人)	乡村人口(万人)	年末总户数(户)	年末单位从业人员数(人)
苏家屯区	782	42.4	2 813	2 771	23.1	147 613	36 118
东陵区	633	32.7	2 672	2 163	21.7	107 491	35 080
沈北新区	905	30.7	2 418	2 021	19.0	104 034	66 322
于洪区	690	38.2	3 209	2 357	24.8	127 241	21 000
辽中县	1 645	53.7	5 203	2 637	42.0	196 825	29 980
康平县	2 175	35.0	2 808	1 236	28.1	111 452	15 721
法库县	2 290	44.8	3 766	1 703	38.6	135 990	13 819
新民市	3 315	69.9	5 658	2 908	57.1	226 848	24 027
甘井子区	492	65.5	4 151	3 672	15.0	231 853	28 858
旅顺口区	507	20.8	916	1 561	14.5	81 159	32 345
金州区	1 075	46.8	2 488	3 055	29.7	178 414	46 037
长海县	119	7.4	523	515	8.3	25 837	7 542
瓦房店市	3 794	102.6	6 731	3 612	66.1	347 972	125 686
普兰店市	2 896	82.5	4 858	3 493	64.1	275 257	59 805
庄河市	4 086	91.9	5 539	5 104	73.7	282 925	39 127
旧堡区	425	24.7	1 665	1 647	15.5	85 256	7 275
台安县	1 388	37.6	3 678	2 518	30.5	120 616	17 670
岫岩县	4 502	51.6	7 477	3 201	42.3	141 758	21 324
海城市	2 732	113.0	10 222	7 283	89.0	364 105	40 070
顺城区	277	40.9	2 121	2 793	5.7	148 111	11 551
抚顺县	2 336	19.0	1 166	999	17.0	62 430	9 442
新宾县	4 287	30.7	2 399	1 962	24.5	97 029	12 923
清原县	3 921	34.0	2 636	1 845	26.6	117 458	14 978
平山区	179	34.2	1 463	2 229	1.7	120 181	59 838
溪湖区	302	22.0	1 079	1 429	4.1	85 920	55 514
明山区	400	31.6	1 638	1 432	3.5	109 523	67 467
南芬区	619	8.3	390	489	3.1	31 838	28 852
本溪县	3 343	29.8	1 980	1 011	19.0	101 104	16 766
桓仁县	3 551	30.2	2 082	1 426	21.1	101 099	14 940
振安区	669	18.3	1 099	1 338	11.2	62 719	36 112
宽甸县	6 115	43.9	4 091	2 841	34.0	133 386	13 339
东港市	2 445	64.7	4 378	2 969	52.7	196 741	25 355
凤城市	5 513	58.9	4 826	3 937	41.5	191 309	22 424
太和区	288	17.2	1 176	875	10.8	66 418	7 558
黑山县	2 487	63.3	5 207	5 012	48.1	211 320	16 996
义县	2 476	43.9	5 309	1 364	36.9	128 546	12 630
凌海市	2 601	56.6	4 770	2 356	47.7	185 635	20 065
北镇市	1 694	53.2	4 376	2 383	43.9	163 314	14 756
鲅鱼圈区	259	32.0	2 544	891	13.5	120 810	31 475

附录4续表1

县(市)区名称	行政区域土地面积(平方公里)	年末总人口(万人)	当年出生人口(人)	当年死亡人口(人)	乡村人口(万人)	年末总户数(户)	年末单位从业人员数(人)
老边区	305	12.7	810	411	9.3	49 206	6 385
盖州市	2 930	72.7	8 245	5 867	61.3	229 396	15 496
大石桥市	1 598	71.8	6 181	4 509	54.3	223 106	20 527
海州区	98	27.8	1 323	1 561	2.1	98 974	11 231
新邱区	142	9.3	470	581	3.2	36 779	8 611
太平区	98	17.6	765	1 171	2.0	71 892	4 912
清河门区	98	7.6	415	425	2.6	26 751	3 541
细河区	110	16.0	770	581	3.0	56 094	3 104
阜新县	6 246	73.2	6 911	4 400	68.4	214 825	23 834
彰武县	3 641	41.5	3 594	2 535	34.7	130 212	16 206
弓长岭区	292	9.0	617	598	3.0	33 306	15 511
太子河区	175	12.0	694	544	7.0	40 679	20 214
辽阳县	2 835	60.0	5 294	2 868	47.0	202 833	24 055
灯塔市	1 331	51.0	4 031	1 168	38.0	177 389	14 925
双台子区	56	19.5	1 409	861	3.0	69 129	6 235
兴隆台区	213	39.1	2 894	1 196	3.0	138 415	143 757
大洼县	1 683	40.0	3 092	2 002	29.0	141 245	138 148
盘山县	2 065	29.0	2 940	2 576	27.0	93 994	61 133
银州区	77	31.8	1 916	1 407	2.3	118 761	8 002
清河区	466	9.8	778	374	5.7	32 985	7 277
铁岭县	2 249	38.8	3 592	953	35.6	127 159	14 722
西丰县	2 685	34.9	3 324	1 231	25.7	115 279	13 975
昌图县	4 317	103.7	13 337	3 548	82.1	334 540	39 598
调兵山市	263	24.0	1 348	991	6.7	86 469	18 556
开原市	2 828	58.9	4 931	1 296	40.3	192 657	23 398
双塔区	500	37.6	2 955	1 245	9.5	124 239	6 985
龙城区	624	17.6	1 824	613	12.2	56 201	4 385
朝阳县	3 762	56.0	8 825	5 024	55.0	161 879	19 766
建平县	4 865	58.1	5 786	2 680	49.5	187 944	19 903
喀左县	2 236	42.4	3 713	3 068	37.6	130 538	21 441
北票市	4 460	60.0	4 356	3 040	40.8	207 593	19 958
凌源市	3 278	65.4	8 524	2 337	50.8	197 359	32 285
连山区	1 651	62.0	6 065	4 247	34.0	229 683	12 880
龙港区	172	19.0	1 549	426	3.0	71 144	15 497
南票区	512	15.0	1 169	813	8.0	52 973	2 268
绥中县	2 765	63.0	6 962	3 394	54.0	204 773	15 515
建昌县	3 195	61.0	6 196	3 124	54.0	175 954	15 656
兴城市	2 113	55.0	5 085	3 182	42.0	187 616	16 927

附录4续表2

县(市)区名称	年末单位从业人员数(人) # 第二产业	# 第三产业	乡村从业人员数(人)	# 农林牧渔业	城镇登记失业人员数(人)	生产总值(万元)	第一产业增加值	农业
苏家屯区	20 915	14 950	115 859	56 243	5 005	1 218 000	137 760	61 865
东陵区	13 568	21 012	118 749	65 060	6 394	1 712 538	45 465	20 417
沈北新区	45 008	20 660	85 998	52 338	3 174	1 637 499	143 697	64 531
于洪区	7 002	11 541	110 810	55 350	5 640	1 848 326	96 971	43 547
辽中县	14 258	15 012	231 945	147 963	2 500	737 049	301 436	135 367
康平县	2 808	11 913	108 147	69 230	3 043	417 735	142 386	63 942
法库县	2 587	10 917	200 320	140 202	11 000	515 000	165 471	74 309
新民市	1 241	8 424	227 942	162 891	8 886	709 333	281 295	126 322
甘井子区	13 359	14 491	61 044	9 465	3 500	2 252 764	106 684	10 659
旅顺口区	19 939	11 170	85 105	29 816	1 879	750 000	138 826	19 292
金州区	28 764	16 279	141 580	59 092	9 684	2 900 000	222 155	80 578
长海县	268	2 899	37 471	25 041	1 600	262 803	190 803	658
瓦房店市	88 041	33 867	362 768	189 058	11 414	2 825 867	465 457	174 731
普兰店市	41 009	18 658	310 499	195 453	2 389	2 153 958	323 260	136 110
庄河市	21 939	16 621	334 513	179 244	4 600	1 962 773	433 067	123 705
旧堡区	2 022	4 910	76 375	30 635	996	756 306	47 000	21 398
台安县	2 780	12 366	166 424	111 801	9 320	640 000	151 000	88 667
岫岩县	5 122	15 625	196 912	117 655	1 496	640 213	114 890	57 340
海城市	5 172	33 255	399 897	197 595	13 222	2 810 075	268 460	113 768
顺城区	4 190	6 829	33 365	15 823	4 887	333 638	31 738	10 969
抚顺县	1 719	5 870	113 458	77 444	848	339 251	74 175	27 754
新宾县	1 783	11 083	133 340	97 241	3 913	277 381	77 010	36 592
清原县	2 025	10 603	146 855	98 233	6 068	291 365	75 500	38 685
平山区	34 154	24 384	9 769	4 410	9 894	680 605	6 046	1 805
溪湖区	35 362	19 543	21 463	10 950	17 760	951 609	22 725	9 451
明山区	42 473	24 689	20 867	9 325	2 156	893 384	25 727	13 013
南芬区	17 176	11 189	16 477	8 534	2 400	493 638	18 330	4 210
本溪县	3 217	10 721	90 203	43 402	2 811	500 943	90 000	24 140
桓仁县	4 740	8 449	110 286	64 870	2 048	477 792	95 533	42 054
振安区	18 251	17 861	58 102	28 945	2 613	165 074	28 574	22 820
宽甸县	430	12 281	177 246	117 644	8 560	704 321	101 628	40 380
东港市	3 626	19 193	281 466	170 774	4 147	1 697 019	299 036	100 383
凤城市	6 240	16 069	223 190	141 445	29 315	1 020 213	130 028	67 435
太和区	2 509	4 929	50 955	27 199	3 277	213 970	43 337	27 438
黑山县	2 347	14 069	252 490	180 585	8 523	584 403	240 019	123 079
义县	1 014	11 151	174 254	129 084	2 456	278 915	111 391	43 430
凌海市	1 374	13 136	237 197	148 358	1 089	829 695	257 045	108 478
北镇市	722	11 755	216 933	178 244	3 765	487 933	220 138	157 494
鲅鱼圈区	20 844	10 577	67 911	35 229	6 819	1 352 171	54 134	19 063

附录4续表3

县（市）区名称	年末单位从业人员数（人）		乡村从业		城镇登记失业人员数（人）	生产总值（万元）		
	# 第二产业	# 第三产业	人员数（人）	# 农林牧渔业			第一产业增加值	农业
老边区	624	4 825	47 985	14 991	962	780 090	52 435	11 280
盖州市	405	14 744	297 641	183 921	13 743	667 307	167 507	78 235
大石桥市	1 995	18 256	282 990	114 166	2 888	2 013 000	191 638	98 342
海州区	4 071	5 082	11 140	3 398	5 400	118 500	3 588	887
新邱区	6 100	2 411	16 706	4 999	16 282	52 927	7 227	3 002
太平区	1 816	3 096	12 352	5 504	5 284	52 619	3 280	999
清河门区	991	2 550	12 613	7 141	255	44 538	8 925	3 107
细河区	562	2 542	14 740	5 192	15 600	54 411	5 349	2 988
阜新县	1 517	20 082	359 299	221 302	3 820	312 302	154 564	72 615
彰武县	1 414	13 249	189 416	141 610	8 969	191 630	129 872	66 554
弓长岭区	2 117	1 909	13 545	6 823	1 342	150 301	8 130	2 511
太子河区	7 672	9 265	37 746	15 085	5 890	373 622	17 298	6 128
辽阳县	12 238	11 462	214 113	120 549	9 645	798 988	129 776	49 758
灯塔市	2 299	12 453	217 805	140 758	3 482	696 875	113 803	51 295
双台子区	2 676	3 505	15 903	4 294	12 092	438 531	6 200	2 181
兴隆台区	42 135	88 284	19 632	13 338	17 329	3 500 355	19 022	12 789
大洼县	18 355	13 894	163 895	110 375	3 949	686 545	271 003	138 378
盘山县	5 366	9 515	157 110	115 192	820	508 314	210 669	101 462
银州区	3 442	4 505	12 529	4 809	45 762	277 394	20 988	7 003
清河区	2 972	4 179	28 430	16 675		161 768	16 091	6 125
铁岭县	3 449	10 962	151 280	104 160	780	501 164	142 047	80 064
西丰县	1 720	10 966	109 650	75 829	3 262	256 199	94 100	50 577
昌图县	1 319	21 754	300 459	196 569	28 333	730 475	305 000	169 189
调兵山市	10 342	8 214	32 030	18 113	1 632	516 820	24 900	13 200
开原市	4 797	17 992	193 267	133 216	6 150	751 698	200 380	97 008
双塔区	1 311	5 555	51 161	23 878	5 392	168 271	18 985	11 083
龙城区	367	3 493	66 882	37 601	3 600	105 226	34 880	18 284
朝阳县	3 713	15 214	303 876	201 311	2 864	274 454	112 091	54 087
建平县	2 014	14 480	258 666	154 970	18 300	390 482	111 340	76 419
喀左县	6 903	13 099	196 125	120 574	3 100	280 266	90 000	64 244
北票市	3 251	16 676	207 924	121 458	5 010	431 560	129 804	74 162
凌源市	7 831	21 302	265 616	162 152	20 483	602 743	134 875	99 040
连山区	914	11 658	144 512	83 372	880	652 060	98 422	28 919
龙港区	11 134	4 363	19 429	8 385	2 290	242 626	16 126	2 065
南票区	44	2 220	28 186	13 779	8 454	93 153	17 658	6 964
绥中县	2 250	12 981	266 026	197 021	15 036	639 048	193 962	78 548
建昌县	1 162	14 494	270 675	158 877	2 169	304 499	79 528	26 919
兴城市	1 785	14 887	187 365	122 507	6 312	282 689	75 035	9 755

附录4续表4

县（市）区名称	生产总值（万元）						地方财政一般预算收入（万元）	各项税收（万元）
	第一产业增加值			第二产业		第三产业		
	林业	牧业	渔业	增加值	#工业	增加值		
苏家屯区	3 985	57 602	6 248	622 818	588 503	457 422	37 346	35 149
东陵区	1 315	19 011	2 062	800 423	682 589	866 650	62 800	51 322
沈北新区	4 156	60 085	6 518	1 008 952	984 405	484 850	43 098	35 762
于洪区	2 805	40 548	4 398	968 269	893 694	783 086	77 039	61 037
辽中县	8 720	126 042	13 672	244 221	224 910	191 392	16 958	9 775
康平县	4 118	59 538	6 458	150 274	133 817	125 075	11 184	9 317
法库县	4 786	69 190	7 505	190 649	185 815	158 880	14 139	9 842
新民市	8 136	117 621	12 759	255 429	226 402	172 609	19 500	30 600
甘井子区	664	4 505	80 216	1 182 997	897 959	963 083	117 228	341 400
旅顺口区	1 029	12 679	89 540	345 130	292 204	266 044	47 779	76 925
金州区	778	59 993	53 806	1 720 845	1 335 000	957 000	101 000	194 352
长海县	70	448	169 431	26 000	19 575	46 000	13 057	7 870
瓦房店市	3 382	120 522	127 414	1 573 073	1 464 616	787 337	106 789	150 000
普兰店市	2 946	102 250	46 058	1 316 521	1 111 690	514 177	82 528	116 447
庄河市	7 615	95 684	161 418	923 516	708 532	606 190	71 089	77 286
旧堡区	39	23 703	710	431 121	418 850	278 185	37 008	35 339
台安县	1 351	51 848	8 134	280 000	272 750	209 000	13 463	16 697
岫岩县	3 894	50 861	1 045	261 539	254 759	263 784	22 288	35 086
海城市	637	144 602	6 453	1 260 489	1 216 947	1 281 126	135 893	151 603
顺城区	319	19 752	613	135 345	111 500	166 555	19 567	16 848
抚顺县	4 542	34 518	6 660	150 574	137 626	114 502	16 730	36 911
新宾县	5 939	20 581	13 217	92 871	83 871	107 500	13 188	9 839
清原县	11 440	12 560	12 534	96 465	89 865	119 400	15 689	12 520
平山区	507	3 376	50	396 273	363 582	278 286	15 561	28 629
溪湖区	1 954	10 417	267	647 643	630 849	281 241	15 245	36 848
明山区	5 085	7 055	180	596 967	511 718	270 690	15 532	13 618
南芬区	3 661	8 088	1 973	327 115	319 943	148 193	5 132	3 691
本溪县	32 676	20 768	11 396	239 512	211 659	171 431	20 175	14 049
桓仁县	25 214	15 790	10 994	200 731	179 490	181 528	16 838	12 924
振安区	2 467	1 810	1 027	84 430	75 180	52 070	7 585	6 003
宽甸县	19 279	14 369	24 920	375 874	325 106	226 819	20 077	31 890
东港市	5 886	17 273	168 994	799 501	693 317	598 482	40 975	74 399
凤城市	18 229	25 953	15 411	614 863	548 848	275 322	40 338	63 055
太和区	119	15 015	207	133 228	129 763	37 405	14 788	28 805
黑山县	1 845	107 589	4 033	142 428	133 346	201 956	10 018	19 931
义县	1 488	65 354	218	58 476	56 573	109 048	6 006	11 380
凌海市	553	68 756	76 398	334 895	324 063	237 755	34 555	57 487
北镇市	6 749	43 260	8 995	88 470	84 129	179 325	10 622	6 571
鲅鱼圈区	723	4 345	29 829	732 364	638 200	565 673	35 119	67 422

附录4续表5

县(市)区名称	生产总值(万元)						地方财政一般预算收入(万元)	各项税收(万元)
	第一产业增加值			第二产业		第三产业		
	林业	牧业	渔业	增加值	#工业	增加值		
老边区	660	18 075	21 405	615 617	573 600	112 038	20 028	43 885
盖州市	3 485	26 014	58 985	256 800	230 000	243 000	15 183	26 339
大石桥市	1 326	63 008	28 868	1 173 362	1 138 000	648 000	59 382	105 283
海州区	18	2 663	6	34 930	25 910	79 982	8 079	6 779
新邱区	151	4 008		35 900	33 000	9 800	3 151	7 213
太平区	35	2 230		24 088	21 155	25 251	4 093	3 024
清河门区	14	5 694		20 423	18 628	15 190	2 626	2 040
细河区	61	2 272		14 692	10 892	34 370	4 343	3 840
阜新县	11 979	67 577	263	88 882	73 688	68 856	12 991	26 745
彰武县	6 229	53 853	1 259	25 657	22 108	36 101	6 970	5 429
弓长岭区	103	5 385	98	79 601	78 021	62 570	15 750	14 745
太子河区	31	10 652	157	264 226	162 577	92 098	9 388	7 827
辽阳县	916	60 428	18 029	454 705	449 699	214 507	26 445	50 599
灯塔市	952	37 794	20 438	346 182	341 653	236 890	30 563	21 499
双台子区	40	1 953	1 876	238 512	187 200	193 819	9 837	20 026
兴隆台区	380	4 375	908	3 107 572	3 004 446	373 761	27 158	66 914
大洼县	548	18 576	107 523	272 911	227 063	142 631	22 166	41 438
盘山县	903	24 662	80 096	186 567	168 567	111 078	14 456	34 589
银州区	675	12 557	102	177 222	156 849	79 184	15 259	10 241
清河区	383	8 684	850	101 050	92 450	44 627	6 714	4 364
铁岭县	3 703	55 794	2 092	258 197	242 236	100 920	20 603	15 594
西丰县	15 258	26 983	1 107	70 064	55 689	92 035	6 709	4 760
昌图县	3 959	126 246	1 914	151 947	131 586	273 528	10 046	6 005
调兵山市	136	11 320	221	361 702	343 512	130 218	18 334	13 983
开原市	8 096	90 409	4 497	304 591	274 551	246 727	24 345	14 655
双塔区	1 668	5 085	19	45 974	40 893	103 312	6 688	5 955
龙城区	500	15 469	25	32 619	26 367	37 727	4 809	9 315
朝阳县	5 828	50 936	120	73 567	65 707	88 796	13 833	12 312
建平县	11 399	21 010	140	162 926	154 181	116 216	24 055	50 200
喀左县	6 471	18 145	140	120 562	114 586	69 704	10 509	9 183
北票市	4 000	49 990	211	180 324	165 859	121 432	18 500	40 712
凌源市	3 748	31 240	209	316 109	288 905	151 759	20 100	34 700
连山区	345	65 050	1 603	268 167	223 689	285 471	33 339	22 109
龙港区	13	1 923	11 844	136 500		90 000	24 759	21 057
南票区	508	9 847		45 737	44 795	29 758	6 936	5 533
绥中县	756	52 445	58 317	167 428	135 626	277 658	18 368	23 778
建昌县	5 037	42 963	226	82 838	72 015	142 133	13 399	8 895
兴城市	548	10 576	51 416	68 189	59 820	139 465	13 343	10 556

附录4续表6

县（市）区名称	地方财政一般预算支出（万元）	#农业支出	#科学支出	#教育支出	年末金融机构各项存款余额（万元）	#居民储蓄存款余额	年末金融机构各项贷款余额（万元）	#农业贷款
苏家屯区	52 605	3 612	167	17 327	587 533	509 934	414 166	92 299
东陵区	93 108	9 181	283	16 603	963 988	867 589	438 051	1 075
沈北新区	66 551	12 010	45	13 862	634 249	409 494	299 776	53 613
于洪区	105 913	10 530	54	25 798	1 317 793	755 546	737 218	43 538
辽中县	41 266	2 500	35	13 293	468 177	386 344	289 777	122 253
康平县	35 590	1 650	34	10 480	179 728	134 149	172 404	42 553
法库县	43 986	2 118	33	12 695	246 708	190 109	375 252	108 180
新民市	48 055	2 518	27	13 085	531 557	422 564	356 664	55 088
甘井子区	154 493	10 000	181	22 311	2 583 712	1 615 069	1 360 000	217 965
旅顺口区	69 731	2 474	65	8 297	1 040 082	652 846	441 712	91 744
金州区	136 203	10 454	76	26 241	1 796 077	1 181 993	945 326	127 975
长海县	32 908	1 872	51	3 842	234 122	155 789	89 567	69 079
瓦房店市	158 089	8 339	160	43 315	1 839 413	1 224 423	1 314 098	199 259
普兰店市	118 600	4 100	90	21 496	1 268 373	959 442	830 363	213 481
庄河市	113 837	3 602	153	28 249	1 074 255	899 387	1 040 657	231 508
旧堡区	66 888	3 279	15	11 852	452 494	314 411	155 372	19 062
台安县	37 608	1 553	18	7 087	306 651	250 784	275 610	15 367
岫岩县	64 068	1 705	29	9 167	435 108	381 995	289 008	64 883
海城市	138 871	17 416	174	27 704	1 603 605	1 414 816	938 354	259 300
顺城区	35 534	776	14	7 415	978 202	704 561	392 377	10 592
抚顺县	37 538	1 480	3	5 724	109 190	90 590	50 384	6 642
新宾县	42 696	1 567	31	9 824	274 542	219 191	140 045	50 416
清原县	50 133	3 571	17	11 751	296 673	236 601	119 388	28 470
平山区	20 606	474	3	5 389	1 005 801	670 545	748 571	15 904
溪湖区	19 892	909	13	4 002	1 122 021	634 720	716 239	10 489
明山区	21 560	445	3	6 009	887 986	578 992	693 710	11 945
南芬区	10 763	434	11	2 366	535 043	364 183	253 254	8 712
本溪县	55 032	1 860	76	12 604	425 378	319 528	177 665	74 409
桓仁县	51 934	2 228	121	12 208	375 471	253 732	111 861	24 116
振安区	20 639	2 253	65	5 071	327 564	305 257	190 496	3 526
宽甸县	56 280	2 864	116	15 328	411 253	358 815	206 984	74 518
东港市	82 799	3 366	121	21 553	893 744	718 605	495 446	112 091
凤城市	84 254	4 880	58	18 912	656 529	551 541	294 682	49 150
太和区	22 143	1 713	90	3 960	185 956	175 812	90 143	31 319
黑山县	48 800	2 096	25	8 335	444 903	370 466	340 145	90 287
义县	36 998	1 102	40	6 851	231 002	187 291	175 420	38 472
凌海市	71 012	4 546	105	11 370	493 309	407 156	367 540	74 774
北镇市	45 411	3 471	181	8 701	466 874	403 393	221 718	72 000
鲅鱼圈区	51 228	591		7 143	795 709	486 983	1 039 223	25 430

附录4续表7

县(市)区名称	地方财政一般预算支出(万元)	#农业支出	#科学支出	#教育支出	年末金融机构各项存款余额(万元)	#居民储蓄存款余额	年末金融机构各项贷款余额(万元)	#农业贷款
老边区	30 841	1 631	42	4 503	169 949	86 584	74 375	11 603
盖州市	63 688	2 517		10 210	612 657	521 318	359 391	108 989
大石桥市	99 810	2 377	29	28 290	998 605	832 861	717 282	68 948
海州区	18 953	183	5	5 171				
新邱区	8 573	130		2 058				
太平区	11 210	127		3 299				
清河门区	6 830	283	9	1 372	51 200	45 615	31 470	8 860
细河区	9 165	146	10	2 149				
阜新县	60 298	2 376	41	13 430	328 747	271 153	318 798	106 048
彰武县	40 730	1 507	13	7 048	201 089	155 906	225 935	67 622
弓长岭区	22 577	618	16	2 870	236 887	185 681	110 883	4 268
太子河区	15 454	825	28	2 252	26 746	22 058	30 097	27 009
辽阳县	61 983	1 044	8	8 584	462 694	385 490	420 841	86 547
灯塔市	51 458	1 797	30	9 802	506 740	422 966	383 982	82 474
双台子区	16 422	305	53	2 051	1 088 548	557 421	194 203	2 650
兴隆台区	38 727	1 278	65	3 134	328 505	236 454	1 465 376	54 200
大洼县	57 136	4 336		7 931	395 467	315 266	297 609	48 667
盘山县	48 285	1 982	25	7 706	423 501	380 563	264 507	54 065
银州区	21 667	493	5	4 312	272 428	183 449	162 740	17 051
清河区	14 641	674	23	2 206	131 565	107 584	131 628	4 000
铁岭县	39 814	2 401		8 274	150 894	132 549	116 138	53 625
西丰县	33 366	1 418	16	7 878	220 347	175 740	266 618	98 229
昌图县	62 207	1 591	40	20 660	489 773	417 465	633 800	143 239
调兵山市	30 298	776	72	7 495	700 813	386 607	194 265	36 156
开原市	58 884	3 072	88	9 820	422 245	375 099	424 551	61 587
双塔区	16 983	523		3 792	82 758	65 467	61 964	5 736
龙城区	12 599	662	89	2 312	178 923	147 711	142 806	2 206
朝阳县	45 192	1 531	31	10 249	99 973	83 705	86 864	57 129
建平县	58 600	2 796	80	13 695	490 898	377 164	308 588	52 863
喀左县	42 820	1 906	42	14 604	224 613	181 269	148 870	47 163
北票市	53 666	1 877	56	12 357	464 200	344 800	218 700	5 796
凌源市	55 011	1 977	258	12 594	588 449	460 632	295 510	57 210
连山区	68 017	2 038	161	15 773	411 256	339 368	132 285	19 018
龙港区	29 639	517	7	3 696	428 854	182 430	441 287	11 115
南票区	14 178	262	32	1 827	155 000	121 000	58 100	12 300
绥中县	50 668	3 015	35	7 526	505 352	392 763	513 790	72 980
建昌县	54 525	1 953	24	13 877	243 292	207 000	196 906	57 876
兴城市	40 293	1 016	27	7 569	609 436	464 814	277 768	61 812

附录4续表8

县(市)区名称	农业机械总动力(万千瓦特)	有效灌溉面积(公顷)	农作物总播种面积(公顷)	#粮食作物播种面积	#油料播种面积	#蔬菜播种面积	粮食总产量(吨)	油料产量(吨)
苏家屯区	26.8	21 990	39 287	28 224	275	7 936	248 394	904
东陵区	17.6	22 656	26 701	23 280	525	2 487	173 210	1 517
沈北新区	26.0	17 860	45 441	30 752	310	12 567	253 483	913
于洪区	27.4	14 143	30 360	25 264	77	4 122	197 965	192
辽中县	25.0	57 940	90 936	82 765	1 621	5 745	587 030	6 100
康平县	23.3	21 000	93 328	83 811	6 419	2 419	451 350	12 128
法库县	34.0	3 137	102 045	92 991	2 672	2 775	553 361	6 493
新民市	37.3	79 629	155 411	135 204	3 338	6 947	692 930	6 166
甘井子区	8.5	1 400	2 833	1 132	2	1 664	5 967	4
旅顺口区	25.2	4 960	7 419	4 398	11	2 504	28 024	38
金州区	40.0	12 490	31 205	22 571	648	6 919	148 836	1 976
长海县	1.0	480	700	616	0	83	2 932	
瓦房店市	97.1	45 586	92 599	81 276	1 224	8 070	430 873	2 970
普兰店市	58.0	39 130	85 275	72 641	2 192	9 557	368 526	6 093
庄河市	52.9	54 890	102 377	92 458	906	8 157	513 434	2 432
旧堡区	15.2	8 310	10 511	6 684	10	3 795	40 188	20
台安县	22.2	32 000	76 818	68 269	1 224	6 680	470 832	3 680
岫岩县	22.7	7 310	59 720	48 056	1 670	9 011	278 265	4 851
海城市	47.9	49 280	97 184	85 767	265	9 985	620 666	731
顺城区	3.0	2 230	4 564	3 179	79	1 142	21 542	179
抚顺县	10.2	4 938	27 169	23 296	308	2 674	166 053	869
新宾县	12.8	11 172	38 585	34 590	24	835	194 064	54
清原县	12.6	15 267	34 733	30 465	54	847	159 000	188
平山区	2.9	661	1 306	830	0	432	4 462	
溪湖区	8.0	1 167	3 753	2 518	127	1 018	15 675	297
明山区	5.0	1 207	3 322	2 467	62	749	12 786	132
南芬区	2.7	271	2 606	1 970	0	568	10 280	
本溪县	16.9	1 437	24 221	20 103	166	1 274	96 667	442
桓仁县	12.6	5 917	27 155	23 156	85	1 295	121 976	245
振安区	6.5	2 530	11 585	7 252	45	3 759	27 208	96
宽甸县	40.4	3 380	35 297	29 032	203	2 564	129 987	357
东港市	38.5	54 000	91 485	76 362	1 413	7 923	466 000	5 767
凤城市	41.5	15 960	61 461	51 378	860	4 964	259 998	2 255
太和区	8.6	6 040	11 098	7 032	84	3 894	30 833	143
黑山县	62.9	29 077	141 463	128 267	5 476	7 143	626 045	7 557
义县	15.5	21 333	69 400	55 323	5 341	8 243	236 518	8 085
凌海市	62.2	46 790	95 881	80 838	3 299.9	9 225	540 685	9 956
北镇市	60.0	50 700	80 566	68 289	2 461	9 744	306 701	3 405
鲅鱼圈区	11.0	21	3 665	2 743	92	612	14 003	92

附录4续表9

县（市）区名称	农业机械总动力（万千瓦特）	有效灌溉面积（公顷）	农作物总播种面积（公顷）	#粮食作物播种面积	#油料播种面积	#蔬菜播种面积	粮食总产量（吨）	油料产量（吨）
老边区	16.5	6 800	7 440	6 380	0	1 053	53 728	
盖州市	33.0	33 310	38 100	30 800	188	5 370	174 694	389
大石桥市	35.0	46 604	55 024	51 157	8	3 521	442 518	
海州区	3.8	480	1 477.7	1 270	6	202	5 230	3
新邱区	3.9	396	3 425	2 934	38	450	15 200	112
太平区	2.2	127	1 098	880	26	192	5 316	9
清河门区	2.7	390	3 438	2 846	105	378	14 756	238
细河区	2.1	1 087	2 884	2 237	48	547	5 094	70
阜新县	94.7	29 827	216 233	181 084	23 702	9 259	716 103	49 559
彰武县	43.6	31 298	138 490	110 115	21 927	4 135	592 593	32 045
弓长岭区	2.0	0	2 211	1 944	12	208	14 032	27
太子河区	3.0	2 685	6 250	4 850	1	1 238	34 582	2
辽阳县	22.0	20 758	76 871	68 371	385	7 167	413 359	1 422
灯塔市	25.0	25 691	64 741	59 459	128	4 562	436 023	451
双台子区	2.0	662	848	662	0	186	5 450	
兴隆台区	3.4	5 130	6 422	6 307	0	115	54 101	
大洼县	27.0	60 022	68 597	60 022	0	8 575	558 994	
盘山县	27	42 612	54 667	50 054	20	4 041	400 493	90
银州区	2.6	1 400	2 519	1 681	23	778	12 525	50
清河区	3.2	1 660	7 810	7 587	7	129	61 366	19
铁岭县	28.0	28 000	78 891	70 927	124	7 344	526 184	514
西丰县	31.7	8 000	51 407	44 595	491	4 295	331 710	1 418
昌图县	63.1	52 730	264 468	201 615	37 074	22 691	1 765 012	134 321
调兵山市	4.6	2 740	11 825	10 243	3	1 442	81 484	4
开原市	33.1	23 102	85 794	73 366	299	9 109	518 343	1 002
双塔区	1.9	1 536	9 574	7 747	266	1 344	30 387	303
龙城区	4.3	1 267.7	18 650	13 193	470	4 200	50 887	354
朝阳县	26.3	10 460	73 593	64 685	1 965	5 602	279 513	2 779
建平县	39.8	14 826	125 532	112 239	4 705	2 093	435 759	4 658
喀左县	17.9	23 520	46 504	37 202	2 100	6 037	211 706	3 607
北票市	24.7	11 808	80 739	61 863	2 088	15 439	276 410	1 904
凌源市	18.0	11 825	45 860	37 048	111	8 102	120 010	115
连山区	17.0	6 139	38 853	33 438	1 330	3 830	167 146	2 846
龙港区	1.0	440	2 708	2 468	15	197	12 718	26
南票区	6.0	831	7 639	6 336	41	1 231	15 430	53
绥中县	47.0	19 030	74 292	52 210	4 148	17 760	320 308	8 822
建昌县	30.0	6 231	47 327	44 675	124	2 382	156 570	113
兴城市	15.0	9 540	56 369	43 283	11 308	1 670	227 657	23 009

附录4续表10

县(市)区名称	水果产量(吨)	肉类总产量(吨)	奶类总产量(吨)	蔬菜产量(吨)	水产品产量(吨)	规模以上工业企业数(个)	规模以上工业总产值(现价、万元)	内资企业
苏家屯区	30 073	139 849	30 352	400 886	8 504	313	1 794 239	1 581 631
东陵区	6 541	17 936	30 849	151 867	588	690	2 684 270	1 647 716
沈北新区	6 971	83 113	103 743	738 722	9 027	425	3 744 138	2 842 746
于洪区	7 130	33 474	36 778	249 515	4 576	703	3 167 227	2 653 596
辽中县	21 953	184 530	13 249	415 995	71 476	240	2 493 259	2 484 312
康平县	6 544	107 515	4 674	82 277	769	136	420 612	420 612
法库县	17 279	64 639	15 698	125 368	1 800	135	562 259	556 611
新民市	6 729	125 055	38 506	474 758	40 000	212	828 339	777 811
甘井子区	22 351	5 868	3 218	82 068	197 512	402	1 447 173	909 804
旅顺口区	36 161	18 604	18 002	140 421	306 050	220	551 546	318 213
金州区	83 687	97 768	67 384	512 475	206 855	480	1 915 821	1 068 617
长海县	404	978	12	3 182	344 928	12	25 272	17 654
瓦房店市	423 927	174 511	15 839	600 591	278 039	413	2 474 305	1 880 421
普兰店市	300 181	199 859	11 000	686 019	148 658	254	1 581 143	1 145 300
庄河市	180 046	151 015	2 603	487 123	370 280	205	1 087 934	484 785
旧堡区	19 457	44 167	7 211	182 004	2 086	160	793 126	766 341
台安县	10 689	130 605	2 381	470 083	16 843	95	591 263	589 673
岫岩县	26 721	89 303	140	310 915	1 233	110	579 986	535 881
海城市	105 892	145 681	6 630	742 787	13 106	328	3 210 000	2 968 024
顺城区	6 844	21 676	13 815	67 888	557	79	155 633	94 182
抚顺县	41 683	53 003	6 200	126 806	1 855	115	331 580	295 326
新宾县	1 879	25 084	345	28 768	3 134	110	128 658	127 943
清原县	6 169	21 757	115	29 537	3 717	114	158 805	152 498
平山区	642	6 083	837	16 607	94	53	1 303 787	1 298 231
溪湖区	6 523	17 459	5 942	49 581	430	115	1 562 526	1 531 566
明山区	2 478	8 599	8 445	30 700	380	75	1 572 802	1 550 984
南芬区	5 319	10 829	768	28 902	1 056	25	758 382	748 621
本溪县	13 583	32 708	905	62 016	5 384	45	359 295	355 971
桓仁县	18 509	32 166	1 682	51 862	4 985	52	179 036	127 099
振安区	6 061	16 071	4 161	166 480	1 780	94	221 532	145 610
宽甸县	27 197	28 017	2 038	120 026	42 600	100	321 703	293 476
东港市	86 240	50 144	7 979	434 684	356 160	212	763 316	585 255
凤城市	11 276	40 756	1 210	207 535	15 300	201	435 013	388 618
太和区	4 553	18 298	17 671	564 894	370	85	489 522	363 533
黑山县	48 684	175 547	15 126	473 979	11 200	134	347 712	347 712
义县	21 379	112 634	3 945	421 168	382	74	272 622	212 956
凌海市	47 929	137 099	33 334	690 555	207 071	127	905 112	857 945
北镇市	148 810	83 823	1 468	586 935	11 515	58	226 338	219 725
鲅鱼圈区	110 060	8 649	741	23 342	103 700	211	1 769 921	471 660

附录4续表11

县(市)区名称	水果产量(吨)	肉类总产量(吨)	奶类总产量(吨)	蔬菜产量(吨)	水产品产量(吨)	规模以上工业企业数(个)	规模以上工业总产值(现价、万元)	内资企业
老边区	680	26 630	3 775	79 218	38 074	165	750 588	710 688
盖州市	375 885	52 861	1 790	300 080	165 000	162	442 524	362 416
大石桥市	33 817	81 193	3 467	307 973	55 344	302	2 293 708	1 642 777
海州区	241	4 405	1 865	5 829	15	22	40 716	37 086
新邱区	3 018	8 792	3 877	29 319		21	129 182	129 182
太平区	1 239	7 018	2 023	10 541		23	78 947	68 917
清河门区	4 055	19 641	1 437	36 900		16	26 005	25 237
细河区	227	4 326	2 696	39 398		17	56 269	55 624
阜新县	15 970	166 944	32 572	355 123	1 102	59	267 487	112 481
彰武县	5 122	114 300	44 254	129 149	3 200	16	64 432	63 900
弓长岭区	1 580	2 632	151	13 231	454	40	166 799	146 672
太子河区	6 211	12 859	18 945	70 277	422	117	417 864	300 191
辽阳县	57 788	60 394	9 560	305 627	33 000	152	1 428 738	1 406 617
灯塔市	16 032	48 771	6 993	203 143	41 519	164	761 882	735 544
双台子区		3 632		12 000	4 000	22	147 364	145 738
兴隆台区	15	3 320	34	7 716	2 468	119	401 121	344 388
大洼县	7 692	48 572	1 508	579 070	185 237	78	476 464	450 708
盘山县	4 445	36 454	157	346 942	71 450	66	353 111	325 724
银州区	178	6 140	1 876	46 896	265	62	219 896	211 847
清河区	8 078	10 720	17 484	7 277	610	52	156 009	128 393
铁岭县	14 166	98 228	44 071	596 628	4 709	215	613 849	592 039
西丰县	47 369	42 061	109	215 678	892	73	132 627	127 745
昌图县	24 832	263 927	7 062	1 099 727	4 236	175	350 443	340 881
调兵山市	4 011	26 717	8 745	114 191	350	63	138 074	127 568
开原市	63 637	162 359	9 504	517 469	3 502	228	707 429	655 621
双塔区	14 716	6 107	6 293	90 450	22	31	185 306	185 306
龙城区	34 095	24 075	8 500	208 849	40	27	73 262	73 262
朝阳县	103 165	68 537	21 318	280 631	300	46	170 091	158 558
建平县	6 888	72 458	8 782	87 347	260	94	257 026	232 470
喀左县	25 811	53 850	662	733 843	350	41	206 773	144 930
北票市	19 957	106 605	5 136	311 581	400	110	318 222	300 242
凌源市	20 113	84 086	13 000	634 487	450	44	128 517	121 502
连山区	71 397	63 639	19 312	220 875	3 500	53	458 926	456 258
龙港区	3 052	2 939	3 535	17 046	35 685	20	216 129	208 996
南票区	22 252	14 721	499	61 065		5	69 972	28 633
绥中县	316 868	148 113	1 144	1 490 117	199 216	33	92 590	81 345
建昌县	87 337	57 816	311	101 323	513	19	276 032	276 032
兴城市	31 055	30 571	9 255	103 735	150 955	28	111 785	87 072

附录4续表12

县（市）区名称	规模以上工业总产值（现价、万元）		从业人员年平均数（人）	流动资产年平均余额（万元）	固定资产净值年平均余额（万元）	产品销售收入（万元）		本年应交增值税（万元）
	港、澳、台商投资企业	外商投资企业					#产品销售税金及附加	
苏家屯区	33 185	179 423	29 200	555 006	331 962	1 734 086	7 101	13 331
东陵区	120 546	916 008	60 598	952 939	414 549	2 440 839	10 058	25 971
沈北新区	61 535	839 857	53 602	843 084	855 880	3 681 674	12 494	51 109
于洪区	80 762	432 869	57 155	937 948	620 906	3 041 718	35 130	71 155
辽中县	1 285	7 662	28 247	163 083	178 796	823 554	2 839	7 201
康平县	0	0	16 775	323 146	178 277	407 520	7 829	11 511
法库县	0	5 648	15 070	83 276	219 562	526 790	6 093	8 637
新民市	20 212	30 316	19 000	107 064	162 394	662 843	1 523	5 832
甘井子区	44 453	492 916	58 046	903 744	417 263	1 436 059	6 257	31 038
旅顺口区	23 928	209 405	27 099	297 533	216 764	530 846	1 810	16 404
金州区	244 635	602 569	77 377	1 018 505	496 328	1 902 309	4 671	31 662
长海县	4 507	3 111	790	6 793	4 915	23 512	156	412
瓦房店市	257 733	336 151	56 606	812 162	625 120	2 548 516	20 142	39 827
普兰店市	89 074	346 769	48 131	436 762	365 806	1 412 777	9 007	34 879
庄河市	69 050	534 099	27 198	428 355	348 779	1 002 947	2 500	12 238
旧堡区	9 144	17 641	15 912	320 687	196 356	790 159	5 204	31 194
台安县	0	1 590	9 188	94 836	124 849	549 054	3 904	6 555
岫岩县	4 650	39 455	18 993	160 751	139 423	503 742	9 459	28 710
海城市	149 287	92 689	72 108	945 000	851 000	3 049 000	12 000	60 980
顺城区	4 166	57 285	7 175	65 436	31 965	155 311	756	2 911
抚顺县	30 109	6 145	10 654	122 620	62 376	321 020	5 812	14 079
新宾县	0	715	8 337	40 826	62 358	123 024	1 527	5 540
清原县	1 627	4 680	7 525	54 004	60 575	154 808	2 398	4 593
平山区	1 251	4 305	39 994	701 080	1 394 778	1 236 210	6 848	78 385
溪湖区	18 719	12 241	35 065	825 779	998 828	1 673 800	8 296	66 755
明山区	11 568	10 250	43 899	784 213	1 043 834	1 400 303	16 997	70 354
南芬区	6 367	3 394	18 813	459 997	1 061 839	1 159 624	9 821	61 491
本溪县	3 324	0	12 234	104 532	89 382	318 548	3 309	14 453
桓仁县	15 156	36 781	8 673	120 531	132 766	173 840	1 445	12 331
振安区	7 872	68 050	8 545	102 360	58 560	215 537	729	6 991
宽甸县	3 120	25 107	11 997	113 492	106 940	321 177	2 470	14 383
东港市	45 648	132 413	31 370	277 197	154 156	720 028	57 780	24 221
凤城市	9 557	36 838	26 003	178 230	146 844	413 924	8 179	17 769
太和区	20 020	105 968	11 508	212 822	103 586	504 006	1 602	13 574
黑山县	0	0	15 424	99 595	73 795	316 730	1 575	5 675
义县	31 714	27 952	7 063	55 976	103 560	198 617	1 746	4 657
凌海市	5 580	41 587	16 364	198 808	123 508	875 740	73 532	28 274
北镇市	4 195	2 418	7 455	67 660	56 183	170 374	398	3 577
鲅鱼圈区	255 806	1 042 455	36 288	500 732	410 175	1 702 064	5 046	83 239

附录4续表13

县(市)区名称	规模以上工业总产值(现价、万元)		从业人员年平均数(人)	流动资产年平均余额(万元)	固定资产净值年平均余额(万元)	产品销售收入(万元)	#产品销售税金及附加	本年应交增值税(万元)
	港、澳、台商投资企业	外商投资企业						
老边区	7 473	32 427	14 113	249 761	204 270	633 873	1 354	13 776
盖州市	13 940	66 168	18 790	125 799	114 231	410 891	3 723	8 009
大石桥市	650 931	0	42 773	737 484	384 703	1 804 803	65 551	56 287
海州区	0	3 630	3 570	21 457	10 711	37 029	501	1 748
新邱区	0	0	4 236	34 776	42 122	123 182	1 005	3 385
太平区	10 030	0	4 197	37 009	56 994	64 349	337	1 501
清河门区	0	678	2 565	5 267	8 065	22 436	426	22 010
细河区	0	644	1 972	25 596	18 025	56 873	196	1 369
阜新县	44 894	110 112	10 573	89 530	84 909	254 117	2 620	7 209
彰武县	0	532	2 976	17 508	34 400	55 799	159	1 444
弓长岭区	16 527	3 600	9 556	56 565	39 121	167 447	5 194	9 952
太子河区	17 661	100 012	11 088	203 673	206 408	382 089	922	12 011
辽阳县	4 038	18 083	22 605	338 916	286 013	1 333 868	7 657	25 265
灯塔市	17 167	9 171	19 728	132 023	247 915	699 221	4 483	21 403
双台子区	1 626	0	1 497	44 236	19 196	155 396	611	1 346
兴隆台区	37 809	18 924	14 525	300 329	119 873	492 109	3 550	15 149
大洼县	12 407	13 349	7 237	107 352	108 681	448 415	4 090	4 592
盘山县	741	26 646	5 366	103 477	51 477	323 131	2 442	4 961
银州区	5 341	2 709	8 378	100 040	102 872	207 803	355	4 527
清河区	11 593	16 023	6 930	41 928	81 174	149 327	2 228	2 743
铁岭县	520	21 290	21 076	93 487	189 415	596 020	1 684	15 193
西丰县	4 332	550	6 540	35 344	87 280	127 081	2 630	1 918
昌图县	9 562	0	14 611	50 812	120 975	351 979	902	1 738
调兵山市	4 340	6 167	19 294	37 964	42 538	118 703	482	2 386
开原市	47 747	4 060	12 328	153 686	154 290	684 317	28 185	22 642
双塔区	0	0	3 773	53 029	27 076	171 021	763	4 657
龙城区	0	0	3 039	28 896	21 305	57 991	202	1 849
朝阳县	3 947	7 586	11 242	73 902	47 220	152 571	1 597	9 174
建平县	0	24 556	10 397	85 473	79 886	224 373	4 992	10 121
喀左县	61 843	0	8 275	115 882	63 958	194 014	1 238	7 564
北票市	3 422	14 558	21 943	73 148	64 677	298 526	1 967	11 008
凌源市	0	7 015	10 211	69 263	61 555	132 086	1 059	2 996
连山区	2 668	0	9 557	249 548	108 508	452 330	937	10 234
龙港区	0	7 133	9 791	144 413	58 505	233 908	1 118	2 741
南票区	0	41 339	691	25 463	2 991	70 476	137	3 314
绥中县	0	11 245	3 104	41 616	31 052	80 860	1 256	1 448
建昌县	0	0	10 481	84 786	75 985	269 118	2 392	20 676
兴城市	19 219	5 494	6 593	64 592	57 709	110 073	1 336	3 242

附录 4 续表 14

县（市）区名称	利润总额（万元）	全年用电量（万千瓦时）	社会消费品零售总额（万元）	限额以上批发零售贸易业商品销售总额（万元）	出口总额（万美元）	当年合同外资金额（万美元）	当年实际使用外资金额（万美元）	城镇固定资产投资完成额（万元）
苏家屯区	17 335	91 541	501 452	111 534	12 087	5 668	5 668	1 004 925
东陵区	57 998	97 398	437 446	140 317	18 438	44 238	17 900	1 196 626
沈北新区	24 758	58 988	324 643	17 022	11 466	39 260	20 735	1 733 657
于洪区	218 461	98 825	408 871	93 410	18 232	32 490	17 765	717 310
辽中县	14 794	54 000	299 019	24 176	3 354	2 000	286	281 749
康平县	16 382	20 957	130 514	4 866	50	201	201	252 945
法库县	61 274	33 309	161 132	791	97	3 189	1 350	278 936
新民市	7 743	65 581	323 516	19 217	1 560	350	350	447 882
甘井子区	21 653	18 470	1 308 393	716 776	105 376	178 406	106 021	1 900 073
旅顺口区	36 983	57 751	197 400	114 238	20 000	8 114	6 206	416 670
金州区	50 353	169 830	640 055	126 455	125 197	20 549	12 208	485 513
长海县	−118	9 171	40 179	586	4 247	0	0	58 946
瓦房店市	120 461	168 401	563 248	30 585	59 628	24 581	25 432	1 512 000
普兰店市	73 565	101 812	442 099	42 912	55 430	21 200	20 447	719 297
庄河市	81 663	64 377	497 653	50 958	48 070	10 017	18 254	580 432
旧堡区	61 174		54 994	183 829	2 580	2 394	1 210	98 862
台安县	32 588	47 238	185 024	64 518	902	5 800	1 200	173 526
岫岩县	26 420	61 967	247 904	14 712	2 436	2 600	1 200	121 762
海城市	112 200	382 937	640 264	171 132	54 000	53 500	23 000	746 403
顺城区	6 579	43 018	178 700	5 549	11 001	3 600	1 816	197 660
抚顺县	30 156	35 371	52 099	108 312	4 784	211	176	215 970
新宾县	4 014	17 000	108 000	7 680	1 500	0	85	96 824
清原县	13 766	20 100	102 093	1 765	1 559	893	407	145 451
平山区	25 295	515 689	420 008	51 852	15 283	1 006	998	913 001
溪湖区	136 088	223 163	63 923	26 638	15 262	1 111	1 103	53 660
明山区	11 438	179 160	214 503	48 718	29 563	1 453	1 453	186 104
南芬区	33 102	89 880	24 700	16 964	26 139	372	200	19 471
本溪县	26 474	32 496	140 679	5 018	430	50	47	115 900
桓仁县	30 840	18 430	125 805	17 083	4 587	1 234	1 234	114 362
振安区	9 778	11 829	52 890	2 959	3 974	2 056	1 902	87 703
宽甸县	24 083	76 890	193 855	104 910	2 372	2 677	880	146 720
东港市	36 480	52 135	353 362	0	23 000	1 715	2 086	242 407
凤城市	25 765	72 713	236 211	498	774	14	14	170 633
太和区	15 626	8 486	59 997	12 380	2 605	0	603	49 556
黑山县	15 510	28 833	199 595	38 269	906	1 389	549	95 130
义县	8 027	16 480	93 506	14 520	2 788	337	353	76 733
凌海市	42 092	77 117	158 918	120 897	31 880	0	721	133 916
北镇市	2 456	17 528	170 812	33 132	648	293	502	91 888
鲅鱼圈区	58 136	74 700	370 689	80 667	56 569	43 676	4 512	1 035 846

附录 4 续表 15

县(市)区名称	利润总额（万元）	全年用电量（万千瓦时）	社会消费品零售总额（万元）	限额以上批发零售贸易业商品销售总额（万元）	出口总额（万美元）	当年合同外资金额（万美元）	当年实际使用外资金额（万美元）	城镇固定资产投资完成额（万元）
老边区	32 967	30 458	56 022	9 125	3 607	8 700	1 126	101 156
盖州市	14 247	57 505	207 063	9 449	9 222	1 326	810	77 529
大石桥市	85 343	226 539	358 520	108 766	67 049	15 823	15 246	517 317
海州区	817	7 106	203 500	18 900	125	136	136	37 846
新邱区	3 580	5 801	13 352	0	108	108	60	21 104
太平区	1 518	5 600	4 943	0	150	640	125	40 422
清河门区	1 565	5 581	12 411	0		0	0	7 879
细河区	1 260	4 000	36 327	0	352	390	130	36 637
阜新县	−27	24 820	88 499	10 004	1 100	400	283	15 248
彰武县	3 754	17 353	37 952	2 629	275	146	146	13 585
弓长岭区	9 770	14 690	58 500	0	880	2 600	630	87 996
太子河区	20 857	28 985	74 299	33 155	8 500	3 660	650	111 165
辽阳县	42 683	137 936	185 014	1 035	7 792	5 869	705	150 809
灯塔市	45 898	87 000	300 846	687	1 706	5 584	714	129 017
双台子区	−1 540	22 541	241 000	30 003	400	0	207	80 175
兴隆台区	24 308	364 905	435 339	270 250	3 229	1 823	352	137 269
大洼县	3 914	45 648	175 095	11 797	2 831	1 069	799	153 552
盘山县	17 679	20 160	57 854	117 896	1 128	1 100	680	122 165
银州区	−1 923	32 998	139 398	41 482	2 191	1 300	362	115 975
清河区	1 865	10 854	63 851	87 413	540	790	90	148 039
铁岭县	28 167	35 942	92 560	2 642	1 137	2 362	84	230 374
西丰县	3 552	12 349	120 132	1 167	770	550	30	135 010
昌图县	3 309	32 206	216 000	23 978	931	1 669	1 339	183 646
调兵山市	1 123	9 156	136 834	2 871	1 254	1 550	50	204 489
开原市	24 023	43 065	198 668	11 540	2 013	4 592	510	348 488
双塔区	5 175	25 000	51 044	3 040	6 377	1 050	27	37 465
龙城区	812	40 155	24 056	758		0	0	41 425
朝阳县	8 011	36 431	65 087	5 714	300	4	4	137 008
建平县	4 518	91 000	111 859	4 969	950	650	650	142 260
喀左县	37 237	27 066	60 660	12 442	7 300	300	221	137 650
北票市	11 453	34 668	111 623	28 974	250	540	320	215 615
凌源市	830	36 419	138 812	15 905	125	500	426	105 812
连山区	21 472	888 260	394 865	69 661	30 000	300	30	118 340
龙港区	4 397	16 423	150 059	3 793	8 125	0	11	148 068
南票区	−2 993	4 574	33 180	0	8 549	0	0	16 102
绥中县	2 556	15 747	186 384	9 072	1 400	800	20	68 336
建昌县	1 384	61 568	62 000	2 384		0	0	74 042
兴城市	−662	34 473	189 013	8 646	2 802	154	0	61 573

附录4续表16

县（市）区名称	城镇新增固定资产（万元）	城镇固定资产投资项目个数（个）	房地产开发投资完成额（万元）	普通中学数（所）	小学数（所）	普通中学专任教师数（人）	小学专任教师数（人）	普通中学在校学生数（人）
苏家屯区	882 360	332	125 612	25	29	1 558	1 740	17 156
东陵区	849 447	485	627 101	16	42	1 062	1 279	12 729
沈北新区	1 382 693	430	266 134	21	39	1 591	1 449	21 596
于洪区	509 050	236	593 799	18	51	842	1 244	11 324
辽中县	50 000	60	10 000	24	85	1 894	2 478	25 251
康平县	246 754	117	4 680	18	130	1 027	1 791	21 732
法库县	35 824	286	0	23	129	1 300	1 806	18 114
新民市	448 682	247	58 275	34	93	1 981	2 971	30 162
甘井子区	976 106	384	899 794	26	64	1 789	2 047	29 922
旅顺口区	111 377	220	149 141	15	36	967	777	13 989
金州区	174 963	83	284 076	23	41	2 194	1 686	31 490
长海县	69 075	57	11 294	7	12	305	306	4 583
瓦房店市	818 451	557	90 421	46	189	4 602	3 566	54 063
普兰店市	423 667	133	43 254	38	196	2 751	2 826	44 605
庄河市	69 651	61	48 300	34	244	4 280	3 882	63 770
旧堡区	91 703	28	36 187	15	35	1 387	1 064	9 570
台安县	123 557	67	0	18	123	1 111	1 665	14 866
岫岩县	44 931	63	25 176	26	222	1 615	2 470	21 298
海城市	671 604	643	41 506	54	365	4 970	6 338	79 655
顺城区	197 660	131	32 326	10	24	803	1 310	8 162
抚顺县	103 971	100	12 395	18	63	522	820	7 879
新宾县	83 804	16	10 670	19	92	980	1 577	14 452
清原县	148 198	454	9 809	24	91	1 021	1 388	16 628
平山区	485 750	67	92 029	12	21	1 484	1 432	10 487
溪湖区	50 474	55	8 900	11	25	618	800	5 350
明山区	167 768	44	156 903	10	22	1 356	969	11 167
南芬区	14 801	17	100	4	16	258	449	2 530
本溪县	60 214	52	29 863	18	61	1 146	1 456	17 163
桓仁县	31 183	51	34 178	16	21	735	719	13 670
振安区	76 380	105	43 510	8	43	411	706	4 862
宽甸县	108 192	146	16 977	27	172	1 233	1 959	14 761
东港市	177 092	196	57 331	31	149	1 598	2 473	24 066
凤城市	148 853	127	30 443	30	165	1 751	2 089	20 618
太和区	39 484	93	4 926	7	44	425	865	4 605
黑山县	63 857	91	10 589	30	146	1 889	2 702	19 075
义县	65 597	118	0	23	21	1 267	2 116	20 096
凌海市	96 617	132	19 217	30	100	1 584	2 068	28 136
北镇市	67 027	35	0	29	137	1 662	1 952	21 585
鲅鱼圈区	246 967	108	129 792	14	35	1 568	1 346	23 949

附录4续表17

县(市)区名称	城镇新增固定资产（万元）	城镇固定资产投资项目个数（个）	房地产开发投资完成额（万元）	普通中学数（所）	小学数（所）	普通中学专任教师数（人）	小学专任教师数（人）	普通中学在校学生数（人）
老边区	101 156	7	5 262	6	17	472	750	5 607
盖州市	53 929	58	8 865	33	166	2 087	2 726	30 765
大石桥市	404 706	275	12 567	30	149	2 098	2 342	49 649
海州区	50	46	10 839	9	21	912	1 216	7 524
新邱区	21 104	42	0	4	14	261	457	2 580
太平区	23 295	29	13 472	7	19	606	929	4 865
清河门区	6 345	13	0	5	18	235	392	2 656
细河区	17 250	13	19 387	5	8	445	544	8 833
阜新县	13 240	15	11 720	48	360	2 513	3 949	42 471
彰武县	2 105	11	5 329	30	148	1 568	1 637	19 533
弓长岭区	67 499	52	10 470	5	2	345	377	4 157
太子河区	27 000	75	26 759	4	16	156	348	1 615
辽阳县	97 496	175	12 237	29	189	1 527	1 817	23 925
灯塔市	70 228	47	6 268	21	142	1 232	2 106	15 940
双台子区	80 175	48	53 567		12		534	
兴隆台区	72 718	48	71 586	23	33	1 564	1 374	20 772
大洼县	153 552	239	17 700	24	115	1 584	2 707	18 026
盘山县	118 385	91	0	20	112	1 013	1 742	10 695
银州区	84 662	31	54 438	10	25	1 181	1 066	20 336
清河区	78 491	85	5 144	7	30	512	434	4 732
铁岭县	184 299	90	5 800	20	133	1 027	1 673	12 985
西丰县	93 520	49	38 432	19	75	715	1 180	10 783
昌图县	164 946	82	10 200	42	351	2 290	5 143	32 458
调兵山市	143 142	63	21 676	12	13	795	822	8 326
开原市	257 881	65	105 038	28	139	1 984	2 261	29 268
双塔区	19 539	43	21 929	4	31	168	1 602	2 033
龙城区	32 775	64	550	19	7	897	416	4 221
朝阳县	61 581	126	14 927	35	263	1 896	2 313	24 623
建平县	27 462	374	47 428	36	188	2 187	2 783	36 781
喀左县	95 485	140	19 872	26	22	2 048	2 469	21 279
北票市	140 695	157	20 914	41	185	2 166	2 397	35 754
凌源市	99 957	47	52 207	34	245	2 691	3 444	40 444
连山区	41 520	200	31 014	29	134	2 119	2 962	21 443
龙港区	44 796	51	87 468	6	8	540	702	6 453
南票区	16 102	7	0	5	31	264	506	2 476
绥中县	54 247	30	9 888	31	204	1 903	2 467	25 307
建昌县	64 188	28	4 013	37	280	2 160	2 637	42 183
兴城市	26 994	18	19 758	35	178	1 724	2 412	20 317

附录4续表18

县(市)区名称	小学在校学生数(人)	专业技术人员数(人)	#农业技术人员	医院、卫生院床位数(张)	医院、卫生院技术人员数(人)	城镇在岗职工年平均人数(人)	城镇在岗职工工资总额(万元)	农村居民人均纯收入(元)
苏家屯区	27 581	7 328	989	21	1 854	55 522	92 506	6 518
东陵区	20 821	6 880	3 949	14	690	32 923	65 314	7 662
沈北新区	17 907	6 005	73	22	1 048	73 670	126 755	6 183
于洪区	22 156	360	323	24	849	28 872	49 792	7 664
辽中县	32 142	722	426	32	1 549	27 504	18 812	5 117
康平县	21 237	6 323	453	18	1 058	15 677	15 912	4 106
法库县	35 344	6 394	1 406	21	1 222	13 591	14 711	4 596
新民市	39 375	10 327	496	33	1 796	24 013	29 106	5 101
甘井子区	57 538	8 310	222	30	3 406	28 858	54 641	11 411
旅顺口区	15 696	9 347	217	16	980	30 251	50 275	8 838
金州区	35 071	12 200	350	34	2 275	44 680	80 178	9 030
长海县	6 599	2 464	937	5	284	7 353	16 633	15 012
瓦房店市	53 366	19 666	928	40	4 371	44 293	84 157	6 000
普兰店市	46 159	11 762	804	38	2 739	59 127	97 914	6 000
庄河市	52 250	11 784	777	43	3 280	40 102	73 506	6 000
旧堡区	12 212	3 560	224	6	218	7 827	14 073	6 848
台安县	27 778	240	195	22	1 060	16 854	16 414	4 770
岫岩县	37 182	8 529	303	27	1 260	22 093	25 308	4 212
海城市	86 558	19 020	2 086	51	4 553	46 343	81 152	5 616
顺城区	15 626	4 600	120	8	451	12 341	20 214	5 966
抚顺县	10 029	3 055	42	24	463	10 391	15 012	4 882
新宾县	17 185	6 518	459	17	968	13 055	21 735	3 615
清原县	17 567	5 732	446	19	907	14 933	21 802	3 776
平山区	20 892	4 299	21	14	2 871	66 089	140 566	5 101
溪湖区	9 062	7 405	97	20	1 004	59 853	102 520	5 186
明山区	14 159	7 264	131	13	2 519	64 821	147 654	4 910
南芬区	3 768	3 140	40	4	451	21 961	32 670	4 891
本溪县	18 400	7 944	160	13	997	12 673	16 619	5 006
桓仁县	10 198	6 200	171	22	902	14 872	22 444	4 055
振安区	9 988	2 042	83	7	362	6 775	7 836	4 939
宽甸县	29 877	7 121	358	28	1 162	13 286	20 455	4 348
东港市	43 728	10 363	306	27	1 457	25 124	38 078	4 838
凤城市	37 699	10 310	462	26	2 128	22 098	30 991	4 534
太和区	10 668	4 158	328	14	1 100	8 930	10 750	5 013
黑山县	38 873	8 177	244	9	1 154	16 980	16 373	4 257
义县	24 890	6 129	253	22	1 058	12 669	10 690	2 498
凌海市	35 392	8 104	622	25	1 119	20 205	20 302	4 752
北镇市	32 018	7 174	637	24	1 243	14 593	13 175	4 617
鲅鱼圈区	26 356	101	31	20	1 900	32 288	46 122	5 900

附录4续表19

县（市）区名称	小学在校学生数（人）	专业技术人员数（人）	#农业技术人员	医院、卫生院床位数（张）	医院、卫生院技术人员数（人）	城镇在岗职工年平均人数（人）	城镇在岗职工工资总额（万元）	农村居民人均纯收入（元）
老边区	7 590	2 249	136	5	252	6 407	9 564	5 840
盖州市	44 564	7 902	114	39	1 940	15 388	16 501	4 105
大石桥市	48 862	10 588	645	25	3 161	20 603	40 954	5 673
海州区	13 128	2 867	43	19	3 444	5 250	5 920	5 119
新邱区	3 936	1 602	13	4	230	8 303	5 918	4 545
太平区	7 733			2	211	5 071	5 062	4 380
清河门区	4 721	410	46	7	183	2 514	2 796	4 200
细河区	8 162	1 382	81	8	500	3 095	4 020	5 672
阜新县	57 830	11 672	623	35	1 352	23 773	24 132	3 150
彰武县	26 608	6 898	450	29	1 209	16 580	14 800	2 619
弓长岭区	5 038	1 623	20	4	336	5 856	8 953	4 937
太子河区	5 219	4 059	117	5	181	18 999	35 238	5 575
辽阳县	38 248	597	294	20	1 019	25 187	31 113	4 460
灯塔市	35 326	6 467	609	19	702	17 169	24 060	4 520
双台子区	10 242	987	38	1	83	6 193	7 139	5 600
兴隆台区	21 515	6 945	46	19	2 078	55 688	83 560	5 800
大洼县	27 536	9 957	942	18	1 164	19 796	21 745	5 701
盘山县	19 360	5 438	430	16	461	62 309	40 912	5 726
银州区	19 276	2 461	14	11	442	8 017	9 357	4 850
清河区	5 964	1 851	10	17	366	7 547	10 659	4 575
铁岭县	21 851	6 096	862	15	871	15 115	19 382	4 470
西丰县	18 615	5 573	487	29	800	13 774	14 629	3 407
昌图县	70 283	14 428	857	34	1 972	37 465	26 875	4 125
调兵山市	13 551	4 222	12	3	930	18 962	22 272	4 601
开原市	36 333	8 987	664	40	2 059	23 128	24 898	4 559
双塔区	29 967	5 000	186	2	115	6 851	8 618	3 487
龙城区	9 001	303	136	1	147	3 495	4 548	3 470
朝阳县	40 911	9 908	1 602	33	971	18 790	21 196	3 312
建平县	44 028	10 400	925	44	1 452	19 555	31 038	3 414
喀左县	30 688	9 087	1 035	25	974	21 472	27 367	3 308
北票市	37 231	10 840	443	45	1 750	19 136	26 004	3 417
凌源市	49 636	11 308	3 027	27	1 682	22 586	27 354	3 319
连山区	36 381	6 697	319	21	896	12 750	16 450	4 298
龙港区	12 780	1 012	8	4	143	14 870	19 152	5 107
南票区	5 213	1 073		5	124	2 226	1 442	3 291
绥中县	44 708	6 493	185	33	1 273	14 925	15 295	4 022
建昌县	45 005	7 401	312	40	1 312	16 169	17 162	3 066
兴城市	39 980	3 464	271	41	1 638	15 563	15 868	3 364

附录4续表20

县(市)区名称	农村恩格尔系数(%)	各种社会福利收养性单位数(个)	各种社会福利收养性单位床位数(床)	参加基本养老保险的职工数(人)	参加基本医疗保险的职工数(人)
苏家屯区	34.8	14	581	44 668	41 422
东陵区	32.2	24	781	28 000	28 447
沈北新区	29.0	13	954	38 766	35 298
于洪区	30.0	18	1 877	27 114	52 557
辽中县	46.0	21	1 450	27 602	17 381
康平县	44.3	16	890	19 240	13 000
法库县	42.0	19	805	22 712	14 508
新民市	37.0	27	1 120	21 896	19 314
甘井子区	29.2	11	1 007	33 500	26 990
旅顺口区	34.5	11	660	58 427	86 775
金州区	31.4	13	1 300	88 452	119 000
长海县	29.4	4	216	8 847	5 934
瓦房店市	43.9	30	3 039	104 710	140 000
普兰店市	42.0	23	1 810	73 242	80 463
庄河市	47.5	23	3 600	83 822	81 885
旧堡区	34.0	7	300	13 025	10 222
台安县	43.2	14	850	25 460	18 400
岫岩县	43.9	23	1 750	46 797	31 816
海城市	30.2	40	4 077	112 307	80 621
顺城区	26.3	10	530	121 000	8 300
抚顺县	37.0	12	659	14 978	10 850
新宾县	39.1	16	726	24 938	18 735
清原县	42.6	14	765	23 985	19 161
平山区	36.0	4	165	128 622	66 002
溪湖区	41.8	5	920	114 373	68 507
明山区	45.4	5	242	133 109	105 050
南芬区	37.8	1	142	46 667	22 921
本溪县	39.9	7	550	26 926	6 700
桓仁县	35.7	20	1 500	33 207	25 821
振安区	32.6	6	240	4 516	4 312
宽甸县	59.6	27	1 380	28 585	15 610
东港市	45.6	18	1 300	58 493	39 700
凤城市	40.9	31	1 982	52 647	50 016
太和区	30.6	7	260	5 955	7 137
黑山县	31.7	23	1 030	42 244	20 454
义县	42.4	16	1 305	17 875	10 654
凌海市	40.2	22	1 582	32 479	31 935
北镇市	38.0	20	576	22 926	12 205
鲅鱼圈区	23.0	2	142	55 012	43 601

附录4续表21

县(市)区名称	农村恩格尔系数(%)	各种社会福利收养性单位数(个)	各种社会福利收养性单位床位数(床)	参加基本养老保险的职工数(人)	参加基本医疗保险的职工数(人)
老边区	35.0	2	210	25 257	20 702
盖州市	27.0	24	850	48 930	47 300
大石桥市	40.3	16	1 919	61 584	78 000
海州区	36.0	1	20	12 557	5 128
新邱区	44.5			6 030	2 234
太平区	0.5	6	240	6 250	3 085
清河门区	39.0	1	10	2 911	3 341
细河区	0.0	6	230	5 770	2 700
阜新县	35.7	38	891	32 818	34 539
彰武县	46.1	23	632	20 787	12 208
弓长岭区	50.0	3	485	9 164	7 561
太子河区	33.0	1	100	9 976	559
辽阳县	42.0	16	900	41 375	26 246
灯塔市	42.0	16	820	39 426	49 483
双台子区	34.7	1	60	10 550	4 883
兴隆台区	29.0	1	100	29 050	145 465
大洼县	44.1	14	755	24 654	21 675
盘山县	38.0	15	1 020	66 089	21 111
银州区	30.0			9 886	13 886
清河区	26.9	2	250	5 088	11 460
铁岭县	38.6	4	560	13 965	13 880
西丰县	40.5	20	850	15 188	19 437
昌图县	44.0	33	1 880	47 421	40 077
调兵山市	35.3	3	140	28 600	11 230
开原市	43.7	1	500	30 389	46 339
双塔区	34.0			6 835	4 536
龙城区	30.0	6	180	5 110	7 583
朝阳县	41.0	29	1 000	24 320	35 000
建平县	34.0	29	980	32 660	44 800
喀左县	43.0	26	830	20 764	26 400
北票市	34.0	28	1 120	52 604	27 085
凌源市	32.0	24	428	24 328	70 286
连山区	32.8	18	800	24 383	17 873
龙港区	33.6	4	120	17 880	3 717
南票区	42.0	5	130	1 928	3 170
绥中县	35.0	29	610	23 650	23 532
建昌县	36.0	31	679	20 690	21 000
兴城市	38.0	24	550	17 012	25 341

附录5　2006年东北三省国民经济主要指标

指　　标	单　位	三省合计	辽　宁	吉　林	黑龙江	辽宁省相当于三省%
国民经济核算						
地区生产总值	亿元	19 717.2	9 251.2	4 249.2	6 216.8	46.9
第一产业	亿元	2 396.4	976.4	686.0	734.0	40.7
第二产业	亿元	10 013.5	4 729.5	1 886.6	3 397.4	47.2
第三产业	亿元	7 307.3	3 545.3	1 676.6	2 085.4	48.5
人均地区生产总值	元	17 894	21 788	15 625	16 268	
地区生产总值指数(上年=100)	%	112.0	113.8	110.2	112.0	
第一产业	%	107.9	106.9	108.8	108.0	
第二产业	%	118.2	118.6	122.2	113.9	
第三产业	%	112.2	110.0	115.9	110.5	
人口						
年底总人口	万人	10 817.0	4 271.0	2 723.0	3 823.0	39.5
城镇人口	万人	6 007.2	2 519.5	1 442.4	2 045.3	41.9
乡村人口	万人	4 809.8	1 751.5	1 280.6	1 777.7	36.4
自然增长率	‰	2.1	1.1	2.7	2.4	
劳动就业						
年末就业人员	万人	5 162.7	2 128.1	1 250.5	1 784.1	41.2
第一产业	万人	2 087.5	716.2	565.2	806.1	34.3
第二产业	万人	1 202.7	590.2	237.6	374.9	49.1
第三产业	万人	1 872.5	821.7	447.7	603.1	43.9
职工人数	万人	1 353.2	596.7	259.9	496.5	44.1
职工平均工资	元	17 571	19 624	16 583	16 505	
城镇登记失业人数	万人	111.4	53.9	26.3	31.2	48.4
城镇登记失业率	%	4.6	5.1	4.2	4.4	
投　资						
全社会固定资产投资总额	亿元	10 729.8	5 689.6	2 804.3	2 235.9	53.0
#房地产开发	亿元	1 773.7	1 142.2	310.2	321.3	64.4
#国有经济	亿元	3 811.5	1 724.2	1 176.8	910.5	45.2
集体经济	亿元	234.3	185.3	28.5	20.5	79.1
个体经济	亿元	1 816.9	1 486.6	113.5	216.8	81.8
财　政						
财政收入	亿元	2 544.8	1 155.5	507.8	881.5	45.4
#地方财政收入	亿元	1 448.7	816.9	245.0	386.8	56.4
地方财政支出	亿元	3 495.0	1 711.8	718.4	1 064.8	49.0
物价(上年=100)						
商品零售价格指数	%	101.4	101.3	101.5	101.5	
居民消费价格指数	%	101.5	101.2	101.4	101.9	
人民生活						
城镇居民人均可支配收入	元	9 776	10 370	9 775	9 182	
农村居民家庭人均纯收入	元	3 761	4 090	3 641	3 552	
城市人均住宅建筑面积	平方米		23.0		22.6	
农村人均住房面积	平方米	22.3	25.2	20.7	20.9	
城市居民的恩格尔系数	%	35.2	38.8	33.4	33.3	
农村居民的恩格尔系数	%	38.9	41.2	40.1	35.3	

附录5续表

指　　标	单　位	三省合计	辽　宁	吉　林	黑龙江	辽宁省相当于三省%
农　业						
常用耕地面积	千公顷			5 002		
播种面积	千公顷	20 447	3 860	4 985	11 602	19.0
粮食产量	万吨	8 225	1 725	2 720	3 780	21.0
工业规模以上工业企业主要指标						
工业增加值	亿元	8 100.5	4 141.2	1 395.0	2 564.3	51.1
#国有及国有控股	亿元	4 938.6	1 884.6	879.2	2 174.8	38.2
利润总额	亿元	1 918.3	449.8	201.0	1 267.6	23.4
#国有及国有控股	亿元	1 494.2	164.4	120.5	1 209.4	11.0
税金总额	亿元	1 287.7	578.6	244.3	464.8	44.9
#国有及国有控股	亿元	940.7	338.3	195.2	407.2	36.0
工业产品销售率	%	97.6	98.3	96.3	98.5	
#国有及国有控股	%	98.2	99.2	96.4	98.9	
原煤产量	亿吨	1.8	0.7	0.3	0.8	39.8
原油产量	万吨	6 138.4	1 226.5	571.4	4 340.5	20.0
发电量	亿千瓦小时	2 088.3	1 014.5	441.8	632.0	48.6
钢产量	万吨	4 550.9	3 702.3	533.6	315.0	81.4
水泥产量	万吨	7 322.6	3 341.3	2 525.0	1 456.3	45.6
汽车产量	万辆	119.8	29.0	63.3	27.5	24.2
交　通						
公路里程	万公里	27.8	5.4	8.4	13.9	19.4
#高速公路	公里	3 349	1 849	542	958	55.2
邮　电						
邮电业务总量	亿元	1 303.5	564.9	338.3	400.3	43.1
本地固定电话用户数	万户	3 517.1	1 701.8	733.7	1 081.7	48.4
移动电话用户数	万户	4 082.2	1 677.8	1 137.8	1 266.6	41.1
互联网用户数	万户	845.7	327.1	233.6	285.0	38.7
国内贸易						
社会消费品零售总额	亿元	7 108.1	3 434.6	1 675.8	1 997.7	48.3
进出口						
进出口总额	亿美元	691.6	483.9	79.1	128.6	70.0
出口总额	亿美元	397.6	283.2	30.0	84.4	71.2
进口总额	亿美元	294.1	200.7	49.2	44.2	68.2
利用外资						
实际利用外商直接投资	亿美元	85.0	59.9	7.6	17.5	70.5
旅　游						
入境旅游人数	万人	312.6	161.3	44.9	106.4	51.6
国际旅游收入	亿美元	15.7	9.3	1.4	4.9	59.4
国内旅游人数	亿人次	2.1	1.3	0.3	0.5	60.7
国内旅游总花费	亿元			264.0	311.7	
金　融						
金融机构各项存款余额	亿元	25 701.6	13 596.8	5 071.8	7 033.0	52.9
#居民储蓄存款余额	亿元	15 365.4	7 701.2	3 195.2	4 469.0	50.1
金融机构各项贷款余额	亿元	17 066.8	9 117.2	3 921.6	4 028.0	53.4